suhrkamp taschenbuch
wissenschaft 1562

Was ist Wahrnehmung? Die in diesem Band versammelten Texte geben einen Überblick über die einflußreichsten Antworten der Wahrnehmungsphilosophie von Descartes bis zur Gegenwart. In der Philosophie der Wahrnehmung steht durchgehend ein Problem zur Diskussion: Welches Modell oder welche Beschreibung ist in der Lage, das Phänomen der sinnlichen Wahrnehmung als Ganzes in seiner Funktionsweise und Bedeutung zu erfassen? Dieser Band dokumentiert umfassend die entscheidenden wahrnehmungstheoretischen Modelle und Reflexionen und ist damit ideal als Einführung wie auch als Seminarreader geeignet.

Lambert Wiesing, geb. 1963, ist Professor für Vergleichende Bildtheorie an der Universität Jena. Im Suhrkamp Verlag sind u.a. erschienen: *Artifizielle Präsenz. Studien zur Philosophie des Bildes* (stw 1737) und *Das Mich der Wahrnehmung. Eine Autopsie* (2009).

Philosophie der Wahrnehmung

Modelle und Reflexionen

Herausgegeben von
Lambert Wiesing

Suhrkamp

9. Auflage 2022

Erste Auflage 2002
suhrkamp taschenbuch wissenschaft 1562

Satz: TypoForum GmbH, Nassau
Umschlag nach Entwürfen von
Willy Fleckhaus und Rolf Staudt
Druck und Bindung: C. H. Beck, Nördlingen
Printed in Germany
ISBN 978-3-518-29162-7

www.suhrkamp.de

Inhalt

Vorwort
Einleitung: Philosophie der Wahrnehmung 9

1. Die Camera obscura als Modell der Wahrnehmung
René Descartes 65
2. Die Wahrnehmung durch Repräsentationen
John Locke 74
3. Das Sein als Wahrnehmung
George Berkeley 95
4. Die unbewußte Tätigkeit als Modell der Wahrnehmung
Thomas Reid 107
5. Die notwendigen Formen der Wahrnehmung
Immanuel Kant 127
6. Das Auch des Wahrgenommenen
Georg Wilhelm Friedrich Hegel 139
7. Die Wahrnehmungsmöglichkeit
John Stuart Mill 146
8. Der Zeichencharakter der Empfindungen
Hermann von Helmholtz 164
9. Die Ausdrucksbewegung der Wahrnehmung
Konrad Fiedler 170
10. Die Gestalttheorie der Wahrnehmung
Christian von Ehrenfels 189
11. Die Abduktion in der Wahrnehmung
Charles Sanders Peirce 195
12. Die Prätention der Wahrnehmung
Edmund Husserl 203
13. Die Theorie der Sinnesdaten
George Edward Moore 223
14. Die Theorie der Sensibilia
Lord Bertrand Russell 232
15. Die unmittelbare Wahrnehmung der Sinnesdaten
Alfred J. Ayer 241
16. Die Unhintergehbarkeit der Wahrnehmung
Maurice Merleau-Ponty 248
17. Die Adverbialtheorie der Wahrnehmung
Curt John Ducasse 293

18. Die experimentelle Unfaßbarkeit der Wahrnehmung
Gilbert Ryle 303
19. Die Glaubenstheorie der Wahrnehmung
David M. Armstrong 312
20. Die Öffentlichkeit der Wahrnehmungswelt
Fred I. Dretske 329
21. Das Extrahieren in der Wahrnehmung
James J. Gibson 348
22. Die kausale Selbstbezüglichkeit der Wahrnehmung
John R. Searle 358

Literatur zur Philosophie der Wahrnehmung 371
Hinweise und Literatur zu den einzelnen Autoren 373

Vorwort

Der vorliegende Band zur Philosophie der Wahrnehmu
fach erprobt: In Seminaren an der Technischen Universitä
und an der Friedrich-Schiller-Universität Jena habe ich ir
Jahren versucht, die klassischen Positionen und Problem -
nehmungsphilosophie darzustellen und zu diskutieren t
lagen die Texte bei den Studierenden fast ausschließlich n
Fotokopien vor – doch in diesem Fall mit gutem Grun n-
satz zu den meisten philosophischen Disziplinen sind vi ra-
len Positionen der Wahrnehmungsphilosophie schwe geschweige denn in Übersetzungen. Wichtige Beiträge zu hie
der Wahrnehmung sind nicht eigenständig veröffent len,
sondern befinden sich als Teil einer größeren Argu in
Schriften, die sich insgesamt nicht hauptsächlich mit nehmung befassen, so daß für die Wahrnehmungsphiloso usge-
wählte Passagen relevant sind. Diese Situation legte einen
Sammelband herauszugeben, der das Ziel verfolgt, mö lstän-
dig die Argumente vorzustellen, welche bekannt sein um in
die gegenwärtige Diskussion über das Thema Wahrne einstei-
gen zu können – und hierzu besteht durchaus ein b wertes
Interesse und sogar eine Notwendigkeit. Denn die ung der
Wahrnehmung wird in mehreren empirischen Wisser n voran-
getrieben; man denke an die Psychologie, Neurophy und die
Kognitionswissenschaften. Nicht zuletzt ihre oft sehr chenden
Ansprüche und meist metaphorisch dargestellten E n lenken
die Aufmerksamkeit in zunehmendem Maße auf di ophische
Reflexion über das Grundlagenproblem, was denn upt Wahrnehmung ist und wie sich überhaupt adäquat übe nehmung
sprechen läßt. Deshalb habe ich einen Band konzi ler die bisherigen klassischen Ansichten über diese Grundlage mmelt und
so vielleicht eine Basis nicht nur für philosophisc inare, sondern auch für eine interdisziplinäre Diskussion ü e Wahrnehmung bildet.

Ich möchte mich bedanken: bei Dr. Thomas Ro f. Dr. Stefan
Matuschek, bei Michael Albert Islinger und Grit mer für ihre
unterschiedliche, aber in jedem Fall sehr hilfreiche rstützung.

L. W.

Sendenhorst, den 14. September 2001

Einleitung: Philosophie der Wahrnehmung

Lambert Wiesing

I. Fragen der Wahrnehmungsphilosophie

Eine Einführung in die Philosophie der Wahrnehmung kann mit einer erfreulichen Feststellung beginnen: Die Aufgaben und Absichten der Wahrnehmungsphilosophie lassen sich vergleichsweise einfach beschreiben. Dies ist für philosophische Theorien keineswegs selbstverständlich. Vergleicht man die Wahrnehmungsphilosophie zum Beispiel mit der philosophischen Ästhetik, so stellt man schnell fest, daß innerhalb dieser Disziplin keineswegs unstrittig ist, was denn ihre eigentliche und wichtigste Aufgabe ist. Deshalb dürfte eine Einführung in die Ästhetik – und das gleiche gilt für die philosophische Ethik, die Hermeneutik oder die Metaphysik – kaum möglich sein, ohne daß nicht die historische Entstehung dieser Disziplin und die damit verbundene Entwicklung unterschiedlicher Fragestellungen nachgezeichnet wird. Dieses Problem stellt sich bei der Wahrnehmungsphilosophie nicht.

Die Wahrnehmungsphilosophie ist keine klassische Teildisziplin der Philosophie. Ähnlich wie im Fall der gegenwärtig viel diskutierten Philosophie der Gerechtigkeit oder der Philosophie des Bildes werden auch die Beiträge zur Philosophie der Wahrnehmung einzig und allein durch die Arbeit an einem systematischen Problem bestimmt. Im Fall der Wahrnehmungsphilosophie läßt sich dieses Problem auf die Frage zuspitzen: Was ist Wahrnehmung? Man stellt unter der Überschrift *Philosophie der Wahrnehmung* Argumentationen zusammen, die zwar in unterschiedlichen historischen Kontexten und philosophischen Teildisziplinen entstanden sind, aber aus heutiger Sicht doch gemeinsam haben, daß sie Erklärungen geben, was, wann und warum als Wahrnehmung bezeichnet werden kann. Die Wahrnehmungsphilosophie erforscht nicht empirische Eigenschaften bestimmter Arten der sinnlichen Wahrnehmung, sondern den Status und die Bedeutung des ganzen Phänomens für den Menschen. Man hat es mit einem dezidierten Grundlagenproblem zu tun: Es wird gefragt, was mit dem Begriff ›Wahrnehmung‹ überhaupt gemeint ist, wie er sinnvoll und begründet verwendet werden kann und insbesondere, wie sich die Phänomene der Wahrnehmung mit sprachlichen Aussagen widerspruchsfrei beschreiben lassen.

Die Aufgabenstellung der Wahrnehmungsphilosophie läßt sich also klar benennen. Doch so erfreulich diese Eindeutigkeit auch ist, so wenig ist mit ihr letztlich erklärt, das heißt: so wenig ist damit das eigentliche Problem einer Philosophie der Wahrnehmung gekennzeichnet. Denn nur dadurch, daß sich die systematische Fragestellung der Wahrnehmungsphilosophie klar formulieren läßt, ist noch nicht begründet, warum eigentlich zur Lösung der Frage ›Was ist Wahrnehmung?‹ philosophische Argumentationen nötig sein sollen. Denkt man an andere Was-ist-Fragen, dann ist dies keineswegs der Regelfall, geschweige denn notwendig. Im Gegenteil: In den meisten Fällen, in denen ›Was ist das?‹ gefragt wird, sucht man die Antwort nicht in der Philosophie. Der Schritt in die Philosophie geschieht nur bei der Problematisierung bestimmter Phänomene. Wer sich über das Wesen einer Sache oder den Sinn und die Bedeutung eines Begriffs philosophische Gedanken macht, der muß einen Grund haben, warum er nicht den einfachsten Weg zur Lösung seines Problems wählt: warum er nicht schlicht und ergreifend den Begriff definiert.

In der Tat ist der Weg über die Definition keineswegs schlecht oder gar untauglich, sondern entspricht dem üblichen wissenschaftlichen Vorgehen bei inhaltlichen Bestimmungen. Man denke an Fragen wie ›Was ist ein Atom?‹, ›Was ist eine GmbH?‹ oder ›Was ist ein Fisch?‹. Der Weg über die Definition funktioniert in den meisten Fällen, weshalb man nur dazu auffordern kann, ihn zu gehen, solange es eben nur möglich ist – doch es ist nicht immer möglich. Und genau darin liegt das eigentliche Problem der Wahrnehmungsphilosophie: Der Begriff der Wahrnehmung läßt sich nicht definieren. Was bei vielen Phänomenen des Alltags und der Wissenschaft möglich ist, nämlich aufgrund von empirischen Untersuchungen zu bestimmen, welche Merkmale wesentlich sind, das gelingt bei der Wahrnehmung nicht. Man kann auch sagen: Die Wahrnehmung ist ein klassisches Thema für philosophische Reflexionen, da ihr Begriff die gleichermaßen ärgerliche wie faszinierende Eigenschaft besitzt, welche für alle Begriffe typisch ist, mit deren Inhalten sich Philosophen befassen: Sie sind nicht definierbar. Dies ist zumindest die Hauptthese, die Theodor W. Adorno 1962 in seinen Vorlesungen über *Philosophische Terminologie* verteidigt, und die helfen kann, das systematische Anliegen der Wahrnehmungsphilosophie zu verstehen.

Nach Adorno verfolgen Philosophen mit ihren Reflexionen das Ziel, den Inhalt von außergewöhnlichen Begriffen wie zum Beispiel ›Raum‹, ›Zeit‹, ›das Gute‹, ›Sein‹, ›Leben‹, ›Wahrheit‹, ›Kunst‹ oder

›Schein‹ zu klären. Sie möchten wissen, was mit solchen Begriffen gemeint ist und wie sie richtig verwendet werden. Die Ideallösung der meisten philosophischen Probleme ist daher für Adorno die ein für allemal gültige und überzeugende Definition. Daran läßt er keinen Zweifel: »Es gibt wohl weniges, das schöner wäre für einen Philosophen, als wenn ihm eine glückliche Definition gelingt.«[1] Doch die Suche nach einer solchen Definition verwandelt sich in eine Sisyphos-Arbeit, wenn man sich um die Definition von Begriffen bemüht, die »sich überhaupt gar nicht definieren lassen«[2]. Diese fast paradoxe Situation – man versucht anhaltend etwas Unmögliches – scheint in der Philosophie praktizierte Wirklichkeit zu sein. Das ständige Scheitern, der sogenannte Skandal der Philosophie, nämlich die Situation, daß die Philosophie bisher nie zu definitiven Ergebnissen vorgestoßen ist, ist für Adorno »nicht etwa eine bloße Schlamperei der Philosophen, die sich nicht dazu disziplinieren können, dieselben Worte in denselben Bedeutungen zu verwenden«[3]. Der Grund ist vielmehr prinzipieller Natur; es kann gar nicht anders sein: Bei den Phänomenen, die zum Thema einer philosophischen Argumentation werden, wären schlichte Definitionen immer nur Affirmationen von weitreichenden philosophischen Auffassungen oder ganzen philosophischen Systemen. Damit ist gesagt: Eine Definition kann für die Philosophie immer nur ein Definitionsvorschlag sein, der an einem Detail die Geltung einer ganzen Philosophie behauptet. Deshalb muß an die Stelle der abgeschlossenen Definition die offene Reflexion als eine Art Notlösung treten. Die Philosophie stellt sich für Adorno als ein kompensierender Definitionsersatz dar, der notwendig wird, wenn die Definition unmöglich wird: »Machen Sie einmal den ganz einfachen Versuch, den Begriff ›Raum‹ oder den Begriff ›Zeit‹ zu definieren, ohne daß Sie bei der Definition selber bereits Begriffe voraussetzen, die sich ihrerseits schon auf Räumliches oder auf Zeitliches beziehen, also ohne in einen Zirkel zu geraten.«[4]

Das gleiche gilt uneingeschränkt auch für den Begriff der Wahrnehmung. Dies läßt sich demonstrieren, indem man sich beispielhaft dem Definitionsvorschlag zuwendet, der als die Standarddefinition der Wahrnehmung bezeichnet werden kann. Gemeint ist die Definition, die dem Alltagsverständnis des Wahrnehmungsbegriffs entspricht

1 Theodor W. Adorno, *Philosophische Terminologie*, Bd. 1, Frankfurt a. Main 1992, S. 29.
2 Ebenda S. 14 f.
3 Ebenda S. 15.
4 Ebenda S. 15.

und sich aus diesem Grund in diversen Lexika finden läßt. Denn es ist keineswegs so, daß man Schwierigkeiten hätte, die Bedeutung anzugeben, mit der der Begriff ›Wahrnehmung‹ normalerweise – was immer ›normalerweise‹ heißt – verwendet wird. Im Gegenteil: Ziemlich einhellig wird Wahrnehmung als die Fähigkeit von Lebewesen verstanden, mittels ihrer Sinnesorgane Informationen über ihre materielle Umwelt zu erhalten. Die Frage ›Was ist Wahrnehmung?‹ ist außerhalb von philosophischen Diskursen kein ernsthaftes Problem. Doch das bedeutet nicht, daß damit Adornos Bedenken gegen eine Definierbarkeit der Wahrnehmung zurückzuweisen wären. Selbstverständlich läßt sich mit der Standarddefinition der Wahrnehmung, wahrscheinlich sogar ausschließlich mit dieser, bestens leben und nahezu jede Aussage, in der der Begriff ›Wahrnehmung‹ vorkommt, richtig verstehen. Die philosophischen Verständnis- und Definitionsprobleme tauchen erst dann auf, wenn man die trivial klingende Frage stellt: Ist die Definition denn auch richtig und was ist genau mit ihr gemeint?

Angesichts der Frage nach der Richtigkeit kann man sich zwar noch kurz auf den pragmatischen Standpunkt zurückziehen und behaupten, daß die Standarddefinition richtig sein muß, da der Begriff der Wahrnehmung eben genau in diesem Sinne verwendet wird. Und in der Tat wird kaum jemand bezweifeln wollen, daß die Standarddefinition einem breiten *common sense* entspricht. Wer glaubt denn nicht, in einer Welt von physischen Gegenständen zu leben, die er sinnlich wahrnimmt? Wer glaubt nicht, daß das, was er sieht, auch von anderen gesehen werden kann? Doch dieser pragmatische Rückzug hilft nicht lange: Denn wer sich für Wahrnehmungsphilosophie interessiert, möchte nicht nur wissen, was die meisten glauben und wie man den Begriff *de facto* verwendet, sondern wie berechtigt und begründet eine Ansicht ist; er möchte nicht nur wissen, wie ein Begriff verwendet wird, sondern auch, wie er sinnvoll und begründet verwendet werden sollte. Wenn man den Gehalt eines Begriffs nicht mit der üblichen Verwendung des Begriffs identifiziert, dann wird die Frage nach der Richtigkeit in einem ausgesprochen traditionellen Sinne verstanden, und zwar, daß man wissen möchte, ob die in der Definition aufgestellte Behauptung wahr ist, das heißt, ob das als Wahrnehmung angesprochene Phänomen wirklich die behaupteten Eigenschaften besitzt. Dieses Erkenntnisinteresse betrifft letztlich nicht nur die Definition der Wahrnehmung als eine besonders zentrale Aussage über Wahrnehmung, sondern letztlich alle Aussagen, in denen die Wahrnehmung thematisiert wird.

Ist es wahr, wenn gesagt wird: ›Ich sehe einen Baum‹, ›Ich nehme das Ticken der Uhr schon lange nicht mehr wahr‹, ›Peter muß den Krach gehört haben‹? Jedes dieser Wahrnehmungsurteile spricht der Wahrnehmung Fähigkeiten zu, die der Begründung bedürfen: Kann man wirklich ganze Gegenstände sehen oder sieht man nur deren Farben und Formen und erschließt aus diesen die Anwesenheit eines Gegenstandes? Kann man wirklich aufhören, das Ticken einer Uhr wahrzunehmen oder nimmt man es weiterhin wahr, bloß ohne es zu beachten? Kann man wirklich jemandem unterstellen, daß er etwas hätte hören müssen, auch wenn er behauptet, dies nicht getan zu haben? Mit Fragen dieser Art wird die Berechtigung des *common sense* beendet und das Philosophieren über Wahrnehmung begonnen. Denn die vielen, im Alltag selbstverständlichen Aussagen über die Wahrnehmung und das mit ihnen jeweils implizit verbundene Wahrnehmungsverständnis werden mit einer Skepsis konfrontiert, die letztlich für jedes wissenschaftliche Arbeiten leitend ist: Woher weiß man das, was man behauptet? Woher weiß man, daß die Wahrnehmung die Eigenschaften besitzt, die in den jeweiligen Urteilen behauptet werden?

Es ist an dieser Stelle entscheidend, genau zu sehen, auf welcher Ebene das Phänomen der Wahrnehmung problematisiert wird: Nicht die Tauglichkeit oder lebensweltliche Berechtigung der Aussagen und Definitionen wird angezweifelt, sondern ausschließlich ihre wissenschaftliche Beweisbarkeit und Wahrheit thematisiert. Der Philosophie der Wahrnehmung geht es um die Suche nach einer widerspruchsfreien, begründeten und angemessenen sprachlichen Beschreibung der Wahrnehmung. Denn zwei Dinge sind zu beachten: Die Möglichkeit, daß eine für den Alltag sehr sinnvolle Definition nicht bewiesen werden kann, widerspricht nicht der Möglichkeit, daß sich mit dieser Definition bestens leben läßt – keine philosophische Reflexion wird in der Lage sein, den Glauben aus der Welt zu bringen, daß man Dinge in der Welt sehen kann. Aber ebensowenig ersetzt die Tatsache, daß man mit der Standarddefinition gut leben kann, die Begründung, ob und warum diese wahr ist. Es ist erst das elementare, wissenschaftliche Verlangen, die Geltung von Behauptungen begründen zu wollen, das die Wahrnehmung zu einem problematischen Phänomen werden läßt. Frei nach Augustinus könnte man auch sagen: ›Wenn mich niemand danach fragt, dann weiß ich, was Wahrnehmung ist; soll ich es aber einem Fragenden erklären, dann weiß ich es nicht mehr.‹ Das heißt aber ganz konkret: Die Wahrnehmungsphilosophie wendet sich letztlich an zwei bestimmte Interessengruppen: An diejenige, die es um der Wahrheit willen genau wissen möchte, sowie an diejenige, die durch die Wahrnehmung selbst in erklärungsbedürftige Situationen gebracht wurde – gerade diese zweite Gruppe wird in der Wahrnehmungsphilosophie besonders angesprochen.

Neben dem prinzipiellen philosophischen Interesse kann die Wahrnehmung selbst Formen annehmen, die einen Zweifel an der Berechtigung der gängigen Wahrnehmungsvorstellungen entstehen lassen: Gemeint sind die Sinnestäuschungen. Es ist jedenfalls kein Zufall, daß sowohl in den Klassikern der Wahrnehmungsphilosophie wie auch in der Sekundärliteratur zu den klassischen Ansichten der Wahrnehmungsphilosophie der Einstieg in die Problematik zumeist über den Verweis auf die Existenz von Sinnestäuschungen geschieht. Die Sinnestäuschung fungiert in diesen Argumentationen als ein empirischer Beleg für die Relativität der Wahrnehmung. Man geht davon aus, daß es Wahrnehmungen gibt, in denen Dinge wahrgenommen werden, die gar nicht oder nur in ganz anderer Form wirklich gegeben sind. Zaubervorstellungen, Halluzinationen oder der Drogenrausch liefern schnell und zahlreich Beispiele, in denen jemand glaubt, etwas wahrzunehmen, was in Wirklichkeit nicht gegeben ist. Immer wieder wird auf das berühmte Ruderblatt am Heck eines Bootes verwiesen; es erscheint im Wasser geknickt, obwohl es dies nicht ist. Derartige Wahrnehmungen, welche üblicherweise als Sinnestäuschungen angesprochen werden, stellen nicht nur eine praktische, sondern auch eine kategoriale Herausforderung dar. Denn sie provozieren die Frage, was der Begriff ›Wahrnehmung‹ bedeuten kann, wenn eine Behauptung wie ›Die Wahrnehmung hat mich getäuscht‹ sinnvoll sein soll. Es ist das Prinzip einer jeden Illusion, daß diese etwas scheinbar wahrnehmen läßt, was man *eigentlich* nicht wahrnehmen kann. Doch was heißt hier ›eigentlich‹? Jede Sinnesillusion evoziert die Fragen: Was kann man *eigentlich* wahrnehmen und was ist nicht mehr im *eigentlichen* Sinne des Wortes wahrgenommen? Welches Kriterium entscheidet, wann wirklich eine Wahrnehmung vorhanden ist und wann nur geglaubt wird, es würde wahrgenommen?

Das besondere Interesse, mit dem in der Wahrnehmungsphilosophie bereits seit Jahrhunderten auf optische Täuschungen, Illusionen und Halluzinationen eingegangen wird, zeigt, auf welcher Ebene das systematische Anliegen der Wahrnehmungsphilosophie angesiedelt ist: Nicht empirische Erklärungen der Illusionsbildung oder gar Versuche, konkrete Täuschungen als Täuschungen zu überführen, werden gesucht. Die Ausnahmesituation der Sinnestäuschung stellt eine

Herausforderung dar, die prinzipielle Tauglichkeit eines Begriffsverständnisses oder gar einer ganzen Theorie zu testen. Die Sinnestäuschung verlangt nach einem Begriff der Wahrnehmung, welcher es ermöglicht, daß es Illusionen gibt: Sieht man ein gebrochenes Ruderblatt oder sieht man ein gerades Ruderblatt, was gebrochen erscheint? Man kann auch sagen: Ein Wahrnehmungsbegriff, der ermöglicht, daß von Sinnestäuschungen gesprochen werden kann, ist zwar selbstverständlich gewünscht, aber nicht mehr selbstverständlich gegeben. Bei der Lösung dieses kategorialen Problems, was in den Situationen der Sinnestäuschung ›wirklich‹ wahrgenommen wird, helfen psychologische, physiologische oder physikalische Untersuchungen nicht weiter. Denn die noch so präzise Erklärung, unter welchen Bedingungen und warum ein Ruderblatt am Heck eines Bootes geknickt erscheint, erklärt nicht, welche Aspekte und Vorgänge an diesem Phänomen als Wahrnehmung angesprochen werden sollen. Aus diesem gleichermaßen einfachen wie aber auch entscheidenden Grund interessiert sich eine Philosophie der Wahrnehmung, obwohl sie den Sinnestäuschungen stets große Aufmerksamkeit schenkt, letztlich doch immer nur mittelbar für konkrete Täuschungen und ihre empirische Erforschung. Die Sinnestäuschung stellt nicht ein spezielles oder zusätzliches Thema der Wahrnehmungsphilosophie dar, sondern sie dient ausschließlich dazu, die Notwendigkeit der Bearbeitung des einen systematischen Problems zu forcieren: Wie kann man beschreiben, was Wahrnehmung ist?

II. Methoden der Wahrnehmungsphilosophie

Im Prinzip vertritt jede eigenständige Position innerhalb der Wahrnehmungsphilosophie eine bestimmte Art der Beschreibung der Wahrnehmung. Jede Position exemplifiziert eine Antwort auf die Frage, wie sich Wahrnehmung beschreiben läßt. Doch so richtig diese Ansicht ist, so schließt sie nicht aus, daß methodische Typen der Wahrnehmungsphilosophie bestimmt werden können, da die Anzahl der grundsätzlichen Beschreibungsmöglichkeiten beschränkt ist. Der schottische Philosoph Thomas Reid vertritt jedenfalls in der ersten eigenständigen Buchpublikation zur Wahrnehmungsphilosophie genau diese Meinung. Im letzten Kapitel seiner *Inquiry Into the Human Mind* von 1764 stellt er zwei prinzipielle Wege gegenüber, von denen er behauptet, daß sie die einzigen Methoden der Wahrnehmungsphilosophie seien: »the way of reflection« und »the way of analogy«. Folgendermaßen führt Reid diese methodische Unterscheidung ein:

»Es gibt zwei Wege, auf welchen die Menschen ihre Begriffe und Meinungen über das Bewußtsein (mind) und über die Kräfte und Tätigkeiten desselben erlangen können. Der erste ist der einzige, der zur Wahrheit führt; aber er ist eng und holprig, und wenige haben ihn betreten. Der zweite ist breit und eben, und ist nicht allein von Gewöhnlichen, sondern auch von Philosophen zur Genüge eingeschlagen worden. Für das Alltagsleben ist er ausreichend und für die Zwecke von Dichtern und Rednern gut abgestimmt, aber bei philosophischen Untersuchungen über das Bewußtsein führt er zu Irrtümern und Täuschungen. Den ersten dieser Wege können wir den *Weg der Reflexion* nennen. Wenn die Bewußtseinstätigkeiten ausgeübt werden, sind wir uns ihrer bewußt, und es steht in unserem Vermögen, auf sie zu achten und über sie zu reflektieren, bis sie vertraute Gegenstände des Denkens werden. Dies ist der einzige Weg, auf dem wir richtige und genaue Begriffe von den Tätigkeiten des Bewußtseins bilden können. (...) Den zweiten, und den gewöhnlichsten dieser Wege, auf welchen die Menschen ihre Meinungen über das Bewußtsein und seine Tätigkeiten bilden, können wir den *Weg der Analogie* nennen. Es gibt im Laufe der Natur nichts so Einzigartiges, daß wir nicht zwischen demselben und anderen Dingen, die wir kennen, irgendeine Ähnlichkeit oder zumindest eine Analogie finden können« (107).[5]

Zusammengefaßt heißt dies: Die philosophische Erforschung der Wahrnehmung geschieht entweder in sprachlich dargestellten Reflexionen auf die eigenen Erfahrungen als Wahrnehmender oder in Form von konstruierten Modellen über das Funktionieren der Wahrnehmung – mehr Möglichkeiten gibt es nicht. Es scheint sinnvoll zu sein, diesen Vorschlag von Reid genauer zu betrachten.

Der Weg der Reflexion

Der Weg der Reflexion ist für Reid die eigentlich erfolgreiche Methode innerhalb der Wahrnehmungsphilosophie. Nur dieser Weg ermöglicht Aussagen, deren Wahrheit sich kaum noch bezweifeln läßt. Die methodische Nutzung der Reflexion ist keineswegs eine Einsicht, die auf Reid zurückgeht, sondern der cartesianische Grundgedanke der neuzeitlichen Reflexionsphilosophie überhaupt. Sichere Erkennt-

5 Alle im Text angegebenen Seitenzahlen ohne weitere Ortsangabe beziehen sich auf die in diesem Band vorliegende Textauswahl.

nisse sind ausschließlich in der Selbstreflexion auf das eigene Bewußtsein möglich – und das gilt, wie Reid zu Recht unterstreicht, auch für die Wahrnehmung, denn eine Wahrnehmung zu haben, heißt ein bestimmtes Bewußtsein von etwas zu haben. Auf dieses Wahrnehmungsbewußtsein kann man sich als Wahrnehmender selbstreflexiv richten und das Bemerkenswerte an diesem Reflexionsakt besteht darin, daß mit ihm eine – wie Reid sagt – »sichere Evidenz« (108) verbunden ist. In der Tat verfügen Aussagen über die Reflexionen auf das eigene Bewußtsein über eine besondere Form des Unzweifelhaften: Wenn ich pochende Zahnschmerzen habe, kann ich mich nicht täuschen. Die Meinung, man habe eigentlich keine Zahnschmerzen, obwohl man vor Schmerzen umkommt, ist unsinnig. Genausowenig wird jemand sich sagen lassen wollen, daß seine Schmerzen in Wirklichkeit nicht pochend seien, daß dies nur so erscheine. Bewußtseinsphänomene haben kein anderes Sein als ihre Erscheinung für jemanden; ihr *esse* ist ihr *sentiri*. Da Bewußtseinsphänomene nicht an sich, sondern immer nur für jemanden da sind, ist es unmöglich, neben ihrer subjektiven Erscheinungsweise ein bewußtseinsunabhängiges eigentliches Dasein zu bestimmen. Deshalb erlaubt die Reflexion auf das eigene Bewußtsein keine Täuschung; das nennt Reid »sichere Evidenz« oder den »direkten und eigentlichen Weg« (109): Die Bedingungen der Möglichkeit zur Illusionsbildung sind in der Reflexion auf das eigene Bewußtsein nicht gegeben, weil man nicht behauptet, daß etwas ist, sondern nur, wie etwas erscheint. Genau das macht den Weg der Reflexion zu einem der beiden Hauptwege innerhalb der Wahrnehmungsphilosophie. Er wird beschritten, wenn eine wahrnehmungsphilosophische Position von ihren eigenen Beschreibungen verlangt, daß sie sich reflexiv einlösen lassen, daß also das, was ausgesagt wird, sich in der Wahrnehmung dem Wahrnehmenden evidenterweise zeigt. Wenn man will, kann man sagen: Der von Reid als die eine der beiden Möglichkeiten der Beschreibung der Wahrnehmung bestimmte Weg der Reflexion zielt aus heutiger Sicht auf eine genuin phänomenologische Beschreibung.

Denn jenseits der vielen Meinungsverschiedenheiten, welche auch die phänomenologische Bewegung auszeichnen, kann man doch feststellen, daß in einem entscheidenden Punkt Einigkeit besteht: Ein Phänomenologe akzeptiert Edmund Husserls »Prinzip aller Prinzipien«. So nennt Husserl in den *Ideen I* von 1913 seine methodische Aufforderung, daß »alles was sich uns in der ›Intuition‹ originär, (sozusagen in seiner leibhaftigen Gegenwart) darbietet, einfach hinzunehmen sei, als was es sich gibt, aber auch nur in den Schranken, in denen es sich gibt.«[6] Einer phänomenologischen Beschreibung muß demgemäß die Absicht unterstellt werden können, das, was sich zeigt, ausschließlich wie es sich zeigt, beschreiben zu wollen. Das heißt aber, daß in einer phänomenologischen Beschreibung immer zwischen dem »Gegenstand, welcher intendiert ist« und dem »Gegenstand, so wie er intendiert ist«[7] unterschieden wird. Der Phänomenologe wendet sich den Dingen, die für ihn Dinge sind, aus dem Zustand der Reflexion zu: so wie oder als was sie für ihn etwas sind. Aus diesem Grund kann sich Husserl ohne Probleme selbst in die Tradition der Reflexionsphilosophie einordnen: »Die phänomenologische Methode bewegt sich durchaus in Akten der Reflexion.«[8] Das heißt aber nicht, daß es nicht durchaus auch einen gewaltigen Unterschied zum Cartesianismus gibt. Der Weg der Reflexion ist in phänomenologischen Studien auf ein anderes Ziel als in der cartesianischen Reflexionsphilosophie gerichtet. Schon bei Reid ist der Weg der Reflexion – und genau deshalb ist hier sehr früh eine Phänomenologie *avant la lettre* skizziert – keine Methode, um auf eine absolut sichere Erkenntnis, auf ein *fundamentum inconcussum* vorzustoßen. Man kann sagen: Die Reflexion dient in der Phänomenologie nicht als Entdeckungsmethode, sondern ist eine Beschreibungsvoraussetzung. Dieses phänomenologische Reflexionsverständnis wird besonders deutlich, wenn man die kurze Methodenbeschreibung heranzieht, die Jean-Paul Sartre zu Beginn von *Das Imaginäre* (1940) gibt. Sie liest sich erstaunlicherweise so, als würde Reid selbst seinen Weg der Reflexion präzisieren:

»Um die besonderen Merkmale der Vorstellung als solcher zu bestimmen, muß man auf einen neuen Akt des Bewußtseins zurückgreifen: man muß *reflektieren.* Die Vorstellung als Vorstellung ist nur durch einen Akt zweiten Grades beschreibbar, durch den der Blick sich vom Objekt abwendet, um sich auf die Art und Weise zu richten, in der dieses Objekt gegeben ist. Es ist dieser reflexive Akt, der das Urteil zuläßt: ›Ich habe eine Vorstellung.‹ Man muß an dieser Stelle wiederholen, was man seit Descartes weiß: ein reflexives Bewußtsein liefert uns absolut gewisse Gegebenheiten; wer in einem Akt der Reflexion bewußt wird, ›eine Vorstellung zu haben‹, kann sich nicht täuschen.«[9]

6 Edmund Husserl, *Ideen zu einer reinen Phänomenologie und phänomenologischen Philosophie*, Tübingen 1980, § 24.

7 Edmund Husserl, *Logische Untersuchungen*, Bd. II/1, Tübingen 1980, V. Untersuchung, § 17.

8 Husserl, *Ideen*, § 78.

9 Jean-Paul Sartre, *Das Imaginäre. Phänomenologische Psychologie der Einbildungskraft*, Reinbek bei Hamburg 1980, S. 43.

Doch genau dieser Akt der Reflexion, diese wie Husserl metaphorisch sagt »Blickwendung«,[10] ist keineswegs unproblematisch oder gar einfach vollziehbar. Die Intentionalität des Bewußtseins widerstrebt der Reflexion, da das Bewußtsein in der nicht-reflexiven natürlichen Einstellung intentional bei den Sachen ist. Dieser Umstand macht den Akt der Reflexion so schwer, die natürliche Einstellung muß aufgegeben werden; für Reid kann die Reflexion sogar nicht »ohne Schmerzen (...) erreicht werden« (109). Eine Art natürliche Aufmerksamkeit für die Dinge der Welt muß künstlich gebrochen werden. Die Reflexion, so schreibt Reid, »ist der einzige Weg, auf dem wir richtige und genaue Begriffe von den Tätigkeiten des Bewußtseins bilden können. Aber diese Aufmerksamkeit und dieses Reflektieren ist dem Menschen, der von allen Seiten mit äußeren Gegenständen umringt ist, die beständig seine Aufmerksamkeit erregen, so beschwerlich, daß sie, selbst von Philosophen, wenig praktiziert worden sind« (107). Damit wird deutlich: Für Reid reicht es offensichtlich nicht aus, durch kurzfristige oder einmalige Reflexion auf ein sicheres Fundament vorzustoßen, sondern er entwirft eine Beschreibungseinstellung. Aus der nicht stabilen selbstreflexiven Haltung heraus soll die eigene Wahrnehmung so beschrieben werden, wie sie sich dem Wahrnehmenden gibt – und nicht mehr! Diese Einschränkung dürfte das entscheidende Kriterium dieser Methode sein: Der phänomenologische Weg nimmt das sich zeigende Phänomen nicht als Fundament für weitere rationale Argumentationen, Deduktionen oder Konstruktionen, sondern das Ziel des Weges der Reflexion ist eigentlich der Weg selbst. Es gilt nicht mehr über die Wahrnehmung zu behaupten, als sich dem Wahrnehmenden durch Reflexion auf seine Wahrnehmung selbst zeigt: »Die Methode ist einfach: in uns selbst Vorstellungen hervorrufen, über diese Vorstellungen reflektieren, sie beschreiben, das heißt ihre unterscheidenden Charakteristika zu determinieren und zu klassifizieren versuchen. (...) Wir wollen nichts von der Vorstellung wissen, als was uns die Reflexion darüber lehrt.«[11]

Kurzum, für die philosophische Erforschung der Wahrnehmung heißt das methodisch: »Was Wahrnehmung ist, kann einzig und allein die Struktur des wirklichen Wahrnehmens lehren« (249). Mit dieser berühmt gewordenen Formulierung hat Maurice Merleau-Ponty 1945 in der *Phénoménologie de la Perception* den reflexiv-phänomenologischen Weg der Wahrnehmungsphilosophie auf den Punkt gebracht.

10 Husserl, *Ideen*, § 60.
11 Sartre, *Imaginäre*, S. 44.

Der Weg der Analogie

Dem Weg der Reflexion stellt Reid den Weg der Analogie gegenüber. Das spezifische Merkmal dieser Methode besteht darin, die beobachtbaren Phänomene auf Annahmen und Prinzipien zurückzuführen, welche selbst durch Reflexionen auf die eigene Wahrnehmung nicht mehr erkennbar sind. Die Wahrnehmung wird also nicht so beschrieben, wie oder als was sie sich dem Wahrnehmenden selbst gibt, sondern mit anderen Dingen und Vorgängen verglichen, die sich der Wahrnehmung entziehen. Dieser Weg der Analogie beginnt bei der Verwendung von Metaphern und endet beim Entwurf eines Modells. In beiden Fällen wird über die Wahrnehmung nur indirekt gesprochen und zwar verbunden mit der Hoffnung, daß sich so Möglichkeiten finden, wie sich nicht-anschauliche Phänomene sprachlich veranschaulichen oder gar erklären lassen. Der Zweck der Analogien ist zumeist eindeutig: Es gilt, komplexe und vielleicht auch unerklärliche Phänomene zu vereinfachen und verständlich zu machen. Aus diesem Grund dürften insbesondere in alltäglichen Kontexten Aussagen über die Wahrnehmung verbreitet sein, die von Metaphern und impliziten Modellvorstellungen geprägt sind. Besonders oft sind in diesem Zusammenhang Vergleiche der Wahrnehmung mit Bildern oder mit optischen Geräten zu finden: ›Die Wahrnehmung gibt dem Menschen ein Bild von der Welt‹ oder ›Durch die Wahrnehmung bekomme ich einen Eindruck von der Sache‹. Doch keine der beiden Aussagen ist im wörtlichen Sinne überzeugend – und das gilt für jede metaphorische Aussage. Wenn jemand einen Gegenstand sieht, so wird dieser kaum meinen, ein Bild von diesem Gegenstand zu sehen. Normalerweise weiß ein Wahrnehmender sehr wohl, ob er gerade ein Bild einer Sache oder die Sache selbst sieht. Die Aussage ›Man hat ein Bild von der Welt‹ basiert auf der Modellvorstellung, daß die Projektion eines Bildes dem Sehen einer Sache entspricht. Auch der Begriff des Eindruckes: Im Wahrnehmungsvorgang läßt sich kein harter Gegenstand ausmachen, der sich in einen weichen eindrückt. In diesem Fall ist das implizite Modell, daß die Wahrnehmung von etwas wie ein Abdruck von diesem etwas ist. Doch auch dieser Vorgang des Abdrükkens ist genausowenig beobachtbar wie das Sehen von Bildern. Daher stellt sich angesichts von metaphorischen Wahrnehmungsurteilen die Frage, welche sich überhaupt bei der Verwendung von Modellen zur Erklärung der Wahrnehmung stellt: Wie sieht ihre Berechtigung aus, wozu können sie taugen? Die Antwort dürfte – zumindest aus phänomenologischer Sicht – eindeutig sein. Bernhard Waldenfels hat sie so formuliert: »Natürlich ist nicht das Modell zu kritisieren, sondern seine Handhabung. Das Modell selbst erlaubt es nicht, es an dem zu messen, was modelliert, das heißt strukturell oder sonstwie abgebildet und *zugleich* verbildet wird. ›Die Konstruktionen zweiter Ordnung‹ hängen in der Luft ›reiner Erdenklichkeiten‹. (...) Die Modelle, die bestimmten Regionen der Natur-Technik entstammen, geben über das, was als dieses oder jenes modelliert wird, genausowenig Auskunft wie die Formeln, Diagramme und Statistiken, die man bei der Ausarbeitung und Anwendung der Modelle verwendet.«[12] Das heißt mit anderen Worten: Metaphorische Sprache oder wissenschaftliche Modelle können die Frage nach der Wahrnehmung niemals philosophisch überzeugend beantworten. Denn das Interesse der Wahrnehmungsphilosophie richtet sich nicht darauf, was spekulativerweise *möglich* ist, sondern es gilt zu beschreiben, was Wahrnehmung *wirklich* ist, und das kann nur ein Wahrnehmender wissen, indem er auf seine Wahrnehmung reflektiert – was allerdings nicht bedeutet, daß aus diesem Grund der Entwurf von Modellen und die Verwendung von Metaphern in der Geschichte der Wahrnehmungsphilosophie ohne jegliche Bedeutung wären.

So sicher ein Modell die philosophische Frage nach der Wahrnehmung letztlich nicht beantworten kann, so unsicher ist, ob die Wahrnehmung überhaupt ohne die Zuhilfenahme von Vergleichen und Modellannahmen sprachlich beschrieben werden kann. Durch Reflexion allein entsteht keine Wahrnehmungsphilosophie, denn dafür muß die Reflexion sprachlich mitgeteilt werden. Um das, was in der Reflexion als unmittelbar gegeben erscheint, beschreiben zu können, bedarf es eines Mittels, wodurch zwangsläufig ein interpretierender, medialer Abstand zu den Phänomenen entsteht. Deshalb ist die Unmittelbarkeit der Reflexion spätestens mit ihrer sprachlichen Mitteilung aufgegeben und der Weg der Reflexion kann nur noch ein Ideal sein, welches mit dem Problem zu kämpfen hat, daß verwendete Metaphern und implizite Modellvorstellungen oft nur schwer oder gar nicht als solche erkannt werden. Die Möglichkeit der verborgenen, nicht bewußten Präsenz von Metaphern in Beschreibungen der Wahrnehmung, die Möglichkeit, implizit von einem konstruierten

12 Bernhard Waldenfels, »Phänomenologie unter eidetischen, transzendentalen und strukturalen Gesichtspunkten«, in: *Sinn und Erfahrung. Phänomenologische Methoden in den Humanwissenschaften*, hg. von M. Herzog u. C. F. Graumann, Heidelberg 1991, S. 65-85, 70f.

Modell geleitet zu sein, ist eine der großen Gefahren einer Philosophie der Wahrnehmung. Zumindest zeigt die Geschichte der Wahrnehmungsphilosophie, daß die phänomenologische Beschreibung der Wahrnehmung als solche ein nur schrittweise erreichbares Ideal ist, dem man in der Diskussion der verschiedenen Positionen und Modellvorstellungen näherkommt. Gerade die Aufklärung von impliziten Modellvorstellungen erscheint oft als ein besonders wegweisender phänomenologischer Schritt, obwohl er an sich nur ein skeptisches Ergebnis liefert, daß eine vermeintliche Position doch nur Analogien konstruiert. Doch indem mit Verweis auf die Gegebenheitsweise von Wahrnehmungen implizite Metaphern und Modelle offengelegt werden, schränken sich die theoretischen Beschreibungsmöglichkeiten insgesamt ein. Man kann sogar sagen: Ein Kriterium für einen systematisch relevanten Beitrag innerhalb der Wahrnehmungsphilosophie dürfte sein, daß dieser Beitrag die bekannten, auch metaphorischen Möglichkeiten, wie über Wahrnehmung gesprochen werden kann, mit Blick auf die Weise, wie sich Wahrnehmung dem Wahrnehmenden zeigt, präzisiert. Zumindest ist es einen Versuch wert, eine letztlich nur kleine Auswahl von wahrnehmungsphilosophischen Positionen aus der mittlerweile fast unüberschaubaren Anzahl von Beiträgen zu diesem Thema mit der Begründung zu verteidigen, daß jede der ausgewählten Argumentationen mindestens eine spezifische Funktion in der Bearbeitung des Spannungsfeldes von Modellbildung und phänomenologischer Reflexion besitzt.

III. Positionen der Wahrnehmungsphilosophie

Descartes oder Das Modell der Camera obscura

Das klassische Modell des neuzeitlichen Wahrnehmungsverständnisses liefert der Vergleich der Wahrnehmung mit der Camera obscura. Sowohl die Anfänge der Beschreibung und Konstruktion der Camera obscura als auch die Anfänge des Vergleichs dieses optischen Instrumentes mit der Wahrnehmung liegen – wenn man so will – selbst im dunkeln. Zumindest ist es weder eindeutig gesichert, wer die erste Camera obscura entwarf und realisierte, noch ist unstrittig, wer diese besondere Bildproduktionstechnik das erste Mal zur Erklärung der Funktionsweise der sinnlichen Wahrnehmung nutzte. Drei Namen tauchen nach dem Mittelalter in diesem Zusammenhang immer wieder auf: Der neapolitanische Gelehrte Giovanni Battista della Porta, der 1558 in der ausgesprochen weit verbreiteten Schrift *Magia naturalis* die Funktionsweise der Camera obscura darstellt und zur Popularisierung dieses Instrumentes maßgeblich beitrug; Leonardo da Vinci, der, obwohl er den Begriff der Camera obscura nicht explizit verwendet, in seiner Theorie über das Auge wie auch in seinen anatomischen Studien von diesem Vergleich geleitet ist, und Johannes Kepler, der 1604 in *Ad Witelionem Paralipomena* ebenfalls die Funktionsweise des menschlichen Auges mit der Funktionsweise der Camera obscura konfrontiert.[13] In ihren Werken wird ein Gedanke skizziert, dessen klare Ausformulierung aus heutiger Sicht insbesondere mit der Wahrnehmungsphilosophie des Franzosen René Descartes verbunden wird, und zwar so stark, daß in der für diese Problematik einschlägigen Studie *Techniken des Betrachters* von Jonathan Crary »vom cartesianischen Paradigma der Camera obscura«[14] gesprochen werden kann. Damit ist gemeint: »Seit Ende des 16. Jahrhunderts beginnt die Metapher der Camera obscura allmählich eine herausragende Bedeutung anzunehmen, um die Beziehung zwischen Betrachter und Welt zu definieren und abzustecken. Im Verlaufe nur weniger Jahrzehnte gilt die Camera obscura nicht mehr nur als einer unter vielen Apparaten oder eine Möglichkeit des Betrachtens, sondern als *die* obligatorische Stätte, von der her das Sehen begriffen und dargestellt werden kann.«[15]

Die Analogie, auf der die Überzeugungskraft dieses Vergleichs basiert, liegt auf der Hand. Descartes beschreibt sie 1637 in seiner *Dioptrik* im 5. Kapitel »Von den Bildern im Auge« folgendermaßen: »Ein Mensch befinde sich in einem völlig verschlossenen Zimmer, das nur ein einziges Loch besitzt, vor das eine gläserne Linse gebracht wird. In einem gewissen Abstand davon spannt man ein weißes Tuch aus, auf dem das Licht, das von den äußeren Gegenständen ausgeht, die Bilder hervorbringt. Das Loch ist die Pupille, das Glas entspricht dem Kristallwasser, oder besser allen Teilen des Auges, die eine Brechung hervorrufen« (68). Damit ist deutlich: Da das menschliche Auge anatomisch betrachtet strukturelle Ähnlichkeit mit der Camera obscura besitzt, sollte man davon ausgehen, daß ein Sehender nicht direkt auf eine materielle Welt sieht. Der wahrnehmende Mensch betrachtet

13 Siehe hierzu David C. Lindberg, *Auge und Licht im Mittelalter. Die Entwicklung der Optik von Alkindi bis Kepler*, Frankfurt a. Main 1976.

14 Jonathan Crary, *Techniken des Betrachters. Sehen und Moderne im 19. Jahrhundert*, Dresden und Basel 1996, S. 53.

15 Ebenda S. 48 f.

immer schon wie der Besucher einer Camera obscura ausschließlich Bilder, die sich zwischen ihm und der angeblich gesehenen Welt befinden. Descartes entwirft ein Modell der Wahrnehmung; ihn interessiert nicht die Weise, wie etwas in der Wahrnehmung gegeben ist, denn nach dieser glaubt der Wahrnehmende ja gerade nicht, ein Bild wahrzunehmen. Das entscheidende Merkmal an dem Vergleich dürfte daher sein, daß das Modell mit der Unterstellung einer normalerweise unerkannten Illusion arbeitet: Man glaubt als Wahrnehmender fälschlicherweise, die Welt direkt und unvermittelt wahrzunehmen. Die Wahrnehmung funktioniert aber in Wahrheit, wenn sie in Analogie zur Funktionsweise der Camera obscura beschrieben wird, mit Bildern, die das eigentliche und direkte Objekt der Wahrnehmung sind. Das Auge oder allgemeiner gesagt: das Wahrnehmungsorgan ist folglich nicht ein Teil des Betrachters, mit dem dieser die materielle Welt sieht, sondern der Ort, in dem sich das eigentlich wahrgenommene Objekt befindet: »Von den Bildern im Auge«.

So wie man im Inneren einer Camera obscura auch nicht direkt die Außenwelt sieht, so nimmt diesem Modell zufolge der Wahrnehmende nicht eine materielle Welt, sondern nur ein Bild von dieser wahr. Man schaut nicht in die Welt, sondern in sich selbst. Denn die Wahrnehmung ist ein Repräsentationsvorgang, bei dem sich die Entstehung der Repräsentation im wahrnehmenden Subjekt kausal – sei es physikalisch oder neurophysiologisch – beschreiben läßt – ein Gedanke, der bis in die Gegenwart hinein, insbesondere in der Kognitionswissenschaft, große Attraktivität genießt. Dieser große Erfolg liegt nicht zuletzt darin begründet, daß durch das cartesianische Paradigma der Camera obscura keine weiteren erkenntnistheoretischen oder philosophischen Ansichten festgelegt sind. Dies macht gerade die paradigmatische Bedeutung der cartesianischen Wahrnehmungsphilosophie aus: Der Vergleich der Wahrnehmung mit der Camera obscura ist auch in Philosophien präsent, wird dort sogar weiterentwickelt, die ansonsten eine dezidierte Gegenposition zu Descartes' Rationalismus verteidigen möchten – wie besonders eindrucksvoll die Wahrnehmungsphilosophie von John Locke belegt.

Locke oder Der Repräsentationalismus

Der vielleicht härteste erkenntnistheoretische Kritiker des cartesianischen Rationalismus, nämlich der englische Empirist John Locke, läßt keinen Zweifel daran, daß er zur Beantwortung der Frage, was Wahrnehmung ist, den cartesianischen Vergleich mit der Camera obscura überzeugend findet. Lockes philosophisches Hauptanliegen seines *Essay Concerning Human Understanding* von 1690 besteht sogar seinen eigenen Worten nach darin, zu »erklären, daß die äußere und innere Sensation die einzigen für mich erkennbaren Wege sind, auf denen Erkenntnisse in den Verstand gelangen. Sie allein sind, soviel ich sehen kann, die Fenster, durch die das Licht in diesen *dunklen Raum* eingelassen wird. Denn meines Erachtens ist der Verstand einem Kabinett gar nicht so unähnlich, das gegen das Licht vollständig abgeschlossen ist und in dem nur einige kleine Öffnungen gelassen wurden, um äußere, sichtbare Ebenbilder oder Ideen von den Dingen der Umwelt einzulassen. Wenn die in einem solchen dunklen Raum hineingelangenden Bilder nur dort bleiben würden und so geordnet lägen, daß man sie im gegebenen Fall auffinden könnte, so würde solch ein Kabinett hinsichtlich aller sichtbaren Objekte und ihren Ideen dem menschlichen Verstande außerordentlich ähnlich sein« (89 f.).

Soweit steht Lockes Beschreibung unzweifelhaft in der cartesianischen Tradition – doch es bleibt nicht dabei. Locke entwickelt das Modell der Camera obscura um einen entscheidenden Schritt weiter, indem er eine bei Descartes angelegte Konstruktion der Wahrnehmung ausarbeitet und radikalisiert. Seine zentrale These lautet: Wenn die Wahrnehmung sich auf Bilder – diese Bilder werden von Locke als Ideen (ideas) angesprochen – richtet, dann ist die Funktionsweise der Wahrnehmung ein Vorbild für die innere Struktur des Bewußtseins überhaupt. Das Bewußtsein ist für Locke nicht nur im Fall der Wahrnehmung, sondern in seiner gesamten Funktionsweise nach dem Modell des Betrachters in einer Camera obscura zu beschreiben. Man kann sagen: Bei Locke wird die Wahrnehmungsphilosophie zu einer Art Leitdisziplin, also zu einer Art Vorbild für die Bewußtseinstheorie. Denn seine Vorstellung, was Wahrnehmung ist, bestimmt seine Antwort, was Bewußtsein überhaupt ist. Für Locke ist jeder Bewußtseinsinhalt – nicht nur Wahrnehmungen, sondern auch Gedanken, Gefühle, Phantasien, Überzeugungen, Wünsche, Absichten – eine Idee oder Vorstellung, welche bewußt ist, weil sie als eine solche Idee im Bewußtsein wahrgenommen wird. Ein Bewußtsein von etwas zu haben wird so identisch mit dem Akt der Wahrnehmung von Ideen. Damit erkennt Locke, daß durch den Vergleich der Wahrnehmung mit dem Funktionieren der Camera obscura das Phänomen der Wahrnehmung eigentlich an zwei unterschiedlichen systematischen Stellen zu beobachten ist. Erstens ist das durch die Sinne kausal bedingte Entstehen von Ideen im Bewußtseinsraum – im »Audienzsaal des Geistes« (80), wie Locke sagt –, ein Vorgang, der als Wahrnehmung bezeichnet werden muß, und zweitens ist das Bewußtwerden dieser Ideen selbst wiederum eine Art bewußtseinsimmanente Wahrnehmung. Den ersten Vorgang nennt Locke »sensation« und beschreibt ihn so: »Wenn unsere Sinne mit bestimmten sinnlich wahrnehmbaren Objekten in Berührung treten, so führen sie dem Geist eine Reihe verschiedener Wahrnehmungen von Dingen zu, die der mannigfach verschiedenen Art entsprechen, wie jene Objekte auf die Sinne einwirken. Auf diese Weise kommen wir zu den *Ideen*, die wir von *gelb, weiß, heiß, kalt, weich, hart, bitter, süß* haben, und zu allen denen, die wir sinnlich wahrnehmbare Qualitäten nennen. Wenn ich sage, die Sinne führen sie dem Geist zu, so meine ich damit, sie führen von den Gegenständen der Außenwelt her dem Geist dasjenige zu, was in demselben jene Wahrnehmungen hervorruft. Diese wichtige Quelle der meisten unserer Ideen, die ganz und gar von unseren Sinnen abhängen und durch sie dem Verstand zugeleitet werden, nenne ich *Sensation*« (75).

Doch nicht nur die Erzeugung eines Bildes in dem Camera obscura-Bewußtsein ist für Locke ein Vorgang der Wahrnehmung. Da das Bewußtsein in diesem Modell räumlich wie eine Kammer behandelt wird, muß dann, wenn in dieser Kammer durch die Wahrnehmung ein Bild, eine Idee entsteht, diese Idee nochmals wahrgenommen werden. So wie auch in der Camera obscura jemand stehen muß, um die Bilder an der Wand sehen zu können, so muß auch im Bewußtseinszimmer ein Betrachter der Ideen unterstellt werden, ein *homunculus*, der sich die Repräsentationen im Geist anschaut. Es ist beeindruckend, wie Locke diese abenteuerliche Konsequenz des Modells ohne einen Anflug von Skepsis zieht: »Denn *Ideen haben* und *wahrnehmen* ist ein und dasselbe« (76).

Man kann Lockes Gedankengang durchaus verallgemeinern: Jede repräsentationalistische Theorie der Wahrnehmung und des Bewußtseins muß mit der impliziten oder expliziten Unterstellung arbeiten, daß es ein zusätzliches Subjekt gibt, welches die Repräsentationen wahrnimmt.[16] Denn wie soll man sonst von den Repräsentationen, wenn es sie denn gibt, ein Wissen haben, ohne zu unterstellen, daß es ein verschmitztes *homunculus*-Subjekt gibt, das diese Repräsentationen seinerseits wiederum wahrnimmt? Diese Konsequenz ergibt sich

16 Siehe hierzu Axel Ziemke und Olaf Breidbach (Hg.), *Repräsentationismus – Was sonst? Eine kritische Auseinandersetzung mit dem repräsentationistischen Forschungsprogramm in den Neurowissenschaften*, Braunschweig und Wiesbaden 1996.

zwangsläufig: Repräsentationen sind nicht nur Repräsentationen von etwas, sondern immer auch Repräsentationen für jemanden. Von einer Repräsentation kann nur dann sinnvoll gesprochen werden, wenn es jemanden gibt, der diese Repräsentation versteht. Locke hat dies gesehen und zu der hochproblematischen These gestanden, daß Repräsentationen nicht nur das Produkt der Wahrnehmung, sondern selbst auch das Objekt einer Wahrnehmung sind. Dieser Schritt rechtfertigt die These, daß man bei Locke die radikalste Auslegung des Vergleichs der Wahrnehmung mit der Camera obscura findet: Ein Bewußtsein zu haben heißt demnach, Ideen zu haben, das heißt wiederum, die Ideen wahrzunehmen. Der cartesianische Vergleich der Wahrnehmung mit der Camera obscura führt dazu, daß das Phänomen des Bewußtseins selbst nichts anderes als eine Art der Wahrnehmung ist: »Bewußtsein ist die Wahrnehmung dessen, was im eigenen Geist vorgeht« (77). Damit hat Locke die innere Logik dieses Modells an den Punkt getrieben, an dem sich geradezu automatisch die Frage stellt: Woher weiß man dies? Was spricht für dieses Modell? Wieso hat dieses Modell heute noch Bedeutung?

Moore und Ayer oder Das Argument aus der Sinnestäuschung

Repräsentationalistische Theorien der Wahrnehmung haben in der Tat einen neuralgischen Punkt: Sie behaupten, daß die materielle Welt, obwohl der Wahrnehmende dies glaubt, nicht das eigentliche und unmittelbare Objekt der Wahrnehmung ist. Diese These, die offensichtlich dem *common sense* widerspricht, muß begründet werden. Womit man erneut bei der Methodenfrage wäre, wie eine solche Begründung überhaupt aussehen könnte. Wenn man sich an Reid hält, dann dürfte es eigentlich keinen Zweifel geben, wie Locke sein Modell rechtfertigt: durch Analogien. In der Tat hat er wie kaum ein anderer die strukturelle Analogie zwischen dem Auge und der Camera obscura ausgearbeitet. Er ist ein Kind des cartesianischen Paradigmas, denn dieses zeichnet sich wie alle Paradigmen dadurch aus, das diejenigen, die es teilen, keinen Begründungsbedarf empfinden. Doch bei Locke liegt die Sache noch etwas anders; man ist in einer eigenwilligen Situation. Denn Locke verlangt durchaus, daß sein Modell durch empirische Beobachtung bewiesen werden soll. Er fordert, wie man es von einem Empiristen erwartet, daß eine Philosophie der Wahrnehmung nichts über die Wahrnehmung behauptet, was sich nicht durch Beobachtung der Wahrnehmung stützen läßt: »Wer entscheiden will, ob ich die Wahrheit getroffen habe, den muß ich auf Erfahrung und Beobachtung verweisen; denn der beste Weg, die Wahrheit zu finden, besteht darin, die Dinge daraufhin zu prüfen, wie sie wirklich sind, nicht aber zu schließen, sie seien so, wie wir es uns einbilden oder wie wir es uns vorzustellen von andern gelernt haben« (89). Doch genau das, was Locke hier und an vielen anderen Stellen explizit fordert, findet sich bei ihm selbst nicht durchgeführt: Welche Erfahrungen sprechen für die These, daß der Gehalt der sinnlichen Wahrnehmung Repräsentationen der Außenwelt sind? Wo und wie kann man Ideen beobachten? Oder etwas bescheidener: Welche Beobachtungen geben eine Prämisse, aus der man logisch notwendig schlußfolgern kann, daß das unmittelbare Objekt des Bewußtseins in der sinnlichen Wahrnehmung keine materiellen Gegenstände, sondern Ideen sind? Das heißt mit Blick auf die Unterscheidung von Reid formuliert: Kann man das Modell von Locke reflexionstheoretisch stützen? Die Wahrnehmungsphilosophien der Engländer George Edward Moore und Sir Alfred J. Ayer scheinen besonders klar die Gründe dargestellt zu haben, welche genau für diese Ansicht vorgebracht werden können.

Sowohl Moore als auch Ayer versuchen die von Locke bekannte These zu verteidigen, daß der sinnliche Gehalt der Wahrnehmung nicht eine materielle Außenwelt sein kann, sondern ausschließlich sense-data. Die Wortneuschöpfung »sense-data« führt Moore 1910 zuerst in seinen Vorlesungen ein; sie ist zu einem ausgesprochen vielrezipierten Begriff geworden, der im Deutschen zumeist mit Begriffen wie ›Sinnesdatum‹, ›Vorstellung‹, ›Empfindung‹, ›Sinnesvorstellung‹ oder ›Sinneseindruck‹ übersetzt wird. Gemeint ist in jedem Fall ein ontologisches Etwas, das sich in zwei entscheidenden Punkten von materiellen Gegenständen unterscheidet: Erstens sind Sinnesdaten Phänomene, das heißt immer nur für ein Subjekt dann und nur genau dann existent, wenn dieses Subjekt ein Bewußtsein von ihnen hat. Ein Sinnesdatum, welches nicht wahrgenommen wird, ist undenkbar, das heißt eine *Contradictio in adjecto.* Zweitens existieren dieselben Sinnesdaten immer nur für ein individuelles Subjekt. Beides ist bei physischen Gegenständen nicht der Fall: Diese haben – zumindest dem gewöhnlichen Verständnis nach – eine Existenz, die nicht von Subjekten abhängt, und derselbe Gegenstand kann durchaus von mehreren Subjekten wahrgenommen werden. Folgende Erklärung der Sinnesdaten gibt Moore 1953 in *Some Main Problems of Philosophy*, einer späten Veröffentlichung der Vorlesungen von 1910:

»Ich sah einen Fleck von einer bestimmten weißlichen Farbe, der eine bestimmte Größe und eine bestimmte Form hat, eine Form mit ziemlich scharf gezogenen Winkeln oder Ecken, begrenzt von nahezu geraden Linien. Diese Dinge, nämlich diesen Fleck von weißlicher Farbe, seine Größe und Form, habe ich wirklich gesehen. Ich schlage vor, diese Dinge, die Farbe, Größe und Form, *Sinnesdaten* zu nennen. Sie sind durch die Sinne *gegeben*, in diesem Fall durch meinen Gesichtssinn. (...) Ich werde immer von *Sinnesdaten* sprechen, wenn ich solche Dinge meine wie diese Farbe, Größe und Form, die ich tatsächlich sehe. Und wenn ich über mein Sehen dieser Sinnesdaten sprechen will, werde ich das ausdrücklich das Sehen der Sinnesdaten nennen. Oder, falls ich einen Ausdruck brauche, der auf alle Sinnesmodalitäten in gleicher Weise anwendbar ist, werde ich von dem *unmittelbaren Erfassen* der Sinnesdaten sprechen. Wenn ich also diese weißliche Farbe sehe, so *erfasse ich unmittelbar* diese weißliche Farbe. Mein Sehen dieser Farbe, als mentaler Akt, als Akt des Bewußtseins, besteht einfach in meinem unmittelbaren Erfassen. Wenn ich einen Ton höre, erfasse ich den Ton ebenfalls unmittelbar. Wenn ich Zahnschmerzen habe, erfasse ich unmittelbar den Schmerz. Alle diese Dinge aber, die weißliche Farbe, der Ton und der Schmerz, sind *Sinnesdaten*« (224-226).

Die inhaltliche Kontinuität zum klassischen Empirismus John Lockes ist in dieser Textstelle erkennbar: Sowohl in der Sinnesdatentheorie als auch bei Locke ist die materielle Welt nicht das eigentliche Objekt sinnlicher Wahrnehmungen. Doch die entscheidende systematische Erneuerung ist das Argument, mit dem die Sinnesdaten als der eigentliche Gehalt der Wahrnehmung verteidigt werden. Denn in dieser Hinsicht ist das Paradigma der Camera obscura überwunden. Weder Moore noch Ayer denken das Bewußtsein als einen Raum, in dem sich die Sinnesdaten wie Gegenstände befinden, sondern sie suchen gerade, um diese Verräumlichung zu vermeiden, nach einem Argument, welches nicht mit Analogien zwischen der Wahrnehmung und optischen Instrumenten arbeitet. Es gilt, einzig aus Beobachtungen der Wahrnehmungen logische Schlüsse zu ziehen. Diesen Anspruch erhebt zumindest das ausgesprochen berühmt gewordene ›Argument aus der Sinnestäuschung‹, welches allen Sinnesdatentheorien zugrunde liegt und in besonders prägnanter Form von Sir Alfred J. Ayer 1940 im ersten Kapitel von *The Foundations of Empirical Knowledge* ausformuliert wird. Dort findet sich folgende Variante des Argumentes: »Betrachten wir nun (...) etwa den Stock, dessen Erscheinung im Wasser gebrochen wird, und sehen wir zu, was wir daraus schließen können. Für den Augenblick müssen wir annehmen, daß der Stock nicht wirklich seine Form ändert, wenn er ins Wasser gehalten wird. (...) Dann folgt, daß mindestens eine der visuellen Erscheinungen trügt; denn der Stock kann nicht zugleich krumm und gerade sein. Trotzdem nimmt man an, daß wir immer noch etwas sehen, sogar in dem Fall, wo das, was wir sehen, nicht die wahre Eigenschaft eines materiellen Dinges ist; und außerdem, daß wir dem, was wir sehen, einen Namen geben sollten. Zu diesem Zweck greifen Philosophen auf den Begriff ›Sinnesdatum‹ zurück. Durch den Gebrauch dieses Begriffs können sie eine ihnen befriedigend erscheinende Antwort auf die Frage geben: Was ist dasjenige, von dem wir in der Wahrnehmung ein unmittelbares Bewußtsein haben, wenn es nicht ein Teil irgendeines materiellen Dings ist?« (241 f.)

Die Bedeutung dieser Überlegung für die Geschichte der Wahrnehmungsphilosophie liegt auf der Hand. Unabhängig davon, ob das Argument letztlich für überzeugend erachtet wird, hat man hier den Versuch, aus der Beobachtung der Sinnestäuschung a priori die Aussage herzuleiten, daß das Objekt der Wahrnehmung nicht materieller Art sein kann. Das heißt: Obwohl die Sinnesdatentheorien auf der einen Seite in der Tradition der Ideenlehre John Lockes stehen, so versuchen sie auf der anderen Seite doch, das Camera obscura-Paradigma mit Beobachtungen zu überwinden: Denn die Begründung der Existenz von Sinnesdaten läuft nicht über einen Analogieschluß aus der anatomischen Ähnlichkeit des Auges mit der Camera obscura, sondern deduktiv aus der Erfahrung der Sinnestäuschung. Zugespitzt kann man sagen: Nicht die Anatomie, sondern die Wahrnehmung selbst zeigt dem logisch denkenden Betrachter, daß das, was er wahrnimmt, *ideas*, Sinnesdaten oder Vorstellungen sind. Womit allerdings – und dies ist ein sehr wichtiger Punkt – keineswegs ein nachgereichtes Argument für die gesamte Repräsentationstheorie der Wahrnehmung vorgestellt wäre.

Die These, daß das Objekt der Wahrnehmung Sinnesdaten sind, und die These, daß diese Sinnesdaten wiederum eine materielle Welt repräsentieren, sind keineswegs identisch. Wenn man einmal anfängt, das Modell von der Camera obscura mit Reflexion auf Sinnestäuschungen zu verbinden, dann ist es keineswegs mehr gewiß, warum die Ideen und Sinnesdaten überhaupt Repräsentationen sein sollen. Denn der Repräsentationscharakter zeigt sich weder reflexiv, noch ist er mit dem Argument aus der Sinnestäuschung bewiesen. Sowohl die moderne Sinnesdatentheorie als auch John Lockes klassischer Vorläufer lassen eine nicht-repräsentationalistische Auslegung zu – und genau um diese bemühen sich die Vertreter des Phänomenalismus.

Berkeley, Mill und Russell oder Das Problem der unbeobachteten Existenz

Der Grundgedanke phänomenalistischer Wahrnehmungstheorien ist recht einfach: Man akzeptiert die These, welche sowohl Locke als auch die Sinnesdatentheorien verteidigen, nämlich daß die unmittelbaren Gegenstände der Wahrnehmung nur Vorstellungen sind. Aber man verwirft erstens die Meinung, daß diese Vorstellungen materielle Gegenstände in einer Außenwelt repräsentieren, und zweitens die, daß Bewußtseinsvorstellungen im Fall der Wahrnehmung von materiellen Gegenständen verursacht werden. Die Ideen im Sinne Lockes oder die Sinnesdaten im Sinne Moores werden also nicht als Repräsentationen für etwas, sondern als Phänomene ohne Referenz gedeutet, was zur Folge hat, daß die Wahrnehmung sich weder direkt noch vermittelt auf eine materielle Außenwelt richtet. Erneut führt die fehlende reflexive Absicherung der Repräsentationstheorie im Phänomenalismus zu einer Modifikation dieses Modells. Man kann auch sagen: Wenn man dem Modell verpflichtet ist und trotzdem zu reflektieren beginnt, wie sich die Wahrnehmung dem Wahrnehmenden gibt, dann kann aus der Camera obscura ganz schnell ein Kinosaal werden. In der Tat ist der Phänomenalismus methodisch ambivalent: Denn er teilt einerseits die durch Analogien gebildete These, daß man die Welt nicht direkt sieht, aber wirft andererseits der These vom Repräsentationscharakter der Ideen vor, daß sich dieser nicht reflexiv bewahrheiten läßt. Er fordert daher, daß man die Ideen Lockes ausschließlich als das nehmen soll, was sie sind: Bewußtseinsinhalte.

Diese Transformation ist in der Geschichte der Wahrnehmungsphilosophie insbesondere mit den Namen der Engländer George Berkeley, John Stuart Mill und Bertrand Russell verbunden. Ihre Theorien treten zwar nicht in gleicher Weise, aber doch gleichermaßen für die Meinung ein, daß die wahrnehmbare Welt der Sinnesvorstellungen die einzige existierende Wirklichkeit ist. Doch genau diese ontologische These bedeutet eine explizite Herausforderung an die Wahrnehmungsphilosophie. Denn die ontologische Behauptung verliert schlagartig an Überzeugungskraft, wenn mit ihr die Konsequenz verbunden sein soll, daß die sichtbare Welt mit jedem Augenschlag vergeht und neu entsteht. Möchte man den Gedanken *esse est percipi* verteidigen, so benötigt man eine Wahrnehmungstheorie, die erklären kann, wie es möglich sein soll, daß zu zwei Zeitpunkten derselbe Gegenstand wahrgenommen werden kann. Denn wenn die unmittelbaren Objekte der sinnlichen Wahrnehmung wirklich Sinnesdaten sein sollen, dann existieren diese auch nur im Augenblick des Wahrgenommenwerdens. Es ist das Wesensmerkmal von Sinnesdaten, daß sie ohne Beobachtung nicht existieren; Bauchschmerzen verziehen sich auch nicht an einen anderen Ort, wenn sie aufhören dazusein. Aber besteht zwischen gefühlten Schmerzen und wahrgenommenen Gegenständen nicht doch ein Unterschied? Was wird aus meinem Schreibtisch, wenn ich ihn nicht mehr sehe? Hört er auch auf zu existieren, wenn ich den Raum verlasse, und beginnt er eine neue Existenz, wenn ich ihn erneut sehe?

Man sieht an diesem Beispiel: Die Überzeugungskraft der phänomenalistischen Ontologie hängt nicht nur von epistemologischen Argumenten über die Erkennbarkeit der Wirklichkeit an sich ab, sondern auch in hohem Maße davon, wie überzeugend die Konstanz der Dinge jenseits ihres Wahrgenommenwerdens erklärt werden kann. Deshalb ist es nicht verwunderlich, daß die Bearbeitung dieser Frage zumeist im Mittelpunkt phänomenalistischer Wahrnehmungstheorien steht und daß sich innerhalb der Geschichte des Phänomenalismus durchaus unterschiedliche Lösungsvorschläge finden lassen. Mindestens drei Positionen können aus heutiger Sicht klar differenziert werden: Die Philosophie Berkeleys stellt gleich zwei Antworten vor, von denen er eine ausarbeitet und eine kurz andeutet; die nur angedeutete Antwort wird zur Hauptthese von Mill. Die dritte Antwort läßt sich in der Theorie der Sensibilia von Russell finden – wobei man eigentlich sagen muß, daß Russells Theorie nur bedingt eine Antwort auf die Frage nach der kontinuierlichen Existenz gibt, denn eigentlich will er den Sinn der Frage selbst zurückweisen.

Bertrand Russells Theorie der Sensibilia enthält einen gleichermaßen bemerkenswerten wie »unorthodoxen Vorschlag«, und zwar aus dem einfachen Grund, »weil er hinsichtlich der *Sensibilia* das *esse est percipi* Prinzip preisgibt«[17]. Im Prinzip fordert Russell in *The Relation of Sense-data to Physics* von 1914 dazu auf, darüber nachzudenken, ob das Problem der kontinuierlichen Existenz phänomenologisch überhaupt ein Problem ist: Warum sollen Sinnesdaten oder Empfindungen nicht weiterbestehen können, auch wenn sie nicht wahrgenommen werden? Woher weiß man denn, daß Bauchschmerzen nicht irgendwo existieren, wenn sie nicht empfunden werden? Ist die Nicht-Existenz nicht eine blanke Unterstellung? Wenn wir von Sinnesdaten

17 Richard Schantz, *Der sinnliche Gehalt der Wahrnehmung*, München, Hamden und Wien 1990, S. 70.

ausschließlich wissen, daß sie sind, wenn sie wahrgenommen werden, dann wissen wir eben wirklich nur dieses eine und wissen damit aber auch nicht, daß sie nicht sind, wenn sie nicht wahrgenommen werden. Denn letztere Behauptung läßt sich keineswegs reflexiv belegen. So heißt es bei Russell: »Was die Sinneswahrnehmungen betrifft, so wissen wir, daß sie solange da sind, als sie wahrgenommen sind, und dies ist die epistemologische Grundlage all unseres Wissens von äußeren Einzelheiten (...). Wir wissen nicht, außer auf Grund mehr und weniger unsicherer Schlüsse, ob die Objekte, die zu einem bestimmten Zeitpunkt Sinnesdaten sind, zu den Zeiten fortfahren zu bestehen, wenn sie keine Wahrnehmungen sind. Die Sinnesdaten zu den Zeitpunkten, da sie Sinnesdaten sind, sind alles, was wir direkt von der Außenwelt kennen (...). Doch gibt die Tatsache, daß sie alles sind, was wir direkt kennen, kein Recht zu der Annahme, daß sie auch alles sind, was es überhaupt gibt« (234). Die Kontinuität der Sinnesdaten – die Sinnesdaten des Schreibtisches werden doch wieder wahrgenommen, wenn der Raum wieder betreten wird – spricht doch dafür, daß Sinnesdaten eine kontinuierliche Existenz auch jenseits der Wahrnehmung haben, auch wenn man nicht weiß, wo und wie sie in der Zwischenzeit existieren. Wenn nun die Definition der Sinnesdaten diese Zwischenexistenz nicht erlaubt, dann muß eben ein neuer Begriff her, der dies leistet. Genau diesen Weg schlägt Russell ein: »Ich gebe den Namen *Sensibilia* jenen Objekten, die den gleichen metaphysischen und physikalischen Status wie die Sinnesdaten besitzen, ohne deshalb notwendigerweise Wahrnehmungen (data) eines bestimmten Geistes zu sein« (235). Man sieht an dieser Definition: Was bei Sinnesdaten *per definitionem* unmöglich ist, soll bei Sensibilia *per definitionem* möglich sein, nämlich daß sie existieren können, ohne wahrgenommen zu werden, womit sich das Problem, warum die Sensibilia des Schreibtisches existieren, wenn sie nicht wahrgenommen werden, löst – oder genauer gesagt: auflöst. Genau das dürfte Russell deutlich von den ›alten‹ Wahrnehmungstheorien des Phänomenalismus unterscheiden, die eine Erklärung suchen, wie und warum der Glaube an die unbeobachtete Existenz entsteht.

Berkeleys Ansichten zum Problem des kontinuierlichen Daseins, oder wie man auch sagt, zum Problem der starken Existenz, finden sich in *A Treatise Concerning the Principles of Human Knowledge* von 1710 in einem Satz zusammengefaßt: »Sage ich: der Tisch, an dem ich schreibe, existiert, so heißt das: ich sehe und fühle ihn; wäre ich außerhalb meiner Studierstube, so könnte ich seine Existenz in dem Sinne aussagen, daß ich, wenn ich in meiner Studierstube wäre, ihn perzipieren könnte, oder daß irgend ein anderer Geist ihn gegenwärtig perzipiert« (96). Berkeley stellt hier zwei berühmte Lösungen des Problems vor.[18] Das hier an zweiter Stelle genannte Argument steht in seiner eigenen Philosophie eindeutig im Mittelpunkt. Die kontinuierliche Existenz erklärt sich durch einen Geist, dem die Gesamtheit der wahrnehmbaren Dinge konstant sinnlich präsent ist. Es handelt sich um ein bemerkenswertes Argument, das nicht als bloß theologisch *ad acta* gelegt werden muß. Denn obwohl Berkeley unzweifelhaft ein transzendentes Prinzip, einen Gott annimmt, um die Konstanz zu erklären, so geschieht dies aber letztlich, um eine andere Transzendenzunterstellung – und zwar eine Unterstellung im wörtlichen Sinne – zu substituieren: nämlich die Substanz. Berkeley will die materielle Substanz hinter den sinnlich präsenten Eigenschaften nicht als Grund für die Konstanz der Dinge akzeptieren, weil man dann etwas unterstellt, was erstens nicht sinnlich gegeben ist und zweitens das Problem erzeugt, daß man erklären können muß, wie der Übergang von physischen Kausalvorgängen in Bewußtsein funktioniert. Es ist genau dieses Problem des Dualismus von Materie und Bewußtsein, das Berkeley durch die Unterstellung eines immateriellen Geistes anstelle einer materiellen Substanz überwinden möchte. Wenn man keine Materie wahrnimmt, dann hat man auch nicht das Problem, wie aus physikalischen Vorgängen Bewußtseinsvorgänge werden können. Denn diesen Übergang hält er für unerklärbar: »Kurz, gäbe es äußere Körper, so könnten wir unmöglich zu ihrer Kenntnis gelangen« (101). Deshalb unterstellt er statt einer konstanten Materie einen konstanten Geist, der zwar auch nicht sinnlich erkannt werden kann, aber nicht das unlösbare Dualismusproblem nach sich zieht.

Der zweite, von Berkeley allerdings wirklich nur gestreifte Weg arbeitet mit der Kategorie der Möglichkeit: Demnach besitzt nicht nur dasjenige eine Existenz, was im Moment sinnlich wahrgenommen wird, sondern auch das, was wahrgenommen werden könnte. Der Schreibtisch ist nach dieser doch sehr grundlegenden Veränderung des *esse est percipi*-Prinzips auch dann, wenn niemand im Raum ist, als eine »Wahrnehmungsmöglichkeit« konstant präsent. Der Begriff der Wahrnehmungsmöglichkeit (possibility of sensation) ist die zentrale Kategorie in John Stuart Mills Schrift *An Examination of Sir William Hamilton's Philosophy* von 1865: »Ich sehe ein Stück weißes Papier auf

18 Siehe Schantz, *Der sinnliche Gehalt der Wahrnehmung*, S. 52-69, und Arend Kuhlenkampff, *George Berkeley*, München 1987, S. 111-121.

einem Tisch. Ich gehe in ein anderes Zimmer. Wenn das Phänomen mir immer folgte, oder wenn ich, falls es mir folgte, glaubte, daß es *e rerum natura* verschwände, würde ich nicht glauben, daß es ein äußerer Gegenstand ist. Ich würde es für ein Phantom halten, für eine bloße Affektion meiner Sinne; ich würde nicht glauben, daß irgend ein Körper dort gewesen ist. Obwohl ich aber aufgehört habe, das Papier zu lesen, bin ich doch überzeugt, daß es noch dort ist. Ich habe nicht mehr die Wahrnehmungen, die es in mir hervorrief. (...) Die Vorstellung, die ich mir von der Welt bilde, wie sie in einem Moment existiert, umfaßt neben den Wahrnehmungen, die ich besitze (feel), eine unzählbare Mannigfaltigkeit von Wahrnehmungsmöglichkeiten. (...) Diese mannigfachen Möglichkeiten sind für mich der wichtige Punkt in der Welt. Meine gegenwärtigen Wahrnehmungen sind für gewöhnlich von geringer Bedeutung und überdies flüchtig; die Möglichkeiten dagegen sind dauernd. (...) Die Materie kann also als eine permanente Möglichkeit von Wahrnehmungen definiert werden« (148 und 152). Der entscheidende Punkt in der Argumentation Mills dürfte sein, daß er selbst zu gut weiß, daß seine Überlegungen keine »Beweise liefern, daß Gegenstände außer uns sind« (158) – aber das sollen sie auch nicht. Mill geht es nicht um das Sein der wahrgenommenen Dinge, sondern um den Glauben (belief) an das Sein der wahrgenommenen Dinge. Und dieser Glaube konstituiert sich nach Mill in Prozessen; er ist nicht »intuitiv« gegeben, sondern ein »erworbenes Produkt« (146). Das heißt aber: Das Wahrnehmungssubjekt ist für Mill selbst daran beteiligt, daß seine Wahrnehmungen so sind, wie sie sind – und genau mit dieser aktiven Beteiligung des Subjekts im Vorgang der Wahrnehmung hat Mill eine Variante des Phänomenalismus vorgestellt, die sich gänzlich vom Modell der Camera obscura verabschiedet.

Durch das Modell der Camera obscura wird nicht nur eine bestimmte Funktionsweise der Wahrnehmung bestimmt, sondern auch ein bestimmtes Subjektverständnis: Der Sehende sieht etwas, das kausal entstanden ist. Der Sehende steht zu dem, was und wie er sieht, in einem passiven Rezipientenverhältnis. Dies ist nun keineswegs eine nachträgliche Interpretation des Modells, sondern eine bewußt vertretene und begrüßte Eigenschaft – zumindest sieht Locke diesen Punkt ganz klar: »Denn bei der reinen Wahrnehmung bleibt der Geist meist nur passiv, und was er wahrnimmt, muß er unvermeidlich wahrnehmen« (87). Und man muß sagen, daß Locke auch einen guten Grund anführen kann, warum er den Wahrnehmenden als einen passiven

Zuschauer verstanden wissen möchte. Locke will nämlich mit seiner Theorie dem Phänomen der Nichtbeliebigkeit der Wahrnehmungen gerecht werden. Ein Wahrnehmender meint eben nicht, durch eigene Aktivität frei bestimmen zu können, was er wahrnehmen will. Wenn jemand vor einem Haus steht, ist es nicht eine Frage seiner persönlichen Entscheidung oder Einstellung, ob er ein Haus oder ein Kaninchen sieht.

Doch so unzweifelhaft das Phänomen der Nichtbeliebigkeit und damit auch einer bestimmten Form von inhaltlicher Passivität ist, so ist damit doch noch nicht die Frage geklärt, ob der Vorgang des Wahrnehmens insgesamt ohne eine konstituierende Tätigkeit des Subjekts beschrieben werden kann. Wenn zwei Personen vor einem Haus stehen, ist es schon nicht mehr ganz so sicher, ob beide tatsächlich die gleichen Wahrnehmungen des Hauses haben. Wenn jemand nach zwanzig Jahren wieder vor dem unveränderten Haus steht, ist es keineswegs sicher, daß er noch dasselbe Objekt gleich sehen wird. Sollte man der Wahrnehmung eine eigene Geschichte zusprechen wollen, dann ist es naheliegend, den Wahrnehmungsvorgang als das Ergebnis einer tätigen, individuellen und historischen Person zu beschreiben, und da genau dies mit dem Modell der Camera obscura unmöglich ist, liegt es ebenfalls nahe, daß genau dieses Anliegen in dem zweiten großen Alternativmodell der Wahrnehmungsphilosophie in den Mittelpunkt tritt: nämlich in dem Modell von der unbewußten Tätigkeit, zu dessen Vätern insbesondere Thomas Reid gezählt werden muß.

Reid oder Das Modell von den unbewußten Tätigkeiten

Daß Thomas Reid maßgeblich am Entwurf eines Modells der Wahrnehmung beteiligt ist, verwundert, weil seine selbst bekundete programmatische Absicht gerade darin besteht, die Wahrnehmung nicht zu modellieren, sondern einzig auf der Grundlage der eigenen, evidenten Reflexionen zu beschreiben. Diese genuin phänomenologische Absicht schlägt sich auch in seinem eigenen philosophischen Werk zur Wahrnehmung nieder. Reid entwickelt sich zu dem vielleicht radikalsten Kritiker des Modells der Camera obscura. Er wirft den Vertretern des Camera-Modells einen philosophisch unverzeihlichen Kategorienfehler vor. Denn jeder Vergleich der Wahrnehmung mit optischen Instrumenten führt zu Beschreibungen, die »dazu verleiten, das Bewußtsein und seine Vermögen zu materialisieren« (109). Und in der Tat ist dieser Vorwurf einer Tendenz zur Materialisierung vollkommen berechtigt: Der Geist wird nach dem Camera obscura-Modell als ein ausgedehnter Raum behandelt, in dem sich Dinge mit physischen Eigenschaften befinden. Die unumgängliche Konsequenz dieses hinkenden Vergleichs besteht darin, daß auf einmal an Stellen von ›Sehen‹ und ›Wahrnehmen‹ die Rede ist, wo gar nicht mehr im wörtlichen Sinne gesehen oder wahrgenommen wird. Die Bilder im Auge und die Ideen im Audienzsaal des Geistes können höchstens in einem metaphorischen Sinne gesehen werden: »Wir haben Wörter, die eigentlich und nicht analogisch sind, um die verschiedenen Arten, auf welche wir die äußeren Gegenstände durch die Sinne wahrnehmen, zu bezeichnen, wie zum Beispiel *fühlen*, *sehen*, *schmecken*. Aber wir sind oft genug geneigt, diese Worte analogisch zu gebrauchen, um andere Bewußtseinsleistungen auszudrücken, die von sehr verschiedenem Charakter sind. Und diejenigen Bewußtseinsleistungen, die irgendeinen Grad der Reflexion einschließen, haben im allgemeinen keine Bezeichnungen, die nicht analogisch wären. Die Gegenstände des Denkens, so sagt man, sind *in dem Bewußtsein*, werden *wahrgenommen, begriffen, vorgestellt, eingebildet, aufbewahrt, abgewägt, wiederholt*« (109 f.).

Vor diesem Hintergrund dürfte es leichtfallen, sich Reids Ansicht gegenüber den Theorien von Descartes, Locke und Berkeley vorzustellen: wilde assoziative Metaphorik, blanke Begriffsdichtung ohne jeglichen wissenschaftlichen Wert. Denn eine Wahrnehmung besitzt nicht selbst die Eigenschaften des Wahrgenommenen. Genausowenig wie eine Wahrnehmung von Rot selbst rot ist, ist die Wahrnehmung von Räumen und Dingen selbst ein räumliches oder materielles Ding. Aus diesem einfachen aber auch wichtigen Grund muß die Wahrnehmung grundlegend anders beschrieben werden. Reid selbst entwickelt diesbezüglich einen Vorschlag, den man in zwei Schritte gliedern kann.

Den ersten Schritt in Richtung einer eigenen Beschreibung geht Reid, indem er einen phänomenologischen Unterschied von Empfindungen und Wahrnehmungen beschreibt. Es handelt sich um ein ausgesprochen bemerkenswertes Lehrstück, das lange vor dem Wirken der sprachanalytischen Philosophie die Sprache als das eigentliche Problem für die Erkenntnis einer sachlichen Differenz herausstellt: »Ein und dieselbe Art von Ausdruck wird zur Bezeichnung von Empfindung und Wahrnehmung gebraucht, und daher laufen wir Gefahr, sie als wesensgleiche Gegenstände zu betrachten. Von den zwei Sätzen *Ich fühle einen Schmerz* und *Ich sehe einen Baum*, bezeichnet der erste eine Empfindung, der letztere eine Wahrnehmung. Die grammatikalische Analyse beider Sätze ist die gleiche, denn beide bestehen aus einem aktiven Verb und einem Objekt. Aber wenn wir auf die durch diese Sätze bezeichneten Dinge aufmerksam sind, so werden wir feststellen, daß in dem ersten die Unterscheidung zwischen dem Akt und dem Objekt nicht wirklich, sondern nur grammatikalisch ist; beim zweiten ist die Unterscheidung nicht bloß grammatikalisch, sondern auch wirklich. Die Form des Satzes *Ich fühle Schmerz* könnte beinhalten, daß das Fühlen etwas von dem gefühlten Schmerz Unterschiedenes ist, aber in Wirklichkeit gibt es keinen Unterschied. So wie der Satz *Einen Gedanken denken* nicht mehr bedeutet als *denken*, so bedeutet der Ausdruck *Schmerz fühlen* nicht mehr als *geschmerzt zu sein*. Was wir über den Schmerz gesagt haben, ist für jede andere, reine Empfindung zutreffend. (...) Wahrnehmung, so wie wir ihren Begriff hier verstehen, hat immer einen von dem Bewußtseinsakt, durch welchen diese Sache wahrgenommen wird, verschiedenen Gegenstand, einen Gegenstand, der unabhängig davon existieren kann, ob er wahrgenommen wird oder nicht. Ich nehme einen Baum wahr, der vor meinem Fenster wächst. Es gibt einen wahrgenommenen Gegenstand und einen Bewußtseinsakt, durch welchen dieser Gegenstand wahrgenommen wird« (110 f.). Damit ist deutlich: Etwas zu empfinden bedeutet für den Empfindenden, in einem Zustand zu sein. Dagegen bedeutet etwas wahrzunehmen für den Wahrnehmenden, auf etwas gerichtet zu sein. Nur in der Wahrnehmung hat der Wahrnehmende ein Bewußtsein von etwas, was ihm selbst in der Wahrnehmung als etwas von der Wahrnehmung Unabhängiges erscheint. In der Wahrnehmung ist das gemeinte Objekt der Wahrnehmung von dem Akt, durch den es wahrgenommen wird, unterschieden. Demgegenüber sind Empfindungen laut Reid subjektive Zustände, die kein Objekt haben. Sie erhalten ein Objekt nur durch eine künstlich objektivierende Grammatik der sprachlichen Beschreibung: ›Ich habe Bauchschmerzen‹.

Nachdem Reid Empfindungen und Wahrnehmungen in dieser Weise phänomenologisch getrennt hat, wechselt jedoch seine Intention grundlegend. Auf die Trennung folgt ein zweiter Schritt: die Überbrückung der Trennung. Reid beginnt zwischen Empfindungen und Wahrnehmungen eine Brücke zu konstruieren. Seine Idee einer solchen Brücke kann als Vorbild für unzählige Nachbauten angesehen werden.[19] Der Grundgedanke der Konstruktion ist einfach: Eine un-

19 Siehe hierzu Burkhard Liebsch, »›Eine Welt von Konsequenzen ohne Prämissen ...‹. Ein Nachtrag zur Geschichte des Theorems vom unbewußten Schluß«, in: *Archiv für Begriffsgeschichte* 24, 1991, S. 326-367.

bewußte Tätigkeit macht aus Empfindungen Wahrnehmungen. Obwohl also Reid selbst in aller Deutlichkeit den Weg der Analogie als einen Holzweg brandmarkt, findet sich bei ihm ein Modell der Wahrnehmung entworfen, welches darüber hinaus als das zweite große klassische Modell der Wahrnehmungsphilosophie angesehen werden kann. Das heißt für die geistesgeschichtliche Einordnung: Reids Philosophie, welche als Alternative zum Camera obscura-Modell vorgestellt wird, überwindet dieses Modell nicht in der Weise, wie er es selbst beabsichtigt, nämlich phänomenologisch, sondern die reflexiven Desiderate des Camera-Modells werden mittels des Entwurfes eines neuen Modells kompensiert.

Reid und von Helmholtz oder Das unbewußte Lesen

Bei der Ausgestaltung des Modells von der unbewußten Tätigkeit ist Reid ausgesprochen konkret. Er beläßt es nicht bei einem vagen Hinweis, daß eine unbewußte Leistung des Wahrnehmenden die Wahrnehmungen konstituiert, sondern präzisiert die Art der Tätigkeit, welche aus Empfindungen Wahrnehmungen werden läßt: Es ist ein Leseakt. Der unbewußte Entstehungsvorgang von Wahrnehmungen gleicht für Reid einem Lesen von Zeichen. Diese Empfindungen oder, wie man auch sagen kann, die Reize, welche die wahrgenommene Sache im Subjekt auslösen, sind Zeichen, die durch eine lesende Interpretation zu Wahrnehmungen von dieser Sache werden. »Es gibt ohne Zweifel eine Empfindung, durch die wir einen Körper als hart oder weich wahrnehmen. Diese Empfindung von Härte kann man leicht erlangen, wenn man die Hand gegen den Tisch preßt und auf das darauf folgende Gefühl achtet und soviel als möglich die Gedanken von diesem Tisch und seinen Qualitäten oder von irgendeinem anderen äußeren Gegenstand beiseite läßt. Aber es ist eine Sache, eine Empfindung zu haben, und eine andere, auf diese zu achten und sie zu einem deutlich bestimmten Gegenstand der Reflexion zu machen. Das erste ist sehr einfach, das letztere in den meisten Fällen sehr schwer. Wir sind so daran gewöhnt, unsere Empfindung als Zeichen zu gebrauchen und von ihr unmittelbar zur bezeichneten Härte überzugehen, daß sie, so hat es den Anschein, weder von gewöhnlichen Menschen noch von Philosophen zum Gegenstand des Denkens gemacht wurde, noch gibt es in irgendeiner Sprache ein Wort für sie. Es gibt keine deutlichere oder häufigere Empfindung, doch schwindet sie unbeachtet augenblicklich aus dem Bewußtsein und dient lediglich dazu, uns diese Qualität eines Körpers vorzustellen, welche sie gemäß dem Gesetz unserer Verfassung nahelegt« (119).

Mit dieser Konkretisierung der unbewußten Tätigkeit als ein Lesen von Zeichen hat Reid eine Perspektive entworfen, die insbesondere mit Überlegungen von Hermann von Helmholtz verteidigt werden kann. Von Helmholtz bestimmt in *Über das Sehen des Menschen* (1855) und *Die Tatsachen in der Wahrnehmung* (1878) präzise den Ort, an dem der Wechsel der Modelle vonnöten wird: »Wir sind also jetzt soweit gekommen, daß auf der Fläche der Netzhaut ein optisches Bild entworfen wird, wie es auch in jeder Camera obscura geschieht. Aber die letztere *sieht* dieses Bild nicht, das Auge *sieht* es. Worin liegt da der Unterschied? Er liegt darin, daß die Netzhaut, welche im Auge das optische Bild empfängt, ein empfindlicher Teil unseres Nervensystems ist und daß durch die Einwirkung des Lichtes, als eines äußeren Reizes, in ihr Lichtempfindung hervorgerufen wird« (165). Es ist diese Entstehung der Empfindungen, die nur als ein semiotisches Phänomen beschrieben werden muß. Denn die Empfindungen können keine Bilder sein, denn dann würden sie eine Ähnlichkeit mit dem haben, was die Empfindungen erzeugt. Das Bild auf der Netzhaut hat noch Ähnlichkeit mit dem gesehenen Ding; doch aus dem Bild werden Lichtempfindungen und diese haben keine Ähnlichkeit, sondern nur noch einen Zeichencharakter: »Unsere Empfindungen sind eben Wirkungen, welche durch äußere Ursachen in unseren Organen hervorgebracht werden, und wie eine solche Wirkung sich äußert, hängt natürlich ganz wesentlich von der Art des Apparates ab, auf den gewirkt wird. Insofern die Qualität unserer Empfindung uns von der Eigentümlichkeit der äußeren Einwirkung, durch welche sie erregt ist, eine Nachricht gibt, kann sie als ein *Zeichen* derselben gelten, aber nicht als ein *Abbild*. Denn vom Bilde verlangt man irgendeine Art der Gleichheit mit dem abgebildeten Gegenstand« (167 f.).

Damit dürfte deutlich sein, worin sowohl Reid als auch von Helmholtz die Stärke des Modells des unbewußten Zeichenlesens sehen: Der Vergleich mit dem Lesen von Zeichen schreibt der Wahrnehmung keine Eigenschaften der wahrgenommenen Sache zu. Reids Modell legt den größten Wert darauf, den Fehler zu vermeiden, den er dem Camera obscura-Modell vorwirft: die Materialisierung des Bewußtseins. »So wie es bei künstlichen Zeichen oft weder Übereinstimmung zwischen dem Zeichen und dem bezeichneten Ding noch irgendeine, sich notwendig aus dem Wesen der Dinge ergebende Verbindung gibt, so ist es auch bei natürlichen Zeichen. Das Wort *Gold* hat keine Ähnlichkeit mit der Substanz, die es bezeichnet, noch ist es seinem Wesen nach besonders geeignet, diese zu bezeichnen, und nicht irgendeine andere Substanz zu bezeichnen. Dennoch bezeichnet es durch Gewohnheit und Brauch diese und keine andere. In der gleichen Weise bezeichnet eine Tastempfindung die Härte, obgleich sie keine Ähnlichkeit mit der Härte hat, noch, soweit wir es wahrnehmen können, eine notwendige Verbindung mit ihr hat. Der Unterschied zwischen diesen beiden Zeichen liegt nur darin, daß beim ersten die Bezeichnung das Ergebnis von Gewohnheit und Brauch ist, beim zweiten die Bezeichnung nicht das Ergebnis einer Gewohnheit, sondern der ursprünglichen Verfassung unseres Bewußtseins ist« (122f.).

Doch der unzweifelhafte Vorteil dieser Auffassung ist mit einem Nachteil erkauft. Denn die Beschreibung der Wahrnehmung als eines semiotischen Vorgangs zieht die Konsequenz nach sich, daß die Empfindungen als Bedeutungsträger verstanden werden müssen, von denen man wissen möchte, wie sie ihre Bedeutung erhalten. Das Lesen von Zeichen verlangt nach einer Instanz, die erklärt, warum welche Empfindungen was bedeuten. Reid ist hier eindeutig: »Die Zeichen, durch welche uns die Gegenstände in der Wahrnehmung gegenwärtig sind, sind die Sprache der Natur« (115). Doch genau dies ist eine Annahme, gegen welche der Amerikaner James J. Gibson Argumente vorbringt.

Gibson oder Das unbewußte Extrahieren

Das Problem am Modell des unbewußten Lesens von Informationen, welche in den durch Reize erzeugten Empfindungen enthalten sind, besteht für Gibson in *The Ecological Approach to Visual Perception* von 1979 darin, daß hier ein bedenkliches Zeichen- oder wie er sagt: Informationsverständnis vorhanden ist: »Wir neigen dazu, uns Information in erster Linie als etwas vorzustellen, das gesendet und empfangen wird, und anzunehmen, daß dazwischen eine Art Übertragung stattzufinden hat und daß es dazu eines ›Kommunikationsmediums‹ oder eines ›Kanals‹ bedarf, durch den die Information sozusagen fließen muß. Information in diesem Sinne besteht aus Botschaften, Zeichen und Signalen« (352). Doch genau diese Situation ist für Gibson bei Empfindungen nicht gegeben. Empfindungen geben sich dem Subjekt nicht als einzeln ausmachbare Zeichen, so wie man in einem Buch einzelne Wörter finden kann: »Diskrete Perzepte wie auch diskrete Ideen sind eine Erfindung. (...) Die umgebende Reizinformation, die im Energiemeer rund um uns zur Verfügung steht, ist von ganz anderer Art. Die Information für die Wahrnehmung wird nicht übertragen, sie besteht nicht aus Signalen und erfordert auch keinen Sender und keinen Empfänger. Die Umwelt kommuniziert nicht mit den Beobachtern, die in ihr wohnen. Warum auch sollte die Welt zu uns sprechen? Die Vorstellung, daß die Reize Signale sind, die interpretiert werden müssen, impliziert solch unsinnige Vorstellungen wie die von einer Weltseele, die versucht, mit uns Verbindung aufzunehmen. Die Welt wird durch die Struktur des Lichtes, das uns erreicht, *gekennzeichnet*; aber sie wahrzunehmen, ist ganz allein unsere Sache. Die Geheimnisse der Natur werden nicht dadurch enträtselt, daß wir ihren Kode entziffern« (357 u. 353). Aber was dann? Will man sich nicht auf Spekulationen über eine ominöse, natürliche Kodierung oder Bedeutungsstiftung in den Empfindungen einlassen, dann stellt sich die Frage, ob nicht vielleicht ein anderer Vergleich die besondere Art der unbewußten Tätigkeit besser beschreiben könnte; man hätte dann den grundsätzlichen Aufbau des Modells nicht verworfen, wohl aber modifiziert. Drei Modifikationsvorschläge sind diesbezüglich philosophisch einschlägig: Gibsons eigener Alternativvorschlag, die Wahrnehmung als ein unbewußtes Extrahieren aufzufassen, Konrad Fiedlers Beschreibung der unbewußten Tätigkeit als einer künstlerischen Gestaltung und Charles Sanders Peirces Theorie der unbewußten Abduktion.

Alle diese Theorien haben eines gemeinsam: Sie wollen der Besonderheit einer menschlichen Wahrnehmung in einer spezifischen Situation gerecht werden. Für diese Absicht gibt es durchaus pragmatische Anlässe. So ist zumindest Gibson während des II. Weltkriegs vom Militär als Wahrnehmungspsychologe beauftragt worden, die visuellen Informationen zu studieren, die einem Kampfflieger während eines Anflugmanövers zur Verfügung stehen. Dabei entdeckt er, wie unzureichend Wahrnehmungsmodelle sind, wenn man das Wahrnehmungssubjekt nicht als einen Teil seiner spezifischen Umwelt denkt – und sei dies auch die besondere Situation eines Piloten. Denn die Beschreibung der Wahrnehmung, so wie sie sich dem Wahrnehmenden gibt, wird zu einer bloßen Konstruktion, wenn man von der künstlichen, laborartigen Situation ausgeht, daß der Wahrnehmende sich bewußt vor einer Sache befindet und sich dies in Ruhe bewußt anschaut. Für Gibson hat man vielmehr – nicht nur in der Anflugsituation, sondern stets – von einer Reizüberflutung auszugehen, mit der man unbewußt fertig werden muß. Dieses Fertigwerden geschieht nicht durch Lesen der vielen Informationen, sondern durch unbewußtes Weglassen, ein unbewußtes Filtern: »Worin besteht die Information über Beständigkeit und Wechsel? Die Antwort kann nicht anders als solcher Art lauten: der Wahrnehmende extrahiert die Strukturinvarianten aus dem Fluß der Reizung, deren Fließen er weiterhin wahrnimmt. Insbesondere für das visuelle System gilt, daß er sich auf die invariante Struktur der Optischen Umgebungsanordnung einstellt, die der sich ändernden perspektivischen Struktur, hervorgerufen durch eigene Bewegung, zugrunde liegt« (354).

Fiedler oder Das unbewußte Gestalten

Die Art der Tätigkeit, welche die Wahrnehmung unbewußt so werden läßt, wie sie dem Wahrnehmenden erscheint, ist für Konrad Fiedler in seiner Schrift *Über den Ursprung der künstlerischen Tätigkeit* von 1887 eine formale Gestaltung: »Freilich beruht schon die kümmerlichste Wahrnehmung des Gesichtsinns auf einem sehr komplizierten Geschehen; aber dieses Geschehen vollzieht sich im Inneren des Menschen, ist äußerlich nicht wahrnehmbar, und eine Tätigkeit kommt uns dabei nicht zum Bewußtsein« (185). Mit dieser These hat Fiedler eine Begründungsmöglichkeit vorgestellt, wieso die Wahrnehmungen desselben Gegenstandes sich durch den historischen Zeitpunkt, durch die Individualität des Wahrnehmenden und durch seine momentane Befindlichkeit unterscheiden können: weil die Wahrnehmungen Gestaltungen eines psychophysischen Subjekts sind. Das Subjekt faßt durch die Wahrnehmung nicht ein vorgegebenes Ding auf, sondern macht durch die Wahrnehmung das Wahrgenommene zu dem, was es ist: »Reißen wir uns nun los von der Annahme einer außer uns in ihrem gesamten Sein verharrenden Welt und richten wir unsern Blick dahin, wo wir das Dasein der Wirklichkeit tatsächlich konstatieren können, auf unser eigenes Wirklichkeitsbewußtsein, so tritt an die Stelle jenes vorausgesetzten, auf sich und in sich beruhenden Seins ein ganz anderes Bild. Der Blick in die innere Werkstatt, in der die Bestandteile des Weltbildes erst entstehen müssen, wenn sie ein Sein für uns gewinnen sollen, läßt uns nicht einen festen Besitz an fertigen Gestalten gewahren, vielmehr enthüllt sich ihm ein rastloses Werden und Vergehen, eine Unendlichkeit von Vorgängen, in denen die Elemente alles Seins in den mannigfaltigsten Arten auf den mannigfachsten Stufen ihrer Verarbeitung erscheinen, ohne daß das flüchtige, sich immer erneuernde Material jemals zu festen, unveränderlichen Formen erstarrte; es ist ein Kommen und Gehen, ein Auftauchen und

Verschwinden, ein Sichbilden und Sichauflösen von Empfindungen, Gefühlen, Vorstellungen, ein ununterbrochenes Spiel, nie einen Augenblick zu einem beharrenden Zustand gelangend« (175) – damit ist genau das Anliegen bestimmt.

Für Fiedler ist die Wahrnehmung nicht nur eine intentionale Wahrnehmung von etwas, sondern sie ist immer auch in einem Zustand, welcher durch das Subjekt bestimmt ist – und zwar gleichermaßen psychisch wie physisch. Wenn man zum Beispiel müde wird oder Drogen nimmt, verändern sich die Zustände der Wahrnehmung, die Art und Weise, wie dasselbe wahrgenommen wird.[20] Man kann daher sagen, daß sich Fiedler noch radikaler als Reid und von Helmholtz von der Vorstellung verabschiedet, daß der Prozeß des Wahrnehmens irgendeine Ähnlichkeit mit erklärbaren und begründbaren Tätigkeiten besitzt. Denn das Lesen bei Reid und von Helmholtz ist ja immer noch das Lesen von Zeichen mit Bedeutung. Man kann als Wahrnehmender keineswegs aus den Empfindungen herauslesen, was man will. Bei Fiedler nimmt die Autonomie und Souveränität des Wahrnehmenden deutlich zu. Denn sein Wahrnehmungssubjekt liest nicht eine vorgegebene Bedeutung aus seinen Empfindungen, sondern ist ein schaffender Künstler, der sich immer in einem bestimmten Zustand befindet. Dieser Zustand drückt sich in der Art der Wahrnehmung aus; in der Weise, wie man wahrnimmt, zeigt sich das Subjekt, das wahrnimmt. Deshalb versteht Fiedler den Wahrnehmungsvorgang als eine unbewußte »Ausdrucksbewegung« (173). Der Wahrnehmende formt aus seinen Empfindungen die Wahrnehmungen, so wie ein Künstler aus Ton eine Gestalt formt. Beides sind für Fiedler Tätigkeiten, die ein Subjekt ausdrücken. Diese Analogie führt letztlich zu Fiedlers berühmt gewordener These, daß das sichtbare Kunstwerk als der eigentliche und der geglückte wahrnehmungsphilosophische Beitrag aufgefaßt werden muß. Denn die Aufgabenstellung der Wahrnehmungsphilosophie, zu beschreiben, was Wahrnehmung ist, wird nach diesem philosophischen Modell durch Kunstwerke überzeugender als durch philosophische Traktate eingelöst. In der Kunst wird der unsichtbare und unbewußte Gestaltungsvorgang ins Sichtbare gesetzt. Wir brauchen »nur unbefangenen Auges zu sehen, was der Künstler tatsächlich tut, um zu begreifen, daß er eine Seite der Welt faßt, die nur durch seine Mittel zu fassen ist, und zu einem Bewußtsein der

20 Siehe hierzu Lambert Wiesing, »Die Zustände des Auges. Konrad Fiedler und Heinrich Wölfflin«, in: *Auge und Hand. Konrad Fiedlers Kunsttheorie im Kontext*, hg. v. St. Majetschak, München 1997, S. 189-208.

Wirklichkeit gelangt, das durch kein Denken jemals erreicht werden kann« (184). Das heißt: Zur angemessenen phänomenologischen Beschreibung der Wahrnehmung ist für Fiedler letztlich immer ein Wechsel von der sprachlichen zur bildnerischen Beschreibung notwendig. Die Kunst ist eine Vollzugsform der Wahrnehmungsphilosophie.

Peirce oder Das unbewußte Abduzieren

So unterschiedlich die Philosophie des Amerikaners Charles Sanders Peirce verglichen mit der von Fiedler insgesamt auch sein mag, bezüglich der Wahrnehmung läßt sich durchaus ein Vergleich anstellen. Beiden geht es letztlich um eine Spezifizierung des Modells von den unbewußten Tätigkeiten – allerdings geht es in Peirces *Lectures on Pragmaticism* von 1903 insbesondere um die Entstehung von Wahrnehmungsurteilen. Ganz im Sinne der sprachanalytischen Philosophie ist der Ausgangspunkt seiner Theorie das Wahrnehmungsurteil; doch dieses Urteil über die Wahrnehmung ist für Peirce nicht ein angehängter, nachträglich bewußt formulierter Satz über Erlebnisse, sondern ein immanenter Bestandteil des Wahrnehmungsvorganges selbst. Wahrnehmen heißt, durch die Wahrnehmung unbewußt bestimmte Urteile aufgezwungen zu bekommen: »Das Wahrnehmungsurteil seinerseits ist das Resultat eines Prozesses, wenngleich eines Prozesses, der nicht genügend bewußt ist, um kontrolliert zu werden« (197). Doch wenn die Entstehung von Wahrnehmungsurteilen eine Art unbewußte, aber doch sinnvolle Wirkung ist, dann ist in der Tat die Frage angebracht, ob man eine Art innere Entstehungslogik der Wahrnehmungsurteile konstruieren kann. Die These von Peirce ist hier eindeutig: Wahrnehmungsurteile entstehen durch unbewußte Abduktionen aus wahrgenommenen Zeichen. Mit dem Begriff der Abduktion greift Peirce auf einen Grundbegriff seiner Logik zurück. Demnach ist die Abduktion »der Vorgang des Aufstellens einer erklärenden Hypothese« (201). Das heißt: Die Urteile über die Wahrnehmung sind das Produkt einer unbewußt wirkenden »Vermutung« (197), welche in der Lage ist, Sinn zu stiften. Es ist insbesondere Alexander Roesler in seiner Studie *Illusion und Relativismus* von 1999 gelungen, die bei Peirce teilweise schwer erkennbare Argumentation systematisch zu rekonstruieren und zu verteidigen: »Dieses Modell läßt sich auf die Formel bringen, daß Wahrnehmen unbewußtes, kontinuierliches und abduktives Schlußfolgern in Zeichen ist. (...) In Begriffen der Wahrnehmung ausgedrückt lautet die abduktive Form der

Schlußfolgerung folgendermaßen: Ein bestimmtes, bereits bekanntes Objekt hat die und die Eigenschaft; das Objekt vor mir hat auch diese Eigenschaften; also kann es sein, daß das Objekt vor mir ein solches Objekt wie das bereits bekannte ist. Oder als Beispiel formuliert: Eine Apfelsine ist rund, orangefarben, mit Poren auf der Schale; dieses Objekt meiner Wahrnehmung ist rund, orangefarben und hat Poren auf der Schale, also handelt es sich um eine solche Apfelsine. Diese Folgerung ist immer unsicher, da es sich bei dem fraglichen Objekt auch um eine Orange aus Plastik als Teil einer Dekoration handeln kann. Das zeichnet jedoch eine Hypothese oder Abduktion immer aus.«[21] Ja, man muß sagen, diese Unsicherheit der Abduktion ist gerade die Stärke und der Sinn dieses Modells: Wenn die Wahrnehmung nach dem Modell der Abduktion konstruiert wird, dann hat man eine Möglichkeit, erklären zu können, worin begrifflich gesehen eine Sinnestäuschung besteht. Diese ist die unbewußte abduktive Unterstellung einer falschen Sinnvermutung. Was von neuem bestätigt, daß die Theorien der unbewußten Tätigkeiten – trotz ihrer Unterschiede – gemeinsam haben, besonders einem bestimmten Phänomen gerecht zu werden. Ihre Stärke besteht darin, daß sie mögliche Gründe für die Individualität, Spontaneität und Relativität der Wahrnehmung vorschlagen. Diese Phänomene werden dadurch erfaßt, daß zu unterschiedlichen Zeiten bei unterschiedlichen Personen unterschiedliche unbewußte Tätigkeiten die Wahrnehmung bestimmen.

Doch die gleichermaßen einfache wie auch entwaffnende Frage lautet: Woher weiß man eigentlich von diesen unbewußten Tätigkeiten, welche Reid, von Helmholtz, Gibson, Fiedler und Peirce annehmen? Woher weiß man von diesem unbewußten Lesen, Extrahieren, Gestalten und Abduzieren? Muß man an diese unbewußten Leistungen glauben, oder kann ihre Existenz bewiesen werden? Aus phänomenologischer Sicht dürfte die Antwort auf diese Fragen eindeutig sein: Die Rede von unbewußten Vorgängen ist eine unbeweisbare Unterstellung – ähnlich unphänomenologisch wie die Annahme von Repräsentationen und Sinnesdaten. Eine Theorie, die mit unbewußten Vorgängen hantiert, ist ein konstruiertes Modell, das man sich ausdenken kann, aber keine Antwort auf die Frage nach der Wahrnehmung gibt. Die relevanten Argumente für diese Sicht finden sich insbesondere bei Christian von Ehrenfels, Maurice Merleau-Ponty und Gilbert Ryle.

21 Alexander Roesler, *Illusion und Relativismus. Zu einer Semiotik der Wahrnehmung im Anschluß an Charles S. Peirce*, Paderborn, München, Wien und Zürich 1999, S. 13 und 198.

Von Ehrenfels, Merleau-Ponty und Ryle oder Die Kritik am Modell der unbewußten Tätigkeiten

Bei Christian von Ehrenfels steht der Gedanke der Gestaltwahrnehmung im Mittelpunkt. Gemeint ist die These, daß Gestalten eigenständige und wahrnehmbare Qualitäten von komplexen Elementen sind, wie sich besonders deutlich am Beispiel der Melodie zeigen läßt. Obwohl eine Melodie aus vielen einzelnen Tönen besteht, kann das Hören einer Melodie nicht auf das Hören der einzelnen Töne zurückgeführt werden. Von Ehrenfels nennt in seinem Essay *Über »Gestaltqualitäten«* von 1890 folgenden Grund: Eine Gestalt bleibt trotz Transformationen identisch. Dieselbe Melodie kann in verschiedenen Tonlagen gehört werden, obwohl man dann jeweils nicht mehr dieselbe Tonfolge hört: »Den Beweis für die Existenz von ›Gestaltqualitäten‹ in unserem Sinne (...) liefert die Ähnlichkeit von Melodien und Figuren bei durchgängiger Verschiedenheit ihrer tonalen oder örtlichen Grundlage« (191). Das heißt: Von Ehrenfels bezweifelt, daß die Grundlage der Wahrnehmung punkthafte Empfindungen sind, die dann durch die Wahrnehmung unbewußt synthetisiert, gelesen oder geformt werden. Die primären Grundlagen der Wahrnehmung sind vielmehr die Gestalten. Damit lenkt er den kritischen Blick auf eine in der Tat sehr problematische Annahme in dem Modell der unbewußten Tätigkeiten: den Gedanken nämlich, es gäbe Empfindungen, welche allererst durch unbewußte Vorgänge zu Wahrnehmungen werden. Die Annahme von Empfindungen ist ein generelles Problem.

Maurice Merleau-Ponty, der seine Doktorarbeit 1934 zu dem Thema *Le Problème Perception dans la Phénoménologie et dans la ›Gestaltpsychologie‹* anmeldet, sieht sowohl beim Modell der Camera obscura als auch beim Modell vom unbewußten Schluß die gleiche konstruierte Unterstellung: Beide Modelle arbeiten mit der Annahme, daß es Empfindungen, Sinneseindrücke, impressions oder sensations gibt, welche dann entweder im Geist ein Bild erzeugen oder aber durch unbewußte Tätigkeiten zu einer Wahrnehmung werden. In beiden Modellen muß es etwas Vorausgesetztes geben, das passiv auf den Betrachter wirkt. Dies ist keineswegs eine kritische Auslegung dieser Modelle, sondern expliziter Bestandteil. So schreibt Fiedler ganz klar, »daß alle Wirklichkeit uns einzig und allein bekannt wird in den sich in uns und durch uns vollziehenden Vorgängen, deren Anfänge wir in den Sinnesempfindungen voraussetzen, deren Resultate wir da erfassen, wo sie sich zu bestimmten Formen entwickeln« (175). Die Wahrnehmung ist in beiden Modellen eine Wirkung, ein Resultat oder ein Produkt von äußeren Reizen. Doch dieses vorgängige, wirkende Material, diese Anfänge, wie Fiedler sagt, ist für Merleau-Ponty in der *Phénoménologie de la Perception* von 1945 nur eine nachträgliche Konstruktion, die sich nicht reflexiv in der Wahrnehmung zeigt. Er bringt dies auf die prägnante Formel: »Die Empfindung selbst ist nicht empfunden« (266).

Mit Merleau-Ponty erhält der phänomenologische Standpunkt gegenüber der Annahme von Empfindungen in der Tat seine deutlichste Darstellung. Der Begriff der Empfindung wird immer dann eingeführt, »wenn wir, auf unser Wahrnehmen reflektierend, zum Ausdruck zu bringen suchen, daß es niemals ausschließlich unser eigenes Werk ist. Die als Wirkung von Reizen auf unseren Körper definierte reine Empfindung ist ein ›Endprodukt‹ unserer Erkenntnis, und zwar unserer wissenschaftlichen Erkenntnis, es ist bloß eine – sehr natürliche – Täuschung, die sie uns an den Anfang setzen und aller Erkenntnis vorgängig glauben läßt. Es ist dies die notwendige, aber auch notwendig trügerische Weise, in der der Geist seine eigene Geschichte sich zur Vorstellung bringt. Die Empfindung gehört in den Bereich des Konstituierten« (266). Aus diesem Grund ist die Wahrnehmung »kein Schluß – denn die Empfindungen, die einem solchen als Prämissen dienten, gibt es nicht« (266). Die Theorien unbewußter Tätigkeiten gehen von einem Primat der Empfindungen aus. Es muß etwas zuerst gegeben sein, aus dem dann Wahrnehmungen entstehen. Doch diese genealogische Art der Beschreibung führt immer und zwangsläufig in die Konstruktion von Modellen, »da nichts ihr zuvor gegeben ist« (266). Die Wahrnehmung selbst ist das erste und einzige, was in der Erforschung der Wahrnehmung gegeben ist. Deshalb gilt die schon zitierte Aufforderung: »Was Wahrnehmung ist, kann einzig und allein die Struktur des wirklichen Wahrnehmens lehren. Die reine Impression ist sonach nicht allein unauffindbar, sie ist unwahrnehmbar, und folglich undenkbar als Moment der Wahrnehmung« (249) – so Merleau-Pontys These vom Primat der Wahrnehmung.

In methodischer Hinsicht ist diese These äußerst folgenreich: Will man nicht versuchen, die Wahrnehmung auf Empfindungen zurückzuführen, die dem Subjekt in der Wahrnehmung selbst nicht mehr präsent sind, so gilt es, diejenigen Momente in der Wahrnehmung herauszuarbeiten, welche die Wahrnehmung unumgänglich bestimmen und doch gleichzeitig in ihr präsent sind. Die in der Wahrnehmungsphilosophie so verbreitete Konstruktion von Empfindungsannahmen ist Merleau-Ponty zufolge meistens mit einer Ignoranz gegenüber der

Leiblichkeit des Wahrnehmungssubjekts verbunden – und doch ist es der Leib, an dem jede Wahrnehmung sich präsentiert und ihre nähere Bestimmung erfährt. Jede Abstraktion vom Leib macht daher eine angemessene phänomenologische Beschreibung der Wahrnehmung unmöglich. Der Eigenleib ist für Merleau-Ponty vielmehr das »allgemeine *Medium*«,[22] in dem sich der Bezug der Wahrnehmung zur Welt vollzieht. Die Bedeutung der Leiblichkeit für die Wahrnehmung wird von Merleau-Ponty dabei keineswegs naturalistisch oder physiologisch, sondern in einem dezidiert phänomenologischen und transzendentalen Sinne verstanden. Das bedeutet, daß einerseits die Präsenz des Leibes im Gegensatz zu derjenigen von Empfindungen in der Wahrnehmung selbst beschrieben werden kann und daß andererseits der eigene Leib als eine Bedingung der Möglichkeit, überhaupt wahrnehmen zu können, gedacht wird. Die Präsenz zeigt sich in der Perspektivität: Was man auch wahrnimmt, es wird von einem Standort wahrgenommen; was man auch wahrnimmt, es steht in einer räumlichen Relation zum eigenen Leib – außer die Präsenz des Leibes selbst, woraus sich für Merleau-Ponty eben gerade seine besondere, die perspektivische Wahrnehmung erst ermöglichende, transzendentale Funktion ergibt: »*Als* die Welt sehender oder berührender ist so mein Leib niemals imstande, selber gesehen oder berührt zu werden. Weil er das ist, wodurch es Gegenstände überhaupt erst gibt, vermag er selbst nie Gegenstand, niemals ›völlig konstituiert‹ zu sein. Der Leib ist also nicht lediglich einer unter anderen äußeren Gegenständen, der allein dadurch sich auszeichnete, stets da zu sein. Seine Ständigkeit ist eine absolute, die jederlei relativer Ständigkeit der eigentlichen, stets der Abwesenheit fähigen Gegenstände erst den Grund gibt. Gegenwart und Abwesenheit äußerer Gegenstände sind nur Variationen innerhalb eines dem Vermögen meines Leibes zugeeigneten primordialen Gegenwartsfeldes und Wahrnehmungsbereiches. Nicht allein ist die Ständigkeit meines Leibes nicht lediglich ein Sonderfall der Ständigkeit äußerer Gegenstände in der Welt, vielmehr versteht sich die perspektivische Darstellung der Gegenstände ihrerseits daraus allein, daß mein Leib sich jeder perspektivischen Variation widersetzt. Wenn Gegenstände mir notwendig stets nur eine ihrer Seiten zeigen, so weil ich selbst einen bestimmten Platz einnehme, von dem aus ich sie sehe, den ich selbst aber nicht sehen kann« (284f.).

Mit Maurice Merleau-Ponty meldet sich eine Kritik am Modell-

22 Bernhard Waldenfels, *Phänomenologie in Frankreich*, Frankfurt a. Main 1987, S. 166.

denken zu Wort, welche ihresgleichen sucht. Zu Recht weist jedenfalls Burkhard Liebsch 1991 in »›Eine Welt von Konsequenzen ohne Prämissen ...‹« darauf hin, daß sich mit der *Phénoménologie de la Perception* das gesamte Verständnis über die Möglichkeiten der Wahrnehmungsphilosophie grundlegend ändert: Wenn man einmal Empfindungen ihre reflexive Evidenz abspricht, dann »scheint allerdings jede Beziehung zu einer wissenschaftlichen Bestimmung der Genealogie der Erfahrung abgeschnitten zu sein (...). Die oberflächliche phänomenale Welt kann nicht Rechenschaft über sich selbst ablegen. Die Wahrnehmung kann sich über die Bedingungen ihrer Genese nicht selbst aufklären. Durch Reflexion auf die Wahrnehmung ist man nicht in der Lage, ›die Tätigkeit zu entdecken, die ihre Wirklichkeit erst ausmacht, durch die sie sich konstituiert‹. Damit verfehlt dieser Diskurs die Aufgabe der Philosophie selbst: die Ursprünge der Erfahrung in der Faktizität der wahrgenommenen Welt selbst zu bestimmen. Bestritten wird damit nicht etwa, daß die Prämissen dieser Welt in einer anderen Welt oder in den ›Tiefen der Seele‹ nur verborgen seien, sondern vielmehr, daß dem Logos der ästhetischen Welt überhaupt eine Welt realer Sichtbarkeit oder realer Empfindungen ›zugrunde‹ liegt, als deren Produkt er zu verstehen wäre. Dies verbindet sich mit dem spezifisch phänomenologischen Anspruch, diesen Logos *in* seinen Phänomenen, d. h. in den Grenzen, in denen er sich zeigt, aufzuhellen, ohne ihn durch Modelle der Erfahrung zu verstellen.«[23] Deshalb verbietet ein phänomenologischer Anspruch an die Wahrnehmungsphilosophie jede Reduktion der Wahrnehmung auf Vorgänge jeglicher Art – seien sie nun bewußt oder unbewußt, physikalisch oder neurophysiologisch. Aber – und dies ist nun philosophiegeschichtlich besonders bemerkenswert – das heißt nicht, daß dieses Verbot genuin phänomenologisch wäre. Zumindest kann ein Blick auf das Werk von Gilbert Ryle zeigen, daß ein sehr vergleichbares, vielleicht sogar noch radikaleres Ergebnis auch durch eine dezidiert sprachanalytische Argumentation erzielt werden kann.

Für Gilbert Ryle, auf dessen Parallelen zu Merleau-Ponty schon hingewiesen wurde,[24] ist nämlich die Grammatik der Sprache für die verwirrenden Modellvorstellungen in der Geschichte der Wahrnehmungsphilosophie verantwortlich. Die Annahme von Vorgängen und Prozessen jeglicher Art zur Beschreibung der Wahrnehmung geht laut Ryle auf einen Kategorienfehler zurück. Alle Theorien, welche die

23 Liebsch, »›Eine Welt von Konsequenzen ohne Prämissen ...‹«, S. 329.

24 Siehe Christian Bermes, *Maurice Merleau-Ponty zur Einführung*, Hamburg 1998, 15 f.

Wahrnehmung auf Vorgänge zurückführen, basieren auf sprachlichen Verwechslungen. In der Tat gehen Reid, von Helmholtz, Gibson, Fiedler und Peirce davon aus, daß eine philosophische Wahrnehmungstheorie um eine begriffliche Rekonstruktion des Wahrnehmungsprozesses bemüht sein sollte. Das heißt aber, sie setzten als selbstverständlich voraus, daß es einen solchen Prozeß, den es zu rekonstruieren gilt, überhaupt gibt – dies zweifelt Ryle in *Dilemmas* von 1953 an. Wir neigen »zu der Annahme, daß wir durch diese Mitteilungen [über innere Vorgänge] nicht nur erfahren werden, was in uns geschieht, wenn wir etwas wahrnehmen, sondern auch *was* Wahrnehmen ist, in dem gleichen Sinne, in dem wir durch die Antwort auf die Frage, was in uns geschieht, wenn wir vergiftet worden sind, erfahren, *was* Vergiftetwerden ist. Wie das Essen zur körperlichen Stärkung und wie Blutstürze mitunter zu Ohnmachtsanfällen oder zum Tode führen, so müßten – unserer Vorstellung nach – gewisse äußere Vorkommnisse auf dem Umweg über gewisse komplexe innere Vorgänge zu dem ganz besonderen inneren Vorgang ›einen Baum sehen‹ führen« (304). Aus diesem Grund kann die Wahrnehmung nicht als der Endpunkt eines Prozesses beschrieben werden. Die Analyse der Wahrnehmungsurteile zeigt, »daß mit dem ganzen Programm, nach dem es sich beim Sehen eines Baums um das Endstadium entweder eines physiologischen oder eines psychologischen Prozesses handeln muß, etwas ganz und gar verkehrt ist« (304). Der Grund: »Das Sehen eines Baums ist kein Effekt, ist nicht die Wirkung von etwas – aber nicht etwa, weil es sich hier um einen außergewöhnlich exzentrischen Zustand oder Vorgang handelte, der allen Kausalerklärungen unzugänglich wäre, sondern weil es sich überhaupt nicht um so etwas wie einen Zustand oder einen Vorgang handelt« (304 f.). Diese These begründet Ryle mit dem aristotelischen Argument, »daß man im gleichen Augenblick, in dem man sagen kann ›Ich sehe es‹, auch schon sagen kann ›Ich habe es gesehen‹« (305). Die Verben ›sehen‹ oder ›wahrnehmen‹ können nicht etwas bezeichnen, was von einem Subjekt über einen gewissen Zeitraum unternommen wird – ähnlich wie bei den Verben ›gewinnen‹ oder ›finden‹. »Ich kann sagen, daß ich gerade nach einem Bleistift oder dem passenden Wort für mein Kreuzworträtsel suche; aber ich kann nicht sagen, daß ich fortwährend damit beschäftigt bin, den Bleistift oder das gesuchte Wort zu finden. Ganz entsprechend kann ich zwar damit beschäftigt sein, nach etwas Ausschau zu halten oder es zu betrachten, aber ich kann *nicht* damit beschäftigt sein, es zu sehen, weil in jedem beliebigen Augenblick gilt, daß ich es entweder *noch nicht* gesehen habe oder *schon* gesehen habe. ›Etwas sehen‹ steht nicht für ein Erlebnis, etwas, das ich durchmache oder mit dem ich mich beschäftige« (306). Doch wofür stehen die Begriffe dann? Dieser Wunsch nach nicht-skeptischen Ergebnissen drängt sich angesichts der vehementen Kritik von Merleau-Ponty und Ryle immer mehr auf. Die Kritik an vorhandenen Beschreibungsversuchen ist eine Sache; doch sie ersetzt nicht die eigenen Beschreibungsvorschläge.

Hegel, Husserl, Kant und Searle oder Die Suche nach den phänomenologischen Besonderheiten der Wahrnehmung

Für ein Verständnis der eigenen Beschreibungen phänomenologischer Wahrnehmungstheorien kann eine Formulierung von Ulrich Melle über deren spezifische Absicht helfen: »Wird in phänomenologischer Einstellung nach der Wahrnehmung gefragt, gilt das Interesse somit der spezifischen Weise wahrnehmender Intention; das Wesen der Wahrnehmung muß in einer spezifisch von anderen Formen gegenständlichen Gerichtetseins unterschiedenen Art intentionalen Bezogenseins auf Gegenstände bestehen.«[25] Damit ist in der Tat der entscheidende Punkt markiert: Phänomenologische Theorien der Wahrnehmung gehen vom Phänomen der Intentionalität aus. Die Wahrnehmung gibt sich dem Wahrnehmenden als eine Wahrnehmung von etwas. Doch in dieser Feststellung, die schon Reid zur Differenzierung von Empfindungen und Wahrnehmungen verwendet, wird von Phänomenologen nur ein hinreichendes Merkmal gesehen. Intentionalität ist zwar notwendig, aber keineswegs spezifisch für das Wahrnehmungsbewußtsein. Bewußtsein tritt in vielen Formen intentional gerichtet auf – als Wunsch, als Gedanke, als Vorstellung oder als Wille. Wenn die Intentionalität der Wahrnehmung phänomenologisch ohne Metaphern und naturalistische Modellunterstellungen beschrieben werden soll, dann geht dies insbesondere komparatistisch, indem die spezifische Differenz der Wahrnehmungsintentionalität zu anderen Formen des intentionalen Gerichtetseins dargestellt wird. Eine phänomenologische Theorie muß zeigen, welche Eigenschaften eines intentionalen Wahrnehmungsobjekts undenkbarerweise an diesem Objekt fehlen können, um so die Wahrnehmung zu einer der ir-

25 Ulrich Melle, *Das Wahrnehmungsproblem und seine Verwandlung in phänomenologischer Einstellung. Untersuchungen zu den phänomenologischen Wahrnehmungstheorien von Husserl, Gurwitsch und Merleau-Ponty*, Den Haag 1983, S. 19f.

reduziblen und ursprünglichen Weisen der Seinsauffassung zu machen. Das heißt, daß die leitende Frage stets lautet: Welche Merkmale hat ein Wahrnehmungsobjekt aufgrund der Tatsache, daß es als ein Wahrnehmungsobjekt erfahren wird? In der Geschichte der Wahrnehmungsphilosophie sind mindestens vier große, spezifische Merkmale des intentionalen Wahrnehmungsobjekts zur Diskussion gestellt worden: von Georg Friedrich Wilhelm Hegel das unumgängliche »Auch«, daß jedes Wahrnehmungsobjekt auch anders wahrgenommen werden kann; von Edmund Husserl die wesensmäßige »Prätention«, daß das Gesehene sich als mehr gibt, als wirklich gesehen wird; von Immanuel Kant die räumlich-zeitliche Strukturierung des Wahrnehmungsobjektes durch Anschauungsformen und von John Searle die Kausiertheit des Gesehenen durch das Gesehene.

Hegel entwickelt seinen Vorschlag über die besondere Art der Seinsauffassung der Wahrnehmung im Wahrnehmungskapitel der *Phänomenologie des Geistes* von 1807. Ihm geht es um eine dezidiert phänomenologische Differenzierung von sinnlicher Gewißheit und gegenständlicher Wahrnehmung. Folgende Stelle dürfte für seine These zentral sein: »Es wird also von dem Dinge gesagt: *es ist* weiß, *auch* kubisch und *auch* scharf usf. Aber insofern es weiß ist, ist es nicht kubisch, und insofern es kubisch und auch weiß ist, ist es nicht scharf usf. Das *Ineinssetzen* dieser Eigenschaften kommt nur dem Bewußtsein zu, welches sie daher an dem Ding nicht in Eins fallen zu lassen hat. (...) Das Ding ist auf diese Weise zum wahrhaften *Auch* erhoben« (145). Diese Erhebung zum »wahrhaften Auch« ist aber nicht eine kontingente Eigenschaft von bestimmten Wahrnehmungen, sondern die Weise, wie etwas überhaupt wahrgenommen werden kann. Die Wahrnehmung kann das Bewußtsein nur auf ein Objekt richten, das auch anders sinnlich wahrnehmbar ist, weil Wahrnehmung immer eine durch das Wahrnehmungsbewußtsein vollzogene Identifizierung von sinnlichen Differenzen ist. Das Objekt einer Wahrnehmung gibt sich dem Wahrnehmenden immer als ein Objekt für mehrere Sinne, weshalb mit jeder Wahrnehmung eine Identifizierungsleistung verbunden sein muß. Wenn jemand ein Haus sieht, muß er ein Bewußtsein haben, daß das wahrgenommene Objekt auch anders zugänglich sein könnte – das »auch« ist bei Hegel fast immer kursiv und groß geschrieben. Diese Art der Gegebenheitsweise ist bei Empfindungen – aber auch bei der Wahrnehmung von bildlich dargestellten Dingen[26] –

26 Siehe hierzu Lambert Wiesing, *Phänomene im Bild*, München 2000.

nicht gegeben: Wenn jemand Bauchschmerzen hat, dann kann er diese nicht in vielfältiger Weise sinnlich wahrnehmen, denn er nimmt überhaupt nicht ein durch das Bewußtsein ineinsgesetztes Objekt wahr, sondern er fühlt sich hier und jetzt in einem Zustand. Man könnte auch sagen: Bauchschmerzen lassen sich nicht riechen, hören, sehen oder tasten. Doch genau diese Möglichkeit der pluralen sinnlichen Vergegenwärtigung zeichnet das Objekt der Wahrnehmung aus, weshalb eben überhaupt bei Wahrnehmung von einem vermittelten, ineinsgesetzten Objekt gesprochen werden kann. Wird dieser Vorgang dem Wahrnehmenden bewußt, dann gibt sich das Wahrnehmungsbewußtsein für Hegel nicht mehr als eine unmittelbare und sichere Anschauung einer bestehenden Wirklichkeit, sondern der »Wahrnehmende hat das Bewußtsein der Möglichkeit der Täuschung« (143). Denn das, was man sieht, ist nur ein Medium für ein Bewußtsein von etwas, das mehr als nur sichtbar ist – Husserls Beschreibungen des Wahrnehmungsobjekts lassen sich hier nahtlos anschließen.

In den sogenannten *Analysen zur passiven Synthesis* von 1925/26 ist für Edmund Husserl die spezifische Weise, in der eine Sache als wahrgenommene Sache bewußt wird, eine Prätention: »Die äußere Wahrnehmung ist eine beständige Prätention, etwas zu leisten, was sie ihrem eigenen Wesen nach zu leisten außerstande ist. Also gewissermaßen ein Widerspruch gehört zu ihrem Wesen« (203). Doch dies kann nur der Fall sein, wenn sich in der Wahrnehmung selbst eine für den Wahrnehmenden erfahrbare Differenz von »eigentlich Wahrgenommen und eigentlich Nichtwahrgenommen« (203) beschreiben läßt. Diesen »merkwürdigen Zwiespalt« (204) meint Husserl durch Selbstreflexion feststellen zu können. Zumindest geht er davon aus: »Was damit gemeint ist, wird Ihnen alsbald klarwerden, wenn Sie schauend zusehen, wie sich der objektive Sinn als Einheit in den unendlichen Mannigfaltigkeiten möglicher Erscheinungen darstellt« (203). Dann wird der Zwiespalt zwischen dem Sinn einer Wahrnehmung und den im positivistischen Verständnis tatsächlich gesehenen Seiten einer Sache evident: »Denn zu dem eigenen Sinn jeder Wahrnehmung gehört ihr wahrgenommener Gegenstand als ihr gegenständlicher Sinn, also dieses Ding: der Tisch, der gesehen ist. Aber dieses Ding ist nicht die jetzt eigentlich gesehene Seite, sondern ist (und dem eigenen Sinn der Wahrnehmung gemäß) eben das Vollding, das noch andere Seiten hat. Seiten, die nicht in dieser, sondern in anderen Wahrnehmungen zur eigentlichen Wahrnehmung kommen würden«

(204). Das heißt: Jede Wahrnehmung führt notwendigerweise »ein *plus ultra* mit sich« (210). Sie ist ein Bewußtsein von einem Vollding, obwohl dieses gemeinte Vollding nur in »perspektivischen Abschattungen« (203) wahrgenommen wird. Die Ansicht einer Vorderseite führt eben nicht zu der Meinung, bloß eine Seite zu sehen, sondern eben zu der Meinung, die Vorderseite eines ganzen Dinges zu sehen; die Wahrnehmung »prätendiert in der Tat beständig mehr, als sie ihrem eigenen Wesen nach leisten kann« (210). Das bedeutet aber: Die Wahrnehmungsprätention ist für Husserl keine kontingente Eigenschaft bestimmter Dinge, sondern ein Strukturmerkmal des Wahrnehmungsbewußtseins – und zwar aufgrund eines bemerkenswert rationalistischen Kriteriums.

Den notwendigen Charakter von Gegebenheitsweisen kann man dadurch feststellen, daß man in der Phantasie prüft, ob sich eine Wahrnehmung ohne dieses Merkmal denken läßt: »Eine äußere Wahrnehmung ist undenkbar, die ihr Wahrgenommenes in ihrem sinnendinglichen Gehalt erschöpfte, ein Wahrnehmungsgegenstand ist undenkbar, der in einer abgeschlossenen Wahrnehmung im strengsten Sinn allseitig, nach der Allheit seiner sinnlich anschaulichen Merkmale gegeben sein könnte« (203). Das Kriterium einer notwendigen Gegebenheitsweise ist für Husserl eindeutig die Undenkbarkeit des Gegenteils. Damit wird deutlich, in welcher Tradition die Phänomenologie diesbezüglich steht: Es geht nicht um kontingente, psychologische Sichtweisen, wie jemand etwas persönlich wahrzunehmen meint, sondern es geht um die notwendigen, internen Strukturen der Wahrnehmung. In einem gewissen Sinne steht die Phänomenologie ihrem eigenen Anspruch nach in der Tradition der *Transzendentalen Ästhetik* Kants.

Zweifelsohne ist Immanuel Kants Interesse an der Wahrnehmung weit von dem einer phänomenologischen Beschreibung entfernt. Kant bemüht sich nicht, die Wahrnehmung so zu beschreiben, wie sie sich dem Wahrnehmenden gibt. Aber er versucht doch, und hier trifft er sich mit dem phänomenologischen Anliegen, Eigenschaften zu bestimmen, die wahrgenommene Dinge notwendigerweise für den Wahrnehmenden haben müssen, und zwar nicht, weil man dies aus Beobachtungen induktiv verallgemeinern kann, sondern weil es sich nicht denken läßt, daß eine wahrgenommene Sache ohne diese Eigenschaften überhaupt wahrgenommen werden könnte. Kant denkt an die räumliche und zeitliche Strukturierung des Wahrgenommenen und liefert folgendes Argument: Von der Räumlichkeit und Zeitlichkeit einer wahrgenommenen Sache läßt sich nicht abstrahieren. Man kann sich nicht vorstellen, eine Sache wahrzunehmen, die nicht räumliche und zeitliche Eigenschaften hat. Eine rote und blaue Tomate läßt sich vorstellen, doch keine räumliche und nicht-räumliche Tomate. Da es das Merkmal von empirischen Eigenschaften ist, daß sie in der Vorstellung anders gedacht werden können, kann der Raum und die Zeit folglich keine empirische Eigenschaft des wahrgenommenen Gegenstandes sein. Der Raum und die Zeit müssen vielmehr eine mediale Formeigenschaft des Vermögens zur Wahrnehmung sein. So, wie man mit einem Schwarzweißfilm keine farbigen Dinge zeigen kann, so läßt auch die Wahrnehmung als Medium keine Wahrnehmung von raum- und zeitlosen Dingen zu. Was dann wiederum die berühmte These aus der *Kritik der reinen Vernunft* von 1781 nach sich zieht: »Der Raum ist kein empirischer Begriff, der von äußeren Erfahrungen abgezogen worden. (...) Der Raum ist nichts anderes als nur die Form aller Erscheinungen äußerer Sinne, d. i. die subjektive Bedingung der Sinnlichkeit, unter der allein uns äußere Anschauung möglich ist« (131 und 134).

Es ist dieses rationalistische Kriterium des ›es ist nicht anders denkbar‹, welches auch die Wahrnehmungsphilosophie des Amerikaners John R. Searle leitet. In seinem Buch *Intentionality: An Essay in Philosophy of Mind* von 1983 versucht er, die besondere Seinsauffassung der Wahrnehmung mit einem Begriff zu vertiefen, welcher auf den ersten Blick diesem Kriterium nicht gerecht werden kann. Die Hauptkategorie seiner Überlegungen über die Gegebenheitsweise des intentionalen Wahrnehmungsobjekts ist der Begriff der Kausalität. Searles These ist eindeutig: »Was vielmehr gesehen wird, das sind Gegenstände und Sachverhalte, und es gehört zu den Erfüllungsbedingungen des visuellen Erlebnisses, das man hat, wenn man Gegenstände und Sachverhalte sieht, daß das Erlebnis selbst vom Gesehenen verursacht sein muß« (369). Anders gesagt: Wenn man einen Gegenstand sieht, dann ist mit diesem Sehen notwendigerweise der Glaube verbunden, daß der Gegenstand, den man zu sehen meint, die Ursache dafür ist, daß man ihn sieht: »Es gehört zum [intentionalen] Gehalt des visuellen Erlebnisses, daß es – um erfüllt zu sein – von seinem intentionalen Gegenstand verursacht sein muß« (369). Damit ist, obwohl Searle sich anderenorts für naturalistische Erkenntnispositionen stark macht, nicht eine reale Kausalität zwischen der Wahrnehmung und dem wahrgenommenen Gegenstand behauptet. Denn diese reale Kausalität kann leicht anders gedacht werden, wie jede phänomenalistische Position belegt. Searles Theorie ist mit einem phänomenologischen Problem befaßt, mit der Weise des Erscheinens von etwas Wahrgenommenem. Ob wirklich eine Kausalität gegeben ist, läßt sich nicht beobachten. Aber Searle geht davon aus, daß das Erlebnis des Verursachtseins selbst unmittelbar zum Erlebnis des Sehens einer Sache gehört. Zumindest würde er es als einen Selbstwiderspruch ansehen, wenn jemand behauptet: ›Ich sehe ein Auto, glaube aber nicht, daß das Auto die Ursache dafür ist, daß ich es sehe.‹ Aus diesem Grund wird die Kausiertheit des Wahrgenommenen als eine notwendige, nicht anders denkbare Weise des Erscheinens verstanden. Wenn man Searle so in die Diskussion der Wahrnehmungsphilosophie einordnet, dann wird verständlich, wieso diese scheinbar ganz naturalistisch argumentierende Philosophie doch einen dezidiert phänomenologischen Beitrag leistet, und zwar einen Beitrag, von dem Elmar Holenstein sogar meint, daß es sich um die »brillanteste phänomenologische Monografie im Geiste Husserls seit Merleau-Pontys *Phénoménologie de la Perception*«[27] handelt. Diese deutliche Einordnung Searles in die Phänomenologie geschieht sicherlich vor dem Hintergrund, daß Holenstein darauf hinweist, daß auch Husserl in der ersten Auflage der *V. Logischen Untersuchung* von einer »erscheinenden Kausalität« spricht und in der zweiten Auflage diesen Terminus durch »scheinbare Kausalität«[28] ersetzt. In der Tat sind Überlegungen über eine erscheinende Kausiertheit des Wahrnehmungsobjektes in der klassischen Phänomenologie nicht so fremd, wie man vielleicht denken mag. Denn auch Merleau-Ponty läßt diesbezüglich keinen Zweifel offen: »Unsere Wahrnehmung gelangt zu Gegenständen, und einmal konstituiert, erscheint der Gegenstand als der Grund all unserer wirklichen und möglichen Erfahrungen von ihm« (274).

Ducasse und Armstrong oder Der Zweifel an der phänomenalen Besonderheit der Wahrnehmung

Wie immer man den Beitrag von Searle klassifizieren mag, ob als phänomenologische oder naturalistische Beschreibung, er basiert auf einer Grundannahme, die alle klassischen phänomenologischen Positionen teilen, nämlich daß die Wahrnehmung eine intentionale Struktur be-

27 Elmar Holenstein, »Searles Hintergrund. Neue Beiträge zur Intentionalitätsproblematik«, in: *Dilthey Jahrbuch* 3, 1985, S. 235-259, 240.

28 Husserl, *Logische Untersuchungen*, V. Untersuchung, § 15 a.

sitzt. Das heißt aber auch: Er basiert auf einer Annahme, welche für alle phänomenologischen Positionen zum Problem werden kann – zumindest dann, wenn man die Argumentationen von Curt J. Ducasse und David M. Armstrong berücksichtigt. Die Phänomenologie geht davon aus, daß erstens das intentionale Gerichtetsein eine Eigenschaft der Wahrnehmung und nicht der Wahrnehmungsurteile ist und daß zweitens in der Art des Gerichtetseins eine spezifische Seinsauffassung beschreibbar ist. Doch die Berechtigung genau der ersten Annahme wird von Ducasse und die der zweiten von Armstrong angezweifelt.

Thomas Reid hat darauf hingewiesen, daß die Struktur der Wahrnehmungsurteile nicht immer auf die Wahrnehmung selbst übertragen werden kann. Wenn jemand zum Beispiel sagt ›Ich habe Bauchschmerzen‹, dann behauptet er zwar eine Relation zwischen sich und seinen Bauchschmerzen. Doch er besitzt durch die Bauchschmerzen kein Objekt, sondern befindet sich in einem subjektiven Zustand. Nur die sprachliche Formulierung macht aus dem Zustand der Bauchschmerzen eine Relation eines Subjekts zu einem intentionalen Objekt. Dieses intentionale Objekt ist im Fall der Bauchschmerzen für den Schmerzenden nicht gegeben, da die Bauchschmerzen diesem überhaupt nicht als etwas erscheinen, was vom Akt des Erscheinens unabhängig sein und getrennt werden könnte. Das heißt, die Relation eines Besitzes von etwas kommt nur in der sprachlichen Formulierung vor. Richard Schantz merkt daher zu dieser grundlegenden Einsicht von Thomas Reid ganz treffend an: »Wohlgemerkt, natürlich ist es nicht falsch, wenn wir sagen, daß es Schmerzen gibt und daß Personen Schmerzen haben. Wir dürfen uns nur nicht zu der Annahme verleiten lassen, daß wir, wenn wir uns so ausdrücken, eine *reale* Relation zwischen zwei Objekten, einer Person und einem Schmerz, beschreiben. Schmerzen müssen als *nichtrelationale* Zustände von Personen, oder allgemeiner, Organismen kategorisiert werden.«[29]

Die Frage ist nur: Und warum gilt dies sprachanalytische Argument nicht für die intentionalen Objekte der Wahrnehmung? Könnte es nicht sein, daß die Annahme eines intentionalen Objekts der Wahrnehmung auch nur eine sprachlich bedingte Illusion ist? Könnte es nicht sein, daß zwar der Satz ›Ich sehe ein Auto‹ nahelegt, daß ein Sehender auf ein Auto gerichtet ist, doch daß dieses Gerichtetsein nur dadurch entsteht, weil das Phänomen der Wahrnehmung in einer ungünstigen Sprache beschrieben wird? Vielleicht müßte eine adäquate

29 Richard Schantz, *Der sinnliche Gehalt der Wahrnehmung*, S. 186 f.

phänomenologische Beschreibung daher die Wahrnehmung ohne die sprachlich bedingte Unterstellung eines spezifischen intentionalen Objekts der Wahrnehmung erfassen.

Der Vorschlag von Curt J. Ducasse aus seinem Buch *Nature, Mind, and Death* von 1951 ist gleichermaßen einfach wie auch extravagant. Eine angemessene sprachliche Beschreibung der Wahrnehmung ist nur in adverbialer Form möglich. Denn nur dann wird vermieden, der Wahrnehmung künstlich ein intentionales Objekt zu unterstellen: »Die Annahme, die ich also als Alternative zu der von Moore vorschlage, ist, daß ›Blau‹, ›Bitter‹, ›Süß‹, etc. nicht Namen von Gegenständen der Erfahrung sind, auch nicht von Arten von Gegenständen der Erfahrung, sondern von *Arten der Erfahrung selbst.* Was das heißt, kann vielleicht am besten dadurch erläutert werden, daß man sagt, daß Blau zu empfinden auf blaue Weise zu empfinden ist, genauso wie Walzer zu tanzen auf walzerartige Weise zu tanzen ist. Einen Hüpfsprung zu machen ist auf hüpfende Weise zu springen (d. h. auf die Weise, die man ›hüpfen‹ nennt), etc. Das heißt, daß Sinnesempfindungen zu haben ein geistiger Vorgang ist, der zum Empfinden von Blau dieselbe logische Beziehung hat, die z. B. zwischen dem Vorgang des Vibrierens einer Saite besteht und der bestimmten Art und Weise, in der die Vibration stattfindet, etwa die Weise des mittleren C. Offensichtlich würde es auch angemessen sein, von der Saite zu sagen, daß sie auf-die-Weise-des-mittleren-C vibriert« (297 f.).

Mit der Adverbialtheorie hat Ducasse eine Perspektive für eine neue Art der Wahrnehmungsbeschreibung eröffnet: Man verzichtet auf sprachliche Formulierungen, die die Existenz eines intentionalen Objekts reifizieren. Wenn man nur von dem Anliegen getragen ist, die Wahrnehmung angemessen beschreiben zu wollen, darf man sich nicht von Sprachgewohnheiten leiten lassen und insbesondere nicht um der Sache willen vor einer stilistisch eigenwilligen Sprache zurückschrecken. Mit beeindruckender Konsequenz kann man in jüngerer Zeit insbesondere bei Richard Schantz sehen, wie man diesen Weg der Wahrnehmungsphilosophie ausbaut und wohin er führt. Die Aussage ›Ich sehe ein rotes Rechteck‹ ist wie die Formulierung ›Ich habe Bauchschmerzen‹ eine sprachliche Konstruktion einer phänomenal nicht gegebenen Relation, weshalb die angemessene Formulierung lautet: »Ich empfinde ein-rotes-Rechteck-lich.«[30] Ein Argument für diese eigenwillige Sprache soll insbesondere die plausible Analyse hal-

30 Ebenda S. 190.

luzinatorischer Erfahrungen sein. Zumindest stärkt Schantz hiermit den Ansatz von Ducasse: »Wir wollen uns nochmals Macbeth zuwenden, der eine halluzinatorische Erfahrung von einem Dolch hatte. Wir wissen, daß Macbeth keinen wirklichen, physischen Dolch gesehen hat. (...) Die Adverbialtheorie sagt von Macbeth, daß er einen-Dolch-lich empfindet. ›Einen-Dolch-lich‹ ist hier wiederum kein Adjektiv, das einer Substanz, wenn auch nur einer phänomenalen Substanz, ein Attribut zuschreibt, sondern vielmehr ein Adverb, das die spezifische Weise, in der Macbeth empfindet, näher bestimmt. Wenn eine Person einen-Dolch-lich empfindet, und darin liegt die Pointe der Adverbialtheorie, dann befindet sie sich nicht notwendigerweise in einem Zustand, der durch einen ihre visuellen Rezeptoren stimulierenden Dolch in ihr ausgelöst wird, sondern sie befindet sich in einem Zustand von einer bestimmten Art, einer Art freilich, die unter normalen Umständen und in normalen Beobachtern durch Dolche, wirkliche Dolche, hervorgerufen wird (...). Gewiß, es scheint für Macbeth so, als ob er in einer Beziehung zu einem Dolch stünde; sein Bewußtsein scheint auf einen Dolch gerichtet zu sein. Aber durch diese ›Intentionalität‹, auch wenn sie eine uneliminierbare phänomenologische Tatsache sein mag, dürfen wir uns nicht zu einer Doktrin mit weitreichenden metaphysischen und epistemologischen Konsequenzen inspirieren lassen.«[31]

Es bleibt allerdings die Frage, ob dies die phänomenologischen Theorien getan haben, oder ob die Reduktion der Wahrnehmungsbeschreibungen auf Abverbialaussagen nicht eine untragbare Verkürzung darstellt. Zumindest ist es eigenwillig, aus einer prophylaktischen Abwehr gegen mögliche weitreichende metaphysische und epistemologische Konsequenzen eine »uneleminierbare phänomenologische Tatsache« überhaupt nicht mehr sprachlich ausdrücken zu wollen. Hierzu paßt, daß aus der Sicht von Armstrong das Problem der phänomenalen Besonderheit der Wahrnehmung nicht darin besteht, daß es keine Intentionalität der Wahrnehmung gibt, sondern darin, daß nur die Besonderheit dieser Intentionaliät nicht adäquat sprachlich beschrieben werden kann.

In der Tat scheinen die Texte von Ducasse und Armstrong von demselben Geist beherrscht zu sein. So wie Ducasse sich für eine reduktionistische These stark macht, so verteidigt auch der Australier David M. Armstrong eine Reduktion der Wahrnehmung. Ducasse

31 Ebenda S. 190f.

versucht, die Wahrnehmungen als Formen des Empfindens zu beschreiben, und steht damit der phänomenologischen Idee von der Wahrnehmung als einer Seinsauffassung *sui generis* entgegen. Armstrong verteidigt in *A Materialist Theory of the Mind* von 1968 die Ansicht, daß sich der sinnliche Gehalt von Wahrnehmungen ohne Verluste auf Überzeugungen reduzieren läßt. In beiden Fällen ist die phänomenale Besonderheit der Wahrnehmung angezweifelt. Das Phänomen der Wahrnehmung verfügt dann über keine Qualitäten oder Dimensionen, welche sich nicht als der Erwerb eines Glaubens beschreiben ließen. Oder anders gesagt: Es gibt kein intentionales Wahrnehmungsobjekt, welches über andere Eigenschaften als den Inhalt einer Überzeugung verfügt: »Es ist klar, daß die biologische Funktion der Wahrnehmung darin besteht, dem Organismus Informationen über den gegenwärtigen Zustand seines eigenen Körpers und seiner physischen Umgebung zu verschaffen, Informationen, die dem Organismus bei seiner Lebensführung behilflich sind. Das ist einer der wichtigsten Hinweise auf das *Wesen* der Wahrnehmung. Er führt uns zu der Ansicht, daß Wahrnehmung nichts anderes als der Erwerb wahrer oder falscher Überzeugungen bezüglich des gegenwärtigen Zustands des Organismus selbst und seiner Umgebung ist« (312). Da Armstrong dies ohne jegliche Einschränkung meint, wird damit insbesondere die Möglichkeit bestritten, daß es Formen der Wahrnehmung ohne Glauben gibt. Eine Sache wahrzunehmen ist als eine bestimmte Art des Erwerbs von Überzeugungen über die Sache zu verstehen. Doch die Art des Erwerbs schlägt sich nicht anders als in Arten von Überzeugungen nieder. Das heißt zum Beispiel: Die Überzeugung, daß gerade die Sonne scheint, weil dies im Wetterbericht gesagt wird, und die mit den eigenen Augen erlangte Überzeugung vom schönen Wetter unterscheiden sich einzig dadurch, daß die letztere eben durch die Augen entstanden ist – aber nicht in irgendeiner sonstigen, intrinsischen, phänomenologisch beschreibbaren Weise.

Es stellt sich der Eindruck ein, daß Armstrong das, was Merleau-Ponty über die Empfindung sagt, über die Wahrnehmung behauptet. Ein vorgängiges Wahrnehmungsphänomen, das diese Überzeugungen vermittelt, ein Erlebnis der Wahrnehmung, auf das sich das Wahrnehmungsurteil ›Ich sehe die Sonne‹ bezieht, sei keine gewinnbringende Unterstellung: »Unsere Wahrnehmungen sind also weder die Grundlage für unsere Wahrnehmungsurteile noch sind sie bloße phänomenale Begleiterscheinungen unserer Wahrnehmungsurteile. Sie bestehen einfach im Erwerb dieser Urteile. Unsere Wahrnehmungen stehen nicht zwischen unserem Geist und der physischen Wirklichkeit, weil sie unsere Auffassungen dieser Wirklichkeit *sind*« (328). Kurzum: Das Phänomen, daß etwas durch die Wahrnehmung für jemanden in einer Weise aussieht oder auch für ihn in einer Weise erscheint, ist in dieser Beschreibung der Wahrnehmung als besondere Qualität der Wahrnehmung nicht existent – aber nicht etwa, weil diese Qualität bestritten würde, sondern weil sie sich nicht anders als in Behauptungen eines Glaubens sprachlich ausdrücken ließe. Das heißt aber auch: Die phänomenale Besonderheit der Wahrnehmung hängt in hohem Maße davon ab, ob man in der Lage ist, sich eine Wahrnehmungsart zu denken, die keinen Erwerb von Überzeugungen logisch impliziert. Für die Verteidigung dieser Möglichkeit – die direkte Gegenposition zu Armstrong – ist es notwendig oder zumindest naheliegend, auf die Argumente von Fred I. Dretske zurückzugreifen.

Dretske oder Das irreduzible Phänomen des Aussehens

In dem Buch *Seeing and Knowing* von 1969 thematisiert der Amerikaner Fred I. Dretske die vielfältige Weite von Wahrnehmungsphänomenen. Seine Ausrichtung ist dezidiert anti-reduktionistisch, das heißt, er verteidigt die These, daß die Wahrnehmung nicht nur ein kognitiver Zustand ist. Sie ist vielmehr etwas, das vom Erwerb einer Überzeugung *unabhängig* ist. Dabei hängt das Verständnis seiner Theorie in hohem Maße vom richtigen Verständnis der genauen Bedeutung des Wortes ›unabhängig‹ ab. Die Unabhängigkeit, um die es Dretske geht, wird nämlich nicht psychologisch, sondern im Sinne des schon vorgestellten rationalistischen Kriteriums ausschließlich logisch verstanden. Auch wenn die Unabhängigkeit von Wahrnehmung und Meinungserwerb psychologisch kaum beobachtbar sein mag, so lassen sich dennoch Wahrnehmungen denken, die nicht mit dem Erwerb einer Überzeugung verbunden sind: »Man muß aber immer im Kopf behalten, daß ich eine logische und keine *psychologische* Unabhängigkeit begründen möchte« (333 f.). Und genau deshalb beschreibt Dretske die Möglichkeit des sogenannten »nicht-epistemischen Sehens«: Auf diese Weise kann die irreduzible Besonderheit der Wahrnehmung vor sprachanalytischen Reduktionen gerettet werden. »Zu diesem Zweck muß gezeigt werden, daß es eine Weise zu sehen gibt, für die gilt, daß für jede beliebige Proposition *P* aus der Aussage ›*S* sieht *D*‹ die Aussage ›*S* glaubt *P*‹ nicht logisch folgt. Wenn das begründet werden kann, dann ist damit gezeigt, daß diese Weise des

Sehens keinen positiven Überzeugungsinhalt hat« (331). Es geht also nicht um das Sehen bestimmter Dinge, sondern um eine Einstellung oder Wahrnehmungsart, zu der Wahrnehmende prinzipiell fähig sind:

»Die grundlegende visuelle Fähigkeit, mit der ich mich in diesem Kapitel befasse, ist eine Fähigkeit, deren erfolgreiche Ausübung keinerlei positiven Überzeugungsinhalt hat. Im Hinblick auf positiven Überzeugungsinhalt ist das Sehen eines Käfers (in dieser grundlegenden Weise des Sehens) wie das Treten auf einen Käfer; keine der beiden Verrichtungen impliziert in irgendeiner wesentlichen Hinsicht eine bestimmte Überzeugung oder eine Überzeugungsmenge seitens der handelnden Person. Nichts von dem, was man glaubt, ist logisch relevant für das, was man getan hat. *Absichtlich* auf einen Käfer zu treten ist wieder etwas anderes und genauso verhält es sich mit dem Sehen, *daß* es ein Käfer ist oder *welche* Art von Käfer es ist. Die beiden letzteren Leistungen, wenn man sie so nennen möchte, haben beide einen positiven Überzeugungsinhalt« (330f.).

Wie angekündigt, läuft die Begründung dieser These nicht empirisch, indem Dretske auf Beobachtungen hinweist, sondern indem er aus der gegenteiligen Annahme – »daß wir einen Gegenstand nicht sehen können, ohne etwas über ihn zu wissen, ohne irgendwelche wahren Überzeugungen über ihn zu erwerben« (336f.), eben die Meinung von Armstrong – absurde Konsequenzen herleitet: »Gewiß erwartet man von uns, daß wir etwas über die Dinge erfahren, die wir sehen, und in der großen Mehrheit der Fälle erfahren wir vielleicht tatsächlich etwas. Aber wenn wir es nicht täten, würde nicht folgen, daß wir nichts gesehen hätten. Vollkommene Unwissenheit ist keine hinreichende Bedingung für völlige Blindheit« (336f.).

Es gehört zu den Stärken der Argumentation von Dretske, daß sie über weite Strecken ausgesprochen konkret verläuft. Er bleibt nicht nur bei der Beschreibung einer denkbaren Möglichkeit nicht-epistemischen Sehens stehen, sondern bestimmt konkret, worin die nichtkognitive Leistung dieser Wahrnehmungsart besteht: Es ist die Differenzierung von etwas. Das heißt allgemeiner gesagt: daß etwas in einer gewissen Weise für jemanden aussieht, und zwar daß es vor allem anders als sein unmittelbares Umfeld aussieht. »Der Ausdruck ›visuell unterschieden‹ soll Verschiedenes bedeuten. Am wichtigsten ist, daß *S*s Unterscheidung von *D* dadurch konstituiert wird, daß *D* für *S auf eine bestimmte Weise aussieht* und daß es außerdem anders als die unmittelbare Umgebung aussieht« (337). Die Bedeutung dieser auf den ersten Blick vielleicht einfach erscheinenden Einsicht kann kaum überschätzt werden. In ihr liegt der Versuch einer Verteidigung des genuin phänomenologischen Anliegens einer jeden Wahrnehmungsphilosophie: der Versuch nämlich, den Reichtum und die Wirklichkeit der Phänomene vor theoretischen Konstruktionen zu bewahren. Die Fähigkeit zur Wahrnehmung einer Differenz, daß etwas anders aussieht, ist logisch unabhängig von allen Überzeugungen, die der Wahrnehmende über den Gegenstand seiner Wahrnehmung hat. Man kann auch sagen: Die Fähigkeit zur Wahrnehmung ist ein Phänomen, welches sich nicht mit anderen Vorgängen, Ereignissen oder Fähigkeiten identifizieren läßt. Bei Dretske zeigt sich, was die Philosophie der Wahrnehmung bisher insgesamt geprägt hat und wohl auch ihre Zukunft bestimmen wird: Nur durch die Wahrnehmung besitzt die Welt des Menschen sinnliche Qualität. Die Wahrnehmung bleibt ein Phänomen *sui generis*, das zwar immer wieder durch reflexive Beschreibungen gegen Reduktionen und Abstraktionen, gegen Eigentlichkeiten und Modelle geschützt werden muß, aber auch geschützt werden kann – und genau hierin liegt die Aufgabe der Philosophie der Wahrnehmung, die in dieser Spezifität von keiner anderen wissenschaftlichen Disziplin erfüllt werden kann.

1. Die Camera obscura als Modell der Wahrnehmung
René Descartes

Vom Licht

Es ist Ihnen sicher schon einmal vorgekommen, daß Sie nachts ohne Licht durch ein schwieriges Gelände gingen und sich dabei eines Stockes zur Führung bedienten. Sie konnten dann bemerken, daß Sie durch die Vermittlung des Stockes die einzelnen Gegenstände ihrer Umgebung fühlen konnten. Sie waren sogar imstande, zu unterscheiden, ob Sie Baum oder Stein, Sand oder Wasser, Gras oder Schmutz oder sonst etwas Ähnliches vor sich hatten. Dieses Gefühl ist allerdings für den, der keine Übung darin hat, ein wenig wirr und undeutlich. Doch beobachten Sie einmal Menschen, die von Geburt an blind sind. Sie bedienen sich des Stockes ihr ganzes Leben lang, und man kann beobachten, wie vollkommen und genau sie, man könnte geradezu sagen »mit den Händen sehen«. Der Stock ist ihnen in Ermanglung des Gesichtes geradezu ein sechster Sinn geworden.

Hier wollen wir nun einen Vergleich ziehen. Denken Sie sich, das Licht eines leuchtenden Körpers sei nichts anderes als eine gewisse Bewegung oder eine sehr schnelle und lebhafte Regung, die unser Auge durch die Vermittlung der Luft und anderer durchsichtiger Körper ebenso erreicht, wie Bewegung oder Verharren der Körper dem Blinden durch die Vermittlung des Stockes bekannt werden. Dadurch wird es Ihnen sofort nicht mehr merkwürdig erscheinen, daß das Licht seine Strahlen in einem Augenblick von der Sonne zur Erde ausbreiten kann. Denn Sie wissen, daß die Bewegung, in die man das eine Ende des Stockes versetzt, in einem Augenblick auf das andere Ende übertragen wird, selbst wenn ein so großer Abstand wie der von der Erde zum Himmel dazwischen ist. Es wird Ihnen ebenfalls nicht mehr seltsam erscheinen, daß wir hierdurch alle Arten von Farben sehen können. Sie können es sich vielleicht vorstellen, daß die Farben der bunten Körper nichts anderes sind als die verschiedenen Arten, auf die die Körper das Licht empfangen und in unser Auge zurückstrahlen. Wenn Sie erwägen, daß dem Blinden die Unterschiede, die er zwischen Baum, Stein, Wasser und ähnlichen Dingen mittels seines Stokkes bemerkt, nicht geringer erscheinen als uns die Unterschiede zwischen rot, gelb, grün und allen anderen Farben. In jedem Falle bestehen diese Unterschiede bei sämtlichen Körpern in nichts anderem als den verschiedenen Arten der Bewegung oder des Widerstandes gegen die Bewegungen des Stockes. Daraus läßt sich schließen, daß es nicht nötig ist anzunehmen, daß irgend etwas Materielles von den Gegenständen in unser Auge kommt, um uns Farbe und Licht sehen zu lassen. Ja, es braucht an den Gegenständen nichts zu geben, was unseren Vorstellungen oder Wahrnehmungen, die wir von ihnen haben, ähnlich ist. Es geht ja auch nichts von den Körpern aus, die der Blinde mit Hilfe seines Stockes fühlt, und ihr Widerstand und ihre Bewegung, die allein die Ursache der Empfindungen sind, die er von ihnen hat, haben keine Ähnlichkeit mit den Vorstellungen, die er sich von ihnen bildet. Hierdurch werden Sie von den vielen umherflatternden kleinen Bildern, genannt species intentionales, befreit, die in der Vorstellung so vieler Philosophen am Werke sind. Sie können jetzt leicht die von ihnen erörterte Frage entscheiden, von wo die Bewegung ausgeht, die die Gesichtsempfindung hervorruft. Unser Blinder fühlt die Körper, die ihn umgeben, nicht nur durch die Bewegung der Körper selbst, wenn sie sich vor dem Stock bewegen, sondern auch durch die Bewegung der Hand, wenn die Körper dem Stock widerstehen. So muß man annehmen, daß die vom Auge wahrgenommenen Gegenstände nicht nur durch ihre eigene Bewegung zum Auge hin, sondern auch durch die von den Augen ausgehende und sich auf sie richtende Bewegung wahrgenommen werden können. Auch diese ist nichts anderes als das Licht. Jedoch muß man dazu bemerken, daß sie nur bei solchen Augen existieren, die während der Dunkelheit sehen können, wie die der Katzen. Der Mensch dagegen ist für gewöhnlich nur fähig, durch die Bewegung zu sehen, die von den Gegenständen ausgeht, denn die Erfahrung zeigt uns, daß die Gegenstände und nicht unsere Augen leuchtend oder beleuchtet sein müssen, um von uns gesehen zu werden.

Von den Sinnen im Allgemeinen

Es ist wohl notwendig, daß ich Ihnen einiges über die Eigenschaften der Sinne im allgemeinen sage, damit ich dann um so leichter die Eigenschaften des Gesichtssinnes erklären kann. Man weiß bereits zur Genüge, daß es die Seele ist, die empfindet, und nicht der Körper. [...] Außerdem muß man sich hüten anzunehmen, daß die Seele, um zu fühlen, irgendwelche Bilder betrachten muß, die von den Gegenständen zum Gehirn gesendet werden, wie das unsere Philosophen im allgemeinen annehmen, oder man müßte wenigstens das Wesen dieser Bilder ganz anders verstehen, als sie es tun. Denn da sie von diesen Bildern nichts anderes verlangen, als daß sie mit den Gegenständen, von denen sie ausgehen, Ähnlichkeit haben, ist es ihnen unmöglich zu erklären, wie sie von den Gegenständen gebildet, von den Organen der äußeren Sinne aufgenommen und durch die Nerven zum Gehirn geleitet werden können. Der einzige Grund, solche Bilder anzunehmen, war, daß unser Denken, wenn wir ein Bild sehen, leicht dazu angeregt werden kann, sich den Gegenstand vorzustellen, den es darstellt. Es schien den Philosophen, daß wir die Gegenstände, die auf unsere Sinne wirken, durch kleine Bilder, die sich in unserem Kopfe formen, in uns aufnehmen. Statt dessen müssen wir beachten, daß es noch andere Dinge als Bilder gibt, die unser Denken anregen können, zum Beispiel die Zeichen und die Worte, die in keiner Weise den Dingen gleichen, die sie bezeichnen. Um uns von dieser anerkannten Lehre so wenig wie möglich zu entfernen, ziehen wir es vor anzunehmen, daß die Gegenstände, die wir wahrnehmen, tatsächlich ihre Bilder ins Gehirn senden. Dabei müssen wir aber bedenken, daß es kein Bild gibt, das dem Gegenstand völlig gleicht, den es darstellt. Sonst würde es keine Unterschiede mehr zwischen dem Gegenstand und seinem Bild geben. Es genügt aber völlig, daß die Bilder den Gegenständen in wenigen Dingen gleichen. Ihre Vollkommenheit hängt sogar oft gerade davon ab, daß sie den Gegenständen nicht so ähnlich sind, wie sie es sein könnten. Betrachten Sie zum Beispiel einen Kupferstich. Er ist dadurch entstanden, daß man hier und da ein wenig Tusche auf Papier gebracht hat, und doch zeigt er uns Wälder, Städte, Menschen, ja sogar Schlachten und Geschütze. Obgleich eine Unzahl verschiedener Einzelheiten uns die Gegenstände erkennen lassen, gibt es doch keine einzige Gestalt, der sie völlig gleichen. Und das ist auch noch eine sehr unvollkommene Ähnlichkeit, wenn man berücksichtigt, daß diese Stiche uns auf einer völlig ebenen Fläche Körper darstellen, die sich mehr oder weniger aus ihr herausheben, oder hinter ihr liegen, und daß sie nach den Regeln der Perspektive Kreise besser als Ovale als wieder durch Kreise, Quadrate durch Rechtecke als wieder durch Quadrate wiedergeben. Ebenso geht es mit allen anderen Figuren. So dürfen oft Bilder, um in ihrer Eigenschaft als Bilder vollkommen zu sein und die Gegenstände besser darzustellen, diesen häufig gerade nicht gleichen.

Dasselbe müssen wir von den Bildern annehmen, die sich in unserem Gehirn bilden. Wir müssen dabei beachten, daß es hierbei darauf ankommt zu wissen, wie sie der Seele die Möglichkeit geben können, die verschiedenen Eigenschaften der Gegenstände, die sie darstellen, zu empfinden, und nicht, welche Ähnlichkeit sie mit ihnen haben. Der Blinde, von dem wir oben sprachen, berührt mit einem Stock die Gegenstände. Dabei ist gewiß, daß die Körper nichts anderes zu ihm senden. Sie bewegen nur seinen Stock, je nach den verschiedenen Eigenschaften, die sie besitzen. Dadurch erregen sie die Nerven seiner Hand und schließlich die Stelle des Gehirns, von der diese Nerven ausgehen. Das veranlaßt die Seele dazu, genau so viele Eigenschaften dieser Körper zu fühlen, wie es verschiedene Bewegungen gibt, die hierdurch im Gehirn hervorgebracht werden.

Von den Bildern im Auge

Sie haben nun wohl eingesehen, daß die Seele es nicht nötig hat, um zu fühlen, irgendwelche Bilder anzusehen, die den Dingen ähnlich sind, die sie fühlt. Das ändert aber an der Tatsache nichts, daß die Gegenstände, die wir betrachten, recht vollkommene Bilder dieser Gegenstände in den Grund unseres Auges einprägen. Irgend jemand hat es bereits mit folgendem Vergleich sehr sinnvoll erklärt: Ein Mensch befinde sich in einem völlig verschlossenen Zimmer, das nur ein einziges Loch besitzt, vor das eine gläserne Linse gebracht wird.

In einem gewissen Abstand davon spannt man ein weißes Tuch aus, auf dem das Licht, das von den äußeren Gegenständen ausgeht, die Bilder hervorbringt. Das Loch ist die Pupille, das Glas entspricht dem Kristallwasser, oder besser allen Teilen des Auges, die eine Brechung hervorrufen. Die Leinwand stellt die innere Haut dar, die aus den Enden des optischen Nervs zusammengesetzt ist.

Sie können hierüber noch bessere Gewißheit erlangen, wenn Sie sich das Auge eines eben verstorbenen Menschen oder statt dessen eines Ochsen oder eines anderen großen Tieres verschaffen. An der Rückseite des Auges schneiden Sie vorsichtig die drei Häute, die es umgeben, ab, ohne daß das Auge ausläuft, so daß ein großer Teil der Flüssigkeit M unbedeckt ist. Dann bedecken Sie es bei RST wieder mit irgendeinem weißen Körper, zum Beispiel einem Stück Papier oder einer Eierschale. Er muß so dünn sein, daß das Tageslicht hindurchscheinen kann. Dieses Auge setzen Sie in ein dafür angefertigtes

Loch Z eines Fensters. Dabei befindet sich BCD vor dem Fenster und ist der Stelle zugekehrt, an der sich die verschiedenen Gegenstände X, Y, V befinden, die von der Sonne beleuchtet werden. Der hintere Teil des Auges und der weiße Körper RST sind im Innern des Zimmers P, wo auch Sie sein werden. In das Zimmer darf außer durch das Auge, von dem Sie wissen, daß seine sämtlichen Teile von C bis S durchsichtig sind, keinerlei Licht fallen. Wenn Sie nun den weißen Körper RST betrachten, werden Sie nicht ohne Bewunderung und Freude ein Bild sehen, das ganz naturgetreu alle Gegenstände X, Y, V, die sich draußen befinden, perspektivisch wiedergibt. Das Experiment gelingt, wenn das Auge seine natürliche Gestalt behält, die dem Abstand der Gegenstände angepaßt ist. [...]

Vom Sehen

Wenn nun auch dieses Bild, das auf diese Weise ins Innere unseres Kopfes gelangt, immer noch eine Ähnlichkeit mit den Gegenständen behält, von denen es ausgeht, so darf man sich doch, wie ich es Ihnen ja schon verständlich genug gemacht habe, die Sache nicht so vorstellen, als ob wir durch diese Ähnlichkeit eine Empfindung von ihnen bekommen, als ob es noch andere Augen in unserem Gehirn gäbe, durch die wir sie wahrnehmen könnten. Es sind vielmehr die Bewegungen, aus denen sich das Bild zusammensetzt, die unmittelbar auf unsere Seele wirken und, soweit sie eine Einheit mit unserem Körper bildet, von der Natur dazu hergerichtet sind, in ihr solche Empfindungen hervorzurufen. Das möchte ich Ihnen hier im einzelnen erklären. Alle Eigenschaften, die wir an den sichtbaren Gegenständen wahrnehmen, lassen sich auf sechs hauptsächliche zurückführen: das Licht, die Farbe, die Lage, den Abstand, die Größe und die Form. Wir betrachten zuerst Licht und Farbe, die allein im eigentlichen Sinne zum Gesichtssinn gehören. Man muß sich unsere Seele so beschaffen denken, daß die Kraft der Bewegungen, die an den Stellen des Gehirns wirkt, von denen die kleinen Fädchen des optischen Nervs ausgehen, in ihr die Empfindung des Lichtes hervorruft und die verschiedene Art dieser Bewegungen die der Farben, so wie auch die Bewegungen der dem Gehör entsprechenden Nerven die Seele die Töne hören, die Nerven der Zunge den Geschmack empfinden lassen; und so lassen überhaupt die Bewegungen der Nerven des ganzen Körpers die Seele einen Reiz empfinden, wenn sie gemäßigt sind, und wenn sie heftig

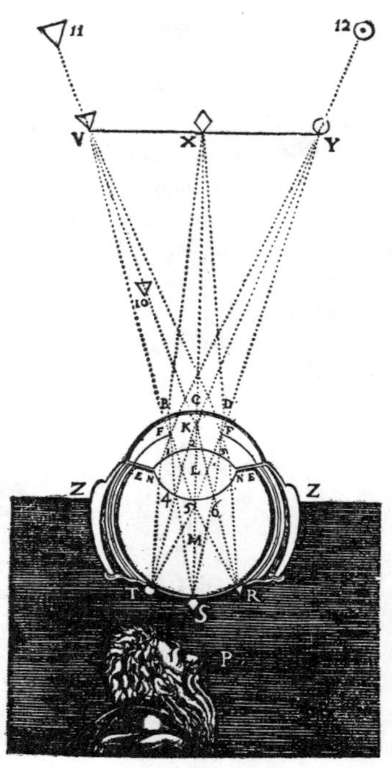

sind, einen Schmerz. Dabei braucht bei alledem keine Ähnlichkeit zwischen Vorstellungen, die die Seele empfängt, und der Bewegung, die diese Vorstellung hervorruft, zu bestehen. Das werden Sie sofort glauben, wenn Sie daran denken, daß es denen, deren Auge eine Verletzung erleidet, scheint, als sähen sie vor sich lauter Feuer oder Blitze, auch wenn sie dabei das Auge geschlossen halten oder sich in einem dunklen Zimmer befinden. So kann diese Empfindung allein von der Kraft des Schlages herrühren, die die kleinen Fädchen des optischen Nervs so wie ein helles Licht bewegt. Dieselbe Kraft kann im Ohr einen Ton erklingen lassen und an einem anderen Körperteil die Empfindung des Schmerzes hervorrufen. Unsere Annahme wird auch durch das Folgende bestätigt: Wenn wir unsere Augen gewaltsam zwingen, in die Sonne oder ein anderes helles Licht zu sehen, behalten sie noch eine Zeit lang den Eindruck, als sähen sie verschiedene Farben, die wechseln und ineinander übergehen, je schwächer sie werden, auch wenn die Augen geschlossen sind. Das kann nur daher kommen, daß die kleinen Fädchen des optischen Nervs außerordentlich stark bewegt wurden und sich nicht so rasch wie sonst beruhigen können. Aber die Erregung, die noch in den Augen ist, nachdem sie geschlossen wurden, ist nicht mehr groß genug, um das grelle Licht, das sie verursachte, darzustellen, und so stellte es weniger lebhafte Farben dar. Daß diese Farben sich verändern, wenn sie schwächer werden, zeigt, daß ihr Wesen nur in der verschiedenen Bewegung besteht, und gerade das hatte ich ja angenommen.

Über den Unterschied, der zwischen unseren Empfindungen und den Dingen, die sie hervorrufen, besteht

Da ich mir vornehme, hier das Licht zu behandeln, will ich Sie zuerst darüber unterrichten, daß es einen Unterschied geben kann zwischen der Empfindung, die wir von ihm haben, d. h. der Idee, die sich davon mittels unserer Augen in unserer Einbildung formt, und dem, was in den Gegenständen liegt und in uns diese Empfindung hervorruft, d. h. das, was sich in der Flamme oder Sonne befindet und Licht heißt. Denn obgleich gemeinhin ein jeder wähnt, daß die Ideen, die wir in unserem Denken besitzen, ganz und gar den Gegenständen entsprechen, von denen sie herrühren, sehe ich gleichwohl keinen Grund, der uns dessen wirklich versicherte; sondern ich stelle im Gegenteil verschiedene Erfahrungen fest, die uns daran zweifeln lassen müssen.

Sie wissen wohl, daß wir die Worte, die doch keine Ähnlichkeit mit den Dingen besitzen, die sie bezeichnen, durchaus verstehen, und häufig sogar, ohne auf den Klang der Wörter oder Silben zu achten; so kann es vorkommen, daß wir eine Rede gehört haben, deren Sinn wir sehr wohl verstanden haben, aber danach nicht sagen können, in welcher Zunge sie vorgetragen wurde. Wenn folglich die Wörter, die nur durch die Übereinkunft der Menschen etwas bedeuten, genügen, um uns die Dinge erfassen zu lassen, mit denen sie doch keine Ähnlichkeit besitzen: warum könnte die Natur nicht ebenfalls ein bestimmtes Zeichen eingerichtet haben, das uns die Empfindung des Lichtes haben läßt, obgleich dieses Zeichen nichts an sich hat, was dieser Empfindung ähnlich ist? Und ist es nicht so, daß sie Lachen und Weinen geschaffen hat, um uns die Freude und die Trauer auf den Gesichtern der Menschen lesen zu lassen?

Aber Sie werden vielleicht sagen, daß unsere Ohren uns wirklich nur den Klang der Worte empfinden lassen und unsere Augen nur das Benehmen dessen, der lacht oder weint, und daß es unser Geist ist, der sie uns gleichzeitig zur Anschauung bringt, weil er behalten hat, was diese Worte und diese Haltung bedeuten. Darauf könnte ich antworten, daß es ebenso unser Geist ist, der uns die Idee des Lichtes jedesmal zur Anschauung bringt, wenn der Vorgang, den es anzeigt, unser Auge berührt. Aber ohne Zeit mit Disputieren zu verlieren, werde ich lieber ein anderes Beispiel anführen.

Denken Sie, selbst wenn wir nicht auf die Bedeutung der Wörter achten und wenn wir nur ihren Ton hören, daß die Idee dieses Tones, die sich in unserem Denken bildet, in irgendeiner Weise dem Gegenstand ähnlich sei, der seine Ursache ist? Ein Mensch öffnet den Mund, bewegt die Zunge, stößt seinen Atem aus: ich sehe nichts an all diesen Tätigkeiten, das nicht stark von der Idee des Tones verschieden wäre, die jene in unserer Einbildung hervorrufen. Und die meisten Philosophen versichern, daß der Ton nichts anderes als eine bestimmte Luftvibration ist, die auf unser Ohr trifft; wenn demnach der Hörsinn unserem Denken das wahre Bild seines Gegenstandes übermittelte, müßte er bewirken, daß wir anstelle des Klangs die Bewegung der Luftteile erfaßten, die in diesem Falle an unserem Ohr vibriert. Aber weil vielleicht nicht jeder glauben will, was die Philosophen sagen, werde ich noch ein anderes Beispiel anführen.

Der Tastsinn ist derjenige von all unseren Sinnen, den man für den am wenigsten trügerischen und sichersten hält; wenn ich Ihnen also zeige, daß sogar der Tastsinn uns verschiedene Ideen fassen läßt, welche in keiner Weise den Gegenständen ähneln, die sie hervorrufen, denke ich nicht, daß Sie es seltsam finden müssen, wenn ich sage, daß der Gesichtssinn das gleiche bewirken kann. Nun gibt es niemand, der nicht wüßte, daß die Ideen des Kitzels und des Schmerzes, die sich in unserem Denken bilden, wenn äußere Körper uns berühren, keine Ähnlichkeit mit diesen aufweisen. Man führe vorsichtig eine Feder über die Lippen eines Kindes, das einschläft, und es merkt, daß man es kitzelt: glauben Sie, daß die Idee des Kitzels, die es bildet, in irgendeiner Weise dem gleicht, was sich in dieser Feder befindet? Ein Polizist kommt aus einem Handgemenge: während der Hitze der Auseinandersetzung hätte er verletzt werden können, ohne es zu bemerken; aber nunmehr, wo er beginnt, sich abzukühlen, empfindet er Schmerz, er glaubt verletzt zu sein: man ruft einen Chirurgen, man nimmt ihm die Waffen ab, man untersucht ihn und findet schließlich, daß das, was er verspürte, nichts anderes war als eine Schnalle oder ein Gurt, der ihn drückte und störte, weil er unter seine Waffen geraten war. Wenn der Druck, der ihn diese Schnalle spüren ließ, seinem Denken deren Abbild eingeprägt hätte, würde er keines Chirurgen bedurft haben, um ihn darüber aufzuklären, was er empfand.

Ich sehe folglich keinen Grund, der uns verpflichtet zu glauben, das, was sich in den Gegenständen befindet, von denen unsere Lichtempfindung herrührt, sei diesen Empfindungen ähnlicher, als es die Berührungen einer Feder und einer Schnalle für den Kitzel und den Schmerz sind. Und dennoch habe ich diese Beispiele nicht angeführt, um Sie unbedingt glauben zu machen, daß dieses Licht in den Gegenständen anders als in unseren Augen ist, sondern allein, damit Sie daran zweifeln, und damit Sie jetzt mit mir besser untersuchen können, was es damit auf sich hat, da Sie sich jetzt hüten, vom Gegenteil eingenommen zu sein.

2. Die Wahrnehmung durch Repräsentationen
John Locke

Über die Ideen im allgemeinen und ihren Ursprung

1. Da sich jedermann dessen bewußt ist, daß er denkt und daß das, womit sich sein Geist beim Denken befaßt, die dort vorhandenen *Ideen* sind, so ist es zweifellos, daß die Menschen in ihrem Geist verschiedene Ideen haben, zum Beispiel diejenigen, die durch die Wörter *Weiße, Härte, Süßigkeit, Denken, Bewegung, Mensch, Elefant, Armee, Trunkenheit* und andere mehr ausgedrückt werden. In erster Linie werden wir also zu untersuchen haben, *wie der Mensch zu diesen Ideen gelangt.*

Es ist, wie ich weiß, eine allgemein anerkannte Lehre, daß die Menschen angeborene Ideen und ursprüngliche Schriftzeichen besitzen, die ihrem Geist gleich beim Entstehen eingeprägt wurden. Diese Meinung habe ich schon einer eingehenden Prüfung unterzogen, und ich nehme an, meine Ausführungen im vorigen Buch werden sehr viel eher Anklang finden, wenn ich gezeigt haben werde, woher der Verstand alle die Ideen, die er besitzt, nehmen kann, und auf welchen Wegen und in welchem Maße sie in den Geist gelangen können; ich berufe mich hierbei auf die eigene Beobachtung und Erfahrung eines jeden.

2. Nehmen wir also an, der Geist sei, wie man sagt, ein unbeschriebenes Blatt, ohne alle Schriftzeichen, frei von allen Ideen; wie werden ihm diese dann zugeführt? Wie gelangt er zu dem gewaltigen Vorrat an Ideen, womit ihn die geschäftige schrankenlose Phantasie des Menschen in nahezu unendlicher Mannigfaltigkeit beschrieben hat? Woher hat er all das *Material* für seine Vernunft und für seine Erkenntnis? Ich antworte darauf mit einem einzigen Worte: aus der *Erfahrung.* Auf sie gründet sich unsere gesamte Erkenntnis, von ihr leitet sie sich schließlich her. Unsere Beobachtung, die entweder auf äußere sinnlich wahrnehmbare Objekte gerichtet ist oder auf innere Operationen des Geistes, die wir wahrnehmen und über die wir nachdenken, liefert unserm Verstand das gesamte *Material* des Denkens. Dies sind die beiden Quellen der Erkenntnis, aus denen alle Ideen entspringen, die wir haben oder naturgemäß haben können.

3. I. Wenn unsere Sinne mit bestimmten sinnlich wahrnehmbaren Objekten in Berührung treten, so führen sie dem Geist eine Reihe verschiedener Wahrnehmungen von Dingen zu, die der mannigfach verschiedenen Art entsprechen, wie jene Objekte auf die Sinne einwirken. Auf diese Weise kommen wir zu den *Ideen*, die wir von *gelb, weiß, heiß, kalt, weich, hart, bitter, süß* haben, und zu allen denen, die wir sinnlich wahrnehmbare Qualitäten nennen. Wenn ich sage, die Sinne führen sie dem Geist zu, so meine ich damit, sie führen von den Gegenständen der Außenwelt her dem Geist dasjenige zu, was in demselben jene Wahrnehmungen hervorruft. Diese wichtige Quelle der meisten unserer Ideen, die ganz und gar von unseren Sinnen abhängen und durch sie dem Verstand zugeleitet werden, nenne ich *Sensation.*

4. II. Die andere Quelle, aus der die Erfahrung den Verstand mit Ideen speist, ist die Wahrnehmung der Operationen des eigenen Geistes in uns, der sich mit den ihm zugeführten Ideen beschäftigt. Diese Operationen statten den Verstand, sobald die Seele zum Nachdenken und Betrachten kommt, mit einer anderen Reihe von Ideen aus, die durch Dinge der Außenwelt nicht hätten erlangt werden können. Solche Ideen sind: *wahrnehmen, denken, zweifeln, glauben, schließen, erkennen, wollen* und all die verschiedenen Tätigkeiten unseres eigenen Geistes. Indem wir uns ihrer bewußt werden und sie in uns beobachten, gewinnen wir von ihnen für unseren Verstand ebenso deutliche Ideen wie von Körpern, die auf unsere Sinne einwirken. Diese Quelle von Ideen liegt ausschließlich im Innern des Menschen, und wenn sie auch kein Sinn ist, da sie mit den äußeren Objekten nichts zu tun hat, so ist sie doch etwas sehr Ähnliches und könnte füglich als *innerer Sinn* bezeichnet werden. Während ich im ersten Fall von Sensation rede, so nenne ich diese Quelle *Reflexion*, weil die Ideen, die sie liefert, lediglich solche sind, die der Geist durch eine Beobachtung seiner eigenen inneren Operationen gewinnt. Im weiteren Fortgang dieser Abhandlung bitte ich demnach unter Reflexion die Kenntnis zu verstehen, die der Geist von seinen eigenen Operationen und von ihren Eigenarten nimmt, auf Grund derer Ideen von diesen Operationen in den Verstand gelangen können. Zweierlei Dinge also, nämlich äußere materielle Dinge als die Objekte der *Sensation* und die inneren Operationen unseres Geistes als die Objekte der *Reflexion*, sind für mich die einzigen Ursprünge, von denen alle unsere Ideen ihren Anfang nehmen. Den Ausdruck *Operationen* gebrauche ich hier in einem weiten Sinne, da er nicht nur die aktiven Einwirkungen des Geistes auf seine Ideen bezeichnet, sondern auch bestimmte, bis-

weilen durch sie herbeigeführte passive Zustände, wie zum Beispiel die aus irgendeinem Gedanken entspringende Zufriedenheit oder Unruhe.

5. Der Verstand scheint mir nicht den leisesten Schimmer von irgendwelchen Ideen zu haben, die er nicht aus einer dieser beiden Quellen empfängt. Die *äußeren Objekte* versehen den Geist mit den Ideen der sinnlich wahrnehmbaren Qualitäten; diese Ideen sind all die verschiedenen Wahrnehmungen, die die äußeren Objekte in uns erzeugen; *der Geist* versieht den Verstand mit Ideen seiner eigenen Operationen.

Wenn wir uns einen Gesamtüberblick über sie sowie über ihre verschiedenen Modi [Kombinationen und Relationen] erworben haben, dann werden wir finden, daß darunter unser ganzer Ideenvorrat begriffen ist und daß wir nichts in unserm Geist haben, was nicht auf dem einen dieser beiden Wege hineingelangt wäre. Man prüfe einmal seine eigenen Gedanken und durchforsche gründlich seinen Verstand und sage mir dann, ob unter all den ursprünglichen Ideen, die dort vorhanden sind, irgendwelche sind, die nicht die Objekte unserer Sinne oder unsere zu Objekten der Reflexion gemachten Geistesoperationen beträfen. Wie groß man sich auch die Masse der im Geist angehäuften Kenntnisse vorstellen möge, bei genauer Betrachtung wird sich herausstellen, daß der Geist keine einzige Idee aufweist, die ihm nicht auf einem dieser beiden Wege eingeprägt wurde, wenn auch, wie wir später sehen werden, durch den Verstand in unendlicher Mannigfaltigkeit zusammengesetzt und erweitert. [...]

9. Wenn gefragt wird, *wann* der Mensch zuerst irgendwelche Ideen habe, so heißt das: wann beginnt er wahrzunehmen. Denn *Ideen haben* und *wahrnehmen* ist ein und dasselbe. Bekanntlich ist man der Meinung, daß die Seele immer denke, daß sich in ihr, solange sie existiere, beständig ein wirkliches Wahrnehmen von Ideen abspiele und daß wirkliches Denken von der Seele ebenso untrennbar sei wie wirkliche Ausdehnung vom Körper. Dies würde, wenn es richtig wäre, besagen, daß ein Forschen nach dem Anfang der Ideen eines Menschen gleichbedeutend sei mit einem Forschen nach dem Anfang seiner Seele; denn nach dieser Ansicht beginnen die Seele und ihre Ideen wie der Körper und seine Ausdehnung zu gleicher Zeit zu existieren. [...]

18. Gern würde ich auch von denjenigen, die so zuversichtlich behaupten, daß die menschliche Seele oder, was gleichbedeutend ist, der Mensch beständig denkt, darüber Aufschluß erhalten, wie sie zu dieser

Kenntnis gelangen, ja, woher sie wissen, daß sie denken, wenn sie das nicht selbst wahrnehmen. Ich fürchte, das heißt überzeugt sein, ohne Beweise zu haben, wissen, ohne wahrzunehmen. Es liegt hier, wie ich vermute, ein verworrener Begriff vor, den man herangezogen hat, um eine Hypothese zu stützen, nicht aber eine jener klaren Wahrheiten, die wir entweder ihrer eigenen Augenscheinlichkeit wegen gelten lassen müssen oder der allgemeinen Erfahrung wegen nicht leugnen können. Denn das Äußerste, was sich an diesem Punkte behaupten läßt, ist die Möglichkeit, daß die Seele immer denke, aber sich dessen nicht immer erinnere. Demgegenüber behaupte ich, daß es ebenso gut möglich ist, daß die Seele nicht immer denkt; ja, sehr viel wahrscheinlicher ist es, daß sie zuweilen nicht denkt, als daß sie oft, und zwar geraume Zeit hindurch, denkt, ohne sich doch einen Augenblick dessen selbst bewußt zu sein, daß sie gedacht hat.

19. Wenn man die Meinung vertritt, die Seele denke, ohne daß der Mensch es wahrnehme, so macht man, wie gesagt, aus einem Menschen zwei Personen. Wer genau beachtet, wie sich die Verteidiger dieser Ansicht ausdrücken, kann sich des Verdachtes nicht erwehren, daß sie das wirklich tun. Denn diejenigen, die uns sagen, daß die *Seele* immer denke, behaupten meines Wissens doch nie, daß der *Mensch* immer denke. Kann denn die Seele denken, ohne daß der Mensch es tut? Oder kann ein Mensch denken, ohne sich dessen bewußt zu sein? Bei anderen würde man das vielleicht für Kauderwelsch halten. Wenn man sagt, der Mensch denke ständig, sei sich dessen aber nicht immer bewußt, so kann man ebenso gut sagen, sein Körper sei ausgedehnt, ohne Teile zu haben. Denn die letzte Behauptung ist ebenso faßlich wie die andere, daß ein Wesen denke, ohne sich dessen bewußt zu sein oder von diesem Vorgang etwas wahrzunehmen. Wer so spricht, hat ebenso viel Grund zu der Behauptung – falls es für seine Hypothese notwendig ist –, daß der Mensch stets hungrig sei, ohne es freilich immer zu fühlen, während doch der Hunger eben in einer bestimmten Sensation besteht, ebenso wie das Denken darin besteht, daß man sich der Tatsache seines Denkens bewußt wird. Wenn man behauptet, der Mensch sei sich jederzeit dessen bewußt, daß er denke, so frage ich: woher weiß man das? Bewußtsein ist die Wahrnehmung dessen, was im eigenen Geiste vorgeht. Kann denn ein anderer Mensch wahrnehmen, daß mir etwas bewußt ist, obwohl ich es selbst nicht wahrnehme? Keines Menschen Kenntnis kann hier über die Erfahrung hinausgehen. Man wecke einen Menschen aus tiefem Schlaf und frage ihn, woran er in dem Augenblick gedacht habe. Wenn ihm selbst

nichts davon bewußt ist, so muß jemand ein hervorragender Gedankenleser sein, um dem andern sicher beweisen zu können, daß er gedacht habe. Könnte er ihn nicht noch eher davon überzeugen, daß er überhaupt nicht geschlafen habe? Derartiges übersteigt alle Philosophie; es muß nichts Geringeres als Offenbarung sein, wodurch ein anderer Mensch in meinem Geist Gedanken entdeckt, während ich selbst dort keine finden kann. Es muß jemand notwendig einen durchdringenden Blick haben, wenn er mit Sicherheit zu sehen vermag, daß ich denke, während ich selbst das nicht wahrnehmen kann und erkläre, daß ich nicht denke, und wenn er imstande ist zu sehen, daß Hunde und Elefanten nicht denken, obgleich diese Tiere es mit allen erdenkbaren Anzeichen zu erkennen geben, nur daß sie es nicht mit Worten sagen. Mancher wird das als etwas ansehen, was selbst über die Rosenkreuzer noch einen Schritt hinausgeht, insofern es leichter erscheint, sich für andere unsichtbar zu machen, als die Gedanken eines anderen, die diesem selbst nicht sichtbar sind, sich sichtbar zu machen. Man braucht indessen nur die Seele als »eine ständig denkende Substanz« zu definieren, so ist das Ziel erreicht. Wenn eine solche Definition irgendeine Autorität besitzt, so kann ich mir von ihr keine andere Wirkung versprechen, als daß sie bei vielen Menschen den Verdacht erregt, sie hätten überhaupt keine Seele, weil sie finden, daß ein großer Teil ihres Lebens vergeht, ohne daß sie denken. Denn keine mir bekannte Definition, keine Voraussetzung irgendeiner Schule ist stark genug, um die ständige Erfahrung zu widerlegen; ja, vielleicht ist es gerade die Sucht nach einer Kenntnis jenseits dessen, was wir wahrnehmen, die so viel nutzlose und geräuschvolle Streitgespräche in der Welt hervorruft.

20. Ich sehe also keinen Grund für die Annahme, daß die Seele denke, ehe sie von den Sinnen mit Ideen versehen wurde, über die sie nachdenken kann. In dem Maße, wie letztere sich vermehren und festgehalten werden, gelangt sie dann durch Übung dazu, ihr Denkvermögen in seinen verschiedenen Zweigen auszubilden; ebenso vermehrt sie später durch Kombination dieser Ideen und durch Nachdenken über ihre eigenen Operationen ihren Gedankenvorrat und erwirbt auch größere Fertigkeit im Erinnern, Vorstellen, Überlegen und in sonstigen Arten des Denkens.

Über einfache Ideen

1. Für ein besseres Verständnis der Natur, der Art und des Umfanges unserer Erkenntnis ist in bezug auf die Ideen, die wir haben, eines sorgfältig zu beachten, daß nämlich manche von ihnen *einfach* und manche *komplex* sind.

Wenn auch die auf unsere Sinne einwirkenden Qualitäten in den Dingen selbst so vereinigt und verschmolzen sind, daß es bei ihnen keine Trennung, keinen Zwischenraum gibt, so ist es doch klar, daß die Ideen, die sie im Geist erzeugen, vermittels der Sinne einzeln und unvermischt Eintritt finden. Mögen Gesichts- und Tastsinn auch oft gleichzeitig von demselben Objekt verschiedene Ideen aufnehmen, wie man zum Beispiel gleichzeitig Bewegung und Farbe sieht, oder wie die Hand an demselben Stück Wachs Weichheit und Wärme fühlt, so sind gleichwohl die auf solche Weise in demselben Gegenstand vereinigten einfachen Ideen ebenso grundverschieden wie die, welche uns durch die verschiedenen Sinne zugeführt werden. Die Kälte und die Härte, die man einem Stück Eis anfühlt, sind im Geiste genau so verschiedene Ideen wie der Geruch und die Weiße einer Lilie oder wie der Geschmack des Zuckers und der Geruch der Rose. Nichts kann für den Menschen deutlicher sein als die klare und deutliche Wahrnehmung, die er von jenen einfachen Ideen hat, von denen jede einzelne, weil sie in sich nicht zusammengesetzt ist, nichts in sich enthält als *eine einheitliche Erscheinung oder Vorstellung im Geist;* deshalb läßt sie sich auch nicht in verschiedene Ideen zerlegen.

2. Diese einfachen Ideen, das Material unserer gesamten Erkenntnis, werden dem Geist nur auf den beiden oben erwähnten Wegen zugeführt und geliefert, nämlich durch Sensation und Reflexion. Wenn der Verstand einmal mit einem Vorrat an solchen einfachen Ideen versehen ist, dann hat er die Kraft, sie zu wiederholen, zu vergleichen und zu verbinden, und zwar in fast unendlicher Mannigfaltigkeit, so daß er auf diese Weise nach Belieben neue komplexe Ideen bilden kann. Aber auch der erhabenste Geist oder der umfassendste Verstand hat es nicht in seiner Gewalt, durch noch so große Raschheit oder Mannigfaltigkeit der Gedanken eine einzige neue Idee im Geist zu *erfinden* oder zu *bilden*, die nicht auf den oben erwähnten Wegen hineingelangt wäre. Ebenso kann auch keine Macht des Verstandes die Ideen *vernichten*, die dort vorhanden sind.

Über einfache Ideen der Sinne

1. Um uns von den Ideen, die wir durch Sensation erlangen, eine bessere Vorstellung zu machen, ist es vielleicht nicht unangebracht, wenn wir sie bezüglich der verschiedenen Wege betrachten, auf denen sie in unserm Geist Eingang finden und sich für uns wahrnehmbar machen.

Erstens gelangen also manche Ideen *nur durch einen einzigen Sinn* in unsern Geist.

Zweitens. Andere finden Eingang *durch mehr als einen Sinn.*

Drittens. Noch andere gewinnen wir *nur* durch *Reflexion.*

Viertens. Endlich gibt es auch solche, die sich *auf allen Wegen der Sensation und Reflexion* Bahn brechen und dem Geist nahegebracht werden.

Wir werden sie einzeln unter diesen verschiedenen Gesichtspunkten betrachten.

Es gibt Ideen, die durch einen einzigen Sinn Eingang finden, der für ihre Aufnahme besonders eingerichtet ist. Beispielsweise finden das Licht und die Farben, wie weiß, rot, gelb, blau mit ihren mancherlei Abstufungen oder Schattierungen und ihren Mischungen, wie grün, scharlach, purpurn, meergrün usw., nur durch die Augen Eingang, alle Arten von Geräuschen, Klängen und Tönen nur durch die Ohren, die verschiedenen Gerüche und Geschmacksarten durch die Nase und den Gaumen. Wenn nun von diesen Organen oder von den Nerven, die die Bahnen sind, die die Eindrücke von außen her zur Vernehmung im Gehirn, dem Audienzsaal des Geistes (wenn ich mich so ausdrücken darf), hinleiten, einzelne so zerrüttet sind, daß sie ihren Dienst versagen, so gibt es kein Seitentürchen, durch das der Eingang möglich ist, keinen anderen Weg, auf dem sie sich bemerkbar machen und vom Verstand wahrgenommen werden können.

Die wichtigsten der zum Tastsinn gehörigen Qualitäten sind Hitze, Kälte und Festigkeit; alle übrigen, die fast ausschließlich in der sinnlich wahrnehmbaren Gestaltung bestehen, wie glatt und rauh, oder in dem mehr oder minder festen Zusammenhang der Teile, wie hart und weich, zäh und spröde, liegen offen genug zutage.

Weitere Betrachtungen über unsere einfachen Ideen der Sensation

7. Um die Natur unserer *Ideen* noch besser zu erkennen und verständlich von ihnen zu reden, wird es zweckdienlich sein, zwischen ihnen zu unterscheiden, *insofern sie Ideen oder Wahrnehmungen in unserem Geist* und *insofern sie Modifikationen der Materie in den Körpern sind, die in uns derartige Wahrnehmungen verursachen;* denn wir dürfen nicht etwa denken (wie es vielleicht meist geschieht), sie seien die genauen Abbilder und Ebenbilder von etwas dem Gegenstand Inhärierenden; haben doch die meisten der durch Sensation gewonnenen Ideen im Geiste nicht mehr Ähnlichkeit mit etwas außer uns Existierendem als die Namen, die für sie stehen, mit unsern Ideen, die sie doch in uns hervorzurufen vermögen, sobald wir sie hören.

8. Alles, was der Geist *in sich selbst* wahrnimmt oder was unmittelbares Objekt der Wahrnehmung, des Denkens oder des Verstandes ist, das nenne ich *Idee*; und die Kraft, eine Idee in unserm Geist zu erzeugen, nenne ich eine *Qualität* des Gegenstandes, dem jene Kraft innewohnt. Wenn beispielsweise ein Schneeball die Kraft besitzt, in uns die Ideen von weiß, kalt und rund zu erzeugen, so nenne ich die Kraft, diese Ideen, wie sie im Schneeball sind, in uns zu erzeugen, Qualitäten; sofern sie aber Sensationen oder Wahrnehmungen in unserm Verstande sind, nenne ich sie Ideen. Wenn ich also zuweilen von diesen Ideen rede, als wären sie in den Dingen selbst, so möchte ich darunter jene Qualitäten in den Objekten verstanden wissen, die die Ideen in uns erzeugen.

9. Bei dieser Betrachtungsweise ergeben sich als Qualitäten der Körper:

Erstens solche, die vom Körper, in welchem Zustand er auch sein möge, völlig untrennbar sind, die er bei allen Veränderungen und Verwandlungen, die er erfährt, bei aller Gewalt, die auf ihn ausgeübt wird, dauernd beibehält, die die Sinne stets in jedem Partikel der Materie entdecken, das groß genug ist, um wahrgenommen zu werden, und die auch der Geist mit jedem Partikel untrennbar verbunden findet, mag letzteres auch zu klein sein, um für sich allein von unsern Sinnen wahrgenommen zu werden. Man nehme zum Beispiel ein Weizenkorn und teile es in zwei Teile, so hat jeder Teil noch Festigkeit, Ausdehnung, Gestalt und Beweglichkeit; man teile es nochmals, und es behält noch immer dieselben Qualitäten; in dieser Weise teile man weiter, bis die Teile sinnlich nicht mehr wahrnehmbar sind, so muß gleichwohl jedes von ihnen alle jene Qualitäten behalten. Denn eine Teilung (nichts anderes als eine solche bewirken die Mühle, der Mörser oder ein sonstiger Körper, wenn sie einen anderen in sinnlich nicht mehr wahrnehmbare Teilchen zerlegen) kann einem Körper niemals Festigkeit, Ausdehnung, Gestalt oder Beweglichkeit nehmen; sie schafft vielmehr nur zwei oder mehr gesonderte, selbständige Massen von Materie aus einer vorher einheitlichen; alle diese Massen, die als ebenso viele selbständige Körper gerechnet werden, machen nach der Teilung eine bestimmte Zahl aus. Diese nenne ich *ursprüngliche* oder *primäre Qualitäten* der Körper, die, wie wir meines Erachtens beobachten können, einfache Ideen in uns erzeugen, nämlich Festigkeit, Ausdehnung, Gestalt, Bewegung oder Ruhe und Zahl.

10. *Zweitens*, solche Qualitäten, die in Wahrheit in den Objekten selbst nichts sind als die Kräfte, vermittels ihrer primären Qualitäten, das heißt der Größe, Gestalt, Beschaffenheit und Bewegung ihrer sinnlich nicht wahrnehmbaren Teilchen, verschiedenartige Sensationen in uns zu erzeugen, wie zum Beispiel Farben, Töne, Geschmacksarten usw. Diese nenne ich *sekundäre Qualitäten.* Hinzufügen könnte man noch eine *dritte* Gruppe, die man überhaupt nur als Kräfte gelten läßt, obgleich sie ebensogut reale Qualitäten im Gegenstand sind wie diejenigen, die ich, um mich dem herrschenden Sprachgebrauch anzupassen, Qualitäten nenne, der Unterscheidung wegen jedoch als sekundäre Qualitäten bezeichne. Denn die Kraft des Feuers, durch seine primären Qualitäten im *Wachs* oder *Ton* eine neue Farbe oder einen andern Grad der Festigkeit zu erzeugen, ist ebensogut eine Qualität des Feuers wie seine Kraft, durch dieselben primären Qualitäten, nämlich Größe, Beschaffenheit und Bewegung seiner sinnlich nicht wahrnehmbaren Teilchen, in *mir* eine neue Idee oder Sensation der Wärme oder des Brennens zu erzeugen, die ich vorher nicht fühlte.

11. Als nächstes haben wir zu betrachten, wie die Körper Ideen in uns erzeugen. Es geschieht offenbar durch einen Impuls, der einzigen für uns denkbaren Weise, wie Körper eine Wirkung ausüben.

12. Wenn somit äußere Objekte nicht mit unserm Geist vereinigt sind, während sie in ihm Ideen erzeugen, und wenn wir gleichwohl die genannten *ursprünglichen* Qualitäten in solchen Objekten wahrnehmen, die einzeln in den Bereich unserer Sinne fallen, so leuchtet es ein, daß sich von ihnen aus eine gewisse Bewegung durch unsere Nerven oder Lebensgeister, durch bestimmte Teile unseres Körpers bis hin zum Gehirn, das heißt zum Sitz der Sensation fortpflanzen muß, um

hier in unserm Geist die besonderen Ideen zu erzeugen, die wir von jenen äußeren Objekten haben. Da wir nun Ausdehnung, Gestalt, Zahl und Bewegung der Körper von wahrnehmbarer Größe in einer gewissen Entfernung mit den Augen erkennen, so müssen offenbar gewisse Körper, die einzeln nicht wahrnehmbar sind, von ihnen aus zu den Augen gelangen und dadurch dem Gehirn eine bestimmte Bewegung mitteilen, welche die Ideen, die wir von den Körpern in uns tragen, erzeugen.

13. In derselben Weise, wie die Ideen dieser ursprünglichen Qualitäten in uns erzeugt werden, dürfen wir uns die Erzeugung der Ideen der *sekundären* Qualitäten vorstellen, nämlich durch die Einwirkung von sinnlich nicht wahrnehmbaren Partikeln auf unsere Sinne. Denn es gibt offenbar Körper, und zwar in recht beträchtlicher Zahl, von denen jeder einzelne so klein ist, daß wir mit keinem unserer Sinne seine Größe, Gestalt oder Bewegung entdecken können; dies ist an den Partikeln der Luft und des Wassers sowie an andern zu sehen, die noch viel kleiner sind als diese und sich vielleicht zu ihnen verhalten wie die Teilchen von Luft und Wasser selbst zu Erbsen oder Hagelkörnern, deshalb wollen wir gegenwärtig annehmen, daß die verschiedene Bewegung und Gestaltung, Größe und Zahl solcher Partikel, wenn sie auf die verschiedenen Organe unserer Sinne einwirken, in uns jene verschiedenen Sensationen erzeugen, die wir von den Farben und Gerüchen der Körper haben; ein Veilchen kann beispielsweise durch den Impuls solcher sinnlich nicht wahrnehmbarer Materiepartikel von besonderer Gestalt und Größe und durch verschiedene Grade und Modifikationen ihrer Bewegung die Ideen der blauen Farbe und des süßen Duftes jener Blumen in unserm Geist erzeugen. Denn es ist nicht weniger möglich, sich vorzustellen, daß Gott solche Ideen mit derartigen Bewegungen verknüpft, denen sie in keiner Weise ähneln, als daß er die Idee des Schmerzes mit der Bewegung eines unser Fleisch zerschneidenden Stahles verknüpft, mit dem jene Idee ebenfalls keinerlei Ähnlichkeit besitzt.

14. Was ich bezüglich der Farben und Gerüche gesagt habe, läßt sich auch auf Geschmacksarten, Töne und andere ähnliche sinnlich wahrnehmbare Qualitäten anwenden; sie sind, gleichviel welche Realität wir ihnen irrtümlicherweise zuschreiben, in Wahrheit in den Objekten selbst nichts anderes als Kräfte, um verschiedenartige Sensationen in uns zu erzeugen, und hängen von den primären Qualitäten, nämlich von Größe, Gestalt, Beschaffenheit und Bewegung der Teilchen ab, wie ich gesagt habe.

15. Hieraus ergibt sich, wie mir scheint, ohne weiteres der Schluß, daß die Ideen der primären Qualitäten der Körper Ebenbilder der letzteren sind und daß ihre Urbilder in den Körpern selbst real existieren, während die durch die sekundären Qualitäten in uns erzeugten Ideen mit den Körpern überhaupt keine Ähnlichkeit aufweisen. In den Körpern selbst existiert nichts, was unsern Ideen gliche. Sie sind in den Körpern, die wir nach ihnen benennen, lediglich eine Kraft, jene Sensationen in uns zu erzeugen. Was in der Idee von süß, blau oder warm ist, ist nur eine gewisse Größe, Gestalt und Bewegung der sinnlich nicht wahrnehmbaren Teilchen in den Körpern selbst, die wir so benennen.

16. Die Flamme bezeichnen wir als heiß und hell, den Schnee als weiß und kalt, das Manna als weiß und süß, und zwar auf Grund der Ideen, die sie in uns erzeugen. Gewöhnlich meint man dabei, diese Qualitäten seien in den Körpern dasselbe, was jene Ideen in uns sind, das eine sei das vollkommene Ebenbild des anderen, wie es bei einem Spiegelbild der Fall ist. Jede andere Behauptung würde den meisten Menschen als höchst seltsam erscheinen. Zieht man jedoch in Betracht, daß dasselbe Feuer, das in einer gewissen Entfernung die Sensation der Wärme in uns erzeugt, in einer näheren Entfernung die ganz anders geartete Sensation des Schmerzes erzeugt, dann wird man bedenken müssen, mit welchem Recht man sagen kann, die durch das Feuer in uns erzeugte Idee der Wärme sei *tatsächlich im Feuer vorhanden*, unsere Idee des Schmerzes, die das Feuer in der gleichen Weise in uns erzeugt hat, sei es dagegen *nicht.* Warum sind Weiße und Kälte im Schnee vorhanden, der Schmerz aber nicht, da der Schnee doch die eine wie die andere Idee in uns erzeugt, was er nur vermittels der Größe, Gestalt, Zahl und Bewegung seiner festen Bestandteile zu tun vermag?

17. Die besondere Größe, Zahl, Gestalt und Bewegung der Teile des Feuers oder des Schnees ist in diesen Gegenständen wirklich vorhanden, gleichviel ob sie von den Sinnen eines Menschen wahrgenommen werden oder nicht. Sie können deshalb *reale* Qualitäten genannt werden, weil sie in jenen Körpern real existieren. Dagegen sind Licht, Hitze, Weiße oder Kälte im Feuer und Schnee ebensowenig real enthalten wie Krankheit oder Schmerz im Manna. Man schalte bei ihnen die Sensation aus, man lasse die Augen kein Licht und keine Farben sehen, das Ohr keine Töne hören, den Gaumen nicht schmecken, die Nase nicht riechen, so schwinden und vergehen alle Farben, Geschmacksarten, Gerüche und Töne, *da sie solche partikularen Ideen*

sind, und werden auf ihre Ursachen reduziert, das heißt auf Größe, Gestalt und Bewegung der Teile.

18. Ein Stück Manna von sinnlich wahrnehmbarer Größe kann in uns die Idee einer runden oder viereckigen Gestalt und im Falle seiner Ortsveränderung die Idee der Bewegung erzeugen. Diese letztere Idee stellt die Bewegung dar, wie sie wirklich in dem sich bewegenden Manna vorhanden ist; ein Kreis oder ein Viereck bleibt dasselbe in der Idee wie in der Existenz, im Geist wie im Manna. Sowohl Bewegung wie Gestalt sind im Manna real vorhanden, gleichviel ob wir von ihnen Notiz nehmen oder nicht, wie jeder bereitwillig zugibt. Daneben besitzt das Manna durch Größe, Gestalt, Beschaffenheit und Bewegung seiner Teile die Kraft, in uns die Sensation des Mißbehagens, manchmal gar heftiger Schmerzen oder des Bauchgrimmens zu erzeugen. Daß diese Ideen des Mißbehagens und des Schmerzes *nicht* im Manna vorhanden, sondern das Ergebnis seiner Einwirkung auf uns sind und nirgends existieren, wenn wir sie nicht fühlen, das gibt gleichfalls jeder ohne weiteres zu. Jedoch lassen sich die Menschen nur mit Mühe an den Gedanken gewöhnen, daß Süße und Weiße im Manna nicht real vorhanden sind, daß sie nur das Ergebnis der Einwirkungen sind, die das Manna kraft der Bewegung, Größe und Gestalt seiner Partikel auf Auge und Gaumen ausübt, ebenso wie Schmerz und Mißbehagen, die durch das Manna verursacht werden, zugestandenermaßen nur das Ergebnis seiner auf Magen und Inneres durch Größe, Bewegung und Gestalt seiner sinnlich nicht wahrnehmbaren Teilchen ausgeübten Einwirkungen sind (denn wie nachgewiesen, kann ein Körper nur hierdurch eine Wirkung ausüben); warum sollte das Manna nicht ebensogut auf Augen und Gaumen einwirken und dadurch im Geist besondere, deutliche Ideen erzeugen können, die es in sich nicht besitzt, wie es, was wir ja zugeben, auf Inneres und Magen einwirken und dadurch deutliche Ideen erzeugen kann, die es in sich selbst nicht hat. Da diese Ideen ausnahmslos das Ergebnis der durch Größe, Gestalt, Zahl und Bewegung der Teile hervorgerufenen Einwirkungen des Mannas auf verschiedene Teile unseres Körpers sind, so müßte sich ein Grund aufweisen lassen, warum man von den durch Auge und Gaumen erzeugten Ideen eher anzunehmen hatte, daß sie im Manna real vorhanden seien, als von den durch Magen und Inneres erzeugten; warum sollte von Schmerz und Mißbehagen – Ideen, die die Wirkung des Mannas sind – anzunehmen sein, daß sie nirgends vorhanden seien, sobald sie nicht empfunden werden, während doch von der Süße und der Weiße, die von demselben Manna

und auf dieselbe unbekannte Art durch Einwirkung auf andere Teile des Körpers hervorgerufen werden, zu gelten hätte, daß sie im Manna vorhanden seien, auch wenn sie nicht gesehen oder geschmeckt werden.

19. Man betrachte die rote und weiße Farbe am Porphyr. Verhindert man, daß das Licht auf ihn trifft, so verschwinden seine Farben, und er erzeugt die entsprechenden Ideen nicht länger in uns; erhält das Licht wieder Zutritt, so erzeugt er diese Erscheinungen wieder in uns. Ist es dabei nun denkbar, daß durch die Anwesenheit oder Abwesenheit des Lichtes irgendwelche realen Veränderungen im Porphyr hervorgerufen werden und daß die Ideen von weiß oder rot im beleuchteten Porphyr real vorhanden sind, während offenbar ist, *daß er im Dunkeln keine Farbe hat?* Er besitzt in der Tat sowohl in der Nacht wie bei Tage eine Konfiguration der Partikel, die vermittels der von gewissen Teilen dieses harten Gesteins zurückprallenden Lichtstrahlen in uns die Idee der Röte, in andern Fällen die Idee der Weiße erzeugt; im Porphyr jedoch ist nie Weiße oder Röte vorhanden, sondern eine Beschaffenheit, die die Kraft hat, eine bestimmte Sensation in uns zu erzeugen.

20. Zerstampft man eine Mandel, so verwandelt sich die reine weiße Farbe in eine schmutzige, der süße Geschmack in einen öligen. Welche andere reale Veränderung kann aber der Stoß der Mörserkeule in einem Körper zustande bringen als nur eine Veränderung seiner Beschaffenheit?

21. Wenn wir die Ideen so unterscheiden und auffassen, können wir vielleicht eine Erklärung dafür finden, wie dasselbe Wasser in demselben Augenblick an der einen Hand die Idee der Kälte, an der anderen die der Wärme zu erzeugen vermag; könnte doch dasselbe Wasser unmöglich gleichzeitig warm und kalt sein, wenn diese Ideen wirklich darin vorhanden wären. Wenn wir uns nämlich vorstellen, daß die *Wärme*, so wie sie in unsern Händen ist, nichts anderes ist als eine gewisse Art und ein gewisser Grad der Bewegung in den feinsten Partikeln unserer Nerven oder Lebensgeister, so wird uns begreiflich, wie es möglich ist, daß dasselbe Wasser zur gleichen Zeit die Sensation der Hitze in der einen, die der Kälte in der andern Hand zu erzeugen vermag. Bei der *Gestalt* tritt so etwas nie ein; in keinem Fall erzeugt etwas in der einen Hand die Idee des Vierecks, das in der anderen die Idee der Kugel erzeugt hat. Wenn aber die Sensation von Wärme und Kälte in nichts anderem besteht als in der Vermehrung oder Verminderung der Bewegung der kleinsten Teile unseres Körpers, die durch die Kor-

puskeln irgendeines anderen Körpers verursacht ist, und wenn jene Bewegung in der einen Hand größer ist als in der andern, so läßt sich leicht einsehen, daß ein Körper, dessen kleinste Partikel sich in einer stärkeren Bewegung befinden als diejenigen der einen und in einer schwächeren als die der anderen Hand, mit beiden Händen in Berührung gebracht, die Bewegung in der einen Hand beschleunigen und in der anderen verlangsamen und auf diese Weise die davon abhängenden verschiedenen Sensationen von Wärme und Kälte verursachen wird.

Über die Wahrnehmung

1. Wie die Wahrnehmung einerseits die erste Fähigkeit des mit unseren Ideen beschäftigten Geistes ist, so ist sie andererseits zugleich auch die erste und einfachste Idee, die wir durch Reflexion gewinnen. Sie wird von manchen ganz allgemein als Denken bezeichnet, obwohl das Wort Denken nach richtigem englischen Sprachgebrauch eine an den Ideen im Geist vorgenommene Operation bezeichnet, bei der der Geist aktiv tätig ist, das heißt mit einem gewissen Grad gewollter Aufmerksamkeit etwas betrachtet. Denn bei der reinen Wahrnehmung bleibt der Geist meist nur passiv, und was er wahrnimmt, muß er unvermeidlich wahrnehmen.

2. Was Wahrnehmung ist, wird jeder besser als durch eine von mir zu gebende Darlegung erkennen, wenn er darüber nachdenkt, was er tut, wenn er sieht, hört, fühlt usw. Das kann niemandem entgehen, der über die Vorgänge in seinem eigenen Geist nachdenkt. Wenn er nicht darüber nachdenkt, werden ihm auch alle Wörter der Welt keinen Begriff davon geben können.

3. Soviel ist gewiß, wenn alle Veränderungen, die im Körper herbeigeführt werden, nicht den Geist erreichen, wenn alle Eindrücke, die auf die äußeren Organe gemacht werden, nicht im Innern bemerkt werden, dann gibt es keine Wahrnehmung. Das Feuer könnte unsern Körper verbrennen, ohne bei uns einen anderen Effekt hervorzurufen als bei einem Stück Holz, wenn sich die Bewegung nicht bis zum Gehirn fortpflanzt und dort die Empfindung der Hitze oder die Idee des Schmerzes im Geist erzeugt; denn darin besteht die wirkliche Wahrnehmung.

4. Wie oft kann der Mensch an sich selbst beobachten, daß der Geist, wenn er intensiv mit der Betrachtung bestimmter Objekte

beschäftigt ist und eine Reihe vorhandener Ideen sorgfältig überschaut, von den Eindrücken keine Notiz nimmt, die tönende Körper in dem Gehörorgan hervorrufen, obgleich sie dort dieselben Veränderungen bewirken, die für gewöhnlich die Idee eines Tones erzeugen. Der Impuls, der dem Organ mitgeteilt wird, mag hinreichend stark sein, wenn er aber vom Geist nicht beachtet wird, so erfolgt keine Wahrnehmung; wenn auch die Bewegung, die für gewöhnlich die Idee des Tones erzeugt, im Ohr stattfindet, so wird doch kein Ton gehört. Das Ausbleiben der Sensation wird in diesem Fall nicht durch einen Fehler im Organ verursacht, auch nicht dadurch, daß auf das Gehör weniger stark eingewirkt wurde als bei anderen Gelegenheiten, bei denen man hörte; vielmehr erfolgt die Sensation deshalb nicht, weil dasjenige, was sonst die Idee erzeugt, trotz Zuleitung durch das gewöhnliche Organ vom Verstand nicht beachtet wird und darum dem Geist keine Idee einprägt. Überall also, wo Empfindung oder Wahrnehmung ist, wird wirklich eine Idee erzeugt und ist im Verstand gegenwärtig.

Über das Unterscheiden und andere Operationen des Geistes

14. Das sind, denke ich, die ersten Fähigkeiten und Operationen des Geistes, von denen er in seinem Verstand Gebrauch macht. Sie werden zwar an allen Ideen des Geistes überhaupt ausgeübt und vollzogen, doch sind die von mir bisher gewählten Beispiele überwiegend dem Gebiet der einfachen Ideen entnommen. Wenn ich die Erörterung der geistigen Fähigkeiten den Darlegungen über die einfachen Ideen angefügt habe, ehe ich zu dem übergehe, was ich über die komplexen Ideen zu sagen habe, so tat ich es aus folgenden Gründen:

Erstens, weil einige dieser Fähigkeiten zunächst hauptsächlich an einfachen Ideen geübt werden und wir sie deshalb, dem gewöhnlichen Gang der Natur folgend, in ihrer Entstehung, ihrem Wachstum und ihrer allmählichen Vervollkommnung aufspüren und verfolgen können.

Zweitens, weil wir durch die Beobachtung der Operationen, die von den geistigen Fähigkeiten an einfachen Ideen vorgenommen werden – welch letztere gewöhnlich, das heißt bei den meisten Menschen, weit klarer, genauer und deutlicher im Geist vorhanden sind als komplexe Ideen –, besser prüfen und lernen können, wie der Geist abstrahiert, benennt, vergleicht und sonstige Operationen an den komplexen Ideen vornimmt, bei denen wir uns viel leichter einmal irren können.

Drittens, weil eben diese Operationen des Geistes, die er an den von der Sensation empfangenen Ideen vornimmt, sobald über sie nachgedacht wird, ihrerseits selbst wieder eine neue Gruppe von Ideen bilden, die aus jener anderen Quelle unserer Erkenntnis, die ich Reflexion nenne, entspringen, weshalb sie sich dazu eignen, an dieser Stelle nach den einfachen Ideen der Sensation betrachtet zu werden. Das Zusammensetzen, Vergleichen, Abstrahieren usw. habe ich hier nur beiläufig erwähnt, da ich an anderen Stellen Gelegenheit haben werde, eingehender davon zu handeln.

15. Damit habe ich einen kurzen und, wie ich glaube, wahren Abriß der *Geschichte der ersten Anfänge menschlicher Erkenntnis* gegeben. Ich habe gezeigt, woher der Geist seine ersten Objekte hat, wie er allmählich dazu übergeht, die Ideen zu sammeln und aufzuspeichern, aus denen sich alle Erkenntnis, derer er fähig ist, gestalten soll. Wer entscheiden will, ob ich die Wahrheit getroffen habe, den muß ich auf Erfahrung und Beobachtung verweisen; denn der beste Weg, die Wahrheit zu finden, besteht darin, die Dinge daraufhin zu prüfen, wie sie wirklich sind, nicht aber zu schließen, sie seien so, wie wir es uns einbilden oder wie wir es uns vorzustellen von andern gelernt haben.

16. Offen gestanden ist das der einzige Weg, den ich entdecken kann, auf dem die *Ideen von Dingen* in den Verstand hineingelangen. Wenn andere Leute angeborene Ideen oder eingeflößte Prinzipien haben, so haben sie allen Grund, sich ihrer zu freuen; sind sie ihrer Sache sicher, so können ihnen andere unmöglich diesen Vorzug absprechen, den sie ihren Nachbarn gegenüber haben. Ich kann nur über das sprechen, was ich in mir selbst finde und was den Begriffen entspricht, die, wenn wir das Gesamtverhalten der verschiedenen Menschen nach Lebensalter, Heimat und Erziehung prüfen, doch wohl auf den von mir gelegten Grundlagen beruhen und mit meiner Methode in allen ihren Teilen und Anwendungsformen im Einklang stehen.

17. Ich erhebe nicht den Anspruch zu belehren; ich will nur untersuchen und kann deshalb lediglich nochmals erklären, daß die äußere und innere Sensation die einzigen für mich erkennbaren Wege sind, auf denen Erkenntnisse in den Verstand gelangen. Sie allein sind, soviel ich sehen kann, die Fenster, durch die das Licht in diesen *dunklen Raum* eingelassen wird. Denn meines Erachtens ist der Verstand

einem Kabinett gar nicht so unähnlich, das gegen das Licht vollständig abgeschlossen ist und in dem nur einige kleine Öffnungen gelassen wurden, um äußere, sichtbare Ebenbilder oder Ideen von den Dingen der Umwelt einzulassen. Wenn die in einen solchen dunklen Raum hineingelangenden Bilder nur dort bleiben würden und so geordnet lägen, daß man sie im gegebenen Fall auffinden könnte, so würde solch ein Kabinett hinsichtlich aller sichtbaren Objekte und ihrer Ideen dem menschlichen Verstande außerordentlich ähnlich sein.

Das sind meine Vermutungen über die Mittel, mit denen der Verstand einfache Ideen erlangt und festhält, sowie über Modi der letzteren und über einige weitere an diesen vorgenommenen Operationen.

Über unsere Komplexen Ideen von Substanzen

1. Der Geist, der, wie ich schon erklärt habe, mit einer großen Zahl von einfachen Ideen versehen ist, die ihm teils durch die Sinne, so wie sie sich an den Dingen der Außenwelt vorfinden, teils durch Reflexion über seine eigenen Operationen zugeführt werden, beobachtet auch, daß eine bestimmte Anzahl dieser einfachen Ideen stets zusammen auftritt. Man vermutet daher, daß sie einem einzigen Ding zugehören. Und da die Worte den gewöhnlichen Auffassungen angepaßt und für die schnelle Mitteilung gebraucht werden, so belegt man solche in einem Gegenstand vereinigten einfachen Ideen mit einem einzigen Namen. Aus Unachtsamkeit neigen wir hinterher dazu, etwas als eine einzige einfache Idee zu bezeichnen und zu betrachten, was in Wirklichkeit eine Verknüpfung zahlreicher Ideen ist. Wir können uns nämlich, wie gesagt, nicht vorstellen, wie diese einfachen Ideen für sich bestehen *können*; deshalb gewöhnen wir uns daran, irgendein *Substrat* vorauszusetzen, in dem sie bestehen, aus dem sie hervorgehen. Dies nennen wir deshalb *Substanz.*

2. Prüft sich also jemand selbst in bezug auf seinen Begriff von der reinen Substanz im allgemeinen, so wird er finden, daß er davon schlechthin keine andere Idee besitzt als die Voraussetzung irgendeines nicht näher zu bestimmenden *Trägers* derjenigen Qualitäten, die einfache Ideen in uns zu erzeugen imstande sind. Diese Qualitäten werden gewöhnlich Akzidenzien genannt. Würde jemand gefragt,

welchem Gegenstand Farbe oder Schwere anhaften, so würde er nichts anderes nennen können als die festen ausgedehnten Teile. Fragt man weiter, was dasjenige sei, dem Festigkeit und Ausdehnung anhafte, so würde der Gefragte in keiner viel besseren Lage sein als jener oben erwähnte Inder. Dieser hatte behauptet, daß die Welt von einem großen Elefanten getragen werde; daraufhin fragte man ihn, worauf denn der Elefant ruhe. Seine Antwort lautete: auf einer großen Schildkröte. Als man nun weiter in ihn drang, um zu erfahren, wodurch denn diese breitrückige Schildkröte unterstützt werde, erwiderte er: durch *irgend etwas, er wisse nicht was.* So gleicht hier wie in allen anderen Fällen, wo wir Worte gebrauchen, ohne klare und deutliche Ideen zu besitzen, unsere Ausdrucksweise derjenigen der Kinder, die, wenn man sie nach einem bestimmten Gegenstand fragt, den sie nicht kennen, sofort antworten: *etwas.* Dies besagt, wenn es von Kindern oder Erwachsenen so gebraucht wird, nicht mehr, als daß sie selbst nicht wissen, was es ist, und daß sie von dem Ding, das sie zu kennen behaupten und von dem sie reden wollen, überhaupt keine deutliche Idee haben, sondern darüber vollkommen unkundig und im dunkeln sind. Unsere Idee, der wir den *allgemeinen* Namen Substanz geben, ist also nichts anderes als der vorausgesetzte, aber unbekannte Träger der Qualitäten, die wir existieren sehen. Wir nehmen von ihnen an, daß sie nicht *sine re substante*, ohne ein sie Tragendes, bestehen könnten; deshalb nennen wir diesen Träger *substantia*, was dem eigentlichen Wortsinn nach in schlichtem Englisch das Daruntersteheende oder das Emporhaltende bedeutet.

3. Wenn wir uns auf diese Weise eine dunkle und relative Idee von der *Substanz im allgemeinen* gebildet haben, können wir uns die Ideen von *einzelnen Arten von Substanzen* erwerben, indem wir *diejenigen* Kombinationen von einfachen Ideen zusammenfassen, die, wie uns die Erfahrung und Beobachtung unserer Sinne zeigen, zusammen existieren; wir nehmen deshalb von ihnen an, daß sie aus der besonderen inneren Beschaffenheit oder unbekannten Wesenheit jener Substanz herrühren. So kommen wir zu den Ideen Mensch, Pferd, Gold, Wasser u. dgl. m.; ich berufe mich auf die Erfahrung eines jeden einzelnen, ob irgend jemand von diesen eine *klare* Idee hat, die mehr wäre als die von bestimmten, zusammen existierenden einfachen Ideen. Die gewöhnlichen, am Eisen oder am Diamanten zu beobachtenden Qualitäten sind es, die in ihrer Vereinigung die wahre komplexe Idee dieser Substanzen ausmachen; diese sind dem Schmied oder dem Juwelier gewöhnlich besser bekannt als dem Philosophen. Dieser hat, von wel-

chen *substanziellen Formen* er auch reden mag, von jenen Substanzen keine andere Idee als eine solche, die durch die Zusammenfassung der sich in ihnen findenden einfachen Ideen gebildet wird. Nur müssen wir beachten, daß unsere komplexen Ideen von Substanzen neben all den einfachen Ideen, aus denen sie gebildet wurden, immer auch die verworrene Idee von etwas an sich haben, dem die einfachen Ideen zugehören und in dem sie bestehen. Wenn wir darum von irgendeiner Art von Substanz reden, so sagen wir, sie sei ein Ding, das diese oder jene Qualitäten besitze; der Körper zum Beispiel sei ein Ding, das ausgedehnt, gestaltet und zur Bewegung fähig ist; der Geist sei ein Ding, das zum Denken fähig ist. Ähnlich sagen wir, Härte, Zerreibbarkeit und die Kraft, Eisen anzuziehen, seien Qualitäten, die sich im Magneten vorfinden. Diese und ähnliche Wendungen deuten darauf hin, daß die Substanz immer als *etwas Besonderes neben* der Ausdehnung, der Gestalt, der Festigkeit, der Bewegung, dem Denken oder den anderen wahrnehmbaren Ideen gedacht wird, obwohl wir nicht wissen, was sie ist.

4. Wenn wir demnach von irgendeiner besonderen Art körperlicher Substanzen, zum Beispiel vom Pferd, Stein usw. reden oder daran denken, so ist zwar unsere Idee von jeder einzelnen von ihnen nur eine Zusammenfassung oder Verbindung der verschiedenen einfachen Ideen von sinnlich wahrnehmbaren Qualitäten, die wir an dem als Pferd oder Stein bezeichneten Dinge vereinigt vorzufinden gewöhnt sind. *Weil wir es uns aber nicht vorstellen können, wie sie selbständig oder eine in der anderen sollten bestehen können,* so nehmen wir an, daß sie in einem gemeinsamen Gegenstand existieren und von ihm getragen werden. Diese Stütze bezeichnen wir mit dem Namen Substanz, obgleich wir offenbar keine klare oder deutliche Idee von dem Ding haben, das wir uns als Träger denken.

5. Dasselbe gilt von den Operationen des Geistes, dem Denken, Schließen, Fürchten usw. Wir folgern nämlich einerseits, daß sie nicht selbständig bestehen; andererseits können wir uns nicht vorstellen, wie sie dem Körper zugehören oder von ihm erzeugt sein können. Daher sind wir geneigt, sie für Tätigkeiten einer anderen *Substanz* zu halten, die wir Geist nennen. Da wir indes von der Materie keine andere Idee oder keinen anderen Begriff haben als die eines Etwas, in dem die vielen, auf unsere Sinne einwirkenden sinnlich wahrnehmbaren Qualitäten bestehen, so haben wir in der Annahme einer Substanz, in der Denken, Erkennen, Zweifeln, die Kraft zu bewegen usw. vorhanden sind, folglich eine ebenso klare Idee von dieser Substanz des Geistes

wie von der des Körpers. Denn die eine wird (ohne daß wir wüßten, was das ist) als *Substrat* der einfachen Ideen, die wir von außen erlangen, gedacht; die andere gilt (bei gleicher Unkenntnis dessen, was das ist) als *Substrat* derjenigen Operationen, die wir in unserem eigenen Innern durch Erfahrung wahrnehmen. Somit ist klar, daß die Idee der *körperlichen Substanz* in der Tat unserem Verstehen und Begreifen ebenso fernsteht wie die der *geistigen Substanz* oder des Geistes. Wir dürfen aber daraus, daß uns jeder Begriff der Substanz des Geistes fehlt, ebensowenig schließen, daß es keinen Geist gibt, wie wir aus demselben Grunde die Existenz des Körpers bestreiten dürfen; denn es wäre ebenso vernünftig zu behaupten, es gebe keinen Körper, weil wir keine klare und deutliche Idee von der Substanz der Materie haben, wie zu sagen, es gebe keinen Geist, weil wir keine klare und deutliche Idee von der Substanz eines Geistes besitzen.

6. Was daher auch die verborgene, abstrakte Natur der Substanz im allgemeinen sein mag, jedenfalls sind alle unsere Ideen von besonderen, selbständigen Substanzarten nichts anderes als verschiedene Kombinationen einfacher Ideen, die in einer solchen, uns freilich unbekannten Ursache ihrer Verbindung miteinander bestehen, welche bewirkt, daß das Ganze für sich bestehen kann. Lediglich durch solche Kombinationen von einfachen Ideen stellen wir uns die einzelnen Arten der Substanzen vor; so sind die Ideen beschaffen, die wir von ihren verschiedenen Gattungen in unserm Geist haben; nur solche bezeichnen wir unsern Mitmenschen durch ihre besonderen Namen wie Mensch, Pferd, Sonne, Wasser, Eisen. Jeder, der die betreffende Sprache versteht, bildet, wenn er diese Worte hört, in seinem Geist eine Kombination der verschiedenen einfachen Ideen, von denen er wahrgenommen oder sich vorgestellt hat, daß sie in der Regel unter der betreffenden Bezeichnung zusammen existieren. Von ihnen allen nimmt er an, daß sie auf dem gemeinsamen unbekannten Gegenstand beruhen und ihm gleichsam anhängen, der selbst keinem andern Ding anhaftet. Dabei liegt es gleichsam auf der Hand, ja jeder wird es bei einer Prüfung seines eigenen Denkens selber finden, daß er von keiner Substanz, mag sie Gold, Pferd, Eisen, Mensch, Vitriol oder Brot sein, eine andere Idee hat als lediglich die der sinnlich wahrnehmbaren Qualitäten, die er als ihr anhaftend ansieht; hiermit verbindet er die Vorstellung eines *Substrates*, das gleichsam der Träger der Qualitäten oder einfachen Ideen ist, von denen er wahrgenommen hat, daß sie miteinander vereinigt existieren. Was ist zum Beispiel die Idee der Sonne anderes als eine Anhäufung der folgenden verschiede-

nen einfachen Ideen: strahlend, heiß, rund, von dauernder, regelmäßiger Bewegung, in bestimmter Entfernung von uns befindlich; ja vielleicht gehören noch einige andere dazu; das hängt davon ab, ob derjenige, der an die Sonne denkt oder von ihr spricht, die sinnlich wahrnehmbaren Qualitäten, Ideen oder Besonderheiten, die in dem als Sonne bezeichneten Ding vorhanden sind, mehr oder weniger sorgfältig beobachtet hat. [...]

29. Ich komme zum Schluß. Die Sensation überzeugt uns also davon, daß es feste, ausgedehnte Substanzen, die Reflexion davon, daß es denkende Substanzen gibt. Die Erfahrung lehrt uns die Gewißheit, daß solche Wesen existieren und daß die einen die Kraft haben, Körper durch einen Impuls zu bewegen, die anderen die Kraft haben, dasselbe durch einen Gedanken zu erreichen. Hieran können wir nicht zweifeln. Die Erfahrung versieht uns – wie gesagt – in jedem Augenblick mit den klaren Ideen von beiden Erscheinungen, der einen wie der anderen. Über diese Ideen, wie wir sie von den ihnen entsprechenden Quellen empfangen, können unsere Fähigkeiten jedoch nicht hinausreichen. Wenn wir ihre Natur, ihre Ursachen und ihre Beschaffenheit näher untersuchen wollen, dann nehmen wir die Natur der Ausdehnung nicht klarer wahr als die des Denkens. Wenn wir sie genauer erklären wollen, so ist es in dem einen Fall genausoschwierig wie in dem anderen. Zu begreifen, wie *eine Substanz, die man nicht kennt*, durch einen Gedanken einen Körper in Bewegung versetzt, ist ebensoschwer wie zu verstehen, wie *eine Substanz, die man nicht kennt*, durch einen Impuls dasselbe bewirkt. Wir können also ebensowenig ermitteln, worin die auf den Körper, wie worin die auf ein geistiges Wesen bezüglichen Ideen bestehen. Daher halte ich es für wahrscheinlich, daß die einfachen Ideen, die wir durch Sensation und Reflexion empfangen, die Grenzen unseres Denkens bilden, über die der Geist, welche Anstrengungen er auch unternehmen wollte, nicht um Haaresbreite hinaus gelangt. Er kann auch keinerlei Entdeckungen machen, wenn er versucht, in die Natur und die verborgenen Ursachen dieser Ideen einzudringen.

30. Von unserer Idee des geistigen Wesens, verglichen mit der des Körpers, gilt kurz gesagt also folgendes: Die Substanz des geistigen Wesens ist uns unbekannt, die Substanz des Körpers ist ebenso unbekannt.

3. Das Sein als Wahrnehmung
George Berkeley

Über die Prinzipien der menschlichen Erkenntnis

§ 1. Jedem, der einen Blick auf die Gegenstände der menschlichen Erkenntnis wirft, leuchtet ein, daß sie teils den Sinnen gegenwärtig eingeprägte Ideen sind, teils Ideen, welche durch ein Aufmerken auf das, was die Seele leidet und tut, gewonnen werden, teils endlich Ideen, welche mittels des Gedächtnisses und der Einbildungskraft durch Zusammensetzung, Teilung oder einfache Vergegenwärtigung der ursprünglich in einer der beiden vorhin angegebenen Weisen empfangenen Ideen gebildet werden. Durch den Gesichtssinn erhalte ich die Licht- und Farben-Ideen in ihren verschiedenen Abstufungen und qualitativen Modifikationen, durch den Tastsinn perzipiere ich z. B. Härte und Weichheit, Hitze und Kälte, Bewegung und Widerstand, und von diesem allem mehr oder weniger hinsichtlich der Quantität oder des Grades. Der Geruchssinn verschafft mir Gerüche, der Geschmackssinn Geschmacksempfindungen, der Sinn des Gehörs führt dem Geist Schallempfindungen zu in ihrer ganzen Mannigfaltigkeit nach Ton und Zusammensetzung. Da nun beobachtet wird, daß einige von diesen Empfindungen einander begleiten, so geschieht es, daß sie mit *einem* Namen bezeichnet und infolge hiervon als *ein* Ding betrachtet werden. Ist z. B. beobachtet worden, daß eine gewisse Farbe, Geschmacksempfindung, Geruchsempfindung, Gestalt und Festigkeit vereint auftreten, so werden sie für ein bestimmtes Ding gehalten, welches durch den Namen *Apfel* bezeichnet wird. Andere Gruppen von Ideen (collections of ideas) bilden einen Stein, einen Baum, ein Buch und ähnliche sinnliche Dinge, die, je nachdem sie gefallen oder mißfallen, die Gefühle des Hasses, der Freude, des Kummers usw. hervorrufen.

§ 2. Aber neben all dieser endlosen Mannigfaltigkeit von Ideen oder Erkenntnisobjekten existiert ebensowohl auch etwas, das sie erkennt oder perzipiert und verschiedene Tätigkeiten wie wollen, sich einbilden, sich wiedererinnern an ihnen ausübt. Dieses perzipierende tätige Wesen ist dasjenige, was ich *Gemüt, Geist, Seele* oder *mich selbst* nenne. Durch diese Worte bezeichne ich nicht irgendeine meiner Ideen, sondern ein von ihnen allen ganz verschiedenes Ding, worin sie existieren, oder, was dasselbe besagt, wodurch sie perzipiert werden; denn die Existenz einer Idee besteht im Perzipiertwerden.

§3. Daß weder unsere Gedanken noch unsere Gefühle noch unsere Einbildungsvorstellungen außerhalb des Geistes existieren, wird ein jeder zugeben. Es scheint aber nicht weniger evident zu sein, daß die verschiedenen Sinnesempfindungen oder den Sinnen eingeprägten Ideen, wie auch immer sie miteinander vermischt oder verbunden sein mögen (d. h. was für Objekte auch immer sie bilden mögen), nicht anders existieren können als in einem Geist, der sie perzipiert. Dies kann, glaube ich, von einem jeden anschaulich erkannt werden (an intuitive knowledge may be obtain'd of this, by any one), der darauf achten will, was unter dem Ausdruck *existieren* bei dessen Anwendung auf sinnliche Dinge zu verstehen ist. Sage ich: der Tisch, an dem ich schreibe, existiert, so heißt das: ich sehe und fühle ihn; wäre ich außerhalb meiner Studierstube, so könnte ich seine Existenz in dem Sinne aussagen, daß ich, wenn ich in meiner Studierstube wäre, ihn perzipieren könnte, oder daß irgendein anderer Geist ihn gegenwärtig perzipiert. Es war da ein Geruch, heißt: er wurde wahrgenommen; ein Ton fand statt, heißt: er wurde gehört; eine Farbe oder Gestalt: sie wurde durch den Gesichtssinn oder durch den Tastsinn perzipiert. Dies ist der einzige verständliche Sinn dieser und aller ähnlichen Ausdrücke. Denn was von einer absoluten Existenz nichtdenkender Dinge ohne irgendeine Beziehung auf ihr Perzipiertwerden gesagt zu werden pflegt, scheint durchaus unverständlich zu sein. Das Sein (*esse*) solcher Dinge ist Perzipiertwerden (*percipi*). Es ist nicht möglich, daß sie irgendeine Existenz außerhalb der Geister oder denkenden Wesen haben, von denen sie perzipiert werden.

§4. Es besteht in der Tat eine auffallend verbreitete Meinung, daß Häuser, Berge, Flüsse, mit einem Wort, alle sinnlichen Objekte eine natürliche oder reale Existenz haben, die von ihrem Perzipiertwerden durch den Verstand verschieden ist. Mit wie großer Zuversicht und mit wie allgemeiner Zustimmung aber auch immer dieses Prinzip behauptet werden mag, so wird doch, wenn ich nicht irre, ein jeder, der den Mut hat, es in Zweifel zu ziehen, finden, daß es einen offenbaren Widerspruch in sich schließt. Denn was sind die vorhin erwähnten Objekte anderes als die sinnlich von uns wahrgenommenen Dinge, und was perzipieren wir anderes als unsere eigenen Ideen oder Sinnesempfindungen? – und ist es nicht ein vollkommener Widerspruch, daß irgendeine von diesen oder irgendeine Verbindung von ihnen unwahrgenommen existieren sollte?

§ 5. Wenn wir diese Annahme gründlich prüfen, so wird sich vielleicht herausstellen, daß sie sich schließlich auf die Lehre von den *abstrakten Ideen* zurückführen läßt. Denn kann wohl die Abstraktion auf eine größere Höhe getrieben werden als bis zur Unterscheidung der Existenz sinnlicher Dinge von ihrem Perzipiertwerden, so daß man sich vorstellt, sie existieren unperzipiert? Licht und Farben, Hitze und Kälte, Ausdehnung und Figuren, mit einem Wort, die Dinge, welche wir sehen und fühlen, was sind sie anderes als verschiedenartige Sinnesempfindungen, Vorstellungen, Ideen oder Eindrücke auf die Sinne, und ist es möglich, auch nur in Gedanken irgendeine derselben vom Perzipiertwerden zu trennen? Ich für meine Person könnte ebensoleicht ein Ding von sich selbst abtrennen. Ich kann in der Tat vermöge meines Denkens solche Dinge voneinander abtrennen oder gesondert auffassen, die ich vielleicht niemals durch die Sinne in solcher Trennung perzipiert habe. So stelle ich mir den Rumpf eines menschlichen Körpers ohne die Glieder vor oder den Geruch einer Rose, ohne an die Rose selbst zu denken. Insoweit, das leugne ich nicht, vermag ich zu abstrahieren, wenn anders der Ausdruck *Abstraktion* hier noch im eigentlichen Sinne gilt, wo es sich nur darum handelt, solche Objekte gesondert zu denken, welche in der Tat voneinander getrennt existieren oder wirklich eins ohne das andere perzipiert werden können; aber meine Fähigkeit zu denken oder vorzustellen erstreckt sich nicht weiter als die Möglichkeit einer realen Existenz oder Perzeption. So unmöglich es mir ist, ein Ding ohne seine wirkliche Wahrnehmung zu sehen oder zu fühlen, ebenso unmöglich ist es mir hiernach, irgendein sinnlich wahrnehmbares Ding oder Objekt gesondert von seiner sinnlichen Wahrnehmung oder Perzeption zu denken.

§ 6. Einige Wahrheiten liegen so nahe und sind so einleuchtend, daß man nur die Augen des Geistes zu öffnen braucht, um sie zu erkennen. Zu diesen rechne ich die wichtige Wahrheit, daß der ganze himmlische Chor und die Fülle der irdischen Objekte, mit einem Wort alle die Dinge, die das große Weltgebäude ausmachen, keine Subsistenz außerhalb des Geistes haben, daß ihr Sein ihr Perzipiertwerden oder Erkanntwerden ist, daß sie also, solange sie nicht wirklich durch mich erkannt sind oder in meinem Geist oder im Geist irgendeines anderen geschaffenen Wesens existieren, entweder überhaupt keine Existenz haben oder im Geist eines ewigen Wesens existieren müssen, da es etwas völlig Undenkbares ist und alle Verkehrtheit der Abstraktion in sich schließt, wenn irgendeinem ihrer Teile eine vom

Geist unabhängige Existenz zugeschrieben wird. Um sich hiervon zu überzeugen, braucht der Leser nur durch eigenes Nachdenken den Versuch zu machen, in Gedanken das Sein eines sinnlich wahrnehmbaren Dinges von dessen Perzipiertwerden zu trennen.

§ 7. Aus dem Gesagten folgt, daß es keine andere Substanz gibt als den *Geist* oder das, was perzipiert. Zum vollständigeren Erweis dieses Satzes aber möge in Erwägung gezogen werden, daß die sinnlichen Qualitäten Farbe, Figur, Bewegung, Geruch, Geschmack und ähnliche sind, d. h. die durch die Sinne perzipierten Ideen. Nun ist es ein offenbarer Widerspruch, daß eine Idee in einem nicht perzipierenden Dinge existiert; denn eine Idee haben ist ganz dasselbe, was perzipieren ist; dasjenige also, worin Farbe, Figur und die ähnlichen Qualitäten existieren, muß sie perzipieren; hieraus ist klar, daß es keine nichtdenkende Substanz oder kein nichtdenkendes Substrat dieser Dinge geben kann.

§ 8. Aber, sagt ihr, obschon die Ideen selbst nicht außerhalb des Geistes existieren, so kann es doch ihnen ähnliche Dinge, deren Kopien oder Ebenbilder sie sind, geben, und diese Dinge existieren außerhalb des Geistes in einer nichtdenkenden Substanz. Ich antworte: eine Idee kann nur einer Idee ähnlich sein, eine Farbe oder Figur nur einer anderen Farbe oder Figur. Wenn wir auch noch so wenig auf unsere Gedanken achten, so werden wir es unmöglich finden, eine andere Ähnlichkeit als die zwischen unseren Ideen zu begreifen. Außerdem frage ich, ob diese vorausgesetzten Originale oder äußeren Dinge, deren Abbilder oder Darstellungen unsere Ideen sein sollen, selbst perzipierbar sind oder nicht. Sind sie es, dann sind sie Ideen, und wir haben erreicht, was wir wollten; sagt ihr dagegen, sie sind es nicht, so gebe ich jedem Beliebigen die Entscheidung anheim, ob es einen Sinn hat zu behaupten, eine Farbe sei ähnlich etwas Unsichtbarem, Härte oder Weichheit ähnlich etwas Untastbarem usw.

§ 9. Einige machen einen Unterschied zwischen *primären* und *sekundären* Qualitäten: unter den ersten verstehen sie Ausdehnung, Figur, Bewegung, Ruhe, Solidität oder Undurchdringlichkeit und Zahl; mit dem anderen Ausdruck aber bezeichnen sie alle übrigen sinnlichen Qualitäten, wie z. B. Farben, Töne, Geschmacksempfindungen und so fort. Sie erkennen an, daß die Ideen, welche wir von diesen Qualitäten haben, nicht die Ebenbilder von irgend etwas sind, das außerhalb des Geistes oder unperzipiert existiert; sie behaupten aber, unsere Ideen der primären Qualitäten seien Abdrücke oder Bilder von Dingen, die außerhalb des Geistes existieren in einer nichtdenkenden Substanz, welche sie *Materie* nennen. Unter Materie haben wir demgemäß eine träge, empfindungslose Substanz zu verstehen, in welcher Ausdehnung, Figur und Bewegung wirklich existieren. Aber es geht aus dem schon Gesagten deutlich hervor, daß Ausdehnung, Figur und Bewegung nur Ideen sind, die im Geist existieren, daß eine Idee nur einer Idee ähnlich sein kann, und daß demgemäß weder sie selbst noch auch ihre Urbilder in einer nichtperzipierenden Substanz existieren können. Hieraus ist offenbar, daß eben der Begriff von dem, was *Materie* oder *körperliche Substanz* genannt wird, einen Widerspruch in sich schließt.

§ 10. Diejenigen, welche behaupten, daß Figur, Bewegung und die übrigen primären oder ursprünglichen Qualitäten außerhalb des Geistes in undenkenden Substanzen existieren, erkennen gleichzeitig an, daß von Farben, Tönen, Hitze, Kälte und derartigen sekundären Qualitäten nicht dasselbe gilt; sie behaupten, diese sind Sinnesempfindungen, die nur im Geist existieren und von der verschiedenen Größe, Struktur und Bewegung der kleinen Teile der Materie abhängig sind oder veranlaßt werden. Sie halten dies für eine unzweifelhafte Wahrheit, für die sie Beweise, die keine Widerrede zulassen, zu führen vermögen. Wenn es nun aber gewiß ist, daß diese sog. ursprünglichen Qualitäten untrennbar mit den anderen sinnlichen Qualitäten vereinigt sind und sogar nicht in Gedanken von ihnen abgesondert werden können, so folgt offenbar, daß sie nur im Geist existieren. Ich bitte aber einen jeden nachzudenken und zu erproben, ob er durch irgendeine Abstraktion des Denkens die Ausdehnung und Bewegung eines Körpers ohne alle anderen sinnlichen Qualitäten denken kann. Ich für meine Person sehe deutlich, daß es nicht in meiner Macht steht, die Idee eines ausgedehnten und bewegten Körpers zu bilden, ohne ihm zugleich eine Farbe oder eine andere sinnliche Qualität zuzuschreiben, welche anerkanntermaßen nur im Geist existiert. Kurz, Ausdehnung, Figur und Bewegung sind undenkbar, wenn sie von allen anderen Eigenschaften durch Abstraktion gesondert werden. Wo also die anderen sinnlichen Eigenschaften sind, da müssen sie auch sein, d. h. im Geist und nirgendwo anders. [...]

§ 18. Wäre es aber auch möglich, daß feste, gestaltete, bewegliche Substanzen, die den Ideen, welche wir von Körpern haben, entsprächen, außerhalb des Geistes existierten, wie sollte es uns möglich sein, dies zu wissen? Entweder müßten wir es durch die Sinne oder durch Denken erkennen. Durch unsere Sinne haben wir nur die Kenntnis unserer Sinnesempfindungen, Ideen oder jener Dinge, die, man benenne sie, wie man wolle, unmittelbar sinnlich wahrgenommen werden; aber die Sinne lehren uns nicht, daß Dinge außerhalb des Geistes oder unperzipiert existieren, die denjenigen gleichen, welche perzipiert werden. Dies erkennen die Materialisten selbst an. Es bleibt also nur übrig, daß wir, wenn wir überhaupt irgendein Wissen von äußeren Dingen besitzen, dies durch Denken erlangt haben, indem wir ihre Existenz aus dem, was unmittelbar sinnlich perzipiert ist, erschließen. Welcher Schluß aber kann uns bestimmen, auf Grund dessen, was wir perzipieren, die Existenz von Körpern außerhalb des Geistes anzunehmen, da doch gerade die Vertreter der Lehre von der Materie selbst nicht behaupten, daß irgendeine notwendige Verbindung zwischen ihnen und unseren Ideen besteht? Es wird ja allseitig zugegeben (und was in Träumen, im Wahnsinn und ähnlichen Zuständen geschieht, setzt es außer Zweifel), daß es möglich ist, daß wir mit all den Ideen, die wir jetzt haben, ausgestattet sein könnten, wenngleich keine Körper außer uns existierten, die ihnen glichen. Also leuchtet ein, daß die Annahme der Existenz äußerer Körper zur Erklärung unserer Ideenbildung nicht erforderlich ist, da zugegeben wird, daß Ideen in derselben Ordnung, in welcher wir sie gegenwärtig vorfinden, ohne ihre Mitwirkung zuweilen wirklich hervorgebracht werden und möglicherweise immer hervorgebracht werden können.

§ 19. Aber wenn wir auch möglicherweise zu allen unseren sinnlichen Wahrnehmungen ohne äußere Objekte gelangen, so könnte man es doch vielleicht für leichter halten, ihre Entstehungsweise durch die Voraussetzung von äußeren Körpern, die ihnen ähnlich sind, als auf andere Weise zu erklären, und so würde es denn wenigstens für wahrscheinlich gelten dürfen, daß solche Dinge wie Körper existieren, die ihre Ideen in unseren Seelen anregen. Aber auch dies kann nicht gesagt werden; denn geben wir auch den Materialisten ihre äußeren Körper zu, so wissen sie nach ihrem eigenen Bekenntnis doch noch ebensowenig, wie unsere Ideen hervorgebracht werden, da sie sich selbst für unfähig erklären zu begreifen, auf welche Weise ein Körper auf einen Geist sollte einwirken können, oder wie es möglich sein sollte, daß er dem Geist eine Idee einprägt. Hiernach leuchtet ein, daß die Produktion von Ideen oder Sinneswahrnehmungen in unserem Geist kein Grund sein kann, Materie oder körperliche Substanzen vorauszusetzen, da anerkannt wird, daß diese Produktion mit dieser Voraussetzung und ohne sie gleich unerklärlich bleibt. Also selbst dann, wenn es möglich wäre, daß Körper außerhalb des Geistes existierten, müßte doch die Annahme, daß sie wirklich existieren, eine sehr unsichere Meinung sein, da dies voraussetzen hieße, Gott habe unzählige Dinge geschaffen, die durchaus nutzlos sind und in keiner Art zu irgendwelchem Zwecke dienen.

§ 20. Kurz, gäbe es äußere Körper, so könnten wir unmöglich zu ihrer Kenntnis gelangen, und gäbe es keine, so möchten wir doch die gleichen Gründe wie jetzt für ihre Existenz haben. Macht die Voraussetzung, deren Möglichkeit niemand leugnen kann, eine Intelligenz habe ohne Mitwirkung äußerer Körper dieselbe Reihe von Sinneswahrnehmungen oder Ideen, die ihr habt, und zwar sei sie in derselben Ordnung und mit gleicher Lebhaftigkeit dem Geiste eingeprägt. Ich frage, ob diese Intelligenz nicht ganz eben den Grund hat, die Existenz körperlicher Substanzen, die durch ihre Ideen repräsentiert würden und sie in ihr anregten, anzunehmen, den ihr möglicherweise haben könnt, dergleichen anzunehmen? Dies kann gar nicht zweifelhaft sein, und die eine Betrachtung genügt schon, jedem vernünftig Erwägenden die Kraft der Argumente, von welcher Art sie auch sein mögen, verdächtig zu machen, die er für die Annahme, daß Körper außerhalb des Geistes existieren, vielleicht zu haben glaubt.

§ 21. Wäre es erforderlich, irgendeinen weiteren Beweis gegen die Existenz einer Materie dem schon Gesagten noch beizufügen, so könnte ich einige von jenen Irrtümern und Schwierigkeiten (um nicht zu sagen Gottlosigkeiten) anführen, welche aus dieser Annahme hergeflossen sind. Sie hat zahllose Streitfragen und Disputationen in der Philosophie und nicht wenige von weit größerer Bedeutung in der Religion hervorgerufen. Aber ich werde hier nicht im einzelnen darauf eingehen, teils weil ich der Meinung bin, daß es keiner aus den Konsequenzen (*a posteriori*) entnommenen Argumente zur Bestätigung dessen bedarf, was, wenn ich nicht irre, zureichend aus den Realgründen (*a priori*) erwiesen worden ist, teils darum, weil ich nachher noch Gelegenheit finden werde, einiges darüber zu sagen.

§ 22. Ich fürchte, daß ich Anlaß gegeben habe zu glauben, ich sei unnötigerweise weitläufig bei der Behandlung dieses Gegenstandes gewesen. Denn wozu dient es, ausführlich zu sein über das, was mit der größten Deutlichkeit in einem oder zwei Sätzen einem jeden erwiesen werden kann, der auch nur des geringsten Nachdenkens fähig ist? Ihr braucht bloß eure eigenen Gedanken zu betrachten und so zu erproben, ob ihr für möglich halten könnt, daß ein Ton, eine Figur, eine Bewegung oder eine Farbe außerhalb des Geistes oder unperzipiert existiert. Dieser leichte Versuch läßt euch erkennen, daß eure Behauptung ein völliger Widerspruch ist, so sehr, daß ich damit einverstanden bin, die Entscheidung der ganzen Frage von dem Ergebnis abhängig zu machen. Falls ihr es auch nur als möglich denken könnt, daß eine ausgedehnte bewegliche Substanz oder im allgemeinen irgendeine Idee oder etwas einer Idee Ähnliches in einer anderen Weise existiert als in einem sie perzipierenden Geist, so werde ich willig meinen Satz aufgeben und euch die Existenz des ganzen Gefüges äußerer Körper, die ihr behauptet, zugestehen, obschon ihr mir keinen Grund angeben könnt, warum ihr glaubt, daß es existiert, und keinen Zweck, dem es dient, wenn vorausgesetzt wird, daß es existiert. Ich sage, die bloße Möglichkeit, daß eure Meinung wahr sein könnte, soll für ein Argument gelten, daß sie in der Tat wahr ist.

§ 23. Aber es ist doch, sagt ihr, gewiß nichts leichter als sich vorzustellen, daß z. B. Bäume in einem Park oder Bücher in einem Kabinett existieren, ohne daß jemand sie wahrnimmt. Ich antworte: es ist freilich nicht schwer, sich dies vorzustellen, aber was, ich bitte euch, heißt dies alles anders als in eurem Geist gewisse Ideen bilden, die ihr *Bücher* und *Bäume* nennt, und gleichzeitig unterlassen, die Idee von jemand, der sie perzipiert, zu bilden? Aber perzipiert oder denkt ihr selbst denn nicht unterdessen eben diese Objekte? Dies führt also nicht zum Ziel; es zeigt nur, daß ihr die Macht habt, vermöge eurer Einbildungskraft Vorstellungen in eurem Geist zu bilden; aber es zeigt nicht, daß ihr es als möglich begreifen könnt, daß die Objekte eures Denkens außerhalb des Geistes existieren; um dies zu erweisen, müßtet ihr vorstellen, daß sie existieren, ohne daß sie vorgestellt werden oder an sie gedacht wird, was ein offenbarer Widerspruch ist. Wenn wir das Äußerste versuchen, um die Existenz äußerer Körper zu denken, so betrachten wir doch immer nur unsere eigenen Ideen. Indem aber der Geist von sich selbst dabei keine Notiz nimmt, so täuscht er sich mit der Vorstellung, er könne Körper denken und denke Körper, die ungedacht vom Geist oder außerhalb des Geistes existieren, obschon sie doch zugleich auch von ihm vorgestellt werden oder in ihm existieren. Ein wenig Aufmerksamkeit wird einem jeden die Wahrheit und Evidenz dessen, was hier gesagt worden ist, zeigen und es überflüssig machen, andere Beweise gegen die Existenz einer materiellen Substanz aufzustellen.

§ 24. Es ist schon bei der geringsten Prüfung unserer eigenen Gedanken sehr leicht zu wissen, ob es uns möglich ist zu verstehen, was gemeint ist mit der *absoluten Existenz sinnlich wahrnehmbarer Objekte an sich oder außerhalb des Geistes.* Mir ist offenbar, daß diese Worte entweder einen direkten Widerspruch oder andernfalls überhaupt nichts bedeuten. Um hiervon auch andere zu überzeugen, weiß ich keinen leichteren und geraderen Weg einzuschlagen als den, daß ich sie bitte, ruhig auf ihre eigenen Gedanken zu achten, und wenn hierdurch die Sinnlosigkeit dieser Ausdrücke oder der Widerspruch in ihnen zutage tritt, so ist gewiß nichts weiteres zu ihrer Überzeugung erforderlich. Hierauf also lege ich Gewicht, daß die Worte »absolute Existenz nichtdenkender Dinge« ohne Sinn oder mit einem Widerspruch behaftet sind. Dies wiederhole und betone ich und empfehle es ernstlich dem aufmerksamen Nachdenken des Lesers.

§ 25. Alle unsere Ideen, Sinneswahrnehmungen oder die Dinge, die wir perzipieren, durch welche Namen sie auch immer bezeichnet werden mögen, sind augenscheinlich ohne Aktivität; es ist in ihnen nichts von Kraft oder Tätigkeit enthalten, so daß eine Idee oder ein Denkobjekt nicht irgendeine Veränderung in einem anderen hervorbringen oder bewirken kann. Um uns von der Wahrheit dieses Satzes zu überzeugen, brauchen wir nur unsere Ideen zu beobachten. Denn da sie und ein jeder ihrer Bestandteile nur im Geist existieren, so folgt, daß nichts in ihnen ist, als was perzipiert wird. Ein jeder, der auf seine vermittelst der Sinne oder vermittelst der auf Seelenvorgänge gerichteten Reflexion wahrgenommenen Ideen achtet (his ideas, whether of sense or reflexion), wird keine Kraft oder Tätigkeit in ihnen wahrnehmen; es ist demgemäß nichts derartiges in ihnen enthalten. Ein wenig Aufmerksamkeit wird uns zeigen, daß das Sein einer Idee die Passivität oder Inaktivität so durchaus einschließt, daß es unmöglich ist, daß eine Idee etwas tut oder, um den genauen Ausdruck zu gebrauchen, die Ursache von irgend etwas ist; auch kann sie nicht das Abbild oder der Abdruck von irgendeinem aktiven Dinge sein, wie aus §8 hervorgeht. Hieraus folgt offenbar, daß Ausdehnung, Figur und Bewegung nicht die Ursache unserer Sinnesempfindungen sein können. Wenn man sagt, daß diese die Wirkungen von Kräften seien, die aus der Gestalt, Zahl, Bewegung und Größe von kleinsten Körperteilen hervorgehen, so muß dies hiernach gewiß falsch sein.

§ 26. Wir perzipieren eine beständige Folge von Ideen; einige von ihnen werden von neuem hervorgerufen, andere werden verändert oder verschwinden ganz. Es gibt demnach eine Ursache dieser Ideen, wovon sie abhängen und durch die sie hervorgebracht und verändert werden. Daß diese Ursache keine Eigenschaft oder Idee oder Verbindung von Ideen sein kann, ist klar aus dem vorigen Paragraphen. Sie muß also eine Substanz sein; es ist aber gezeigt worden, daß es eine körperliche oder materielle Substanz nicht gibt; es bleibt also nur übrig, daß die Ursache der Ideen eine unkörperliche tätige Substanz oder ein Geist ist.

§ 27. Ein Geist ist ein einfaches, unteilbares tätiges Wesen, welches, sofern es Ideen perzipiert, *Verstand*, und sofern es sie hervorbringt oder anderweitig in bezug auf sie tätig ist, *Wille* heißt. Daher kann keine Idee einer Seele oder eines Geistes gebildet werden; denn da (nach § 25) alle Ideen passiv oder untätig sind, so können sie uns nicht als Abbilder oder durch Ähnlichkeit das, was wirkt, repräsentieren. Ein wenig Aufmerksamkeit wird einem jeden klarmachen, daß es absolut unmöglich ist, eine Idee zu haben, welche jenem tätigen Prinzip der Bewegung und des Wechsels der Ideen ähnlich ist. Derartig ist die Natur des *Geistes* oder dessen, was wirkt, daß er nicht an sich selbst wahrgenommen werden kann, sondern nur vermöge der Wirkungen, die er hervorbringt. Wenn jemand an der Wahrheit des hier Vorgetragenen zweifelt, so mag er nur nachdenken und versuchen, ob er die Idee irgendeiner Kraft oder eines tätigen Dinges bilden kann, und ob er Ideen von zwei Grundkräften hat, die durch die Namen *Wille* und *Verstand* bezeichnet werden und ebensowohl voneinander verschieden sind wie von einer dritten Idee, nämlich der Idee der Substanz oder des Seienden überhaupt, die mit der Relationsvorstellung verbunden ist, die genannten Kräfte zu tragen oder ihr Subjekt zu sein, und den Namen *Seele* oder *Geist* hat. Einige nehmen dies an; aber soviel ich sehen kann, bezeichnen die Worte *Wille, Seele, Geist* nicht verschiedene Ideen oder in Wahrheit überhaupt nicht irgendeine Idee, sondern etwas, was von Ideen sehr verschieden ist und was, da es etwas Tätiges ist, nicht irgendwelcher Idee ähnlich oder durch sie repräsentiert sein kann. Doch muß gleichzeitig zugegeben werden, daß wir einen gewissen Begriff (*notion*) von der Seele, dem Geist und den psychischen Tätigkeiten wie wollen, lieben, hassen haben, sofern wir den Sinn dieser Worte kennen oder verstehen.

§ 28. Ich finde, daß ich Ideen in meinem Geist nach Belieben hervorrufen und die Szene so oft wechseln und sich verändern lassen kann, als ich es für geeignet halte. Ich brauche nur zu wollen, und sofort taucht diese oder jene Idee in meiner Phantasie auf, und durch dieselbe Kraft tritt sie ins Unbewußtsein zurück und macht einer anderen Platz. Dieses Produzieren und Aufheben von Ideen berechtigt uns, den Geist recht eigentlich aktiv zu nennen. Dies alles ist gewiß und auf Erfahrung gegründet; wenn wir dagegen von nichtdenkenden aktiven Dingen oder von einem Hervorrufen von Ideen durch etwas anderes als den Willen reden, dann spielen wir nur mit Worten.

§ 29. Aber was für eine Macht ich auch immer über meine eigenen Gedanken haben mag, so finde ich doch, daß die Ideen, die ich gegenwärtig durch die Sinne wahrnehme, nicht in einer gleichen Abhängigkeit von meinem Willen stehen. Wenn ich bei vollem Tageslicht meine Augen öffne, so steht es nicht in meiner Macht, ob ich sehen werde oder nicht, noch auch, welche einzelnen Objekte sich meinem Blick darstellen werden, und so sind gleicherweise auch beim Gehör und den anderen Sinnen die ihnen eingeprägten Ideen nicht Geschöpfe meines Willens. Es gibt also einen anderen Willen oder Geist, der sie hervorbringt.

§ 30. Die sinnlichen Ideen sind stärker, lebhafter und bestimmter als die Ideen der Einbildungskraft; sie haben desgleichen eine gewisse Beständigkeit, Ordnung und Zusammenhang und werden nicht aufs Geratewohl hervorgerufen, wie es diejenigen oft werden, welche die Wirkungen menschlicher Willensakte sind, sondern in einer geordneten Folge oder Reihe, deren bewunderungswürdige Verbindung ausreichend die Weisheit und Güte ihres Urhebers bezeugt. Nun werden die festen Regeln oder bestimmten Weisen, wonach der Geist, von dem wir abhängig sind, in uns die sinnlichen Ideen erzeugt, die *Naturgesetze* genannt, und diese lernen wir durch Erfahrung kennen, die uns belehrt, daß gewissen bestimmten Ideen bestimmte andere Ideen in dem gewöhnlichen Laufe der Dinge folgen.

§ 31. Dies gibt uns eine gewisse Voraussicht, welche uns befähigt, unsere Handlungen zum Nutzen des Lebens zu ordnen. Ohne diese Voraussicht würden wir unablässig in Verlegenheit sein; wir könnten nicht wissen, wie wir es anzustellen hätten, uns auch nur das geringste Vergnügen zu verschaffen oder den geringsten sinnlichen Schmerz abzuwehren. Daß Speise uns nährt, Schlaf erfrischt, Feuer wärmt, daß das Säen in der Saatzeit das Mittel ist, im Herbst zu ernten, und im allgemeinen, daß, um bestimmte Zwecke zu erreichen, bestimmte Mittel dienlich sind, dies alles wissen wir nicht durch Entdeckung irgendeiner notwendigen Verbindung zwischen unseren Ideen, sondern nur durch die Beobachtung der beständigen Naturgesetze, ohne welche wir alle in Ungewißheit und Verwirrung wären und ein erwachsener Mann ebensowenig wie ein neugeborenes Kind wüßte, wie er sich im Leben zu benehmen hat.

§ 32. Und doch ist diese beständige gleichmäßige Wirksamkeit, welche so deutlich die Güte und Weisheit des herrschenden Geistes offenbart, dessen Wille die Gesetze der Natur konstituiert, soweit davon entfernt, unsere Gedanken zu ihm hinzuleiten, daß sie sie vielmehr veranlaßt, zweiten Ursachen (Mittelursachen) nachzuforschen. Denn wenn wir bemerken, daß bestimmten sinnlichen Ideen beständig andere Ideen folgen, und wenn wir wissen, daß dies nicht durch uns bewirkt wird, so schreiben wir sofort Kraft und Wirksamkeit den Ideen selbst zu und betrachten die eine als die Ursache einer anderen; und doch kann nichts törichter und unverständlicher sein als dies. Haben wir z. B. beobachtet, daß, wenn wir durch das Gesicht eine gewisse runde leuchtende Gestalt wahrgenommen haben, wir gleichzeitig durch das Gefühl die Idee oder Sinneswahrnehmung erhalten, welche *Hitze* genannt wird, so schließen wir hieraus, die Sonne sei die Ursache der Hitze. In gleicher Weise sind wir geneigt, wenn wir wahrnehmen, daß die Bewegung und der Zusammenstoß von Körpern mit einem Schall verbunden ist, den letzten für eine Wirkung des ersten zu halten.

§ 33. Die durch den Urheber der Natur den Sinnen eingeprägten Ideen heißen *wirkliche Dinge*; diejenigen aber, welche durch die Einbildungskraft hervorgerufen werden und weniger regelmäßig, lebhaft und beständig sind, werden als *Ideen im engeren Sinne* oder als *Bilder der Dinge*, welche sie nachbilden und darstellen, bezeichnet. Dann sind aber unsere Sinneswahrnehmungen, wie lebhaft und bestimmt sie auch sein mögen, nichtsdestoweniger *Ideen*, d. h. sie existieren im Geist oder werden durch den Geist perzipiert, ebenso gewiß wie *die* Ideen, welche er selbst gestaltet. Es muß zugegeben werden, daß die sinnlichen Ideen mehr Realität in sich tragen, d. h. sie sind kräftiger, geordneter, zusammenhängender als die Geschöpfe des Geistes; aber dies beweist nicht, daß sie außerhalb des Geistes existieren. Sie sind auch in geringerem Grade vom Geist oder der denkenden Substanz, welche sie perzipiert, abhängig, indem sie durch den Willen eines anderen und mächtigeren Geistes hervorgerufen werden; aber sie sind doch *Ideen*, und sicherlich kann keine *Idee*, sie mag schwach oder stark sein, anders existieren als in einem Geist, der sie perzipiert.

4. Die unbewußte Tätigkeit als Modell der Wahrnehmung
Thomas Reid

Betrachtungen über die Meinungen der Philosophen in Ansehung dieser Materie

Es gibt zwei Wege, auf welchen die Menschen ihre Begriffe und Meinungen über das Bewußtsein (mind) und über die Kräfte und Tätigkeiten desselben erlangen können. Der erste ist der einzige, der zur Wahrheit führt; aber er ist eng und holprig, und wenige haben ihn betreten. Der zweite ist breit und eben, und ist nicht allein von Gewöhnlichen, sondern auch von Philosophen zur Genüge eingeschlagen worden. Für das Alltagsleben ist er ausreichend und für die Zwecke von Dichtern und Rednern gut abgestimmt, aber bei philosophischen Untersuchungen über das Bewußtsein führt er zu Irrtümern und Täuschungen.

Den ersten dieser Wege können wir den *Weg der Reflexion* nennen. Wenn die Bewußtseinstätigkeiten ausgeübt werden, sind wir uns ihrer bewußt, und es steht in unserem Vermögen, auf sie zu achten und über sie zu reflektieren, bis sie vertraute Gegenstände des Denkens werden. Dies ist der einzige Weg, auf dem wir richtige und genaue Begriffe von den Tätigkeiten des Bewußtseins bilden können. Aber diese Aufmerksamkeit und dieses Reflektieren sind dem Menschen, der von allen Seiten mit äußeren Gegenständen umringt ist, die beständig seine Aufmerksamkeit erregen, so beschwerlich, daß sie, selbst von Philosophen, wenig praktiziert worden sind. Im Laufe dieser Untersuchung haben wir viele Gelegenheiten gehabt, zu zeigen, wie wenig Aufmerksamkeit man den vertrautesten Operationen der Sinne geschenkt hat.

Den zweiten, und den gewöhnlichsten dieser Wege, auf welchen die Menschen ihre Meinungen über das Bewußtsein und seine Tätigkeiten bilden, können wir den *Weg der Analogie* nennen. Es gibt im Laufe der Natur nichts so Einzigartiges, daß wir nicht zwischen demselben und anderen Dingen, die wir kennen, irgendeine Ähnlichkeit oder zumindest eine Analogie finden können. Das Bewußtsein findet ein natürliches Vergnügen daran, diesen Analogien nachzujagen, und hält sich mit Vergnügen mit ihnen auf. Aus ihnen beziehen Poesie und Witz einen großen Teil ihres Reizes, und die Beredsamkeit nicht wenig von ihrer Überzeugungskraft.

Außer dem Vergnügen, das uns die Analogien bereiten, sind sie von beträchtlichem Nutzen, sowohl um die Vorstellung von den Dingen zu erleichtern, wenn man diese nicht gut ohne eine vergleichbare Handhabe begreifen kann, als auch um uns zu zutreffenden Mutmaßungen über Wesen und Eigenschaften dieser Dinge zu leiten, wenn es uns an Mitteln direkter und unmittelbarer Erkenntnis fehlt. Wenn ich bedenke, daß der Planet Jupiter sich gleich der Erde um seine eigene Achse dreht und um die Sonne kreist, und daß er von verschiedenen Nebenplaneten so beleuchtet wird, wie die Erde vom Mond, so bin ich geneigt, aus Analogie zu schließen, daß, so wie die Erde durch diese Eigenschaften der Lebensraum verschiedener Tierarten ist, auch der Jupiter, wegen der gleichen Verhältnisse, zu diesem Zweck dienen müsse, und da ich kein direkteres und schlüssigeres Argument habe, mich in diesem Punkt zu entscheiden, messe ich dieser analogischen Argumentation einen ihrer Stärke proportionalen Grad der Zustimmung bei. Wenn ich bemerke, daß die Kartoffelpflanze der Blüte und der Frucht nach dem *Solanum* sehr ähnlich ist, und man sich berichtet, letztere sei giftig, so bin ich, aus Analogie, geneigt, etwas mißtrauisch gegen die erste zu sein: Aber in diesem Fall ist eine direktere und eine sichere Evidenz möglich, weshalb ich der Analogie nicht trauen muß, die mich in Irrtümer führen würde.

Durch Analogie gebildete Argumente sind immer schnell zuhanden und sprießen von selbst durch fruchtbare Einbildungskraft, während die direkteren und schlüssigeren Argumente oft schmerzliche Aufmerksamkeit und Anstrengung erfordern. Aus diesem Grund ist die Menschheit von jeher geneigt gewesen, in die ersteren ihr Zutrauen zu setzen. Wenn man aufmerksam die Systeme der antiken Philosophen, sei es über die materielle Welt oder über die Seele (mind), untersucht, so wird man feststellen, daß sie einzig und allein die Analogie zur Grundlage haben. Lord Bacon entwarf als erster die genauere und strengere Methode der Induktion; seit seiner Zeit ist sie, mit sehr glücklichem Erfolg, auf einige Teile der Naturwissenschaft, aber kaum auf sonst etwas angewandt worden. Und es gibt kein Thema, bei welchem die Menschheit so geneigt wäre, sich der analogischen Art zu denken und Schlüsse zu ziehen, anzuvertrauen, als diejenige, welche das Bewußtsein und dessen Leistungen betrifft, weil es, um auf dem direkten und eigentlichen Weg klare und deutliche Begriffe von diesen Tätigkeiten zu erwerben, erforderlich ist, daß man eine Weise der aufmerksamen Selbstreflexion gewohnt ist, die nur wenige beherrschen, und die selbst von diesen wenigen nicht ohne Schmerzen und Arbeit erreicht werden kann.

Jeder Mensch neigt dazu, seine Begriffe von schwer zu fassenden oder weniger vertrauten Dingen nach der Analogie mit vertrauteren zu bilden. Wenn demnach ein Mensch, der als Seefahrer erzogen wurde, und der gewohnt ist, nur über Fragen, welche die Seefahrt betreffen, zu sprechen und nachzudenken, sich an einem Gespräch über irgendein anderes Thema beteiligt, so weiß man, daß die mit seinem Handwerk verbundene Sprache und deren Begriffe sich in jedes Gesprächsthema mischen, und daß er alle Dinge nach den Regeln der Seefahrt beurteilt. Und sollte es ihm in den Kopf kommen, über die Fähigkeiten des Bewußtseins zu philosophieren, besteht kein Zweifel daran, daß er seine Begriffe vom Aufbau des Schiffes ableiten und im Bewußtsein Segel, Masten, Ruder und einen Kompaß finden würde.

Sinnliche Gegenstände, von der einen oder anderen Art, beschäftigen und fesseln den übrigen Teil der Menschheit nicht minder als den Seemann die Dinge der Seefahrt. Einen beträchtlichen Teil unseres Lebens können wir an nichts als die Gegenstände der Sinne denken, und die Aufmerksamkeit auf Gegenstände anderer Art zu richten, so daß man sich klare und deutliche Begriffe von ihnen bildet, ist keine leichte Aufgabe, sogar dann nicht, wenn man jahrelang darüber nachgedacht hat.

Die Verfassung der Menschheit liefert demnach gute Gründe anzunehmen, daß ihre Sprache und ihre gewöhnlichen Begriffe vom Bewußtsein und seinen Operationen analogisch sein werden und von Gegenständen der Wahrnehmung abgeleitet sind; und daß all diese Analogien dazu neigen, sich den Philosophen ebenso wie den gewöhnlichen Menschen aufzudrängen und sie dazu verleiten, das Bewußtsein und seine Vermögen zu materialisieren: Die Erfahrung bestärkt die Wahrheit von diesem zur Genüge.

Wie allgemein die Menschen aller Nationen und zu allen Zeiten der Welt sich die Seele oder das denkende Prinzip im Menschen als eine feine, dünne Materie, gleich dem Wind oder der Luft, vorgestellt haben, bezeugen die ihm in fast allen Sprachen gegebenen Namen. Wir haben Wörter, die eigentlich und nicht analogisch sind, um die verschiedenen Arten, auf welche wir die äußeren Gegenstände durch die Sinne wahrnehmen, zu bezeichnen, wie zum Beispiel *fühlen*, *sehen*, *schmecken.* Aber wir sind oft genug geneigt, diese Worte analogisch zu gebrauchen, um andere Bewußtseinsleistungen auszudrücken, die von sehr verschiedenem Charakter sind. Und diejenigen Bewußtseinsleistungen, die irgendeinen Grad der Reflexion einschließen, haben im allgemeinen keine Bezeichnungen, die nicht analogisch wären. Die Gegenstände des Denkens, so sagt man, sind *in dem Bewußtsein,* werden *wahrgenommen, begriffen, vorgestellt, eingebildet, aufbewahrt, abgewägt, wiederholt* (*ruminated*).

Von der Wahrnehmung im allgemeinen

Empfindung (sensation), und die Wahrnehmung (perception) der äußeren Gegenstände durch die Sinne wurden, obwohl sie in ihrem Wesen sehr unterschiedlich sind, für gewöhnlich als ein und dasselbe Ding betrachtet. Die Anliegen des normalen Lebens erfordern es nicht, sie voneinander zu trennen, und die von Philosophen anerkannten Meinungen laufen eher darauf hinaus, sie miteinander zu verwechseln. Aber ohne sorgfältig auf diesen Unterschied zu achten, ist es unmöglich, überhaupt eine treffende Vorstellung von den Leistungen unseres Bewußtseins zu haben. Die allereinfachsten Bewußtseinstätigkeiten lassen keine logische Definition zu: Alles, was wir tun können, ist, sie so zu beschreiben, daß diejenigen, die sich in sich selbst ihrer bewußt sind, dazu angeleitet werden, auf sie zu achten und über sie nachzudenken; und oft ist es sehr schwer, sie so zu beschreiben, daß sie diesem Anspruch gerecht werden.

Ein und dieselbe Art von Ausdruck wird zur Bezeichnung von Empfindung und Wahrnehmung gebraucht, und daher laufen wir Gefahr, sie als wesensgleiche Gegenstände zu betrachten. Von den zwei Sätzen *Ich fühle einen Schmerz* und *Ich sehe einen Baum* bezeichnet der erste eine Empfindung, der letztere eine Wahrnehmung. Die grammatikalische Analyse beider Sätze ist die gleiche, denn beide bestehen aus einem aktiven Verb und einem Objekt. Aber wenn wir auf die durch diese Sätze bezeichneten Dinge aufmerksam sind, so werden wir feststellen, daß in dem ersten die Unterscheidung zwischen dem Akt und dem Objekt nicht wirklich, sondern nur grammatikalisch ist; beim zweiten ist die Unterscheidung nicht bloß grammatikalisch, sondern auch wirklich.

Die Form des Satzes *Ich fühle Schmerz* könnte beinhalten, daß das Fühlen etwas von dem gefühlten Schmerz Unterschiedenes ist, aber in

Wirklichkeit gibt es keinen Unterschied. So wie der Satz *Einen Gedanken denken* nicht mehr bedeutet als *denken*, so bedeutet der Ausdruck *Schmerz fühlen* nicht mehr als *geschmerzt zu sein*. Was wir über den Schmerz gesagt haben, ist für jede andere, reine Empfindung zutreffend. Es ist schwer, Beispiele zu geben, weil sehr wenige unserer Empfindungen Namen haben, und wenn sie einen haben, ist dieser Name für die Empfindung und für etwas anderes, das damit assoziiert ist, gebräuchlich. Aber wenn wir auf die Empfindung für sich achten und sie von anderen Phänomenen trennen, die mit ihr in der Einbildung verbunden sind, dann scheint die Empfindung keine von einem empfindenden Bewußtsein unabhängige Existenz zu haben, und sie scheint ununterscheidbar von dem Bewußtseinsakt zu sein, durch den sie empfunden wird.

Wahrnehmung, so wie wir ihren Begriff hier verstehen, hat immer einen von dem Bewußtseinsakt, durch welchen diese Sache wahrgenommen wird, verschiedenen Gegenstand, einen Gegenstand, der unabhängig davon existieren kann, ob er wahrgenommen wird oder nicht. Ich nehme einen Baum wahr, der vor meinem Fenster wächst. Es gibt einen wahrgenommenen Gegenstand und einen Bewußtseinsakt, durch welchen dieser Gegenstand wahrgenommen wird. Diese zwei Aspekte sind nicht nur voneinander zu unterscheiden, sie sind auch sehr ungleich in ihrem Wesen. Der Gegenstand besteht aus einem Stamm, aus Zweigen und aus Blättern, aber der Bewußtseinsakt, durch welchen er wahrgenommen wird, hat weder Stamm noch Zweige, noch Blätter. Ich bin mir dieses Bewußtseinsaktes bewußt und kann auf ihn reflektieren, aber er ist zu einfach, um irgendeine Analyse zuzulassen, und ich finde nicht die passenden Worte, um ihn zu beschreiben. Ich finde nichts, das ihm so ähnlich wäre wie die Erinnerung an einen Baum oder die Einbildung eines Baumes. Aber beide (die Erinnerung und die Einbildung) unterscheiden sich von der Wahrnehmung und auch untereinander. Vergeblich wird ein Philosoph mich zu überreden versuchen, daß die Wahrnehmung eines Baumes, die Erinnerung daran, und seine Einbildung alle eins und nur in dem Grad ihrer Lebhaftigkeit verschieden sind. Ich weiß das Gegenteil, weil ich mit allen dreien so bekannt bin wie mit den Räumen meines eigenen Hauses. Ich weiß auch, daß die Wahrnehmung eines Gegenstandes sowohl eine Vorstellung von dessen Form und einen Glauben an dessen gegenwärtige Existenz voraussetzt. Ich weiß außerdem, daß diese Überzeugung nicht das Ergebnis von Argumentation und logischem Denken, sondern die unmittelbare Wirkung meiner Konstitution ist.

Ich bin mir bewußt, daß dieser Glaube, den ich in der Wahrnehmung habe, einer Reihe der stärksten Skeptizismen ungeschützt ausgeliefert ist. Aber sie haben keine große Wirkung darauf. Der Skeptiker fragt mich: »Warum glauben Sie an die Existenz der äußeren Gegenstände, die Sie wahrnehmen?« »Dieser Glaube, Sir, ist nicht von mir gemacht, er wurde von der Natur geprägt und trägt ihr Bild und ihre Überschrift, und ist er falsch, so ist das nicht meine Sache, ich habe ihm ohne Verdacht vertraut.« »Vernunft«, sagt der Skeptiker, »ist der einzige Richter über Wahrheit, und Sie müssen jede Meinung und jeden Glauben verwerfen, die nicht auf Vernunft gegründet sind.« »Warum, Sir, sollte ich dem Vermögen der Vernunft mehr vertrauen als dem der Wahrnehmung? Sie kommen beide aus demselben Laden und wurden vom selben Handwerker gemacht, und wenn er mir einmal falsche Ware in die Hände legt, was sollte ihn daran hindern, dies zweimal zu tun?«

Vielleicht wird der Skeptiker mit mir eher darin übereinkommen, der Vernunft zu mißtrauen, als der Wahrnehmung einen Kredit zu geben. »Denn«, wird er sagen, »weil ihr selbst zugebt, daß der Gegenstand, welchen ihr wahrnehmt, und der Bewußtseinsakt, durch welchen ihr ihn wahrnehmt, gänzlich verschiedene Dinge sind, so kann der eine ohne den anderen existieren, und wenn der Gegenstand existieren kann, ohne wahrgenommen zu werden, dann kann die Wahrnehmung auch ohne einen Gegenstand existieren.« Nun ist für einen Philosophen nichts schändlicher, als betrogen und hintergangen zu werden, und folglich müßtet ihr beharrlich den Vorsatz fassen, diesen Dingen die Zustimmung zu verweigern und den Glauben an die äußeren Gegenstände abzustreifen, die alle nur Täuschung sein könnten. Was mich betrifft, so werde ich nie versuchen, diesen Glauben abzulegen und, obwohl der nüchterne Teil der Menschheit sich nicht sonderlich für meine Gründe interessieren wird, so könnten sie für einen Skeptiker von Nutzen sein. Es sind die folgenden:

Erstens liegt es nicht in meiner Macht, also warum sollte ich einen so vergeblichen Versuch machen? Es würde ganz angenehm sein, zum Mond zu fliegen und Saturn und Jupiter einen Besuch abzustatten. Aber wenn ich weiß, daß die Natur mich, vermöge des Gesetzes der Schwerkraft, auf diesem Planeten, welchen ich bewohne, festgebunden hat, so bin ich zufrieden und ertrage es ruhig, auf seiner Umlaufbahn mitgeschleppt zu werden. Mein Glaube wird von der Wahrnehmung ebenso unwiderstehlich getragen wie mein Körper von der Erde. Selbst der größte Skeptiker wird sich in dieser Lage vorfinden.

Er mag sich die größte Mühe geben, den Informationen seiner Sinne zu mißtrauen, so wie ein Mensch gegen den Strom schwimmt, aber: Ach, es ist vergebens! Vergeblich ist es, daß er sich nach Kräften bemüht und mit der Natur und mit jedem Gegenstand, der seine Sinne erregt, ringt. Denn wenn seine Kräfte durch dieses hoffnungslose Unterfangen aufgebraucht sind, wird er letztlich doch vom Strom mit der gewöhnlichen Herde der Gläubigen fortgerissen.

Zweitens denke ich, wäre es nicht sehr klug, diesen Glauben abzulegen, selbst wenn es in meiner Macht läge. War die Natur einmal willens, mich zu täuschen und sich mir mit falschen Erscheinungen aufzudrängen, und ich entdecke, mittels meiner großen Gerissenheit und tiefgründigen Logik, den Betrug, so würde mir die Klugheit befehlen, in diesem Falle sogar diese mir zugefügte Demütigung so ruhig als ich nur kann zu ertragen, und die Natur nicht als Betrüger anzusprechen, damit sie nicht auf eine andere Art mit mir dafür abrechnet. Denn was gewinne ich denn, wenn ich diese Kränkung übelnehme? – So braucht ihr zumindest nicht zu glauben, was sie sagt. – Dieses scheint in der Tat ganz vernünftig, wenn die Natur die Absicht hat, mich zu betrügen. Aber welche Folge hat dann dieses? Ich entschließe mich, meinen Sinnen nicht zu glauben. Ich breche meine Nase an einem Pfosten, der mir im Weg steht; ich trete in einen Hundehaufen, und nach zwanzig solcher weisen und vernünftigen Handlungen werde ich festgenommen und in ein Irrenhaus gesteckt. Nun, ich gestehe, daß ich lieber zu der Zahl der leichtgläubigen Narren gehören will, welche von der Natur betrogen werden, als zu der Zahl jener weisen und vernünftigen Philosophen, die sich entschließen, auf Kosten all dieser Dinge nicht zu glauben. Wenn ein Mensch sich in bezug auf die Informationen, welche seine Sinne geben, als Skeptiker ausgibt und dennoch wie andere Leute besonnen allem Unheil aus dem Weg geht, so muß er mir verzeihen, wenn ich ihn entweder für einen Menschen halte, der den Heuchler spielt, oder sich selbst hintergeht. Denn wenn die Waagschale seines Glaubens so ganz gerade stände, daß sie nicht mehr zur einen als zur anderen Seite sich neigte, ist es unmöglich, daß seine Handlungen nach den Regeln der gewöhnlichen Klugheit gelenkt sein können.

Drittens, obgleich die beiden bereits erwähnten Gründe vielleicht schon mehr als genug sind, so will ich doch einen dritten anbieten. Ich glaubte für einen großen Teil meines Lebens blindlings an die Informationen, die ich durch meine Sinne von der Natur erhielt, bevor ich soviel Erkenntnistheorie (logic) gelernt hatte, die es mir erlaubte, einen Zweifel gegen sie zu hegen. Und jetzt, wenn ich über die Vergangenheit nachdenke, glaube ich nicht, von diesem Glauben betrogen worden zu sein. Ich glaube, daß ich ohne diesen Glauben in tausend Unfälle geraten wäre. Ich glaube, daß ich ohne ihn heute nicht klüger wäre als zu meiner Geburt. Ich wäre nicht einmal fähig gewesen, mir diese Erkenntnistheorie anzueignen, welche diese skeptischen, meine Sinne betreffenden Gedanken erzeugt. Daher betrachte ich diesen instinktiven Glauben als eines der größten Geschenke der Natur. Ich danke dem Urheber (author) meines Seins, der ihn mir schenkte, bevor die Augen meiner Vernunft geöffnet waren, und der ihn mir auch jetzt noch als Führer zur Seite stellt, wenn mich Argumentation in Dunkelheit zurückläßt. Und jetzt überlasse ich mich der Führung meiner Sinne, nicht allein aus Instinkt, sondern durch Glauben und das Vertrauen in einen treuen und gütigen Wächter, dessen väterliche Vorsorge und Güte ich aus Erfahrung kenne.

In all diesem betrage ich mich gegen den Urheber meines Seins nicht anders, als ich es gegenüber meinen Eltern und Lehrern für vernünftig halte. Ich glaubte aus Instinkt an das, was sie mir sagten, lange bevor ich wußte, was eine Lüge ist oder an die Möglichkeit dachte, daß sie mich hintergehen könnten. Nach späterer Überlegung fand ich, daß sie wie gerechte und ehrliche Leute gehandelt haben, die mir nur Gutes wollten. Ich fand, daß, wenn ich nicht an das, was sie mir sagten, geglaubt hätte, bevor ich einen Grund für meinen Glauben hätte angeben können, so wäre ich bis heute nicht viel besser als ein Wildfang (changeling). Und obgleich diese natürliche Leichtgläubigkeit zuweilen die Ursache war, daß ich von Betrügern hintergangen wurde, so hat sie doch im ganzen mir unendliche Vorteile gebracht. Folglich betrachte ich sie als eine weitere gute Gabe der Natur. Und ich fahre fort, diesen Kredit aus Überlegung denjenigen zu geben, deren Integrität und Aufrichtigkeit mir aus Erfahrung bekannt ist, den Kredit, welchen ich ihnen vorher aus Instinkt gab.

Es gibt eine viel größere Ähnlichkeit zwischen dem Zeugnis von der Natur, welches uns unsere Sinne geben, und dem Zeugnis von Menschen, welches über die Sprache vermittelt wird, als man sich für gewöhnlich denkt. Anfänglich ist der Kredit, den wir an beide geben, nur die Wirkung des Instinkts. Wenn wir erwachsen werden und anfangen, über sie vernünftig zu urteilen, so wird unser Kredit an menschliches Zeugnis durch die Erfahrungen, welche wir von Betrug haben, zurückhaltend und geschwächt. Der Kredit an das Zeugnis unserer Sinne wird dagegen durch die Gleichförmigkeit und Unveränderbarkeit der Gesetze der Natur gegründet und bestärkt.

Unsere Wahrnehmungen sind von zweierlei Art: Einige sind natürlich und angeboren, andere werden erworben und sind die Frucht der Erfahrung. Wenn ich wahrnehme, daß dieses der Geschmack von Apfelwein und jenes von Branntwein, dieses der Geruch von einem Apfel und jenes der einer Orange, dieses der Schall eines Donners und jenes der eines Glockenläutens ist, dieses das Geräusch einer vorbeifahrenden Kutsche und jenes die Stimme eines Freundes ist, so sind diese und andere derartige Wahrnehmungen nicht angeboren – sie sind erworben. Aber die Wahrnehmung, die ich durch Berührung von der Härte oder Weichheit eines Körpers, von seiner Ausdehnung, Gestalt und Bewegung habe, ist nicht erworben – sie ist ursprünglich (original).

Bei all unseren Sinnen, im besonderen beim Gesichtssinn, gibt es viel mehr erworbene als ursprüngliche Wahrnehmungen. Durch diesen Sinn nehmen wir ursprünglich nur die sichtbare Gestalt und Farbe der Körper und ihre sichtbare Stellung wahr: Aber wir lernen, durch das Auge beinahe alles wahrzunehmen, was wir durch den Tastsinn wahrnehmen können. Die ursprünglichen Wahrnehmungen dieses Sinnes dienen lediglich als Zeichen, um die erworbenen Wahrnehmungen aufzubauen.

Die Zeichen, durch welche uns die Gegenstände in der Wahrnehmung gegenwärtig sind, sind die Sprache der Natur mit dem Menschen, und in mancher Hinsicht ist diese nahe verwandt mit der Sprache von Mensch zu Mensch, besonders darin, daß beide teilweise natürlich und ursprünglich und teilweise durch Gebrauch erworben sind. Unsere natürlichen und ursprünglichen Wahrnehmungen sind vergleichbar mit der natürlichen Sprache von Mensch zu Mensch, von welcher wir in Kapitel 4 gesprochen haben, und unsere erworbenen Wahrnehmungen sind vergleichbar mit der künstlichen Sprache, welche wir in unserer Muttersprache auf sehr ähnliche Weise erlernen wie die erworbenen Wahrnehmungen, wie wir später ausführlich erklären werden.

Nicht nur erwachsene Menschen, sondern auch Kinder, Schwachsinnige und Rohlinge erwerben durch Gewohnheit viele Wahrnehmungen, welche sie ursprünglich nicht hatten. Fast jede Beschäftigung des Lebens bringt Wahrnehmungen mit sich, die ihr eigen sind. Der Schäfer kennt jedes Schaf seiner Herde, wie wir unsere Bekannten kennen, und kann sie eines nach dem anderen aus einer anderen

Herde herausfinden. Der Fleischer weiß durch bloßes Ansehen das Gewicht und die Güte seiner Rinder und Schafe, noch ehe sie geschlachtet werden. Der Bauer nimmt ziemlich genau die Menge an Heu in seinem Schober oder von Getreide in einem Haufen wahr. Der Seemann erkennt die Last, den Bau und die Entfernung eines Schiffes auf dem Meer, wenn es noch sehr weit entfernt ist. Jeder, der an das Schreiben gewöhnt ist, erkennt seine Bekannten so gut an ihrer Handschrift als an ihren Gesichtszügen. Der Maler unterscheidet in den Werken seiner Kunst den Stil der großen Meister. Kurzum: Die erworbene Wahrnehmung ist bei unterschiedlichen Personen sehr verschieden, entsprechend der Verschiedenheit der Gegenstände, mit denen sie sich beschäftigen, und dem Fleiß, den sie für deren Beobachtung aufbringen.

Wahrnehmung muß nicht allein von Empfindung unterschieden werden, sondern auch von dem Wissen um die Wahrnehmungsgegenstände, welches auf Denken zurückgeht. Es gibt in der Wahrnehmung, wie bereits bemerkt wurde, kein Denken. Der Glaube, der impliziert ist, ist eine Wirkung des Instinkts. Aber es gibt in Ansehung der sinnlichen Gegenstände noch viele Dinge, die wir aus dem, was wir wahrnehmen, schließen können, und solche Vernunftschlüsse müssen von dem, was wir ausschließlich wahrnehmen, unterschieden werden. Wenn ich den Mond ansehe, nehme ich ihn manchmal kreisrund, manchmal halbrund und manchmal sichelförmig wahr. Diese einfache Wahrnehmung ist dieselbe beim Philosophen und beim Clown, aber von diesen unterschiedlichen Erscheinungen seines erleuchteten Teils schließe ich, daß er wirklich die Gestalt einer Kugel besitzt. Diese Schlußfolgerung erhält man nicht durch einfache Wahrnehmung, sondern durch Denken. Einfache Wahrnehmung steht zu Vernunftschlüssen, die wir aus der Wahrnehmung ziehen, in demselben Verhältnis wie die Axiome der Mathematik zu ihren Aussagen. Ich kann nicht beweisen, daß zwei Quantitäten, die gleich einer dritten Quantität sind, auch untereinander gleich sind, so wie ich nicht beweisen kann, daß der Baum, den ich wahrnehme, existiert. Aber durch meine natürliche Verfassung ist mein Glaube unaufhaltsam bei der Auffassung des Axioms gebildet, und durch meine natürliche Verfassung ist mein Glaube nicht weniger unaufhaltsam bei der Wahrnehmung des Baumes gebildet. Alle Schlüsse gründen sich auf Prinzipien. Die ersten Prinzipien mathematischen Denkens sind die Axiome und Definitionen; und die ersten Prinzipien jeglicher Gedanken über die Existenz einer Sache sind unsere Wahrnehmungen. Die ersten Prinzipien jeder Art von vernünftigem Denken wurden uns von der Natur gegeben und besitzen die gleiche Autorität wie das Vermögen der Vernunft selbst, das ebenso ein Geschenk der Natur ist. Vernunftschlüsse sind stets auf erste Prinzipien gebaut und können keine andere Begründung haben. Mit größtem Recht verachten es solche Grundsätze, von der Vernunft auf die Probe gestellt zu werden und lachen über jedes schwere Geschütz des Logikers, wenn es gegen sie gerichtet ist.

Wenn eine lange Reihe von logischen Schlüssen erforderlich ist, um eine mathematische Aussage zu beweisen, so ist diese leicht von einem Axiom zu unterscheiden, und sie scheinen Dinge sehr verschiedener Art zu sein. Aber es gibt einige Aussagen, die Axiomen so nahe kommen, daß es schwierig ist zu sagen, ob sie für Axiome gehalten werden oder als Aussagen bewiesen werden sollten. Das gleiche gilt bezüglich der Wahrnehmung und der Schlüsse, die aus ihr gezogen werden. Manche dieser Schlüsse folgen unserer Wahrnehmung so leicht und sind so unmittelbar mit ihr verbunden, daß es schwierig ist, die Grenze, welche das eine vom anderen trennt, zu bestimmen.

Wahrnehmung, ob nun natürliche oder erworbene, schließt keine Ausübung von Vernunft mit ein, sie ist erwachsenen Menschen ebenso wie Kindern, Schwachsinnigen und Rohlingen vertraut. Die klaren Schlüsse aus unserer Wahrnehmung, die durch Vernunft, bilden das, was wir den *gesunden Menschenverstand* (common understanding) nennen, nach dem sich die Menschen in ihren alltäglichen Beschäftigungen richten und der sie von Schwachsinnigen unterscheidet. Die entfernter aus der Wahrnehmung gezogenen Schlüsse der Vernunft bilden das, was wir gewöhnlich *Wissenschaft* der verschiedenen Teile der Natur nennen, sei es Ackerbau, Medizin, Mechanik oder irgendein anderer Teil der Naturwissenschaft. Wenn ich einen ordentlich bestellten Garten sehe, der eine große Vielfalt der besten Arten enthält und in blühendem Zustand ist, so schließe ich unmittelbar von diesen Zeichen auf die Geschicklichkeit und den Fleiß des Gärtners. Ein Bauer, der morgens aufsteht und wahrnimmt, daß der angrenzende Bach sein Feld überschwemmt, schließt daraus, daß in der Nacht viel Regen gefallen ist. Wenn er wahrnimmt, daß sein Zaun eingebrochen ist und sein Getreide niedergetreten worden ist, schließt er daraus, daß ein Teil seines Viehs oder des seiner Nachbarn ausgebrochen ist. Wenn er wahrnimmt, daß seine Stalltüre aufgebrochen ist und einige seiner Pferde verschwunden sind, schließt er daraus, daß ein Dieb sie gestohlen hat. Er verfolgt die Spuren seiner Pferde im weichen Boden und deckt dadurch auf, welchen Weg der Dieb genommen hat. Dies sind Belege für den gesunden Menschenverstand, der so nahe bei der Wahrnehmung weilt, daß es schwierig ist, die Trennlinie zwischen dem einen und dem anderen zu ziehen. In der gleichen Weise liegt die Naturwissenschaft so nahe beim gesunden Menschenverstand, daß wir nicht bestimmen können, wo letzterer aufhört und die erstere beginnt. Ich nehme wahr, daß Körper, die leichter als Wasser sind, im Wasser schwimmen, und daß die, die schwerer sind, sinken. Daraus schließe ich, daß ein Körper, der an der Stelle bleibt, wo er ins Wasser gesetzt wurde, ob auf den Grund oder an die Oberfläche, genau das gleiche Gewicht hat wie Wasser. Wenn er nur dann an der Stelle verbleibt, wenn ein Teil von ihm über die Wasseroberfläche ragt, so ist er leichter als Wasser, und je größer der Teil oberhalb der Oberfläche ist, um so leichter ist der Körper. Wenn er überhaupt keine Schwere hätte, würde er gar nicht ins Wasser eintauchen und vollständig über ihm schweben. Auf diese Weise hat jeder Mensch durch gesunden Menschenverstand eine Regel, durch die er das spezifische Gewicht von im Wasser schwimmenden Körpern einschätzt; ein oder zwei Schritte weiter führen ihn zur Wissenschaft von der Hydrostatik.

Alles was wir von der Natur oder von Existenzen wissen, kann mit einem Baum verglichen werden, der seine Wurzeln, seinen Stamm und seine Zweige hat. In diesem Baum des Wissens ist die Wahrnehmung das Wurzelwerk, der gesunde Menschenverstand ist der Stamm und die Wissenschaften sind die Zweige.

Von Härte und Weichheit

Wir wollen nun Härte und Weichheit betrachten. Unter ihren Begriffen verstehen wir stets wirkliche Eigenschaften oder Qualitäten von Körpern, von denen wir eine deutliche Vorstellung haben.

Wenn die Teile eines Körpers so fest zusammenhängen, daß man ihn nicht leicht dazu bringen kann, seine Gestalt zu ändern, nennen wir diesen Körper *hart*; wenn seine Teile leicht zu verschieben sind, nennen wir ihn *weich*. Das ist der Begriff, den alle Menschen von Härte und Weichheit haben. Sie sind weder Empfindungen noch Empfindungen ähnlich. Sie waren wirkliche Qualitäten, bevor sie durch Berührung wahrgenommen wurden, und bleiben es, auch wenn sie nicht wahrgenommen werden. Wenn also irgend jemand die Behauptung aufstellt, daß Diamanten nicht hart sind, bevor sie angefaßt werden, wer würde ihm zustimmen?

Es gibt ohne Zweifel eine Empfindung, durch die wir einen Körper als hart oder weich wahrnehmen. Diese Empfindung von Härte kann man leicht erlangen, wenn man die Hand gegen den Tisch preßt und auf das darauf folgende Gefühl achtet und soviel als möglich die Gedanken von diesem Tisch und seinen Qualitäten oder von irgendeinem anderen äußeren Gegenstand beiseite läßt. Aber es ist eine Sache, eine Empfindung zu haben, und eine andere, auf diese zu achten und sie zu einem deutlich bestimmten Gegenstand der Reflexion zu machen. Das erste ist sehr einfach, das letztere in den meisten Fällen sehr schwer.

Wir sind so daran gewöhnt, unsere Empfindung als Zeichen zu gebrauchen und von ihr unmittelbar zur bezeichneten Härte überzugehen, daß sie, so hat es den Anschein, weder von gewöhnlichen Menschen noch von Philosophen zum Gegenstand des Denkens gemacht wurde, noch gibt es in irgendeiner Sprache ein Wort für sie. Es gibt keine deutlichere oder häufigere Empfindung, doch schwindet sie unbeachtet augenblicklich aus dem Bewußtsein und dient lediglich dazu, uns diese Qualität eines Körpers vorzustellen, welche sie gemäß dem Gesetz unserer Verfassung nahelegt.

Es gibt tatsächlich einige Fälle, bei denen es keine so schwere Angelegenheit ist, auf die Empfindung zu achten, die durch die Härte eines Körpers auftritt, zum Beispiel wenn die Berührung so heftig ist, daß sie spürbare Schmerzen verursacht. Dann hält uns die Natur dazu an, auf sie zu achten, und dann gestehen wir uns ein, daß es sich um eine bloße Empfindung handelt, die nur in einem empfindenden Wesen auftreten kann. Wenn ein Mann mit seinem Kopf mit voller Wucht gegen einen Pfeiler rennt, so überlasse ich ihm die Entscheidung, ob die Schmerzen, die er fühlt, der Härte des Steins ähnlich sind, oder ob er sich etwas seiner Empfindung Ähnliches auch in einem unbelebten Ding vorstellen kann.

Hier ist die Aufmerksamkeit des Bewußtseins vollständig auf den Schmerz gerichtet und, um in der Alltagssprache zu sprechen, fühlt der Mann nichts im Stein, sondern einen heftigen Schmerz in seinem Kopf. Ganz anders verhält es sich, wenn er seinen Kopf ganz sanft an den Pfeiler lehnt, denn dann wird er sagen, daß er nichts in seinem Kopf spürt, dafür aber die Härte des Steins. Hat er aber in diesem Fall nicht ebensogut eine Empfindung wie in dem anderen? Zweifelsohne hat er sie, aber es ist eine Empfindung, deren Zweck nur als Zeichen für etwas im Stein bestimmt ist, und folglich richtet er augenblicklich seine Aufmerksamkeit auf das bezeichnete Ding und kann nicht ohne große Schwierigkeiten so sehr auf die Empfindung achten, um davon überzeugt zu werden, daß es irgendein von der bezeichneten Härte unterschiedenes Ding gibt.

Aber, wie schwer es auch immer sein mag, auf diese flüchtige Empfindung zu achten, es ist das Ziel, das jeder Philosoph mit Schmerzen und Übung anzustreben hat, ihr rasches Fortschreiten anzuhalten und sie von der äußeren Qualität der Härte zu unterscheiden, in deren Schatten die Empfindung neigt, sich augenblicklich zu verstecken. Ansonsten wird es für ihn unmöglich sein, einwandfrei über diesen Gegenstand zu urteilen oder auch nur zu verstehen, was hier angestrebt ist. Bei Gegenständen dieser Art muß man zuletzt immer auf das zurückkommen, was ein Mensch in seinem eigenen Bewußtsein fühlt und wahrnimmt.

In der Tat ist es seltsam, daß eine Empfindung, die wir immer dann haben, wenn wir einen harten Körper anfassen, und die wir so oft herbeiführen und so lange andauern lassen können, wie wir wollen, also eine Empfindung, die so deutlich und bestimmt wie keine andere ist, doch so unbekannt sein sollte, als hätte man sie nie weder zum Gegenstand des Denkens und der Reflexion gemacht noch sie in irgendeiner Sprache mit einem Begriff bedacht. Es wäre doch sonderbar, daß sowohl Philosophen als auch die gewöhnlichen Leute sie vollkommen übersehen oder sie mit der Qualität der Körper, die wir *Härte* nennen, verwechselt haben sollten, mit der sie nicht die geringste Ähnlichkeit hat. Sollten wir daraus nicht schließen, daß das Wissen über die menschlichen Vermögen noch in den Kinderschuhen steckt? – Und daß wir bislang nicht gelernt haben, auf die Bewußtseinsakte zu achten, derer wir uns in jeder Stunde unseres Lebens bewußt sind? Daß es eine sehr früh erworbene Angewohnheit der Unaufmerksamkeit gibt, die genauso schwer abzulegen ist wie andere schlechte Angewohnheiten? Denn ich halte es für wahrscheinlich, daß die Neuheit dieser Empfindung anfänglich einige Aufmerksamkeit bei Kindern erweckt. Aber da sie in keiner Weise interessant ist, wird sie, sobald sie uns vertraut ist, übersehen und die Aufmerksamkeit ausschließlich auf das gerichtet, was die Empfindung bezeichnet. Auf diese Art ist man beim Erlernen einer Sprache anfangs nur auf die Laute aufmerksam, aber ist man ein Meister in dieser Sprache, achtet man nur auf den Sinn, den man ausdrücken möchte. Sollte das der Fall sein, müssen wir wieder wie kleine Kinder werden, wenn wir Philosophen sein wollen. Wir müssen die Angewohnheit der Unaufmerksamkeit ablegen, die, seit wir zu denken begonnen haben, immer stärker geworden ist – eine

Angewohnheit, deren Nützlichkeit im Alltagsleben für die Schwierigkeiten entschädigt, die sie dem Philosophen bei der Entdeckung der ersten Prinzipien des menschlichen Bewußtseins bereitet.

Die feste Kohäsion der Teile eines Körpers gleicht der Empfindung, durch die ich diesen als hart wahrnehme, nicht mehr als die Vibration eines klingenden Körpers dem Klang, den ich höre; noch kann ich vielleicht durch meine Vernunft eine Verbindung zwischen dem einen und dem anderen wahrnehmen. Kein Mensch kann einen Grund angeben, warum nicht die Vibration eines Körpers eine Geruchsempfindung gibt und die Ausflüsse (effluvia) eines Körpers das Gehör erregen könnten, wenn es unserem Schöpfer so gefallen hätte. In der gleichen Weise kann niemand einen Grund angeben, warum die Empfindungen des Geruchs, des Geschmacks oder des Gehörs nicht ebensogut die Härte bezeichnen, wie es dank unserer Konstitution jene tut. Gewiß kann sich niemand eine Ähnlichkeit zwischen einer Empfindung und irgendeiner bekannten Eigenschaft eines Körpers ausdenken. Noch kann niemand durch ein gutes Argument belegen, daß all unsere Empfindungen nicht so gewesen sein könnten, wie sie sind, auch wenn weder Körper noch Qualitäten von Körpern je existiert hätten.

Hier haben wir also ein Phänomen der menschlichen Natur, welches erklärt werden muß. Die Härte eines Körpers ist etwas, wovon wir eine deutliche Vorstellung haben und so fest daran glauben wie an irgend etwas auf der Welt. Wir gelangen zu diesem Begriff und zu diesem Glauben auf keine andere Weise als mittels einer bestimmten Tastempfindung, zu der Härte nicht die geringste Ähnlichkeit besitzt. Auch ist es uns durch keine Regel des Denkens möglich, das eine aus dem anderen zu schließen. Die Frage ist also: Wie kommen wir zu dieser Vorstellung und zu diesem Glauben?

Erstens, was die Vorstellung betrifft: Sollen wir sie eine Idee der Empfindung (idea of sensation) oder der Reflexion nennen? Das letztere wird sich nicht bestätigen, und ebensowenig das erstere, bevor wir dies nicht eine Idee der Empfindung nennen, die keine Ähnlichkeit zu irgendeiner Empfindung besitzt. Damit ist der Ursprung dieser Idee von Härte, die eine der gebräuchlichsten und deutlichsten ist, die wir haben, nicht in all unseren philosophischen Systemen des Bewußtseins zu finden, nicht einmal in jenen, die so umfassend bestrebt waren, alle Begriffe von der Empfindung und der Reflexion abzuleiten.

Zweitens jedoch, unterstellt sei, daß wir die Vorstellung von Härte haben: Doch wie kommen wir zu dem Glauben an sie? Kann man sagen, daß es durch den Vergleich von Ideen offenkundig (self evident) wird, daß eine Empfindung nicht gefühlt werden kann, wenn nicht zuvor solch eine Qualität der Körper existiert? Nein. Kann sie durch glaubhafte oder sichere Argumente bewiesen werden? Nein, kann sie nicht. Haben wir dann diesen Glauben durch Überlieferung, Erziehung oder durch Erfahrung erhalten? Nein, wir haben ihn auf keinem dieser Wege erhalten. Sollten wir dann diesen Glauben als etwas verwerfen, das nicht durch Vernunft begründbar ist? Leider steht dies nicht in unserer Macht, er triumphiert über unsere Vernunft und lacht über alle Argumente der Philosophen. Selbst der Autor von »Traktat über die menschliche Natur« (David Hume, d. Üb.), obwohl er keinen Grund für diesen Glauben sah, aber viele dagegen, konnte ihn in seinen nachdenklichen und zurückgezogenen Momenten kaum überwinden, zu anderen Zeiten ergab er sich ihm vollständig und er gesteht, daß er sich dazu genötigt sah.

Was sollen wir nun über diese Vorstellung und über diesen Glauben sagen, die so unerklärlich und unbehandelbar sind? Mir bleibt nichts anderes übrig, als zu folgern, daß durch ein ursprüngliches Prinzip unserer geistigen Verfassung eine bestimmte Tastempfindung sowohl dem Bewußtsein eine Vorstellung von Härte gibt, als auch einen Glauben an sie erzeugt, oder, mit anderen Worten, daß diese Empfindung ein natürliches Zeichen für Härte ist. Dies werde ich nun ausführlicher versuchen zu erklären.

Von natürlichen Zeichen

So wie es bei künstlichen Zeichen oft weder Übereinstimmung zwischen dem Zeichen und dem bezeichneten Ding noch irgendeine, sich notwendig aus dem Wesen der Dinge ergebende Verbindung gibt, so ist es auch bei natürlichen Zeichen. Das Wort *Gold* hat keine Ähnlichkeit mit der Substanz, die es bezeichnet, noch ist es seinem Wesen nach besonders geeignet, diese zu bezeichnen, und nicht irgendeine andere Substanz zu bezeichnen. Dennoch bezeichnet es durch Gewohnheit und Brauch diese und keine andere. In der gleichen Weise bezeichnet eine Tastempfindung die Härte, obgleich sie keine Ähnlichkeit mit der Härte hat, noch, soweit wir es wahrnehmen können, eine notwendige Verbindung mit ihr hat. Der Unterschied zwischen diesen beiden Zeichen liegt nur darin, daß beim ersten die Bezeichnung das Ergebnis von Gewohnheit und Brauch ist, beim zweiten die Bezeichnung nicht das Ergebnis einer Gewohnheit, sondern der ursprünglichen Verfassung unseres Bewußtseins ist.

Nachdem, was über die Sprache gesagt wurde, scheint es evident, daß es natürliche wie auch künstliche Zeichen gibt und insbesondere, daß die Gedanken, Absichten und Neigungen des Bewußtseins ihre natürlichen Zeichen in den Gesichtszügen, der Modulation der Stimme und der Bewegung und Haltung des Körpers haben. Ebenso offenkundig scheint es, daß ohne ein natürliches Wissen von der Verbindung zwischen diesen Zeichen und den von ihnen bezeichneten Dingen nie eine Sprache unter den Menschen erfunden und sich durchgesetzt haben könnte und daß die schönen Künste alle auf dieser Verbindung gegründet sind, die wir die *natürliche Sprache des Menschen* nennen können. Es ist nun angebracht zu bemerken, daß es verschiedene Klassen von natürlichen Zeichen gibt, und herauszustellen, wonach diese Klassen voneinander zu unterscheiden sind, so daß wir das Verhältnis zwischen unseren Empfindungen und den durch sie bezeichneten Dingen deutlicher beschreiben und ferner genauer angeben können, was wir meinen, wenn wir die Empfindungen Zeichen für äußere Dinge nennen.

Die erste Klasse der natürlichen Zeichen begreift diejenigen unter sich, deren Verbindung zwar mit dem bezeichneten Ding natürlich fundiert ist, aber nur durch Erfahrung bemerkt werden kann. Die ganze ernsthafte Wissenschaft besteht darin, solche Verbindungen zu entdecken und sie auf allgemeine Regeln zu reduzieren. Der große Lord Verulam (Francis Bacon, d. Üb.) hatte einen vollkommenen Begriff hiervon, als er die Wissenschaft eine *Interpretation der Natur* nannte. Niemand erkannte oder drückte das Wesen und die Grundlage der wissenschaftlichen Kunst je so deutlich aus wie er. Um was handelt es sich denn bei all dem, was wir über Mechanik, Astronomie und Optik wissen, wenn nicht um wesensmäßige Verbindungen, die durch Erfahrung oder Beobachtungen entdeckt wurden und um Folgerungen, die aus ihnen abgeleitet wurden? Sämtliches Wissen, das wir über Ackerbau, Gärtnerei, Chemie und Medizin besitzen, fußt auf der gleichen Grundlage. Und sollte unsere Philosophie des menschlichen Bewußtseins je so weit gebracht werden, daß sie den Namen Wissenschaft verdient, woran man nicht verzweifeln sollte, dann muß dies durch Beobachtung von Tatsachen, deren Reduktion auf allgemeine Regeln und durch Schlußfolgerungen geschehen. Was wir für gewöhnlich als natürliche *Ursachen* bezeichnen, könnte korrekter als natürliche *Zeichen* bezeichnet werden und deren *Wirkungen* als bezeichnete Dinge. Die Ursachen haben, soweit wir wissen, keine eigentliche Wirkung oder Ursächlichkeit, und alles, was wir mit Gewißheit sagen können, ist, daß die Natur zwischen ihnen und den Dingen, die wir Wirkungen nennen, eine beständige Verbindung eingerichtet hat und ferner dem Menschen die natürliche Fähigkeit gegeben hat, diese Verbindungen zu beobachten, auf deren Beständigkeit zu vertrauen und von ihnen zur Bereicherung unserer Kenntnisse und zur Vermehrung unserer Macht Gebrauch zu machen.

Eine zweite Klasse dieser natürlichen Zeichen ist diejenige, bei der die Verbindung zwischen dem Zeichen und dem bezeichneten Ding nicht allein von der Natur festgesetzt, sondern uns durch ein natürliches Prinzip ohne Vernunftschlüsse oder Erfahrung offenbart wird. Von dieser Art sind die natürlichen Zeichen der menschlichen Gedanken, Vorsätze und Begierden, die bereits als natürliche Sprache des Menschen erwähnt wurden. Ein Kind kann durch zornige Gesichtszüge in Schrecken versetzt werden und durch Lächeln und Schmeicheleien wieder besänftigt werden. Ein Kind mit einem guten musikalischen Gehör kann durch die Modulation musikalischer Klänge zum Schlafen oder Tanzen gebracht, aber auch fröhlich oder betrübt gemacht werden. Die Prinzipien aller schönen Künste und dessen, was wir *einen guten Geschmack* nennen, können in Verbindungen dieser Art aufgelöst werden. Ein guter Geschmack kann durch Denken und Erfahrung verbessert werden, aber wenn seine ersten Prinzipien nicht von der Natur in unserem Bewußtsein verankert wären, könnte der Geschmack nie erworben werden. Ja, wir konnten sogar schon zeigen, daß ein großer Teil dieses Wissens, das wir von der Natur besitzen, durch den Nichtgebrauch der natürlichen Zeichen und deren Ersetzung durch künstliche Zeichen verlorengeht.

Eine dritte Klasse der natürlichen Zeichen begreift diejenigen in sich, die, obgleich wir nie vorher einen Begriff oder eine Vorstellung des bezeichneten Dinges hatten, diese andeuten oder herbeizaubern, wie durch eine natürliche Art von Magie, und uns augenblicklich eine Vorstellung davon und einen Glauben daran geben. Ich habe vorher gezeigt, daß uns unsere Empfindungen ein empfindendes Wesen oder Bewußtsein unterstellen lassen, dem sie angehören – ein Wesen, das eine dauerhafte Existenz besitzt, obwohl die Empfindungen flüchtig und von kurzer Dauer sind – ein Wesen, das stets das gleiche ist, während seine Empfindungen und anderen Vermögen sich auf zehntausend Arten unterscheiden – ein Wesen, welches das gleiche Verhältnis zu dieser unendlichen Vielfalt von Gedanken, Absichten, Handlungen, Affekten, Vergnügen und Leiden hat, derer wir uns bewußt sind oder derer wir uns erinnern können. Die Vorstellung von einem Bewußtsein ist weder eine Idee der Empfindung noch der Reflexion, weil sie weder irgendeiner unserer Empfindungen noch irgend etwas, dessen wir uns bewußt sind, gleicht. Die erste Vorstellung davon, ebensogut wie der Glaube daran und auch sein gewöhnliches Verhältnis zu all dem, dessen wir uns bewußt sind oder an das wir uns erinnern, drängt sich jedem denkenden Wesen auf, ohne daß wir wissen wie.

Der Begriff von der Härte von Körpern, ebenso wie der Glaube an diese, ist in deutlicher Weise gegeben. Beide sind durch ein ursprüngliches Prinzip unserer Natur mit der Empfindung verknüpft, die wir haben, wenn wir einen harten Körper berühren. Die Empfindung vermittelt so natürlich und notwendig den Begriff von Härte und den Glauben an Härte, daß sie bisher von den scharfsinnigsten Untersuchungen über die Prinzipien der menschlichen Natur verwechselt wurden, obwohl sie nach sorgfältiger Reflexion nicht nur als zwei verschiedene Phänomene, sondern so ungleich wie Schmerzen und die Spitze eines Schwertes erscheinen.

Man kann beobachten, daß, so wie die erste Klasse der von mir erwähnten natürlichen Zeichen die Grundlage echter Wissenschaft ist und die zweite die Grundlage der schönen Künste oder des guten Geschmacks ist, so ist die letzte die Grundlage des gesunden Menschenverstandes, eines Teiles der menschlichen Natur, der noch nie aufgeklärt wurde.

Ich gehe fest davon aus, daß der Begriff von Härte und der Glaube an sie zuerst vermittelst der bestimmten Empfindung erworben wird, die, soweit wir uns zurückerinnern können, diese ausnahmslos nahelegt, und daß, wenn wir nie eine derartige Empfindung gehabt hätten, wir nie einen Begriff von Härte haben würden. Ich denke es ist evident, daß wir nicht durch Schlüsse aus unseren Empfindungen die Existenz von Körpern überhaupt und noch viel weniger irgendeine ihrer Qualitäten herleiten können. Dieses wurde durch unzweifelhafte Argumente vom Bischof von Cloyne (George Berkeley, d. Üb.) und vom Autor von »Traktat über die menschliche Natur« (David Hume, d. Üb.) bewiesen. Es scheint evident, daß diese Verbindung zwischen unseren Empfindungen und der Vorstellung von äußeren Existenzen und dem Glauben daran nicht durch Gewohnheit, Erfahrung, Erziehung oder irgendein von Philosophen anerkanntes Prinzip der menschlichen Natur hervorgebracht sein kann. Gleichzeitig ist es eine Tatsache, daß solche Empfindungen mit der Vorstellung von äußeren

Existenzen und dem Glauben an diese unveränderlich verbunden sind. Infolgedessen müssen wir nach allen Regeln vernünftigen Denkens schließen, daß diese Verbindung das Ergebnis unserer Konstitution ist und als ursprüngliches Prinzip der menschlichen Natur angesehen werden muß, bis wir ein allgemeineres Prinzip finden, in dem es aufgehoben werden kann.

5. Die notwendigen Formen der Wahrnehmung
Immanuel Kant

Die transzendentale Ästhetik

§ 1

Auf welche Art und durch welche Mittel sich auch immer eine Erkenntnis auf Gegenstände beziehen mag, so ist doch diejenige, wodurch sie sich auf dieselbe unmittelbar bezieht, und worauf alles Denken als Mittel abzweckt, die Anschauung. Diese findet aber nur statt, so fern uns der Gegenstand gegeben wird; dieses aber ist wiederum, *uns Menschen wenigstens*, nur dadurch möglich, daß er das Gemüt auf gewisse Weise affiziere. Die Fähigkeit (Rezeptivität), Vorstellungen durch die Art, wie wir von Gegenständen affiziert werden, zu bekommen, heißt Sinnlichkeit. Vermittelst der Sinnlichkeit also werden uns Gegenstände gegeben, und sie allein liefert uns Anschauungen; durch den Verstand aber werden sie gedacht, und von ihm entspringen Begriffe. Alles Denken aber muß sich, es sei geradezu (directe), oder im Umschweife (indirecte), *vermittelst gewisser Merkmale*, zuletzt auf Anschauungen, mithin, bei uns, auf Sinnlichkeit beziehen, weil uns auf andere Weise kein Gegenstand gegeben werden kann.

Die Wirkung eines Gegenstandes auf die Vorstellungsfähigkeit, sofern wir von demselben affiziert werden, ist Empfindung. Diejenige Anschauung, welche sich auf den Gegenstand durch Empfindung bezieht, heißt empirisch. Der unbestimmte Gegenstand einer empirischen Anschauung heißt Erscheinung.

In der Erscheinung nenne ich das, was der Empfindung korrespondiert, die Materie derselben, dasjenige aber, welches macht, daß das Mannigfaltige der Erscheinung in gewissen Verhältnissen geordnet *werden kann*, nenne ich die Form der Erscheinung. Da das, worinnen sich die Empfindungen allein ordnen, und in gewisse Form gestellet werden können, nicht selbst wiederum Empfindung sein kann, so ist uns zwar die Materie aller Erscheinung nur a posteriori gegeben, die Form derselben aber muß zu ihnen insgesamt im Gemüte a priori bereit liegen, und dahero abgesondert von aller Empfindung können betrachtet werden.

Ich nenne alle Vorstellungen rein (im transzendentalen Verstande), in denen nichts, was zur Empfindung gehört, angetroffen wird. Demnach wird die reine Form sinnlicher Anschauungen überhaupt im Gemüte a priori angetroffen werden, worinnen alles Mannigfaltige der Erscheinungen in gewissen Verhältnissen angeschauet wird. Diese reine Form der Sinnlichkeit wird auch selber reine Anschauung heißen. So, wenn ich von der Vorstellung eines Körpers das, was der Verstand davon denkt, als Substanz, Kraft, Teilbarkeit etc., imgleichen, was davon zur Empfindung gehört, als Undurchdringlichkeit, Härte, Farbe etc., absondere, so bleibt mir aus dieser empirischen Anschauung noch etwas übrig, nämlich Ausdehnung und Gestalt. Diese gehören zur reinen Anschauung, die a priori, auch ohne einen wirklichen Gegenstand der Sinne oder Empfindung, als eine bloße Form der Sinnlichkeit im Gemüte stattfindet.

Eine Wissenschaft von allen Prinzipien der Sinnlichkeit a priori nenne ich die transzendentale Ästhetik*. Es muß also eine solche Wissenschaft geben, die den ersten Teil der transzendentalen Elementarlehre ausmacht, im Gegensatz derjenigen, welche die Prinzipien des reinen Denkens enthält, und transzendentale Logik genannt wird.

In der transzendentalen Ästhetik also werden wir zuerst die Sinnlichkeit isolieren, dadurch, daß wir alles absondern, was der Verstand durch seine Begriffe dabei denkt, damit nichts als empirische Anschauung übrig bleibe. Zweitens werden wir von dieser noch alles, was zur Empfindung gehört, abtrennen, damit nichts als reine Anschauung und die bloße Form der Erscheinungen übrig bleibe, welches das einzige ist, das die Sinnlichkeit a priori liefern kann. Bei dieser

* Die Deutschen sind die einzigen, welche sich jetzt des Worts Ästhetik bedienen, um dadurch das zu bezeichnen, was andre Kritik des Geschmacks heißen. Es liegt hier eine verfehlte Hoffnung zum Grunde, die der vortreffliche Analyst Baumgarten faßte, die kritische Beurteilung des Schönen unter Vernunftprinzipien zu bringen, und die Regeln derselben zur Wissenschaft zu erheben. Allein diese Bemühung ist vergeblich. Denn gedachte Regeln, oder Kriterien, sind ihren *vornehmsten* Quellen nach bloß empirisch, und können also niemals zu *bestimmten* Gesetzen a priori dienen, wornach sich unser Geschmacksurteil richten müßte, vielmehr macht das letztere den eigentlichen Probierstein der Richtigkeit der ersteren aus. Um deswillen ist es ratsam, diese Benennung *entweder* wiederum eingehen zu lassen, und sie derjenigen Lehre aufzubehalten, die wahre Wissenschaft ist (wodurch man auch der Sprache und dem Sinne der Alten näher treten würde, bei denen die Einteilung der Erkenntnis in αἰσθητὰ καὶ νοητά sehr berühmt war), *oder sich in die Benennung mit der spekulativen Philosophie zu teilen und die Ästhetik teils im transzendentalen Sinne, teils in psychologischer Bedeutung zu nehmen.*

Untersuchung wird sich finden, daß es zwei reine Formen sinnlicher Anschauung, als Prinzipien der Erkenntnis a priori gebe, nämlich Raum und Zeit, mit deren Erwägung wir uns jetzt beschäftigen werden.

Der transzendentalen Ästhetik erster Abschnitt

Von dem Raume

§ 2
Metaphysische Erörterung dieses Begriffs

Vermittelst des äußeren Sinnes (einer Eigenschaft unsres Gemüts) stellen wir uns Gegenstände als außer uns, und diese insgesamt im Raume vor. Darinnen ist ihre Gestalt, Größe und Verhältnis gegen einander bestimmt, oder bestimmbar. Der innere Sinn, vermittelst dessen das Gemüt sich selbst, oder seinen inneren Zustand anschauet, gibt zwar keine Anschauung von der Seele selbst, als einem Objekt; allein es ist doch eine bestimmte Form, unter der die Anschauung ihres innern Zustandes allein möglich ist, so, daß alles, was zu den innern Bestimmungen gehört, in Verhältnissen der Zeit vorgestellt wird. Äußerlich kann die Zeit nicht angeschaut werden, so wenig wie der Raum, als etwas in uns. Was sind nun Raum und Zeit? Sind es wirkliche Wesen? Sind es zwar nur Bestimmungen, oder auch Verhältnisse der Dinge, aber doch solche, welche ihnen auch an sich zukommen würden, wenn sie auch nicht angeschaut würden, oder sind sie solche, die nur an der Form der Anschauung allein haften, und mithin an der subjektiven Beschaffenheit unseres Gemüts, ohne welche diese Prädikate gar keinem Dinge beigeleget werden können? Um uns hierüber zu belehren, wollen wir zuerst *den Begriff des Raumes erörtern. Ich verstehe aber unter Erörterung (expositio) die deutliche (wenn gleich nicht ausführliche) Vorstellung dessen, was zu einem Begriffe gehört; metaphysisch aber ist die Erörterung, wenn sie dasjenige enthält, was den Begriff, als a priori gegeben, darstellt.*

1) Der Raum ist kein empirischer Begriff, der von äußeren Erfahrungen abgezogen worden. Denn damit gewisse Empfindungen auf etwas außer mich bezogen werden (d. i. auf etwas in einem andern

Orte des Raumes, als darinnen ich mich befinde), imgleichen damit ich sie als außer *und neben* einander, mithin nicht bloß verschieden, sondern als in verschiedenen Orten vorstellen könne, dazu muß die Vorstellung des Raumes schon zum Grunde liegen. Demnach kann die Vorstellung des Raumes nicht aus den Verhältnissen der äußern Erscheinung durch Erfahrung erborgt sein, sondern diese äußere Erfahrung ist selbst nur durch gedachte Vorstellung allererst möglich.

2) Der Raum ist eine notwendige Vorstellung, a priori, die allen äußeren Anschauungen zum Grunde liegt. Man kann sich niemals eine Vorstellung davon machen, daß kein Raum sei, ob man sich gleich ganz wohl denken kann, daß keine Gegenstände darin angetroffen werden. Er wird also als die Bedingung der Möglichkeit der Erscheinungen, und nicht als eine von ihnen abhängende Bestimmung angesehen, und ist eine Vorstellung a priori, die notwendiger Weise äußeren Erscheinungen zum Grunde liegt.[1]

3) Der Raum ist kein diskursiver, oder, wie man sagt, allgemeiner Begriff von Verhältnissen der Dinge überhaupt, sondern eine reine Anschauung. Denn erstlich kann man sich nur einen einigen Raum vorstellen, und wenn man von vielen Räumen redet, so verstehet man darunter nur Teile eines und desselben alleinigen Raumes. Diese Teile können auch nicht vor dem einigen allbefassenden Raume gleichsam als dessen Bestandteile (daraus seine Zusammensetzung möglich sei) vorhergehen, sondern nur in ihm gedacht werden. Er ist wesentlich einig, das Mannigfaltige in ihm, mithin auch der allgemeine Begriff von Räumen überhaupt, beruht lediglich auf Einschränkungen. Hieraus folgt, daß in Ansehung seiner eine Anschauung a priori (die nicht empirisch ist) allen Begriffen von demselben zum Grunde liegt. So werden auch alle geometrische Grundsätze, z. E. daß in einem Triangel zwei Seiten zusammen größer sein, als die

1 Anschließend folgt als neuer Absatz in A: »3) *Auf diese Notwendigkeit a priori gründet sich die apodiktische Gewißheit aller geometrischen Grundsätze, und die Möglichkeit ihrer Konstruktionen a priori. Wäre nämlich diese Vorstellung des Raums ein a posteriori erworbener Begriff, der aus der allgemeinen äußeren Erfahrung geschöpft wäre, so würden die ersten Grundsätze der mathematischen Bestimmung nichts als Wahrnehmungen sein. Sie hätten also alle Zufälligkeit der Wahrnehmung, und es wäre eben nicht notwendig, daß zwischen zween Punkten nur eine gerade Linie sei, sondern die Erfahrung würde es so jederzeit lehren. Was von der Erfahrung entlehnt ist, hat auch nur komparative Allgemeinheit, nämlich durch Induktion. Man würde also nur sagen können, so viel zur Zeit noch bemerkt worden, ist kein Raum gefunden worden, der mehr als drei Abmessungen hätte.*«

dritte, niemals aus allgemeinen Begriffen von Linie und Triangel, sondern aus der Anschauung und zwar a priori mit apodiktischer Gewißheit abgeleitet.

4) *Der Raum wird als eine unendliche gegebene Größe vorgestellt. Nun muß man zwar einen jeden Begriff als eine Vorstellung denken, die in einer unendlichen Menge von verschiedenen möglichen Vorstellungen (als ihr gemeinschaftliches Merkmal) enthalten ist, mithin diese unter sich enthält; aber kein Begriff, als ein solcher, kann so gedacht werden, als ob er eine unendliche Menge von Vorstellungen in sich enthielte. Gleichwohl wird der Raum so gedacht (denn alle Teile des Raumes ins Unendliche sind zugleich). Also ist die ursprüngliche Vorstellung vom Raume Anschauung a priori, und nicht Begriff.*[2]

§ 3
Transzendentale Erörterung des Begriffs vom Raume

Ich verstehe unter einer transzendentalen Erörterung die Erklärung eines Begriffs, als eines Prinzips, woraus die Möglichkeit anderer synthetischer Erkenntnisse a priori eingesehen werden kann. Zu dieser Absicht wird erfordert, 1) *daß wirklich dergleichen Erkenntnisse aus dem gegebenen Begriffe herfließen,* 2) *daß diese Erkenntnisse nur unter der Voraussetzung einer gegebenen Erklärungsart dieses Begriffs möglich sind.*

Geometrie ist eine Wissenschaft, welche die Eigenschaften des Raums synthetisch und doch a priori bestimmt. Was muß die Vorstellung des Raumes denn sein, damit eine solche Erkenntnis von ihm möglich sei? Er muß ursprünglich Anschauung sein; denn aus einem bloßen Begriffe lassen sich keine Sätze, die über den Begriff hinausgehen, ziehen, welches doch in der Geometrie geschieht (Einleitung V). Aber diese Anschauung muß a priori, d. i. vor aller Wahrnehmung eines Gegenstandes, in uns angetroffen werden, mithin reine, nicht empirische Anschauung sein. Denn die geometrischen Sätze sind insgesamt apodiktisch, d. i. mit dem Bewußtsein ihrer Notwendigkeit verbunden, z. B. der Raum hat nur drei Abmessungen; dergleichen Sätze aber können nicht empirische oder Erfahrungsurteile sein, noch aus ihnen geschlossen werden (Einleit. II).

2 Dieser Abschnitt lautet in A: *»5) Der Raum wird als eine unendliche Größe gegeben vorgestellt. Ein allgemeiner Begriff vom Raum (der sowohl in dem* [Akad.-Ausg.: »sowohl einem«] *Fuße, als einer Eile gemein ist) kann in Ansehung der Größe nichts bestimmen. Wäre es nicht die Grenzenlosigkeit im Fortgange der Anschauung, so würde kein Begriff von Verhältnissen ein Principium der Unendlichkeit derselben bei sich führen.«*

Wie kann nun eine äußere Anschauung dem Gemüte beiwohnen, die vor den Objekten selbst vorhergeht, und in welcher der Begriff der letzteren a priori bestimmt werden kann? Offenbar nicht anders, als so fern sie bloß im Subjekte, als die formale Beschaffenheit desselben, von Objekten affiziert zu werden, und dadurch u n m i t t e l b a r e V o r s t e l l u n g derselben, d. i. Anschauung zu bekommen, ihren Sitz hat, also nur als Form des äußeren S i n n e s überhaupt.

Also macht allein unsere Erklärung die M ö g l i c h k e i t d e r G e o m e t r i e als einer synthetischen Erkenntnis a priori begreiflich. Eine jede Erklärungsart, die dieses nicht liefert, wenn sie gleich dem Anscheine nach mit ihr einige Ähnlichkeit hätte, kann an diesen Kennzeichen am sichersten von ihr unterschieden werden.[3]

Schlüsse aus obigen Begriffen

a) Der Raum stellet gar keine Eigenschaft irgend einiger Dinge an sich, oder sie in ihrem Verhältnis aufeinander vor, d. i. keine Bestimmung derselben, die an Gegenständen selbst haftete, und welche bliebe, wenn man auch von allen subjektiven Bedingungen der Anschauung abstrahierte. Denn weder absolute, noch relative Bestimmungen können vor dem Dasein der Dinge, welchen sie zukommen, mithin nicht a priori angeschaut werden.

b) Der Raum ist nichts anders, als nur die Form aller Erscheinungen äußerer Sinne, d. i. die subjektive Bedingung der Sinnlichkeit, unter der allein uns äußere Anschauung möglich ist. Weil nun die Rezeptivität des Subjekts, von Gegenständen affiziert zu werden, notwendiger Weise vor allen Anschauungen dieser Objekte vorhergeht, so läßt sich verstehen, wie die Form aller Erscheinungen vor allen wirklichen Wahrnehmungen, mithin a priori im Gemüte gegeben sein könne, und wie sie als eine reine Anschauung, in der alle Gegenstände bestimmt werden müssen, Prinzipien der Verhältnisse derselben vor aller Erfahrung enthalten könne.

Wir können demnach nur aus dem Standpunkte eines Menschen vom Raum, von ausgedehnten Wesen etc. reden. Gehen wir von der subjektiven Bedingung ab, unter welcher wir allein äußere Anschauung bekommen können, so wie wir nämlich von den Gegenständen affiziert werden mögen, so bedeutet die Vorstellung vom Raume gar nichts. Dieses Prädikat wird den Dingen nur in so fern beigelegt, als sie uns

3 Der kursive Text ist Zusatz von B.

erscheinen, d. i. Gegenstände der Sinnlichkeit sind. Die beständige Form dieser Rezeptivität, welche wir Sinnlichkeit nennen, ist eine notwendige Bedingung aller Verhältnisse, darinnen Gegenstände als außer uns angeschauet werden, und, wenn man von diesen Gegenständen abstrahiert, eine reine Anschauung, welche den Namen Raum führet. Weil wir die besonderen Bedingungen der Sinnlichkeit nicht zu Bedingungen der Möglichkeit der Sachen, sondern nur ihrer Erscheinungen machen können, so können wir wohl sagen, daß der Raum alle Dinge befasse, die uns äußerlich erscheinen mögen, aber nicht alle Dinge an sich selbst, sie mögen nun angeschaut werden oder nicht, oder auch, von welchem Subjekt man wolle. Denn wir können von den Anschauungen anderer denkenden Wesen gar nicht urteilen, ob sie an die nämlichen Bedingungen gebunden sein, welche unsere Anschauung einschränken und für uns allgemein gültig sind. Wenn wir die Einschränkung eines Urteils zum Begriff des Subjekts hinzufügen, so gilt das Urteil alsdenn unbedingt. Der Satz: Alle Dinge sind neben einander im Raum, gilt unter der Einschränkung, wenn diese Dinge als Gegenstände unserer sinnlichen Anschauung genommen werden. Füge ich hier die Bedingung zum Begriffe, und sage: Alle Dinge, als äußere Erscheinungen, sind neben einander im Raum, so gilt diese Regel allgemein und ohne Einschränkung. Unsere Erörterungen lehren demnach die Realität (d. i. die objektive Gültigkeit) des Raumes in Ansehung alles dessen, was äußerlich als Gegenstand uns vorkommen kann, aber zugleich die Idealität des Raums in Ansehung der Dinge, wenn sie durch die Vernunft an sich selbst erwogen werden, d. i. ohne Rücksicht auf die Beschaffenheit unserer Sinnlichkeit zu nehmen. Wir behaupten also die empirische Realität des Raumes (in Ansehung aller möglichen äußeren Erfahrung), ob zwar die transzendentale Idealität desselben, d. i. daß er nichts sei, so bald wir die Bedingung der Möglichkeit aller Erfahrung weglassen, und ihn als etwas, was den Dingen an sich selbst zum Grunde liegt, annehmen.

Es gibt aber auch außer dem Raum keine andere subjektive und auf etwas Äußeres bezogene Vorstellung, die a priori objektiv heißen könnte. *Denn man kann von keiner derselben synthetische Sätze a priori, wie von der Anschauung im Raume, herleiten (§ 3). Daher ihnen, genau zu reden, gar keine Idealität zukommt, ob sie gleich darin mit der Vorstellung des Raumes übereinkommen, daß sie bloß zur subjektiven Beschaffenheit der Sinnesart gehören, z. B. des Gesichts, Gehörs, Gefühls, durch die Empfindungen der Farben, Töne und Wärme, die aber, weil sie bloß*

Empfindungen und nicht Anschauungen sind, an sich kein Objekt, am wenigsten a priori, erkennen lassen.[4]

Die Absicht dieser Anmerkung geht nur dahin: zu verhüten, daß man die behauptete Idealität des Raumes nicht durch bei weitem unzulängliche Beispiele zu erläutern sich einfallen lasse, da nämlich etwa Farben, Geschmack etc. mit Recht nicht als Beschaffenheiten der Dinge, sondern bloß als Veränderungen unseres Subjekts, die so gar bei verschiedenen Menschen verschieden sein können, betrachtet werden. Denn in diesem Falle gilt das, was ursprünglich selbst nur Erscheinung ist, z. B. eine Rose, im empirischen Verstande für ein Ding an sich selbst, welches doch jedem Auge in Ansehung der Farbe anders erscheinen kann. Dagegen ist der transzendentale Begriff der Erscheinungen im Raume eine kritische Erinnerung, daß überhaupt nichts, was im Raume angeschaut wird, eine Sache an sich, noch daß der Raum eine Form der Dinge sei, die ihnen etwa an sich selbst eigen wäre, sondern daß uns die Gegenstände an sich gar nicht bekannt sein[14], und, was wir äußere Gegenstände nennen, nichts anders als bloße Vorstellungen unserer Sinnlichkeit sein, deren Form der Raum ist, deren wahres Correlatum aber, d. i. das Ding an sich selbst, dadurch gar nicht erkannt wird, noch erkannt werden kann, nach welchem aber auch in der Erfahrung niemals gefragt wird.

4 Der letzte Absatz hieß in A: »*Daher diese subjektive Bedingung aller äußeren Erscheinungen* mit keiner andern kann verglichen werden. Der Wohlgeschmack eines Weines gehört nicht zu den objektiven Bestimmungen des Weines, mithin eines Objekts so gar als Erscheinung betrachtet, sondern zu der besondern Beschaffenheit des Sinnes an dem Subjekte, was ihn genießt. Die Farben sind nicht Beschaffenheiten der Körper, deren Anschauung sie anhängen, sondern auch nur Modifikationen des Sinnes des Gesichts, welches vom Lichte auf gewisse Weise affiziert wird. Dagegen gehört der Raum, als Bedingung äußerer Objekte, notwendiger Weise zur Erscheinung oder Anschauung derselben. Geschmack und Farben sind gar nicht notwendige Bedingungen, unter welchen die Gegenstände allein vor uns Objekte der Sinne werden können. Sie sind nur als zufällig beigefügte Wirkungen der besondern Organisation mit der Erscheinung verbunden. Daher sind sie auch keine Vorstellungen a priori, sondern auf Empfindung, der Wohlgeschmack aber so gar auf Gefühl (der Lust und Unlust) als einer Würkung der Empfindung gegründet. Auch kann niemand a priori weder eine Vorstellung einer Farbe, noch irgend eines Geschmacks haben: der Raum aber betrifft nur die reine Form der Anschauung, schließt also gar keine Empfindung (nichts Empirisches) in sich, und alle Arten und Bestimmungen des Raumes können und müssen so gar a priori vorgestellt werden können, wenn Begriffe der Gestalten so wohl, als Verhältnisse entstehen sollen. Durch denselben ist es allein möglich, daß Dinge vor uns äußere Gegenstände sein.«

Von der Zeit

§ 4
Metaphysische Erörterung des Begriffs der Zeit

Die Zeit ist 1) kein empirischer Begriff, der irgend von einer Erfahrung abgezogen worden. Denn das Zugleichsein oder Aufeinanderfolgen würde selbst nicht in die Wahrnehmung kommen, wenn die Vorstellung der Zeit nicht a priori zum Grunde läge. Nur unter deren Voraussetzung kann man sich vorstellen: daß einiges zu einer und derselben Zeit (zugleich) oder in verschiedenen Zeiten (nach einander) sei.

2) Die Zeit ist eine notwendige Vorstellung, die allen Anschauungen zum Grunde liegt. Man kann in Ansehung der Erscheinungen überhaupt die Zeit selbsten nicht aufheben, ob man zwar ganz wohl die Erscheinungen aus der Zeit wegnehmen kann. Die Zeit ist also a priori gegeben. In ihr allein ist alle Wirklichkeit der Erscheinungen möglich. Diese können insgesamt wegfallen, aber sie selbst (als die allgemeine Bedingung ihrer Möglichkeit) kann nicht aufgehoben werden.

3) Auf diese Notwendigkeit a priori gründet sich auch die Möglichkeit apodiktischer Grundsätze von den Verhältnissen der Zeit, oder Axiomen von der Zeit überhaupt. Sie hat nur Eine Dimension: verschiedene Zeiten sind nicht zugleich, sondern nach einander (so wie verschiedene Räume nicht nach einander, sondern zugleich sind). Diese Grundsätze können aus der Erfahrung nicht gezogen werden, denn diese würde weder strenge Allgemeinheit, noch apodiktische Gewißheit geben. Wir würden nur sagen können: so lehrt es die gemeine Wahrnehmung; nicht aber: so muß es sich verhalten. Diese Grundsätze gelten als Regeln, unter denen überhaupt Erfahrungen möglich sind, und belehren uns vor derselben, und nicht durch dieselbe.

4) Die Zeit ist kein diskursiver, oder, wie man ihn nennt, allgemeiner Begriff, sondern eine reine Form der sinnlichen Anschauung. Verschiedene Zeiten sind nur Teile eben derselben Zeit. Die Vorstellung, die nur durch einen einzigen Gegenstand gegeben werden kann, ist aber Anschauung. Auch würde sich der Satz, daß verschiedene Zeiten nicht zugleich sein können, aus einem allgemeinen Begriff nicht herleiten lassen. Der Satz ist synthetisch, und kann aus Begriffen allein

nicht entspringen. Er ist also in der Anschauung und Vorstellung der Zeit unmittelbar enthalten.

5) Die Unendlichkeit der Zeit bedeutet nichts weiter, als daß alle bestimmte Größe der Zeit nur durch Einschränkungen einer einigen zum Grunde liegenden Zeit möglich sei. Daher muß die ursprüngliche Vorstellung Zeit als uneingeschränkt gegeben sein. Wovon aber die Teile selbst, und jede Größe eines Gegenstandes, nur durch Einschränkung bestimmt vorgestellt werden können, da muß die ganze Vorstellung nicht durch Begriffe gegeben sein (denn *die enthalten nur* Teilvorstellungen), sondern es muß *ihnen* unmittelbare Anschauung zum Grunde liegen.

§ 5
Transzendentale Erörterung des Begriffs der Zeit

Ich kann mich deshalb auf Nr. 3 berufen, wo ich, um kurz zu sein, das, was eigentlich transzendental ist, unter die Artikel der metaphysischen Erörterung gesetzt habe. Hier füge ich noch hinzu, daß der Begriff der Veränderung und, mit ihm, der Begriff der Bewegung (als Veränderung des Orts) nur durch und in der Zeitvorstellung möglich ist: daß, wenn diese Vorstellung nicht Anschauung (innere) a priori wäre, kein Begriff, welcher es auch sei, die Möglichkeit einer Veränderung, d. i. einer Verbindung kontradiktorisch entgegengesetzter Prädikate (z. B. das Sein an einem Orte und das Nichtsein eben desselben Dinges an demselben Orte) in einem und demselben Objekte begreiflich machen könnte. Nur in der Zeit können beide kontradiktorisch-entgegengesetzte Bestimmungen in einem Dinge, nämlich nacheinander, anzutreffen sein. Also erklärt unser Zeitbegriff die Möglichkeit so vieler synthetischer Erkenntnis a priori, als die allgemeine Bewegungslehre, die nicht wenig fruchtbar ist, darlegt.

§ 6
Schlüsse aus diesen Begriffen

a) Die Zeit ist nicht etwas, was für sich selbst bestünde, oder den Dingen als objektive Bestimmung anhinge, mithin übrig bliebe, wenn man von allen subjektiven Bedingungen der Anschauung derselben abstrahiert: denn im ersten Fall würde sie etwas sein, was ohne wirklichen Gegenstand dennoch wirklich wäre. Was aber das zweite betrifft, so könnte sie als eine den Dingen selbst anhangende Bestimmung oder

Ordnung nicht vor den Gegenständen als ihre Bedingung vorhergehen, und a priori durch synthetische Sätze erkannt und angeschaut werden. Diese letztere findet dagegen sehr wohl statt, wenn die Zeit nichts als die subjektive Bedingung ist, unter der alle Anschauungen in uns stattfinden können. Denn da kann diese Form der innern Anschauung vor den Gegenständen, mithin a priori, vorgestellt werden.

b) Die Zeit ist nichts anderes, als die Form des innern Sinnes, d. i. des Anschauens unserer selbst und unsers innern Zustandes. Denn die Zeit kann keine Bestimmung äußerer Erscheinungen sein; sie gehört weder zu einer Gestalt, oder Lage etc., dagegen bestimmt sie das Verhältnis der Vorstellungen in unserm innern Zustande. Und, eben weil diese innre Anschauung keine Gestalt gibt, suchen wir auch diesen Mangel durch Analogien zu ersetzen, und stellen die Zeitfolge durch eine ins Unendliche fortgehende Linie vor, in welcher das Mannigfaltige eine Reihe ausmacht, die nur von einer Dimension ist, und schließen aus den Eigenschaften dieser Linie auf alle Eigenschaften der Zeit, außer dem einigen, daß die Teile der erstern zugleich, die der letztern aber jederzeit nach einander sind. Hieraus erhellet auch, daß die Vorstellung der Zeit selbst Anschauung sei, weil alle ihre Verhältnisse sich an einer äußern Anschauung ausdrücken lassen.

c) Die Zeit ist die formale Bedingung a priori aller Erscheinungen überhaupt. Der Raum, als die reine Form aller äußeren Anschauung ist als Bedingung a priori bloß auf äußere Erscheinungen eingeschränkt. Dagegen, weil alle Vorstellungen, sie mögen nun äußere Dinge zum Gegenstande haben, oder nicht, doch an sich selbst, als Bestimmungen des Gemüts, zum innern Zustande gehören; dieser innere Zustand aber unter der formalen Bedingung der innern Anschauung, mithin der Zeit gehöret: so ist die Zeit eine Bedingung a priori von aller Erscheinung überhaupt, und zwar die unmittelbare Bedingung der inneren (unserer Seelen) und eben dadurch mittelbar auch der äußern Erscheinungen. Wenn ich a priori sagen kann: alle äußere Erscheinungen sind im Raume, und nach den Verhältnissen des Raumes a priori bestimmt, so kann ich aus dem Prinzip des innern Sinnes ganz allgemein sagen: alle Erscheinungen überhaupt, d. i. alle Gegenstände der Sinne, sind in der Zeit, und stehen notwendiger Weise in Verhältnissen der Zeit.

Wenn wir von unsrer Art, uns selbst innerlich anzuschauen, und vermittelst dieser Anschauung auch alle äußere Anschauungen in der Vorstellungs-Kraft zu befassen, abstrahieren, und mithin die Gegenstände nehmen, so wie sie an sich selbst sein mögen, so ist die Zeit nichts. Sie ist nur von objektiver Gültigkeit in Ansehung der Erscheinungen, weil dieses schon Dinge sind, die wir als Gegenstände unserer Sinne annehmen; aber sie ist nicht mehr objektiv, wenn man von der Sinnlichkeit unsrer Anschauung, mithin derjenigen Vorstellungsart, welche uns eigentümlich ist, abstrahiert, und von Dingen überhaupt redet. Die Zeit ist also lediglich eine subjektive Bedingung unserer (menschlichen) Anschauung (welche jederzeit sinnlich ist, d. i. so fern wir von Gegenständen affiziert werden), und an sich, außer dem Subjekte, nichts. Nichts desto weniger ist sie in Ansehung aller Erscheinungen, mithin auch aller Dinge, die uns in der Erfahrung vorkommen können, notwendiger Weise objektiv. Wir können nicht sagen: alle Dinge sind in der Zeit, weil bei dem Begriff der Dinge überhaupt von aller Art der Anschauung derselben abstrahiert wird, diese aber die eigentliche Bedingung ist, unter der die Zeit in die Vorstellung der Gegenstände gehört. Wird nun die Bedingung zum Begriffe hinzugefügt, und es heißt: alle Dinge, als Erscheinungen (Gegenstände der sinnlichen Anschauung), sind in der Zeit, so hat der Grundsatz seine gute objektive Richtigkeit und Allgemeinheit a priori.

Unsere Behauptungen lehren demnach empirische Realität der Zeit, d. i. objektive Gültigkeit in Ansehung aller Gegenstände, die jemals unsern Sinnen gegeben werden mögen. Und da unsere Anschauung jederzeit sinnlich ist, so kann uns in der Erfahrung niemals ein Gegenstand gegeben werden, der nicht unter die Bedingung der Zeit gehörete. Dagegen *bestreiten* wir der Zeit allen Anspruch auf absolute Realität, da sie nämlich, auch ohne auf die Form unserer sinnlichen Anschauung Rücksicht zu nehmen, schlechthin den Dingen als Bedingung oder Eigenschaft anhinge. Solche Eigenschaften, die den Dingen an sich zukommen, können uns durch die Sinne auch niemals gegeben werden. Hierin besteht also die transzendentale Idealität der Zeit, nach welcher sie, wenn man von den subjektiven Bedingungen der sinnlichen Anschauung abstrahiert, gar nichts ist, und den Gegenständen an sich selbst (ohne ihr Verhältnis auf unsere Anschauung) weder subsistierend noch inhärierend beigezählt werden kann. Doch ist diese Idealität, eben so wenig wie die des Raumes, mit den Subreptionen der Empfindungen in Vergleichung zu stellen, weil man doch dabei von der Erscheinung selbst, der diese Prädikate inhärieren, voraussetzt, daß sie objektive Realität habe, die hier gänzlich wegfällt, außer, so fern sie bloß empirisch ist, d. i. den Gegenstand selbst bloß als Erscheinung ansieht: wovon die obige Anmerkung des ersteren Abschnitts nachzusehen ist.

6. Das Auch des Wahrgenommenen
Georg Wilhelm Friedrich Hegel

Die sinnliche Gewißheit oder das Diese und das Meinen

Das Wissen, welches zuerst oder unmittelbar unser Gegenstand ist, kann kein anderes sein als dasjenige, welches selbst unmittelbares Wissen, *Wissen* des *Unmittelbaren* oder *Seienden* ist. Wir haben uns ebenso *unmittelbar* oder *aufnehmend* zu verhalten, also nichts an ihm, wie es sich darbietet, zu verändern und von dem Auffassen das Begreifen abzuhalten.

Der konkrete Inhalt der *sinnlichen Gewißheit* läßt sie unmittelbar als die *reichste* Erkenntnis, ja als eine Erkenntnis von unendlichem Reichtum erscheinen, für welchen ebensowohl, wenn wir im Raume und in der Zeit, als worin er sich ausbreitet, *hinaus-*, als wenn wir uns ein Stück aus dieser Fülle nehmen und durch Teilung in dasselbe *hineingehen*, keine Grenze zu finden ist. Sie erscheint außerdem als die *wahrhafteste*; denn sie hat von dem Gegenstande noch nichts weggelassen, sondern ihn in seiner ganzen Vollständigkeit vor sich. Diese *Gewißheit* aber gibt in der Tat sich selbst für die abstrakteste und ärmste *Wahrheit* aus. Sie sagt von dem, was sie weiß, nur dies aus: es *ist*; und ihre Wahrheit enthält allein das *Sein* der Sache; das Bewußtsein seinerseits ist in dieser Gewißheit nur als reines *Ich*; oder *Ich* bin darin nur als reiner *Dieser* und der Gegenstand ebenso nur als reines *Dieses*. Ich, *dieser*, bin *dieser* Sache nicht darum *gewiß*, weil *Ich* als Bewußtsein hierbei mich entwickelte und mannigfaltig den Gedanken bewegte. Auch nicht darum, weil *die Sache*, deren ich gewiß bin, nach einer Menge unterschiedener Beschaffenheiten eine reiche Beziehung an ihr selbst oder ein vielfaches Verhalten zu anderen wäre. Beides geht die Wahrheit der sinnlichen Gewißheit nichts an, weder Ich noch die Sache hat darin die Bedeutung einer mannigfaltigen Vermittlung, Ich nicht die Bedeutung eines mannigfaltigen Vorstellens oder Denkens, noch die Sache die Bedeutung mannigfaltiger Beschaffenheiten, sondern die Sache *ist*; und sie *ist*, nur weil sie *ist*; sie *ist*, dies ist dem sinnlichen Wissen das Wesentliche, und dieses reine *Sein* oder diese einfache Unmittelbarkeit macht ihre *Wahrheit* aus. Ebenso ist die Gewißheit als *Beziehung unmittelbare* reine Beziehung; das Bewußtsein ist

Ich, weiter nichts, ein reiner *Dieser*; der Einzelne weiß reines Dieses oder *das Einzelne*. [...]

Wird von etwas weiter nichts gesagt, als daß es ein *wirkliches Ding*, ein *äußerer Gegenstand* ist, so ist es nur als das Allerallgemeinste und damit vielmehr seine *Gleichheit* mit allem als die Unterschiedenheit ausgesprochen. Sage ich: ein *einzelnes Ding*, so sage ich es vielmehr ebenso als ganz *Allgemeines*, denn alle sind ein einzelnes Ding; und gleichfalls *dieses* Ding ist alles, was man will. Genauer bezeichnet, als *dieses Stück Papier*, so ist *alles* und *jedes* Papier ein *dieses* Stück Papier, und ich habe nur immer das Allgemeine gesagt. Will ich aber dem Sprechen, welches die göttliche Natur hat, die Meinung unmittelbar zu verkehren, zu etwas anderem zu machen und so sie gar nicht *zum Worte kommen* zu lassen, dadurch nachhelfen, daß ich dies Stück Papier *aufzeige*, so mache ich die Erfahrung, was die Wahrheit der sinnlichen Gewißheit in der Tat ist: ich zeige es auf als ein *Hier*, das ein Hier anderer Hier oder an ihm selbst ein *einfaches Zusammen* vieler *Hier*, d. h. ein Allgemeines ist; ich nehme so es auf, wie es in Wahrheit ist, und statt ein Unmittelbares zu wissen, *nehme ich wahr*.

Die Wahrnehmung oder das Ding und die Täuschung

Die unmittelbare Gewißheit nimmt sich nicht das Wahre, denn ihre Wahrheit ist das Allgemeine; sie aber will das *Diese* nehmen. Die Wahrnehmung nimmt hingegen das, was ihr das Seiende ist, als Allgemeines. Wie die Allgemeinheit ihr Prinzip überhaupt, so sind auch ihre in ihr unmittelbar sich unterscheidenden Momente, Ich ein allgemeines und der Gegenstand ein allgemeiner. Jenes Prinzip ist uns *entstanden* und unser Aufnehmen der Wahrnehmung daher nicht mehr ein erscheinendes Aufnehmen, wie [das] der sinnlichen Gewißheit, sondern ein notwendiges. In dem Entstehen des Prinzips sind zugleich die beiden Momente, die an ihrer Erscheinung nur *herausfallen*, geworden; das eine nämlich die Bewegung des Aufzeigens, das andere dieselbe Bewegung, aber als Einfaches; jenes das *Wahrnehmen*, dies der *Gegenstand*. Der Gegenstand ist dem Wesen nach dasselbe, was die Bewegung ist, sie die Entfaltung und Unterscheidung der Momente, er das Zusammengefaßtsein derselben. Für uns oder an sich ist das Allgemeine als Prinzip das *Wesen* der Wahrnehmung, und gegen diese

Abstraktion die beiden unterschiedenen, das Wahrnehmende und das Wahrgenommene, das *Unwesentliche.* Aber in der Tat, weil beide selbst das Allgemeine oder das Wesen sind, sind sie beide wesentlich; indem sie aber sich als entgegengesetzte aufeinander beziehen, so kann in der Beziehung nur das eine das Wesentliche sein, und der Unterschied des Wesentlichen und Unwesentlichen muß sich an sie verteilen. Das eine als das Einfache bestimmt, der Gegenstand, ist das Wesen, gleichgültig dagegen, ob er wahrgenommen wird oder nicht; das Wahrnehmen aber als die Bewegung ist das Unbeständige, das sein kann oder auch nicht, und das Unwesentliche.

Dieser Gegenstand ist nun näher zu bestimmen und diese Bestimmung aus dem Resultate, das sich ergeben, kurz zu entwickeln; die ausgeführtere Entwicklung gehört nicht hierher. Da sein Prinzip, das Allgemeine, in seiner Einfachheit ein *vermitteltes* ist, so muß er dies als seine Natur an ihm ausdrücken; er zeigt sich dadurch als *das Ding von vielen Eigenschaften.* Der Reichtum des sinnlichen Wissens gehört der Wahrnehmung, nicht der unmittelbaren Gewißheit an, an der er nur das Beiherspielende war; denn nur jene hat die *Negation*, den Unterschied oder die Mannigfaltigkeit an ihrem Wesen.

Das Dieses ist also gesetzt als *nicht dieses* oder als *aufgehoben*, und damit nicht Nichts, sondern ein bestimmtes Nichts oder *ein Nichts von einem Inhalte*, nämlich *dem Diesen.* Das Sinnliche ist hierdurch selbst noch vorhanden, aber nicht, wie es in der unmittelbaren Gewißheit sein sollte, als das gemeinte Einzelne, sondern als Allgemeines oder als das, was sich als *Eigenschaft* bestimmen wird. Das *Aufheben* stellt seine wahrhafte gedoppelte Bedeutung dar, welche wir an dem Negativen gesehen haben; es ist ein *Negieren* und ein *Aufbewahren* zugleich; das Nichts, als *Nichts des Diesen*, bewahrt die Unmittelbarkeit auf und ist selbst sinnlich, aber eine allgemeine Unmittelbarkeit. – Das Sein aber ist ein Allgemeines dadurch, daß es die Vermittlung oder das Negative an ihm hat; indem es dies an seiner Unmittelbarkeit *ausdrückt*, ist es eine *unterschiedene, bestimmte* Eigenschaft. Damit sind zugleich *viele* solche Eigenschaften, eine die negative der andern, gesetzt. Indem sie in der *Einfachheit* des Allgemeinen ausgedrückt sind, beziehen sich diese *Bestimmtheiten*, die eigentlich erst durch eine ferner hinzukommende Bestimmung Eigenschaften sind, *auf sich selbst*, sind *gleichgültig* gegeneinander, jede für sich, frei von der anderen. Die einfache sich selbst gleiche Allgemeinheit selbst aber ist wieder von diesen ihren Bestimmtheiten unterschieden und frei; sie ist das reine Sichaufsichbeziehen oder das *Medium*, worin diese Bestimmtheiten alle sind, sich also in ihr als in einer *einfachen* Einheit *durchdringen*, ohne sich aber zu *berühren*; denn eben durch die Teilnahme an dieser Allgemeinheit sind sie gleichgültig für sich. – Dies abstrakte allgemeine Medium, das die *Dingheit* überhaupt oder das *reine Wesen* genannt werden kann, ist nichts anderes als das *Hier* und *Jetzt*, wie es sich erwiesen hat, nämlich als ein *einfaches Zusammen* von vielen; aber die vielen sind *in ihrer Bestimmtheit* selbst *einfach Allgemeine.* Dies Salz ist einfaches Hier und zugleich vielfach; es ist weiß und *auch* scharf, *auch* kubisch gestaltet, *auch* von bestimmter Schwere usw. Alle diese vielen Eigenschaften sind in einem einfachen *Hier*, worin sie sich also durchdringen; keine hat ein anderes Hier als die andere, sondern jede ist allenthalten in demselben, worin die andere ist; und zugleich, ohne durch verschiedene Hier geschieden zu sein, affizieren sie sich in dieser Durchdringung nicht; das Weiße affiziert oder verändert das Kubische nicht, beide nicht das Scharfe usw., sondern da jede selbst einfaches *Sichaufsichbeziehen* ist, läßt sie die anderen ruhig und bezieht sich nur durch das gleichgültige *Auch* auf sie. Dieses *Auch* ist also das reine Allgemeine selbst oder das Medium, die sie so zusammenfassende *Dingheit.*

In diesem Verhältnisse, das sich ergeben hat, ist nur erst der Charakter der positiven Allgemeinheit beobachtet und entwickelt; es bietet sich aber noch eine Seite dar, welche auch hereingenommen werden muß. Nämlich wenn die vielen bestimmten Eigenschaften schlechterdings gleichgültig wären und sich durchaus nur auf sich selbst bezögen, so wären sie keine *bestimmten*; denn sie sind dies nur, insofern sie sich *unterscheiden* und sich *auf andere* als entgegengesetzte *beziehen.* Nach dieser Entgegensetzung aber können sie nicht in der einfachen Einheit ihres Mediums zusammen sein, die ihnen ebenso wesentlich ist als die Negation; die Unterscheidung derselben, insofern sie nicht eine gleichgültige, sondern ausschließende, Anderes negierende ist, fällt also außer diesem einfachen Medium; und dieses ist daher nicht nur ein *Auch*, gleichgültige Einheit, sondern auch *Eins*, *ausschließende Einheit.* – Das Eins ist das *Moment der Negation*, wie es selbst auf eine einfache Weise sich auf sich bezieht und Anderes ausschließt und wodurch die *Dingheit* als *Ding* bestimmt ist. An der Eigenschaft ist die Negation als *Bestimmtheit*, die unmittelbar eins ist mit der Unmittelbarkeit des Seins, welche durch diese Einheit mit der Negation Allgemeinheit ist; als *Eins* aber ist sie, wie sie von dieser Einheit mit dem Gegenteil befreit und an und für sich selbst ist.

In diesen Momenten zusammen ist das Ding als das Wahre der

Wahrnehmung vollendet, soweit es nötig ist, es hier zu entwickeln. Es ist α) die gleichgültige passive Allgemeinheit, das *Auch* der vielen Eigenschaften oder vielmehr *Materien*, β) die Negation ebenso als einfach, oder das *Eins*, das Ausschließen entgegengesetzter Eigenschaften, und γ) die vielen *Eigenschaften* selbst, die Beziehung der zwei ersten Momente, die Negation, wie sie sich auf das gleichgültige Element bezieht und sich darin als eine Menge von Unterschieden ausbreitet; der Punkt der Einzelheit in dem Medium des Bestehens in die Vielheit ausstrahlend. Nach der Seite, daß diese Unterschiede dem gleichgültigen Medium angehören, sind sie selbst allgemein, beziehen sich nur auf sich und affizieren sich nicht; nach der Seite aber, daß sie der negativen Einheit angehören, sind sie zugleich ausschließend, haben aber diese entgegengesetzte Beziehung notwendig an Eigenschaften, die aus *ihrem Auch* entfernt sind. Die sinnliche Allgemeinheit oder die *unmittelbare* Einheit des Seins und des Negativen ist erst so *Eigenschaft*, insofern das Eins und die reine Allgemeinheit aus ihr entwickelt und voneinander unterschieden sind und sie diese miteinander zusammenschließt; diese Beziehung derselben auf die reinen wesentlichen Momente vollendet erst das *Ding*.

So ist nun das Ding der Wahrnehmung beschaffen; und das Bewußtsein ist als Wahrnehmendes bestimmt, insofern dies Ding sein Gegenstand ist; es hat ihn *nur zu nehmen* und sich als reines Auffassen zu verhalten; was sich ihm dadurch ergibt, ist das Wahre. Wenn es selbst bei diesem Nehmen etwas täte, würde es durch solches Hinzusetzen oder Weglassen die Wahrheit verändern. Indem der Gegenstand das Wahre und Allgemeine, sich selbst Gleiche, das Bewußtsein sich aber das Veränderliche und Unwesentliche ist, kann es ihm geschehen, daß es den Gegenstand unrichtig auffaßt und sich täuscht. Das Wahrnehmende hat das Bewußtsein der Möglichkeit der Täuschung; denn in der Allgemeinheit, welche das Prinzip ist, ist das *Anderssein* selbst unmittelbar für es, aber als das *Nichtige*, Aufgehobene. Sein Kriterium der Wahrheit ist daher die *Sichselbstgleichheit*, und sein Verhalten als sich selbst gleiches aufzufassen. Indem zugleich das Verschiedene für es ist, ist es ein Beziehen der verschiedenen Momente seines Auffassens aufeinander; wenn sich aber in dieser Vergleichung eine Ungleichheit hervortut, so ist dies nicht eine Unwahrheit des Gegenstandes, denn er ist das sich selbst Gleiche, sondern des Wahrnehmens. [...]

Ich werde also zuerst des Dings als *Eines* gewahr und habe es in dieser wahren Bestimmung festzuhalten; wenn in der Bewegung des

Wahrnehmens etwas dem Widersprechendes vorkommt, so ist dies als meine Reflexion zu erkennen. Es kommen nun in der Wahrnehmung auch verschiedene Eigenschaften vor, welche Eigenschaften des Dings zu sein scheinen; allein das Ding ist Eins, und von dieser Verschiedenheit, wodurch es aufhörte, Eins zu sein, sind wir uns bewußt, daß sie in uns fällt. Dies Ding ist also in der Tat nur weiß, an *unser* Auge gebracht, scharf *auch*, an *unsere* Zunge, *auch* kubisch, an *unser* Gefühl usf. Die gänzliche Verschiedenheit dieser Seiten nehmen wir nicht aus dem Dinge, sondern aus uns; sie fallen uns an unserem von der Zunge ganz unterschiedenen Auge usf. so auseinander. Wir sind somit das *allgemeine Medium*, worin solche Momente sich absondern und für sich sind. Hierdurch also, daß wir die Bestimmtheit, allgemeines Medium zu sein, als unsere Reflexion betrachten, erhalten wir die Sichselbstgleichheit und Wahrheit des Dinges, Eins zu sein.

Diese *verschiedenen Seiten*, welche das Bewußtsein auf sich nimmt, sind aber, jede so für sich, als in dem allgemeinen Medium sich befindend betrachtet, *bestimmt*; das Weiße ist nur in Entgegensetzung gegen das Schwarze usf., und das Ding Eins gerade dadurch, daß es anderen sich entgegensetzt. Es schließt aber andere nicht, insofern es Eins ist, von sich aus – denn Eins zu sein ist das allgemeine Aufsichselbstbeziehen, und dadurch, daß es Eins ist, ist es vielmehr allen gleich –, sondern durch die *Bestimmtheit*. Die Dinge selbst also sind *an und für sich bestimmte*; sie haben Eigenschaften, wodurch sie sich von anderen unterscheiden. Indem die *Eigenschaft die eigene* Eigenschaft des Dinges oder eine Bestimmtheit an ihm selbst ist, hat es *mehrere* Eigenschaften. Denn fürs erste ist das Ding das wahre, es ist *an sich selbst*; und was an ihm ist, ist an ihm als sein eigenes Wesen, nicht um anderer willen; also sind zweitens die bestimmten Eigenschaften nicht nur um anderer Dinge willen und für andere Dinge, sondern an ihm selbst; sie sind aber bestimmte Eigenschaften an *ihm* nur, indem sie mehrere sich voneinander unterscheidende sind; und drittens, indem sie so in der Dingheit sind, sind sie an und für sich und gleichgültig gegeneinander. Es ist also in Wahrheit das Ding selbst, welches weiß und *auch* kubisch, *auch* scharf usf. ist, oder das Ding ist das *Auch* oder das *allgemeine Medium*, worin die vielen Eigenschaften außereinander bestehen, ohne sich zu berühren und aufzuheben; und so genommen wird es als das Wahre genommen.

Bei diesem Wahrnehmen nun ist das Bewußtsein zugleich sich bewußt, daß es sich *auch* in sich selbst reflektiert und in dem Wahrnehmen das dem *Auch* entgegengesetzte Moment vorkommt. Dies

Moment aber ist *Einheit* des Dings mit sich selbst, welche den Unterschied aus sich ausschließt. Sie ist es demnach, welche das Bewußtsein auf sich zu nehmen hat; denn das Ding selbst ist das *Bestehen der vielen verschiedenen und unabhängigen Eigenschaften.* Es wird also von dem Dinge gesagt: *es ist* weiß, *auch* kubisch und *auch* scharf usf. Aber insofern es weiß ist, ist es nicht kubisch, und insofern es kubisch und auch weiß ist, ist es nicht scharf usf. Das *Ineinssetzen* dieser Eigenschaften kommt nur dem Bewußtsein zu, welches sie daher an dem Ding nicht in Eins fallen zu lassen hat. Zu dem Ende bringt es das *Insofern* herbei, wodurch es sie auseinander und das Ding als das Auch erhält. Recht eigentlich wird das *Einssein* von dem Bewußtsein erst so auf sich genommen, daß dasjenige, was Eigenschaft genannt wurde, als *freie Materie* vorgestellt wird. Das Ding ist auf diese Weise zum wahrhaften *Auch* erhoben, indem es eine Sammlung von Materien und, statt Eins zu sein, zu einer bloß umschließenden Oberfläche wird.

7. Die Wahrnehmungsmöglichkeit
John Stuart Mill

Die psychologische Theorie des Glaubens an eine Außenwelt

Wir haben gesehen, wie Hamilton die Frage der Realität der Materie nach der introspektiven Methode, und zwar, wie es scheint, mit wenig Erfolg behandelt hat. Wir wollen nun demselben Gegenstand nach der psychologischen Methode näherzukommen suchen. Ich werde deshalb die Sache derjenigen darstellen, die behaupten, daß der Glaube an eine Außenwelt nicht intuitiv sei, sondern ein erworbenes Produkt.

Diese Theorie postuliert die folgenden psychologischen Wahrheiten, die sämtlich durch Erfahrung bewiesen sind, und von Hamilton und anderen Denkern der introspektiven Schule, obwohl sie sich der vollen Bedeutung selten ganz bewußt sind, nicht bestritten werden.

Erstens postuliert sie, daß die menschliche Seele die Fähigkeit der Erwartung hat; mit anderen Worten, daß wir, nachdem wir tatsächlich Wahrnehmungen gehabt haben, fähig sind, die Vorstellung von möglichen Wahrnehmungen zu bilden, von Wahrnehmungen, die wir nicht im gegenwärtigen Moment haben (feel), die wir aber besitzen könnten und besitzen (feel) würden, wenn gewisse Bedingungen vorhanden wären, deren Natur wir in vielen Fällen durch Erfahrung kennengelernt haben.

Zweitens postuliert sie die Gesetze der Ideen-Assoziation. Diese Gesetze, soweit sie uns hier angehen, sind folgende: 1. Ähnliche Phänomene haben das Bestreben, zusammengedacht zu werden. 2. Phänomene, die in enger Kontiguität miteinander entweder erfahren oder vorgestellt worden sind, haben das Bestreben, zusammen gedacht zu werden. Die Kontiguität ist von zweierlei Art: Gleichzeitigkeit und unmittelbare Aufeinanderfolge. Tatsachen, die gleichzeitig erfahren oder gleichzeitig gedacht worden sind, rufen sich gegenseitig in Gedanken zurück. Von Tatsachen, die in unmittelbarer Aufeinanderfolge erfahren oder gedacht worden sind, ruft die vorhergegangene oder der Gedanke an sie den Gedanken an die nachfolgende zurück, aber nicht umgekehrt. 3. Assoziationen, die durch Kontiguität hervorgebracht worden sind, werden durch Wiederholung gewisser und schneller. Wenn zwei Phänomene sehr oft in Verbindung erfahren und in keinem einzigen Falle, weder in der Erfahrung noch in Gedanken, getrennt aufgetreten sind, so entsteht zwischen ihnen das, was untrennbare oder, weniger korrekt, unlösbare Assoziation genannt worden ist. Damit ist jedoch nicht gemeint, daß die Assoziation unvermeidlich bis zum Lebensende dauern müsse, daß keine nachfolgende Erfahrung, kein nachfolgender Denkprozeß sie vielleicht auflösen könne; vielmehr nur, daß die Assoziation unwiderstehlich ist, solange eine solche Erfahrung oder ein solcher Denkprozeß nicht stattgefunden hat: es ist uns unmöglich, das eine Ding außer Verbindung mit dem anderen zu denken. 4. Wenn eine Assoziation diesen Charakter der Untrennbarkeit angenommen hat, wenn das Band zwischen den beiden Ideen so fest geknüpft ist, so wird nicht nur die durch die Assoziation hervorgerufene Idee in unserem Bewußtsein untrennbar von der Idee, die sie eingab, sondern die diesen Ideen entsprechenden Tatsachen oder Phänomene scheinen schließlich in ihrer Existenz voneinander untrennbar zu sein. Dinge, die wir unfähig sind, uns getrennt zu denken, erscheinen uns auch unfähig getrennt zu existieren; und unser Glaube an ihre Koexistenz scheint, obwohl in Wirklichkeit ein Produkt der Erfahrung, intuitiv zu sein. Unzählige Beispiele könnten von diesem Gesetze gegeben werden. Eines der uns vertrautesten wie auch schlagendsten ist das unserer erworbenen Gesichtsvorstellungen. Selbst diejenigen, welche mit Bailey die durch das Auge erlangte Vorstellung der Entfernung nicht als erworben, sondern als intuitiv betrachten, geben zu, daß es viele Gesichtsvorstellungen gibt, die, obwohl sie augenblicklich und unverzögert auftreten, doch nicht intuitiv sind. Das, was wir sehen, ist nur ein sehr winziger Bruchteil dessen, was wir zu sehen meinen. Wir sehen künstlich, daß ein Ding hart, ein anderes weich, daß ein Ding heiß, das andere kalt ist. Wir sehen künstlich, daß das, was wir sehen, ein Buch oder ein Stein ist, und jeder von diesen Vorgängen ist nicht nur ein Schluß, sondern eine Menge von Schlüssen aus den Merkmalen, die wir sehen, auf Dinge, die nicht sichtbar sind. Wir sehen das, was wir zu schließen gelernt haben, und können nicht anders, sondern müssen es sehen, selbst wenn wir wissen, daß der Schluß falsch und die scheinbare Wahrnehmung eine Täuschung ist. Wir können nicht umhin, den Mond in der Erdnähe größer zu sehen, obwohl wir wissen, daß er genau von seiner gewöhnlichen Größe ist. Wir können nicht umhin, einen Berg als uns näher und von geringerer Höhe zu sehen, wenn wir ihn durch eine Atmosphäre sehen, die durchsichtiger ist als die gewöhnliche.

Von diesen Prämissen aus behauptet die psychologische Theorie, daß durch die Ordnung unserer Wahrnehmungen und unserer Erinnerungen an Wahrnehmungen natürlicher- und selbst notwendigerweise Assoziationen erzeugt werden, die, vorausgesetzt, daß keine Intuition einer Außenwelt im Bewußtsein existiert hat, unvermeidlich den Glauben an eine solche erzeugen und bewirken würden, daß dieser Glaube als eine Intuition angesehen wird.

Was meinen wir damit, oder was veranlaßt uns zu sagen, daß die Gegenstände, die wir vorstellen, außer uns, und nicht ein Teil unserer eigenen Gedanken sind? Wir meinen, daß an unseren Vorstellungen etwas beteiligt ist, was existiert, auch wenn wir nicht daran denken, etwas, was existierte, bevor wir je daran gedacht hatten, und existieren würde, wenn wir in nichts verwandelt würden; und ferner, daß Dinge existieren, die wir nie sahen, berührten oder sonstwie wahrnahmen, sowie Dinge, die nie durch Menschen wahrgenommen worden sind. Diese Idee von etwas, was sich von unseren flüchtigen Impressionen durch das unterscheidet, was nach Kantscher Terminologie die Beharrlichkeit genannt wird; etwas, was fest ist und dasselbe bleibt, während unsere Impressionen sich ändern; etwas, was existiert, gleichviel ob wir uns seiner bewußt sind oder nicht, und was immer viereckig ist (oder von einer anderen gegebenen Gestalt), gleichviel ob es uns viereckig oder rund erscheint: dies bildet zusammen unsere Idee der äußeren Substanz. Jeder, der für diesen komplexen Begriff einen Ursprung nachweisen kann, hat Aufschluß gegeben über das, was wir unter dem Glauben an die Materie verstehen. Alles dies nun ist nach der psychologischen Theorie nur die Form, die durch die bekannten Assoziationsgesetze den durch Erfahrung erlangten Vorstellungen oder Begriffen zufälliger Wahrnehmungen aufgedrückt wird. Damit sind Wahrnehmungen gemeint, die nicht in unserem momentanen Bewußtsein sind und individuell überhaupt nie in unserem Bewußtsein waren, sondern von denen wir kraft der Gesetze, denen unsere Wahrnehmungen erfahrungsgemäß unterworfen sind, wissen, daß wir sie unter gegebenen annehmbaren Umständen besessen (felt) haben und unter denselben Umständen noch besitzen würden.

Ich sehe ein Stück weißes Papier auf einem Tisch. Ich gehe in ein anderes Zimmer. Wenn das Phänomen mir immer folgte, oder wenn ich, falls es mir nicht folgte, glaubte, daß es *e rerum natura* verschwände, würde ich nicht glauben, daß es ein äußerer Gegenstand ist. Ich würde es für ein Phantom halten, für eine bloße Affektion meiner Sinne; ich würde nicht glauben, daß irgendein Körper dort gewesen ist. Obwohl ich aber aufgehört habe, das Papier zu lesen, bin ich doch überzeugt, daß es noch dort ist. Ich habe nicht mehr die Wahrnehmungen, die es in mir hervorrief; ich glaube jedoch, daß ich sie, wenn ich mich wieder in die Umstände begebe, unter denen ich jene Wahrnehmung hatte, d. h. wenn ich in das Zimmer zurückkehre, von neuem haben werde; und ferner, daß es keinen dazwischenliegenden Moment gegeben hat, in dem dies nicht der Fall gewesen sein würde. Infolge dieser Eigenschaft meiner Seele besteht in jedem gegebenen Augenblick meine Vorstellung von der Welt nur zu einem kleinen Teil aus gegenwärtigen Wahrnehmungen. Solche Wahrnehmungen habe ich zur Zeit vielleicht überhaupt nicht, und in jedem Fall sind sie ein höchst unbedeutender Teil des Ganzen, das ich mir vorstelle. Die Vorstellung, die ich mir von der Welt bilde, wie sie in einem Moment existiert, umfaßt neben den Wahrnehmungen, die ich besitze (feel), eine unzählbare Mannigfaltigkeit von Wahrnehmungsmöglichkeiten: nämlich die Gesamtheit der Wahrnehmungen, die ich nach früherer Beobachtung unter irgendwelchen annehmbaren Umständen in diesem Moment erfahren könnte, zusammen mit einer unbegrenzten und unbeschränkbaren Menge anderer, die ich doch, obwohl ich nicht weiß, daß ich sie erfahren kann, möglicherweise unter mir unbekannten Umständen erfahren könnte. Diese mannigfachen Möglichkeiten sind für mich der wichtige Punkt in der Welt. Meine gegenwärtigen Wahrnehmungen sind für gewöhnlich von geringer Bedeutung und überdies flüchtig; die Möglichkeiten dagegen sind dauernd, und das ist das Merkmal, das unsere Idee von der Substanz oder Materie von unserem Begriff der Wahrnehmung hauptsächlich unterscheidet. Diese Möglichkeiten, die bedingte Gewißheiten sind, erfordern einen besonderen Namen, um sie von bloß vagen Möglichkeiten zu unterscheiden, für deren Zuverlässigkeit die Erfahrung keine Gewähr leistet. Sobald nun ein unterscheidender Name gegeben ist, wenn es sich auch um dasselbe, nur unter einem verschiedenen Gesichtspunkt betrachtete Ding handelt, lehrt uns eine der bekanntesten Erfahrungen unserer geistigen Natur, daß der verschiedene Name schließlich für den Namen eines verschiedenen Dinges gehalten wird.

Diese bestätigten oder verbürgten Wahrnehmungsmöglichkeiten haben noch eine andere wichtige Eigentümlichkeit, daß sie sich nämlich nicht auf einzelne, sondern auf Wahrnehmungen beziehen, die zu Gruppen vereinigt sind. Wenn wir an etwas als eine materielle Substanz oder einen Körper denken, so haben wir nicht e i n e e i n z e l n e Wahrnehmung entweder gehabt oder denken, daß wir sie unter einer gegebenen Voraussetzung haben könnten, sondern eine große, sogar unbegrenzte Anzahl und Mannigfaltigkeit von Wahrnehmungen, die gewöhnlich verschiedenen Sinnen angehören, aber so miteinander verkettet sind, daß die Gegenwart einer von ihnen in ebendemselben Augenblick die mögliche Gegenwart einer anderen oder aller übrigen ankündigt. In unserer Seele ist deshalb nicht allein diese besondere Wahrnehmungsmöglichkeit mit der Qualität der Fortdauer investiert, wenn wir in Wirklichkeit überhaupt keine Wahrnehmungen besitzen (feel); sondern, wenn wir einige von ihnen haben (feel), werden die übrigen Wahrnehmungen der Gruppe von uns in der Form gegenwärtiger Möglichkeiten gedacht, die sich in ebendemselben Moment verwirklichen könnten. Und da dies abwechselnd bei ihnen allen eintritt, stellt die Gruppe als ein Ganzes sich der Seele als dauernd dar, im Gegensatz nicht allein zu der vorübergehenden Dauer meiner körperlichen Gegenwart, sondern auch zu dem zeitweiligen Charakter jeder einzelnen der Wahrnehmungen, welche die Gruppe bilden, – mit anderen Worten, als eine Art dauernden Substrats unter einer Anzahl vorübergehender Erfahrungen oder Offenbarungen. Und das ist ein anderer charakteristischer Zug unserer Idee von der materiellen Substanz im Unterschied von der Wahrnehmung.

Wir wollen nun einen anderen der allgemeinen Charakterzüge unserer Erfahrung betrachten, nämlich daß wir außer festen Gruppen auch eine feste Ordnung in unseren Wahrnehmungen erkennen: eine Ordnung der Aufeinanderfolge, die, wenn sie durch Beobachtung ermittelt ist, den Ideen von Ursache und Wirkung den Ursprung gibt, entsprechend demjenigen, was ich für die richtige Theorie dieser Relation halte, und was in jeder Theorie die Quelle aller unserer Erkenntnisse der Ursachen und der Wirkungen ist, die sie hervorrufen. Von welcher Natur nun ist die feste Ordnung unter unseren Wahrnehmungen? Es ist eine Beständigkeit von Antecedenz und Konsequenz. Diese beständige Antecedenz und Konsequenz besteht aber nicht allgemein zwischen einer Wahrnehmung und einer anderen. Sehr wenige solcher Sequenzen werden uns durch die Erfahrung geboten. In fast allen konstanten Sequenzen, die in der Natur vorkommen, finden Antecedenz und Konsequenz nicht zwischen Wahrnehmungen, sondern zwischen den oben erwähnten Gruppen statt, von denen ein sehr kleiner Teil wirkliche Wahrnehmung ist. Denn der größte Teil besteht aus permanenten Wahrnehmungsmöglichkeiten, für die uns eine kleine und veränderliche Zahl wirklich gegenwärtiger Wahrnehmungen die Evidenz gibt. Daher gelangen unsere Ideen von Verursachung,

Kraft und Tätigkeit in Gedanken überhaupt zu keiner Verbindung mit unseren Wahrnehmungen als *wirklichen*, außer in den wenigen physiologischen Fällen, wo diese von selbst als Antecedentien in einer gleichförmigen Konsequenz figurieren. Diese Ideen verknüpfen sich nicht mit Wahrnehmungen, sondern mit Wahrnehmungsmöglichkeiten. Die gedachten Wahrnehmungen stellen sich unseren gewohnheitsmäßigen Gedanken nicht als wirklich erfahrene Wahrnehmungen dar, sofern nicht nur eine oder eine Anzahl von ihnen als abwesend angenommen werden kann, sondern keine von ihnen gegenwärtig zu sein braucht. Wir finden, daß die Modifikationen, die mehr oder weniger regelmäßig in unseren Wahrnehmungsmöglichkeiten stattfinden, von unserem Bewußtsein und von unserer Gegenwart oder Abwesenheit meist ganz unabhängig sind. Gleichviel ob wir schlafen oder wachen: das Feuer geht aus und macht einer bestimmten Möglichkeit von Wärme und Licht ein Ende. Ob wir gegenwärtig sind oder abwesend: das Korn reift und gewährt eine neue Möglichkeit der Ernährung. Daher lernen wir schnell an die Natur zu denken, als sei sie allein aus diesen Gruppen von Möglichkeiten gebildet, und an die aktive Kraft in der Natur, als sei sie in der Modifikation einiger von diesen durch andere geoffenbart. Die Wahrnehmungen werden schließlich, obwohl sie die ursprüngliche Grundlage des Ganzen bilden, für eine Art von uns abhängigen Zufalls, und die Möglichkeiten für viel realer angesehen als die wirklichen Wahrnehmungen, ja sogar als die Wirklichkeiten selbst, von denen jene nur die Repräsentationen, Erscheinungen oder Wirkungen sind. Wenn dieser Zustand der Seele erreicht ist, dann und von diesem Zeitpunkt ab werden wir uns einer gegenwärtigen Wahrnehmung nie bewußt, ohne sie sofort zu einer der Möglichkeitsgruppen in Beziehung zu bringen, zu der eine Wahrnehmung dieser besonderen Art gehört. Und wenn wir noch nicht wissen, auf welche Gruppe wir sie beziehen sollen, so fühlen wir wenigstens eine unwiderstehliche Überzeugung, daß sie zu einer oder der anderen Gruppe gehören muß, d. h. daß ihre Gegenwart hier und jetzt die Existenz einer großen Zahl und Mannigfaltigkeit von Wahrnehmungsmöglichkeiten beweist, ohne die sie nicht dagewesen sein würde. Die ganze Klasse möglicher Wahrnehmungen bildet einen dauernden Hintergrund für jede einzelne oder mehrere von denjenigen, die in einem gegebenen Moment wirklich sind; und die Möglichkeiten werden in Relation zu den wirklichen Wahrnehmungen wie eine Ursache zu ihren Wirkungen gedacht, oder wie die Leinwand zu den auf ihr gemalten Gestalten, oder wie eine Wurzel zu dem Stamme, den Blättern und Blüten, oder wie ein Substrat zu dem, was darüber ausgebreitet ist, oder, in transzendentaler Ausdrucksweise, wie die Materie zur Form.

Wenn dieser Punkt erreicht ist, haben die permanenten Möglichkeiten, die in Frage stehen, eine solche Unähnlichkeit des Aussehens und einen solchen Unterschied der anscheinenden Relation zu uns von irgendwelchen Wahrnehmungen angenommen, daß es allem, was wir von der Konstitution der menschlichen Natur wissen, widersprechen würde, wenn sie nicht mindestens als ebenso verschieden von den Wahrnehmungen gedacht und geglaubt würden, wie es die Wahrnehmungen untereinander sind. Ihre Grundlage in der Wahrnehmung wird vergessen, und sie werden für etwas innerlich von ihr Verschiedenes gehalten. Wir können uns jeder unserer (äußeren) Wahrnehmungen entziehen oder ihnen durch ein anderes Agens entzogen werden. Wenn aber auch die Wahrnehmungen aufhören, so bleiben doch jene Möglichkeiten bestehen: sie sind unabhängig von unserem Willen, unserer Gegenwart und allem, was uns angehört. Wir finden auch, daß sie anderen menschlichen oder bewußten Wesen ebenso angehören wie uns selbst; daß andere Menschen ihre Erwartungen und ihr Verhalten auf dieselben permanenten Möglichkeiten gründen, wie wir die unsrigen. Aber wir finden nicht, daß sie dieselben wirklichen Wahrnehmungen erfahren. Andere Menschen haben nicht genau unsere Wahrnehmungen, wann und wie wir sie haben; aber sie haben unsere Wahrnehmungsmöglichkeiten. Alles, was uns selbst eine gegenwärtige Wahrnehmungsmöglichkeit anzeigt, zeigt eine gegenwärtige Möglichkeit ähnlicher Wahrnehmungen auch ihnen an, soweit natürlich ihre Wahrnehmungsorgane nicht von den unsrigen verschieden sind. Dies setzt das Schlußsiegel unter unsere Vorstellung von den Möglichkeitsgruppen als der grundlegenden Realität in der Natur. Die permanenten Möglichkeiten sind uns und unseren Mitmenschen gemeinsam; die wirklichen Wahrnehmungen sind es nicht. Das, was andere Menschen ebenso wie ich und aus denselben Gründen wie ich erkennen, scheint mir realer zu sein als das, was sie nicht erkennen, wenn ich es ihnen nicht sage. Die Welt gesetzmäßig aufeinanderfolgender möglicher Wahrnehmungen ist in anderen Wesen ebenso vorhanden wie in mir: sie hat also eine Existenz außer mir, sie ist eine Außenwelt. [...]

Die Materie kann also als eine permanente Möglichkeit von Wahrnehmungen definiert werden. Wenn man mich fragt, ob ich an die Materie glaube, so frage ich, ob der Fragende diese Definition akzeptiert. Wenn er sie akzeptiert, so glaube ich an die Materie wie alle Berkeleyaner; in jedem anderen Sinne als diesem glaube ich nicht daran. Ich behaupte aber zuversichtlich, daß diese Auffassung der Materie den ganzen Sinn einschließt, der ihr, abgesehen von philosophischen und manchmal von theologischen Theorien, von der Welt im allgemeinen gegeben wird. Das Vertrauen der Menschen auf die reale Existenz sichtbarer und fühlbarer Gegenstände bedeutet Vertrauen auf die Realität und Permanenz der Möglichkeiten von Gesichts- und Tastwahrnehmungen, falls solche Wahrnehmungen nicht tatsächlich erfahren werden. Wir sind berechtigt zu glauben, daß dies die Bedeutung der Materie im Sinne vieler ihrer geschätztesten metaphysischen Vorkämpfer ist, wenn sie sich auch selbst nicht als solche bekennen würden, wie z. B. Reid, Stewart und Brown. Denn diese drei Philosophen rechtfertigten sich damit, daß die gesamte Menschheit, einschließlich Berkeley und Hume, tatsächlich an die Materie glaubten, in dem Sinne, daß sie sich, wenn sie nicht daran geglaubt hätten, nicht seitwärts gewandt haben würden, um sich nicht festzurennen. Nun, alles, was dieses Manöver tatsächlich bewies, ist, daß sie an permanente Wahrnehmungsmöglichkeiten glaubten. Wir haben also die unbeabsichtigte Sanktion dieser drei hervorragenden Verteidiger der Existenz der Materie für die Behauptung, daß an permanente Wahrnehmungsmöglichkeiten glauben an die Materie glauben heißt. Es ist kaum nötig, nach solchen Autoritäten Dr. Johnson oder sonst jemand zu erwähnen, der zu dem *argumentum baculinum* seine Zuflucht nimmt, mit dem Stock aufzutrumpfen. Hamilton, ein viel feinerer Denker als irgendeiner von diesen, folgert nie auf diese Weise. Er nimmt niemals an, daß jemand, der nicht an das glaubt, was er unter Materie versteht, folgerichtig irgendwie anders handeln müßte als diejenigen, die daran glauben. Er wußte, daß der Glaube, von dem alle praktischen Konsequenzen abhängen, der Glaube an die permanenten Wahrnehmungsmöglichkeiten ist, und daß, wenn niemand an ein materielles Universum in irgendeinem anderen Sinne glaubte, das Leben genau ebenso weiter verlaufen würde, wie es jetzt verläuft. In Wirklichkeit indessen glaubte er mehr als dies, aber, wie mir scheint, nur weil es ihm nie in den Sinn gekommen war, daß bloße Wahrnehmungsmöglichkeiten unserem verkünstelten Bewußtsein den Charakter der Objektivität bieten könnten, den sie, wie wir jetzt nachgewiesen haben, nicht allein bieten können, sondern auch, wenn nicht die bekannten Gesetze des menschlichen Geistes suspendiert würden, notwendigerweise bieten müssen.

Man wird vielleicht einwenden, daß allein die Möglichkeit, einen Begriff von der Materie wie den Hamiltons zu bilden – die Fähigkeit der menschlichen Seele sich eine Außenwelt vorzustellen, die mehr ist als das, wozu die psychologische Theorie sie macht –, einer Widerlegung der Theorie gleichkommt. Wenn wir (so kann man sagen) im Bewußtsein keine Offenbarung von einer Welt hätten, die nicht auf die eine oder die andere Weise mit der Wahrnehmung identifiziert wird, so würden wir außerstande sein, den Begriff einer solchen Welt zu haben. Wenn die einzigen Ideen, die wir von äußeren Gegenständen hätten, Ideen unserer Wahrnehmungen wären, die durch einen erworbenen Begriff permanenter Wahrnehmungsmöglichkeiten vervollständigt sind, so müßten wir (so meint man) unfähig sein, Dinge, die überhaupt nicht Wahrnehmungen sind, zu denken, und deshalb noch unfähiger, uns einzubilden, daß wir sie vorstellen. Da es indessen offenbar ist, daß manche Philosophen dies glauben, und man behaupten kann, daß die große Masse der Menschen es ebenfalls glaubt, so könnte man sagen, daß die Existenz einer von den Wahrnehmungen selbst verschiedenen beharrlichen Basis der Wahrnehmungen durch die Möglichkeit sie zu glauben bewiesen ist.

Ich will zunächst noch einmal darlegen, was nach meiner Auffassung der Glaube ist. Wir glauben, daß wir uns ein Etwas vorstellen, das in enger Beziehung zu allen unseren Wahrnehmungen steht, aber verschieden ist von denjenigen, die wir in jedem besonderen Moment besitzen (feel), und verschieden von Wahrnehmungen überhaupt, da es permanent und stets dasselbe ist, während diese flüchtig und veränderlich sind, und eine die andere ablöst. Aber diese Attribute des Gegenstandes der Vorstellung sind Eigenschaften, die allen Wahrnehmungsmöglichkeiten angehören, welche die Erfahrung verbürgt. Der Glaube an solche permanenten Möglichkeiten scheint mir alles einzuschließen, was für den Glauben an die Substanz wesentlich oder charakteristisch ist. Ich glaube, daß Kalkutta existiert, obwohl ich es nicht wahrnehme, und daß es auch existieren würde, wenn jeder wahrnehmende Einwohner die Stadt plötzlich zu verlassen hätte oder totgeschlagen würde. Wenn ich aber den Glauben analysiere, so ist alles, was ich darin finde, daß, wenn diese Ereignisse stattfänden, die permanente Wahrnehmungsmöglichkeit, die ich Kalkutta nenne, dennoch übrigbleiben würde; daß ich, wenn ich plötzlich an die Ufer des Hugli versetzt würde, dennoch die Wahrnehmungen haben würde, die mich, wenn sie jetzt gegenwärtig wären, zu der Behauptung veranlassen würden, daß Kalkutta hier und jetzt existiert. Wir können deshalb schließen, daß beide, Philosophen und die Welt im allgemeinen, wenn sie an die Materie denken, sich diese tatsächlich als eine permanente Wahrnehmungsmöglichkeit vorstellen. Die Mehrzahl der Philosophen aber wähnt, daß sie etwas mehr sei; und die Menschen im allgemeinen würden, obwohl sie, wie mir scheint, nichts weiter im Sinne haben als eine permanente Wahrnehmungsmöglichkeit, doch, wenn sie darüber befragt werden, unzweifelhaft den Philosophen beistimmen. Obwohl dies durch die Neigung des menschlichen Geistes, von der Verschiedenheit der Namen auf die Verschiedenheit der Dinge zu schließen, hinreichend erklärt wird, so erkenne ich doch die Verpflichtung an nachzuweisen, wie es möglich sein kann, an eine alle Wahrnehmungsmöglichkeiten übersteigende Existenz zu glauben, wenn nicht auf Grund der Hypothese, daß eine solche Existenz wirklich vorhanden ist, und daß wir sie wirklich vorstellen.

Die Erklärung ist indessen nicht schwer. Es ist eine ausgemachte Tatsache, daß wir aller Vorstellungen fähig sind, die durch Verallgemeinerung von den beobachteten Gesetzen unserer Wahrnehmungen gebildet werden können. Ohne Schwierigkeit können wir uns vorstellen, daß jede Relation, die wir zwischen irgendeiner unserer Wahrnehmungen und etwas von *ihr* Verschiedenem entdecken, ebenso zwischen der Summe aller unserer Wahrnehmungen und etwas von *ihnen* Verschiedenem existiert. Die Unterschiede, die unser Bewußtsein zwischen einer Wahrnehmung und der anderen erkennt, geben uns den allgemeinen Begriff des Unterschieds und assoziieren mit jeder Wahrnehmung, die wir haben, untrennbar das Bewußtsein (feeling), daß sie verschieden ist von anderen Dingen. Und wenn einmal diese Assoziation gebildet ist, können wir uns nicht länger etwas denken, ohne imstande und sogar gezwungen zu sein, auch die Vorstellung von etwas anderem, davon Verschiedenem zu bilden. Diese Vertrautheit mit der Idee von einem Etwas, das von jedem Ding, das wir erkennen, verschieden ist, macht es natürlich und leicht, den Begriff von etwas zu bilden, was sowohl kollektiv als individuell von *allen* Dingen, die wir erkennen, verschieden ist. Es ist wahr, wir können uns keine Vorstellung davon machen, was ein solches Ding sein kann; unser Begriff davon ist lediglich negativ. Aber die Idee einer Substanz, abgesehen von ihrer Relation zu den Impressionen, die, wie wir uns denken, von ihr auf unsere Sinne hervorgerufen werden, *ist* eben eine lediglich negative. Es liegt also kein psychologisches Hindernis vor, uns den Begriff von etwas zu bilden, was weder eine Wahrnehmung noch eine Wahrnehmungsmöglichkeit ist, selbst wenn unser Bewußtsein es nicht bezeugt; und nichts ist wahrscheinlicher, als daß die permanenten Wahrnehmungsmöglichkeiten, die von unserem Bewußtsein bestätigt werden, in unserem Geiste mit dieser imaginären Vorstellung verwechselt werden. Alle Erfahrung legt Zeugnis von der Stärke des Strebens ab, geistige Abstraktionen, selbst negative, für substantielle Realitäten zu halten; und die permanenten Wahrnehmungsmöglichkeiten, die die Erfahrung verbürgt, sind in vielen ihrer Eigenschaften tatsächlichen Wahrnehmungen so außerordentlich unähnlich, daß, da wir fähig sind, uns etwas einzubilden, was die Wahrnehmung übersteigt, die Wahrscheinlichkeit sehr groß und natürlich ist, daß wir diese dafür halten.

Diese natürliche Wahrscheinlichkeit aber verwandelt sich in Gewißheit, wenn wir jenes universale Gesetz unserer Erfahrung in Betracht ziehen, das als Gesetz der Kausalität bezeichnet wird, und bewirkt, daß wir im Geiste mit dem Beginn jedes Dings eine voraufgehende Bedingung oder Ursache verknüpfen. Die Kausalität ist einer der charakteristischsten aller derjenigen Fälle, in denen wir einen aus seinen Bestandteilen abgeleiteten Begriff zu der Gesamtsumme unseres Bewußtseins erweitern. Sie ist ein schlagendes Beispiel der Macht unseres Vorstellens und unserer Neigung zu glauben, daß eine zwischen jedem individuellen Moment unserer Erfahrung und einem anderen Moment bestehende Relation auch zwischen dem Ganzen unserer Erfahrung und etwas anderem besteht, das nicht innerhalb der Sphäre unserer Erfahrung liegt. Durch diese Erweiterung der inneren, zwischen ihren verschiedenen Bestandteilen obwaltenden Relationen zu der Summe aller unserer Erfahrungen werden wir vermocht, die Wahrnehmung selbst, das ganze Aggregat unserer Wahrnehmungen, so zu betrachten, als ob sie ihren Ursprung von voraufgehenden, die Wahrnehmung übersteigenden Existenzen herleiten. Daß wir dies tun, ist eine Folge des besonderen Charakters der gleichförmigen Sequenzen, welche die Erfahrung uns unter unseren Wahrnehmungen offenbart. Wie bereits bemerkt, ist das konstante Antecedens einer Wahrnehmung selten eine andere Wahrnehmung oder eine Reihe von Wahrnehmungen, die tatsächlich gegeben (felt) wurden. Viel häufiger ist es die Existenz einer Gruppe von Möglichkeiten, die nicht notwendigerweise eine tatsächliche Wahrnehmung in sich schließen außer solchen, die erforderlich sind, um zu zeigen, daß die Möglichkeiten wirklich gegenwärtig sind. Auch sind tatsächliche Wahrnehmungen selbst für diesen Zweck nicht unumgänglich notwendig. Denn die Gegenwart des Gegenstandes (was nichts weiter ist als die unmittelbare Gegenwart der Möglichkeiten) kann uns durch eben die Wahrnehmung bekanntgegeben werden, die wir auf ihn als seine Wirkung beziehen. Das reale Antecedens einer Wirkung – das einzige Antecedens, das wir für die Ursache halten, da es unveränderlich und unbedingt ist – braucht also nicht eine wirklich gegebene (felt) Wahrnehmung zu sein, sondern es kann in diesem oder dem unmittelbar voraufgehenden Moment die Gegenwart einer Gruppe von Wahrnehmungsmöglichkeiten sein. So wird schließlich die Idee der Ursache nicht mit Wahrnehmungen identifiziert, die wirklich erfahren sind, sondern mit ihren permanenten Möglichkeiten, und wir erwerben durch einen und denselben Prozeß die Gewohnheit, die Wahrnehmung überhaupt, wie alle unsere individuellen Wahrnehmungen als eine Wirkung zu betrachten. Ebenso entspringt die Gewöhnung, als Ursachen der meisten unserer individuellen Wahrnehmungen nicht andere Wahrnehmungen zu denken, sondern allgemeine Wahrnehmungsmöglichkeiten. Wenn alle diese Erwägungen zusammengefaßt unsere Auffassung dieser Möglichkeiten als einer Klasse unabhängiger und substantieller Wesenheiten nicht vollständig erläutern und erklären, so weiß ich nicht, welche psychologische Analyse endgültig sein könnte.

Man kann vielleicht sagen, daß die vorstehende Theorie zwar für die Idee der permanenten Existenz, die einen Teil unserer Vorstellung der Materie bildet, eine gewisse Erklärung gibt, unseren Glauben aber, daß diese permanenten Gegenstände äußere oder außerhalb unserer selbst sind, nicht aufklärt. Ich meine im Gegenteil, daß gerade die Idee von etwas, was außer uns ist, allein von der Erkenntnis abgeleitet wird, welche die Erfahrung uns von den permanenten Möglichkeiten gewährt. Unsere Wahrnehmungen nehmen wir mit uns, wohin wir auch gehen, und sie existieren nie, wo wir nicht sind. Aber wenn wir unseren Ort wechseln, nehmen wir nicht die permanenten Wahrnehmungsmöglichkeiten mit hinweg: diese bleiben, bis wir zurückkehren, oder entstehen und vergehen unter Bedingungen, mit denen unsere Gegenwart im allgemeinen nichts zu tun hat. Und mehr als alles – sie sind permanente Wahrnehmungsmöglichkeiten für andere Wesen als wir und werden es sein, nachdem wir aufgehört haben wahrzunehmen (to feel). So stehen unsere wirklichen Wahrnehmungen und die permanenten Wahrnehmungsmöglichkeiten in einem sich aufdrängenden Gegensatz zueinander. Und wenn die Idee der Ursache erworben und durch Verallgemeinerung von den Bestandteilen unserer Erfahrung zu ihrem gesamten Ganzen erweitert worden ist, so kann nichts natürlicher sein, als daß die permanenten Möglichkeiten als von unseren Wahrnehmungen generisch verschiedene Existenzen klassifiziert werden, deren Wirkungen aber unsere Wahrnehmungen sind.[1]

Dieselbe Theorie, die Aufschluß darüber gibt, daß wir einem Aggregat von Wahrnehmungsmöglichkeiten eine permanente Existenz zuschreiben, die unsere Wahrnehmungen selbst nicht besitzen, und folglich auch eine größere Realität als sie unseren Wahrnehmungen eigen ist, ebendiese erklärt es auch, daß wir den primären Qualitäten der Körper eine größere Objektivität beilegen als den sekundären. Denn die Wahrnehmungen, die dem entsprechen, was man primäre Qualitäten nennt (sobald wenigstens als wir sie mit zwei Sinnen, dem Gesichts- und dem Tastsinn, erfassen), sind immer gegenwärtig, wenn irgendein Teil der Gruppe gegenwärtig ist. Farbe aber, Geschmack, Geruch und ähnliches, die im Vergleich flüchtig sind, werden nicht in gleichem Grade als stets anwesend gedacht, selbst wenn niemand gegenwärtig ist, der sie percipiert. Den sekundären Qualitäten entsprechen nur gelegentliche Wahrnehmungen, den primären konstante. Die sekundären sind überdies verschieden, je nach den verschiedenen Personen und der jeweiligen Empfindlichkeit unserer Organe; die primären sind, wenn überhaupt wahrgenommen, soviel wir wissen, bei allen Menschen und zu allen Zeiten dieselben.

Die psychologische Theorie von den primären Qualitäten der Materie

Aus den angeführten Gründen scheint mir, daß Hamilton im Unrecht ist, wenn er behauptet, ein Ich und ein Nicht-Ich werden in unserem ursprünglichen Bewußtsein unmittelbar apprehendiert. Aller Wahrscheinlichkeit nach erhalten wir einen Begriff des Nicht-Ich erst nach beträchtlicher Erfahrung von der Wiederkehr der Wahrnehmungen nach festen Gesetzen und in Gruppen. [...] Es ist auch nicht glaub-

1 Mein tüchtiger amerikanischer Kritiker, Dr. Henry B. Smith, bemüht sich mehrere Seiten hindurch (»Mill v. Hamilton«, in: *Presbyterian and Theological Review*, January 1866, S. 152-157) zu zeigen, daß diese Tatsachen keine Beweise liefern, daß Gegenstände außer uns *sind*. Ich habe nie gesagt, daß sie es sind. Ich habe die Erklärung dafür gegeben, daß wir die permanenten Möglichkeiten uns als reale, außer uns befindliche Gegenstände denken oder repräsentieren. Ich glaube nicht, daß das wirkliche Außerunssein eines Dinges mit Ausnahme der Seele anderer, des Beweises fähig ist. [...]

lich, daß die erste Wahrnehmung, die wir erfahren, irgendeinen Begriff eines Ich oder Selbst in uns wachruft. Sie zu einem Ich in Beziehung bringen, heißt sie als Teil einer Reihe von Bewußtseinszuständen betrachten, die zum Teil bereits vergangen sind. Die Identifikation eines gegenwärtigen mit einem erinnerten, als vergangen erkannten Zustande ist das, was nach meinem Dafürhalten die Erkenntnis bildet, daß ich es bin, der sich dieses Zustandes bewußt ist. »Ich« bedeutet den, der gestern oder vorgestern etwas sah, berührte oder fühlte. Keine Einzelwahrnehmung kann eine persönliche Identität eingeben (suggest): diese erfordert eine Reihe von Wahrnehmungen, die als eine Kette von Aufeinanderfolgen gedacht und in Gedanken zu einer Einheit zusammengefaßt werden.

Aber wie dem auch sei: wir bringen unser gesamtes sensitives Leben hindurch, außer in seinen ersten Anfängen, unzweifelhaft unsere Wahrnehmungen zu einem Ich und einem Nicht-Ich in Beziehung. Sobald ich einerseits den Begriff von permanenten Wahrnehmungsmöglichkeiten, andererseits von jener fortgesetzten Reihe von Bewußtseinszuständen gebildet habe, die ich mein Leben nenne, werden diese beiden Begriffe durch eine unwiderstehliche Assoziation bei jeder Wahrnehmung, die ich habe, zurückgerufen. Sie repräsentieren zwei Dinge, mit denen beiden der Wahrnehmungsinhalt des Augenblicks, sei er, was er wolle, in Relation steht; und ich kann mir der Wahrnehmung nicht bewußt sein, ohne mir ihrer als auf diese beiden Dinge bezogen bewußt zu sein. Sie haben demgemäß relative Namen erhalten, welche die fragliche doppelte Relation zum Ausdruck bringen. Der Bewußtseinsfaden, von dem ich die Wahrnehmung als einen Teil erkenne, ist das *Subjekt* der Wahrnehmung. Die Gruppe permanenter Wahrnehmungsmöglichkeiten, auf die ich sie beziehe, und die teilweise in ihr wirklich und gegenwärtig wird, ist ihr *Objekt*. Die Wahrnehmung selbst müßte eine korrelative Benennung haben, oder vielmehr zwei solcher Benennungen, deren eine sie in ihrem Gegensatz zum Subjekt, während die andere sie im Gegensatz zum Objekt bezeichnet. Es ist aber eine bemerkenswerte Tatsache, daß diese Notwendigkeit nicht empfunden worden ist, und daß man gemeint hat, das Bedürfnis eines korrelativen für jeden relativen Namen sei durch die Ausdrücke Objekt und Subjekt selbst befriedigt, da das Objekt und Subjekt nicht in ihrer respektiven Relation zur Wahrnehmung betrachtet, sondern als in direkter Wechselbeziehung zueinander stehend angesehen wurden. Es ist richtig, daß sie in Beziehung zueinander stehen, aber nur durch die Wahrnehmung; ihre Relation zueinander besteht in der eigentümlichen und verschiedenen Relation, in der sie, jedes für sich, zur Wahrnehmung stehen. Wir haben eine Vorstellung sowohl vom Subjekt als vom Objekt, sowohl vom Geist als von der Materie nur als von einem Etwas, zu dem wir unsere Wahrnehmungen und jedwede sonstigen Zustände (feelings), deren wir uns bewußt sind, in Beziehung bringen. Schon die Existenz beider, soweit sie uns erkennbar ist, besteht nur in der Relation, die sie zu unseren Bewußtseinszuständen haben. Ihre Relation zueinander ist nur die Relation zwischen diesen beiden Relationen. Die unmittelbaren Korrelative sind nicht das Paar ›Objekt, Subjekt‹; sondern die beiden Paare ›Objekt‹, d.i. die Wahrnehmung objektiv betrachtet, und Subjekt, d.i. die Wahrnehmung subjektiv betrachtet. Der Grund, warum dies übersehen wird, ließe sich leicht nachweisen, und würde eine gute Illustration zu jenem wichtigen Teil der Assoziationsgesetze liefern, den man als Gesetze des Vergessens (Laws of Obliviscence) bezeichnen könnte.

Demnächst habe ich von einer psychologischen Tatsache zu sprechen, die ebenfalls eine Konsequenz der Assoziationsgesetze ist, und ohne deren volle Würdigung die Idee der Materie nur in ihrem ursprünglichen Grundbau verstanden werden kann, nicht aber in dem Oberbau, den die Gesetze unserer tatsächlichen Erfahrung auf diesem aufgeführt haben. Wir sind gewöhnt, gewisse unserer Wahrnehmungen hauptsächlich subjektiv, andere hauptsächlich objektiv zu betrachten. In Ansehung der erstgenannten Wahrnehmungen ist die Relation, in der wir sie am häufigsten, am gewohnheitsmäßigsten und deshalb am leichtesten betrachten, ihre Relation zu der Reihe von Bewußtseinszuständen, deren einen Teil sie bilden, und die, in Gedanken zu einer einzigen Vorstellung verdichtet, Subjekt genannt wird. In Ansehung der zweiten oben genannten Wahrnehmungen ist die Relation, in der wir sie vorzugsweise betrachten, die Relation zu einer Gruppe oder zu der Art einer Gruppe permanenter Wahrnehmungsmöglichkeiten, deren gegenwärtige Existenz uns durch die in dem Augenblick gegebene (felt) Wahrnehmung bezeugt, und die das Objekt genannt wird. Der Unterschied zwischen diesen beiden Klassen unserer Wahrnehmungen entspricht dem Unterschied, der von der Mehrzahl der Philosophen zwischen den primären und den sekundären Qualitäten der Materie gemacht wird.

Natürlich können wir an alle oder irgendwelche unserer Wahrnehmungen in Relation zu ihren Objekten denken, d.h. in Relation zu den permanenten Gruppen von Wahrnehmungsmöglichkeiten, zu denen wir sie geistig in Beziehung bringen. Dies ist der hauptsächlichste Unterschied zwischen unseren Wahrnehmungen und demjenigen, was wir als unsere rein geistigen Bewußtseinszustände (feelings) betrachten. Diese beziehen wir auf keine Gruppe permanenter Möglichkeiten; und für sie ist der Unterschied von Subjekt und Objekt lediglich nominell. Diese Bewußtseinszustände haben Objekte nur in metaphorischem Sinne: es ist nichts in ihm als der Bewußtseinszustand und sein Subjekt. Die Metaphysiker sind gezwungen, den Bewußtseinszustand selbst das Objekt zu nennen. Unsere Wahrnehmungen dagegen haben alle ihre Objekte; sie sind alle fähig, unter irgendeine Gruppe permanenter Möglichkeiten subsumiert und auf die Gegenwart jener besonderen Klasse von Möglichkeiten als der voraufgehenden Bedingung oder Ursache ihrer eigenen Existenz bezogen zu werden. Es gibt indessen einige Wahrnehmungen, bei deren Bewußtsein die Beziehung auf ihr Objekt nicht eine so klar hervortretende und vorherrschende Rolle spielt, wie bei anderen. Dies gilt insbesondere für Wahrnehmungen, die uns ihrer selbst wegen von hohem Interesse sind, und bei denen wir bereitwillig verweilen, oder die uns durch ihre Intensität zwingen, unsere Aufmerksamkeit auf sie zu konzentrieren. Dieses sind natürlich unsere Lust- und Unlustgefühle. Bei diesen richtet sich unsere Aufmerksamkeit naturgemäß in einem höheren Grade auf die Wahrnehmungen selbst, und nur in geringerem auf die Gegenstände, von deren Existenz sie Merkmale sind. [...]

An diejenigen Wahrnehmungen, die ohne absolut indifferent zu sein, nicht in starkem Grade angenehm oder unangenehm sind, denken wir gewöhnlich nur als mit Objekten verbunden oder als von Objekten ausgehend. Und ich möchte entgegen der Meinung vieler Philosophen glauben, daß jeder unserer Sinne oder jedenfalls jede Kombination von mehr als einem Sinn genügt haben würde, uns eine Idee von der Materie zu geben. Wenn wir nur die Sinne des Geruchs, des Gefühls und des Gehörs, deren Wahrnehmungen aber nach festen Gesetzen der Koexistenz hätten, so daß sie, so oft wir eine von ihnen haben, uns die gegenwärtige Möglichkeit anzeigen würden, alle die anderen zu erlangen, so würden wir nach meiner Meinung den Begriff von Gruppen aus Wahrnehmungsmöglichkeiten gebildet und jede besondere Wahrnehmung zu einer dieser Gruppen in Beziehung gebracht haben, die in Relation zu allen so auf sie bezogenen Wahrnehmungen ein Objekt geworden und in unseren Gedanken mit der der Materie eigenen Permanenz und Gegenständlichkeit bekleidet worden sein würde. Wenn wir aber auch in diesem Fall eine Idee der Materie gehabt haben könnten, so würde diese Idee doch notwendigerweise sehr verschieden von derjenigen beschaffen gewesen sein, die wir jetzt besitzen. Denn so wie unsere Konstitution in Wirklichkeit ist, sind unsere Geruchs-, Tast- und Gehörswahrnehmungen und, wie ich (mit der großen Mehrzahl der Philosophen) glaube, auch die Gesichtswahrnehmungen nicht direkt zusammen gruppiert, sondern vermittelst der Verbindung, die sie alle nach den Gesetzen der Koexistenz oder der Verursachung mit denjenigen Wahrnehmungen zeigen, die auf den Tastsinn und die Muskeln bezogen werden können, d. h. mit denjenigen, die den Bezeichnungen des Widerstandes, der Ausdehnung und Gestalt entsprechen. Diese also werden die führenden und am deutlichsten hervortretenden Elemente in allen Gruppen: wo diese sind, ist die Gruppe; jedes andere Glied der Gruppe bietet sich unseren Gedanken nicht sowohl als das dar, was es an sich ist, sondern vielmehr als ein Merkmal von diesen. Wie die ganze Gruppe zu jeder der sie zusammensetzenden Wahrnehmungen, die in einem gegebenen Moment verwirklicht wird, in der Relation des Objekts steht, so werden diese speziellen Teile der Gruppe gleichsam zum Objekt in Relation nicht allein zu wirklichen Wahrnehmungen, sondern zu allen übrigbleibenden Wahrnehmungsmöglichkeiten, welche die Gruppe einschließt. Die permanenten Wahrnehmungsmöglichkeiten des Tastsinns und der Muskeln bilden eine Gruppe innerhalb der Gruppe – eine Art inneren Kerns, der noch mehr als grundlegend gedacht wird als die übrigen, und von dem alle die anderen in der Gruppe enthaltenen Wahrnehmungsmöglichkeiten abzuhängen scheinen. Und diese werden von einem bestimmten Gesichtspunkt aus als Wirkungen betrachtet, deren Ursache dieser Kern ist, von einem anderen als Attribute, deren Substrat oder Substanz er bildet. Auf diese Weise geschieht es, daß unsere Vorstellung von der Materie schließlich aus Widerstand, Ausdehnung und Gestalt, im Verein mit gemischten Kräften, andere Wahrnehmungen zu erregen, besteht. Diese drei Attribute werden zu den wesentlichsten Bestandteilen der Materie; und wo sie nicht angetroffen werden, zögern wir, den Namen anzuwenden.

Von diesen Eigenschaften, die folgerichtig die primären Qualitäten der Materie genannt werden, ist, wie durch zahlreiche wissenschaftliche Kontroversen bewiesen ist, die wesentlichste der Widerstand. Wenn die Frage entsteht, ob etwas, was unsere Sinne auf eine besondere Weise reizt, ob Hitze z. B., Licht oder Elektrizität Materie ist oder nicht, so scheint immer gemeint zu sein: setzt dies der Bewegung einen, wenn auch noch so kleinen Widerstand entgegen? Wenn man nachweisen könnte, daß dies der Fall ist, so würde sofort allem Zweifel ein Ende bereitet sein.

8. Der Zeichencharakter der Empfindungen
Hermann von Helmholtz

Über das Sehen des Menschen

Der Punkt, an dem sich Philosophie und Naturwissenschaften am nächsten berühren, ist die Lehre von den sinnlichen Wahrnehmungen des Menschen. Ich will mich daher bemühen, Ihnen die Resultate der Naturwissenschaften für das Sinnesorgan darzulegen, dessen Verrichtungen bisher am vollständigsten untersucht werden konnten, dieses Organ ist das Auge. Sie werden dann selbst urteilen können, in welchem Verhältnisse hier die Ergebnisse der Erfahrung zu denen der Philosophen stehen.

Das Auge ist ein von der Natur gebildetes optisches Instrument, eine natürliche Camera obscura. Ich setze voraus, daß der größte Teil meiner Zuhörer schon *Daguerresche* oder fotografische Bilder hat anfertigen sehen und sich das Instrument ein wenig betrachtet hat, welches dazu gebraucht wird. Dieses Instrument ist eine Camera obscura. Sein Bau ist außerordentlich einfach; es ist im wesentlichen nichts als ein innen geschwärzter Kasten von Holz, an dessen einer Seite eine Glaslinse eingesetzt ist und auf dessen entgegengesetzter Seite sich eine mattgeschliffene Glastafel befindet. Wenn die Seite des Kastens, welche die Linse enthält, nach irgendeinem gut beleuchteten entfernteren Gegenstande hingewendet wird, sieht man ein verkleinertes, bei richtiger Einstellung des Instrumentes, sehr scharf gezeichnetes und mit den natürlichen Farben geschmücktes, aber auf dem Kopfe stehendes Bild des Gegenstandes auf der matten Glastafel entworfen. Nachdem der Fotograf seinem Instrumente die richtige Stellung gegeben hat, entfernt er die Glastafel und bringt an ihrer Stelle die bearbeitete Silberplatte, so daß sich auf dieser dasselbe Bild entwirft wie vorher auf der Glasplatte. Auf der Silberplatte bleibt das Bild sichtbar erhalten, weil ihre Oberfläche an den helleren Teilen des Bildes durch die Einwirkung des Lichtes eigentümlich verändert wird. Die allgemein bekannten Lichtbilder sind also in der Tat nur fixierte Bilder einer Camera obscura.

Ein ebensolches Instrument ist nun das Auge; der einzige wesentliche Unterschied von demjenigen, welches beim Fotografieren gebraucht wird, besteht darin, daß, statt der matten Glastafel oder lichtempfindlichen Platte, im Hintergrunde des Auges die empfindliche Nervenhaut oder Netzhaut liegt, in welcher das Licht Empfindungen hervorruft, die durch die im Sehnerven zusammengefaßten Nervenfasern der Netzhaut dem Gehirn, als dem körperlichen Organe des Bewußtseins, zugeführt werden. [...]

Wir sind also jetzt soweit gekommen, daß auf der Fläche der Netzhaut ein optisches Bild entworfen wird, wie es auch in jeder Camera obscura geschieht. Aber die letztere *sieht* dieses Bild nicht, das Auge *sieht* es. Worin liegt da der Unterschied? Er liegt darin, daß die Netzhaut, welche im Auge das optische Bild empfängt, ein empfindlicher Teil unseres Nervensystems ist und daß durch die Einwirkung des Lichtes, als eines äußeren Reizes, in ihr Lichtempfindung hervorgerufen wird. Was wissen wir nun über die Erregung der Lichtempfindung durch das Licht?

Die ältere und scheinbar natürlichste Ansicht war, daß die Netzhaut des Auges eine viel größere Empfindlichkeit habe als irgendein anderer Nervenapparat des Körpers und deshalb auch die Berührung selbst eines so feinen Agens wie das Licht empfinde. Daß die Art des Eindruckes, den das Licht auf das Auge macht, so ganz verschieden ist von der Tonempfindung, von der Wärmeempfindung, von den Empfindungen der Haut für Hartes, Weiches, Rauhes, Glattes usw., schien sich einfach dadurch zu erklären, daß das Licht eben etwas anderes sei als der Ton, die Wärme, als ein harter oder weicher, rauher oder glatter Körper, und man fand es in der Ordnung, daß jedes Ding, je nach seinen verschiedenen Eigenschaften, auch eigentümlich empfunden werde.

Dabei waren nun allerdings einige unbequeme Erscheinungen vorhanden, die man gern als unbedeutend beiseite liegen ließ und nicht beachtete. Wenn man das Auge drückt oder schlägt, treten Lichterscheinungen auf, auch in der tiefsten Dunkelheit. Elektrische Ströme, durch das Auge geleitet, erzeugen ebenfalls Lichterscheinungen. Ja, wir brauchen so gewaltsame Mittel nicht einmal anzuwenden; wer im vollständigsten Dunkel mit geschlossenen Augen Aufmerksamkeit auf sein Gesichtsfeld wendet, bemerkt darin allerlei wunderliche krause, gesternte oder streifige, verschiedenfarbige Figuren, die fortdauernd wechseln und ein phantastisches regelloses Spiel ausführen; sie werden heller und schöner gefärbt, wenn man das Auge reibt oder wenn erregende Getränke oder Krankheiten das Blut zum Kopfe treiben, aber sie fehlen niemals ganz. [...]

Wenn wir dieselben Reize auf andere Nerven einwirken lassen, entsteht niemals Lichtempfindung, sondern im Hörnerven werden Schallempfindungen hervorgerufen, in den Hautnerven Tastempfindungen oder Wärmegefühl, von den Muskelnerven aus gar keine Empfindungen, wohl aber Muskelzuckungen. Nur wenn sie auf das Auge wirken, erregen alle diese Reize Lichtempfindung. Am reichsten ist das Gebiet der Empfindungen, welche durch strömende Elektrizität im Körper hervorgerufen werden, weil man die Elektrizität leicht auf die meisten Nervenapparate einwirken lassen und diese sehr kräftig erregen kann. Im Auge wird der Anfang des elektrischen Stromes durch einen Lichtblitz bezeichnet, dem eine mildere Erhellung des Gesichtsfeldes folgt, je nach der Richtung des Stromes, hellblau oder rotgelb. Bei Unterbrechung des Stromes folgt wieder ein Lichtblitz. Auf der Zunge ruft der Strom, je nach der Richtung, sauren oder bitterlich laugenhaften Geschmack hervor, auf der Haut Brennen und Fressen, im Innern der Glieder Zuckungen usw. [...]

So kommen wir zu der von *Johannes Müller* aufgestellten Lehre von den spezifischen Sinnesenergien, dem bedeutsamsten Fortschritte, den die Physiologie der Sinnesorgane in neuerer Zeit gemacht hat. Danach hängt die Qualität unserer Empfindungen, ob sie Licht, Wärme, Ton oder Geschmack usw. sei, nicht ab von dem wahrgenommenen äußeren Objekte, sondern von dem Sinnesnerven, welcher die Empfindung vermittelt. Lieben Sie paradoxe Ausdrücke, so können Sie sagen: *Licht wird erst Licht, wenn es ein sehendes Auge trifft*, ohne dieses ist es nur Ätherschwingung.

o

Die Tatsachen in der Wahrnehmung

Zwischen den Sinnesempfindungen verschiedener Art kommen *zwei* verschiedene Grade des Unterschieds vor. Der am tiefsten eingreifende ist der Unterschied zwischen Empfindungen, die verschiedenen Sinnen angehören, wie zwischen blau, süß, warm, hochtönend; ich habe mir erlaubt, diesen als Unterschied in der *Modalität* der Empfindung zu bezeichnen. Er ist so eingreifend, daß er jeden Übergang vom einen zum anderen, jedes Verhältnis größerer oder geringerer Ähnlichkeit ausschließt. Ob z. B. Süß dem Blau oder Rot ähnlicher sei, kann man gar nicht fragen. Die *zweite* Art des Unterschieds dagegen, die minder eingreifende, ist die zwischen verschiedenen Empfindungen desselben Sinnes; ich beschränke auf ihn die Bezeichnung eines Unterschiedes der *Qualität*. *Fichte* faßt diese Qualitäten je eines Sinnes zusammen als Qualitätenkreis und bezeichnet, was ich eben Unterschied der Modalität nannte, *als Unterschied der Qualitätenkreise.* Innerhalb jedes solchen Kreises ist Übergang und Vergleichung möglich. Von Blau können wir durch Violett und Karminrot in Scharlachrot übergehen und z. B. aussagen, daß Gelb dem Orangerot ähnlicher sei als dem Blau. Die physiologischen Untersuchungen lehren nun, daß jener tief eingreifende Unterschied ganz und gar nicht abhängt von der Art des äußeren Eindrucks, durch den die Empfindung erregt ist, sondern ganz allein und ausschließlich bestimmt wird durch den Sinnesnerven, der von dem Eindrucke getroffen worden ist. Erregung des Sehnerven erzeugt nur Lichtempfindungen, gleichviel ob er nun von objektivem Licht, d. h. von Ätherschwingungen, getroffen werde oder von elektrischen Strömen, die man durch das Auge leitet, oder von Druck auf den Augapfel, oder von Zerrung des Nervenstammes bei schneller Bewegung des Blickes. Die Empfindung, die bei den letzteren Einwirkungen entsteht, ist der des objektiven Lichtes so ähnlich, daß man lange Zeit an eine wirkliche Lichtentwickelung im Auge geglaubt hat. *Johannes Müller* zeigte, daß eine solche durchaus nicht stattfinde, daß eben nur die Empfindung des Lichtes da sei, weil der Sehnerv erregt werde.

Wie nun einerseits jeder Sinnesnerv, durch die mannigfachsten Einwirkungen erregt, immer nur Empfindungen aus dem ihm eigentümlichen Qualitätenkreise gibt; so erzeugen andererseits dieselben äußeren Einwirkungen, wenn sie verschiedene Sinnesnerven treffen, die verschiedenartigsten Empfindungen, diese immer entnommen aus dem Qualitätenkreise des betreffenden Nerven. Dieselben Ätherschwingungen, welche das Auge als Licht fühlt, fühlt die Haut als Wärme. Dieselben Luftschwingungen, welche die Haut als Schwirren fühlt, fühlt das Ohr als Ton. Hier ist wiederum die Verschiedenartigkeit des Eindruckes so groß, daß die Physiker sich bei der Vorstellung, Agentien, die so verschieden erscheinen wie Licht und strahlende Wärme, seien gleichartig und zum Teil identisch, erst beruhigten, nachdem durch mühsame Experimentaluntersuchungen nach allen Richtungen hin die vollständige Gleichartigkeit ihres physikalischen Verhaltens festgestellt war. [...]

Sie sehen, wie alle diese Unterschiede in der Wirkungsweise von Licht und Ton bedingt sind durch die Art, wie der Nervenapparat gegen sie reagiert.

Unsere Empfindungen sind eben Wirkungen, welche durch äußere Ursachen in unseren Organen hervorgebracht werden, und wie eine solche Wirkung sich äußert, hängt natürlich ganz wesentlich von der Art des Apparates ab, auf den gewirkt wird. Insofern die Qualität unserer Empfindung uns von der Eigentümlichkeit der äußeren Einwirkung, durch welche sie erregt ist, eine Nachricht gibt, kann sie als ein *Zeichen* derselben gelten, aber nicht als ein *Abbild.* Denn vom Bilde verlangt man irgendeine Art der Gleichheit mit dem abgebildeten Gegenstande, von einer Statue Gleichheit der Form, von einer Zeichnung Gleichheit der perspektivischen Projektion im Gesichtsfelde, von einem Gemälde auch noch Gleichheit der Farben. Ein Zeichen aber braucht gar keine Art der Ähnlichkeit mit dem zu haben, dessen Zeichen es ist. Die Beziehung zwischen beiden beschränkt sich darauf, daß das gleiche Objekt, unter gleichen Umständen zur Einwirkung kommend, das gleiche Zeichen hervorruft und daß also ungleiche Zeichen immer ungleicher Einwirkung entsprechen.

Der populären Meinung gegenüber, welche auf Treu und Glauben die volle Wahrheit der Bilder annimmt, die uns unsere Sinne von den Dingen liefern, mag dieser Rest von Ähnlichkeit, den wir anerkennen, sehr geringfügig erscheinen. In Wahrheit ist er es nicht; denn mit ihm kann noch eine Sache von der allergrößten Tragweite geleistet werden, nämlich die Abbildung der Gesetzmäßigkeit in den Vorgängen der wirklichen Welt. Jedes Naturgesetz sagt aus, daß auf Vorbedingungen, die in gewisser Beziehung gleich sind, immer Folgen eintreten, die in gewisser anderer Beziehung gleich sind. Da Gleiches in unserer Empfindungswelt durch gleiche Zeichen angezeigt wird, so wird der naturgesetzlichen Folge gleicher Wirkungen auf gleiche Ursachen auch eine ebenso regelmäßige Folge im Gebiete unserer Empfindungen entsprechen.

Wenn Beeren einer gewissen Art beim Reifen zugleich rotes Pigment und Zucker ausbilden, so werden in unserer Empfindung bei Beeren dieser Form rote Farbe und süßer Geschmack sich immer zusammen finden.

Wenn also unsere Sinnesempfindungen in ihrer Qualität auch nur Zeichen sind, deren besondere Art ganz von unserer Organisation abhängt, so sind sie doch nicht als leerer Schein zu verwerfen, sondern sie sind eben Zeichen von *Etwas*, sei es etwas Bestehendem oder Geschehendem, und was das Wichtigste ist, das *Gesetz* dieses Geschehens können sie uns abbilden.

Die Qualitäten der Empfindung also erkennt auch die Physiologie als bloße Form der Anschauung an. *Kant* aber ging weiter. Nicht nur die Qualitäten der Sinnesempfindungen sprach er an, als gegeben durch die Eigentümlichkeiten unseres Anschauungsvermögens, sondern auch Zeit und Raum, da wir nichts in der Außenwelt wahrnehmen können, ohne daß es zu einer bestimmten Zeit geschieht und an einen bestimmten Ort gesetzt wird; die Zeitbestimmung kommt sogar auch jeder innerlichen Wahrnehmung zu. Er bezeichnete deshalb die Zeit als die gegebene und notwendige, *transzendentale Form der inneren*, den Raum als die entsprechende Form der *äußeren Anschauung*. Auch die räumlichen Bestimmungen also betrachtet *Kant* als ebensowenig der Welt des Wirklichen oder »dem Dinge an sich« angehörig, wie die Farben, die wir sehen, den Körpern an sich zukommen, sondern durch unser Auge in sie hineingetragen sind. Selbst hier wird die naturwissenschaftliche Betrachtung bis zu einer gewissen Grenze mitgehen können.

9. Die Ausdrucksbewegung der Wahrnehmung
Konrad Fiedler

Der Blick in die innere Werkstatt

Die Einsicht, daß die Dinge nicht durch ihr bloßes Dasein Gegenstand der Wahrnehmung und infolgedessen irgendeiner Art geistigen Besitzes sein können, sondern daß der der Empfindung und Wahrnehmung fähige menschliche Organismus nur Wirkungen empfängt, die er zu Besitztümern des Bewußtseins gestaltet – diese Einsicht scheint dem Menschen keineswegs immer in allen ihren Konsequenzen gegenwärtig zu sein. Zwar ist die einfache Gegenüberstellung des wahrnehmenden, vorstehenden, erkennenden Individuums und der Welt des Seienden – eine Gegenüberstellung, durch die der Standpunkt des naiven Bewußtseins bezeichnet wird – mit jener Einsicht aufgehoben; aber die große Umkehr, die in der Auffassung des Verhältnisses, in welchem der Mensch zur Außenwelt steht, durch jene Einsicht gefordert wird, ist so lange nicht vollendet, als der Mensch die stillschweigende Voraussetzung nicht aufzugeben vermag, daß durch die geistigen Gebilde, die er in seinem Inneren wahrnimmt, seien es Wahrnehmungen, Vorstellungen, Begriffe, ein Seiendes bezeichnet wird, welches eben doch ein anderes als diese geistigen Gebilde, von diesen unterschieden sei. Will man einen Schritt weiter tun, um aus jenem Zweierlei eines Wahrnehmenden und eines Wahrgenommenen herauszukommen, so muß man zu einer weiteren, aus jener Einsicht sich ergebenden Konsequenz schreiten: sofern wir von irgendeinem Seienden keinerlei Kunde haben, als vermöge der Wirkungen, die wir empfangen, so kann es für uns auch keinerlei Seiendes geben, welches durch irgendein in uns bewirktes geistiges Gebilde bezeichnet würde; vielmehr kann alles Sein und alle Wirklichkeit aus keinem anderen Stoff und keinen anderen Bestandteilen bestehen, als aus den geistigen Gebilden, in denen die Wirkungen sich darstellen, die wir empfangen. Wenn so die gesamte Wirklichkeit mit den in unserem Bewußtsein erscheinenden oder vielmehr unser Bewußtsein bildenden Wirkungen, beziehentlich den Formen zusammenfällt, zu denen sich diese Wirkungen entwickeln, so ist die Zwiespältigkeit der Welt in der Tat zur Einheit geworden. Indessen, wenn wir auch die Notwendigkeit dieser Folgerungen nicht anfechten können, so bedarf es doch mancher Überlegungen, um in uns die lebendige Überzeugung hervorzubringen, daß all unser Besitz an Wirklichkeit nicht nur auf Vorgängen in uns beruht, sondern auch mit den Formen identisch ist, in denen diese Vorgänge auftreten.

Wir müssen uns zunächst vergegenwärtigen, wieso der Mensch dazu gekommen ist, die ihm auf dem naiven Standpunkt so unerschütterlich erscheinende Überzeugung, nach der er in der Wirklichkeit dasjenige besitze, wovon seine Wahrnehmungen abhängig seien, als einen Trug zu erkennen und zu begreifen, daß es vielmehr die Wahrnehmung sei, von der unser gesamter Besitz an Wirklichkeit tatsächlich abhängt. Diese Erkenntnis, die ihrer Natur nach berufen ist, die sämtlichen geistigen Beziehungen zu erfassen, in denen der Mensch zur Wirklichkeit steht, entspringt zunächst doch einem bestimmten Bereich dieser Beziehungen. Sie erzeugt sich auf den Höhen des abstrakten Denkens. Das Sein ist dem Menschen längst zu einem reichen und komplizierten System von Begriffen geworden, bevor er zu dem Zweifel gelangt, ob er berechtigt sei, dieser Welt, die er denkt und ausspricht, die er erforscht und bis in ihre letzten Geheimnisse zu durchschauen trachtet, eine Existenz zuzusprechen, die er als unabhängig von seinem Erkenntnisvermögen zu denken vermöchte. Darin, daß der Zweifel an einem absoluten Sein der Dinge kein unmittelbar gegebener ist, sondern erst als das Ergebnis eines sehr entwickelten abstrakten Denkens auftritt, liegt der Grund dafür, daß die aus diesem Zweifel entspringende Erkenntnis einer gewissen Beschränkung selbst bei denjenigen Denkern unterworfen bleibt, welche sie bis zu ihren äußersten Folgerungen zu entwickeln scheinen. Alles Sein ist ihnen ein zu Bezeichnendes; die Worte oder Zeichen, in denen sich ihre geistigen Operationen vollziehen, repräsentieren ihnen das Seiende, und indem sie das Sein, welches sie denken und denkend erkennen, auf Grund jener Einsicht sozusagen auf seinen Wirklichkeitswert zu prüfen suchen, sind sie der Überzeugung, daß es eben das Sein selbst ist, welches sich ihnen auf Grund der Konsequenzen, die sich mit unumgänglicher Notwendigkeit aus jener Einsicht ergeben, immer mehr in seiner wahren Gestalt und in seinem wahren Wert enthüllt.

Da das Denken an die Sprache gebunden ist und auch da nicht gleichsam körperlos auftritt, wo es sich auf den letzten Höhen seiner Entwicklung des sprachlichen Ausdrucks begibt, sondern auch da doch immer noch der Zeichen bedarf, um vor sich gehen zu können, so steht und fällt die Frage, ob man berechtigt sei, das denkende Erkennen als eine auf das Sein, die Wirklichkeit als ihr Objekt gerichtete Tätigkeit aufzufassen, mit der anderen Frage, ob die Sprache fähig sei, ein Seiendes zu bezeichnen. Besitzt der Mensch in der Sprache das Mittel, die Wirklichkeit in all ihrem Reichtum, all ihrer Mannigfaltikeit bezeichnen, zum Ausdruck bringen zu können, so kann darüber kein Zweifel sein, daß er durch das Denken zu einer Erkenntnis des Seienden gelangt oder wenigstens zu gelangen strebt. In der Beantwortung dieser Frage unterscheidet sich derjenige, dessen Geist von der Einsicht in die Realität alles Existierenden erleuchtet ist, nicht von demjenigen, der noch in dem naiven Glauben an das absolute Dasein der Objekte seiner Erkenntnis verharrt. Beide stellen die Sprache dem Seienden gegenüber als das universale Mittel zur Bezeichnung, zum Ausdruck von allem und jedem, was auf das Prädikat des Seins Anspruch machen kann. Indessen gilt es auch hier, einen trügerischen Schein zu zerstören.

Man kennt die bedeutenden Fortschritte, die in der Erkenntnis des Wesens der Sprache gemacht worden sind, seitdem man in der Sprache eine Form der Ausdrucksbewegung, eine Lautgebärde erkannt hat; aber so sehr man dadurch in der Erklärung des Ursprungs und der Entwickelung der Sprache gefördert worden ist, so hat man doch für das Verständnis des eigentlichen Wertes, der dem sprachlichen Ausdruck innewohnt, aus jener Erkenntnis nicht hinlänglichen Gewinn gezogen. Es liegt nahe, das Wesen einer Ausdrucksbewegung in dem Umstande zu finden, daß dieselbe äußerlich wahrnehmbar und einer fremden Intelligenz verständlich ist; man setzt dabei stillschweigend voraus, daß dasjenige, was dabei zum Ausdruck kommt, schon abgesehen von dem Ausdruck und vor demselben vorhanden sei, und, so wie es vorhanden sei, durch den Ausdruck zu einem Gegenstande der Mitteilung gemacht werde. Das Wort vor allem verdankt die außerordentliche Wertschätzung, deren Gegenstand es ist, der Annahme, daß in ihm alles dasjenige zum mitteilbaren Ausdruck gelangt, was in irgendeiner Form zum Besitzstand unserer geistigen Existenz gehöre. In dieser Auffassung scheint sich eine Nachwirkung jener alten Lehre geltend zu machen, nach der der Geist die Organe des Körpers in seinen Dienst nehme; denn nur mit dieser Lehre ist die Annahme verträglich, daß der Geist einem Inhalt, den er seiner selbständigen und ausschließlichen Tätigkeit verdanke, vermittelst des körperlichen Apparates einen körperlich wahrnehmbaren Ausdruck zu verschaffen vermöchte. Es ist hier nicht der Ort, die hinlänglich bekannten Gründe anzuführen, durch die ein besonnenes Denken genötigt worden ist, diese Auffassung des Verhältnisses zwischen Geist und Körper aufzugeben. Lehrt die reinere Auffassung dieses Verhältnisses, zu der man sich erhoben hat, eine durchgängige Abhängigkeit geistiger Vorgänge von Vorgängen im körperlichen Organismus, so mag man zwar in der Ausdrucksbewegung einen Hinweis auf einen inneren Zustand oder Vorgang erblicken; nur muß man sich vor der Annahme hüten, daß dieser innere Zustand oder Vorgang rein geistiger Natur sein könne. Vielmehr stehen wir, wenn wir den inneren Vorgang bedenken, der sich in der sogenannten Ausdrucksbewegung bis zur äußerlich wahrnehmbaren Manifestation entwickelt, vor einem Vorgang, der nicht erst in diesem letzten Stadium zu einem körperlichen wird, sondern, wie alle Lebensvorgänge, von allem Anfang an in körperlichen Prozessen abläuft. Der Sinn der Ausdrucksbewegung kann also nicht der sein, daß sich ein Inhalt geistiger Herkunft in einer Bewegung körperlicher Organe ein Zeichen seines Daseins, einen Ausdruck seiner Bedeutung verschaffte, vielmehr können wir in der Ausdrucksbewegung nur eine Entwickelungsstufe eines psychophysischen Prozesses anerkennen, und müssen den Sinn derselben so fassen: gleichwie der körperliche Vorgang, der mit der Erregung der sensiblen Nerven beginnt, in der äußerlichen, unmittelbar wahrnehmbar werdenden Bewegung zu einer vorher noch nicht erreichten Entwickelungsphase gelangt, so erfährt auch der seelische Vorgang, dessen wir uns als der gleichsam inneren Seite jenes Lebensvorganges unmittelbar bewußt werden, in der Ausdrucksbewegung eine Entwickelung, die er eben nur in ihr erfahren kann.

Wir werden so, indem wir die leibliche Seite der sogenannten seelischen Vorgänge anerkennen, zugleich dem geistigen Werte gewisser körperlicher Vorgänge gerecht, in denen wir mehr ein Symbol des geistigen Lebens als eine Erscheinung dieses Lebens selbst zu sehen gewohnt sind. Denn wenn wir sonst den geistigen Wert der Ausdrucksbewegungen in einer Bedeutung finden, die ihnen beigelegt werden müsse, so erkennen wir nun, daß in ihnen und durch sie ein vorher noch nicht vorhandenes geistiges Gebilde überhaupt erst zur Entstehung gelangt. Wie sollte auch ein Vergleich möglich sein zwischen einem vorausgesetzten, noch nicht in die Ausdrucksform eingegangenen psychischen Gebilde einerseits und dem Ausdruck andererseits? Und dann, bei der durchgängigen Abhängigkeit seelischer Vorgänge von leiblichen würde die Annahme, daß die Ausdrucksbewegung eben nur etwas ausdrücke, was schon vor ihrem Eintreten vorhanden sei, zu dem Widersinn führen, daß ein und derselbe psychische Vorgang an zwei verschiedene physische Vorgänge gebunden sei. Will man diesen Widerspruch vermeiden, so kann man dies nur dadurch, daß man entweder in jene alte Lehre zurückfällt, welche der Seele ein selbständiges Leben und eine den Leib bewegende Tätigkeit zuschreibt, oder aber daß man in der Ausdrucksbewegung eben nicht den Ausdruck eines psychischen Produktes, sondern die Entwickelung eines psychophysischen Vorganges erblickt.

Auf Grund dieser Ausführungen kommen wir nun in betreff des Bedeutungswertes, den wir dem in der Sprache vorliegenden Erzeugnis unserer körperlich-geistigen Organisation zuzuschreiben berechtigt sind, zu folgendem Resultat: wollen wir daran festhalten, daß der sprachliche Ausdruck irgendein Wirkliches, was abgesehen von der sprachlichen Form auf das Recht des Vorhandenseins Anspruch habe, zu bedeuten und somit zum Gegenstand unseres Denkens und Erkennens zu machen vermöge, so können wir das nur, wenn wir einesteils auf dem Standpunkte des naiven Realismus verharren, d. h. die Wirklichkeit als gegeben annehmen, ohne daran zu denken, daß wir sie doch erst wahrnehmen müssen, damit sie gegeben sei, anderenteils Geist und Körper als selbständige, in einem Subordinationsverhältnis zueinander stehende Bestandteile der menschlichen Natur betrachten. Wenn wir aber Ernst machen mit der Einsicht, daß wir ein Wirkliches immer nur als Resultat eines Vorganges besitzen können, dessen Schauplatz wir selbst als empfindende, wahrnehmende, vorstehende, denkende Wesen sind, und wenn wir zugleich auf Grund der Einsicht in den Parallelismus geistiger und körperlicher Vorgänge die Überzeugung gewonnen haben, daß ein geistiges Resultat und sein sinnlich wahrnehmbarer Ausdruck nicht zweierlei sein können, sondern daß geistige Resultate überhaupt nur in sinnlichen Gebilden sich zu bestimmter Form zu entwickeln vermögen, so können wir die Sprache nur mehr als eine Form ansehen, in der ein Wirklichkeitsbesitz für uns entsteht, nicht aber als das Mittel, durch welches wir eine Wirklichkeit, die nicht Sprache, die gleichsam außerhalb des Sprachgebietes vorhanden wäre, zu bezeichnen und in unseren geistigen Besitz zu bringen vermöchten. Ist es nun ein sehr ungenauer und dem tatsächlichen Verhältnis nicht entsprechender Ausdruck, wenn man sagt, daß der Mensch durch die Fähigkeit des Sprechens die Wirklichkeit zu bezeichnen vermöge, so ist es ein ebenso ungenauer Ausdruck, wenn man die in dem diskursiven Denken sich vollziehende Erkenntnis eine Erkenntnis der Wirklichkeit nennt. So wenig die Sprache einer Wirklichkeit gegenübersteht, so wenig steht auch die Erkenntnis einer

Wirklichkeit gegenüber. Nicht die Wirklichkeit schlechthin ist es, wie wir doch gern glauben möchten, die wir durch das in der Sprache sich vollziehende Denken und Erkennen erfassen, sondern immer nur die Wirklichkeit, sofern sie in der Form der Sprache überhaupt zu einem entwickelten Dasein gelangt ist. In Ansehung der unendlichen Fülle von Wirklichkeit, die wir vermittelst der Sprache gleichsam vor das Bewußtsein zu rufen, durch das Denken dem Verstand zuzuführen vermögen, bedarf es freilich noch mancher Erwägungen, um das selbstverständlich erscheinen zu lassen, was zunächst befremdlich, fast paradox klingt.

Die Erkenntnis, daß alles Außer-uns auf ein In-uns hinausläuft, daß von einem Sein zu reden nur soweit einen vernünftigen Sinn hat, als ein solches in unserem Bewußtsein erscheint – diese Erkenntnis zerstört die Täuschung, als ob wir uns einer vor uns, um uns liegenden Welt mit den Organen unseres Leibes und mit den Fähigkeiten unserer Seele nur so geradehin zu bemächtigen brauchten, um sie zu besitzen; vielmehr werden wir inne, daß alle Wirklichkeit uns einzig und allein bekannt wird in den sich in uns und durch uns vollziehenden Vorgängen, deren Anfänge wir in den Sinnesempfindungen voraussetzen, deren Resultate wir da erfassen, wo sie sich zu bestimmten Formen entwickeln. Reißen wir uns nun los von der Annahme einer außer uns in ihrem gesamten Sein verharrenden Welt und richten wir unsern Blick dahin, wo wir das Dasein der Wirklichkeit tatsächlich konstatieren können, auf unser eigenes Wirklichkeitsbewußtsein, so tritt an die Stelle jenes vorausgesetzten, auf sich und in sich beruhenden Seins ein ganz anderes Bild. Der Blick in die innere Werkstatt, in der die Bestandteile des Weltbildes erst entstehen müssen, wenn sie ein Sein für uns gewinnen sollen, läßt uns nicht einen festen Besitz an fertigen Gestalten gewahren, vielmehr enthüllt sich ihm ein rastloses Werden und Vergehen, eine Unendlichkeit von Vorgängen, in denen die Elemente alles Seins in den mannigfaltigsten Arten auf den mannigfachsten Stufen ihrer Verarbeitung erscheinen, ohne daß das flüchtige, sich immer erneuernde Material jemals zu festen, unveränderlichen Formen erstarrte; es ist ein Kommen und Gehen, ein Auftauchen und Verschwinden, ein Sichbilden und Sichauflösen von Empfindungen, Gefühlen, Vorstellungen, ein ununterbrochenes Spiel, nie einen Augenblick zu einem beharrenden Zustand gelangend, sondern rastlos sich bildend, sich umbildend. Wir brauchen den ewigen Fluß der Dinge nicht außer uns zu suchen, er ist in uns; es ist aber ein trüber, die Schwelle des Bewußtseins kaum bespülender Strom, der durch unser Inneres zieht; in unbestimmten Umrissen sondern sich Bildungen auf Bildungen, um im nächsten Augenblick in das Dunkel zurückzutauchen.

Die Entwicklung der Wahrnehmung

Einer sehr gebräuchlichen Ausdrucksweise zufolge können wir das Vorhandensein von etwas, was wir durch das Auge wahrnehmen, auch durch andere Sinne feststellen; können wir das nicht, so erscheint uns das, was uns das Auge zeigt, als eine trügerische Vorspiegelung. Wir sagen, daß wir das, was wir sehen, auch tasten und infolgedessen wägen und messen, daß wir es vielleicht hören oder schmecken oder riechen können. Diese Ausdrucksweise ist deshalb irreführend, weil man das, was man sieht, jedenfalls durch die Tätigkeit keines anderen Sinnes wahrnehmen kann, als durch die des Gesichtssinnes. Man kann mit derselben nur meinen, daß man alle diese Operationen an einem vorausgesetzten Gegenstand vornimmt, welcher auch der Gegenstand des Gesehenwerdens ist. Denn es kann ja unmöglich das Sichtbare sein, was anderweitig wahrgenommen wird; es würde ja eben nicht das Sichtbare sein, wenn außer dem Gesehenwerden noch etwas anderes mit ihm geschehen könnte. Sprechen wir aber von einem sichtbaren Gegenstande, der eben derjenige ist, den wir auch anderweitig sinnlich wahrnehmen, so nehmen wir stillschweigend darauf keine Rücksicht, daß, wenn man die sinnlich wahrnehmbaren Eigenschaften abzieht, ein Gegenstand als Träger derselben nicht mehr übrigbleibt. Wir stehen also, wenn wir eine dem Gebiete des Gesichtssinnes angehörige Wahrnehmung oder Vorstellung auf eine Wirklichkeit zurückführen zu können meinen, vor folgendem Dilemma: entweder wir führen die Wahrnehmung oder Vorstellung auf etwas zurück, was einem ganz anderen Sinnesgebiet angehört, als dem des Gesichtssinnes, d. h. wir verdrängen das, was uns der Gesichtssinn liefert, aus unserem Bewußtsein und ersetzen es durch etwas, was wir einem ganz anderen Sinn verdanken; oder wir greifen sozusagen ins Leere, indem wir uns auf eine Wirklichkeit beziehen, die zwar für den Gesichtssinn, aber doch abgesehen von den Wahrnehmungen und Vorstellungen des Gesichtssinnes vorhanden wäre; denn das Vorhandensein eines Sichtbaren kann eben nur in seinem Gesehen- oder Als-gesehen-vorgestellt-werden bestehen. Es kann sich bei dem Sehen gar nicht darum handeln, das subjektive Gesichtsbild einem objektiven, durch den

Gesichtssinn wahrnehmbaren Bestand gleichzumachen. Wäre dies der Fall, so würde freilich jeder normal Organisierte zu einer vollständigen, mit der Wirklichkeit übereinstimmenden Gesichtsvorstellung gelangen können, ja gelangen müssen. Aber sobald wir genauer prüfen, was wir eigentlich tun, wenn wir zwischen einem Richtigsehen und einem Falschsehen unterscheiden, wenn wir mit der größten Sicherheit darüber urteilen, ob eine Gesichtswahrnehmung oder Vorstellung mit der Wirklichkeit übereinstimmt oder nicht, so gewahren wir, daß es eben nicht die sichtbare Wirklichkeit ist, an der wir prüfen, ob unser Auge recht hat oder im Irrtum befangen ist. Wenn uns das Auge die Existenz von etwas vorspiegelt, was nicht vorhanden ist, so bezieht sich dieses Nichtvorhandensein nicht auf das, was wir sehen, denn das ist eben vorhanden, sondern auf das, was wir niemals sehen können; mit der Gesichtswahrnehmung treffen gewisse andere sinnliche Wahrnehmungen nicht zusammen, deren Konkurrenz wir zu fordern pflegen, um von Wirklichkeit reden zu können. Bemerken wir, daß unser Auge uns über die Lage eines Gegenstandes im Raume täuscht, so können wir nicht meinen, daß unser Auge den Gegenstand an einem anderen Orte wahrnehme, als wo er sichtbar sei; denn der Gegenstand kann nur an dem Orte sichtbar sein, wo er von dem Gesichtssinn wahrgenommen wird; vielmehr können wir nur sagen, daß das Auge den Gegenstand an einem anderen Orte sieht, als wo ihn z. B. der Tastsinn fühlt.

Auch das Verhältnis der Form eines Gegenstandes, sofern dieselbe von dem Auge wahrgenommen oder vorgestellt wird, zu der Form, die wir durch andere Mittel feststellen können, unterliegt manchen Unklarheiten und Mißverständnissen. Im gewöhnlichen Leben schwankt die Kenntnis, die wir von der Form eines Gegenstandes haben, zwischen den Nachrichten, die uns der Gesichtssinn, und denen, die uns der Tastsinn über diese Form gibt. Je genauere Kenntnis wir aber haben wollen, desto weniger ziehen wir den Gesichtssinn zu Rate, und desto mehr verlassen wir uns auf den Tastsinn, und wenn wir im eigentlichsten Sinne von der Form eines Gegenstandes reden, so ist überhaupt von einem Anteil des Gesichtssinnes nicht mehr die Rede, vielmehr meinen wir die tastbare, meßbare, berechenbare Form. Diese wird uns zum Maßstab für die Richtigkeit des Sehens, und wir fragen uns, ob wir die Form so sehen, wie sie sich in ihrer tastbaren, greifbaren Wirklichkeit verhält; ist dies der Fall, so sind wir überzeugt, eine richtige und vollständige Gesichtsvorstellung von der Form des Gegenstandes zu haben. Nun besteht zwischen dem Gesichtssinn und dem Tastsinn insofern eine Beziehung, als aus den Daten, die jener liefert, auf die körperliche Form, und umgekehrt aus den Daten, die dieser liefert, auf die sichtbare Gestalt geschlossen werden kann. Wenn man nun von dem, was das Auge zeigt, auf die Form schließt, die sich dem Tastsinn darbieten wird, und man findet diesen Schluß bestätigt, so bedient man sich doch eines sehr irreführenden Ausdrucks, indem man sagt, daß man richtig gesehen habe, denn die Richtigkeit, auf die man hier den Wert legt, kann man eben nicht sehen, sondern nur durch den Tastsinn wahrnehmen. Es besteht gar keine Ähnlichkeit zwischen der Formvorstellung, die in das Gebiet des Gesichtssinnes, und derjenigen, die in das Gebiet des Tastsinnes gehört; und so kann auch die eine nicht zum Vorbild oder Maßstab der anderen dienen. So sagt man ja auch, daß der Gesichtssinn zur Auffassung von Formen, namentlich komplizierter Art, kein geeignetes und hinreichendes Organ sei, und unterscheidet dabei nicht hinlänglich, daß die Form, die überhaupt eine sichtbare Form ist, nur dem Gesichtssinn verdankt werden kann, daß aber die Form, deren Entstehung auf anderen Sinneswahrnehmungen beruht, mit der sichtbaren Form gar nichts zu tun hat. Es hat gar keinen Sinn, zu sagen, das Auge vermöge der Form der Dinge nicht vollständig gerecht zu werden, während man diese Form mit der höchsten Genauigkeit messen und berechnen könne. Als ob es eine Form schlechthin gäbe, und als ob die verschiedenen Sinnesorgane nur die mehr oder minder geeigneten Werkzeuge wären, sich diese Form anzueignen. Was kann es der Form, die durch und für das Auge entsteht, nützen, wenn eine Form festgestellt wird, die gar nicht als eine sichtbare in unser wahrnehmendes und vorstellendes Bewußtsein treten kann?

Es ist nicht überflüssig, hier noch einiger Mißverständnisse zu gedenken, denen man wohl begegnet. Man kann die Behauptung aufstellen hören, für die Wiedergabe sowohl der stereometrischen als auch der auf eine Fläche projizierten Form eines Körpers sei ein mechanisches Verfahren wie in jenem Falle das der Abformung, in diesem das der Photographie, das zuverlässigste Mittel. Nun ist klar, daß, wenn ich einen Gegenstand abforme, ich damit zwar einen zweiten tastbaren und auch sichtbaren Gegenstand, keineswegs aber einen Ausdruck des Gesichtsbildes herstelle, welches ich von dem Gegenstand empfange. Ich habe nun eben zwei Gegenstände, die in ihrer tastbaren, meßbaren, berechenbaren Form übereinstimmen mögen, von denen beiden ich aber die Form, wie sie dem Auge erscheint, eben nur dem Auge, nicht aber einer Abformung verdanken kann. Wer aber meint, daß die Photographie dieses Gesichtsbild in der untrüglichsten Weise liefere, weil wohl das Auge, nicht aber eine Maschine irren könne, der muß von der Voraussetzung ausgehen, daß der Vorgang, durch den im menschlichen Auge und Gehirn das Gesichtsbild entsteht, ganz dem gleiche, durch den im photographischen Apparat das photographische Produkt zustande kommt; eine Voraussetzung, die im Ernste niemand machen kann. Im Grunde kann auf photographischem Wege doch nur etwas hergestellt werden, was eben keine Gesichtsvorstellung ist, sondern wovon wir uns erst eine Gesichtsvorstellung bilden müssen. Besteht zwischen einem photographischen und einem anderweitig hergestellten Gegenstand, wie bei Schriften, Drukken, planimetrischen Figuren, Zeichnungen usw. und den nach ihnen angefertigten Nachbildungen eine Übereinstimmung in ihrer anderweitigen Beschaffenheit, so werden Original und Nachbildung dasselbe Gesichtsbild liefern. Wo aber diese Übereinstimmung nicht vorhanden ist, da wird die Photographie kein treues Abbild des Originals sein, vielmehr wird eben das Original ganz anders aussehen als das Nachbild.

Bei anderen in den Bereich der Sichtbarkeit gehörigen Qualitäten der Dinge, wie Farben, Unterschieden von hell und dunkel, Glanz usw. ist ein mißverständliches Zurückführen von dem, was nur gesehen werden kann, auf etwas, was nicht gesehen werden kann, weniger leicht möglich. Auch hier freilich meinen wir, auf einem ganz sicheren Boden zu stehen, indem wir das Urteil über die Richtigkeit oder Unrichtigkeit der subjektiven Sinneswahrnehmung in ein objektives Vorhandensein dessen zu verlegen pflegen, was wahrgenommen werden soll. Aber es kann doch wenigstens darüber kein Zweifel obwalten, daß es nur ein Sichtbares sein kann, an dem wir die Richtigkeit des Sehens prüfen, und da dieses Sichtbare keine andere Existenz besitzt, als sein Gesehen- und Als-gesehen-vorgestellt-werden, so läuft jene Prüfung auf die Untersuchung der Übereinstimmung oder Nichtübereinstimmung – nicht zwischen Wahrnehmung und Vorstellung einerseits, einem objektiv Vorhandenen andererseits –, sondern zwischen den Wahrnehmungen und Vorstellungen der verschiedenen Individuen hinaus. Wie weit eine solche Feststellung der Übereinstimmung oder Nichtübereinstimmung möglich ist, gehört nicht hierher. [...]

Wenn wir es nun versuchen, die Kraft unseres Bewußtseins auf den Gesichtssinn zu konzentrieren, wenn wir alle Energie aufwenden, um das, was wir sehen, nicht zum Objekt eines anderen Sinnes zu machen, uns seiner namentlich nicht, was ja sehr naheliegt, als etwas Greifbaren zu versichern, ihm keinerlei Einwirkung auf unser Gefühlsleben zu gestatten, noch auch endlich es zu benennen und als Begriff zu fassen: so werden wir zunächst gewahr werden, daß uns dieser Zustand keineswegs ein gewohnter und natürlicher ist. Ja unter allen Erscheinungen, die wir in dem Leben unseres Geistes beobachten, unter allen Anstrengungen, die wir diesem zumuten, findet dieses ausschließliche Beharren bei der dem Gesichtssinn sich darbietenden Erscheinung der Dinge keinen Platz; wo es uns begegnen mag, da scheint es uns eher eine Hemmung als eine Förderung des inneren Lebens zu bedeuten. So sehr sind wir gewohnt, den gesamten Wirklichkeitsstoff, den uns das Auge liefert, anstatt uns um seiner selbst willen um ihn zu bemühen, anderen Gebieten unseres seelischen und geistigen Lebens zuzuführen. Nur dann aber, wenn wir dieser Gewohnheit zu widerstehen vermögen, wenn wir die Tätigkeit des Gesichtssinnes isolieren und mit ihr gleichsam den ganzen jeweiligen Raum unseres Bewußtseins ausfüllen, nur dann werden uns die Dinge dieser Welt als sichtbare Erscheinungen im eigentlichen Sinne entgegentreten.

Wer es versucht, sich auf diesen Standpunkt zu versetzen, der wird die Erfahrung machen, daß er um die scheinbare Sicherheit gekommen ist, mit der er die sichtbare Erscheinung der Dinge zu beherrschen meint, während er sie doch tatsächlich aufgab. An die Stelle jener Sicherheit wird ein sehr deutliches Gefühl der Unsicherheit treten.

Jetzt erst wird ihm die eigentümliche und selbständige Bedeutung des Sehens klarzuwerden anfangen. Hatte ihm das Sehen nur gedient, um ihm Kunde zu geben von einem gegenständlichen Vorhandensein, welches sich auch anderweitig sinnlich konstatieren lasse und so den unerschütterlichen Boden des sinnlich Vorhandenen bilde, so beginnt er nun zu begreifen, daß das Sehen überhaupt erst gleichsam zu sich selbst kommen könne, wenn jede Beziehung auf eine in jenem Sinne wahrzunehmende Gegenständlichkeit aus ihm verschwunden sei. Er wird zum erstenmal die Möglichkeit wahrnehmen, das Sehen um seiner selbst willen zu treiben, und indem sich dadurch eine ganz neue Bahn für die Entwickelung seines Wirklichkeitsbewußtseins vor ihm auftut, muß er zugleich seine Kräfte prüfen, wie weit dieselben ihn befähigen, auf dieser Bahn vorzudringen. Es handelt sich für ihn ja nicht mehr um das bloße Wahrnehmen eines sichtbar Vorhandenen, sondern um die Entwickelung und Bildung von Vorstellungen, in denen sich die Wirklichkeit allererst darstellt, sofern sie eine sichtbare Wirklichkeit sein kann. Er befindet sich dem gegenüber, was er Wirklichkeit zu nennen gewohnt ist, in einer sehr veränderten Stellung; alles körperlich Feste ist ihm entzogen, da es eben nichts Sichtbares ist und der alleinige Stoff, in dem sich sein Wirklichkeitsbewußtsein gestalten kann, sind die Licht- und Farbenempfindungen, die er seinem Auge verdankt. Das ganze ungeheuere Reich der sichtbaren Welt enthüllt sich ihm nun, angewiesen in seinem Bestand auf den zartesten, gleichsam unkörperlichsten Stoff, in seinen Formen auf die Bildungen, zu denen der einzelne jenen Stoff zusammenwebt. Er begreift, daß, indem er sieht oder Gesehenes vorstellt, in dem Bereiche seines Gesichtssinnes nichts anderes vorhanden ist als die sich entwickelnde Gesichtsvorstellung, und daß es, wenn er nichts sieht oder nicht Gesehenes vorstellt, keinen Sinn hat, von einer sichtbaren Wirklichkeit als etwas Vorhandenem zu sprechen. Wird so auf der einen Seite die sichtbare Welt zu einem Gebilde, zu dem nichts, was wir sonst als stofflich bestimmt, körperlich begrenzt zu betrachten gewohnt sind, irgend etwas beiträgt, so sehen wir auf der anderen Seite ein, daß es uns, um zur Bestimmtheit und Klarheit, zum Wissen dessen, was wir sehen, zu gelangen, gar nichts nützt, wenn wir von dem, was wir sehen, auf etwas schließen, was nicht mehr dem Gebiet des Gesichtssinnes gehört. Wenn wir etwas mit dem Gesichtssinn wahrnehmen und wissen, welche körperliche Form es hat, wie groß es ist, aus was es besteht, was es ist, welche Wirkungen von ihm ausgehen u. s. w., kurz was man nur von einem Gegenstand wissen kann, so berechtigt uns das noch nicht zu der Meinung, daß wir wüßten, wie der Gegenstand aussieht. Ja wenn wir sein Aussehen beschreiben und dadurch des Gesichtseindruckes uns so recht eigentlich bewußt zu werden meinen, unterliegen wir dennoch einer Täuschung; denn in demselben Augenblicke, in dem wir das Gesehene aussprechen, ist es nicht mehr ein Gesehenes; in dem sprachlichen Ausdruck führen wir etwas in das Bewußtsein ein, was nicht aus dem Stoff besteht, der durch die Gesichtsempfindung geliefert wird, und daher, anstatt der Entwickelung des Gesichtsbildes zugute zu kommen, dieselbe vielmehr unmöglich macht. Auch gleicht diese Art, sich von einem Gesichtseindruck Rechenschaft zu geben, einem Notbehelf; sie stellt sich da ein, wo das sehende Bewußtsein unfähig ist, sich über sich selbst Rechenschaft zu geben; wie wenig das Resultat dem vorgeblichen Zweck entspricht, kann jeder erfahren, wenn er den Versuch macht, von einem sprachlichen Ausdruck zu der sinnlichen Wirklichkeit des Gesichtsbildes zurückzukehren.

Ist es also vergeblich, für das sichtbare Bild der Dinge eine gestaltende Macht von sinnlichen Fähigkeiten zu erwarten, auf denen die Wahrnehmung anderweitiger sinnlicher Beschaffenheit beruht, ist es ebenso vergeblich, zu meinen, daß man durch das Wort zu einer Beherrschung der Welt, sofern sie sichtbar ist, gelangen könne, so können wir erst dadurch, daß wir versuchen, uns mittelst des Sehens selbst über ein Gesehenes Rechenschaft zu geben, zu einer Einsicht in den Zustand gelangen, in dem sich unser sichtbares Weltbild befindet. Denn nur dieser Versuch wird uns jene oben angedeuteten Schranken zum Bewußtsein bringen, die der Entwickelung des Weltbildes nach seiner sichtbaren Seite hin entgegenstehen. Am deutlichsten wird uns dies fühlbar, wenn unabhängig von unmittelbarer sinnlicher Wahrnehmung die Vorstellung eines Gesehenen in unser Bewußtsein tritt. Die größte Anstrengung, die wir zur Konzentration unserer vorstehenden Kraft aufwenden, wird uns vielleicht dazu gelangen lassen, unser Bewußtsein, welches sich auf einer beständigen ruhelosen Wanderschaft durch alle Reiche des sinnlich Wahrnehmbaren befindet, auf das Gebiet des Sichtbaren festzubannen; vielleicht werden wir es vermögen, uns dem Gaukelspiel der Assoziationen zu entziehen, das uns mit seiner scheinbar regellosen Willkür beherrscht, und ein einzelnes Sichtbares festzuhalten, welches unserer Macht untertan sei. Wie unbestimmt, unvollständig, kümmerlich dann aber der Besitz an Sichtbarkeit ist, dessen wir uns bemächtigt haben, das kann jeder an sich erfahren, der in seinem Inneren diesen Besitz nun wirklich erschauen will.

Die Sonderstellung des Gesichtssinns

Wir vergleichen hier nur den Tastsinn mit dem Gesichtssinn. Im allgemeinen wird freilich das Wirklichkeitsmaterial, welches dem Tastsinn, und dasjenige, welches dem Gesichtssinn sein Dasein verdankt, auf gleicher Entwickelungsstufe verharren; es sind in beiden Fällen Vorgänge, die in unser Bewußtsein treten, ohne zu einem bestimmt gestalteten Ausdruck ihrer selbst zu kommen und in demselben von uns festgehalten werden zu können. Der Unterschied besteht aber darin, daß auf dem Gebiet des Tastsinns eine Möglichkeit zu einer weiteren Entwickelung des durch denselben gegebenen Wirklichkeitsmateriales nicht vorhanden ist, während sich für das, was der Gesichtssinn liefert, wie wir sehen werden, die Aussicht eröffnet, zu einer in dem sinnlichen Stoff selbst sich darstellenden Ausdrucksform zu gelangen. Der Tastsinn liefert uns Empfindungen und Wahrnehmungen, er verfügt aber über keinerlei Mittel, durch die in einem Produkt ein Seiendes als ein Tastbares gestaltet, eine Tastvorstellung als solche realisiert werden könnte.

[...] Man muß bedenken, daß man die Sinnesqualität, die durch einen Sinn wie den Tastsinn vermittelt worden ist, von den Gegenständen nicht trennen kann, an denen sie erscheint; daß man hingegen durch den Gesichtssinn eine Art Wirklichkeitsmaterial erhält, welches man zum Gegenstand einer selbständigen, von den anderen Sinnesqualitäten, die in einem Gegenstande zusammentreffen, unabhängigen Darstellung machen kann. Vergegenwärtigen wir uns den einfachsten Gegenstand, der sowohl Objekt unseres Tastsinnes als auch unseres Gesichtssinnes ist: wollten wir das, was wir die Tastvorstellung an dem Gegenstand nennen, darstellen, wie vermöchten wir dies anders zu tun, als indem wir den Gegenstand selbst wiederholten, um durch die Wiederholung dieselben Tastvorstellungen hervorzurufen, die wir dem ursprünglichen Gegenstand verdankten? Wir gelangen dabei nicht um einen Schritt weiter: wir besitzen gar kein Mittel, um uns einer Tastvorstellung unmittelbar zu bemächtigen; nur indirekt können wir sie wieder hervorzurufen suchen, und das, was wir dadurch erreichen, kommt im besten Falle dem gleich, was wir ursprünglich an tastbarer Wirklichkeit in unserem wahrnehmenden Bewußtsein besaßen. Das, was sich auf dem Gebiet des Tastsinnes als unmöglich erweist, das erscheint nun plötzlich auf dem Gebiet des Gesichtssinnes möglich. Von demselben Gegenstand, von dem wir seine Tastbarkeit nicht trennen konnten, vermögen wir seine Sichtbarkeit als etwas Selbständiges gleichsam loszulösen. Wir bedürfen keiner indirekten Mittel, um einen Gegenstand als einen sichtbaren unserem Bewußtsein vorzuführen. Indem wir auch nur einen unbeholfenen Umriß ziehen, tun wir etwas für den Gesichtssinn, was wir für den Tastsinn nie zu tun vermögen; wir schaffen etwas, was uns die Sichtbarkeit des Gegenstandes darstellt, und indem wir dies tun, bringen wir etwas Neues, etwas anderes hervor, als was vorher den Besitz unserer Gesichtsvorstellung ausmachte. Diese einfache Tatsache muß uns zum Nachdenken darüber anregen, was denn die Fähigkeit zur sichtbaren Darstellung eines Sichtbaren für die Entwickelung der Vorgänge, die auf dem Sinnesgebiet des Auges stattfinden, für eine Bedeutung habe.

Die künstlerische Tätigkeit

Es ist klar, daß sich dieser Auffassung zufolge die Stellung der künstlerischen Tätigkeit innerhalb des geistigen Lebens unter einem anderen Gesichtspunkt zeigt, als unter dem man sie gewöhnlich zu betrachten pflegt. Solange man die Erkenntnis der Welt ausschließlich an das wissenschaftliche Denken gebunden erachtet, sieht man sich in die Notwendigkeit versetzt, die künstlerische Tätigkeit der wissenschaftlichen gegenüberzustellen und ihr eine besondere Bedeutung zu erfinden, damit sie neben jener vornehmsten und im Grunde als allein wichtig betrachteten Aufgabe des menschlichen Geistes doch einiger Daseinsberechtigung sich erfreuen könne. Nun aber sehen wir den Künstler neben den Forscher treten. In beiden ist derselbe Trieb mächtig, der den Menschen beherrscht, sobald sich ein höheres Leben in ihm entwickelt; der Trieb, die Welt, in der er sich findet, sich anzueignen, das enge, kümmerliche, verworrene Bewußtsein des Seins, auf das er sich zunächst beschränkt sieht, tätig zur Klarheit und zum Reichtum zu entwickeln. Erkennen wir, daß das Denken seinen Anspruch, diese Aufgabe in ihrem ganzen Umfange lösen zu können, nicht aufrechterhalten kann, so eröffnet sich uns zugleich die Einsicht, daß dem Menschen noch andere Fähigkeiten verliehen sind, durch die er in Regionen der Wirklichkeit vorzudringen vermag, die der an die Formen des Denkens gebundenen Erkenntnis von allem Anfang an unzugänglich bleiben müssen. Wir brauchen nicht nach einer Aufgabe zu suchen, die im Gegensatz zu der ernsten Aufgabe des Erkennens der Kunst gestellt wäre; vielmehr brauchen wir nur unbefangenen Auges zu sehen, was der Künstler tatsächlich tut, um zu begreifen, daß er eine Seite der Welt faßt, die nur durch seine Mittel zu fassen ist, und zu einem Bewußtsein der Wirklichkeit gelangt, das durch kein Denken jemals erreicht werden kann. [...]

Wahrnehmung und Kunst

Diese sichtbare Natur ist ja tatsächlich nichts anderes als jenes ungeheure und bunte Gewirr von Wahrnehmungen und Vorstellungen, die, auftauchend und verschwindend bald an unserem äußeren, bald an unserem inneren Auge vorüberziehen, die sich uns in unzweifelhafter Tatsächlichkeit aufdrängen und doch spurlos verschwunden sind, sobald wir meinen, sie uns in der Wärme der Empfindung oder in der

Klarheit begrifflicher Erkenntnis angeeignet zu haben. Sie ist jenes gewaltige Reich des Lichtes, in dem die unendliche Reihe der Dinge in unendlichen Kombinationen sich unserem Auge darbietet, das wir mühelos und in aller Vollständigkeit und Vollkommenheit zu besitzen meinen, und das sich uns doch bei dem bescheidensten Versuche der Prüfung in seiner ganzen Unsicherheit, Unbestimmtheit und Haltlosigkeit enthüllt. Diese Sichtbarkeit gleicht einem Geschenk, welches uns ohne unser Zutun zufällt. Freilich beruht schon die kümmerlichste Wahrnehmung des Gesichtssinns auf einem sehr komplizierten Geschehen; aber dieses Geschehen vollzieht sich im Inneren des Menschen, ist äußerlich nicht wahrnehmbar, und eine Tätigkeit kommt uns dabei nicht zum Bewußtsein. Aus diesem allgemeinen, sich bei allen mit den Organen des Gesichtssinnes ausgestatteten Menschen in mehr oder minder gleichmäßiger Weise wiederholenden Geschehen entwickelt und erhebt sich nun aber bei jenen einzelnen und wenigen eine äußerlich wahrnehmbare und zum sichtbaren Ausdruck führende Tätigkeit. Es ist klar, daß die Natur als eine Welt sichtbarer Erscheinungen, deren Gestaltung auf der bloßen Tätigkeit der Augen und den an diese sich anschließenden inneren Wahrnehmungs- und Vorstellungsvorgängen beruht, für diejenigen eine andere werden muß, die mit dem Talent des künstlerischen Ausdrucks begabt noch ganz andere Fähigkeiten und Tätigkeiten in den Dienst jener Naturgestaltung zu stellen vermögen. Hier offenbart sich das ganze Geheimnis des notwendigen Unterschiedes, der zwischen dem Reiche der Sichtbarkeit, das wir Natur nennen, und den Sichtbarkeitsgestaltungen herrscht, die uns in der künstlerischen Tätigkeit vor Augen treten. Dieser notwendige Unterschied resultiert allein daraus, daß, wo sonst der Mensch mit seiner Beziehung zur sichtbaren Natur zu Ende ist, der Künstler sich in seiner Tätigkeit zu dieser selben Natur um ihrer Sichtbarkeit willen in eine neue Beziehung zu setzen vermag. Es ist ebenso unnötig, etwas zu erfinden, was zur Natur hinzukommen müsse, um sie zur Kunst umzubilden, als es unmöglich ist, daß die Kunst etwas hervorbringt, was der Natur im gewöhnlichen Sinne des Wortes gleichkommt. Wo eines von beiden verlangt wird, da kann man mit Sicherheit annehmen, daß aus der Not eine Tugend gemacht wird; die Unfähigkeit, in höhere Regionen wahrer Kunst zu gelangen, wird verdeckt durch eine eigens gebildete Lehrmeinung, in der das als das höchste Ziel der Kunst bezeichnet wird, was die jeweilige sogenannte Kunstübung leistet. Von echter Kunst wird man nichts anderes verlangen dürfen als Natur, aber freilich nicht das kümmerliche

Naturbild, was uns allen zu Gebote steht, sondern das entwickelte Naturbild, zu dessen Entstehung es jener Tätigkeit bedarf, die sich beim Künstler an die bloßen Wahrnehmungs- und Vorstellungsvorgänge des Gesichtssinnes anschließt. Das, wodurch sichtbare Natur zur Kunst wird, ohne daß sie doch aufhörte, Natur zu sein, ist die Entwickelung, die sich für ihre Sichtbarkeit in der Tätigkeit des Künstlers vollzieht. Kunst ist nicht Natur; denn sie bedeutet eine Erhebung, eine Befreiung aus den Zuständen, an die gemeiniglich das Bewußtsein einer sichtbaren Welt gebunden ist; und doch ist sie Natur: denn sie ist nichts anderes als der Vorgang, in dem die sichtbare Erscheinung der Natur gebannt und zu immer klarerer und unverhüllterer Offenbarung ihrer selbst gezwungen wird.

Es kann sehr gewagt erscheinen, die Ansprüche, deren Erfüllung von der künstlerischen Tätigkeit gefordert wird, als ungerechtfertigt abzuweisen und dafür etwas als die Aufgabe der Kunst zu bezeichnen, was vielleicht manchem gar nicht von besonderer Wichtigkeit zu sein scheinen mag. Aber wenn man sich fragt, um welches Erfolges willen eine Tätigkeit ausgeübt wird, so muß man in Rücksicht ziehen, welcherlei Erfolge nicht ausschließlich dieser Tätigkeit angehören, was hingegen ganz allein durch dieselbe erreicht werden kann. Man kann, wenn auch in etwas unbestimmter Weise, fast alle die Forderungen, die an jede Kunstübung gestellt zu werden pflegen, unter zwei Rubriken bringen: man fordert Empfindungswerte von der Kunst und Bedeutungswerte. Nun kann nicht geleugnet werden, daß durch die Kunst Empfindungswerte sowohl als Bedeutungswerte eigentümlicher Art geschaffen werden. Aber wenn die Kunst auch unser Empfinden in besonderer Weise anregen, unser Denken in besonderer Weise zu beschäftigen vermag, so lernen wir doch Empfinden und Denken nicht erst durch die Kunst kennen; vielmehr gibt es auf dem weiten Gebiete des Vorhandenen nichts, was nicht als ein Empfindungswert oder als ein Bedeutungswert sich geltend machen könnte. Verwerten wir also die Erzeugnisse künstlerischer Tätigkeit für unser Empfinden oder unser Denken, so tun wir etwas, was wir, wie mit allem und jedem, so auch schon mit den bloßen Wahrnehmungen und Vorstellungen des Gesichtssinnes tun können; es bedarf dazu nicht so komplizierter Tätigkeiten, wie diejenigen sind, aus denen künstlerische Leistungen hervorgehen. Wohl aber bedarf es dieser Tätigkeiten, wenn es sich um Herstellung des reinen Ausdrucks der Sichtbarkeit einer Erscheinung handelt. Daß dieser Ausdruck keiner geistigen Tätigkeit verdankt werden kann, der wir im Interesse des

Empfindens und Denkens die sichtbare Natur unterwerfen, ist selbstverständlich; denn Empfinden und Denken vernichtet, wie wir gesehen haben, die Sichtbarkeit der Erscheinung und setzt eine andere Form des Seins an ihre Stelle. In der bloßen Wahrnehmung und Vorstellung des Gesichtssinnes liegt aber noch keinerlei Mittel, um etwas zu gewinnen, was die Sichtbarkeit eines Dinges im selbständigen Ausdruck darstellte. Und zwar ist es zweierlei, was uns hindert, die Sichtbarkeit der Dinge selbständig zu erfassen, solange sie uns nur in unseren Wahrnehmungen und Vorstellungen nahetritt. Einmal stellen sich die sichtbaren Dinge, die sich unserem Auge zeigen, die Gesichtsvorstellungen, die in unserem Innern erscheinen, nicht so dar, als ob sie rein um ihrer Sichtbarkeit willen vorhanden wären. Das Auge kann nichts tun, als uns Gegenstände zeigen, in denen die Sichtbarkeit doch nur eine Seite ihrer komplizierten sinnlichen Beschaffenheit ist, und die zugleich ein mannigfaltiges Interesse, sei es unseres Fühlens und Wollens, sei es unseres Wissens und Erkennens, in Anspruch nehmen. Und die Bilder, die Erinnerung und Einbildungskraft uns vorführen, gehören ebensowenig dem reinen Element der Sichtbarkeit an; sie stehen mitten in dem wechselvollen Spiel all der unzähligen Elemente unseres geistigen Lebens, die, in geheimnisvollem Zusammenhang untereinander verbunden, sich gegenseitig an die Oberfläche des Bewußtseins rufen. Es ist, als ob die Sichtbarkeit der Dinge, solange sie sich zu keiner höheren Daseinsform entwickelt, als ihr in den Wahrnehmungen des Auges, in den inneren Gebilden unserer Vorstellungskraft zukommt, nicht die Macht besäße, sich so sehr des menschlichen Bewußtseins zu bemächtigen, daß sie nicht in jedem Augenblicke verdrängt werden könnte und irgendeinem anderweitigen sinnlich-geistigen Vorgang den Platz räumen müßte. So werden wir durch die Erlebnisse des Gesichtssinnes zunächst nicht in ein ausschließliches Reich der Sichtbarkeit eingeführt, vielmehr müssen wir den Anteil an der Sichtbarkeit der Dinge teilen mit allen den Ansprüchen, deren Befriedigung nun einmal die Vielseitigkeit und Versatilität der menschlichen Natur fordert. Und dann: auch wenn es uns vorübergehend gelingt, das Interesse des Sehens, des Sichtbar-Vorstellens zur ausschließlichen Herrschaft in uns zu bringen, die sichtbare Erscheinung der Dinge gleichsam loszulösen von allem, was die Dinge sonst sind und bedeuten, sie als etwas uns zum Bewußtsein zu bringen, dem ein selbständiges Dasein zukäme, so gelangen wir dadurch, wie schon oben bemerkt, nur in einen traumhaften Zustand; dadurch, daß sich uns gleichsam die ganze Substanz des realen Daseins auf den flüchtigen

Stoff der Wahrnehmungen und Vorstellungen eines einzelnen Sinnes reduziert, verlieren wir den Boden der realen Welt unter den Füßen; dadurch, daß wir selbst an einer Wirklichkeitsgestaltung mit keinem größeren Teil unseres Organismus beteiligt sind, als erforderlich ist, um jene Wahrnehmungen und Vorstellungen entstehen zu lassen, kommen wir uns in unserem eigenen Dasein herabgesetzt und gleichsam darauf beschränkt vor, der Schauplatz zu sein, auf dem gespensterhafte Bilder sichtbarer Dinge entstehen und vergehen, in bunter wechselvoller Menge ihr phantastisch-willkürliches Spiel treiben.

Die Tatsache, daß der Künstler zu einer mechanischen Tätigkeit greift, sich der mühevollen Bearbeitung eines Stoffes unterzieht, um ein Sichtbares herzustellen, läßt sich nur erklären, wenn man eben bedenkt, wie unselbständig und befangen die Sichtbarkeit der Natur bleibt, solange sie sich nur in Wahrnehmungen oder in einem inneren Vorstellungsverlauf darstellt. Zunächst kann sich nur in der Tätigkeit das Interesse an der Sichtbarkeit eines Dinges so isolieren, daß die Vorstellung eines Gegenstandes, an dem die Sichtbarkeit erscheint, gänzlich schwindet und diese letztere zu einer selbständigen Form des Seins wird.

10. Die Gestalttheorie der Wahrnehmung
Christian von Ehrenfels

Über »Gestaltqualitäten«

Es leuchtet ein, daß, um eine Melodie aufzufassen, es nicht genügt, den Eindruck des jeweilig erklingenden Tones im Bewußtsein zu haben, sondern daß – wenn jener Ton nicht der erste ist – der Eindruck mindestens einiger unter den vorausgehenden Tönen in der Erinnerung mitgegeben sein muß. Sonst wäre ja der Schlußeindruck aller Melodien mit gleichem Schlußton ein gleicher. – Geht man aber diesem Gedanken weiter nach, so erkennt man bald, daß es, um eine Melodie von etwa 12 Tönen aufzufassen, auch nicht genügt, den Eindruck der jeweilig 3 letzten Töne in der Erinnerung zu behalten, sondern daß hierzu der Eindruck der ganzen Tonreihe erforderlich ist. – Wir behaupten dies absichtlich nur von einem »Eindruck« und nicht etwa von einem Phantasiebilde der vollständigen Tonreihe. Denn wenn etwa jeder wahrgenommene Tonschritt in uns eine besondere, nicht dem Tonsinn, sondern einem anderen Gebiete angehörige Empfindung (oder nach dem üblichen Sprachgebrauch ein besonderes Gefühl) verursachen, und unser Gedächtnis für jene Empfindungen oder Gefühle ein vollkommeneres sein würde als für tonale Erinnerungsbilder, so könnte ja das Auffassen und Unterscheiden von Melodien durch jenes andere Gebiet (etwa das der Vital- und Innervations- oder Muskelempfindungen) vermittelt werden. *Tatsächlich* scheint dies auch so vor sich zu gehen; denn niemand wird angesichts der inneren Wahrnehmung behaupten können, daß er beim Ausklingen jeder Melodie, welche er vollkommen »aufgefaßt« hat (das kann mitunter ein längeres Musikstück sein), ein Erinnerungsbild ihrer sämtlichen Töne im Bewußtsein besitze. Vielmehr liefert die rein tonale Erinnerung nur gewisse, relativ kurze »Tongestalten«, welche sich von einem wenn auch unanalysierten, so doch bestimmten »Gefühls«-Hintergrunde abheben. Schränkt man nun den früher ausgesprochenen Satz auf diese rein tonal aufgefaßten »Gestalten« ein, so kann man an Stelle des »Eindruckes der Tonreihe« diese selbst setzen und somit behaupten, daß, um eine Melodie rein tonal aufzufassen, es nötig sei, bei ihrem Ausklingen ein Erinnerungsbild ihrer sämtlichen Töne zu besitzen.

Es ist also zweifellos, daß die Vorstellung einer Melodie einen Vorstellungskomplex voraussetzt, und zwar eine Summe von einzelnen Tonvorstellungen mit verschiedenen, sich aneinanderschließenden zeitlichen Bestimmtheiten. – Wir können somit unsere früher aufgeworfene Frage in bezug auf das tonale Vorstellungsgebiet folgendermaßen präzisieren: Gesetzt, es werde die Tonreihe $t_1, t_2, t_3 \ldots . t_n$ nach ihrem Ablauf von einem Bewußtsein S »als Tongestalt aufgefaßt« (so daß also in demselben die Erinnerungsbilder sämtlicher Töne gleichzeitig vorhanden seien), – gesetzt ferner, es werde nebenbei die Summe jener n Töne, jeder mit seiner besonderen zeitlichen Bestimmtheit, von n Bewußtseinseinheiten dergestalt zur Vorstellung gebracht, daß jedes dieser n Individuen nur eine der n Tonvorstellungen im Bewußtsein habe, so taucht nun die Frage auf, ob das Bewußtsein S, indem es die Melodie auffaßt, *mehr* zur Vorstellung bringt als die n übrigen Individuen zusammengenommen.

Eine analoge Frage könnte man begreiflicherweise auch bezüglich der Raumgestalten erheben. Ja, die Verhältnisse ständen dort (weil alle Teile des der Gestalt zugrundeliegenden Komplexes gleichzeitig gegeben sind) sogar viel einfacher, wenn nicht die verschiedenen Theorien über die Entstehung der Raumvorstellung beirrend wirken oder mindestens eine Verständigung erschweren würden. Dennoch dürften wohl die Anhänger der verschiedensten Richtungen es nicht bestreiten, daß die Vorstellungen der verschiedenen Teile einer gesehenen Figur durch verschiedene Empfindungen vermittelt werden – (mögen auch die Meinungen über die Natur jener Empfindungen noch so weit auseinandergehen). Denkt man sich nun diese letzteren auf der einen Seite in einem einzigen Bewußtsein zusammengefaßt, auf der anderen unter n Bewußtseinseinheiten verteilt, so kann man, wie früher bezüglich der Melodie, so hier bezüglich der Raumgestalt fragen, ob sie mehr sei als die Summe der einzelnen »örtlichen Bestimmtheiten«, ob das Bewußtsein, welches die betreffende Figur auffaßt, *mehr* zur Vorstellung bringe als alle übrigen n Individuen zusammengenommen.

Die erste Instanz, an welche wir bei Lösung derartiger Probleme gewiesen sind – die Belauschung der Phänomene in der inneren Wahrnehmung –, wird hier wohl schwerlich als Beweismittel verwendet werden können. Denn wer auch aus ihr eine Überzeugung schöpfen mag, findet sich doch bei relativ so subtilen Unterscheidungen meist außerstande, sie Andersgesinnten zu vermitteln. Dagegen werden manche die eine der beiden aufgestellten Alternativen von vornherein als widersinnig verwerfen zu müssen glauben. [...]

Den Beweis für die Existenz von »Gestaltqualitäten« in unserem Sinne, mindestens auf dem Gebiete der Gesichts- und Tonvorstellungen, liefert dagegen die (von *Mach* in den angeführten Stellen hervorgehobene)[1] Ähnlichkeit von Melodien und Figuren bei durchgängiger Verschiedenheit ihrer tonalen oder örtlichen Grundlage. Dieser Umstand läßt sich, wie nun ausgeführt werden soll, mit der Auffassung von Ton- und Raumgestalt als bloßer Summe tonaler oder örtlicher Bestimmtheit nicht vereinigen.

Man kann nämlich von vornherein behaupten, daß verschiedene Komplexe von Elementen, wenn sie in sich nichts anderes darstellen als die Summen derselben, um so ähnlicher sein müssen, je ähnlicher ihre einzelnen Elemente untereinander sind. Das Unzutreffende dieser Forderung aber bei Melodie und Raumgestalt läßt sich an einzelnen Beispielen schlagend beweisen.

Man betrachte etwa die Melodie der ersten Zeile des bekannten Volksliedes: »Muß i denn, muß i denn zum Städtle hinaus...«. Dieselbe enthält, in C-dur gespielt, die Töne c bis a, und zwar das e und g je dreimal, das f zweimal, das c, d und a je einmal. Nun spiele man sie in Fis-dur. Hier enthält sie keinen einzigen der Töne, auf welchen sie in C-dur sich aufbaut. Dennoch ist die Ähnlichkeit jedem halbwegs musikalisch Veranlagten sofort und ohne Reflexion (nach *Mach* durch »Empfindung«) erkennbar. Nun spiele man diese Melodie wieder in C-dur, und hierauf, in gleichem Rhythmus, die Tonfolge e g f a g g f e c e d, welche, ebenso wie unsere Melodie, drei e, drei g, zwei f, ein c, ein d und ein a enthält. Eine Ähnlichkeit (mit Ausnahme des beibehaltenen Rhythmus) wird jedoch hier niemanden mehr auffallen, welcher nicht auf dem Wege der Reflexion etwa dahin geführt wird, die einzelnen Töne hüben und drüben zu vergleichen und zu zählen. Wir haben also einerseits zwei Komplexe von Tonvorstellungen, welche aus durchgängig verschiedenen Bestandteilen gebildet werden, und doch ähnliche (oder nach der gewöhnlichen Sprechweise sogar *dieselbe*) Melodie ergeben, auf der anderen Seite zwei Komplexe, welche aus tonal vollkommen gleichen Elementen gebildet werden und durchaus verschiedene Melodien ergeben. Hieraus geht unwiderleglich hervor, daß die Melodie oder Tongestalt etwas anderes ist als die Summe der einzelnen Töne, auf welchen sie sich aufbaut. (Man erwidere nicht etwa, daß die wesentlichen Bestandteile der Melodie nicht die einzelnen Töne, sondern die Tonschritte, die Übergänge von

1 Ernst Mach, *Die Analyse der Empfindungen und das Verhältnis des Physischen zum Psychischen*, Darmstadt 1987, S. 84, 232 u. 235.

einem Ton zum anderen seien. Denn auch aus einer Summe solcher Tonschritte lassen sich durch Verstellung die verschiedensten Melodien bilden. Suche man aber auch diese Möglichkeit auszuschließen durch die Bestimmung, daß eben der Übergang von einem Ton zum anderen in der festgesetzten Reihenfolge die Melodie ausmache, so hat man in jenem Übergange, welcher etwas anderes ist als die Summe der Töne, dasjenige, was wir Tongestalt nennen, zugegeben und nur mit einem anderen Namen belegt.)

Analoge Beispiele könnten selbstverständlich auch auf dem Gebiete der Raumvorstellung erbracht werden. Wenn die Raumgestalten nichts anderes wären als Zusammenfassungen von örtlichen Bestimmtheiten, so müßte sich (da ja die örtlichen Bestimmtheiten von der Lage im Gesichtsfelde abhängen) mit jeder Verschiebung ihrer Anordnung auch ihre Ähnlichkeit wesentlich ändern. Es müßte also etwa in der Gruppe der Buchstabe ABA das erste A dem B ähnlicher sein als dem zweiten A, weil es jenem näher liegt und daher aus Bestandteilen gebildet wird, welche den Elementen des B ähnlicher sind als den Elementen des A; dagegen müßte in der Konstellation AAB zwar das erste A dem zweiten ähnlicher sein als dem B, das zweite aber dem ersten nahezu ebenso ähnlich wie dem B usw. Es kann also keinem Zweifel unterliegen, daß die Ähnlichkeit von Raum- und Tongestalten auf etwas anderem beruht als auf der Ähnlichkeit der Elemente, bei deren Zusammenfassung im Bewußtsein sie erscheinen. Es müssen daher jene Gestalten auch etwas anderes *sein* als die Summe der Elemente. – Die Stringenz dieses Beweises erscheint uns unausweichlich.

Da es indessen stets nur von Vorteil sein kann, eine Wahrheit von verschiedenen Seiten zu beleuchten, so soll hier auf das uns beschäftigende Phänomen noch in anderem Zusammenhange hingewiesen werden.

Mach führt in seinem mehrfach erwähnten Werke[2] eine von *P. Cornelius* seinen Schülern zur Wiedererkennung von Tonintervallen empfohlene Methode an einem speziellen Beispiele vor, welches wir, auf den einfacheren Fall der Reproduktion von Intervallen umgearbeitet, folgendermaßen wiederholen: derjenige, dessen musikalischer Sinn noch nicht so weit ausgebildet ist, daß er es vermöchte, auf Wunsch sofort mit Sicherheit etwa einen Quartschritt nach aufwärts zu singen, gebrauche das Kunstmittel, sich eine Melodie zu merken, welche mit einem Quartschritt nach aufwärts beginnt: – etwa den

2 Ebenda S. 233.

Anfang der Tannhäuserouvertüre (wie *Mach* anführt). Dann wird er, wenn er sich schlechterdings nichts weiter vornimmt, als jene Melodie zu singen, die gestellte Aufgabe wie von selbst ohne Schwierigkeit lösen. – Ein Freund, mit welchem ich dieses Beispiel besprach, teilte mir mit, daß er, ohne dasselbe gekannt zu haben, schon längst nach ähnlicher Methode verfahre, um absolute Tonhöhen zu reproduzieren. Ohne Hilfsmittel vermöge er bei weitem weniger sicher die Höhe des C anzugeben als mit Hilfe der Vorstellung »Meistersinger-Vorspiel«, bei der sich meistens richtig das Bild von C-dur einstelle: ähnlich beim Gedanken an das Walhall-Motiv Des-dur usw. Es ist möglich, daß Tonwerke mit ausgesprochenem harmonischen Charakter, wie die *Wagnerschen*, besonders geeignet sind, die Tonarten im Gedächtnisse zu fixieren. – Im allgemeinen kann man sagen, daß die meisten Personen irgendwelche Melodien im Gedächtnisse zu behalten vermögen, eine geringere Zahl (ohne jedes Hilfsmittel) einzelne Tonschritte, und die entschiedene Minderheit absolute Tonhöhen. – Wie wäre aber das erklärlich, wenn die Melodie, die einzelnen Tonschritte nichts anderes darstellen würden als eine Summe von Tonvorstellungen? – Wenn man selbst im Gegensatz zu manchen anderen Erfahrungen annehmen wollte, daß es leichter sei, eine Summe von Einzelheiten auf einmal zu reproduzieren als eines der Glieder für sich, so könnte hiermit höchstens erklärt werden, daß die Melodie gegenüber den einzelnen Tonschritten, nicht aber daß beide den absoluten Tonhöhen gegenüber im Vorteil seien. Denn wenn jemand – wie dies zumeist der Fall sein wird – eine Melodie in einer anderen als in der ursprünglichen Tonhöhe reproduziert, so reproduziert er gar nicht die Summe der früheren Einzelvorstellungen, sondern einen ganz anderen Komplex, welcher nur die Eigenschaft besitzt, daß seine Glieder in analoger Beziehung stehen, wie diejenigen des früher vorgestellten Komplexes. Diese Beziehung ist nach unserer Auffassung in einem positiven Vorstellungselement, der Tongestalt, begründet, derart, daß ein und dieselbe Tongestalt immer gleiche Beziehungen zwischen den Elementen ihres Tonsubstrates (den einzelnen Tonvorstellungen) bedingt. Ist ein solches positives Vorstellungselement gegeben, so schließt die Assoziation keine weiteren Schwierigkeiten ein. Fehlte es dagegen, so wäre in keiner Weise einzusehen, wie das Gedächtnis es anstellen sollte, gerade solche Elemente zu reproduzieren, welche untereinander in einer der früher verwirklichten analogen Beziehung stehen. Man müßte einen eigens hierauf konstruierten psychischen Mechanismus annehmen, welcher vollkommen überflüssig erscheint, sobald man einsieht, daß, wer sich an eine Melodie erinnert, etwas ganz anderes reproduziert als einen Komplex von Einzelvorstellungen: nämlich eine Tongestalt, an welche sich unter Umständen die absolute Tonhöhe, in welcher sie zuerst vernommen wurde, assoziieren kann, aber nicht muß. Und zwar lehrt das erste der beiden angeführten Beispiele, daß nicht die einfachsten Tongestalten am leichtesten im Gedächtnisse zu fixieren sind, sondern vielmehr solche von einer Gliederung, welche den einfachen Tonschritten gegenüber als mannigfaltig bezeichnet werden kann.

Analoges gilt von den Raumgestalten und den Elementen ihrer zugehörigen Komplexe. Auch hier hält sich die Reproduktion keineswegs an die bei der Wahrnehmung gegebenen örtlichen Daten.

Hiermit glauben wir die Existenz von Gestaltqualitäten auf den behandelten Sinnesgebieten erwiesen zu haben. – Eine Abweichung von dem eingangs entworfenen Untersuchungsplan wird vielleicht insofern vermerkt werden, als eine strikte Definition des eingeführten Begriffes noch nicht gegeben wurde. Dieselbe wäre ohne die in das Beweisverfahren eingeflochtenen Erläuterungen unverständlich gewesen und soll nun nachgeholt werden. – Unter *Gestaltqualitäten* verstehen wir solche positive Vorstellungsinhalte, welche an das Vorhandensein von Vorstellungskomplexen im Bewußtsein gebunden sind, die ihrerseits aus voneinander trennbaren (d. h. ohne einander vorstellbaren) Elementen bestehen. – Jene für das Vorhandensein der Gestaltqualitäten notwendigen Vorstellungskomplexe wollen wir die *Grundlage* der Gestaltqualitäten nennen.

11. Die Abduktion in der Wahrnehmung
Charles Sanders Peirce

Vorbemerkung zum Wahrnehmungsurteil

5.54 Die ganze Frage besteht darin, was die *wahrgenommenen Fakten* sind, so wie sie uns in direkten Wahrnehmungsurteilen gegeben werden. Unter einem Wahrnehmungsurteil verstehe ich ein Urteil, das in Satzform aussagt, worin eine Eigenschaft eines Wahrnehmungsinhaltes besteht, der unserem Verstande direkt gegenwärtig ist. Der Wahrnehmungsinhalt ist natürlich nicht selbst ein Urteil, noch kann ein Urteil einem Wahrnehmungsinhalt in irgendeinem Grade gleichen. Es ist ihm so wenig ähnlich, wie die gedruckten Buchstaben in einem Buch, in dem eine Madonna von Murillo beschrieben wird, diesem Bild selbst ähnlich sind.

5.55 Sie können jede Theorie nehmen, die Ihnen akzeptabel erscheint, um die psychischen Operationen, durch die Wahrnehmungsurteile gebildet werden, zu erklären. Für unseren gegenwärtigen Zweck spielt es keine Rolle, um was für eine Theorie es sich handelt. Das einzige, worauf ich bestehe, ist, daß diese Operationen, wie sie auch aussehen mögen, völlig außerhalb unserer Kontrolle liegen und vor sich gehen werden, ob wir froh über sie sind oder nicht. Nun bin ich der Ansicht, daß es – nimmt man das Wort »kritisieren« in dem Sinn, den es in der Philosophie hat, nämlich: Lob und Tadel zu erteilen – völlig unnütz ist, etwas zu kritisieren, über das man keinerlei Art von Kontrolle ausüben kann. Sie mögen eine Schlußfolgerung klug kritisieren, weil derjenige, der sie zog, im Licht Ihrer Kritik seine Schlußfolgerung sicher noch einmal überprüfen und sie korrigieren wird, wenn Ihr Tadel berechtigt war. Aber eine unwillkürliche Operation des Verstandes *gut* oder *schlecht* zu nennen, hat nicht mehr Sinn, als wenn man das Gewichtsverhältnis, in dem sich Chlor und Wasserstoff verbinden, nämlich das von 1 zu 35.11, *gut* oder *schlecht* nennt. Ich nannte so etwas unnütz; aber in Wirklichkeit wäre »unsinnig« ein passenderes Wort.

Wenn daher unsere sorgfältige unmittelbare Interpretation der Wahrnehmung, und noch ausdrücklicher eine Interpretation solcher Wahrnehmung, die eine Überraschung einschließt, die ist, daß die Wahrnehmung zwei Objekte repräsentiert, die aufeinander reagieren, dann ist das nicht nur ein Entscheid, gegen den es keine Berufung gibt, sondern es ist ausgesprochener Unsinn, die Tatsache zu bestreiten, daß in der Wahrnehmung wirklich zwei Objekte in dieser Weise aufeinander reagieren.

Die Schleifsteinthesen

5.180 Am Ende meiner letzten Vorlesung hatte ich gerade drei Thesen angekündigt, die meiner Meinung nach dem Pragmatismus seinen besonderen Charakter verleihen. Um heute abend kurz auf sie Bezug nehmen zu können, will ich sie meine Schleifsteinthesen nennen ⟨cotary propositions⟩. Unter *cos, cotis* versteht man einen Schleifstein, und jene Thesen scheinen mir der Maxime des Pragmatismus den scharfen Schliff zu geben.

5.181 Diese Schleifsteinthesen lauten folgendermaßen:

(1) *Nihil est in intellectu quod non prius fuerit in sensu.* Ich verstehe diesen Satz in einem etwas von Aristoteles abweichenden Sinn. Unter *intellectus* verstehe ich die Bedeutung einer jeden Repräsentation in jeder Art von Erkenntnis, einer virtuellen, symbolischen oder irgendeiner anderen, welche es auch sein mag. Berkeley und Nominalisten seiner Richtung leugnen, daß wir überhaupt irgendeine Idee von einem Dreieck im allgemeinen haben, das weder gleichseitig, gleichschenklig noch ungleichseitig ist. Aber er kann nicht leugnen, daß es Sätze über Dreiecke im allgemeinen gibt, Sätze, die entweder wahr oder falsch sind; und solange das der Fall ist, kümmert es mich als Logiker nicht, ob wir eine *Idee* eines Dreiecks in irgendeinem psychologischen Sinne haben oder nicht. Wir haben einen *intellectus*, eine Bedeutung, von der das Dreieck im allgemeinen ein Element ist. Was den anderen Begriff *in sensu* angeht, so verstehe ich diesen im Sinne von *in einem Wahrnehmungsurteil*, dem Ausgangspunkt oder der ersten Prämisse allen kritischen und kontrollierten Denkens. Ich werde gleich feststellen, was meiner Meinung nach der Beweis der Wahrheit dieser ersten Schleifsteinthese ist, ziehe jedoch vor, Ihnen erst einmal alle drei ins Gedächtnis zurückzurufen.

(2) Die zweite These ist die, daß Wahrnehmungsurteile allgemeine Elemente enthalten, so daß universale Sätze auf die Weise von ihnen abzuleiten sind, in der die Relationslogik zeigt, daß partikuläre Sätze gewöhnlich, um nicht zu sagen beständig, zulassen, daß universale Sätze mit Notwendigkeit aus ihnen geschlossen werden. Diese These

habe ich in meiner letzten Vorlesung ausreichend begründet. Heute abend werde ich ihre Wahrheit als gegeben voraussetzen.

(3) Die dritte Schleifsteinthese ist die, daß der abduktive Schluß allmählich ins Wahrnehmungsurteil übergeht, ohne daß es irgendeine scharfe Trennungslinie zwischen ihnen gäbe; oder, mit anderen Worten, unsere ersten Prämissen, die Wahrnehmungsurteile, sind als extremer Fall von abduktiven Schlüssen zu betrachten, von denen sie sich dadurch unterscheiden, daß sie absolut außerhalb der Kritik stehen. Die abduktive Vermutung ⟨suggestion⟩ kommt uns wie ein Blitz. Sie ist ein Akt der *Einsicht*, obwohl extrem fehlbarer Einsicht. Zwar waren die verschiedenen Elemente der Hypothese schon vorher in unserem Verstande; aber erst die Idee, das zusammenzubringen, welches zusammenzubringen wir uns vorher nicht hätten träumen lassen, läßt die neu eingegebene Vermutung vor unserer Betrachtung aufblitzen.

Das Wahrnehmungsurteil seinerseits ist das Resultat eines Prozesses, wenngleich eines Prozesses, der nicht genügend bewußt ist, um kontrolliert zu werden, oder, um es richtiger festzustellen, der nicht kontrollierbar und infolgedessen nicht völlig bewußt ist. Wenn wir diesen unbewußten Prozeß einer logischen Analyse unterwerfen würden, so würden wir finden, daß er in dem endet, was jene Analyse als einen abduktiven Schluß repräsentieren würde, der auf dem Resultat eines ähnlichen Prozesses aufbaut, den eine logische Analyse als durch einen ähnlichen abduktiven Schluß beendet repräsentieren würde und so weiter *ad infinitum*. Diese Analyse wäre genau der analog, die der Sophismus von Achill und der Schildkröte auf Achills Jagd auf die Schildkröte anwendet, und sie würde aus demselben Grunde darin scheitern, den realen Prozeß zu repräsentieren. Nämlich genauso, wie Achill nicht eine Reihe voneinander getrennter Anstrengungen zu machen hat, wie er sie nach dieser Repräsentation zu machen hätte, so vollzieht dieser Prozeß des Formens von Wahrnehmungsurteilen, weil er unbewußt ist und so der logischen Kritik nicht zugänglich, keine getrennten Akte des Schließens, sondern sein Ablauf vollzieht sich in einem kontinuierlichen Prozeß.

5.182. Ich habe meinen kurzen Abriß zugunsten meiner zweiten Schleifsteinthese bereits vorgebracht und in dem, was ich nun sagen möchte, werde ich dies als bereits ausreichend bewiesen behandeln. Bei ihrer Begründung habe ich jegliche Zufluchtnahme zu so etwas wie besonderen Phänomenen vermieden, von denen ich nicht denke, daß die Philosophie in irgendeiner Weise auf ihnen ruhen sollte. Dennoch ist es kein Nachteil, solche Beobachtungen in bloß abduktiver Weise zu verwenden, um Licht auf Lehren zu werfen, die auf andere Weise errichtet worden sind, und um dem Geist zu helfen, sie zu erfassen. Und es gibt einige Phänomene, die, denke ich, uns zu sehen helfen, was mit der Behauptung gemeint ist, daß Wahrnehmungsurteile allgemeine Elemente enthalten, und die auch auf ganz natürliche Weise zu einer Betrachtung der dritten Schleifsteinthese überleiten werden.

5.183. Ich möchte Ihnen eine Figur zeigen, die, wie ich mich erinnere, mein Vater [Benjamin Peirce] in einer seiner Vorlesungen gezeichnet hat. Ich weiß nicht mehr, was sie zeigen sollte, doch kann ich mir nicht vorstellen, was es anderes als meine zweite Schleifsteinthese hätte sein sollen. Wenn dem so ist, dann trete ich durch die Verteidigung dieser These im wesentlichen in seine Fußstapfen, obwohl er die These zweifellos in eine ganz andere Form als ich gebracht hätte. Hier nun ist die Figur (auch wenn ich sie nicht so gut wie er zeichnen kann). Sie besteht in einer Schlangenlinie. Doch wenn sie vollständig gezeichnet ist, scheint sie eine Mauer aus Steinen zu sein.

Der springende Punkt ist, daß es zwei Möglichkeiten gibt, die Sache aufzufassen. Ich bitte Sie, zu beachten, daß beide allgemeine Weisen sind, die Linie zu klassifizieren, allgemeine Klassen, unter welche die Linie subsumiert wird. Doch die ganz entschiedene Bevorzugung einer Klassifizierungsweise des Perzepts durch unsere Wahrnehmung zeigt, daß diese Klassifizierung in dem Wahrnehmungsurteil enthalten ist. Genauso verhält es sich mit dieser bekannten schattenfreien Umrißzeichnung einer Treppe in perspektivischer Darstellung. Wir scheinen zunächst von oben auf die Treppe zu schauen; doch irgendein unbewußter Teil des Geistes scheint bei dieser Deutung zu ermüden, und plötzlich scheinen wir die Treppe von unten zu sehen, und auf diese Weise scheinen das wahrnehmende Urteil und das Perzept selbst von dem einen allgemeinen Aspekt zum anderen hin- und herzuwechseln.

Bei all diesen optischen Täuschungen, von denen zwei oder drei Dutzend wohlbekannt sind, verblüfft am meisten, daß eine bestimmte Theorie der Interpretation der Figur ganz den Anschein hat, in der Wahrnehmung gegeben zu sein. Wenn sie uns das erste Mal gezeigt wird, scheint sie so vollständig jenseits der Kontrolle rationaler Kritik zu sein wie jedes Perzept; doch nach vielen Wiederholungen des nunmehr vertrauten Experiments nutzt sich die Täuschung ab, indem sie zunächst weniger eindeutig wird und schließlich vollständig verschwindet. Dies zeigt, daß diese Phänomene echte Bindeglieder zwischen Abduktionen und Wahrnehmungen sind.

5.184 Wenn der Wahrnehmungsinhalt ⟨percept⟩ oder das Wahrnehmungsurteil solcher Natur wären, daß sie zur Abduktion keinerlei Beziehung hätten, würde man erwarten, daß der Wahrnehmungsinhalt völlig frei von allen Merkmalen wäre, die *Interpretationen* zu eigen sind, während es schwerlich denkbar ist, daß er solche Merkmale nicht hat, wenn er bloß eine kontinuierliche Reihe von dem ist, was, getrennt und bewußt vollzogen, Abduktionen wären. Damit haben wir also einen fast entscheidenden Test für meine dritte Schleifsteinthese. Wie ist es nun damit tatsächlich bestellt? Die Dinge liegen so, daß es noch nicht einmal notwendig ist, hinter die gewöhnlichen Beobachtungen des alltäglichen Lebens zurückzugehen, um eine Vielfalt sehr verschiedener Arten zu finden, auf welche die Wahrnehmung interpretativ ist.

5.185 Die ganze Reihe hypnotischer Phänomene, von denen so viele in das Reich gewöhnlicher Beobachtung fallen – so wie z. B. daß wir viel eher zu der Stunde, zu der wir aufwachen wollen, aufwachen, als wir diese Stunde im Wachzustand erraten könnten –, schließt das Faktum ein, daß wir das wahrnehmen, auf dessen Interpretation wir eingestellt sind, selbst wenn es so schlecht wahrzunehmen ist, daß noch nicht einmal eine ausdrückliche Anstrengung uns in die Lage versetzen könnte, es wahrzunehmen; während wir demgegenüber das, auf das unsere Einstellungen nicht passen, überhaupt nicht wahrnehmen, obwohl es an Intensität das übersteigt, was wir mit äußerster Leichtigkeit wahrnehmen würden, wenn uns seine Interpretation überhaupt kümmerte. Es scheint mir ein Wunder, daß die Uhr in meinem Studierzimmer alle halbe Stunde sehr vernehmlich schlägt und ich es doch niemals höre. Ich wüßte überhaupt nicht, ob das Läutwerk geht, es sei denn, es gerät aus der Ordnung und schlägt die falsche Stunde. Sollte das passieren, so bin ich ganz sicher, daß ich es höre. Ein anderes vertrautes Faktum ist, daß wir Objekte anders als sie wirklich sind wahrnehmen oder wahrzunehmen scheinen, indem wir sie dem angleichen, was sie uns zu bedeuten scheinen. Korrekturleser erhalten hohes Gehalt, weil der Durchschnittsmensch Druckfehler übersieht, da seine Augen sie korrigieren. Wir können den Sinn einer Unterhaltung wiederholen, aber wir befinden uns oft völlig im Irrtum darüber, welche Worte gebraucht wurden. Einige Politiker halten es für eine gekonnte Sache, eine Idee mitzuteilen, die in Worten auszusprechen sie sich sorgfältig enthalten. Das Resultat ist, daß ein Reporter bereit ist, in voller Aufrichtigkeit zu schwören, ein Politiker habe etwas zu ihm gesagt, das nicht zu sagen der Politiker sich größte Mühe gab.

Ich würde Sie ermüden, wenn ich länger bei etwas besonders jedem Psychologie Studierenden so Vertrauten verweilte wie dem Interpretationscharakter des Wahrnehmungsurteils. Es handelt sich wirklich um nichts anderes als den extremsten Fall abduktiver Urteile.

5.186 Wenn man diese dritte Schleifsteinthese zugesteht, muß die zweite, daß die Wahrnehmungsurteile allgemeine Elemente enthalten, zugelassen werden, und was die erste betrifft, daß alle allgemeinen Elemente in der Wahrnehmung gegeben sind, so verliert sie viel von ihrer Bedeutung. Denn wenn ein allgemeines Element auf andere Weise als in einem Wahrnehmungsurteil gegeben wäre, so könnte es nur in einer abduktiven Vermutung erstmals erscheinen, und das läuft, wie sich jetzt sehen läßt, im wesentlichen auf dasselbe hinaus. Ich bin jedoch nicht nur der Meinung, daß jedes allgemeine Element jeder Hypothese, so verrückt oder künstlich sie auch sei, irgendwo in einer Wahrnehmung gegeben ist, sondern ich wage sogar zu behaupten, daß jede allgemeine Form, Begriffe zusammenzusetzen in ihren Elementen in der Wahrnehmung gegeben ist. Um zu entscheiden, ob das so ist oder nicht, ist es notwendig, sich eine klare Vorstellung von dem genauen Unterschied zwischen einem abduktiven Urteil und einem Wahrnehmungsurteil, das sein Grenzfall ist, zu bilden. Das einzige Merkmal, durch das sich die beiden unterscheiden lassen, besteht darin, daß wir uns nicht die geringste Vorstellung davon machen können, was es heißen würde, das Wahrnehmungsurteil zu leugnen. Wenn ich ein Wahrnehmungsbild als rot beurteile, so kann ich mir denken, daß ein anderer nicht denselben Wahrnehmungsinhalt hat. Ich kann mir auch denken, daß er diesen Wahrnehmungsinhalt hat, aber niemals dachte, daß er rot sei. Ich kann mir denken, daß er, obwohl Farben zu seinen Sinnesempfindungen gehören, doch niemals seine Aufmerksamkeit auf sie richtete. Oder ich kann mir denken, daß sich statt rot ein davon etwas verschiedener Begriff in seinem Verstand bildete; daß er z. B. urteilte, daß dieser Wahrnehmungsinhalt die Wärme einer Farbe hat. Ich kann mir vorstellen, daß das Rot meines Wahrnehmungsinhaltes äußerst schwach und matt ist, so daß man kaum ausmachen kann, ob es rot ist oder nicht. Aber daß jemand einen Wahrnehmungsinhalt haben sollte, der meinem gleich ist, und sich fragen sollte, ob dieser Wahrnehmungsinhalt *rot* sei, was einschließen würde, daß er bereits *irgendeinen* Wahrnehmungsinhalt als rot beurteilt hätte, und daß er nach sorgfältiger Konzentration auf diesen Wahrnehmungsinhalt ihn klar und entschieden als *nicht* rot bezeichnen würde, wenn ich ihn eindeutig als rot beurteile, *das* ist mir völlig unverständlich. Eine abduktive Vermutung jedoch ist etwas, dessen Wahrheit in Frage gestellt oder sogar geleugnet werden *kann.*

5.187. Wir gelangen auf diese Weise zum Test der Undenkbarkeit als dem einzigen Mittel der Unterscheidung zwischen einer Abduktion und einem Wahrnehmungsurteil. Nun stimme ich völlig all dem zu, was John Stuart Mill so eindringlich in seiner *Examination of Hamilton* zu der absoluten Unzuverlässigkeit des Tests der Undenkbarkeit gesagt hat. Was heute für uns undenkbar ist, kann sich morgen als denkbar und sogar wahrscheinlich erweisen; so daß wir niemals absolut sicher sein können, daß ein Urteil ein Wahrnehmungsurteil und kein abduktives Urteil ist. Dies könnte scheinbar eine Schwierigkeit hinsichtlich der Art und Weise ergeben, wie wir uns der Wahrheit der ersten Schleifsteinthese versichern.

Ich könnte Ihnen leicht zeigen, daß diese Schwierigkeit, obwohl sie theoretisch gesehen ungeheuer zu sein scheint, praktisch auf nichts oder fast nichts für jemanden hinausläuft, der in der Gestaltung solcher Untersuchungen erfahren ist. Das ist aber unnötig, da der Einwand, der darauf beruht, überhaupt keine logische Beweiskraft hat.

5.188. Im Hinblick auf die erste Schleifsteinthese folgt [diese These] zweifellos als eine notwendige Schlußfolgerung aus der Möglichkeit, daß dasjenige, was wirklich Abduktionen sind, fälschlich für Wahrnehmungen gehalten worden ist. Denn es stellt sich die Frage, ob dasjenige, was wirklich ein abduktives Ergebnis ist, Elemente enthalten kann, die seinen Prämissen fremd sind. Es muß daran erinnert werden, daß die Abduktion, obwohl sie nur sehr wenig von logischen Regeln behindert wird, trotzdem eine logische Schlußfolgerung ist, die ihre Konklusion tatsächlich nur als fragwürdig oder als Mutmaßung behauptet, aber trotzdem eine vollkommene präzise logische Form hat.

5.189. Lange bevor ich Abduktion zum ersten Mal als eine Schlußfolgerung klassifizierte, ist von Logikern erkannt worden, daß der Vorgang des Aufstellens einer erklärenden Hypothese – denn das genau ist Abduktion – bestimmten Bedingungen unterlag. Die Hypothese kann nämlich solange nicht anerkannt werden, selbst als eine Hypothese, solange es nicht für wahrscheinlich gehalten wird, daß sie die Tatsachen oder einige von ihnen erklärt. Die Form der Schlußfolgerung ist daher diese:

Die überraschende Tatsache C wird beobachtet;
wenn A wahr wäre, dann wäre C eine Selbstverständlichkeit;
also besteht Grund zu der Annahme, daß A wahr ist.

Daher kann A erst abduktiv geschlußfolgert, oder, wenn Sie diesen Ausdruck bevorzugen, erst abduktiv vermutet werden, wenn sein gesamter Inhalt in der Prämisse »Wenn A wahr wäre, dann wäre C eine Selbstverständlichkeit« bereits gegenwärtig ist.

5.190. Ob dies eine korrekte Erklärung der Angelegenheit ist oder nicht, ihre bloße Vermutung als eine Möglichkeit zeigt, daß die nackte Tatsache, daß Abduktionen fälschlich für Wahrnehmungen gehalten werden können, nicht notwendig die Kraft eines Argumentes berührt, zu zeigen, [daß] ganz neue Vorstellungen nicht durch Abduktion erworben werden können.

12. Die Prätention der Wahrnehmung
Edmund Husserl

Die Selbstgebung in der Wahrnehmung

Originalbewußtsein und perspektivische Abschattung der Raumgegenstände

Die äußere Wahrnehmung ist eine beständige Prätention, etwas zu leisten, was sie ihrem eigenen Wesen nach zu leisten außerstande ist. Also gewissermaßen ein Widerspruch gehört zu ihrem Wesen. Was damit gemeint ist, wird Ihnen alsbald klar werden, wenn Sie schauend zusehen, wie sich der objektive Sinn als Einheit in den unendlichen Mannigfaltigkeiten möglicher Erscheinungen darstellt und wie die kontinuierliche Synthese näher aussieht, welche als Deckungseinheit denselben Sinn erscheinen läßt, und wie gegenüber den faktischen, begrenzten Erscheinungsabläufen doch beständig ein Bewußtsein von darüber hinausreichenden, von immer neuen Erscheinungsmöglichkeiten besteht.

Worauf wir zunächst achten, ist, daß der Aspekt, die perspektivische Abschattung, in der jeder Raumgegenstand unweigerlich erscheint, ihn immer nur einseitig zur Erscheinung bringt. Wir mögen ein Ding noch so vollkommen wahrnehmen, es fällt nie in der Allseitigkeit der ihm zukommenden und es sinnendinglich ausmachenden Eigenheiten in die Wahrnehmung. Die Rede von diesen und jenen Seiten des Gegenstandes, die zu wirklicher Wahrnehmung kommen, ist unvermeidlich. Jeder Aspekt, jede noch so weit fortgeführte Kontinuität von einzelnen Abschattungen gibt nur Seiten, und das ist, wie wir uns überzeugen, kein bloßes Faktum: Eine äußere Wahrnehmung ist undenkbar, die ihr Wahrgenommenes in ihrem sinnendinglichen Gehalt erschöpfte, ein Wahrnehmungsgegenstand ist undenkbar, der in einer abgeschlossenen Wahrnehmung im strengsten Sinn allseitig, nach der Allheit seiner sinnlich anschaulichen Merkmale gegeben sein könnte.

So gehört zum Urwesen der Korrelation äußere Wahrnehmung und körperlicher »Gegenstand« diese fundamentale Scheidung von eigentlich Wahrgenommenem und eigentlich Nichtwahrgenommenem. Sehen wir den Tisch, so sehen wir ihn von irgendeiner Seite, und diese ist dabei das eigentlich Gesehene; er hat noch andere Seiten. Er hat eine unsichtige Rückseite, er hat unsichtiges Inneres, und diese Titel sind eigentlich Titel für vielerlei Seiten, vielerlei Komplexe möglicher Sichtigkeit. Das ist eine sehr merkwürdige Wesenslage. Denn zu dem eigenen Sinn jeder Wahrnehmung gehört ihr wahrgenommener Gegenstand als ihr gegenständlicher Sinn, also dieses Ding: der Tisch, der gesehen ist. Aber dieses Ding ist nicht die jetzt eigentlich gesehene Seite, sondern ist (und dem eigenen Sinn der Wahrnehmung gemäß) eben das Vollding, das noch andere Seiten hat, Seiten, die nicht in dieser, sondern in anderen Wahrnehmungen zur eigentlichen Wahrnehmung kommen würden. Wahrnehmung, ganz allgemein gesprochen, ist Originalbewußtsein. Aber in der äußeren Wahrnehmung haben wir den merkwürdigen Zwiespalt, daß das Originalbewußtsein nur möglich ist in der Form eines wirklich und eigentlich original Bewußthabens von Seiten und eines Mitbewußthabens von anderen Seiten, die eben nicht original da sind. Ich sage mitbewußt, denn auch die unsichtigen Seiten sind doch für das Bewußtsein irgendwie da, »mitgemeint« als mitgegenwärtig. Aber sie erscheinen eigentlich nicht. Es sind nicht etwa reproduktive Aspekte als darstellende Anschauungen von ihnen da, wir können nur jederzeit solche anschaulichen Vergegenwärtigungen herstellen. Die Vorderseite des Tisches sehend, können wir, wenn wir gerade wollen, einen anschaulichen Vorstellungsverlauf, einen reproduktiven Verlauf von Aspekten inszenieren, durch den eine unsichtige Seite des Dings vorstellig würde. Was wir dabei aber tun, ist nichts anderes, als uns einen Wahrnehmungsverlauf vergegenwärtigen, in dem wir, von Wahrnehmung zu neuen Wahrnehmungen übergehend, den Gegenstand von immer neuen Seiten in den originalen Aspekten sehen würden. Das geschieht aber nur ausnahmsweise. Es ist klar, daß, was die wirklich gesehene Seite als bloße Seite charakterisiert und es macht, daß nicht sie als das Ding genommen wird, sondern daß etwas über sie Hinausreichendes bewußt ist als wahrgenommen, von dem gerade nur das wirklich gesehen ist, in einem unanschaulichen Hinausweisen, Indizieren besteht. Das Wahrnehmen ist, noetisch gesprochen, ein Gemisch von wirklicher Darstellung, die das Dargestellte in der Weise originaler Darstellung anschaulich macht, und leerem Indizieren, das auf mögliche neue Wahrnehmungen verweist. In noematischer Hinsicht ist das Wahrgenommene derart abschattungsmäßig Gegebenes, daß die jeweilige gegebene ⟨Seite⟩ auf anderes Nichtgegebenes verweist, als nicht gegeben von demselben Gegenstand. Das gilt es zu verstehen.

Zunächst werden wir darauf aufmerksam, daß jede Wahrnehmung, noematisch: jeder einzelne Aspekt des Gegenstandes in sich selbst auf eine Kontinuität, ja auf vielfältige Kontinua möglicher neuer Wahrnehmungen verweist, eben diejenigen, in denen sich derselbe Gegenstand von immer neuen Seiten zeigen würde. Das Wahrgenommene in seiner Erscheinungsweise ist, was es ist, in jedem Momente des Wahrnehmens, ⟨als⟩ ein System von Verweisen, mit einem Erscheinungskern, an dem sie ihren Anhalt haben, und in diesen Verweisen ruft es uns gewissermaßen zu: Es gibt hier noch Weiteres zu sehen, dreh mich doch nach allen Seiten, durchlaufe mich dabei mit dem Blick, tritt näher heran, öffne mich, zerteile mich. Immer von neuem vollziehe Umblick und allseitige Wendung. So wirst du mich kennenlernen nach allem, was ich bin, all meinen oberflächlichen Eigenschaften, meinen inneren sinnlichen Eigenschaften usw. Sie verstehen, was diese andeutende Rede besagen soll. In der jeweiligen aktuellen Wahrnehmung habe ich gerade die und keine anderen Aspekte und Aspektwandlungen, und immer nur begrenzte Aspektwandlungen. In jedem Moment ist der gegenständliche Sinn derselbe hinsichtlich des Gegenstandes schlechthin, der gemeinter ist, und ist in der kontinuierlichen Abfolge der Momentanerscheinungen in Deckung. So etwa dieser Tisch da. Aber dieses Identische ist ein beständiges x, ist ein beständiges Substrat von wirklich erscheinenden Tisch-Momenten, aber auch von Hinweisen auf noch nicht erscheinende. Diese Hinweise sind zugleich Tendenzen, Hinweistendenzen, die zu den nicht gegebenen Erscheinungen forttreiben. Aber es sind nicht einzelne Hinweise, sondern ganze Hinweissysteme, Strahlensysteme von Hinweisen, die auf entsprechende mannigfaltige Erscheinungssysteme deuten. Es sind Zeiger in eine Leere, da ja die nicht aktualisierten Erscheinungen nicht als wirkliche, auch nicht als vergegenwärtigte Erscheinungen bewußt sind. Mit andern Worten, alles eigentlich Erscheinende ist nur dadurch Dingerscheinendes, daß es umflochten und durchsetzt ist von einem intentionalen Leerhorizont, daß es umgeben ist von einem Hof erscheinungsmäßiger Leere. Es ist eine Leere, die nicht ein Nichts ist, sondern eine auszufüllende Leere, es ist eine bestimmbare Unbestimmtheit. – Denn nicht beliebig ist der intentionale Horizont auszufüllen; es ist ein Bewußtseinshorizont, der selbst den Grundcharakter des Bewußtseins als Bewußtsein von etwas hat. Seinen Sinn hat dieser Bewußtseinshof, trotz seiner Leere, in Form einer Vorzeichnung, die dem Übergang in neue aktualisierende Erscheinungen eine Regel vorschreibt. Die Vorderseite des Tisches sehend, ist die Rückseite, ist alles von ihm Unsichtige in Form von Leervorweisen bewußt, wenn auch recht unbestimmt; aber wie unbestimmt, so ist es doch Vorweis auf eine körperliche Gestalt, auf eine körperliche Färbung usw., und nur Erscheinungen, die dergleichen abschatten, die im Rahmen dieser Vorzeichnung das Unbestimmte näher bestimmen, können sich einstimmig einfügen; nur sie können ein identisches x der Bestimmung durchhalten als dasselbe, sich hierbei neu und näher bestimmende. Bei jeder Wahrnehmungsphase des strömenden Wahrnehmens, bei jeder neuen Erscheinung gilt immer wieder dasselbe, nur daß der intentionale Horizont sich geändert und verschoben hat. Zu jedem Dingerscheinenden einer jeden Wahrnehmungsphase gehört ein neuer Leerhorizont, ein neues System bestimmbarer Unbestimmtheit, ein neues System von Fortschrittstendenzen mit entsprechenden Möglichkeiten, in bestimmt geordnete Systeme möglicher Erscheinungen einzutreten, möglicher Aspektverläufe mit untrennbar zugehörigen Horizonten, die in einstimmiger Sinnesdeckung denselben Gegenstand als sich immer neu bestimmenden zu wirklicher, erfüllender Gegebenheit bringen würden. Die Aspekte sind, wie wir sehen, nichts für sich, sie sind Erscheinungen – von nur durch die von ihnen nicht abtrennbaren intentionalen Horizonte.

Wir unterscheiden dabei zwischen Innenhorizont und Außenhorizont der jeweiligen Aspekterscheinung. Es ist nämlich zu beachten, daß die Scheidung von eigentlich Wahrgenommenem und nur Mitgegenwärtigem zwischen inhaltlichen Bestimmtheiten des Gegenstandes unterscheidet, die wirklich erscheinungsmäßig und leibhaft dastehen, und solchen, die in völliger Leere und noch vieldeutig vorgezeichnet sind; daß auch das wirklich Erscheinende in sich selbst mit einem ähnlichen Unterschied behaftet ist. Auch hinsichtlich der schon wirklich gesehenen Seite ertönt ja der Ruf: Tritt näher und immer näher, sieh mich dann unter Änderung deiner Stellung, deiner Augenhaltung usw. fixierend an, du wirst an mir selbst noch vieles neu zu sehen bekommen, immer neue Partialfärbungen usw., vorhin unsichtige Strukturen des nur vordem unbestimmt allgemein gesehenen Holzes usw. Also auch das schon Gesehene ist mit vorgreifender Intention behaftet. Es ist, was schon gesehen ist, immerfort ein vorzeichnender Rahmen für immer Neues, ein x für nähere Bestimmung. Immerfort ist antizipiert, vorgegriffen. Neben diesem Innenhorizont dann aber die Außenhorizonte, die Vorzeichnungen für solches, das noch jedes anschaulichen Rahmens entbehrt, der nur differenziertere Einzeichnungen forderte.

Das Verhältnis von Fülle und Leere im Wahrnehmungsprozeß und die Kenntnisnahme

Um jetzt ein tieferes Verständnis zu gewinnen, müssen wir auf die Art achten, wie in jedem Momente Fülle und Leere zueinander stehen und wie im Wahrnehmungsverlauf die Leere sich Fülle zueignet und die Fülle wieder zur Leere wird. Wir müssen die Zusammenhangsstruktur in jeder Erscheinung und die alle Erscheinungsreihen einigende Struktur verstehen. Im kontinuierlichen Fortgang der Wahrnehmung haben wir, wie bei jeder Wahrnehmung, Protentionen, die sich stetig erfüllen im neu Eintretenden, eintretend in der Form des urimpressionalen Jetzt. So auch hier. In jedem Fortgang äußeren Wahrnehmens hat die Protention die Gestalt von stetigen Vorerwartungen, die sich erfüllen, und das sagt: Aus den Hinweissystemen der Horizonte aktualisieren sich gewisse Hinweislinien kontinuierlich als Erwartungen, die sich stetig erfüllen in näherbestimmenden Aspekten.

In der letzten Vorlesung lernten wir die Einheit jeder äußeren Wahrnehmung nach verschiedenen Richtungen verstehen. Die äußere Wahrnehmung ist ein zeitlicher Erlebnisabfluß, in dem Erscheinungen in Erscheinungen einstimmig ineinander übergehen, in die Dekkungseinheit, der Einheit eines Sinnes entspricht. Diesen Fluß lernten wir verstehen als ein systematisches Gefüge fortschreitender Erfüllung von Intentionen, womit freilich nach anderer Seite wieder Hand in Hand geht eine Entleerung schon voller Intentionen. Jede Momentanphase der Wahrnehmung ist in sich selbst ein Gefüge von partiell vollen und partiell leeren Intentionen. Denn in jeder Phase haben wir eigentliche Erscheinung, und das ist erfüllte Intention, aber doch nur graduell erfüllte, da ein Innenhorizont der Unerfülltheit und einer noch bestimmbaren Unbestimmtheit da ist. Außerdem aber gehört zu jeder Phase ein völlig leerer Außenhorizont, der nach Erfüllung tendiert und im Übergang nach einer bestimmten Fortschrittsrichtung danach in der Weise der leeren Vorerwartung langt.

Genauer besehen müssen wir aber Erfüllung und Näherbestimmung noch (und in folgender Weise) unterscheiden und müssen jetzt den Prozeß der Wahrnehmung als einen Prozeß der Kenntnisnahme beschreiben. Indem im Fortschritt der Wahrnehmung sich der Leerhorizont, der äußere und innere, seine nächste Erfüllung schafft, besteht diese Erfüllung nicht bloß dann, daß die leer bewußte Sinnesvorzeichnung eine anschauliche Nachzeichnung erfährt. Zum Wesen der leeren Vordeutung, die sozusagen eine Vorahnung des Kommenden ist, gehört, wie wir sagten, Unbestimmtheit, und wir sprachen von bestimmbarer Unbestimmtheit. Unbestimmtheit ist eine Urform von Allgemeinheit, deren Wesen es ist, sich in der Sinnesdeckung nur durch »Besonderung« zu erfüllen; soweit diese selbst den Charakter der Unbestimmtheit hat, aber der besonderen Unbestimmtheit gegenüber der vorangegangenen allgemeinen, gewinnt sie eventuell in neuen Schritten weitere Besonderung usf. Nun ist aber zu beachten, daß dieser Prozeß der Erfüllung, die besondernde Erfüllung ist, auch ein Prozeß der näheren Kenntnisnahme ist, und nicht nur einer momentanen Kenntnisnahme, sondern zugleich ein Prozeß der Aufnahme in die bleibende, habituell werdende Kenntnis. Das werden wir sogleich besser verstehen. Im voraus merken wir schon, daß die Urstätte dieser Leistung die immerfort mitfungierende Retention ist. Zunächst sei daran erinnert, daß kontinuierlich fortschreitende Erfüllung zugleich kontinuierlich fortschreitende Entleerung ist. Denn sowie eine neue Seite sichtig wird, wird eine eben sichtig gewordene allmählich unsichtig, um schließlich ganz unsichtig zu werden. Aber was unsichtig geworden ist, ist für unsere Kenntnis nicht verloren. Worauf das thematisch sich vollziehende Wahrnehmen hinauswill, ist ja nicht bloß, von Moment zu Moment immer Neues vom Gegenstand anschaulich zu haben, als ob das Alte dem Griff des Interesses entgleiten dürfte, sondern im Durchlaufen eine Einheit originärer Kenntnisnahme zu schaffen, durch die der Gegenstand nach seinem bestimmten Inhalt zur ursprünglichen Erwerbung und durch sie zum bleibenden Kenntnisbesitz würde.[1] Und in der Tat: die ursprüngliche Kenntniserwerbung verstehen wir in der Beachtung des Umstandes, daß die mit der Erfüllung sich vollziehende Näherbestimmung ein bestimmtes Sinnesmoment neu beibringt, das zwar im Fortgang zu neuen Wahrnehmungen aus dem eigentlichen Wahrnehmungsfeld entschwindet, aber retentional erhalten bleibt. (Das geschieht schon vorthematisch, schon im Hintergrundwahrnehmen. Im thematischen Wahrnehmen hat die Retention den thematischen Charakter des Im-Griff-Bleibens.) Demgemäß hat der Leerhorizont, in den das Neue dank der Retention jetzt eingeht, einen anderen Charakter als der Leerhorizont der Wahrnehmungsstrecke, bevor sie originär aufgetreten war. Habe ich die Rückseite eines unbekannten Gegenstandes ein-

1 Es kann jeder Gehalt des unveränderten Dinges immer wieder durch Wahrnehmung erreicht werden, ich kann um die Oberfläche herumgehen, ideell kann das Ding geteilt werden und immer wieder von allen oberflächlichen Seiten angesehen werden etc.

mal gesehen und kehre ich wahrnehmend zur Vorderseite zurück, so hat die leere Vordeutung auf die Rückseite nun eine bestimmte Vorzeichnung, die sie vordem nicht hatte. Im Wahrnehmungsprozeß verwandelt sich dadurch der unbekannte Gegenstand in einen bekannten; am Ende habe ich zwar genau wie am Anfang nur eine einseitige Erscheinung, und ist das Objekt gar aus unserem Wahrnehmungsfeld ganz herausgetreten, so haben wir von ihm überhaupt eine völlig leere Retention. Aber trotzdem, den ganzen Kenntniserwerb haben wir noch, und bei thematischem Wahrnehmen noch im Griff. Unser Leerbewußtsein hat jetzt eine gegliederte, systematische Sinneseinzeichnung, welche vordem, und vor allem bei Beginn der Wahrnehmung, nicht bestand. Was damals ein bloßer Sinnesrahmen war, eine weit gespannte Allgemeinheit, ist jetzt eine sinnvoll gegliederte Besonderheit, die freilich weiterer Erfahrung harrt, um noch reichere Kenntnisgehalte als Bestimmungsgehalte anzunehmen. Kehre ich zu Wahrnehmungen der früheren Bestimmung wieder zurück, so laufen sie nun ab im Bewußtsein des Wiedererkennens, im Bewußtsein: »all das kenne ich schon«. Nun findet bloß Veranschaulichung, und mit ihr erfüllende Bestätigung der leeren Intentionen statt, aber nicht mehr Näherbestimmung.

Die Möglichkeit der freien Verfügung über das zur Kenntnis Kommende

Indem die Wahrnehmung ursprünglich Kenntnis erwirbt, erwirbt sie auch ein für die Dauer bleibendes Eigentum des Erworbenen, einen jederzeit verfügbaren Besitz. Worin besteht diese freie Verfügbarkeit? Frei verfügbar ist dieses schon Bekannte, obschon Leergewordene insofern, als die nachgebliebene leere Retention jederzeit frei erfüllbar ist, jederzeit zu aktualisieren ist durch Wiederwahrnehmung im Charakter des Wiedererkennens. Herumgehend, nähertretend, mit den Händen tastend etc., kann ich alle schon bekannten Seiten wiedersehen, wieder erfahren, sie sind wahrnehmungsbereit; und dasselbe gilt für die Folgezeit. Das bezeichnet den Grundcharakter der transzendenten Wahrnehmung, durch den allein eine bleibende Welt für uns da, für uns vorgegebene und eben frei verfügbare Wirklichkeit sein kann, daß für die Transzendenz eine Wiederwahrnehmung, erneute Wahrnehmung desselben möglich ist.

Doch noch ein weiteres ist als wesentlich beizufügen. Haben wir ein Ding kennengelernt und tritt ein zweites Ding in unseren Gesichtskreis, das nach der eigentlich gesehenen Seite mit dem früheren und bekannten übereinstimmt, so erhält nach einem Wesensgesetz des Bewußtseins (vermöge einer inneren Deckung mit dem durch »Ähnlichkeitsassoziation« geweckten früheren) das neue Ding die ganze Kenntnisvorzeichnung vom früheren her. Es wird, wie man sagt, apperzipiert mit gleichen unsichtigen Eigenschaften wie das alte. Und auch diese Vorzeichnung, dieser Erwerb innerer Tradition ist zu unserer freien Verfügung in Form aktualisierender Wahrnehmung.

Aber wie sieht nun des näheren diese freie Verfügung aus? Was macht das freie Eindringen in unsere durch und durch von Antizipationen übersponnene Welt, was macht alle bestehende Kenntnis und neue Kenntnis möglich? Wir bevorzugen hierbei den normalen und Grundfall der Konstitution von äußerem Dasein, nämlich den von unveränderten Raumdingen. Die Klarlegung der Möglichkeit, daß Veränderungen von Dingen vonstatten gehen können, ohne daß sie wahrgenommen sind, und doch in mannigfachen nachkommenden Wahrnehmungen und Erfahrungen der Kenntnis, nach allen ihren unwahrgenommenen Stücken, zugänglich sind, ist ein höher liegendes Thema, das schon die Aufklärung der Möglichkeit einer Erkenntnis von ruhendem Dasein voraussetzt.

Wir fragen also, um wenigstens dieses Grundstück der konstitutiven Problematik zum Verständnis zu bringen, wie sieht die freie Verfügung über Kenntnis aus, die ich schon habe, wenn auch noch so unvollkommen habe, und zwar im Fall unveränderter Dinglichkeit? Was macht sie möglich?

Aus dem Bisherigen ersehen wir, daß jede Wahrnehmung *implicite* ein ganzes Wahrnehmungssystem mit sich führt, jede in ihr auftretende Erscheinung ein ganzes Erscheinungssystem, nämlich in Form von intentionalen Innen- und Außenhorizonten. Keine erdenkliche Erscheinungsweise gibt darum den erscheinenden Gegenstand vollkommen, in keiner ist er letzte Leibhaftigkeit, die das vollkommen erschöpfende Selbst des Gegenstandes brächte, jede Erscheinung führt im Leerhorizont ein *plus ultra* mit sich. Und da mit jeder die Wahrnehmung doch prätendiert, den Gegenstand leibhaft zu geben, so prätendiert sie in der Tat beständig mehr, als sie ihrem eigenen Wesen nach leisten kann. In eigentümlicher Weise ist jede Wahrnehmungsgegebenheit ein beständiges Gemisch von Bekanntheit und Unbekanntheit, die auf neue mögliche Wahrnehmung verweist, die zur Bekanntheit bringen würde. Und das wird noch in einem neuen Sinn gelten als in dem, der bisher hervorgetreten ist.

Sehen wir nun zu, wie im Übergang der Erscheinungen, etwa im Nähertreten, Herumgehen, Augenbewegen, die Deckungseinheit nach dem Sinn aussieht. Das Grundverhältnis in diesem beweglichen Übergang ist das zwischen Intention und Erfüllung. Die leere Vorweisung eignet sich die ihr entsprechende Fülle an. Sie entspricht der mehr oder minder reichen Vorzeichnung, bringt aber, da ihr Wesen bestimmbare Unbestimmtheit ist, in eins mit der Erfüllung auch Näherbestimmung. Also damit ist eine neue »Urstiftung« vollzogen, eine Urimpression, wie wir hier wieder sagen können, denn ein Moment ursprünglicher Originalität tritt auf. Das schon urimpressional Bewußte weist durch seinen Hof auf neue Erscheinungsweisen vor, die, eintretend, teils als bestätigende, teils als näherbestimmende auftreten. Vermöge der unerfüllten und jetzt sich erfüllenden Innenintentionen bereichert sich das schon Erscheinende in sich selbst. Dazu schafft sich im Fortgang der leere Außenhorizont, der mit der Erscheinung verflochten war, seine nächste Erfüllung, mindestens eine partielle. Der unerfüllt bleibende Teil des Horizonts geht über in den Horizont der neuen Erscheinung, und so geht es stetig weiter. Dabei verliert sich, was schon vom Gegenstand in die Erscheinung getreten war, partiell wieder im Fortgang aus der Erscheinungsgegebenheit, das Sichtige wird wieder unsichtig. Aber es ist nicht verloren. Es bleibt retentional bewußt und in der Form, daß der Leerhorizont der Erscheinung, die gerade aktuell ist, nun eine neue Vorzeichnung erhält, die bestimmt auf das schon früher gegeben Gewesene als Mitgegenwärtiges verweist. Habe ich die Rückseite gesehen und bin zur Vorderseite zurückgekehrt, so hat der Wahrnehmungsgegenstand für mich eine Sinnesbestimmung erhalten, die auch im Leeren auf das vordem Gesehene verweist. Es bleibt dem Gegenstand zugeeignet. Der Prozeß der Wahrnehmung ist ein Prozeß beständiger Kenntnisnahme, der das in Kenntnis Genommene im Sinn festhält und so einen immer neu gewandelten und immer mehr bereicherten Sinn schafft. Dieser Sinn ist während des fortdauernden Wahrnehmungsprozesses zugeschlagen zu dem vermeintlich in Leibhaftigkeit erfaßten Gegenstand selbst.

Es hängt nun von der Richtung des Wahrnehmungsprozesses ab, welche Linien aus dem System der unerfüllten Intentionen zur Erfüllung gebracht, also welche kontinuierlichen Reihen von möglichen Erscheinungen aus dem gesamten System möglicher Erscheinungen vom Gegenstand zur Verwirklichung gebracht werden. Im Fortgang in dieser Linie verwandeln sich die entsprechenden Leerintentionen in Erwartungen. Ist die Linie einmal eingeschlagen, so verläuft die Erscheinungsreihe im Sinne sich von der aktuellen Kinästhese her stetig erregender und stetig sich erfüllender Erwartungen, während die übrigen Leerhorizonte in toter Potentialität verbleiben. Schließlich ist noch zu erwähnen, daß die Zusammengehörigkeit in der Deckung der ineinander nach Intention und Erfüllung übergehenden Abschattungserscheinungen nicht nur die ganzen Erscheinungen betrifft, sondern alle ihre unterscheidbaren Momente und Teile. So entspricht jedem erfüllten Raumpunkt des Gegenstandes etwas Entsprechendes in der ganzen Linie kontinuierlich ineinander übergehender Erscheinungen, in welchen dieser Punkt sich als Moment der erscheinenden Raumgestalt darstellt.

Fragen wir endlich, was innerhalb jedes Zeitpunktes der Momentanerscheinung Einheit gibt, Einheit als Gesamtaspekt, in dem sich die jeweilige Seite darstellt, so werden wir auch da auf wechselseitige Intentionen stoßen, die sich zugleich wechselseitig erfüllen. Im Übergang der Erscheinungen der Aufeinanderfolge sind sie alle in beweglicher Verschiebung, Bereicherung und Verarmung.

In diesen überaus komplizierten und wundersamen Systemen der Intention und Erfüllung, die die Erscheinungen machen, konstituiert sich der immer neu immer anders erscheinende Gegenstand als derselbe. Aber er ist nie fertig, nie fest abgeschlossen.

Wir müssen hier auf eine für die Objektivation des Wahrnehmungsgegenstandes wesentliche Seite der noematischen Konstitution hinweisen, auf die Seite der kinästhetischen Motivation. Nebenbei war immer wieder die Rede davon, daß die Erscheinungsabläufe mit inszenierenden Bewegungen des Leibes Hand in Hand gehen. Aber das darf nicht als ein zufälliges Nebenbei verbleiben. Der Leib fungiert beständig mit als Wahrnehmungsorgan und ist dabei in sich selbst wieder ein ganzes System aufeinander abgestimmter Wahrnehmungsorgane. Der Leib ist in sich charakterisiert als Wahrnehmungsleib. Wir betrachten ihn dabei rein als subjektiv beweglichen und sich im wahrnehmenden Tun subjektiv bewegenden Leib. In dieser Hinsicht kommt er nicht in Betracht als wahrgenommenes Raumding, sondern hinsichtlich des Systems von sogenannten »Bewegungsempfindungen«, die im Bewegen der Augen, des Kopfes usw. während der Wahrnehmung ablaufen, und sie sind nicht nur parallel mit den ablaufenden Erscheinungen da, sondern bewußtseinsmäßig sind die betreffenden kinästhetischen Reihen und die Wahrnehmungserscheinungen aufeinander bezogen. Blicke ich auf einen Gegenstand, so habe ich ein

Bewußtsein meiner Augenstellung und zugleich, in Form eines neuartigen systematischen Leerhorizonts, ein Bewußtsein des ganzen Systems möglicher, mir frei zu Gebote stehender Augenstellungen. Und nun ist das in der gegebenen Augenstellung Gesehene mit dem ganzen System so verknüpft, daß ich evidenterweise sagen kann: Würde ich die Augen nach der und der Richtung bewegen, so würden demgemäß in bestimmter Ordnung die und die visuellen Erscheinungen ablaufen; würde ich die Augenbewegung nach der und der andern Richtung laufen lassen, so würden andere, und entsprechend zu erwartende Erscheinungsreihen verlaufen. Ebenso für die Kopfbewegungen im System eben dieser Bewegungsmöglichkeiten, wieder ebenso, wenn ich die Bewegungen des Gehens hereinziehen würde usw. Jede Linie der Kinästhese läuft in eigener Weise ab, in total anderer als eine Reihe von sinnlichen Daten. Sie verläuft als mir frei verfügbar, als frei zu inhibieren, frei wieder zu inszenieren, als ursprünglich subjektive Realisation ab. Also in der Tat in besonderer Weise ist das System der Leibesbewegungen bewußtseinsmäßig charakterisiert als ein subjektiv-freies System. Ich durchlaufe es im Bewußtsein des freien »Ich kann«. Ich mag unwillkürlich mich darin ergehen, meine Augen etwa unwillkürlich dahin und dorthin wenden; jederzeit kann ich aber in Willkür eine solche und jede beliebige Bewegungslinie einschlagen. Sowie ich mit einer solchen Stellung eine Dingerscheinung habe, ist aber dadurch im ursprünglichen Bewußtsein des Infolge ein System der Zugehörigkeit der mannigfaltigen Erscheinungen von demselben Ding vorgezeichnet. Ich bin hinsichtlich der Erscheinungen nicht frei: Wenn ich eine Linie im freien System des »Ich bewege mich« realisiere, so sind im voraus die kommenden Erscheinungen vorgezeichnet. Die Erscheinungen bilden abhängige Systeme. Nur als Abhängige der Kinästhese können sie kontinuierlich ineinander übergehen und Einheit eines Sinnes konstituieren. Nur in solchen Verläufen entfalten sie ihre intentionalen Hinweise. Nur durch dieses Zusammenspiel unabhängiger und abhängiger Variablen konstituiert sich das Erscheinende als transzendenter Wahrnehmungsgegenstand, und zwar als ein Gegenstand, der mehr ist, als was wir gerade wahrnehmen, als ein Gegenstand, der ganz und gar meiner Wahrnehmung entschwunden und doch fortdauernd sein kann. Wir können auch sagen, er konstituiert sich als solcher nur dadurch, daß seine Erscheinungen kinästhetisch motivierte sind und ich somit es in meiner Freiheit habe, gemäß meiner erworbenen Kenntnis, die Erscheinungen willkürlich als originale Erscheinungen in ihrem System der Einstimmigkeit ablaufen zu lassen. Durch entsprechende Augenbewegungen und sonstige Leibesbewegungen kann ich jederzeit für einen bekannten Gegenstand zu den alten Erscheinungen, die mir den Gegenstand von denselben Seiten wiedergeben, zurückkehren, oder ich kann den nicht mehr wahrgenommenen Gegenstand durch freie Rückkehr in die passende Stellung wieder in die Wahrnehmung bringen und wieder identifizieren. Wir sehen also, in jedem Wahrnehmungsprozeß wird ein konstitutives Doppelspiel gespielt: Intentional konstituiert ist als ein praktischer kinästhetischer Horizont 1) das System meiner freien Bewegungsmöglichkeiten, das sich in jedem aktuellen Durchlaufen nach einzelnen Linien von Bewegungen im Charakter der Bekanntheit, also der Erfüllung aktualisiert. Jede Augenstellung, die wir gerade haben, jede Körperstellung ist dabei nicht nur bewußt als die momentane Bewegungsempfindung, sondern bewußt als Stelle in einem Stellensystem, also bewußt mit einem Leerhorizont, der ein Horizont der Freiheit ist. 2) Jede visuelle Empfindung bzw. visuelle Erscheinung, die im Sehfeld auftritt, jede taktuelle, die im Tastfeld auftritt, hat eine bewußtseinsmäßige Zuordnung zur momentanen Bewußtseinslage der Leibesglieder und schafft einen Horizont weiterer, zusammengeordneter Möglichkeiten, möglicher Erscheinungsreihen, zugehörig zu den frei möglichen Bewegungsreihen. Dabei ist noch in Hinsicht auf die Konstitution der transzendenten Zeitlichkeit zu bemerken: Jede Linie der Aktualisierung, die wir, diese Freiheit realisierend, faktisch einschlagen würden, lieferte kontinuierliche Erscheinungsreihen vom Gegenstand, die ihn alle für eine und dieselbe Zeitstrecke darstellen würden, die also alle denselben Gegenstand in derselben Dauer und nur von verschiedenen Seiten darstellen würden. Alle Bestimmungen, die dabei zur Kenntnis kämen, wären, dem Sinn des Konstituierten gemäß, koexistent.

Die Beziehung von *esse* und *percipi* bei immanenter und transzendenter Wahrnehmung

All dergleichen gibt es nur für transzendente Gegenstände. Ein immanenter Gegenstand, wie ein Schwarz-Erlebnis, bietet sich als dauernder Gegenstand dar, und in gewisser Weise auch durch »Erscheinungen«, aber nur so wie jeder Zeitgegenstand überhaupt. Die zeitlich sich extendierende Dauer erfordert die beständige Abwandlung der Gegebenheitsweise nach Erscheinungsweisen der zeitlichen Orientierung. Nun, ein zeitlicher Gegenstand ist auch der Raumgegenstand, also dasselbe gilt auch von ihm. Aber er hat noch eine zweite, besondere Weise zu erscheinen. Achten wir aber auf die Zeitfülle und im besonderen auf die urimpressionalen Phasen, so tritt uns der radikale Unterschied der Erscheinung von transzendenten und von immanenten Gegenständen entgegen. Der immanente Gegenstand hat in jedem Jetzt nur eine mögliche Weise, im Original gegeben zu sein, und darum hat auch jeder Vergangenheitsmodus nur eine einzige Serie zeitmodaler Abwandlungen, eben die der Vergegenwärtigung mit dem sich darin wandelnd konstituierenden Vergangen. Der Raumgegenstand aber hat unendlich viele Weisen, da er nach seinen verschiedenen Seiten im Jetzt, also in originaler Weise erscheinen kann. Erscheint er faktisch von der Seite, so hätte er von andern doch erscheinen können, und demgemäß hat jede seiner Vergangenheitsphasen unendlich viele Weisen, wie sich seine vergangenen erfüllten Zeitpunkte darstellen könnten. Wir können danach auch sagen: Für den transzendenten Gegenstand hat der Begriff Erscheinung einen neuen und eigenen Sinn.

Betrachten wir ausschließlich die Jetztphase, so gilt, daß für sie bei dem immanenten Gegenstand Erscheinung und Erscheinendes sich nicht sondern läßt. Was im Original neu auftritt, ist die jeweilige neue Schwarzphase selbst, und ohne Darstellung. Und das Erscheinen sagt hier nichts anderes als ein ohne jede hinausmeinende Darstellung Zu-sein und im Original Bewußt-zu-sein. Andererseits: Hinsichtlich des transzendenten Gegenstandes ist es aber klar, daß das im neuen Jetzt als Ding leibhaft Bewußte bewußt ist nur durch eine Erscheinung hindurch, das ist, es scheidet sich Darstellung und Dargestelltes, Abschattung und Abgeschattetes. Vertauschen wir die bisher bevorzugte noematische Einstellung mit der noetischen, in der wir auf das Erlebnis und seine reellen Gehalte den reflektiven Blick wenden, so können wir auch so sagen: Ein transzendenter Gegenstand, wie ein Ding, kann sich nur dadurch konstituieren, daß als Unterlage ein immanenter Gehalt konstituiert wird, der nun seinerseits sozusagen substituiert ist für die eigentümliche Funktion der »Abschattung«, einer darstellenden Erscheinung, eines sich durch ihn hindurch Darstellens. Die in jedem Jetzt neu auftretende Dingerscheinung, sagen wir, die optische Erscheinung, ist, wenn wir nicht auf den erscheinenden Dinggegenstand achten, sondern auf das optische Erlebnis selbst, ein Komplex so und so sich ausbreitender Farbenflächenmomente, die immanente Daten sind, also in sich selbst so original bewußt wie etwa Rot oder Schwarz. Die mannigfaltig wechselnden Rotdaten, in denen sich z. B.

irgendeine Seitenfläche eines roten Würfels und ihr unverändertes Rot darstellt, sind immanente Daten. Andererseits hat es aber mit diesem bloß immanenten Dasein nicht sein Bewenden. In ihnen stellt sich in der eigenen Weise der Abschattung etwas dar, was sie nicht selbst sind, im Wechsel der im Sehfeld immanent empfundenen Farben stellt sich ein Selbiges dar, eine identische räumlich extendierte Körperfarbe. All die noematischen Momente, die wir in der noematischen Einstellung auf den Gegenstand und als an ihm aufweisen, konstituieren sich mittels der immanenten Empfindungsdaten und vermöge des sie gleichsam beseelenden Bewußtseins. Wir sprechen in dieser Hinsicht von der Auffassung als von der transzendenten Apperzeption, die eben die Bewußtseinsleistung bezeichnet, die den bloß immanenten Gehalten sinnlicher Daten, der sogenannten Empfindungsdaten oder hyletischen Daten, die Funktion verleiht, objektives »Transzendentes« darzustellen. Es ist gefährlich, hierbei von Repräsentanten und Repräsentiertem, von einem Deuten der Empfindungsdaten, von einer durch dieses »Deuten« hinausdeutenden Funktion zu sprechen. Sich abschatten, sich in Empfindungsdaten darstellen ist total anderes als signitives Deuten.

»Immanente« Gegenständlichkeiten sind ihrerseits also nicht bewußt durch Apperzeption; »im Original bewußt sein« und »sein«, *»percipi«* und *»esse«* fällt bei ihnen zusammen. Und zwar für jedes Jetzt. Hingegen in weitem Umfang sind sie Träger von apperzeptiven Funktionen, und dann stellt sich durch sie und in ihnen ein Nicht-Immanentes dar. Jetzt trennt sich das *esse* (für transzendente Gegenstände) prinzipiell vom *percipi.* In jedem Jetzt der äußeren Wahrnehmung haben wir zwar ein Originalbewußtsein, aber das eigentliche Perzipieren in diesem Jetzt, also das, was daran Urimpression ist (und nicht bloß retentionales Bewußtsein der vergangenen Phasen des Wahrnehmungsgegenstandes), ist Bewußthaben von einem sich *originaliter* Abschattenden.[2] Es ist nicht ein schlichtes Haben des Gegenstands, in dem Bewußthaben und Sein sich deckt, sondern ein mittelbares Bewußtsein, sofern unmittelbar nur eine Apperzeption gehabt ist, ein Bestand von Empfindungsdaten, bezogen auf kinästhetische Daten, und eine apperzeptive Auffassung, durch die eine darstellende Er-

2 Die Wahrnehmung ist originales Bewußtsein eines individuellen, eines zeitlichen Gegenstandes, und für jedes Jetzt haben wir in der Wahrnehmung ihre Urimpression, in der der Gegenstand im Jetzt, in seinem momentanen Originalitätspunkt original erfaßt wird. Es muß aber gezeigt werden, daß originale Abschattung notwendig Hand in Hand geht mit Appräsentation.

scheinung sich konstituiert; und durch sie hindurch ist also der transzendente Gegenstand bewußt als originaliter sich abschattender oder darstellender. Im Prozeß des kontinuierlichen Wahrnehmens haben wir in jedem Jetzt immer wieder diese Sachlage, prinzipiell bleibt es dabei, daß in keinem Moment der äußere Gegenstand in seiner originalen Selbstheit schlicht gehabt ist. Prinzipiell erscheint er nur durch apperzeptive Darstellung und in immer neuen Darstellungen, die im Fortgang aus seinen Leerhorizonten immer Neues zur originalen Darstellung bringen. Indessen, wichtiger ist für unsere Zwecke zu beachten: Es ist undenkbar, daß so etwas wie ein Raumgegenstand, der eben nur durch äußere Wahrnehmung als abschattende Wahrnehmung seinen ursprünglichen Sinn erhält, durch immanente Wahrnehmung gegeben wäre, gleichgültig ob einem menschlichen oder übermenschlichen Intellekt. Das aber beschließt in sich, daß es undenkbar ist, daß ein Raumgegenstand, daß all dergleichen wie Gegenstand der Welt im natürlichen Sinn sich von Zeitpunkt zu Zeitpunkt abgeschlossen darstellen könnten, mit ihrem gesamten Merkmalgehalt (als voll bestimmtem), der in diesem Jetzt ihren zeitlichen Inhalt ausmacht. Man spricht in dieser Hinsicht auch von adäquater Gegebenheit gegenüber der inadäquaten. Man erweist, um dies drastisch auszudrücken, und in theologischer Wendung, Gott einen schlechten Dienst, wenn man es ihm zubilligt, 5 gerade sein zu lassen und jeden Widersinn zur Wahrheit machen zu können. Wesensmäßig gehört der Raumdinglichkeit die inadäquate Gegebenheitsweise zu, eine andere ist widersinnig. In keiner Phase der Wahrnehmung ist der Gegenstand als gegeben zu denken ohne Leerhorizonte und, was dasselbe sagt, ohne apperzeptive Abschattung und mit der Abschattung zugleich Hinausdeutung über das sich eigentlich Darstellende. Eigentliche Darstellung selbst ist wieder nicht schlichtes Haben nach Art der Immanenz mit ihrem *esse = percipi*, sondern partiell erfüllte Intention, die also unerfüllte Hinausweisungen enthält. Originalität der leibhaften Darstellung von Transzendentem beschließt notwendig dies, daß der Gegenstand als Sinn die Originalität der apperzeptiven Erfüllung hat und daß diese unabtrennbar ein Gemisch von wirklich sich erfüllenden und noch nicht erfüllten Sinnesmomenten in sich birgt, sei es nur der allgemeinen Struktur nach vorgezeichneten und im übrigen offen unbestimmten und möglichen, sei es schon durch Sondervorzeichnung ausgezeichneten. Darum ist die Rede von Inadäquation, zu deren Sinn der Gedanke eines zufälligen Manko gehört, das ein höherer Intellekt überwinden könnte, eine unpassende, ja völlig verkehrte.

Wir können hier einen Satz formulieren, der in unseren weiteren Analysen zu immer reinerer Klarheit kommen wird: Wo immer wir von Gegenständen sprechen, sie mögen welcher Kategorie immer sein, da stammt der Sinn dieser Gegenstandsrede ursprünglich her von Wahrnehmungen, als den ursprünglich Sinn und damit Gegenständlichkeit konstituierenden Erlebnissen. Konstitution eines Gegenstandes als Sinn ist aber eine Bewußtseinsleistung, die für jede Grundart von Gegenständen eine prinzipiell eigenartige ist. Wahrnehmung ist nicht ein leeres Hinstarren auf ein im Bewußtsein Darinsteckendes und durch irgendein sinnloses Wunder je Hineinzusteckendes: als ob zuerst etwas da wäre und dann das Bewußtsein es irgendwie umspannte; vielmehr für jedes erdenkliche Ichsubjekt ist jedes gegenständliche Dasein mit dem und dem Sinnesgehalt eine Bewußtseinsleistung, die für jeden neuartigen Gegenstand eine neue sein muß. Für jede Grundart von Gegenständen ist dafür eine prinzipiell verschiedene intentionale Struktur erfordert. Ein Gegenstand, der ist, aber nicht, und prinzipiell nicht Gegenstand eines Bewußtseins sein könnte, ist ein Nonsens. Jeder mögliche Gegenstand eines möglichen Bewußtseins ist aber auch Gegenstand für ein mögliches originär gebendes Bewußtsein, und das nennen wir, mindestens für individuelle Gegenstände, »Wahrnehmung«. Von einem materiellen Gegenstand eine Wahrnehmung von der allgemeinen Struktur einer immanenten verlangen, umgekehrt von einem immanenten Gegenstand eine Wahrnehmung von der Struktur der äußeren Wahrnehmung verlangen, ist absurd. Sinngebung und Sinn fordern einander wesensmäßig, was die Wesenstypik ihrer korrelativen Strukturen anbelangt.

So gehört auch zum Wesen der ursprünglich transzendenten Sinngebung, die die äußere Wahrnehmung vollzieht, daß die Leistung dieser originalen Sinngebung im Fortgang von Wahrnehmungsstrecke zu Wahrnehmungsstrecke und so in beliebiger Fortführung des Wahrnehmungsprozesses eine nie abgeschlossene ist. Diese Leistung besteht nicht nur darin, immer Neues vom fest vorgegebenen Sinn anschaulich zu machen, als ob der Sinn von Anfang an schon fertig vorgezeichnet wäre, sondern im Wahrnehmen baut sich der Sinn selbst weiter aus und ist so eigentlich in beständigem Wandel und läßt immerfort neuen Wandel offen.

Es ist hier zu beachten, daß wir im Sinn einer einstimmig synthetisch fortschreitenden Wahrnehmung immerfort unterscheiden können unaufhörlich wechselnden Sinn und einen durchgehenden identischen Sinn. Jede Phase der Wahrnehmung hat insofern ihren Sinn, als sie den Gegenstand im Wie der Bestimmung der originalen Darstellung und im Wie des Horizontes gegeben hat. Dieser Sinn ist fließend, er ist in jeder Phase ein neuer. Aber durch diesen fließenden Sinn, durch all die Modi »Gegenstand im Wie der Bestimmung« geht die Einheit des sich in stetiger Deckung durchhaltenden, sich immer reicher bestimmenden Substrates x, des Gegenstandes selbst, der all das ist, als was ihn der Prozeß der Wahrnehmung und alle weiteren möglichen Wahrnehmungsprozesse zur Bestimmung bringen und bringen würden. So gehört zu jeder äußeren Wahrnehmung eine im Unendlichen liegende Idee, die Idee des voll bestimmten Gegenstandes, des Gegenstandes, der durch und durch bestimmter, durch und durch gekannter wäre und jede Bestimmung an ihm rein von aller Unbestimmtheit; und die volle Bestimmung selbst ohne jedes *plus ultra* an noch zu Bestimmendem, offen Verbleibendem. Ich sprach von einer im Unendlichen liegenden, also unerreichbaren Idee, denn daß es eine Wahrnehmung geben könnte, (als einen abgeschlossenen Prozeß kontinuierlich ineinander übergehender Erscheinungsverläufe), die eine absolute Kenntnis des Gegenstandes schüfe, in der die Spannung zwischen dem Gegenstand im Wie der sich wandelnden relativen und unvollkommenen Bestimmtheit und dem Gegenstand selbst dahinfiele, das ist durch die Wesensstruktur der Wahrnehmung selbst ausgeschlossen; denn evidenterweise ist die Möglichkeit eines *plus ultra* prinzipiell nie ausgeschlossen. Es ist also die Idee des absoluten Selbst des Gegenstandes und seiner absoluten und vollständigen Bestimmtheit oder, wie wir auch sagen, seines absoluten individuellen Wesens. In Relation zu dieser herauszuschauenden unendlichen Idee, die aber als solche nicht realisierbar ist, ist jeder Wahrnehmungsgegenstand im Kenntnisprozeß eine fließende Approximation. Den äußeren Gegenstand haben wir immerfort leibhaft (wir sehen, fassen, umgreifen ihn), und immerfort liegt er doch in unendlicher Geistesferne. Was wir von ihm fassen, prätendiert sein Wesen zu sein; es ist es auch, aber immer nur unvollkommene Approximation, die etwas von ihm faßt und immerfort auch mit in eine Leere faßt, die nach Erfüllung schreit. Das immerfort Bekannte ist immerfort Unbekanntes, und alle Erkenntnis scheint von vornherein hoffnungslos. Doch ich sagte »scheint«, und wir wollen uns hier ⟨nicht⟩ gleich an einen voreiligen Skeptizismus binden.

(Ganz anders verhält es sich natürlich mit den immanenten Gegenständen, die Wahrnehmung konstituiert sie und macht sie mit ihrem absoluten Wesen zu eigen. Sie konstituieren sich nicht durch beständige Sinneswandlung im Sinn einer Approximation – nur sofern sie in eine Zukunft hinein werden, haben sie Behaftung mit Protentionen und protentionalen Unbestimmtheiten. Was aber als Gegenwart im Jetzt konstituiert worden ist, das ist ein absolutes Selbst, das keine unbekannten Seiten hat.)

Wir versagten uns einem voreiligen Skeptizismus. In dieser Hinsicht müßte jedenfalls zunächst folgendes unterschieden werden. Wenn ein Gegenstand zur Wahrnehmung kommt und im Wahrnehmungsprozeß zu fortschreitender Kenntnis, so mußten wir unterscheiden den jeweiligen Leerhorizont, der durch den verlaufenen Prozeß vorgezeichnet ist und mit dieser Vorzeichnung der momentanen Wahrnehmungsphase anhängt, und einen Horizont leerer Möglichkeiten ohne Vorzeichnung. Die Vorzeichnung besagt, daß eine leere Intention da ist, die ihren allgemeinen Sinnesrahmen mit sich führt. Zum Wesen solcher vorzeichnenden Intention gehört, daß bei Einschlagen passend zugehöriger Wahrnehmungsrichtung erfüllende Näherbestimmung oder, wie wir noch besprechen werden, als Gegenstück Enttäuschung, Sinnesaufhebung und Durchstreichung eintreten müßte. Es gibt aber auch partiale Horizonte ohne solche feste Vorzeichnung; das sagt, neben den bestimmt vorgezeichneten Möglichkeiten bestehen Gegenmöglichkeiten, für die aber nichts spricht und die immerfort offenbleiben. Z. B., daß in meinem Sehfeld, etwa bei der Wahrnehmung des gestirnten Himmels, irgendeine Lichterscheinung aufleuchtet, eine Sternschnuppe u. dgl., das ist, rein aus der Sinngebung der Wahrnehmung selbst heraus gesprochen, eine völlig leere Möglichkeit, die im Sinn nicht vorgezeichnet, aber durch ihn eben offengelassen ist. Halten wir uns also an die positive Sinngebung der Wahrnehmung mit ihren positiven Vorzeichnungen, so ist die Frage verständlich und naheliegend, ob denn im Überleiten der unanschaulichen, leeren Vorzeichnung in erfüllende Näherbestimmung gar kein stehendes und endgültig bleibendes Selbst des Gegenstandes erreichbar ist, ob m. a. W. nicht nur immer neue gegenständliche Merkmale in den Horizont der Wahrnehmung eintreten können, sondern im Prozeß der Näherbestimmung auch diese schon erfaßten Merkmale *in infinitum* eine weitere Bestimmbarkeit mit sich führen, also selbst wieder und immerfort den Charakter von unbekannten x behalten, die nie eine endgültige Bestimmung gewinnen können. Ist denn die Wahrnehmung ein »Wechsel«, der prinzipiell nie einlösbar ist durch neue, ebensolche Wechsel, deren Einlösung also wieder auf

Wechsel führt und so *in infinitum*? Erfüllung der Intention vollzieht sich durch leibhaftes Darstellen, freilich mit leeren Innenhorizonten. Aber ist an dem schon leibhaft Gewordenen gar nichts, was Endgültigkeit mit sich führt, so daß wir in der Tat in einem wie es scheint leeren Wechselgeschäft steckenbleiben?

Wir fühlen, daß es so nicht sein kann, und in der Tat stoßen wir, uns in das Wesen der Wahrnehmungsreihen tiefer hineinschauend, auf eine Eigentümlichkeit, die dazu berufen ist, zunächst für die Praxis und ihre anschauliche sinnliche Welt die Schwierigkeit zu lösen. Im Wesen der eigentlichen Erscheinungen als Erfüllungen vorgezeichneter Intentionen liegt es, daß sie auch bei unvollkommener, also mit Vorweisungen behafteter Erfüllung auf ideale Grenzen als Erfüllungsziele vordeuten, die durch stetige Erfüllungsreihen zu erreichen wären. Das aber nicht gleich für den ganzen Gegenstand, sondern für die jeweils schon zu wirklicher Anschauung gekommenen Merkmale. Jede Erscheinung gehört hinsichtlich dessen, was in ihr eigentliche Darstellung ist, systematisch irgendwelchen in kinästhetischer Freiheit zu realisierenden Erscheinungsreihen an, in denen mindestens irgendein Moment der Gestalten seine optimale Gegebenheit und damit sein wahres Selbst erreichen würde.

Als Grundgerüst des Wahrnehmungsgegenstandes fungiert das Phantom als sinnlich qualifizierte körperliche Oberfläche. Dieselbe kann in kontinuierlich vielfältigen Erscheinungen sich darstellen, und ebenso jede sich abhebende Teilfläche. Für jede haben wir Fernerscheinungen und Naherscheinungen. Und wieder innerhalb jeder dieser Sphären ungünstigere und günstigere, und in geordneten Reihen kommen wir auf Optima. So weist schon die Fernerscheinung eines Dinges und eine Mannigfaltigkeit von Fernerscheinungen auf Naherscheinungen zurück, in denen die oberflächliche Gestalt und ihre Fülle im Gesamtüberblick am besten erscheint. Diese selbst, die wir etwa für ein Haus durch Betrachtung von einem gut gewählten Standpunkt haben, gibt dann einen Rahmen für Einzeichnungen von weiteren optimalen Bestimmungen, die ein Nähertreten, in dem nur einzelne Teile, aber dann optimal gegeben wären, beibringen würde. Das Ding selbst in seiner gesättigten Fülle ist eine im Bewußtseinssinn und in der Weise seiner intentionalen Strukturen angelegte Idee, und zwar gewissermaßen ein System aller Optima, die durch Einzeichnung in die optimalen Rahmen gewonnen würden. Das thematische Interesse, das in Wahrnehmungen sich auslebt, ist in unserem wissenschaftlichen Leben von praktischen Interessen geleitet, und das beruhigt sich, wenn gewisse für das jeweilige Interesse optimale Erscheinungen gewonnen sind, in denen das Ding so viel von seinem letzten Selbst zeigt, als dieses praktische Interesse fordert. Oder vielmehr es zeichnet als praktisches Interesse ein relatives Selbst vor: Das, was praktisch genügt, gilt als das Selbst. So ist das Haus selbst und in seinem wahren Sein, und zwar hinsichtlich seiner puren körperlichen Dinglichkeit, sehr bald optimal gegeben, also vollkommen erfahren von dem, der es als Käufer oder Verkäufer betrachtet. Für den Physiker und Chemiker erschiene solche Erfahrungsweise völlig oberflächlich und vom wahren Sein noch himmelfern.

Nur mit einem Wort sagen kann ich, daß alle solchen höchst verzweigten und an sich schwierigen intentionalen Analysen ihrerseits hineingehören in eine universale Genesis des Bewußtseins und hier speziell des Bewußtseins einer transzendenten Wirklichkeit. Ist das Thema der konstitutiven Analysen dies, aus der eigenen intentionalen Konstitution der Wahrnehmung, nach reellen Bestandstücken des Erlebnisses selbst, nach intentionalem Noema und Sinn die Weise verständlich zu machen, wie Wahrnehmung ihre Sinngebung zustande bringen und wie durch alle leere Vermeintheit hindurch sich der Gegenstand als sich immer nur relativ darstellender optimaler Erscheinungssinn konstituiert, so ist es das Thema der genetischen Analysen, verständlich zu machen, wie in der zum Wesen jedes Bewußtseinsstromes gehörigen Entwicklung, die zugleich Ichentwicklung ist, sich jene komplizierten intentionalen Systeme entwickeln, durch die schließlich dem Bewußtsein und Ich eine äußere Welt erscheinen kann.

13. Die Theorie der Sinnesdaten
George Edward Moore

Sinnesdaten

Meine erste Frage ist also: Was genau geht in uns vor, wenn wir einen materiellen Gegenstand *sehen*? Um einem Mißverständnis vorzubeugen, sollte ich vielleicht hinzufügen, daß das Vorkommnis, das ich hier analysieren möchte, nur das *mentale* Vorkommnis ist, der Bewußtseinsakt, den wir *sehen* nennen. Ich beabsichtige nicht, irgend etwas über die körperlichen Vorgänge zu sagen, die im Auge, im Sehnerven und im Gehirn stattfinden. Ich habe meinerseits keinen Zweifel daran, daß diese körperlichen Vorgänge *wirklich* stattfinden, wenn wir sehen, und daß Physiologen tatsächlich eine Menge darüber wissen. Aber alles, was ich mit »sehen« meine und alles, worüber ich sprechen möchte, ist das mentale Vorkommnis, der Bewußtseinsakt, der, so vermutet man, als eine Folge oder Begleiterscheinung dieser körperlichen Vorgänge auftritt. Dieses mentale Vorkommnis, das ich »sehen« nenne, ist uns auf viel einfachere und direktere Weise bekannt als die komplizierten physiologischen Vorgänge, die sich in unseren Augen, Nerven und Gehirnen abspielen. Die winzigen Vorgänge, die beim Sehen in den Augen, Nerven und im Gehirn auftreten, lassen sich nicht direkt beobachten. Aber wir alle, insofern wir nicht blind sind, können unmittelbar dieses mentale Vorkommnis beobachten, das wir mit »sehen« meinen. Ich werde mich nun ausschließlich mit dem *Sehen* in diesem Sinne befassen, mit dem Sehen als einem Bewußtseinsakt, den wir alle direkt in unserem eigenen Geist beobachten können.

Ich möchte das, was ich über das Sehen zu sagen habe, an einem klaren praktischen Beispiel illustrieren. Zwar wage ich zu unterstellen, daß viele von Ihnen mit der Art von Fragen vollkommen vertraut sind, die ich erörtern möchte. Dennoch denke ich, daß es in diesen Dingen für jedermann wichtig ist, sorgfältig konkrete Beispiele zu betrachten, so daß sich kein Mißverständnis bezüglich dessen einstellt, worüber eigentlich gesprochen wird. Solche Mißverständnisse stellen sich nur allzu leicht ein, wenn man nur im Allgemeinen bleibt. Außerdem geschieht es leicht, daß man wichtige Punkte übersieht. Ich schlage deshalb vor, einen Briefumschlag hochzuhalten und möchte

Sie alle bitten, diesen Umschlag für einen Augenblick anzuschauen. Dann sollen Sie mit mir zusammen überlegen, was genau geschieht, wenn Sie den Umschlag sehen: *was* dieses Vorkommnis *ist*, das wir das *Sehen* des Umschlags nennen.

Ich halte also diesen Umschlag hoch: Ich schaue ihn an und hoffe, daß Sie dasselbe tun. Und jetzt lege ich ihn wieder hin. Nun, was ist geschehen? Wir würden sicher sagen (wenn Sie ihn angeschaut haben), daß wir alle diesen Umschlag *gesehen* haben, daß wir *ihn* alle gesehen haben, *denselben* Umschlag. Und mit »ihm«, welchen wir alle gesehen haben, meinen wir einen Gegenstand, der in allen Augenblikken, in denen wir ihn angeschaut haben, genau *einen* der vielen Orte eingenommen hat, die das Ganze des Raumes ausmachen. Selbst in der kurzen Zeit, in der wir ihn angeschaut haben, könnte er sich bewegt haben, könnte er nacheinander verschiedene Orte eingenommen haben. Denn die Erde, so glauben wir, dreht sich ständig um ihre eigene Achse und nimmt dabei alle Gegenstände auf ihrer Oberfläche mit, so daß, während wir auf den Umschlag blickten, dieser sich bewegte und seine Stellung im Raum veränderte, obwohl wir nicht sahen, daß er sich bewegte. Aber in *jedem* Augenblick, würden wir sagen, war *er*, der Umschlag, von dem wir sagen, daß wir ihn alle gesehen haben, an *einem* bestimmten Ort im Raum.

Was geschah nun aber in jedem von uns, als wir diesen Umschlag sahen? Ich werde mit einer Beschreibung eines *Teils* dessen anfangen, was in mir geschah. Ich sah einen Fleck[1] von einer bestimmten weißlichen Farbe, der eine bestimmte Größe und eine bestimmte Form hat, eine Form mit ziemlich scharf gezogenen Winkeln oder Ecken, begrenzt von nahezu geraden Linien. Diese Dinge, nämlich diesen Fleck von weißlicher Farbe, seine Größe und Form, habe ich wirklich gesehen. Ich schlage vor, diese Dinge, die Farbe, Größe und Form, *Sinnesdaten*[2] zu nennen. Sie sind durch die Sinne *gegeben*, in diesem Fall durch meinen Gesichtssinn. Viele Philosophen haben das, was ich Sinnesdaten nenne, *Empfindungen* genannt. Sie pflegten z. B. zu

1 Ich werde den Gebrauch des Wortes »Fleck« so ausdehnen, daß z. B. der kleine schwarze Punkt, den ich deutlich wahrnehme, wenn ich einen Punkt (am Ende eines Satzes) sehe, oder der dünne schwarze Strich, den ich deutlich wahrnehme, wenn ich einen Bindestrich sehe, alle in dem Sinn, in dem ich das Wort gebrauche, »Farbflecken« sind (1952).

2 Ich möchte jetzt eine scharfe Unterscheidung machen, die ich schon seit vielen Jahren mache, zwischen dem, was ich den »Fleck« genannt habe, einerseits und der Farbe, Größe und Form, die ihm zukommen, andererseits. *Nur* den Fleck und *nicht* seine Farbe, Größe oder Form möchte ich »Sinnesdatum« nennen (1952).

sagen, daß dieser bestimmte Farbfleck eine Empfindung sei. Aber mir scheint, daß dieser Ausdruck »Empfindung« leicht in die Irre führt. Wir würden gewiß sagen, daß ich eine Empfindung *hatte*, als ich diese Farbe sah. Aber wenn wir sagen, daß ich eine Empfindung *hatte*, so meinen wir doch, daß ich ein Erlebnis hatte, das in meinem *Sehen* der Farbe bestand. Das heißt, was wir mit »Empfindung« in einem solchen Satz meinen, ist mein *Sehen* der Farbe, nicht die Farbe, die ich gesehen habe. Diese Farbe scheint nicht dasjenige zu sein, von dem ich meine, daß ich es *hatte*, wenn ich sage, daß ich eine Farbempfindung *hatte*. Es ist sehr unnatürlich zu sagen, daß ich die Farbe *hatte*, daß ich dieses bestimmte weißliche Grau *hatte*, oder daß ich den Fleck *hatte*, der so gefärbt war. Was ich gewiß *hatte*, ist die Erfahrung, die in meinem Sehen der Farbe und des Flecks bestand. Wenn wir deshalb davon sprechen, Empfindungen zu *haben*, meinen wir mit »Empfindungen« doch die Erlebnisse, die im Erfassen bestimmter Sinnesdaten bestehen und nicht diese Sinnesdaten selbst. Ich glaube also, daß der Ausdruck »Empfindung« deshalb leicht in die Irre führt, weil er auf zwei verschiedene Weisen gebraucht werden kann, die auf jeden Fall voneinander unterschieden werden müssen. Er kann *entweder* für die Farbe gebraucht werden, die ich gesehen habe, oder für das Erlebnis, das in meinem Sehen der Farbe bestand. Ich denke, daß es aus verschiedenen Gründen sehr wichtig ist, diese beiden Dinge zu unterscheiden. Nur zwei dieser Gründe möchte ich anführen. Erstens ist es wohl möglich (ich behaupte nicht, daß es wirklich so ist), daß der Farbfleck, den ich sah, weiter existiert haben könnte, nachdem ich ihn gesehen habe, während natürlich *mein Sehen* aufgehört hat zu existieren, als ich den Umschlag nicht mehr sah. Ich möchte das, was ich meine, veranschaulichen, indem ich noch einmal den Umschlag hochhalte und ihn anschaue. Ich schaue ihn an und sehe wieder ein Sinnesdatum, einen Fleck von weißlicher Farbe. Aber jetzt wende ich sofort meine Augen ab und sehe dieses Sinnesdatum nicht mehr: Mein Sehen des Flecks existiert nicht mehr. Aber ich bin mir keinesfalls sicher, daß das Sinnesdatum, dieser selbe weißliche Fleck, den ich gesehen habe, nicht immer noch existiert. Ich sage nicht mit Bestimmtheit, daß er existiert. Ich denke nämlich, daß er wahrscheinlich nicht existiert. Aber ich bin doch geneigt zu vermuten, daß er existiert. Zumindest scheint es mir *vorstellbar*, daß er immer noch existiert, während mein *Sehen* des Flecks gewiß nicht mehr existiert. Dies ist ein Grund für die Unterscheidung zwischen den Sinnesdaten, die ich sehe, und meinem Sehen dieser Sinnesdaten. Und hier noch ein zweiter: Es scheint mir *vorstellbar* – auch hier sage ich nicht, daß es wirklich so ist, sondern *vorstellbar* –, daß manche Sinnesdaten – diese weißliche Farbe zum Beispiel – an dem Ort sind, an dem der materielle Gegenstand, der Umschlag, ist. Es scheint mir *vorstellbar*, daß diese weißliche Farbe wirklich auf der Oberfläche des materiellen Umschlags ist. Wogegen es mir nicht so scheint, daß mein *Sehen* des Umschlags an diesem Ort ist. Mein Sehen ist an einem anderen Ort – irgendwo innerhalb meines Körpers. Hier haben wir also zwei Gründe für die Unterscheidung zwischen den *Sinnesdaten*, die ich sehe, und meinem *Sehen*. Mir scheint, daß man oft beide dieser sehr verschiedenen Dinge meint, wenn man von »Empfindungen« spricht. Liest man irgendeinen Philosophen, der über Empfindungen schreibt (oder auch über Sinnes*eindrücke* oder *Vorstellungen*), muß man sehr genau aufpassen, von welchem der beiden Dinge er an einer bestimmten Stelle spricht, ob von den Sinnesdaten selbst oder von unserem Erfassen. Man wird fast immer finden, daß er bald über das eine, bald über das andere spricht, und es wird sehr oft der Fall sein, daß er annimmt, was für das eine gilt, gelte auch für das andere, eine Annahme, die überhaupt nicht gerechtfertigt erscheint. Ich meine deshalb, daß der Ausdruck »Empfindung« sehr leicht in die Irre führen kann und werde ihn darum niemals benutzen. Ich werde immer von *Sinnesdaten* sprechen, wenn ich solche Dinge meine wie diese Farbe, Größe und Form, die ich tatsächlich sehe. Und wenn ich über mein Sehen dieser Sinnesdaten sprechen will, werde ich das ausdrücklich das Sehen der Sinnesdaten nennen. Oder, falls ich einen Ausdruck brauche, der auf alle Sinnesmodalitäten in gleicher Weise anwendbar ist, werde ich von dem *unmittelbaren Erfassen* der Sinnesdaten sprechen. Wenn ich also diese weißliche Farbe sehe, so *erfasse ich unmittelbar* diese weißliche Farbe. Mein Sehen dieser Farbe, als mentaler Akt, als Akt des Bewußtseins, besteht einfach in meinem unmittelbaren Erfassen. Wenn ich einen Ton höre, erfasse ich den Ton ebenfalls unmittelbar. Wenn ich Zahnschmerzen habe, erfasse ich unmittelbar den Schmerz. Alle diese Dinge aber, die weißliche Farbe, der Ton und der Schmerz, sind *Sinnesdaten*.

Ich möchte nun darauf zurückkommen, was in uns vorging, als wir alle denselben Umschlag sahen. Einen Teil dessen, was in mir vorging, kann ich nun dadurch ausdrücken, daß ich sage, ich sah bestimmte Sinnesdaten. Ich sah einen weißlichen Farbfleck, der eine bestimmte Größe und Form hatte. Und ich hege nicht den geringsten Zweifel, daß dies zumindest auch in Ihnen vorging. Sie haben ebenfalls bestimmte Sinnesdaten gesehen. Außerdem gehe ich davon aus, daß die Sinnesdaten, die Sie sahen, mehr oder weniger denen ähnlich waren, die ich sah. Sie haben gleichfalls einen Farbfleck gesehen, der als weißlich beschrieben werden könnte, der sich in seiner Größe nicht sehr stark von der Größe des Flecks unterschied, den ich gesehen habe, und dessen Form insofern ähnlich war, als er ziemlich scharfe Kanten hatte und durch nahezu gerade Linien begrenzt war. Nun möchte ich aber das Augenmerk auf Folgendes lenken. Obwohl wir alle *denselben* Umschlag sahen, haben aller Wahrscheinlichkeit nach nicht einmal zwei von uns *dieselben Sinnesdaten* gesehen. Jeder von uns hat wahrscheinlich eine zumindest leicht verschiedene Farbnuance gesehen. Alle diese Farben mögen weißlich gewesen sein, aber jede Farbe war wahrscheinlich wenigstens etwas verschieden von allen anderen entsprechend der Weise, auf die das Licht aufs Papier fiel, relativ zu den verschiedenen Orten, an denen Sie sitzen und entsprechend den Unterschieden in der Stärke Ihrer Sehkraft oder in Ihrer Entfernung vom Papier. Dasselbe gilt im Hinblick auf die Größe des Farbflecks, den Sie gesehen haben: Unterschiede in der Kraft Ihrer Augen und in der Entfernung vom Umschlag ergaben wahrscheinlich geringe Unterschiede in der Größe des Farbflecks, den Sie sahen. Und Ähnliches gilt im Hinblick auf die Form: Diejenigen unter Ihnen, die auf dieser Seite des Zimmers sitzen, werden eine rautenartige Figur gesehen haben, während diejenigen, die vor mir sitzen, eine eher rechtwinklige Figur sahen. Diejenigen zu meiner Linken werden eine Figur gesehen haben, die mehr derjenigen ähnelt, welche Sie vor mir jetzt sehen und welche von *derjenigen* Form verschieden ist, die Sie vorhin sahen. Diejenigen vor mir werden eine Figur gesehen haben wie die, die Sie zu meiner Linken jetzt sehen, und die von *derjenigen* Form verschieden ist, die sie vorher sahen. Diejenigen, die genau vor mir sitzen, haben vielleicht tatsächlich alle fast dieselbe, vielleicht sogar genau dieselbe Figur gesehen. Aber wir würden nicht sagen, wir *wußten*, daß zwei beliebige Beobachter dasselbe Sinnesdatum gesehen haben, während wir sagen würden, wir wußten, daß wir alle *denselben* Umschlag gesehen haben. Daß Sie alle denselben Umschlag sahen, würde in der Tat im Alltagsleben als höchste Gewißheit gelten. Wenn Sie alle, so wie Sie diesen Umschlag sahen, gesehen hätten, wie ich einen Mord begehe, würde Ihre Zeugenaussage von jedem Gericht als ausreichend dafür anerkannt werden, mich zu hängen. Eine solche Zeugenaussage würde an jedem Gerichtshof als völlig beweiskräftig akzeptiert werden. Wir würden die Verantwortung darauf gründen, einen Mann zu hängen. Das heißt, es würde anerkannt werden, daß Sie alle mich, *denselben Mann*, gesehen hätten, wie ich einen Mord begehe und nicht nur, daß Sie den einen oder anderen Mann gesehen hätten, möglicherweise jeder von Ihnen einen anderen. Und dennoch wären in diesem Fall, wie im Falle des Umschlags, die Sinnesdaten, die Sie gesehen hätten, jeweils verschieden gewesen. Sie könnten vor Gericht nicht schwören, daß Sie alle *dieselben Sinnesdaten* gesehen hätten.

Dies alles scheint mir nun sehr klar zu beweisen, daß, *wenn* wir alle denselben Umschlag gesehen *haben*, der Umschlag, den wir sahen, nicht *identisch mit* den Sinnesdaten war, die wir gesehen haben. Der Umschlag kann nicht genau dasselbe Ding sein wie jede der Mengen von Sinnesdaten, die jeder von uns gesehen hat. Denn diese waren aller Wahrscheinlichkeit nach von den anderen verschieden und können deshalb nicht *alle* dasselbe Ding sein wie dieser Umschlag.

Man könnte aber einwenden: Gewiß, wenn wir sagen, daß wir alle den Umschlag gesehen haben, meinen wir nicht, daß wir den *ganzen* Umschlag gesehen haben. Ich, zum Beispiel, habe nur *diese* Seite gesehen, wohingegen Sie alle nur *jene* Seite gesehen haben. Im allgemeinen meinen wir nur das Sehen eines Teils von einem Gegenstand, wenn wir vom Sehen eines Gegenstands sprechen. Der Gegenstand, den wir sehen, ist immer mehr als der *Teil* von ihm, den wir sehen.

Das stimmt natürlich. Wann immer wir gemeinhin davon sprechen, irgendeinen Gegenstand zu sehen, dann ist es wahr, daß in einem anderen und strengeren Sinn des Wortes »sehen« wir nur *einen Teil* von ihm sehen. Man könnte deshalb vorschlagen, daß der Grund, warum wir sagen, daß wir alle diesen Umschlag gesehen haben, obwohl jeder von uns eine andere Menge von Sinnesdaten gesehen hat, darin liegt, daß jede dieser *Mengen von Sinnesdaten* tatsächlich ein *Teil* des Umschlags ist.

Aber mir scheint, daß wir nur sehr schwer daran festhalten können, daß die verschiedenen Sinnesdaten, die wir gesehen haben, Teile des Umschlags sind. Was meinen wir mit einem *Teil* eines materiellen Gegenstands? Wir meinen, glaube ich, zumindest Folgendes: Was wir einen Teil eines materiellen Gegenstands nennen, muß etwas sein, das einen Teil des Volumens einnimmt, welches von dem ganzen Gegenstand eingenommen wird. Dieser Umschlag nimmt zum Beispiel ein bestimmtes Volumen im Raum ein, d. h. er nimmt einen Raum ein, der Breite, Tiefe und Länge hat. Alles, was nun ein *Teil* des Umschlags zu einem beliebigen Zeitpunkt ist, muß *in* einem Teil des Volumens des Raumes sein, der von dem ganzen Umschlag zu diesem Zeitpunkt eingenommen wird. Es muß irgendwo innerhalb dieses Volumens liegen oder an einem Punkt der Oberfläche, die dieses Volumen begrenzt.

Sind also irgendwelche der Sinnesdaten, die wir gesehen haben, *Teile* des Umschlags in diesem Sinn?

Die Sinnesdaten, die ich erwähnt habe, waren diese drei: die weißliche Farbe, die *Ausdehnung* dieser Farbe und ihre *Form*.[3] Von diesen dreien ist es nur die Farbe, von der man im angegebenen Sinn annehmen könnte, daß sie ein *Teil* des Umschlags sei. Die Farbe könnte einen *Teil* des Volumens einnehmen, das vom Umschlag eingenommen wird, z. B. eine seiner begrenzenden Oberflächen.[4] Aber man kann von der Ausdehnung und der Form kaum sagen, daß sie irgendeinen Teil dieses Volumens *einnehmen*. Was man sagen könnte, ist, daß die Ausdehnung, die ich gesehen habe, die Ausdehnung einer Oberfläche des Umschlags *ist*. Die Seite des Umschlags, von der ich sage, daß ich sie gesehen habe, *hat* gewiß eine bestimmte Ausdehnung und eine bestimmte Form; und die Sinnesdaten, die Ausdehnung und Form, die ich als Ausdehnung und Form eines Farbflecks gesehen habe, könnte möglicherweise die Ausdehnung und Form dieser Seite des Umschlags *sein*. [...]

Um ganz deutlich zu zeigen, daß es Arten des Wissens gibt, die sich vom unmittelbaren Erfassen unterscheiden und zumindest in einem Fall auch so klar wie möglich aufzuweisen, von welcher Art dieses Wissen ist, werde ich auf ein Beispiel zurückkommen, das ich oben erwähnt habe: das Beispiel der Erinnerung.

Ich schaue wieder auf den Umschlag und sehe die weißliche Farbe. Ich wende meinen Kopf ab und sehe sie nicht mehr. Aber ich erinnere mich, daß *ich sie einen Augenblick zuvor gesehen habe*. Ich *weiß*, daß ich sie gesehen habe. Es gibt nichts, wessen ich stärker gewiß bin. Außerdem weiß ich, daß diese weißliche Farbe *existiert hat*, daß es so etwas im Universum gegeben hat. Ich weiß deshalb *jetzt* um die vergangene Existenz dieser weißlichen Farbe; und doch nehme ich sie *jetzt* nicht unmittelbar wahr. Es könnte in der Tat sein, daß ich jetzt möglicherweise ein Bild wahrnehme, das der Farbe mehr oder weniger ähnlich ist. Entsprechend der Ansicht, daß jegliche Erkenntnis nur im direk-

3 Ich hatte hier vergessen, daß eines der erwähnten Sinnesdaten der *Fleck* war, der diese Farbe, Form und Ausdehnung *hat*, der *Fleck*, der, wie ich nun sagen würde, das *einzige* »Sinnesdatum« ist, das mit dem Umschlag zu tun hat, den ich damals sah (1952).

4 Ich würde nun sagen, daß *kein* Teil der *Oberfläche* eines Volumens ein Teil des Volumens ist, weil er selbst kein Volumen ist (1952).

ten Erfassen von Sinnesdaten und Bildern besteht, ist es sehr naheliegend anzunehmen, daß meine Erinnerung an das soeben Gesehene lediglich in meinem direkten Erfassen eines Bildes davon zum jetzigen Zeitpunkt besteht. Aber wenn Sie einen Augenblick überlegen, dann werden Sie leicht einsehen, daß das nicht wahr sein kann. Wenn es so wäre, hätte ich keine Möglichkeit zu wissen, daß das Bild, das ich jetzt sehe, verschieden ist von der Farbe, die ich einen Augenblick vorher gesehen habe. Und doch wissen wir genau das, wenn wir uns an etwas erinnern. Wir wissen, daß es in der Vergangenheit etwas gegeben *hat*, das in manchen Hinsichten von demjenigen verschieden ist, was wir jetzt unmittelbar erfassen.

Mir scheint, daß nach der Auffassung, die wir im Hinblick auf Sinnesdaten akzeptiert haben, unser Wissen um die Existenz materieller Gegenstände, das auf unseren Sinnen beruht, zur Erinnerung in mindestens folgendem Punkt analog sein muß: Es muß darin bestehen, daß wir wissen, daß *etwas existiert*, das von jedem Sinnesdatum oder Bild verschieden ist, welches wir zu diesem Zeitpunkt erfassen. Das scheint das mindeste zu sein, was wir wissen müssen, wenn wir von der Existenz eines materiellen Gegenstands durch die Sinne wissen sollen. Wenn wir bestimmte Sinnesdaten unmittelbar erfassen, müssen wir wissen, daß etwas *anderes* als diese Sinnesdaten *ebenfalls* existiert, etwas, das wir nicht unmittelbar erfassen. Es scheint keinerlei Grund zu geben, warum wir nicht zumindest dies wissen sollten, sobald wir das Vorurteil aufgegeben haben, daß wir die Existenz von nichts *außer* dem, was wir unmittelbar erfassen, erkennen können. Gewiß würde man sehr wenig wissen, wenn man *nur* dies wüßte. Wenn das *Etwas*, von dessen Existenz wir wissen, *tatsächlich* ein materieller Gegenstand ist, würden wir von der Existenz eines materiellen Gegenstands wissen, auch wenn wir nicht wüßten, *daß es* ein materieller Gegenstand war. Aber wir müssen viel mehr als das wissen, wenn wir *auch* wissen sollen, daß dieses Etwas ein materieller Gegenstand *ist*. Außerdem, wenn wir wissen sollen, daß wir alle *denselben* Umschlag gesehen haben, müssen wir wissen, daß das Etwas, von dessen Existenz wir alle wissen, *dasselbe Etwas* ist. Aber es scheint wieder keinen Grund zu geben, warum wir nicht viele derartige Dinge *wissen sollten*. Im Falle der Erinnerung wissen wir bestimmt mit der größten Gewißheit sehr viele Dinge über das *Etwas*, an das wir uns erinnern, die darüber hinausgehen, daß es *gewesen ist* und daß es verschieden von allem war, was wir jetzt unmittelbar erfassen.

Das *Sehen* eines materiellen Gegenstands – oder das Wahrnehmen eines solchen durch irgendeinen anderen Sinn – würde deshalb nach dieser Auffassung etwas ganz anderes sein als das *Sehen* von Sinnesdaten. Das Sehen von Sinnesdaten besteht in ihrem unmittelbaren Erfassen. Aber das Sehen eines materiellen Gegenstands besteht *nicht* in *seinem* unmittelbaren Erfassen. Es besteht *zum Teil* im unmittelbaren Erfassen bestimmter Sinnesdaten, aber ebenso teilweise in einem gesonderten und gleichzeitigen Wissen, daß *etwas* anderes als diese Sinnesdaten existiert. Dasselbe gilt, wenn wir *sehen*, daß ein materieller Gegenstand rund oder quadratisch ist oder sich an einer bestimmten Stelle im Raum befindet. Eine solche Erkenntnis würde ebenfalls *nicht* darin bestehen, daß wir diese Dinge unmittelbar erfassen, sondern darin, daß wir bestimmte Dinge über etwas ganz anderes als diese Sinnesdaten wissen, wenn wir bestimmte Sinnesdaten unmittelbar erfassen.

14. Die Theorie der Sensibilia
Lord Bertrand Russell

Das Verhältnis der Sinnesdaten zur Physik

1. Das Problem

Man nennt die Physik eine empirische Wissenschaft, die auf Beobachtung und Experiment beruht.

Man hält sie für verifizierbar, d. h. man nimmt an, daß sie imstande ist, Resultate im vorhinein zu berechnen, die dann durch Beobachtung und Experiment bestätigt werden.

Was können wir durch Beobachtung und Experiment erfahren?

Nichts, soweit es sich um die Physik handelt; nur unmittelbare Sinnesdaten: gewisse Farbflecken, Töne, Gerüche etc., in Verbindung mit gewissen raumzeitlichen Relationen.

Der Inhalt der physikalischen Welt ist auf den ersten Blick sehr verschieden davon: Moleküle haben keine Farbe, Atome erzeugen keine Geräusche, Elektronen haben keinen Geschmack und Neutronen riechen nicht.

Wenn solche Objekte verifiziert werden sollen, kann dies nur durch ihre Relation zu Sinnesdaten geschehen: es muß eine Art von Korrelation zu Sinnesdaten bestehen, und solche Objekte sind *nur* durch ihre Korrelation verifizierbar.

Aber wie läßt sich eine solche Korrelation feststellen? Eine Korrelation läßt sich empirisch nur dadurch feststellen, daß die fraglichen Objekte konstant zusammen *gefunden* werden. Doch findet man in unserem Falle stets nur das eine Element der Korrelation, nämlich das sinnliche; das andere scheint seinem Wesen nach unentdeckbar zu sein. So scheint es, daß die Korrelation mit Objekten der Sinne, wodurch die Ergebnisse der Physik verifiziert werden sollen, selbst vollkommen und für alle Zeiten unverifizierbar ist.

Es sind zwei Wege möglich, ein solches Resultat zu vermeiden.

(1) Wir können sagen, daß wir ein Prinzip *a priori* kennen, ohne daß es einer empirischen Verifikation bedarf, d. h. daß unsere Sinnesdaten *Ursachen* haben, die außerhalb ihrer selbst liegen, und daß wir etwas über diese Ursachen durch Schlußfolgerungen aus den Wirkungen erfahren können. Dies ist der Weg, der häufig von Philosophen einge-

schlagen wurde. Er mag sich bis zu einem gewissen Grade als notwendig erweisen, sobald man ihn jedoch einschlägt, hört die Physik auf, empirisch zu sein oder auf Beobachtung und Experiment allein zu fußen. Deshalb ist dieser Weg soweit als möglich zu vermeiden.

(2) Es könnte uns gelingen, tatsächlich die Objekte der Physik als Funktionen der Sinnesdaten zu definieren. Insoweit die Physik zu Erwartungen Anlaß gibt, *muß* dies möglich sein, da wir nur etwas erwarten können, was erfahrbar ist. Und soweit der physikalische Stand der Dinge aus Sinnesdaten erschlossen ist, muß es möglich sein, ihn als Funktion von Sinnesdaten auszudrücken. Das Problem, diese Formulierung zu finden, gibt zu äußerst interessanter logisch-mathematischer Beschäftigung Anlaß.

In physikalischen Darlegungen erscheinen die Sinnesdaten als Funktionen physikalischer Objekte: wenn diese und jene Wellen das Auge treffen, sehen wir diese und jene Farben usw. Tatsächlich werden jedoch die Wellen aus den Farben erschlossen und nicht umgekehrt. Man kann von der Physik solange nicht behaupten, daß sie auf Wahrnehmungen beruhe, als nicht die Wellen als Funktionen der Farben und anderer Sinnesdaten ausgedrückt werden können.

Wenn daher die Physik verifizierbar sein soll, stehen wir vor dem folgenden Problem: Die Physik zeigt Sinnesdaten als Funktionen physikalischer Objekte, doch ist eine Verifikation erst dann möglich, wenn physikalische Objekte als Funktionen von Sinnesdaten dargestellt werden können. Wir müssen darum die Gleichungen, die Sinnesdaten durch physikalische Objekte ausdrücken, so lösen, daß wir statt dessen physikalische Objekte in Ausdrücken der Sinnesdaten geben.

2. Merkmale der Sinnesdaten

Wenn ich von einem Sinnesdatum spreche, so meine ich nicht das Ganze dessen, was uns zu einem bestimmten Zeitpunkt sinnlich gegeben ist. Ich meine eher einen Teil des Ganzen, der durch die Aufmerksamkeit abgesondert werden kann: besondere Farbflecke, besondere Geräusche usw. Es besteht eine gewisse Schwierigkeit, festzustellen, was man als *ein* Sinnesdatum betrachten soll; oft verursacht die Aufmerksamkeit das Aufscheinen von Teilungen, wo es, soweit dies feststellbar ist, vorher keine Teilungen gab. Eine beobachtete komplexe Tatsache, z. B. daß dieser rote Fleck links von jenem blauen Fleck liegt, kann man von unserem derzeitigen Standpunkt aus auch als Sinnesdatum auffassen: epistemologisch unterscheidet es sich nicht wesentlich von einem einfachen Sinnesdatum, soweit es sich um seine Funktion handelt, Wissen zu vermitteln. Seine *logische* Struktur ist jedoch sehr von der der Sinne verschieden: Die Sinne vermitteln die Bekanntschaft von Einzelheiten; es handelt sich also um eine Relation zweier Begriffe, bei der das Objekt wohl *benannt* ist, nichts aber darüber ausgesagt werden kann, es fehlt ihm daher seinem Wesen nach das Merkmal des Wahr- oder Falschseins, während die Beobachtung eines komplexen Faktums, die man passenderweise »Perzeption« nennen könnte, keine Relation zweier Begriffe darstellt, sondern auf der Objektsseite die Satzform verlangt und die Erkenntnis einer Wahrheit vermittelt, nicht bloß mit einer Einzelheit bekannt macht. Dieser logische Unterschied, so wichtig er auch ist, hat für unser augenblickliches Problem nur geringe Bedeutung, und es wird sich für die Zwecke dieses Essays empfehlen, die Wahrnehmungen der Perzeption (data of perception) zu den Sinnesdaten zu rechnen. Man beachte nur, daß die Bestandteile einer Wahrnehmung durch Perzeption immer Sinnesdaten im engsten Sinne sind.

Was die Sinnesdaten betrifft, so wissen wir, daß sie solange da sind, als sie wahrgenommen sind, und dies ist die epistemologische Grundlage all unseres Wissens von äußeren Einzelheiten (wobei natürlich das Wort »äußere« Probleme aufwirft, die uns später beschäftigen werden). Wir wissen nicht, außer auf Grund mehr oder weniger unsicherer Schlüsse, ob die Objekte, die zu einem bestimmten Zeitpunkt Sinnesdaten sind, zu den Zeiten fortfahren zu bestehen, wenn sie keine Wahrnehmungen sind. Die Sinnesdaten zu den Zeitpunkten, da sie Sinnesdaten sind, sind alles, was wir direkt von der Außenwelt kennen; deshalb ist vom epistemologischen Standpunkt aus die Tatsache, daß sie Wahrnehmungen (data) sind, von allergrößter Bedeutung. Doch gibt die Tatsache, daß sie alles sind, was wir direkt kennen, kein Recht zu der Annahme, daß sie auch alles sind, was es überhaupt gibt. Wenn wir eine ganz unpersönliche Metaphysik konstruieren könnten, die von den Zufälligkeiten unseres Wissens und Nichtwissens völlig unabhängig ist, würden wahrscheinlich unsere Wahrnehmungen (data) ihre privilegierte Stellung einbüßen und vermutlich als eine ziemlich willkürliche Auswahl aus einer Menge von Objekten erscheinen, die ihnen mehr oder weniger gleichen. Bei dieser Behauptung nehme ich bloß an, daß es Einzelheiten gibt, die wir nicht kennen. Die Sinnesdaten besitzen daher nur in bezug auf die Erkenntnistheorie, nicht aber die Metaphysik, spezielle Bedeutung. In dieser Hinsicht gehört die Physik zur Metaphysik; sie ist unpersönlich und widmet nominell den

Sinnesdaten keine besondere Aufmerksamkeit. Erst dann, wenn wir die Frage stellen, wie die Physik *erkannt* werden kann, gewinnen die Sinnesdaten aufs neue Bedeutung.

3. Sensibilia

Ich gebe den Namen *Sensibilia* jenen Objekten, die den gleichen metaphysischen und physikalischen Status wie die Sinnesdaten besitzen, ohne deshalb notwendigerweise Wahrnehmungen (data) eines bestimmten Geistes zu sein. Ein *Sensibile* steht daher zu einem Sinnesdatum im gleichen Verhältnis wie ein Mann zum Ehemann: ein Mann wird zum Ehemann, wenn er eine Ehe eingeht, und in ähnlicher Weise wird ein *Sensibile* zum Sinnesdatum, wenn es ein Bekanntschaftsverhältnis eingeht. Es ist wichtig, über zwei Ausdrücke zu verfügen, denn wir wollen erörtern, ob ein Objekt, das zu einem gegebenen Zeitpunkt ein Sinnesdatum ist, zu einer Zeit existieren kann, da es kein Sinnesdatum ist. Eine Fragestellung wie »Ist die Existenz von Sinnesdaten möglich, ohne als solche gegeben zu sein?« ist ebenso unmöglich, wie es etwa die Frage wäre: »Kann es unverheiratete Ehemänner geben?« Wir müssen fragen: »Ist die Existenz von *Sensibilia* möglich, ohne gegeben zu sein?« oder: »Kann ein bestimmtes *Sensibile* zu einem Zeitpunkt ein Sinnesdatum sein und zu einem anderen nicht?« Wenn wir nicht außer dem Wort »Sinnesdatum« das Wort »*Sensibile*« zur Verfügung haben, können uns solche Fragen leicht in ein banales logisches Rätselraten verstricken.

Wir werden sehen, daß alle Sinnesdaten *Sensibilia* sind. Es ist eine metaphysische Frage, ob auch alle *Sensibilia* Sinnesdaten seien, und eine erkenntnistheoretische Frage, ob es Mittel gibt, aus den *Sensibilia*, die Sinnesdaten sind, solche zu erschließen, die keine sind.

Ein paar einleitende Bemerkungen sollen erläutern, in welchem Sinne ich vorhabe, das Wort *Sensibilia* zu verwenden.

Ich betrachte Sinnesdaten nicht als etwas Geistiges, sondern tatsächlich als einen Teil der physikalischen Materie. Es gibt Argumente für ihre Subjektivität, die wir kurz prüfen werden, die aber meiner Ansicht nach nur eine *psychologische* Subjektivität beweisen, d. h. eine kausale Abhängigkeit von den Sinnesorganen, den Nerven und dem Gehirn. Die Erscheinung, in der sich uns ein Ding darbietet, hängt von ihnen kausal in genau derselben Art und Weise ab wie von etwa dazwischentretendem Nebel, Rauch oder farbigem Glas. Beide Abhängigkeiten sind in der Feststellung enthalten, daß die Erscheinung, die ein bestimmtes Stück Materie bietet, wenn sie von einem gegebenen Orte aus betrachtet wird, nicht nur eine Funktion des Stückes Materie ist, sondern auch eine des dazwischenbefindlichen Mediums. (Die in dieser Feststellung verwendeten Ausdrücke – »Materie«, »von einem gegebenen Orte aus betrachtet«, »Erscheinung«, »dazwischenbefindliches Medium« – werden im Laufe dieser Erörterung erläutert werden.) Wir verfügen über kein Mittel, uns zu vergewissern, wie Dinge von Orten aus erscheinen, die nicht von Gehirn, Nerven und Sinnesorganen umgeben sind, weil wir unseren Körper nicht verlassen können. Doch verleiht die Kontinuität der Annahme eine gewisse Berechtigung, daß sie auch an solchen Orten *irgendwie* erscheinen. Eine jede derartige Form der Erscheinung würde zu den *Sensibilia* gehören. Nehmen wir den unmöglichen Fall an, es gäbe einen vollständigen menschlichen Körper ohne Geist darin, so würden in bezug auf diesen Körper die *Sensibilia*, die Sinnesdaten wären, wenn sich in diesem Körper ein Geist befände, als *Sensibilia* existieren. Was der Geist tatsächlich den *Sensibilia* hinzufügt, ist bloß das Bewußtsein; alles andere ist physisch oder physiologisch.

4. Sinnesdaten sind physisch

Bevor wir diese Frage erörtern, wird es sich empfehlen, zu definieren, in welchem Sinne wir die Begriffe »geistig« und »physisch« verwenden wollen. Das Wort »physisch« hatte in unseren ganzen bisherigen Darlegungen die Bedeutung »Womit sich die Physik beschäftigt«. Es ist auch klar, daß die Physik etwas über die Bestandteile der Tatsachenwelt aussagt; was diese Bestandteile sind, mag zweifelhaft sein, sie sollen aber physisch genannt werden, gleichgültig, als was immer sich ihr Wesen erweisen mag.

Die Definition des Begriffes »geistig« ist schwieriger und erfordert für eine befriedigende Lösung die Erörterung und Entscheidung zahlreicher komplizierter Fragen. Für unsere Zwecke muß ich mich deshalb damit begnügen, auf alle diese Fragen eine dogmatische Antwort zu geben. Ich werde eine Sinnesgegebenheit »geistig« nennen, wenn sie sich einer Sache bewußt wird, und ein Faktum dann als »geistig« bezeichnen, wenn es eine geistige Sinnesgegebenheit als Bestandteil enthält.

Wir werden sehen, daß Geistiges und Physisches einander nicht unbedingt ausschließen, obwohl mir kein Grund zur Annahme bekannt ist, daß sie einander überdecken.

Zweifel an der Richtigkeit unserer Definition des Geistigen ist für unser augenblickliches Problem von geringer Wichtigkeit. Woran mir liegt, ist die Behauptung, daß Sinnesdaten physisch sind, und sobald diese Feststellung einmal akzeptiert ist, bleibt es für unsere derzeitige Untersuchung gleichgültig, ob sie außerdem auch geistig sind oder nicht. Obwohl ich nicht mit Mach, James und den »Neurealisten« einer Meinung bin, daß der Unterschied zwischen dem Geistigen und dem Physischen *bloß* einer der Anordnung sei, ist doch das, was ich hier zu sagen habe, mit ihrer Lehre vereinbar, und man könnte auch von ihrem Standpunkt aus zu demselben Ergebnis gelangen.

Bei der Erörterung der Sinnesdaten werden gewöhnlich zwei Fragen durcheinandergebracht, nämlich

(1) Bestehen Gegenstände der sinnlichen Wahrnehmung auch dann, wenn wir sie nicht wahrnehmen? Oder in anderen Worten: Bestehen *Sensibilia*, die zu einem bestimmten Zeitpunkt Wahrnehmungen (data) sind, mitunter dann weiter, wenn sie nicht Wahrnehmungen (data) sind?

(2) Sind Sinnesdaten geistig oder physisch?

Meine Meinung geht dahin, daß Sinnesdaten physisch sind; ich behaupte aber, daß sie niemals unverändert bestehenbleiben, nachdem sie aufgehört haben, Wahrnehmungen (data) zu sein. Die Ansicht, daß sie nicht bestehenbleiben, wird, und zwar meiner Meinung nach irrtümlich, so ausgelegt, daß sie geistig seien, und daraus stammt ein großer Teil der Verwirrung, die in bezug auf unser derzeitiges Problem herrscht. Wenn es wirklich, wie manche meinen, eine *logische Unmöglichkeit* wäre, daß Sinnesdaten bestehenbleiben, nachdem sie aufgehört haben, Wahrnehmungen (data) zu sein, so würde dies sicherlich einen Hinweis darauf bedeuten, daß sie geistig sind; wenn jedoch ihr Nichtbestehenbleiben, wie ich behaupte, bloß eine wahrscheinliche Schlußfolgerung aus empirisch ermittelten Kausalgesetzen ist, dann ergibt sich durchaus nicht eine solche Folgerung, und es steht uns frei, sie als einen Teil der Materie der Physik zu behandeln.

Logisch ist ein Sinnesdatum ein Objekt, dessen sich das Subjekt bewußt ist. Es enthält nicht das Subjekt als einen Teil, wie dies z. B. bei Glaubensvorstellungen und Willenshandlungen der Fall ist. Die Existenz des Sinnesdatums hängt daher logisch nicht von der des Subjekts ab, denn, soweit mir bekannt ist, gibt es nur einen Fall, in dem die Existenz von *A logisch* von der Existenz eines *B* abhängt, und zwar dann, wenn *B* ein Teil von *A* ist. Es besteht deshalb *a priori* kein Grund, warum eine Sinnesgegebenheit, die ein Sinnesdatum ist, nicht weiter existieren sollte, nachdem sie aufgehört hat, eine Wahrnehmung zu sein, oder warum nicht ähnliche Sinnesgegebenheiten existieren sollten, ohne je Wahrnehmungen (data) gewesen zu sein. Die Ansicht, daß Sinnesdaten etwas Geistiges seien, stammt zweifellos zum Teil aus ihrer physiologischen Subjektivität, zum Teil jedoch auch aus der mangelnden Unterscheidung zwischen Sinnesdatum und »Sinnesempfindung« (Sensation), wobei ich unter Sinnesempfindung die Tatsache verstehe, daß sich das Subjekt des Sinnesdatums bewußt wird. Eine »Sinnesempfindung« ist also ein Komplex, dessen einen Bestandteil das Subjekt bildet, und daher geistig. Anderseits steht das Sinnesdatum dem Subjekt als dessen äußeres Objekt gegenüber, dessen sich das Subjekt in der Sinnesempfindung bewußt wird. Zwar liegt das Sinnesdatum in vielen Fällen im Körper des Subjekts, doch unterscheidet sich dieser so deutlich vom Subjekt wie Tische von Sesseln und bildet tatsächlich nur einen Teil der Außenwelt. Sobald man daher einmal klar zwischen Sinnesdatum und Sinnesempfindung unterscheidet und erkannt hat, daß ihre Subjektivität physiologisch und nicht psychisch ist, sind die Haupthindernisse, sie als physisch zu betrachten, aus dem Wege geräumt.

5. »Sensibilia« und »Dinge«

Aber auch dann, wenn die »Sensibilia« als letzte Bestandteile der physikalischen Welt erkannt sind, ist noch ein weiter Weg zurückzulegen, bis wir zu dem »Ding« des gesunden Menschenverstandes oder zu der »Materie der Physik« gelangen. Die vermeintliche Unmöglichkeit, die verschiedenen Sinnesdaten, die als Erscheinungen desselben »Dinges« bei verschiedenen Menschen zu betrachten sind, zu kombinieren, erweckte den Anschein, als wären diese »Sensibilia« bloß subjektive Illusionen. Ein bestimmter Tisch wird sich dem einen als rechteckige Erscheinung und einem anderen als Fläche mit zwei spitzen und zwei stumpfen Winkeln darstellen; dem einen erscheint er braun, während er einem anderen im reflektierenden Licht als weiß und glänzend erscheinen wird. Man sagt, und nicht ganz unbegreiflich, daß diese verschiedenen Formen und Farben nicht gleichzeitig und am gleichen Orte koexistieren und daß daher auch nicht beide Bestandteile der physikalischen Welt sein können. Ich muß gestehen, daß dieses Argument auch mir noch bis vor kurzem unwiderleglich dünkte. Eine gegenteilige Ansicht vertrat jedoch mit großem Geschick T. P. Nunn in einem Aufsatz, betitelt »Are Secondary Qualities Independent of

Perception?«[1] Die vermeintliche Unvereinbarkeit bezieht ihre scheinbare Stärke aus der Phrase »*am gleichen Ort*«, und darin steckt auch ihre Schwäche. Der Begriff des Raumes wird in der Philosophie – und zwar auch von Leuten, die bei näherer Überlegung eine solche Behandlung nicht verteidigen würden – so behandelt, als wäre er eine gegebene Tatsache und so einfach und unzweideutig, wie Kant in seiner psychologischen Naivität annahm. Es ist die nicht erkannte Zweideutigkeit des Wortes »Ort«, die, wie wir bald sehen werden, den Realisten so viele Schwierigkeiten bereitete und ihren Gegnern einen unverdienten Vorteil verschaffte. Zwei »Orte« ganz unterschiedlicher Art sind mit jedem Sinnesdatum verknüpft, nämlich der Ort, *an* dem es erscheint, und der Ort, *von* dem *aus* es erscheint. Diese beiden gehören verschiedenen Räumen an, obwohl es, wie wir sehen werden, mit gewissen Einschränkungen möglich ist, eine Korrelation zwischen ihnen herzustellen. Was wir die verschiedenen Erscheinungen desselben Dinges für verschiedene Beobachter nennen, das liegt jedes in einem Raum, der nur dem betreffenden Beobachter eigen ist. Kein Platz in der persönlichen Welt eines Beobachters ist mit einem Ort in der persönlichen Welt eines anderen Beobachters identisch. Es gibt daher gar nicht das Problem, die verschiedenen Erscheinungen an einem Orte zu vereinen; und die Tatsache, daß sie nicht alle an einem Orte existieren können, gibt deshalb keinen Anlaß dafür, an ihrer physischen Realität zu zweifeln. Das »Ding« des gesunden Menschenverstandes kann tatsächlich mit der ganzen Klasse seiner Erscheinungen gleichgesetzt werden – wobei wir jedoch zu den Erscheinungen nicht allein die zählen dürfen, die wirklich Sinnesdaten sind, sondern auch alle jene »Sensibilia«, die auf Grund der Kontinuität und Ähnlichkeit zum gleichen Erscheinungssystem gerechnet werden können, auch wenn es zufällig keinen Beobachter gibt, für den sie Sinnesdaten sind.

Ein Beispiel wird das Gesagte verdeutlichen. Nehmen wir an, es befände sich eine Anzahl von Personen in einem Zimmer, die alle behaupten, dieselben Tische, Sessel, Wände und Bilder zu sehen. Keine zwei der anwesenden Personen haben genau die gleichen Sinnesdaten, doch besitzen ihre Sinnesdaten so viel Ähnlichkeit, daß bestimmte dieser Wahrnehmungen (data) als Erscheinungen desselben »Dinges« bei mehreren Beobachtern zusammengefaßt werden können, und wieder andere als Erscheinungen eines anderen »Dinges«. Außer den Erscheinungen, die ein gegebenes Ding in einem Raume den tatsäch-

1 T. Percy Nunn, »Are Secondary Qualities Independant of Perception«, in: *Proceedings of Aristotelian Society*, Bd. 10, 1909/1910, S. 191-218.

lichen Beschauern bietet, gibt es, wie wir annehmen dürfen, auch andere Erscheinungen, die sich anderen möglichen Beschauern bieten würden. Wenn sich ein Mann zwischen zwei andere setzen sollte, würde die Erscheinung, die ihm das Zimmer bieten würde, zwischen den Erscheinungen liegen, welche die beiden anderen haben; und obgleich diese Erscheinung sozusagen ohne die Sinnesorgane, Nerven und das Gehirn des neu hinzugekommenen Beschauers nicht existieren würde, ist trotzdem die Vermutung ganz natürlich, daß auch vor seinem Eintreffen von der Stelle aus, die er jetzt einnimmt, *irgendeine* Erscheinung des Zimmers existierte.

Da man jedoch das »Ding«, ohne in unverzeihlicher Weise voreingenommen zu sein, nicht mit einer einzelnen seiner Erscheinungen identifizieren kann, kam man auf den Gedanken, es als etwas anzusehen, das von ihnen allen verschieden ist und ihnen allen zugrunde liegt.

Aber nach dem Prinzip von Ockhams Rasiermesser: Wenn die Klasse der Erscheinungen die Zwecke erfüllen soll, um derentwillen das Ding von den prähistorischen Metaphysikern erfunden wurde, denen der gesunde Menschenverstand verpflichtet ist, so verlangt die Ökonomie, daß wir das Ding mit der Klasse seiner Erscheinungen identifizieren. Man braucht deshalb nicht eine Substanz oder ein Substrat zu *leugnen*, das diesen Erscheinungen zugrunde liegt; es ist bloß ratsam davon abzusehen, die Existenz dieser unnötigen Ganzheit zu behaupten. Unser Vorgehen entspricht ganz dem, das aus der Philosophie der Mathematik jene überflüssige Menagerie metaphysischer Ungeheuer, die sie unsicher zu machen pflegen, verscheuchte.

15. Die unmittelbare Wahrnehmung der Sinnesdaten

Alfred J. Ayer

Das Argument der Sinnestäuschung

Warum sollen wir nicht sagen können, daß wir ein unmittelbares Bewußtsein materieller Dinge haben?

Die Antwort darauf ergibt sich aus dem bekannten Argument der Sinnestäuschung. Die übliche Formulierung dieses Arguments beruht auf der Tatsache, daß materielle Dinge verschiedenen Beobachtern oder demselben Beobachter unter verschiedenen Bedingungen auf unterschiedliche Weise erscheinen können. Weiterhin beruht es darauf, daß der Charakter dieser Erscheinungen zu einem gewissen Maß durch den Zustand der Bedingungen und des Beobachters kausal determiniert ist. Man stellt z. B. fest, daß eine Münze, die von einem Blickpunkt aus kreisförmig aussieht, von einem anderen elliptisch erscheint; oder daß ein Stock, der normalerweise gerade erscheint, gekrümmt aussieht, wenn er im Wasser steht; oder daß für Leute, die Drogen wie Meskalin nehmen, die Dinge ihre Farben zu ändern scheinen. Die vertrauten Fälle von Spiegelbildern, Doppeltsehen und richtigen Halluzinationen wie Fata Morganas sind weitere Beispiele. Es handelt sich hier auch nicht um eine Besonderheit visueller Erscheinungen. Dasselbe Phänomen tritt in anderen Sinnesmodalitäten auf, einschließlich der des Tastsinns. Man kann z. B. anführen, daß der Geschmack, den etwas zu haben scheint, mit dem Zustand des Gaumens variiert; oder daß eine Flüssigkeit eine verschiedene Temperatur zu haben scheint, je nachdem, ob die Hand, die sie fühlt, heiß oder kalt ist; oder daß eine Münze größer zu sein scheint, wenn man sie auf die Zunge legt, als wenn man sie auf der Handfläche hält; oder, um einen Fall wirklicher Halluzination zu nehmen, daß Menschen, denen Gliedmaßen amputiert wurden, immer noch Schmerzen darin empfinden können.

Betrachten wir nun eines dieser Beispiele, etwa den Stock, dessen Erscheinung im Wasser gebrochen wird, und sehen wir zu, was wir daraus schließen können. Für den Augenblick müssen wir annehmen, daß der Stock nicht wirklich seine Form ändert, wenn er ins Wasser gehalten wird. Ich werde die Bedeutung und Gültigkeit dieser Annahme später besprechen. Dann folgt, daß mindestens eine der visuellen Erscheinungen trügt; denn der Stock kann nicht zugleich krumm und gerade sein. Trotzdem nimmt man an, daß wir immer noch etwas sehen, sogar in dem Fall, wo das, was wir sehen, nicht die wahre Eigenschaft eines materiellen Dinges ist; und außerdem, daß wir dem, was wir sehen, einen Namen geben sollten. Zu diesem Zweck greifen Philosophen auf den Begriff »Sinnesdatum« zurück. Durch den Gebrauch dieses Begriffs können sie eine ihnen befriedigend erscheinende Antwort auf die Frage geben: Was ist dasjenige, von dem wir in der Wahrnehmung ein unmittelbares Bewußtsein haben, wenn es nicht ein Teil irgendeines materiellen Dings ist? So nimmt ein Mann, der in der Wüste eine Fata Morgana sieht, dabei keinen materiellen Gegenstand wahr. Denn die Oase, die er wahrzunehmen glaubt, existiert nicht. Zugleich, so wird argumentiert, ist seine Erfahrung jedoch nicht eine Erfahrung von nichts; sie hat einen bestimmten Inhalt. Deshalb sagt man, daß er die Erfahrung von Sinnesdaten macht, die demjenigen ähnlich sind, was er erfahren würde, wenn er eine wirkliche Oase sähe, die aber in dem Sinne täuschen, daß der materielle Gegenstand, den sie zu präsentieren scheinen, nicht wirklich existiert. Wenn ich mich wiederum im Spiegel anschaue, scheint mein Körper in einer bestimmten Entfernung hinter dem Spiegel zu sein; aber andere Beobachtungen zeigen mir, daß er sich vor dem Spiegel befindet. Da es für meinen Körper unmöglich ist, an diesen beiden Orten zugleich zu sein, können diese Wahrnehmungen nicht alle wahrheitsgetreu sein. Tatsächlich glaube ich ja auch, daß die trügerischen diejenigen sind, in denen mein Körper hinter dem Spiegel zu sein scheint. Aber können wir leugnen, daß man etwas sieht, wenn man sich im Spiegel anschaut? Und wenn es in diesem Fall keinen materiellen Gegenstand wie meinen Körper an der Stelle gibt, an der er zu sein scheint, was sehe ich dann? Abermals wird uns die Antwort nahegelegt, daß das Gesehene ein Sinnesdatum ist. Zum selben Ergebnis gelangt man mit jedem der anderen Beispiele.

Wenn irgend etwas hierdurch bewiesen werden sollte, kann es nur sein, daß es einige Fälle gibt, in denen der Charakter unserer Wahrnehmungen uns dazu bestimmt zu sagen, daß wir unmittelbar keinen materiellen Gegenstand wahrnehmen, sondern ein Sinnesdatum. Es wurde nicht gezeigt, daß das in jedem Fall so ist. Es wurde nicht geleugnet, sondern vielmehr vorausgesetzt, daß manche Wahrnehmungen uns materielle Gegenstände so präsentieren, wie sie wirklich sind; und in diesen Fällen scheint es auf den ersten Blick keinen Grund zu geben, daß wir sagen sollten, wir nehmen unmittelbar Sinnesdaten wahr statt materieller Gegenstände. Wie ich jedoch schon bemerkt habe, gibt es einen allgemeinen Konsens unter denjenigen Philosophen, die den Begriff »Sinnesdatum« oder einen äquivalenten Ausdruck verwenden, daß wir immer nur unmittelbar Sinnesdaten wahrnehmen und niemals materielle Dinge. Für diese Position führen sie weitere Argumente an, die ich nun untersuchen werde.

Erstens wird darauf hingewiesen, daß es keinen intrinsischen Artunterschied zwischen denjenigen unserer Wahrnehmungen gibt, die in ihrer Präsentation materieller Gegenstände wahrheitsgetreu sind, und denen, die täuschen.[1] Wenn ich einen geraden Stock ansehe, dessen Erscheinung im Wasser gebrochen wird und der deshalb krumm aussieht, dann ist meine Erfahrung qualitativ dieselbe, wie wenn ich einen Stock ansähe, der wirklich gekrümmt ist. Wenn aufgrund dessen, daß ich eine Brille mit grünen Gläsern aufsetze, die weißen Wände meines Zimmers mir grün erscheinen, dann ist meine Erfahrung qualitativ dieselbe, wie wenn ich Wände wahrnähme, die wirklich grün sind. Wenn Menschen, deren Beine amputiert wurden, weiterhin Druck auf ihnen empfinden, dann ist ihre Erfahrung qualitativ dieselbe, wie wenn wirklich Druck auf ihre Beine ausgeübt werden würde. Aber, so wird argumentiert, falls in den Fällen, wo uns unsere Wahrnehmungen täuschen, wir immer etwas von einer anderen Art wahrnähmen als in den Fällen, wo unsere Wahrnehmungen wahrheitsgetreu sind, dann sollten wir erwarten, daß unsere Erfahrung in beiden Fällen qualitativ verschieden wäre. Wir sollten erwarten, aufgrund des intrinsischen Charakters einer Wahrnehmung entscheiden zu können, ob es sich um eine Wahrnehmung eines Sinnesdatums oder um die eines materiellen Gegenstands handelte. Aber das ist unmöglich, wie die Beispiele zeigen, die ich gegeben habe. In einigen Fällen gibt es tatsächlich einen Unterschied im Hinblick auf die Überzeugungen, die die Erfahrungen hervorrufen, wie man an meinem ursprünglichen Beispiel erkennen kann. Denn wenn wir unter Normalbedingungen die visuelle Erfahrung eines geraden Stocks haben, glauben wir, daß der Stock wirklich gerade ist. Aber wenn der Stock durch die Brechung im Wasser krumm erscheint, glauben wir nicht, daß er wirklich krumm ist. Wir betrachten die Tatsache, daß er im Wasser krumm aussieht, nicht als Beleg dagegen, daß er wirklich gerade ist. Es ist jedoch zu bemerken, daß dieser Unterschied in diesen

1 Vgl. Henry H. Price, *Perception*, Bristol 1950, S. 31.

begleitenden Überzeugungen nicht in der Natur der Wahrnehmungen selbst gründet, sondern von unserer vergangenen Erfahrung abhängt. Wir glauben nicht, daß der Stock, der im Wasser krumm erscheint, wirklich krumm ist, weil wir von unserer Erfahrung in der Vergangenheit wissen, daß er unter normalen Umständen gerade aussieht. Aber ein Kind, das nicht gelernt hat, daß Brechung eine Ursache für Verzerrung ist, würde natürlicherweise glauben, daß der Stock so krumm ist, wie er aussieht. Deshalb rechtfertigt die Tatsache, daß es diesen Unterschied zwischen Überzeugungen gibt, die wahrheitsgetreue und täuschende Wahrnehmungen begleiten, nicht die Ansicht, daß es sich hierbei um Wahrnehmungen von gattungsmäßig verschiedenen Objekten handelt, insbesondere da die Unterscheidung keineswegs auf alle Fälle zutrifft. Denn manchmal ist es so, daß eine täuschende Erfahrung nicht nur qualitativ von einer wahrheitsgetreuen ununterscheidbar ist, sondern sie wird auch für wahrheitsgetreu gehalten wie im Beispiel der Fata Morgana. Umgekehrt gibt es Fälle, in welchen Erfahrungen, die tatsächlich wahrheitsgetreu sind, für Täuschungen gehalten werden, wie wenn wir etwas so Fremdes oder Unerwartetes sehen, daß wir zu uns selbst sagen, daß wir träumen. Tatsache ist, daß es nicht möglich ist aufgrund des Charakters einer Wahrnehmung an sich, d. h. unabhängig von ihrer Beziehung zu weiterer Sinneserfahrung, zu sagen, ob sie wahrheitsgetreu ist oder eine Täuschung. Aber es bleibt zu sehen, ob wir daraus schließen dürfen, daß das, was wir unmittelbar wahrnehmen, immer ein Sinnesdatum ist.

Eine andere Tatsache, die zeigen soll, daß wir selbst im Fall wahrheitsgetreuer Wahrnehmungen kein unmittelbares Bewußtsein materieller Dinge haben, besteht darin, daß wahrheitsgetreue und täuschende Wahrnehmungen eine stetige Reihe bilden können, und zwar sowohl im Hinblick auf ihre Qualitäten als auch im Hinblick auf die Bedingungen, unter denen sie stattfinden.[2] Wenn ich mich nämlich einem Objekt allmählich aus der Entfernung nähere, könnte ich zunächst eine Reihe von Wahrnehmungen haben, die in dem Sinne täuschen, daß das Objekt kleiner erscheint, als es wirklich ist. Nehmen wir an, daß diese Reihe ihren Abschluß in einer wahrheitsgetreuen Wahrnehmung findet. Dann wird der qualitative Unterschied zwischen dieser Wahrnehmung und ihrem unmittelbaren Vorgänger von derselben Art sein wie der Unterschied zwischen zwei beliebigen täu-

2 Vgl. ebenda S. 32.

schenden Wahrnehmungen, die einander in dieser Reihe benachbart sind. Unter der Annahme, daß ich außerdem mit gleichförmiger Geschwindigkeit gehe, wird dasselbe von dem Unterschied unter den Bedingungen gelten, von denen die Erzeugung der Reihe abhängt. Ein ähnliches Beispiel wäre das der stetigen Veränderung der scheinbaren Farbe eines Dings, das bei sich allmählich veränderndem Licht gesehen wird. Auch hier ist die Beziehung zwischen einer wahrheitsgetreuen Wahrnehmung und der Wahrnehmungstäuschung, die ihr unmittelbar in der Reihe benachbart ist, dieselbe wie die, die zwischen benachbarten Wahrnehmungstäuschungen besteht, und zwar sowohl im Hinblick auf den qualitativen Unterschied als auch im Hinblick auf die Veränderung der Bedingungen. Diese Unterschiede sind aber Unterschiede des Grades und keine Wesensunterschiede. Aber, so wird argumentiert, so etwas würden wir nicht erwarten, wenn die wahrheitsgetreue Wahrnehmung die Wahrnehmung eines Objekts einer wesentlich anderen Art wäre, d. h. von einem materiellen Gegenstand im Gegensatz zu einem Sinnesdatum. Zeigt nicht die Tatsache, daß wahrheitsgetreue und täuschende Wahrnehmungen so ineinanderübergehen, wie es an diesen Beispielen aufweisbar ist, daß die wahrgenommenen Objekte in beiden Fällen dieselben sind? Daraus würde folgen, wenn man Wahrnehmungstäuschungen für Wahrnehmungen von Sinnesdaten halten würde, daß wir immer nur Sinnesdaten unmittelbar wahrnehmen und keine materiellen Dinge.

Das letzte Argument, das in diesem Zusammenhang betrachtet werden soll, beruht auf der Tatsache, daß alle unsere Wahrnehmungen, ob sie nun wahrheitsgetreu sind oder nicht, in einem gewissen Maß von äußeren Bedingungen abhängen, wie von der Eigenart des Lichts und von unseren eigenen physiologischen und psychologischen Zuständen. Im Falle von Wahrnehmungen, die wir für Täuschungen halten, sind wir uns dieser Tatsache für gewöhnlich bewußt. Wir sagen z. B., daß der Stock gekrümmt aussieht, weil er durch das Wasser gesehen wird; daß die weiße Wand mir grün erscheint, weil ich sie durch eine grüne Brille sehe; daß das Wasser sich kühl anfühlt, weil meine Hand heiß ist; daß der Mörder eine Erscheinung seines Opfers sieht, weil er ein schlechtes Gewissen hat oder weil er Drogen genommen hat. Im Fall von Wahrnehmungen, die wir für wahrheitsgetreu halten, neigen wir dazu, solche kausalen Abhängigkeiten zu übersehen, da es im allgemeinen das Auftreten des Unerwarteten und des Ungewöhnlichen ist, das uns veranlaßt, nach einer Ursache zu suchen. Aber auch hier gibt es keinen wesentlichen Unterschied zwischen wahrheitsgetreuen und täuschenden Wahrnehmungen. Wenn ich z. B. auf das Blatt Papier schaue, auf dem ich schreibe, dann kann ich behaupten, daß ich es so sehe, wie es wirklich ist. Aber ich muß zugeben, daß, um diese Erfahrung zu machen, es nicht ausreicht, daß wirklich ein solches Blatt Papier da ist. Viele andere Faktoren sind notwendig, wie z. B. die Beschaffenheit des Lichts, meine Entfernung von dem Papier, die Art des Hintergrunds, der Zustand meines Nervensystems und meiner Augen. Ein Beweis für ihre Notwendigkeit besteht darin, daß ich den Charakter meiner Wahrnehmung verändern kann, wenn ich diese Bedingungen verändere. Wenn ich meine Augenstellung verändere, sehe ich zwei Blätter Papier anstatt nur eines; wenn mir schwindlig wird, fängt die Erscheinung des Papiers an zu verschwimmen; wenn ich meine räumliche Position hinreichend ändere, scheint es eine andere Form und Größe zu haben; wenn das Licht verschwindet oder wenn ein anderes Objekt zwischen mich und das Papier geschoben wird, werde ich es überhaupt nicht mehr sehen. Andererseits gilt das Umgekehrte nicht. Wenn das Papier weggenommen wird, sehe ich es nicht mehr. Aber der Zustand des Lichts oder meines Nervensystems oder eines jeden anderen Faktors, der relevant für das Auftreten meiner Wahrnehmung ist, kann dennoch gleichgeblieben sein. Daraus könnte man schließen, daß die Beziehung zwischen meiner Wahrnehmung und diesen Begleitumständen so ist, daß jene von diesen abhängt, während das Umgekehrte nicht der Fall ist. Dasselbe würde gelten für jedes andere Beispiel einer wahrheitsgetreuen Wahrnehmung, das man wählen könnte.

Nachdem dieser Punkt hinreichend begründet ist, geht das Argument auf folgende Weise weiter. Es ist charakteristisch für materielle Dinge, daß ihre Existenz und ihre wesentlichen Eigenschaften von jedem besonderen Beobachter unabhängig sind. Denn man nimmt an, daß sie unverändert fortbestehen, ob sie von der einen oder anderen Person oder überhaupt nicht wahrgenommen werden. Aber das, so wird argumentiert, gilt nicht von den Gegenständen, die wir unmittelbar wahrnehmen. Und so kommen wir zu dem Schluß, daß das, was wir unmittelbar wahrnehmen, in keinem Fall ein materieller Gegenstand sein kann. Entsprechend dieser Überlegung werden manche Wahrnehmungen korrekterweise für wahrheitsgetreu gehalten und andere für Täuschungen wegen der verschiedenen Beziehungen, in denen ihre Gegenstände zu materiellen Dingen stehen. Und es ist ein philosophisches Problem zu entdecken, was diese Beziehungen sind. Man mag uns zugestehen, daß wir indirektes Wissen von den Eigenschaften materieller Gegenstände haben. Aber dieses Wissen, so wird behauptet, muß durch das Medium der Sinnesdaten erworben sein, da diese die einzigen Gegenstände sind, von denen wir in der sinnlichen Wahrnehmung ein unmittelbares Bewußtsein haben.

16. Die Unhintergehbarkeit der Wahrnehmung
Maurice Merleau-Ponty

»Empfindung«

Empfindung als Impression

In die Untersuchung der Wahrnehmung eintretend, finden wir in der Sprache den scheinbar so unmittelbaren wie klaren Begriff der Empfindung vor: Ich empfinde Röte, Bläue, Wärme, Kälte. Doch bald erweist sich dieser Begriff als äußerst verworren; weil sie auf ihn sich stützten, verfehlten die klassischen Theorien das Wahrnehmungsphänomen.

Unter Empfindung kann zunächst die Weise meiner Affizierung, die Erfahrung eines Zustandes meiner selbst verstanden werden. Dann zeigten etwa das bei geschlossenen Augen mich abstandslos umgebende Grau, die im Halbschlaf »in meinem Kopf« summenden Töne an, was reines Empfinden wäre. Dann empfände ich genau insofern, als ich mich vom Empfundenen nicht unterschiede, insofern dies also, ortlos in der objektiven Welt, mir nichts bedeutete. Diesem Begriff gemäß wäre die Empfindung diesseits jederlei qualifizierten Inhalts zu suchen, da schon Rot und Grün, sollen sie voneinander als zwei Farben sich unterscheiden, sich mir gegenüber – wennschon ohne bestimmte Lokalisierung – gleichsam ins Bild setzen müssen und so schon nicht mehr ununterschieden von mir selbst sind. Die reine Empfindung bezeichnete dann einen undifferenzierten, punktuell-augenblicklichen »Anstoß«. Es bedarf aber keines Beweises, daß nichts, wovon wir Erfahrung haben, diesem Begriffe entspricht; unbestrittenermaßen ist schon die einfachste uns bekannte *faktische Wahrnehmung*, etwa beim Affen oder beim Huhn, bezogen auf Verhältnisse, und nicht auf absolut Gesondertes[1]. Allerdings bleibt zu fragen, was gleichwohl die Unterscheidung einer »impressionalen« Schicht im Aufbau der Wahrnehmung *rechtmäßig* erscheinen läßt. Betrachten wir einen weißen Fleck auf homogenem Untergrund. Den sämtlichen Punkten des Flecks eignet eine gewisse gemeinsame »Funktion«, der gemäß sie eine »Figur« bilden. Die Farbe dieser Figur ist dichter und

1 Vgl. vom Verf.: *La structure du comportement*, Paris 1942, S. 142ff.

gleichsam widerständiger als die des Untergrundes; die Ränder des weißen Flecks »gehören« zu ihm, und nicht zu dem doch ebenso sie begrenzenden Untergrund; der Fleck erscheint wie auf den Untergrund aufgelegt, ohne diesen zu unterbrechen. Beide bekunden mehr als sie beinhalten; und so hat diese einfachste Wahrnehmung schon in sich einen Sinn. Indessen, wird man sagen, wenn schon nicht Figur und Untergrund als Ganzes empfunden sind, so müssen sie es doch in jedem ihrer Punkte sein. Doch vergißt man dabei, daß ein jeder Punkt seinerseits nicht anders denn als Figur auf einem Untergrund wahrgenommen werden kann. Wenn die Gestaltpsychologie lehrt, daß eine Figur auf einem Untergrund das Einfachste ist, was uns sinnlich gegeben zu sein vermag, so konstatiert sie nicht lediglich einen kontingenten Charakter faktischen Wahrnehmens, der es etwa noch zuließe, gleichwohl in die »Wesens«-Beschreibung der Wahrnehmung den Begriff der Impression aufzunehmen. Vielmehr definiert sie das Wahrnehmungsphänomen als solches; sie bestimmt die notwendige Bedingung, unter der überhaupt ein Phänomen als Wahrnehmung angesprochen zu werden vermag. Stets liegt das »Etwas« der Wahrnehmung im Umkreis von Anderem, stets ist es Teil eines »Feldes«. Nie vermöchte eine schlechthin homogene Fläche, auf der durchaus *nichts wahrzunehmen* wäre, *Gegenstand einer Wahrnehmung* zu werden. Was Wahrnehmung ist, kann einzig und allein die Struktur des wirklichen Wahrnehmens lehren. Die reine Impression ist sonach nicht allein unauffindbar, sie ist unwahrnehmbar, und folglich undenkbar als Moment der Wahrnehmung. Sie ist nur zu denken, sofern man über dem wahrgenommenen Gegenstand die Erfahrung der Wahrnehmung selbst aus dem Blick verliert. Ein Gesichtsfeld setzt sich nicht aus Lokaldaten zusammen. Wohl freilich besteht ein gesehener Gegenstand aus Materialteilen und befinden sich seine Raumpunkte im Verhältnis des Außereinander. Eine isolierte Wahrnehmungsgegebenheit erweist sich beim Gedankenversuch, sie wahrzunehmen, als unmöglich. Wohl freilich gibt es in der Welt isolierte Gegenstände und physische Leere.

Empfindung als Qualität

Der Versuch, Empfindung als reine Impression zu definieren, schlägt fehl. Doch beim Sehen sind Lichter und Farben, beim Hören Laute, beim Empfinden Qualitäten gegeben; genügt es nicht, ein Rot gesehen, ein C gehört zu haben, um zu wissen, was Empfinden ist? – Rot und Grün sind aber nicht Empfindungen, sondern Empfundenes, Qualitäten sind nicht Bewußtseinselemente, sondern Eigenschaften eines Gegenstandes. Die Qualität gibt so wenig ein einfaches Mittel zur Bestimmung der Empfindung an die Hand, daß sie vielmehr, so genommen, wie Erfahrung sie entdeckt, sich in derselben Fülle und Dunkelheit darbietet wie der wahrgenommene Gegenstand selbst als ganzer. Dieser rote Fleck dort auf dem Teppich dankt sein eigentümliches Rot dem Schatten, der über ihn hingleitet, seine Qualität in ihrem Erscheinen steht im Bezug zum Spiel des Lichts, ist Moment einer bestimmten räumlichen Konfiguration. Überhaupt ist die Farbe nur bestimmbar, sofern sie eine gewisse Fläche bedeckt, in zu geringer Ausdehnung bliebe sie unqualifizierbar. Und dieses Rot wäre buchstäblich nicht dasselbe, wäre es nicht das »wollige Rot« eines Teppichs[2]. Stets entdeckt die Analyse von Qualitäten ihnen innewohnende Bedeutungen. Man wird entgegnen: Gewiß überdeckt die faktische Erfahrung die Qualitäten mit Erwerben vorgängigen Wissens; davon bleibt aber doch das grundsätzliche Recht unberührt, »reines Empfinden« zu bestimmen durch die »reine Qualität«. Doch wir sahen ja eben zuvor, daß solches reine Empfinden nichts empfinden, und somit nicht Empfinden hieße. Die angebliche Evidenz des Empfindens gründet sich nicht auf ein Zeugnis unseres Bewußtseins, sondern auf ein Vorurteil. Was »Sehen«, »Hören«, »Fühlen« ist, glauben wir zu wissen, weil die Wahrnehmung immer schon farbige oder tönende Gegenstände uns gibt. Wie man »Sehen«, »Hören«, »Fühlen« zu analysieren pflegt, überträgt man diese Gegenstände ins Bewußtsein. Man begeht den von der Psychologie so genannten »experience error«, indem man, was wir von den Dingen wissen, unserem unmittelbaren Bewußtsein von den Dingen zuschreibt. Aus Wahrgenommenem macht man Wahrnehmung. Und da das Wahrgenommene selbst natürlich nicht zugänglich ist ohne Wahrnehmung, begreift man schließlich das eine so wenig wie das andere. Beständig benommen von der Welt, gelingt es uns schwer, uns von ihr zu lösen, um das Weltbewußtsein ins Auge zu fassen. Gelingt es uns aber, so müssen wir sehen, daß Qualitäten nie unmittelbar erlebt sind und daß jedes Bewußtsein Bewußtsein von etwas ist. Dieses »Etwas« ist übrigens nicht notwendig ein identifizierbarer Gegenstand. Zwei Grundirrtümer herrschen bezüglich der Qualitäten: der eine besteht darin, sie als Bewußtseinselemente vorzustellen, da sie vielmehr Bewußtseinsgegen-

2 Jean-Paul Sartre, *L'imaginaire*, Paris 1943, S. 241.

stände sind, sie als stumme Impressionen zu nehmen, indessen sie nie ohne Sinn sind; der andere darin, zu meinen, Sinn und Gegenstand seien schon auf der Ebene der Qualitäten völlig erfüllt und bestimmt. Beide Irrtümer wurzeln im Welt-Vorurteil. Wir können nach den Regeln der Optik und Geometrie den Weltausschnitt konstruieren, dessen Bild sich in jedem Augenblick auf unserer Netzhaut abzeichnen kann. Was außerhalb dieses Umkreises liegt und sich auf keiner empfindlichen Oberfläche reflektiert, kommt ebensowenig in unsere Sicht, wie Licht auf geschlossene Augen wirkt. So müßte, was wir wahrnehmen, ein scharf umgrenztes Weltsegment sein, außen umgeben von einer dunklen Zone, innen lückenlos erfüllt von Qualitäten, getragen von Größenverhältnissen gleicher Bestimmtheit wie die auf der Netzhaut. Doch nichts dergleichen begegnet uns in der Erfahrung, und von jener Welt ausgehend, werden wir nie erfassen, was ein *Gesichtsfeld* ist. Wenn es auch möglich ist, den Sichtumkreis abzutasten, indem man allmählich vom Zentrum aus den Randeindrücken sich nähert, so schwankt doch das Ergebnis solchen Messens von Augenblick zu Augenblick, und nie gelingt es, den Augenblick festzuhalten, in dem ein zuvor wahrgenommener Eindruck aus dem Feld verschwindet. Die das Gesichtsfeld umgebende Region ist nicht leicht zu beschreiben, doch ist sie sicher weder schwarz noch grau. Sie steht in einer *unbestimmten Sicht*, der Sicht eines *Je ne sais quoi*, und am Ende ist sogar das in meinem Rücken Gelegene nicht gänzlich ohne visuelle Gegenwart.

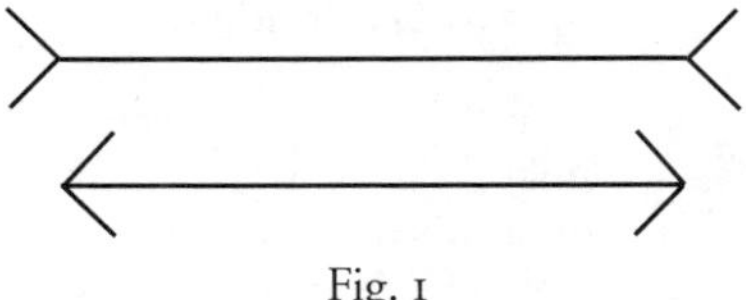

Fig. I

Die beiden Strecken der Müller-Lyerschen Täuschung [Figur I] sind weder gleich noch ungleich lang; denn zwingend ist diese Alternative nur in der Welt der Objektivität[3]. Das Gesichtsfeld ist ein einzigartiges Mileu, in dem widersprüchliche Begriffe sich kreuzen, da Gegenstände in ihm – die Müller-Lyerschen Geraden z. B. – nicht auf den Boden des Seins gesetzt sind, auf dem ein Vergleich erst möglich wird,

3 Vgl. Kurt Koffka, *Psychologie. Lehrbuch der Philosophie*, Berlin 1925, S. 530.

sondern jeder in *seinem* Zusammenhang begegnet, als gehörten sie nicht zu derselben Welt. Lange hat sich die Psychologie darauf versteift, dieses Phänomen zu ignorieren. In der Welt an sich ist alles bestimmt. Wohl gibt es verworrene Anblicke, wie etwa den einer Landschaft an einem nebeligen Tage, doch gilt uns stets als unzweifelhaft, daß keine wirkliche Landschaft an sich »konfus« ist; sie ist es allein für uns. Ein Gegenstand, meint die Psychologie, ist niemals zweideutig, er ist es bloß für den unaufmerksamen Beobachter. Nicht die Grenzen des Gesichtsfeldes selbst sind schwankend, es gibt den wohlbestimmten Augenblick, von dem an ein sich nähernder Gegenstand in völliger Klarheit sichtbar ist, nur wir »bemerken« es nicht. Doch auch dieser Begriff der Aufmerksamkeit wiederum gründet sich, wie wir ausführlich zeigen werden, auf keinerlei Zeugnis des Bewußtseins. Er ist eine bloße hypothetische Hilfskonstruktion, erfunden, das Vorurteil der objektiven Welt zu retten. Wir müssen uns entschließen, die Unbestimmtheit als positives Phänomen anzuerkennen. Nur im Bereich dieses Phänomens begegnen uns Qualitäten. Der Sinn, den eine jede Qualität beschließt, ist ein äquivoker, ist mehr ein Ausdruckswert als eine logische Bedeutung. Die bestimmte Qualität, auf die sich der Empirismus zum Zweck der Definition der Empfindung beruft, ist ein Gegenstand, nicht Element des Bewußtseins, und zwar abgeleiteter Gegenstand des wissenschaftlichen Bewußtseins. In diesem doppelten Sinne gilt, daß ihr Begriff die Subjektivität mehr verbirgt als enthüllt.

Was ist Empfinden?

Einmal mehr erweist sich in der Reflexion – sei es auch die sekundäre der Wissenschaft – als dunkel, was zuvor klar schien. Was Empfinden, was Sehen, was Hören ist, glaubten wir zu wissen, jetzt nennen diese Worte ein Problem. Um sie neu zu bestimmen, müssen wir auf die Erfahrungen selbst zurückgehen, die sie bezeichnen. Der klassische Begriff der Empfindung war kein Reflexionsbegriff, sondern spätes Produkt eines den Gegenständen verhafteten Denkens, der Schlußstein seiner Weltvorstellung, der dunkelste, weil von den konstitutiven Quellen entfernteste aller Begriffe. Unvermeidlich mußte eine nach universaler Objektivierung strebende Wissenschaft dahin gelangen, den menschlichen Organismus vorzustellen als ein physisches System, das Reizen unterliegt, die ihrerseits sich definieren durch physisch-chemische Beschaffenheiten; mußte sie ferner bemüht sein, auf dieser Grundlage dann die wirkliche Wahrnehmung erst zu rekonstruieren[4] und endlich den Kreis des wissenschaftlichen Erkennens zu schließen durch die Feststellung der Gesetze, nach denen die Erkenntnis selbst sich produziert, durch die Begründung einer objektiven Wissenschaft der Subjektivität [...]. Doch ebenso unvermeidlich mußte dieser Versuch scheitern. Halten wir uns an die Ergebnisse der objektiven Forschung selbst, so bemerken wir zunächst, daß die äußeren Bedingungen des Sinnesfeldes dieses keineswegs Stück für Stück bestimmen, sondern lediglich zur Ermöglichung einer eigenständigen Organisation beitragen – das zeigt die Gestalttheorie; wir bemerken ferner, daß die Strukturierung im Organismus von Variabeln wie dem biologischen Situationssinn abhängt, die nicht mehr Variabeln physischer Art sind, so daß der gesamte Zusammenhang sich dem Zugriff der bekannten Instrumente mathematisch-physikalischer Analyse entzieht und eine neue Weise der Einsicht erfordert und ermöglicht[5]. Wenden wir jetzt der Wahrnehmungserfahrung uns zu, so entdecken wir, daß die Wissenschaft nur ein Scheinbild der Subjektivität zu konstruieren vermocht hat: sie arbeitet mit einer Vorstellung von Empfindungen, als seien sie Dinge, wo die Erfahrung uns schon Bedeutungszusammenhänge zeigt; sie unterwirft die phänomenale Welt Kategorien, die nur für die Welt der Wissenschaft Sinn haben. Sie fordert, zwei wahrgenommene Strecken, als zwei wirkliche Strecken, müßten gleich oder ungleich sein, ein wahrgenommener Kristall müsse eine bestimmte Anzahl von Grenzflächen haben[6], ohne ein Auge dafür zu haben, daß es dem Wahrgenommenen wesentlich ist, Zweideutigkeiten, Schwankungen, Einflüsse des Zusammenhangs einzuschließen. In der optischen Täuschung von Müller-Lyer ist die eine der Linien der anderen nicht gleich, ohne ihr darum »ungleich« zu sein: sie ist vielmehr »anders«. M. a. W., für die Wahrnehmung sind eine isolierte objektive Linie und dieselbe in einem Gestaltzusammenhang nicht »dasselbe«. Identifizierbar ist die Strecke in diesen beiden Funktionen allein in einer analytischen Wahrnehmung, die nicht natürlich ist. Ebenso beschließt das Wahrgenommene »Lücken«, die

4 »Die Empfindungen sind also gewiß Kunstprodukte, aber doch auch nicht willkürlich, sie sind diejenigen letzten Unterganzen, in welche die natürlichen Gestalten durch ›analytische Einstellung‹ zerfallen können. Unter diesem Gesichtspunkt betrachtet tragen sie also zur Kenntnis der Gestalten bei, und weil es so ist, darum sind auch die Ergebnisse der Empfindungsforschung bei richtiger Verwendung wichtige Bestandteile der Wahrnehmungspsychologie.« Koffka, *Psychologie*, S. 548.

5 Vgl. *La structure du comportement*, 3. Kapitel.

6 Koffka, *Psychologie*, S. 530 und S. 549.

keineswegs einfach »unwahrgenommen« sind. Ich kann durch Sehen oder Fühlen einen Kristall als »regelmäßigen« Körper erkennen, ohne, sei es auch »stillschweigend«, seine Grenzflächen gezählt zu haben; ein Gesicht kann mir vertraut sein, ohne daß ich jemals eigens die Farbe der Augen wahrgenommen habe. Indem die Theorie der Empfindungen alles Wissen aus bestimmten Qualitäten aufbaut, konstruiert sie von jederlei Äquivokation befreite, reine, absolute Gegenstände, die eher ein Ideal der Erkenntnis als deren wirkliches Thema sind, und paßt sich bloß einer späten Superstruktur des Bewußtseins an. Nur dort gibt es eine »*annähernde* Realisierung der *Idee* der Empfindung«[7]. Bilder, wie Instinkte sie projizieren oder wie Tradition in jeder Generation sie erneuert, oder auch einfach Träume bieten zunächst sich mit gleichem Rechtstitel an wie Wahrgenommenes im eigentlichen Sinne, und erst allmählich unterscheidet eigentliche, aktuelle und explizite Wahrnehmung sich durch kritische Arbeit von den Phantasmen. Das Wort zeigt eher eine *Richtung* als eine primitive Funktion an. [...] Man weiß, daß die Konstanz der scheinbaren Größe von Gegenständen bei wechselnder Entfernung, oder die ihrer Farbe bei verschiedener Beleuchtung, bei Kindern vollkommener ist als bei Erwachsenen[8]. M. a. W., im späteren Stadium ist die Wahrnehmung an den Lokalerreger enger gebunden als im frühen, sie ist beim Erwachsenen in besserer Übereinstimmung mit der Empfindungstheorie als beim Kind. Sie ist wie ein »Netzgebilde«, in dem »gleichsam die Knotenpunkte immer bestimmter und prägnanter ... hervortreten«[9]. Vom »primitiven Denken« hat man ein Bild gezeichnet, das nur dann zu verstehen ist, wenn man die Antworten und Aussagen der Primitiven und die Interpretationen der Soziologen auf den Erfahrungsboden der Wahrnehmung zurückbezieht, den diese wie jene zum Ausdruck zu bringen suchen[10]. Bald ist es die Bindung des Wahrgenommenen an seinen Kontext, gleichsam seine Viskosität, bald die Anwesenheit einer positiven Unbestimmtheit in ihm, die es verhindern, daß sich räumliche, zeitliche und numerische Ganzheiten in handlichen, wohl unterschiedenen und identifizierbaren Begriffen artikulieren. Diesen vorobjektiven Bereich eben gilt es in uns zu erforschen, wollen wir das Empfinden verstehen.

7 Max Scheler, *Die Wissensformen und die Gesellschaft*, Leipzig 1926, S. 326.

8 Hering, Jaensch.

9 Scheler, *Die Wissensformen und die Gesellschaft*, S. 327.

10 Vgl. Max Wertheimer, »Über das Denken der Naturvölker«, in: *Drei Abhandlungen zur Gestalttheorie*, Erlangen 1925.

Assoziation und Gedächtnisprojektion

Gibt es »Empfindung«, dann ist alle Erfahrung Empfindung

Einmal eingeführt, verfälscht der Empfindungsbegriff zum voraus alle Analyse der Wahrnehmung. Bereits die einfachste »Figur« auf einem »Hintergrund«, ist, wie gesagt, weit mehr als die Summe aktuell gegebener Qualitäten. Die Figur hat ihren »Umriß«. Dieser »gehört« zu ihr, und nicht zu dem Untergrund, von dem er sich »abhebt«. Die Figur ist wohlumrissen und dicht gefärbt, der Untergrund, der sich »unter« ihr »fortsetzt«, unbegrenzt und von ungewisser Färbung. Jeder Teil des Ganzen der Figur – so etwa die dem angrenzenden Untergrund am nächsten benachbarten Teile – hat nicht nur seine Farbe und Qualität, sondern seinen besonderen *Sinn.* Die Frage ist, was diesen Sinn ausmacht, was hier Ausdrücke wie »Rand« und »Umriß« bedeuten, was eigentlich vor sich geht, wenn ein Ganzes von Qualitäten *als* Figur auf einem Untergrund *erfaßt* wird. Ist aber einmal die Empfindung als Element der Erkenntnis eingeführt, so bleibt für die Beantwortung solcher Fragen gar keine Wahl mehr. Ein Wesen, das – im Sinne absoluter Koinzidenz mit Impressionen oder Qualitäten – »Empfindungen« hätte, wäre überhaupt keiner anderen Erkenntnisweise mehr fähig. Daß eine Qualität, eine rote Fläche z. B., etwas bedeutet, etwa einen Fleck auf einer Unterlage, heißt hingegen eben, daß das Rot nicht allein das Farberlebnis ist, in dessen warmer Empfindung ich aufgehe, sondern noch anderes anzeigt, das in ihm nicht eingeschlossen ist, daß es dergestalt eingeht in eine Erkenntnisfunktion, daß seine Teile ein Ganzes bilden und diesem, ein jedes an seiner Stelle, unlöslich sich einfügen. Das Rot ist nicht bloß einfach gegenwärtig, in seiner Gegenwart vergegenwärtigt es mehr als es selbst, etwas, was nicht »reelles Moment«, sondern »intentionales Moment« der Wahrnehmung[11], nicht mein »Besitz«, sondern ein »Vermeintes« ist. Mein Blick verschmilzt nicht mit dem Fleck oder seinem Umriß, wie er es in dem bloß als »Materie« genommenen Rot könnte, er überblickt den Umriß, umfaßt den Fleck. Soll die Empfindung eine sie wahrhaft durchdringende Bedeutung annehmen, sich dem zum Ganzen der »Figur« gehörigen und vom Untergrund unabhängigen »Um-

11 Die Unterscheidung »reeller« und »intentionaler Momente« der »Akte« stammt von Husserl. Maurice Pradines, *Philosophie de la sensation*, I, Paris 1928, besonders S. 152 ff., hat sie übernommen und vertieft.

riß« einfügen können, so kann sie auch als punktuelle nicht absolute Koinzidenz mit ihrem Empfundenen, dürfte sie somit nicht Empfindung sein. Halten wir aber an diesem klassischen Begriff der »Empfindung« fest, so kann das Sinnliche keinerlei Bedeutung haben, die nicht wiederum nur auf weiteren – gegebenen oder virtuellen – Empfindungen beruhte. Eine Figur sehen, kann dann nur heißen, im Besitz sämtlicher ihr zugehörigen punktuellen Empfindungen zugleich sein. Eine jede von diesen bliebe dabei, was sie ist, blinde Berührung und Impression; das Ganze würde uns dadurch allein »sichtbar« und formte sich uns zum Bilde, daß wir darin geübt wären, immer rascher von einer Impression zur nächsten überzugehen. Der Umriß wäre nichts als eine Summe von Lokaldaten, das ihn erfassende Bewußtsein ein bloß kolligierendes.

Empirismus und Reflexion

Die Bezüge von »Figur« und »Hintergrund«, »Ding« und »Nicht-Ding« und der Horizont der Vergangenheit wären somit auf keinerlei in ihnen erscheinende Qualitäten reduzierbare Bewußtseinsstrukturen. Dem Empirismus bleibt jedoch stets der Ausweg, dieses Apriori als Resultat einer geistigen Chemie zu betrachten. Er mag zugeben, daß Dinge stets nur auf einem nicht-dinglichen Untergrund begegnen, Gegenwart stets nur gegenwärtig ist zwischen zwei Horizonten der Abwesenheit, dem der Vergangenheit und dem der Zukunft. Doch neuerlich wird er behaupten, hier handle es sich lediglich um abgeleitete Bedeutungen. Die »Figur« und der »Hintergrund«, das »Ding« und seine »Umgebung«, die »Gegenwart« und die »Vergangenheit« – all diese Ausdrücke faßten nur die Erfahrung einer räumlich-zeitlichen Perspektive zusammen, die schließlich endet im Verlöschen der Erinnerung und im Verschwinden der Randeindrücke. Und wenn es selbst wahr sein sollte, daß in der faktischen Wahrnehmung diese Strukturen den in den Qualitäten gegebenen Sinn übersteigen, so wäre nicht bei diesem Zeugnis des Bewußtseins stehenzubleiben, sondern ihre theoretische Rekonstruktion auf Grund der Impressionen aufgegeben, deren tatsächliche Verhältnisse sie doch zum Ausdruck bringen müßten. Einmal an diesem Punkte angekommen, ist der Empirismus unwiderlegbar. Da er das Zeugnis der Reflexion selbst zurückweist und die Strukturen, die wir jeweils vom Ganzen her auf die Teile zurückgehend zu verstehen bewußt sind, durch Assoziation äußerer Impressionen ableitet, bleibt kein Phänomen, das man dem

Empirismus als schlagendes Gegenargument vorhalten könnte. So ist überhaupt ein Denken, das sich selbst ignoriert und sich in den Dingen einrichtet, niemals durch Phänomenbeschreibungen zu widerlegen. Immer werden die Atome der Physik wirklicher scheinen als die historisch-qualitative Gestalt der Welt, physikalisch-chemische Reaktionen wirklicher als organische Gebilde, die psychischen Atome des Empirismus wirklicher als wahrgenommene Phänomene, die intellektuellen Atome, mit denen die Wiener Schule unter dem Namen von »Bedeutungen« operiert, wirklicher als das Bewußtsein – solange man dabei bleibt, die Gestalt dieser Welt, das Leben, die Wahrnehmung, den Geist konstruieren zu wollen, anstatt in der *Erfahrung*, die wir von all dem haben, die nächste Quelle und das letzte Richtmaß aller Erkenntnis von alledem zu erkennen. Diese die Verhältnisse von Klar und Dunkel umwälzende Blickwendung muß von einem jeden erst einmal vollzogen werden, um sich alsdann in ihrer Notwendigkeit zu bewähren durch die Fülle der Phänomene, die sie zum Verständnis bringt. Doch ohne diese Blickwendung bleiben diese Phänomene eben unzugänglich, und hält man ihm ihre Beschreibung vor, so vermag der Empirismus stets zu entgegnen, er *verstehe* nicht. In diesem Sinne ist die phänomenologische Reflexion ein ähnlich geschlossenes Denksystem wie die Verrücktheit, mit dem Unterschiede nur, daß sie sich selbst und auch noch den Verrückten zu verstehen vermag, der Verrückte aber sie nicht. Wenn jedoch also das phänomenale Feld gleichsam eine neue Welt ist, so ist es doch niemals dem natürlichen Denken schlechterdings unbekannt, vielmehr stets horizonthaft gegenwärtig, und auch die Lehre des Empirismus bleibt schließlich ein Versuch der Bewußtseinsanalyse. Es ist darum zum Zwecke der Mythenabwehr nicht unnütz, all das, was die empiristischen Konstruktionen unverständlich machen, all die ursprünglichen Phänomene, die sie maskieren, eigens anzuzeigen. Allem zuvor verbergen sie die »Kulturwelt«, die »menschliche Welt«, in der doch fast unser ganzes Leben sich abspielt. Für die meisten von uns ist doch die Natur kaum mehr als ein vages und fernes Wesen, verdrängt durch Städte, Straßen, Häuser und vor allem durch die Gegenwart der anderen Menschen. Für den Empirismus aber verdanken »Kulturgegenstände« und menschliche Gesichter ihre Physiognomie und ihre magische Macht bloß Übertragungen und Gedächtnisprojektionen, hat die menschliche Welt ihren Sinn nur durch Zufall. Nichts im sinnlichen Anblick einer Landschaft, eines Gegenstandes, eines Körpers bestimmt dieses Seiende dazu, »froh« oder »traurig«, »lebhaft« oder »eintönig«, »elegant« oder »grob« auszusehen. Aufs neue das, was wir wahrnehmen, durch die physikalisch-chemischen Eigenschaften auf unsere Sinnesorgane einwirkender Reize bestimmend, betrachtet der Empirismus den Zorn oder Schmerz, den ich auf einem Antlitz lese, die Religion, deren Wesen ich zögernd oder zurückhaltend erfasse, die Stadt, deren Struktur ich an der Haltung eines Polizisten oder am Stil eines Bauwerks erkenne – als schlechterdings nicht wahrgenommen. *Objektiven Geist* gibt es für den Empirismus nicht: das Leben des Geistes zieht sich ihm in das isolierte und allein der Introspektion zugängliche Bewußtsein zurück, indessen es sich doch allem Anschein nach in dem menschlichen Raum abspielt, der sich durch die Menschen, mit denen ich lebe, die Menschen, mit denen ich rede, die Stätte meiner Arbeit und die meines Glücks bestimmt. Freude und Traurigkeit, Lebhaftigkeit und Erschlaffung sollen bloß Gegebenheiten der Introspektion sein, und wenn wir sie unserer Umwelt und anderen Menschen zuschreiben, so nur, weil wir uns selbst die Koinzidenz dieser inneren Wahrnehmungen mit äußeren Anzeichen festgestellt haben, die sich ihnen durch die Zufälligkeit unserer Organisation zugesellen. Die also verarmte Wahrnehmung bleibt eine pure Erkenntnisoperation fortschreitenden Registrierens von Qualitäten und ihres gewöhnlichsten Ablaufs, das wahrnehmende Subjekt steht der Welt gegenüber wie der Wissenschaftler seinen Experimenten. Halten wir hingegen daran fest, daß all diese »Projektionen«, »Assoziationen« und »Übertragungen« sich auf innere Charaktere der Gegenstände gründen, dann erscheint die »menschliche Welt« nicht als eine bloße Metapher, sondern als das, was sie in Wahrheit ist: das Milieu und gleichsam die *Heimat* all unseres Denkens. Das Wahrnehmungssubjekt erscheint nicht als ein »weltloses« Denksubjekt, und Handeln, Fühlen und Wollen bleiben als ursprüngliche Weisen der Gegenstandssetzung zu erforschen, wenn anders »ein Gegenstand anziehend oder abstoßend erscheint, ehe er schwarz oder blau, rund oder eckig erscheint«[12]. Doch nicht dadurch allein, daß er die Kulturwelt, die der Nährboden unserer Existenz ist, zu einer Täuschung herabsetzt, verfälscht der Empirismus unsere Erfahrung. In gleicher Weise und aus demselben Grunde entstellt er auch die Naturwelt. Nicht ist dem Empirismus zum Vorwurf zu machen, daß er sie zum ersten Thema der Analyse gewählt hat. Denn in der Tat verweist ein jeder Kulturgegenstand auf einen Naturgrund zurück, auf dem er allererst erscheint, wie dunkel und fern dieser

12 Kurt Koffka, *The Growth of the Mind*, London 1925, S. 320.

Grund immer sein mag. Wahrnehmend ahnen wir unter dem Bildwerk die nahe Gegenwart der Leinwand, unter dem Baudenkmal die des verwitterten Mörtels, unter der Bühnenmaske die des sich abmühenden Schauspielers. Doch der Empirismus kennt die Natur bloß als Summe von Reizen und Qualitäten. Von *dieser* Natur aber zu behaupten, sie sei, auch nur intentional, unser erster Wahrnehmungsgegenstand, ist absurd: ihre Erfahrung ist später als die der Kulturgegenstände, oder vielmehr gehört sie zu dieser selbst. So wird auch die Naturwelt und ihre Seinsweise, die eine sehr andere als die des Gegenstandes der Wissenschaft ist, erst neu zu entdecken sein.

Zu den Phänomenen, die der Empirismus verdeckt, gehört insbesondere dieses, in dem das ganze Problem der *Gegenwart* eines Gegenstandes überhaupt beschlossen liegt: daß unter einer Figur der Untergrund sich fortsetzt, daß er unter ihr, die ihn doch bedeckt, gleichwohl *gesehen* ist. Der Empirismus behandelt diesen bedeckten Untergrund auf Grund einer physiologischen Definition des Sehens als unsichtbar und führt ihn auf eine bloße sinnliche Qualität zurück, die er durch ein Bild, d.h. eine abgeschwächte Empfindung, gegeben glaubt. Ganz allgemein seien wirkliche Gegenstände, die außerhalb unseres Gesichtsfeldes liegen, uns nur durch Bilder gegenwärtig, seien mithin lediglich »verbleibende mögliche Empfindungen«. Lassen wir aber das empiristische Postulat des Primats der Inhalte fallen, so vermögen wir die einzigartige Existenzweise eines hinter uns gelegenen Gegenstandes zu erkennen. Dem hysterischen Kind, das »sich umsieht, ob hinter ihm die Welt noch da ist«[13], fehlen nicht irgendwelche Bilder, sondern für es hat die wahrgenommene Welt jene ursprüngliche Struktur eingebüßt, kraft deren dem Normalen ihre verborgenen Aspekte ebenso gewiß sind wie die sichtbaren. Nochmals: Stets kann es dem Empirismus gelingen, aus der Verknüpfung psychischer Atome annähernde Äquivalente solcher Strukturen zu rekonstruieren. Doch die Erforschung der Wahrnehmungswelt, der wir die nachfolgenden Kapitel widmen, wird ihn mehr und mehr als eine Art geistiger Blindheit erweisen, als das am wenigsten zur Erschöpfung all dessen, was die Erfahrung erschließt, geeignete System, indessen unsere Besinnung die ihm eigene Wahrheit in ihren Grenzen wird zu begreifen und an ihren Ort zu setzen vermögen.

13 Max Scheler, *Idole der Selbsterkenntnis*, Leipzig 1919, S. 85.

»Aufmerksamkeit« und »Urteil«

Unsere Erörterung der klassischen Vorurteile richtete sich bisher gegen den Empirismus. In Wahrheit hatten wir nicht nur ihn im Blick. Es gilt nunmehr zu zeigen, daß die intellektualistische Antithese zu ihm auf demselben Boden steht wie er. Beide nehmen zum Gegenstand ihrer Analyse eine objektive Welt, die weder dem Sinne noch der Zeit nach das Erste ist, beide erweisen sich als unfähig, der eigentümlichen Weise der Konstitution eines Gegenstandes im perzeptiven Bewußtsein Ausdruck zu leihen. Beide wahren der Wahrnehmung gegenüber Abstand, anstatt sich auf sie einzulassen. [...]

Das Urteil und die reflexive Analyse

Es war [...] das Absehen des Intellektualismus, auf dem Wege der Reflexion die Struktur der Wahrnehmung selbst zu entdecken, anstatt sie aus dem Zusammenspiel von Assoziationskräften und Aufmerksamkeit zu erklären; doch auch dem Intellektualismus gelingt es nicht, die Wahrnehmung unmittelbar in den Blick zu fassen. Deutlicher macht dies eine Überprüfung der Rolle, die in der intellektualistischen Analyse dem Begriff des *Urteils* zufällt. Immer wieder findet sich das Urteil als dasjenige Element eingeführt, *das der Empfindung noch fehlt, um eine Wahrnehmung zu ermöglichen.* Die Empfindung ist nicht mehr als reales Bewußtseinselement angesetzt. Wird aber die Struktur der Wahrnehmung entworfen, so geschieht dies noch stets in der vom Empfindungsbegriff vorgezeichneten Linie. Wiewohl im Prinzip zugelassen nur als ein Grenzbegriff des Bewußtseins und gebraucht allein zur Bekundung der Kraft einer Bindung, als deren Gegenstück er fungiert, beherrscht dieser empiristische Begriff auch so noch die Analyse. Der Intellektualismus lebt von der Widerlegung des Empirismus, und zumeist bedient er sich der Berufung auf das Urteil, um der Möglichkeit einer Zerstreuung aller Empfindungen entgegenzutreten[14]. Die reflexive Analyse findet ihren Grund, indem sie die Thesen des Realismus und Empirismus bis in ihre äußersten Konsequenzen treibt und durch deren Absurdität ihre Gegenthese begründet. Doch

14 »Die *Humesche Natur bedürfte* eines Kantischen *Verstandes*, um zu existieren; und der *Hobbessche Mensch bedürfte* einer Kantischen *praktischen Vernunft*, sofern sich beide dem Tatbestande der natürlichen Erfahrung wieder annähern sollen.« Max Scheler, »Der Formalismus in der Ethik und die materiale Wertethik«, in: *Jahrbuch für philosophische und phänomenologische Forschung*, Bd. 2, 1916, S. 87.

eine solche *reductio ad absurdum* versichert keineswegs der Stimmigkeit mit dem wirklichen Wesen der Bewußtseinsleistungen. Die Möglichkeit bleibt, daß eine Theorie der Wahrnehmung, die *idealiter* ihren Ausgang von einer blinden Anschauung nimmt, zu deren Kompensation nur durch einen leeren Begriff gelangt, und daß das Urteil, als Gegenstück der reinen Empfindung, auf die allgemeine Funktion einer den Gegenständen gegenüber gleichgültigen Verbindung zurückfällt oder gar wiederum zu einer bloß aus ihren Wirkungen feststellbaren psychischen Kraft wird. Die berühmte Analyse des Wachsstückchens geht von Qualitäten wie Geruch, Farbe und Geschmack im Sprunge zu der Möglichkeit einer Unendlichkeit von Gestalten und Stellungen über, eine Unendlichkeit, die durchaus jenseits des wahrgenommenen Gegenstandes selbst liegt und allein das Wachs im Begriff der Physik definiert. Für die Wahrnehmung gibt es kein Wachs mehr, wenn all seine sinnlichen Eigenschaften verschwunden sind, nur die Wissenschaft ist es, die da eine sich durchhaltende Materie ansetzen muß. Da, um durchaus objektive und je in sich geschlossene Eigenschaften miteinander zu verbinden, Bestimmungen prädikativer Ordnung erforderlich sind, verliert man so das »wahrgenommene« Wachs aus dem Blick: seine ihm eigentümliche Seinsweise, seine Beständigkeit, die noch nichts von wissenschaftlich-exakter Identität hat, seinen »Innenhorizont«[15] möglicher Variation nach Gestalt und Größe, seine matte Farbe, in der seine Weichheit sich meldet, seine Weichheit, die ihrerseits den dumpfen Ton ankündigt, den das Wachs beim Beklopfen geben wird, schließlich die perzeptive Struktur des Gegenstandes selbst. Die Menschen, die ich vom Fenster aus sehe, sind mir verdeckt von ihren Hüten und Mänteln, ihr Bild kann sich auf meiner Netzhaut nicht widerspiegeln. Ich sehe sie also nicht, ich urteile nur, daß sie da sind[16]. Ist so das Sehen einmal nach der Weise des Empirismus als Besitz einer meinem Körper durch Reize eingezeichneten Qualität bestimmt [...], so genügt die geringste Illusion, insofern sie dem Gegenstand Eigenschaften zuschreibt, die auf der Netzhaut nicht sich abzeichnen, die Feststellung zu veranlassen, daß Wahrnehmen Urteilen sei [...]. Da ich zwei Augen habe, müßte ich

15 Vgl. Edmund Husserl, *Erfahrung und Urteil. Untersuchungen zur Genealogie der Logik*, Prag 1939, z. B. S. 172.

16 Descartes, *Zweite Meditation*: »... Ich zögre nicht zu sagen, daß ich da Menschen sehe, ganz so, wie ich sage, daß ich da Wachs sehe; und doch sehe ich von diesem Fenster aus nichts als Hüte und Mäntel, unter denen sich ja Gespenster oder von Uhrwerk getriebene Kunstfiguren bergen könnten! Aber ich urteile, daß es wirkliche Menschen sind ...«

den Gegenstand doppelt sehen; nehme ich also nur einen wahr, so konstruiere ich offenbar an Hand der zwei Bilder die Idee eines einzigen Gegenstandes und seines Abstandes zu mir [...]. Die Wahrnehmung wird so zu einer »Interpretation« von Zeichen, die infolge körperlicher Reize die Sinnlichkeit liefert [...], zu einer »Hypothese« des Geistes zur »Erklärung seiner Impressionen«[17]. Doch auch das Urteil selbst, eingeführt zum Zweck der Erklärung des Überschusses der Wahrnehmung über die Netzhauteindrücke, ist nicht der in echter Reflexion an ihm selbst erfaßte Wahrnehmungsakt, sondern wird zu einem bloßen Wahrnehmungs-»Faktor«, dem beizutragen bleibt, was der Körper nicht liefern kann; ist nicht ein transzendentaler, sondern bloß ein Akt logischen Schließens [...]. So wird der Bereich der Reflexion überschritten und eine Konstruktion der Wahrnehmung vorgenommen, anstatt daß ihr eigener Vorgang enthüllt wird; einmal mehr wird die ursprüngliche Leistung verfehlt, die dem Sinnlichen erst einen Sinn verleiht und die in jeder logischen Vermittlung und aller psychologischen Kausalität schon vorausgesetzt ist. So macht die intellektualistische Analyse die Wahrnehmungsphänomene, die sie aufklären wollte, im Gegenteil unverständlich. Das Urteil verliert seine konstitutive Funktion und wird zum bloßen Erklärungsprinzip; und in eins damit verlieren die Worte »Sehen«, »Hören«, »Fühlen« gänzlich ihren Sinn, da faktisch jedes Sehen immer schon die reine Impression überschreitet und somit unter die allgemeine Kategorie des »Urteilens« fällt. Die gemeine Erfahrung macht zwischen Empfinden und Urteilen einen sehr deutlichen Unterschied. Danach ist Urteilen Stellungnehmen und zielt auf Erkenntnis eines jederzeit für mich und für jedermann – für jeden wirklichen und möglichen Geist – Gültigen ab; Empfinden hingegen heißt, sich der Erscheinung hingeben, ohne sich ihrer bemächtigen oder Wahrheit über sie wissen zu wollen. Der Intellektualismus bringt diesen Unterschied zum Verschwinden, da für ihn überall, wo nicht reine Empfindung ist, Urteilen ist, und also durchaus überall nur Urteilen. Das Zeugnis der Phänomene ist so durchweg abgewiesen. Eine große Pappdose scheint mir schwerer als ein kleinerer Karton aus derselben Pappe, und einfach an das Phänomenale sich haltend, möchte man sagen, man *fühle* ihn zum voraus schon schwerer in der Hand. Doch der Intellektualismus schränkt den Begriff des Empfindens auf die Wirkung eines realen Reizes auf meinen Körper ein. Da hier keiner vorliegt, ist also zu sagen, daß als schwerer beur-

17 Jules Lagneau, *Célèbres Leçons*, Nîmes 1926, S. 160.

teilt, nicht empfunden wird, und dieses Beispiel, das so geeignet schien, auf den sinnlichen Aspekt einer Illusion hinzuweisen, dient so im Gegenteil dem Nachweis, daß es sinnliche Erkenntnis gar nicht gibt, daß man fühlt, wie man urteilt[18]. Ein aufs Papier gezeichneter Würfel wandelt seinen Anblick, je nachdem er von einer Seite und von oben oder von der anderen und von unten gesehen wird. Selbst dann noch, wenn ich *weiß*, daß der Würfel also auf zwei Weisen gesehen werden kann, geschieht es, daß die Figur sich gleichsam weigert, ihre Struktur zu wechseln, mein Wissen vielmehr darauf angewiesen ist, seine intuitive Verwirklichung abzuwarten. Wiederum wäre zu schließen, daß eben Urteilen und Wahrnehmen zweierlei sind. Der Ansatz der Alternative von Empfindung und Urteil aber zwingt zu der Aussage, da der Wechsel der Figur nicht von »sinnlichen Elementen« abhänge – sie bleiben, wie die Reize, konstant –, könne er nur die Folge veränderter Interpretation sein, ja »die geistige Auffassung modifiziert die Wahrnehmung selbst«[19], »die Erscheinung nimmt auf Kommando Gestalt und Sinn an«[20]. Wenn man aber nur sieht, wie man urteilt, wie ist dann noch wahre von falscher Wahrnehmung zu scheiden? Wie kann man dann noch sagen, Halluzinierende oder Verrückte »glauben zu sehen, was sie nicht sehen«[21]? Wo bleibt der Unterschied zwischen »Sehen« und »Zu-sehen-glauben«? Antwortet man, der normale Mensch urteile nur nach genügenden Zeichen und auf Grund einer vollständigen Materie, so wäre demnach der Unterschied der zwischen motiviertem Urteil der wahren und leerem Urteil der falschen Wahrnehmung; damit wäre der Unterschied aber gar nicht ein solcher der Urteilsform, sondern in dem von ihr geformten sinnlichen Grundtext gelegen, und wiederum zeigte sich: Wahrnehmen im vollsten Sinne des Wortes, nämlich im Unterschied zur Einbildung, ist etwas durchaus anderes als Urteilen, nämlich Erfassen eines jedem Urteil zuvor dem Sinnlichen eigenen Sinnes. Im Phänomen der richtigen Wahrnehmung begegnet also eine den Zeichen innewohnende Bedeutung, dessen bloß fakultativen Ausdruck das Urteil bildet. Dieses Phänomen, wie übrigens seine Nachbildung in der Täuschung, ist der Intellektualismus außerstande zu verstehen. Überhaupt ist er blind für die eigene Existenz- und Koexistenzweise wahrgenommener Gegenstände, für das ein Gesichtsfeld durchströmende Leben, das dessen

18 Alain, *Quatre-vingt-un chapitres sur l'esprit et les passions*, Paris 1917, S. 18.
19 Lagneau, *Célèbres leçons*, S. 132 und S. 128.
20 Alain, *Quatre-vingt-un chapitres sur l'esprit et les passions*, S. 32.
21 Michel de Montaigne, zitiert bei Alain, *Système des beaux-arts*, Paris 1926, S. 15.

Teile geheimnisvoll miteinander verknüpft. In der Zöllnerschen Täuschung »sehe« ich die Hauptlinien gegeneinander geneigt. Der Intellektualismus reduziert dieses Phänomen auf den bloßen Irrtum: er komme daher, daß man, anstatt die Hauptlinien selbst zu vergleichen, die Hilfslinien und ihre Beziehungen zu ihnen einmenge. Im Grunde verfehle der sich Täuschende die gestellte Aufgabe, er vergleiche zwei Ganzheiten, statt nur beide Hauptelemente[22]. Bleibt die Frage, warum eigentlich man die Aufgabe verfehlt. Es muß »sich sofort die Frage aufdrängen: Wie kommt es denn, daß es so sehr schwer ist, in der Müller-Lyerschen Figur gerade *die* Strecken isoliert zu vergleichen, die der Aufgabe nach verglichen werden sollen? Wie kommt es, daß diese sich so gar nicht wollen abtrennen lassen von den ›Nebeneindrücken‹?«[23] Man muß schließlich einsehen, daß die Hauptlinien nach Beifügung der Hilfslinien aufgehört haben, Parallelen zu sein, daß sie diesen Sinn verloren und einen anderen angenommen haben, daß die Hilfslinien eine neue Bedeutung in die Figur hineintragen, die sie nunmehr durchdringt und nicht mehr von ihr zu lösen ist[24]. Diese der Figur anhängende Bedeutung, diese Verwandlung des ganzen Phänomens motiviert das falsche Urteil und ist sozusagen das, »was *dahinter* steckt«. In eins aber ist es auch diese Bedeutung, die dem Wort »Sehen« diesseits des Urteils, doch jenseits von Impression und Qualität seinen eigensten Sinn gibt und so das Problem der Wahrnehmung neu vor Augen stellt. Kommt man überein, jederlei Beziehungswahrnehmung ein Urteil, und Sehen nur die punktuelle Impression zu nennen, dann allerdings ist die Täuschung ein Urteil. Doch diese Analyse setzt zumindest *idealiter* eine Impressionsschicht voraus, in der die Hauptlinien parallel sind, wie sie es in der Welt sind – nämlich in einem durch Maßbestimmungen konstituierten Raum; und unterstellt ferner dann eine sekundäre Operation, die durch Hinzunahme der Hilfslinien jene Impression modifiziert und somit das Verhältnis der Hauptlinien verfälscht. Aber jene erste Phase ist pure Konstruktion, und somit auch das Urteil, das die zweite ergeben soll. Man rekonstruiert die Entstehung der Täuschung, doch man versteht sie nicht. Das in einem so allgemeinen und formalen Sinn genommene

22 Vgl. z. B. Lagneau, *Célèbres leçons*, S. 134.

23 Wolfgang Köhler, »Über unbemerkte Empfindungen und Urteilstäuschungen«, in: *Zeitschrift für Psychologie*, Bd. 66, S. 69.

24 Vgl. Koffka, *Psychologie*, S. 533: »Es liegt ja nahe, zu sagen: Rechteckseiten sind doch Striche. Aber ein Strich allein ist phänomenal, und wie wir sehen werden auch funktional, ein anderes Gebilde als eine Rechteckseite. Diese hat, um nur eins zu nennen, eine Innen- und Außenseite, jener dagegen zwei völlig gleichwertige Seiten.«

Urteil vermag die richtige oder falsche Wahrnehmung nur zu erklären, wenn es sich von der spontanen Organisation und eigentümlichen Konfiguration der Phänomene schon führen läßt. Gewiß besteht der Trug in der Verknüpfung der Hauptelemente der Figur mit den Hilfsbeziehungen, die den Parallelismus zerbrechen. Warum aber tun sie das? Wieso gehören zwei zuvor parallele Geraden plötzlich nicht mehr zusammen und lassen sich von der ihnen beigegebenen unmittelbaren Umgebung in ein schiefes Verhältnis verzerren? Es ist, als gehörten sie nicht mehr zu derselben Welt. Zwei wirklich schief zueinander stehende Gerade sind in demselben Raum gelegen, dem objektiven Raum. Doch diese hier stehen nicht aktuell zueinander geneigt, es ist unmöglich, sie schief zu *sehen*, wenn man sie fixiert. Erst wenn der Blick von ihnen abschweift, neigen sie sich unmerklich in ihr neues Verhältnis. Hier herrscht vor jeder objektiven Beziehung eine Wahrnehmungssyntax, die sich nach eigenen Regeln artikuliert: die Aufhebung der früheren und die Begründung der neuen Beziehungen, das Urteil, bringen lediglich als abschließende Konstatierung das Ergebnis des eigentlichen Vorgangs zum Ausdruck. Wahr oder falsch, so eben muß die Wahrnehmung allem voran sich konstituieren, ehe prädikative Aussagen überhaupt möglich werden. Gewiß sind Abstand und Relief eines Gegenstandes nicht Eigenschaften des Gegenstandes wie Farbe oder Gewicht. Es sind Verhältnisse, verwoben in eine Gesamtkonfiguration, die übrigens auch Gewicht und Farbe umschließt. Doch diese Konfiguration ist ihrerseits nichts weniger als die Konstruktion einer »geistigen Einsicht«. Dann wäre es, als durchliefe der Geist nacheinander isolierte Impressionen und entdeckte Schritt für Schritt den Sinn des Ganzen, wie der Wissenschaftler auf Grund der Gegebenheiten eines Problems die Unbekannten bestimmt. Doch hier sind die Gegebenheiten des Problems nicht der Lösung zuvor gegeben, und es ist eben dies das phänomenale Wesen des Wahrnehmungsaktes, die Konstellation des Gegebenen mit dem es verbindenden Sinn in eins schöpferisch erst entstehen zu lassen: nicht bloß den Sinn zu entdecken, *den es hat*, sondern *ihm einen Sinn erst zu geben.*

Reflexive Analyse und phänomenologische Reflexion

Gewiß, unsere bisherige Kritik trifft nur die Ansätze und Anfänge der reflexiven Analyse; der Intellektualismus kann erwidern, daß zunächst die Sprache des gemeinen Verstandes zu sprechen unvermeidlich sei. Die Auffassung des Urteils als geistige Kraft bzw. logische Vermittlung und die Theorie der Wahrnehmung als »Interpretation«, worin der psychologische Intellektualismus besteht, sind tatsächlich nur ein Gegenstück zum Empirismus, bereiten aber gleichwohl einer tieferen Besinnung den Weg. Anzufangen ist notwendig in der natürlichen Einstellung und mit ihren Postulaten, bis daß die innere Dialektik dieser Postulate zu ihrer Selbstaufhebung führt. Ist einmal die Wahrnehmung als Interpretation verstanden, so ist doch der Empfindungsbegriff, der als Ausgangspunkt diente, bereits definitiv überwunden, da also jedes perzeptive Bewußtsein je schon über das bloße Empfinden hinaus ist. Die Empfindung selbst ist nicht empfunden[25], das Bewußtsein ist stets Bewußtsein eines Gegenstandes. Zum Begriff der Empfindung gelangen wir erst, wenn wir, auf unser Wahrnehmen reflektierend, zum Ausdruck zu bringen suchen, daß es niemals ausschließlich unser eigenes Werk ist. Die als Wirkung von Reizen auf unseren Körper definierte reine Empfindung ist ein »Endprodukt« unserer Erkenntnis, und zwar unserer wissenschaftlichen Erkenntnis, es ist bloß eine – sehr natürliche – Täuschung, die sie uns an den Anfang setzen und aller Erkenntnis vorgängig glauben läßt. Es ist dies die notwendige, aber auch notwendig trügerische Weise, in der der Geist seine eigene Geschichte sich zur Vorstellung bringt[26]. Die Empfindung gehört in den Bereich des Konstituierten, nicht zum konstituierenden Geist selbst. Im Hinblick auf die Welt und der herrschenden Meinung gegenüber kann und muß die Wahrnehmung sich als Interpretation darstellen. Für das Bewußtsein selbst ist sie kein Schluß – denn die Empfindungen, die einem solchen als Prämissen dienten, gibt es nicht, ist sie nicht Interpretation, da nichts ihr zuvor gegeben ist, was sie zu interpretieren vermöchte.

Indem man so, in eins mit der Idee der Empfindung, auch die einer lediglich logischen Aktivität überschreitet, werden also unsere oben formulierten Einwände hinfällig. Wir fragten: Was ist das – Sehen oder Empfinden, was unterscheidet eine solche noch ganz in ihrem Gegenstande aufgehende, an einen Punkt in Raum und Zeit gebundene Erkenntnis vom Begriff? Die reflexive Analyse scheint nun zu

25 »In Wahrheit ist die reine Impression nicht empfunden, sondern aufgefaßt.« Lagneau, *Célèbres leçons*, S. 119.

26 »Haben wir einmal durch wissenschaftliche Erkenntnis und Reflexion diesen Begriff gewonnen, so scheint uns, daß, was das letzte Resultat der Erkenntnis ist, daß sie nämlich Ausdruck des Verhältnisses eines Seienden zu anderem Seiendem ist, in Wirklichkeit ihr Anfang ist; doch das ist ein Schein. Die Zeitvorstellung selbst, der gemäß wir die Vorgängigkeit der Empfindung vor der Erkenntnis vorstellen, ist eine geistige Konstruktion.« Lagneau, ebenda.

zeigen, daß es hier durchaus gar nichts zu fragen gibt. Gewiß glaube ich mich zunächst umgeben von meinem Leib, befangen in der Welt, hier und jetzt situiert. Doch all diese Worte erweisen sich in der Reflexion als sinnleer; sie stellen in Wahrheit keinerlei Problem: wie könnte ich mich als »von meinem Leib umgeben« erfahren, wäre ich nicht ebensosehr wie in ihm in mir selbst seiend, dächte ich nicht diesen Raumbezug und entzöge mich also dieser Inwendigkeit in eins eben damit, daß ich sie vorstelle? Wüßte ich, daß ich in der Welt befangen und situiert bin, wäre ich wahrhaft in ihr befangen und situiert? Wäre ich dies, so würde ich lediglich *sein*, wo ich bin, wie ein Ding; da ich aber weiß, wo ich bin, und mich selbst in der Umgebung der Dinge sehe, bin ich eben Bewußtsein, ein einzigartiges Seiendes, das nirgendwo seinen Ort hat und intentional überall zu sein vermag. Alles, was ist, ist als Ding oder als Bewußtsein, und ein Mittleres gibt es nicht. Das Ding ist an einem Ort, die Wahrnehmung aber ist nirgends, denn wäre sie situiert, so vermöchte sie nicht andere Dinge *für sich sein* zu lassen, da sie alsdann vielmehr nach Art der Dinge ganz in sich selbst ruhte. Wahrnehmen also ist Wahrzunehmen-denken. Der Wahrnehmung als inkarnierter eignet keinerlei positiver Charakter, dem Rechnung zu tragen wäre, und ihre *haecceitas* ist bloß ein Moment ihres Sich-selbst-nicht-kennens.

So aber stellt sich die reflexive Analyse als eine rein regressive Lehre dar, nach der jede Perzeption bloß konfuse Intellektion, jede Determination Negation ist. So erledigt sie alle Probleme – bis auf eines: das ihres eigenen Anfangs. Die Endlichkeit einer jeden Wahrnehmung, die mir stets, wie Spinoza sagt, nur »Konsequenzen ohne Prämissen« gibt, die Gebundenheit des Bewußtseins an einen Gesichtspunkt, all dies reduziert sich auf eine bloße Unkenntnis meiner selbst, auf mein rein negatives Vermögen der Nicht-Reflexion. Wie aber ist dieses Nichtwissen seinerseits möglich? Sollte es in Wahrheit einfachhin nicht-*sein*, so vermöchte ich als fragend-suchender Philosoph nicht mehr zu sein. Nur um den Preis, sich selbst als Philosophie zu ignorieren, kann die Philosophie das Problem der Endlichkeit ignorieren; nur um den Preis, sich selbst als Analyse zu ignorieren, kann eine Analyse der Wahrnehmung deren phänomenale Ursprünglichkeit ignorieren; das un-endliche Denken, das man der Wahrnehmung immanent entdecken wollte, wäre so nicht der höchste Punkt des Bewußtseins, sondern im Gegenteil eine Form des Unbewußtseins. Die Reflexionsbewegung verfehlte ihr Ziel: sie führte uns von einer starr determinierten Welt zu einem bruchlosen Bewußtsein, indessen der Wahrnehmungsgegenstand von einem verborgenen Leben beseelt ist, die Einheit der Wahrnehmung unablässig sich auflöst und wieder erneuert. Soll die Reflexion nicht bloß zu einem abstrakten Wesen des Bewußtseins führen, so muß sie der wirklichen Bewegung nachgehen, in der dieses je und je seine Schritte erneut sich zu eigen macht, sie zusammenzieht und fixiert in der Einheit eines identifizierbaren Gegenstandes, allmählich vom »Sehen« zum »Wissen« gelangt und in eins die Einheit seines eigenen Lebens gewinnt. Setzen wir an die Stelle der vollen Bewußtseinseinheit ein absolut transparentes Subjekt, an die Stelle der »verborgenen Kunst«, die in den »Tiefen der Natur« erst einen Sinn entspringen läßt [...], ein zeitloses Denken, so bleibt jene konstitutive Dimension unzugänglich. Die intellektualistische Reflexion vermag in dieses lebendige Dickicht der Wahrnehmung niemals einzudringen, da sie stets nur die Bedingungen ihrer *Möglichkeit*, ohne welche sie nicht sein könnte, aufsucht, nicht aber dahin gelangt, die Tätigkeit zu entdecken, die ihre *Wirklichkeit* erst ausmacht, durch die sie sich konstituiert. In der wirklichen, vor aller Sprache in ihrer Ursprünglichkeit erfaßten Wahrnehmung sind sinnliches Zeichen und dessen Bedeutung auch *idealiter* nicht zu trennen. Ein Gegenstand ist ein Organismus von Farben, Düften, Tönen, Tasterscheinungen, die einander wechselseitig symbolisieren und modifizieren und mit einander zusammenstimmen in einer realen Logik, deren Analyse und Auslegung die längst nicht vollendete Aufgabe der Wissenschaft ist. Diesem lebendigen Wahrnehmungsphänomen gegenüber bleibt der Intellektualismus unzulänglich, hinter ihm zurückbleibend oder darüber hinausschießend: er findet seine Grenze an den mannigfaltigen Qualitäten, die bloß die Hülle des Gegenstandes sind, und von da aus führt er ohne Vermittlung zu einem Bewußtsein des Gegenstandes, das im Besitz von dessen Gesetz und Geheimnis ist, dadurch aber den Erfahrungsgang seiner Kontingenz und den Gegenstand seines perzeptiven Stils beraubt. Dieser Übergang von These zu Antithese, der Umsturz von Für und Wider charakterisiert beständig das Vorgehen des Intellektualismus – und läßt im Grunde den Ausgangspunkt der Analyse beständig unangetastet: ausgehend von einer auf unsere Sehorgane einwirkenden und also sich zu sehen gebenden Welt an sich, gelangt er zu einem Bewußtsein und Denken der Welt. Aber die Natur dieser Welt selbst ist unverändert dieselbe geblieben; sie ist noch stets charakterisiert durch die absolute Äußerlichkeit ihrer Teile, und nur in ihrem ganzen Umfang begleitet von einem sie tragenden Denken. Von absoluter Objektivität wird zu absoluter Subjektivität übergegangen, doch diese taugt nicht mehr und nicht weniger als jene, da sie nur gegen jene, und das heißt durch sie, sich aufrechterhält. So ist die Verwandtschaft von Empirismus und Intellektualismus eine noch verborgenere und tiefere als man annimmt. Sie entspringt nicht allein der von beiden zugrunde gelegten anthropologischen Definition der Empfindung, sondern grundsätzlicher noch der Ungebrochenheit einer natürlichen und dogmatischen Einstellung in beiden; der Fortbestand des Empfindungsbegriffs im Intellektualismus ist nur die Anzeige dieses Dogmatismus.

Die »Motivation«

Die Übernahme des naturalistischen Begriffs der Empfindung durch den Intellektualismus bedeutete die Übernahme grundlegender philosophischer Voraussetzungen. Umgekehrt ist die endgültige Eliminierung dieses Begriffs durch die Psychologie der erste Schritt zu einer grundsätzlich neuen Weise der Reflexion. Auf der Ebene der Psychologie selbst bedeutet die Kritik der »Konstanzhypothese« allein die Preisgabe des Urteils als Erklärungsfaktor in der Theorie der Wahrnehmung. In der Tat, wie kann noch behauptet werden, die Wahrnehmung einer Entfernung sei erschlossen aus der scheinbaren Größe der Gegenstände, aus der Unterschiedlichkeit der Netzhautbilder, aus der Anpassung des Glaskörpers, aus dem Blickwinkel der Augen, die Wahrnehmung des Reliefs erschlossen aus der Unterschiedlichkeit der Bilder, die linkes und rechtes Auge aufnehmen – da nicht eines dieser »Zeichen«, hält man sich an die Phänomene, dem Bewußtsein klar gegeben ist, und doch nicht von Schließen die Rede sein kann, wo alle Prämissen fehlen? Doch diese Kritik des Intellektualismus trifft ihn nur in der vulgären Form, in der er in die Psychologie Eingang gefunden hat. Wie der Intellektualismus selbst, so muß auch seine Kritik auf eine Ebene der Reflexion erhoben werden, auf der die Philosophie nicht mehr die Wahrnehmung bloß zu erklären, sondern auf das Geschehen des Wahrnehmens sich einzulassen und es zu verstehen sucht. In dieser Hinsicht erweist die Kritik der Konstanzhypothese zuerst, daß Wahrnehmung kein Verstandesakt ist. Ich brauche eine Landschaft bloß mit dem Kopf nach unten zu betrachten, und sie wird mir unkenntlich. Für den Verstand aber haben »Oben« und »Unten« einen bloß relativen Sinn, eine verkehrte Orientierung kann dem Verstand kein absolutes Hindernis bieten. Für den Verstand bleibt ein Viereck ein Viereck, mag es auf einer der Kanten oder auf einer der

Ecken stehen. Für die Wahrnehmung wird es im zweiten Falle bereits schwerer erkennbar. Das *Paradox der symmetrischen Gegenstände* setzt allem Logizismus die Ursprünglichkeit der perzeptiven Erfahrung entgegen. Dieser Gedanke ist in aller Allgemeinheit wiederaufzunehmen: Dem Wahrgenommenen eignet eine Bedeutung ohne Äquivalent im Universum des Verstandes, eine perzeptive Umwelt, die noch keine objektive Welt ist, ein perzeptives Sein, das noch kein determiniertes Sein ist. Doch für gewöhnlich sind die Psychologen, die faktisch phänomenologische Deskription praktizieren, sich der philosophischen Tragweite ihrer Methode nicht bewußt. Sie sehen nicht, daß der Rückgang auf die perzeptive Erfahrung, radikal und konsequent vollzogen, mit allen Formen des Realismus bricht, d. h. mit jederlei Philosophie, die dem Bewußtsein den Rücken kehrt, um statt dessen eines seiner Ergebnisse als das Gegebene zu nehmen; daß eben darin die eigentliche Verirrung des Intellektualismus besteht, als das Gegebene das determinierte Universum der Wissenschaft zu nehmen; daß dieser Vorwurf erst recht einem psychologischen Denken zu machen ist, welches das perzeptive Bewußtsein in die Umwelt einer schon fertig vorliegenden Welt versetzt; daß die zu Ende gedachte Kritik der Konstanzhypothese zu einer echten »phänomenologischen Reduktion« führen muß[27]. Die Gestalttheorie hat gezeigt, daß die angeblichen Abstandszeichen – die scheinbare Größe des Gegenstandes, die Anzahl der zwischen ihm und dem Betrachter gelegenen Gegenstände, die Verschiedenheit der Netzhautbilder, Anpassungs- und Konvergenzgrad – zur expliziten Erkenntnis erst in einer analytischen bzw. reflexiven Wahrnehmung kommen, die sich vom Gegenstand ab- und seiner Gegebenheitsweise selbst zuwendet, daß wir also nicht erst durch jene Vermittlung zur Erkenntnis eines Abstandes gelangen. Doch hat sie daraus geschlossen, da körperliche Impressionen, dazwischenliegende Gegenstände u. dgl. nicht als *Zeichen* und *Gründe* in der Abstandswahrnehmung fungieren, könnten sie mithin allein deren *Ursachen* sein[28]. So fällt man in eine erklärende Psychologie zurück, deren Ideal die Gestalttheorie niemals preisgegeben hat[29], da sie als Psychologie niemals mit dem Naturalismus gebrochen hat. Eben damit aber wird sie ihren eigenen Deskriptionen untreu.

27 Siehe Aron Gurwitsch, »Rezension von: Husserl: Nachwort zu meinen ›Ideen‹«, in: *Deutsche Literaturzeitung* 53, 1932, S. 401 ff.

28 Vgl. z. B. P. Guillaume, *Traité de psychologie*, 9. Kap.: »Die Raumwahrnehmung«, S. 151.

29 Vgl. Merleau-Ponty, *La structure du comportement*, S. 178.

Das Feld der Phänomene

Phänomene und »Tatsachen des Bewußtseins«

[Das] Feld der Phänomene ist keine »Innenwelt«, die »Phänomene« selbst sind keine »Bewußtseinszustände« oder »psychischen Tatsachen«, die Erfahrung der Phänomene ist keine Introspektion oder Intuition im Sinne Bergsons. Lange Zeit hat man die Gegenstände der Psychologie definiert als »unausgedehnte« und »je nur einem zugängliche«, und demgemäß galt dieser einzigartige Gegenstand als faßbar allein in einem Akt eigenster Art, der »inneren Wahrnehmung« oder Introspektion, in dem Subjekt und Objekt zusammenflossen und Erkenntnis durch Koinzidenz zustande kam. Der Rückgang auf die »unmittelbaren Bewußtseinsgegebenheiten« wurde damit zu einem hoffnungslosen Unternehmen, da so der philosophische Blick zu *sein* erstreben mußte, was er zu *sehen* grundsätzlich außerstande war. Nicht dann allein bestand die Schwierigkeit, die Vorurteile der Äußerlichkeit zu durchbrechen, wozu eine jede Philosophie ihre Anfänger auffordert, oder darin, von Geistigem in einer Sprache reden zu müssen, die eigentlich auf die Dinge gemünzt ist. Die Schwierigkeit war eine radikalere: war die Innerlichkeit definiert durch den Eindruck (die Impression), so entzog sie sich prinzipiell jeder Ausdrucksmöglichkeit (der Expression). Nicht allein die Mitteilung philosophischer Intuitionen an andere wurde schwierig – oder vielmehr reduzierte sich auf eine Art Beschwörung, bestimmt, bei anderen analoge Erfahrungen hervorzurufen; der Philosoph vermochte auch sich selbst schon darüber, *was* er je augenblicklich sah, nicht Rechenschaft abzulegen, da er es dann hätte denken, mithin fixieren und somit verfälschen müssen. So war das Unmittelbare ein einsames, blindes und stummes Leben.

Der Rückgang auf das Phänomenale hat in keinem dieser Züge damit etwas gemein. Die sinnliche Konfiguration eines Gegenstandes oder einer Geste, für die die Kritik der Konstanzhypothese unseren Blick frei macht, wird nicht erfaßt in einer unaussprechlichen Koinzidenz, sie »versteht« sich in einer Aneignungsweise, die jeder von uns schon erfahren hat, wenn er etwa den Hasen im Blätterwerk eines Vexierbildes »gefunden«, den Rhythmus einer Bewegung »erfaßt« hat. Ist einmal das Vorurteil der Empfindung beseitigt, so sind ein Gesicht, eine Handschrift, ein Verhalten nicht mehr bloß »visuelle Gegebenheiten«, deren psychologische Bedeutung wir in unserer inneren Erfahrung aufzuspüren hätten; der Psychismus des Anderen wird ein unmittelbarer Gegenstand – als von einer immanenten Bedeutung durchtränktes Ganzes. Doch auch der Begriff des Unmittelbaren selbst verwandelt sich grundsätzlich: unmittelbar ist nicht mehr die Impression, das mit dem Subjekt zusammenfallende Objekt, sondern der Sinn, die Struktur, der spontane Zusammenhang der Teile. Auch mein eigener »Psychismus« ist mir nicht anders gegeben; die Kritik der Konstanzhypothese fordert, die Artikulation und melodische Einheit meiner Verhaltensweisen als ursprüngliche Gegebenheiten der inneren Erfahrung anzuerkennen [...]. Was die Überwindung des Vorurteils einer objektiven Welt uns entdecken läßt, ist also nicht eine schattenhafte Innenwelt. Die Lebenswelt, die wir entdecken, ist auch nicht, wie Bergsons Innerlichkeit, dem naiven Bewußtsein gänzlich unbekannt. Durch die Kritik der Konstanzhypothese und die Enthüllung des Phänomenalen wendet sich die Psychologie allerdings gegen die natürliche Richtung der Erkenntnisbewegung, die blindlings das wahrnehmende Tun durchschreitet, um geradewegs auf dessen teleologisches Resultat zuzugehen. Nichts ist schwerer zu wissen, als *was wir eigentlich sehen. »So steckt in der natürlichen Anschauung selbst schon eine Art ›Kryptomechanik‹*, die wir gerade *zerbrechen* müssen, um zum phänomenalen Sein zu gelangen«[30], oder eine Dialektik, durch die die Wahrnehmung sich vor sich selbst verbirgt. Doch wenn es auch das Wesen des Bewußtseins ist, seine eigenen Phänomene zu vergessen, um dadurch die Konstitution der »Dinge« zu ermöglichen, so ist doch diese Vergessenheit nicht eine einfache Abwesenheit, vielmehr die Abwesenheit von etwas, das das Bewußtsein sich zu vergegenwärtigen vermag. M.a.W.: das Bewußtsein kann die Phänomene nur vergessen, weil es sie auch zu erinnern vermag, es geht über sie nur hinweg zugunsten der Dinge, weil sie die Wiege der Dinge sind. So sind sie z. B. auch niemals dem wissenschaftlichen Bewußtsein schlechthin unbekannt, das doch all seine Modelle letztlich den Strukturen der Lebenserfahrung entlehnt; nur »thematisiert« es sie nicht, expliziert nicht die Horizonte des perzeptiven Bewußtseins, innerhalb deren es sich bewegt und deren konkrete Bezüge es objektiv auszudrücken sucht. Die Erfahrung der Phänomene ist somit nicht, wie die Bergsonsche Intuition, die einer unbekannten Wirklichkeit, die sich keinerlei methodischem Zugang erschließt – sie ist vielmehr Aufhellung und Auslegung des vorwissenschaftlichen Bewußtseinslebens, die den Operationen der Wissenschaft erst ihren vollen Sinn verleiht und auf

30 Scheler, *Idole der Selbsterkenntnis*, S. 106.

die eben diese Operationen beständig zurückverweisen. Sie ist nicht Wendung ins Irrationale, sondern Analyse des Intentionalen.

Unterscheidet sich also, wie man sieht, die phänomenologische Psychologie in all ihren Charakteren von einer Introspektionspsychologie, so weil sie sich grundsätzlich von ihr unterscheidet. Die introspektive Psychologie deckte am Rande der physikalischen Welt eine Bewußtseinszone auf, in der die Begriffe der Physik ihre Gültigkeit verlieren; doch noch glaubte die Psychologie, das Bewußtsein bilde nur einen Seinsbereich, den es zu erforschen galt, wie die Physik den ihren erforschte. Sie suchte die Gegebenheiten des Bewußtseins zu beschreiben, ohne die absolute Existenz der sie umgebenden Welt dabei in Frage zu ziehen. Mit der Wissenschaft und dem gemeinen Verstand kam sie darin überein, als den logischen Rahmen all ihrer Deskriptionen und das Milieu ihres Denkens die objektive Welt vorauszusetzen. Sie sah nicht, welchergestalt diese Voraussetzung schon den Sinn bestimmte, den sie dem Wort »Sein« gab, sie zur Verdinglichung des Bewußtseins unter den Namen der »psychischen Tatsache« verleitete, sie somit von einer wahren Besinnung abhielt, sie von dem wirklich Unmittelbaren ablenkte und so all ihre mannigfaltigen Bemühungen, die »Innerlichkeit« nicht zu entstellen, zum voraus vereitelte. So geschah es dem Empirismus, als er die physikalische Welt durch eine Welt innerlicher Vorkommnisse ersetzte. Und ebendies geschieht auch Bergson, wenn er der »Mannigfaltigkeit des Nebeneinander« die »Mannigfaltigkeit der Verschmelzung« gegenüberstellt. Denn auch hier wieder handelt es sich um zweierlei Seinsarten. Nur ist die mechanische Energie durch eine geistige ersetzt, das diskontinuierliche Sein des Empirismus durch ein fließendes Sein, das aber, wenn von ihm gesagt wird, es verströme *sich*, gleichfalls in dritter Person zur Beschreibung kommt. Die Psychologie hat mit dem Psychologismus gebrochen, indem sie die *Gestalt* zum Thema ihrer Reflexion machte, insofern dies bedeutet, daß Sinn, Zusammenhang und »Wahrheit« des Wahrgenommenen nicht resultieren aus dem zufälligen Zusammentreffen von Empfindungen, so wie unsere psycho-physiologische Natur sie uns gibt, sondern ihrerseits alle räumlichen und qualitativen Werte erst bestimmen[31] und deren irreduktible Konfiguration bilden. Das heißt: sofern sie nur getreue Deskription ist, impliziert die Psychologie bereits die transzendentale Einstellung. Es zeichnet das Bewußtsein als Forschungsgegenstand aus, nicht einmal in naiver Weise ana-

31 Vgl. Merleau-Ponty, *La structure du comportement*, S. 106-119 und S. 261.

lysiert werden zu können, ohne über die Postulate des gemeinen Verstandes hinauszutreiben. Verfolgt man etwa bloß das Absehen einer positiven Psychologie der Wahrnehmung, ohne in Frage zu stellen, daß das Bewußtsein, eingeschlossen in einen Körper, durch diesen der Einwirkung einer Welt an sich unterliegt, so ist man gleichwohl zu einer Beschreibung von Gegenstand und Welt, so wie sie dem Bewußtsein erscheinen, gezwungen, und damit auch, sich zu fragen, ob diese unmittelbar gegenwärtige Welt, die einzig uns bekannte, nicht am Ende auch die einzige ist, von der überhaupt die Rede sein kann. Jede Psychologie stößt notwendig auf das Problem der Weltkonstitution.

Der Leib

Erfahrung und objektives Denken. Das Problem des Leibes

Unsere Wahrnehmung gelangt zu Gegenständen, und einmal konstituiert, erscheint der Gegenstand als der Grund all unserer wirklichen und möglichen Erfahrungen von ihm. So sehe ich etwa das Haus gegenüber unter einem bestimmten Gesichtswinkel, anders sähe man es vom rechten Ufer der Seine, anders wieder von innen, und noch anders wieder von einem Flugzeug aus; das Haus *selbst* ist nicht eine dieser Erscheinungen, es ist, wie Leibniz sagte, das Geometral dieser und aller möglichen Perspektiven, d. h. der nichtperspektive Term, von dem alle Perspektiven abzuleiten wären, es ist das Haus, von nirgendwoher gesehen. Doch was soll eine solche Redeweise bedeuten? Heißt sehen nicht immer, irgendwoher sehen? Sagt man, das Haus selbst sei nirgendwoher gesehen, sagt man damit nicht am Ende, es sei unsichtbar? Gleichwohl behaupte ich doch nichts Anfechtbares, wenn ich sage, ich sehe das Haus mit eigenen Augen; damit meine ich nicht, daß meine Netzhaut und mein Glaskörper, meine Augen als materielle Organe fungieren und mich das Haus sehen lassen: davon weiß ich, wenn ich nur mich selbst befrage, gar nichts. Zum Ausdruck bringen will ich eine wohlbestimmte Art des Zugangs zu diesem Gegenstand, den »Blick«, so unzweifelhaft wie mein eigenes Denken und mir ebenso unmittelbar bekannt. Dies gilt es zu verstehen: Immer sehen wir nur von irgendwoher, ohne daß aber das Sehen in seine Perspektive sich einschlösse.

Einen Gegenstand sehen heißt entweder, ihn marginal im Gesichtsfeld haben und ihn fixieren können, oder aber, dieser Aufforderung

Folge leisten und ihn wirklich fixieren. Fixiere ich ihn, so fasse ich in ihm gleichsam Fuß, doch auch dieses »Ruhen« des Blicks ist nur eine Modalität seiner Bewegung: das Forschen des Blicks, der eben alle Gegenstände überflog, setzt sich nunmehr innerhalb des einen Gegenstandes fort; in ein und derselben Bewegung erschließt sich der Gegenstand und verschließt sich seine Umgebung. Beide Vorgänge koinzidieren nicht zufällig: nicht ist es meine kontingente Körperorganisation, etwa die Struktur meiner Netzhaut, der zufolge ich die Umgebung nurmehr verschwommen sehen kann, will ich den Gegenstand klar sehen. Selbst wenn ich nichts wüßte von Zäpfchen und Stäbchen, begriffe ich es als notwendig, die Umgebung außer acht zu lassen, um den Gegenstand besser zu sehen, an Untergrund zu verlieren, was ich gewinnen will an Gestalt, da einen Gegenstand betrachten heißt, sich in ihn versenken, die Gegenstände aber ein System bilden, in dem der eine sich nur zeigen kann, indem er andere verdeckt. Genauer gesprochen kann der Innenhorizont eines Gegenstandes nur selbst Gegenstand werden, indem die umgebenden Gegenstände zum Horizont werden: Sehen ist ein doppelgesichtiger Akt. Denn wenn ich den jetzt im einzelnen in den Blick gefaßten Gegenstand mit dem identifiziere, über den eben zuvor mein Blick flüchtig hinglitt, so nicht durch einen expliziten Vergleich der jetzt gesehenen Einzelheiten mit der Erinnerung an den vorherigen ersten Überblick. Erfaßt im Film die Kamera einen Gegenstand und nähert sich ihm, um ihn in Großaufnahme zu zeigen, so können wir uns allerdings *erinnern*, daß es sich um den zuvor schon vorhandenen Aschbecher oder um die Hand des vorher gesehenen Schauspielers handelt, wirkliche Identifikation vollziehen wir nicht; denn die Leinwand hat keinen Horizont. Wenn ich hingegen im Sehen meinen Blick auf eine Einzelheit der Umgebung richte, so belebt und entfaltet sich dieses Detail, und die anderen Dinge rücken an den Rand oder verwischen sich völlig, doch bleiben sie beständig mit da. Mit ihnen aber verfüge ich wiederum auch über ihre Horizonte, die ihrerseits als am Rande sichtbar den gegenwärtig fixierten Gegenstand implizieren. Der Horizont also ist es, der im Forschen des Blickes die Identität des Gegenstandes gewährleistet, als Korrelat der meinem Blick noch verbleibenden Verfügung über die soeben betrachteten Gegenstände und der ihm zum voraus schon eigenen Verfügung über neue Einzelheiten, die zu entdecken er sich erst anschickt. Kein ausdrückliches Erinnern und keine explizite Konjektur vermöchten diese Rolle zu übernehmen: sie ergäben eine bloß wahrscheinliche Synthese, meine Wahrnehmung aber gibt sie als wirkliche. So wenig also behindert mich die Struktur Gegenstand – Horizont – d. h. die Perspektive – beim Sehen, daß sie vielmehr das Mittel ist, durch das die Gegenstände sich erst enthüllen, wenn sie gleich in eins das Mittel bleibt, durch das Gegenstände sich auch verbergen können. Sehen heißt ein Feld von *sich zeigendem* Seienden betreten, und keines vermöchte sich zu zeigen, könnte es nicht auch sich hinter anderem oder in meinem Rücken verbergen. Mit anderen Worten: einen Gegenstand anblicken, heißt in ihm heimisch werden und von ihm aus alle anderen Dinge nach ihren ihm zugewandten Seiten erblicken. Doch insofern ich also auch sie sehe, bleiben auch sie möglicher Verbleib meines Blickes, und virtuell auch schon bei ihnen mich aufhaltend, erfasse ich auch bereits den zentralen Gegenstand meines augenblicklichen Hinblicks unter verschiedenen Gesichtswinkeln. So ist jedes Ding der Spiegel aller anderen. Betrachte ich die Lampe auf meinem Tisch, so schreibe ich ihr nicht nur die von meinem Platz aus sichtbaren Eigenschaften, sondern auch die noch zu, die der Kamin, die Wände, der Tisch »sehen« könnten, die Rückseite der Lampe ist nichts anderes als das Gesicht, das sie dem Kamin »zeigt«. So vermag ich einen Gegenstand zu sehen, insofern die Gegenstände insgesamt ein System, eine Welt bilden und ein jeder, gleichsam als Zuschauer seiner verborgenen Anblicke und als Bürgen ihres beständigen Daseins, andere um sich versammelt. Mein Sehen eines Gegenstandes wiederholt sich gleichsam unmittelbar unter den sämtlichen als koexistent erfaßten Gegenständen der Welt, da ein jeder von ihnen das ist, was alle anderen von ihm »sehen«. Jene zuvor ausgesprochene Formulierung bedarf also der Modifikation: das Haus selbst ist nicht das von nirgendwoher gesehene, sondern das von überallher gesehene Haus. Der vollkommene Gegenstand ist gänzlich durchsichtig, allseitig durchdrungen von einer aktuellen Unendlichkeit von Blicken, die sich in seinem Innersten überschneiden und nichts an ihm verborgen lassen.

Was wir über die räumliche Perspektive sagten, ließe sich auf die zeitliche Perspektive übertragen. Betrachte ich das Haus so aufmerksam wie gedankenlos, so steht es wie ein Ewiges da, etwas Betäubendes geht von ihm aus. Gewiß sehe ich es von einem bestimmten Punkt meiner Dauer aus, doch ist es dasselbe Haus, das ich schon gestern sah, um einen Tag jünger; es ist dasselbe Haus, das ein Greis und das ein Kind betrachtet. Gewiß, das Haus selbst hat sein Alter und erfuhr Veränderungen; doch selbst wenn es morgen zusammenstürzen sollte, bliebe es wahr für immer, daß es heute gewesen ist, jeder Augenblick der Zeit ruft alle anderen zu seinen Zeugen auf, sich einstellend, zeigt er, »wie es kommen sollte« und »wie es enden muß«; jede Gegenwart gründet ein für allemal einen Zeitpunkt, der die Anerkenntnis aller anderen fordert; so ist der Gegenstand zu jeder Zeit gesehen, wie er es von allen Seiten ist, und durch dasselbe Mittel, nämlich die Horizontstruktur. Die Gegenwart hält, ohne es gegenständlich zu setzen, das soeben Vergangene noch an sich, und da dieses in derselben Weise das ihm soeben vorangegangene Vergangene festhält, ist die gesamte verflossene Zeit in der Gegenwart erfaßt und übernommen. Ähnlich steht es mit der unmittelbar bevorstehenden Zukunft, die ihrerseits ihren Horizont des noch ferner Bevorstehenden hat. Mit meiner unmittelbaren Vergangenheit habe ich aber auch den Zukunftshorizont, der *sie* umgab, habe ich also meine wirkliche Gegenwart unter dem Blickwinkel der Zukunft dieser Vergangenheit. Mit der unmittelbaren Zukunft habe ich den Vergangenheitshorizont, der ihr anhängen wird, habe ich also meine wirkliche Gegenwart als Vergangenheit dieser Zukunft. In diesem doppelten Horizont von Retention und Protention gründet es, daß meine Gegenwart, statt nur eine faktische, alsbald vom Verfließen der Dauer fortgespülte und vernichtete Gegenwart zu sein, zum identifizierbaren festen Punkt in der objektiven Zeit zu werden vermag.

Doch nochmals, stets *setzt* mein menschlicher Blick vom Gegenstand nur eine Seite, auch wenn er durch das Mittel der Horizonte in eins auch alle anderen anvisiert. Seine Konfrontierung mit zuvor oder von anderen Gesehenem geschieht nur durch das Mittel der Zeit und das der Sprache. Erdenke ich, nach dem Vorbild des meinen, Blicke, die das Haus von allen Seiten durchforschen und es selbst definieren, so habe ich zunächst nur eine zusammenstimmende unendlich offene Reihe von Ansichten des Gegenstandes, noch nicht aber den Gegenstand in seiner Fülle. Und ebenso, wiewohl meine Gegenwart die verflossene und die kommende Zeit auf sich selbst versammelt, besitzt sie diese nur in der Intention, und wenn etwa auch mein jetziges Bewußtsein von meiner Vergangenheit mir mit dem Gewesenen sich genau zu decken scheint, so ist doch diese Vergangenheit, die ich wieder zu fassen meine, nicht das leibhaft Gegenwärtige, wie es einst war, vielmehr meine Vergangenheit, so wie ich sie jetzt sehe und vielleicht entstelle. Ebenso werde ich in Zukunft vielleicht die Gegenwart, die ich jetzt erlebe, verkennen. So ist die Synthese der Horizonte nur eine präsumtive, mit Gewißheit und Genauigkeit vollzieht sie sich nur in der unmittelbaren Umgebung des Gegenstandes. Die weitere Umgebung habe ich nicht mehr zur Hand: sie ist nicht mehr aus wohlunterscheidbaren Gegenständen oder Erinnerungen gebildet, sie wird zum anonymen Horizont, der kein genaues Zeugnis mehr geben kann, er läßt den Gegenstand unvollendet und offen, so wie er sich in der Tat in der perzeptiven Erfahrung gibt. Durch diese Offenheit verfließt die Substantialität des Gegenstandes. Sollte er eine vollkommene Dichtigkeit gewinnen, sollte es also einen absoluten Gegenstand geben, so bedürfte es der Konzentration einer Unendlichkeit mannigfaltiger Perspektiven in einer strengen Koexistenz, müßte in tausend Blicken der Gegenstand als ein einziger Anblick gegeben sein. Zum Haus *gehören seine* Wasserrohre, *sein* Grund, und die vielleicht unmerklich sich weitenden Risse im Innern der Decken. Wir bekommen sie nie zu Gesicht, doch das Haus *hat sie*, ebenso wie seine Fenster und seine Schornsteine, die uns sichtbar sind. Meine jetzige Wahrnehmung des Hauses werde ich vergessen; jedesmal aber, wenn ich meine Erinnerung konfrontiere mit Gegenständen, an die sie erinnert, bin ich, auch wenn ich noch anderen Irrtumsmotiven Rechnung trage, betroffen von den Veränderungen, die bloß ihrer eigenen Dauer entspringen. Doch wir halten den Glauben an eine wahre Vergangenheit fest, wir stützen unser Gedächtnis auf ein unermeßliches Weltgedächtnis, in dem das Haus, so wie es damals wirklich war, erhalten ist, und das sein *Sein* zu jener Zeit begründet. An sich genommen – und als Gegenstand fordert er, so genommen zu werden –, hat der Gegenstand nichts Verhülltes, ist er gänzlich auseinandergebreitet, seine Teile koexistieren, während unser Blick sie nacheinander durchläuft, seine Gegenwart löscht nicht seine Vergangenheit aus, seine Zukunft läßt seine Gegenwart unberührt. So läßt die Setzung des Gegenstandes uns die Grenzen unserer wirklichen Erfahrung überschreiten, diese stößt auf ein fremdes Sein, glaubt aber endlich alles, was sie uns lehrt, ihm selbst zu entnehmen. Dieses ekstatische Wesen der Erfahrung macht es, daß alle Wahrnehmung Wahrnehmung von etwas ist.

Besessen vom Sein und den Perspektivismus meiner Erfahrung vergessend, fasse ich es nunmehr allein noch als Gegenstand und leite es ab aus Beziehungen zwischen Gegenständen. Meinen Leib, der mein Gesichtspunkt für die Welt ist, betrachte ich als einen unter den Gegenständen dieser Welt. Ich verdränge das Bewußtsein, das ich von meinem Blick als Mittel der Erkenntnis hatte, und betrachte meine Augen als Stücke der Materie. Sie finden ihren Ort im selben objektiven Raum, in dem ich jedes äußere Objekt zu situieren suche, und die wahrgenommene Perspektive glaube ich von der Projektion der Gegenstände auf meine Netzhaut erzeugt. Ebenso behandle ich die Geschichte meines Wahrnehmens selbst als Ergebnis meiner Bezüge zur objektiven Welt, meine Gegenwart, die mein Gesichtspunkt in der Zeit ist, wird zum Moment der Zeit unter anderen, meine Dauer zum Widerschein oder abstrakten Aspekt der Universalzeit, so wie mein Leib zum Modus eines objektiven Raumes. Endlich, blieben die das Haus umgebenden oder füllenden Gegenstände das, was sie in der perzeptiven Erfahrung sind, nämlich an Perspektiven gebundene Anblicke, so wäre das Haus nicht als autonomes Sein zu setzen. So fordert die Setzung eines einzigen Gegenstandes im vollen Sinne des Wortes die Zusammenfassung all dieser Erfahrungen in einem einzigen polythetischen Akt. Damit überschreitet sie die perzeptive Erfahrung und die Horizontsynthese – sowie den Begriff eines *Universums* als vollendeter expliziter Totalität, innerhalb deren alle Bezüge solche wechselseitiger Determination wären, den einer *Welt* überschreitet, als einer offen unendlichen Mannigfaltigkeit, innerhalb deren alle Bezüge solche wechselseitiger Implikation sind[32]. Ich löse mich von meiner Erfahrung und vollziehe den Übergang zur *Idee.* Diese behauptet als Gegenstand ein und dieselbe für jedermann, gültig für alle Zeit und für jeden Ort zu sein, und die Individuation des Gegenstandes an einem Punkte der objektiven Zeit und des objektiven Raumes stellt sich schließlich als Ausdruck eines universalen Setzungsvermögens dar[33]. Ich befasse mich nicht mehr mit meinem Leib, noch mit Zeit und Welt, so wie ich sie im vorprädikativen Wissen, in meiner inneren Kommunikation mit ihnen sehe. Ich spreche nur mehr in der Idee von meinem Leib, in der Idee vom Universum, von der Idee des Raumes und der Idee der Zeit. So bildet sich ein »objektives« Denken (im Sinne Kierkegaards) aus – das des gemeinen Verstandes und das der Wissenschaft –, in dem wir endlich jede Berührung mit der perzeptiven Erfahrung verlieren, deren Resultat und natürliche Folge jenes Denken gleichwohl ist und bleibt. Alles Bewußtseinsleben tendiert zur Setzung von Gegenständen, da es nur Bewußtsein, nämlich Sichwissen ist, sofern es sich selbst einem identifizierbaren Gegenstand erst abgewinnt. Und doch ist schon die absolute Setzung eines einzigen

32 Edmund Husserl, »Umsturz der kopernikanischen Lehre: die Erde als Ur-Arche bewegt sich nicht«; [unveröffentlichte Aufzeichnung Husserls von 1934 aus dem Husserl-Archiv in Löwen. Vorläufiger Abdruck in: *Essays in Memory of Edmund Husserl*, Cambridge 1940, S. 307-325].

33 Descartes, *Zweite Meditation*: »Ich begreife allein durch das meinem Geist innewohnende Urteilsvermögen, was ich mit meinen Augen zu sehen vermeinte.«

Gegenstandes der Tod des Bewußtseins, da sie, wie eine Lösung durch die Einführung eines einzigen Kristalls sich gänzlich kristallisiert, alle Erfahrung erstarren läßt.

Wir müssen die Alternative, nichts vom Subjekt, oder aber nichts vom Objekt verstehen zu können, zu durchbrechen suchen. Wir müssen den Ursprungsort des Gegenstandes im Innersten unserer Erfahrung selbst aufsuchen, das Erscheinen des Seins zu beschreiben und das Paradox zu verstehen suchen, wie *für uns etwas an sich* zu sein vermag. Um nichts zu präjudizieren, werden wir das objektive Denken beim Worte nehmen und ihm keine Fragen stellen, die es nicht selbst sich stellt. Gelingt es uns, dieses Denken zu durchstoßen und die ihm zugrundeliegende Erfahrung freizulegen, so wird dies motiviert sein in den ihm selbst entstehenden Verlegenheiten. Beobachten wir also dieses Denken, wie es die Konstitution unseres Leibes als Gegenstand vollzieht; denn in der Genesis der objektiven Welt dürfte dies der entscheidende Wendepunkt sein. Wir werden sehen, wie der Eigenleib sich in der Wissenschaft selbst der Behandlung entzieht, der sie ihn unterwerfen will. Und da die Genesis des objektiven Leibes nur ein Moment in der Konstitution des Gegenstandes bildet, zieht der Leib, indem er sich aus der objektiven Welt zurückzieht, die ihn mit seiner Umgebung verknüpfenden intentionalen Bande mit sich und enthüllt so das wahrnehmende Subjekt und die wahrgenommene Welt.

Die Leiberfahrung und die klassische Psychologie

Die »Ständigkeit« des Eigenleibes

Bereits die Deskription des eigenen Leibes in der klassischen Psychologie schreibt ihm »Charaktere« zu, die mit der Seinsweise eines Gegenstandes unvereinbar sind. Zunächst pflegt man zu sagen: mein Leib unterscheide sich dadurch vom Tisch oder der Lampe, daß ich von diesen mich abwenden kann, er aber ständig wahrgenommen ist. So wäre er also ein Gegenstand, der mich nie verließe. Doch ist er dann noch ein Gegenstand? Eignet dem Gegenstand als solchem eine invariable Struktur, so nicht *unbeschadet* des Wechsels der Perspektiven, sondern *in* diesem Wechsel oder durch ihn *hindurch*. Die immer neuen Perspektiven bieten ihm nicht eine bloße Gelegenheit, seine Ständigkeit zu bekunden, sind nicht bloß seine kontingente Weise, sich uns vorzustellen. Ein Gegenstand ist nur Gegenstand, wir haben nur einen Gegenstand vor uns, wenn er beobachtbar ist, nämlich uns vor Augen steht oder »vor Handen« ist, mit jeder Hand- und Augenbewegung sich wandelt, und doch dabei, und in eins damit, sich immer wiederfindet. Andernfalls wäre er wahr nach Art einer Idee, nicht aber nach Art eines Dinges. Insbesondere ist ein Gegenstand ferner nur Gegenstand, insofern er sich aus meinem Gesichtsfeld entfernen, schließlich also auch aus ihm verschwinden kann. Seine Gegenwart ist eine solche, die nie ohne mögliche Abwesenheit ist. Die Ständigkeit des eigenen Leibes aber ist von ganz anderer Art: Er ist nicht Limes einer offen endlosen Erkundung, er entzieht sich vielmehr jeder Durchforschung und stellt sich mir stets unter demselben »Blickwinkel« dar. Seine Ständigkeit ist keine solche der Welt, sondern Ständigkeit »meinerseits«. Daß er stets bei mir und ständig für mich da ist, besagt in eins, daß ich niemals ihn eigentlich vor mir habe, daß er sich nicht vor meinem Blick entfalten kann, vielmehr immer am Rand meiner Wahrnehmung bleibt und dergestalt *mit* mir ist. Gewiß zeigt auch ein äußerer Gegenstand sich mir niemals von einer Seite, ohne die anderen mir zu verbergen, doch kann ich nach Belieben die Seite wählen, die er mir zeigen soll. Er vermag mir stets nur perspektivisch zu erscheinen, doch die mir eröffnete Perspektive des jeweiligen Augenblicks resultiert aus einer Notwendigkeit lediglich physischer Art, somit einer Notwendigkeit, deren ich mich bedienen kann, die aber nicht mich gefangensetzt: Aus meinem Fenster sehe ich nur den Turm der Kirche, doch diese Beschränkung meiner Sicht verspricht mir zugleich: von passender Stelle aus könnte ich die ganze Kirche sehen. Gewiß, wäre ich hier gefangen, so bliebe mir von der Kirche nur der Stumpf ihres Turmes. Legte ich nie meine Kleider ab, so nähme ich nie ihre Rückseite wahr, und alsbald bemerkte man in der Tat, wie die Kleider mir fast zu Teilen des Leibes würden. Doch das beweist keineswegs, daß die Gegenwart meines Leibes dem faktischen Verbleiben gewisser Gegenstände und meine Organe ständig verfügbaren Werkzeugen vergleichbar wären. Es zeigt im Gegenteil, daß alles Tun, auf das ich gewohnheitsmäßig mich einlasse, seinerseits seine Werkzeuge sich einverleibt und sie also an der originalen Struktur des Eigenleibes teilhaben läßt. Dieser selbst ist die Urgewohnheit, der primordinale Habitus, der jeden anderen bedingt und durch den jeder andere sich versteht. Seine ständige Nähe zu mir und invariable Perspektive ist nicht bloß faktische Notwendigkeit, vielmehr in jeder solchen ständig vorausgesetzt: Das Fenster kann nur darum mir einen bestimmten Blickpunkt der Kirche gegenüber aufzwingen, weil zuvor schon der Leib mir einen Gesichtspunkt der Welt gegenüber aufzwingt, und jene Notwendigkeit kann nur eine physische sein, weil diese eine metaphysische ist; faktische Situationen können mich nur betreffen, da ich je schon von solcher Natur bin, daß es faktische Situation überhaupt für mich gibt.

M. a. W., ich beobachte äußere Gegenstände mit meinem Leib, hantiere mit ihnen, betrachte sie, gehe um sie herum, doch meinen Leib selbst beobachte ich nie: um dazu imstande zu sein, brauchte ich einen zweiten Leib, der wieder seinerseits nicht beobachtbar wäre. Sage ich, mein Leib sei stets von mir wahrgenommen, so sind diese Worte also nicht in einem bloß statistischen Sinn zu verstehen; in der Gegenwärtigung des Eigenleibes muß etwas sein, was jederlei Abwesenheit oder auch nur Variation als undenkbar ausschließt. Was ist dies? Mein Kopf ist meiner Sicht nur mit der Nasenspitze und dem Umriß der Augenhöhlen gegeben. In einem dreifachen Spiegel kann ich wohl auch meine Augen sehen, doch sind das die Augen jemandes, der beobachtet, und gerade etwa kann ich noch meinen lebendigen Blick einmal überraschen, wenn auf der Straße unversehens ein Spiegel mein Bild mir zuwirft. Das Spiegelbild meines Leibes folgt ständig meinen Intentionen, ihrem Schatten gleich, und wenn Beobachten heißt, den Gesichtspunkt abwandeln, den Gegenstand aber festhalten, so entzieht sich mein Leib auch im Spiegel meiner Beobachtung, gibt sich vielmehr als ein Scheinbild meines Tastleibes, da er dessen Initiativen nachahmt, anstatt ihnen in freier Entfaltung der Perspektiven zu entsprechen. Mein sichtbarer Leib ist zwar wohl in seinen vom Kopf entfernter liegenden Teilen möglicher Gegenstand, doch je mehr man den Augen sich nähert, um so entschiedener trennt er sich von den Gegenständen; in ihrer Mitte bildet er einen Quasi-Raum, zu dem sie nicht Zugang haben, und suche ich diese Leere durch das Spiegelbild auszufüllen, so verweist dieses mich wieder auf das Original des Leibes zurück, das nicht dort, unter den Dingen ist, sondern »meinerseits«, diesseits von allem Sehen. Nicht anders steht es, allem Anschein zum Trotz, mit meinem tastbaren Leib, denn wenn ich auch mit der linken Hand meine rechte befassen kann, indessen diese selbst einen Gegenstand berührt, so ist doch die rechte Hand als der Gegenstand nicht die rechte Hand als berührende: jene ist das auf einen Raumpunkt festgelegte Gebilde von Knochen, Muskeln und Fleisch, nicht aber die schwebend den Raum durchstoßende, einen äußeren Gegenstand an seinem Ort berührend entdeckende Hand. *Als* die Welt sehender oder berührender ist so mein Leib niemals imstande, selber gesehen oder berührt zu werden. Weil er das ist, wodurch es Gegenstände überhaupt erst gibt, vermag er selbst nie Gegenstand, niemals »völlig konstituiert« zu sein[34]. Der Leib ist also nicht lediglich einer unter anderen äußeren Gegenständen, der allein dadurch sich auszeichnete, stets da zu sein. Seine Ständigkeit ist eine absolute, die jederlei relativer Ständigkeit der eigentlichen, stets der Abwesenheit fähigen Gegenstände erst den Grund gibt. Gegenwart und Abwesenheit äußerer Gegenstände sind nur Variationen innerhalb eines dem Vermögen meines Leibes zugeeigneten primordinalen Gegenwartsfeldes und Wahrnehmungsbereiches. Nicht allein ist die Ständigkeit meines Leibes nicht lediglich ein Sonderfall der Ständigkeit äußerer Gegenstände in der Welt, vielmehr versteht sich die perspektivische Darstellung der Gegenstände ihrerseits daraus allein, daß mein Leib sich jeder perspektivischen Variation widersetzt. Wenn Gegenstände mir notwendig stets nur eine ihrer Seiten zeigen, so weil ich selbst einen bestimmten Platz einnehme, von dem aus ich sie sehe, den ich selbst aber nicht sehen kann. Wenn ich gleichwohl an das Sein ihrer verborgenen Seiten wie auch an das einer sie alle umfassenden, mit ihnen koexistierenden Welt glaube, so darum, weil mein Leib, der mir stets gegenwärtig, gleichwohl aber durch vielfache objektive Bezüge mit ihrem Milieu verbunden ist, sie in Koexistenz mit sich erhält und alles mit dem Pulsschlag seiner Dauer durchdringt.

So konnte das Phänomen der Ständigkeit des eigenen Leibes, hätte die klassische Psychologie es näher analysiert, bereits zu einem Begriff des Leibes nicht als Gegenstandes der Welt, sondern als Mittel unserer Kommunikation mit der Welt führen, wie auch zu einem Begriff der Welt selbst nicht als Summe determinierter Gegenstände, sondern als des latenten Horizonts all unserer Erfahrung, der in gleicher Weise allem determinierenden Denken zuvor unaufhörlich schon gegenwärtig ist.

34 Husserl, *Ideen*, Zweites Buch (unveröffentlicht). Dank Msgr. Noël und dem *Institut Supérieur de Philosophie* zu Löwen, in dessen Besitz sich Husserls gesamter Nachlaß befindet, sowie besonders der Liebenswürdigkeit von Pater Van Breda, konnte der Verf. einige der unveröffentlichen Manuskripte konsultieren.

Die wahrgenommene Welt

Die Theorie des Leibes als Grundlegung einer Theorie der Wahrnehmung

Der eigene Leib ist in der Welt wie das Herz im Organismus: er ist es, der alles sichtbare Schauspiel unaufhörlich am Leben erhält, es innerlich ernährt und beseelt, mit ihm ein einziges System bildend. Die mannigfaltigen Aspekte, unter denen ich meine Wohnung sehe, wenn ich in ihr auf und ab gehe, können mir nur daher als Anblicke ein und desselben Dinges erscheinen, daß ich zum voraus schon weiß, daß ein jeder dieser Aspekte die Wohnung von hier gesehen oder von da gesehen darstellt, und meiner eigenen Bewegung sowie meines Leibes als eines durch die Phasen dieser Bewegung hindurch Identischen mir bewußt bin. Ich kann gewiß die ganze Wohnung in Gedanken überfliegen, sie mir einbilden oder ihren Grundriß aufs Papier zeichnen, doch auch dann noch vermöchte ich die Einheit des Gegenstandes nicht zu erfassen ohne Vermittlung der leiblichen Erfahrung, denn was ich den Grundriß nenne, ist nur eine erweiterte Perspektive: ist die Wohnung »von oben gesehen«, und nur insofern bin ich imstande, in jenem Grundriß all meine gewohnten Perspektiven zusammenzufassen, als ich das Wissen habe, daß ein und dasselbe inkarnierte Subjekt abwechselnd *von* verschiedenen Stellungen aus zu sehen vermag. Man wird einwenden, die Verlegung des Gegenstandes in die leibliche Erfahrung – als deren einer Pol – beraube ihn eben dessen, was seine Objektivität ausmache.

Vom Gesichtspunkte meines Leibes aus sehe ich die sechs Seiten eines Würfels, mag er selbst aus Glas sein, niemals als gleiche, und doch hat das Wort »Würfel« seinen Sinn, hat der Würfel in Wahrheit, jenseits all seiner sinnlichen Erscheinungen, *seine* sechs gleichen Seiten. Mich um ihn herum bewegend, sehe ich seine eben noch rechteckige Vorderseite sich verzerren, sodann verschwinden, indessen die anderen Seiten erscheinen und jede der Reihe nach sich als Rechteck darbietet. Doch der Ablauf dieser Erfahrung ist für mich nur der Anlaß, den ganzen Würfel mit seinen sechs gleichen und gleichzeitigen Seiten, seine dies Ganze begründende intelligible Struktur zu denken. Ja auch mein Herumgehen um den Würfel kann nur das Urteil »Es ist ein Würfel« motivieren, insofern meine Ortsbewegung ihrerseits im objektiven Raume feststellbar ist, und so wenig scheint die Erfahrung der Eigenbewegung Bedingung der Position des Objekts zu sein, daß vielmehr nur die Vorstellung meines Leibes selbst als beweglichen Gegenstandes mir gestattet, meine Wahrnehmungserscheinungen zu entziffern und den wahren Würfel zu konstruieren. Die Erfahrung der Eigenbewegung wäre sonach ein bloßer psychologischer Umstand der Wahrnehmung, der nichts zur Bestimmung des Sinnes des Gegenstandes beitrüge. Wohl bildeten Leib und Gegenstand ein System, doch lediglich in Gestalt eines Bündels objektiver Korrelationen, nicht aber, wie wir soeben behaupteten, eines Ganzen erlebter Entsprechungen. Die Einheit des Gegenstandes wäre eine gedachte, nicht eine als Korrelat derjenigen unseres Leibes erfahrene. Doch ist wirklich der Gegenstand dergestalt von den Bedingungen loszulösen, unter denen er uns wirklich gegeben ist? Wir können diskursiv den Begriff der Zahl Sechs, den Begriff der »Seite« und den der Gleichheit zusammenstellen und sie zu einer den Würfel definierenden Formel verbinden. Doch eine solche Definition gibt uns weniger etwas zu denken, als sie uns vielmehr nur eine Frage stellt. Über die blinde symbolische Vorstellung hinaus führt uns erst die Erfassung des einzigartigen räumlichen Seins selbst, das diese sämtlichen Prädikate trägt. Wir müssen in Gedanken diese eigenartige Form uns vorzeichnen, die ein Raumfragment zwischen sechs gleichen Seiten einschließt. Doch Worte wie »einschließen« und »zwischen« können keinen anderen Sinn für uns haben als den, den sie unserer Erfahrung als inkarnierter Subjekte entleihen. Im Raume *selbst* und ohne die Gegenwart eines psychophysischen Subjekts gibt es keine Richtung, kein Innen, kein Außen. Ein Raum ist »eingeschlossen« in die Seiten eines Würfels, wie wir es in die Wände eines Zimmers sind. Um den Würfel denken zu können, nehmen wir Stellung im Raum, bald an seiner Oberfläche, bald in ihm, bald außer ihm, und so sehen wir ihn in Perspektive. Ein Würfel mit sechs gleichen Seiten ist nicht nur unsichtbar, sondern undenkbar: es ist der Würfel, wie er für sich selbst wäre; doch der Würfel ist nicht für sich selbst, da er ein Gegenstand ist. Ein erstes Dogma, dessen uns schon die reflexive Analyse entledigt, ist die Behauptung des absoluten An-sich-seins des Gegenstandes, ohne die Frage zu stellen, was er denn ist. Doch ein zweites Dogma ist die Behauptung einer präsumtiven Bedeutung des Gegenstandes, ohne die Frage zu stellen, wie sie denn in unsere Erfahrung Eingang findet. Die reflexive Analyse ersetzt die absolute Existenz des Gegenstandes durch den Gedanken eines absoluten Gegenstandes, doch indem sie diesen Gegenstand zu überfliegen und gesichtspunktlos zu denken sucht, zerstört sie seine innere Struktur. Wenn es für mich so etwas wie einen

Würfel mit sechs gleichen Seitenflächen gibt und ich zu diesem Gegenstand Zugang finde, so nicht dadurch, daß ich ihn innerlich konstituiere, sondern dadurch, daß ich wahrnehmend-erfahrend eintauche in die Dichte der Welt. Der Würfel mit sechs gleichen Seitenflächen ist nichts anderes als die Limes-Idee, in der ich die leibhafte Gegenwart des Würfels zum Ausdruck bringe, wie er da ist, unter meinen Augen, unter meinen Händen, in seiner perzeptiven Evidenz. Die Seiten des Würfels sind keine Projektionen, sondern eben Seiten. Sie nacheinander in ihrer perspektivischen Erscheinung erfassend, konstruiere ich kein Geometral, das diesen Perspektiven zugrunde läge, sondern der Würfel ist je schon da, vor mir liegend, und enthüllt sich selbst *in* diesen Perspektiven. Ich muß nicht erst von meiner eigenen Bewegung ein objektives Bild gewinnen und diesem Rechnung tragen, um hinter den Erscheinungen die wahre Form des Gegenstandes zu rekonstituieren: die Rechnung ist schon fertig, je schon hat jede neue Erscheinung sich der erlebten Bewegung verbunden und als Erscheinung des Würfels dargeboten. Ding und Welt sind mir gegeben mit den Teilen meines Leibes, nicht dank einer »natürlichen Geometrie«, sondern in lebendiger Verknüpfung, vergleichbar oder vielmehr identisch mit der, die zwischen den Teilen meines Leibes selbst herrscht.

Die äußere Wahrnehmung und die Wahrnehmung des eigenen Leibes variieren miteinander, weil sie nur zwei Seiten ein und desselben Aktes sind. Längst schon hat man die berühmte Illusion des Aristoteles daraus zu erklären gesucht, daß die ungewohnte Stellung der Finger die Synthesis ihrer Wahrnehmungen verhindert: die rechte Seite des Mittelfingers und die linke Seite des Zeigefingers »arbeiten« für gewöhnlich nicht zusammen; wenn also beide gleichzeitig berührt werden, heißt das, daß zwei Kugeln gegeben sind. In Wirklichkeit sind die Wahrnehmungen der beiden Finger nicht nur getrennte, sondern umgekehrte: wir schreiben dem Zeigefinger zu, was der Mittelfinger berührt, und umgekehrt, wie man zeigen kann, indem man die beiden Finger verschiedenen Reizen aussetzt, etwa den einen mit einer Spitze, den anderen mit einer Kugel berührend [...]. Die Illusion des Aristoteles bedeutet zunächst eine Störung des Körperschemas. Was die Synthesis der beiden Tastwahrnehmungen zu einem einzigen Gegenstand verhindert, ist nicht so sehr die ungewohnte oder statistisch seltene Stellung der Finger, sondern vielmehr daß die rechte Seite des Mittelfingers und die linke des Zeigefingers zur synergischen Aufklärung eines Gegenstandes ungeschickt sind, daß die Kreuzung der Finger als eine gezwungene Bewegung die motorischen Möglichkeiten der Finger selbst übersteigt und überhaupt nicht als Ziel einer Bewegungsintention zu fungieren vermag. So vollzieht sich hier die Synthese des Gegenstandes im Durchgang durch die Synthese des eigenen Leibes, als deren Korrelat und Entsprechung, und die Wahrnehmung einer einzigen Kugel wäre buchstäblich nichts anderes als die Verfügung über beide Finger als ein einziges Organ. Die Störung des Körperschemas kann sich sogar unmittelbar, ohne Eingreifen eines Reizes, in der äußeren Welt bekunden. Ehe in der Heautoskopie das Subjekt sich selbst sieht, geht es durch einen Zustand gedankenverlorener Träumerei oder der Angst hindurch, und das außerhalb seiner erscheinende Bild seiner selbst ist nur die Kehrseite dieser seiner Entpersönlichung[35]. Der Kranke fühlt sich in dem außerhalb seiner seienden Doppelgänger, wie etwa in einem auffahrenden und plötzlich stillstehenden Fahrstuhl wir die Substanz unseres eigenen Leibes gleichsam uns durch den Kopf entfliehen und die Grenzen des objektiven Leibes verlassen fühlen. Die Näherung dieses Anderen, den er nie zuvor mit Augen gesehen hat, fühlt der Kranke in seinem eigenen Leib, so wie der Normale an einer Art Brennen in seinem Nacken spürt, daß jemand hinter ihm ihn beobachtet [...]. Umgekehrt ziehen bestimmte Formen äußerer Erfahrung implizit ein bestimmtes Bewußtsein des eigenen Leibes nach sich. Viele Kranke sprechen von einem »sechsten Sinn«, der ihnen ihre Halluzinationen gebe. Strattons Versuchsperson sah bei objektiver Umkehrung des Gesichtsfeldes zunächst alle Gegenstände umgekehrt; als am dritten Tage der Versuche die Gegenstände ihr Gewicht wiederzugewinnen begannen, fühlte sie sich von dem »seltsamen Gefühl« durchdrungen, »mit der Rückseite des Kopfes Feuer zu sehen«[36]. Dergleichen hat seinen Grund in einer unmittelbaren Äquivalenz der Orientierung des Sehfeldes mit einem Bewußtsein des eigenen Leibes als des Vermögens dieses Feldes, so daß der experimentelle Umsturz sich gleichermaßen in einer Umkehrung der phänomenalen Gegenstände oder auch in einer Neuverteilung der Sinnesfunktionen im Leibe ausdrücken kann. Paßt man sich dem Sehen auf großen Abstand an, so verdoppelt sich, wie das aller nahege-

35 Jean Lhermitte, *L'image de notre corps*, Paris 1939, S. 136-188. Vgl. S. 191: »Während der Dauer der Heautoskopie ist das Subjekt von einem Gefühl tiefer Trauer durchdrungen, dessen Ausstrahlung sich bis auf das Bild des Doppelgängers selbst erstreckt, das von ähnlichen affektiven Erschütterungen betroffen scheint, wie das Original sie selbst empfindet«; »sein Bewußtsein scheint aus sich selbst herausgegangen zu sein.«

36 George M. Stratton, »Vision without Inversion of the Retinal Image«, in: *Psychological Revue*, Bd. 3, 1996, S. 350.

legenen Gegenstände, auch das Bild des eigenen Fingers. Berührt oder sticht man ihn, so wird die Berührung oder der Stich doppelt wahrgenommen[37]. Die Doppelsichtigkeit findet so eine Verlängerung in der Verdoppelung des Leibes. Jede äußere Wahrnehmung ist unmittelbar einer bestimmten Wahrnehmung meines Leibes synonym, so wie jede Wahrnehmung meines Leibes sich in der Sprache äußerer Wahrnehmung auslegt. Wenn nun, wie wir gesehen haben, der Leib kein transparenter Gegenstand und uns nicht, wie dem Geometer der Kreis, gegeben ist in Gestalt des Gesetzes seiner Konstitution, wenn er vielmehr eine Ausdruckseinheit ist, die wir nur kennenzulernen vermögen, indem wir sie durch Übernahme uns zu eigen machen, so muß diese Struktur sich auch der sinnlichen Welt selbst mitteilen. Die Theorie des Körperschemas ist *implicite* schon eine Theorie der Wahrnehmung. Wir haben aufs neue gelernt, unseren eigenen Leib zu empfinden, wir haben, dem objektiven, distanzierten Wissen vom Leib zugrunde liegend, ein anderes Wissen gefunden, das wir je schon haben, da der Leib immer schon mit uns ist und wir dieser Leib sind. In gleicher Weise werden wir eine Erfahrung der Welt zu neuem Leben zu erwecken haben, so wie sie uns erscheint, insofern wir zur Welt sind durch unseren Leib und mit ihm sie wahrnehmen. Doch also ein neues Verhältnis zu unserem Leib wie zur Welt findend, werden wir auch uns selbst wiederfinden, da der Leib, mit dem wir wahrnehmen, gleichsam ein natürliches Ich und selbst das Subjekt der Wahrnehmung ist.

Das *Cogito*

Erneuter Rückgang auf das cogito. Das cogito und die Wahrnehmung

Unzweifelhaft also ist es, daß ich denke. Ich bin nicht gewiß, ob da ein Aschbecher oder eine Pfeife ist, doch dessen bin ich gewiß, daß ich denke, einen Aschbecher oder eine Pfeife zu sehen. Ist es so einfach, wie man meint, diese zwei Behauptungen zu trennen und unter Enthaltung von jedem Urteil über das gesehene Ding an der Evidenz meines »Zusehen-denkens« festzuhalten? Es ist vielmehr unmöglich. Wahrnehmung ist eben gerade diejenige Aktart, welche die Trennung

37 Lhermitte, *L'image de notre corps*, S. 39.

des Aktes selbst von seinem Gegenstand nicht zuläßt. Wahrnehmung und Wahrgenommenes haben notwendig dieselbe Modalität des Daseins, da von der Wahrnehmung nicht das Bewußtsein zu scheiden ist, das sie hat oder vielmehr ist, die »Sache selbst« zu treffen. Es ist unmöglich, an der Gewißheit der Wahrnehmung festzuhalten, die Gewißheit des wahrgenommenen Dinges aber preiszugeben. Sehe ich *im vollen Sinne des Wortes »Sehen«* einen Aschbecher, so muß notwendig ein Aschbecher da sein, diese Behauptung kann ich nicht unterdrükken. Sehen ist Etwas-sehen. Rot sehen, ist ein wirklich existierendes Rot sehen. Reduziert man das Sehen auf die bloße Präsumtion des Sehens, so stellt man sich das Sehen als die Betrachtung eines bodenlos schwebenden *quale* vor. Doch wenn, wie wir oben sagten, es die Qualität selbst in ihrer spezifischen Textur ist, die sich uns zumutet und der wir, sofern wir uns in einem Sinnesfeld halten, durch eine gewisse Weise des Existierens entsprechen, wenn die Wahrnehmung einer Farbe von bestimmter Struktur – als Oberflächenfarbe oder als farbige Fläche in wohlbestimmtem oder unbestimmtem Abstand oder Ort – unsere Offenheit für die Wirklichkeit oder zur Welt voraussetzt: wie könnten wir die Gewißheit unserer wahrnehmenden Existenz von der ihres äußeren Gegenüber trennen? Es ist meinem Sehen wesentlich, nicht bloß auf ein angeblich Sichtbares, sondern auf ein wirklich gesehenes Seiendes sich zu beziehen. Und so trifft umgekehrt ein Zweifel an der Gegenwart des Dinges das Sehen selbst; ist kein Rot oder Blau da, so sage ich, ich habe es nicht *wirklich gesehen*, ich gebe zu, daß in keinem Augenblick jene Adäquation meiner Seh-Intention und des Sichtbaren selbst gegeben war, welche das wirkliche Sehen ist. So gilt es also, sich zu entscheiden: Entweder habe ich keinerlei Gewißheit von den »Sachen selbst«, dann aber bin ich ebensowenig meiner als bloßer Gedanke aufgefaßten eigenen Wahrnehmung gewiß, denn selbst so schließt sie die Behauptung eines Dinges ein; oder aber ich erfasse mit Gewißheit meinen Gedanken, was aber erfordert, daß ich in eins die Existenz des in ihm gemeinten Seienden anerkenne. Descartes' Behauptung, das Dasein der sichtbaren Dinge sei zweifelhaft, doch unser Sehen, als einfaches Zu-sehen-denken betrachtet, sei es nicht – diese Behauptung ist unhaltbar. Denn das Zu-sehen-denken kann zweierlei Sinn haben. Man kann es zunächst im restriktiven Sinne als vermeintliches Sehen, als »den Eindruck haben zu sehen« verstehen; dann ist es allein die Gewißheit eines Möglichen oder Wahrscheinlichen, und ferner setzt das »Zu-sehen-denken« dann voraus, daß wir in gewissen Fällen doch die Erfahrung echten oder wirklichen Sehens gemacht haben, welcher das jetzige »Zu-sehen-denken« ähnelt, in welcher aber damals die Gewißheit des Dinges eingeschlossen war. Die Gewißheit einer Möglichkeit ist aber nur die Möglichkeit einer Gewißheit, das Zu-sehen-denken ist nur eine Vorstellung von Sehen, die wir überdies nicht besitzen könnten, wäre uns nicht sonst schon das Sehen in Wirklichkeit gegeben. – Nun kann man unter dem »Zu-sehen-denken« auch das Bewußtsein verstehen, das wir von unserem konstitutiven Vermögen hätten. Wie immer es mit unserem empirischen – wahren oder falschen – Wahrnehmen stehen mag, es wäre möglich allein durch einen ihm innewohnenden Geist, der in Wahrheit seinen intentionalen Gegenstand vorgängig schon erkannte, identifizierte und uns vorhielte. Doch wenn dieses konstitutive Vermögen kein Mythos ist, wenn wirklich die Wahrnehmung nichts anderes als bloß die Verlängerung einer innerlichen Dynamik ist, mit der ich koinzidiere, dann muß meine Gewißheit der transzendentalen Prämissen der Welt sich auch auf die Welt selbst noch erstrecken, dann muß, insofern mein Sehen durch und durch Zu-sehen-denken ist, das gesehene Ding in sich selbst sein, als was ich es denke; notwendig ist der transzendentale Idealismus absoluter Realismus. Es wäre widersprüchlich, in eins behaupten zu wollen[38], die Welt sei von mir konstituiert, doch von dieser konstitutiven Leistung könne ich nur Wesensumriß und -strukturen erfassen; ich muß als Resultat der konstitutiven Leistung die existierende Welt zur Erscheinung kommen sehen, nicht allein die Idee einer Welt, sonst bliebe es bei einer bloß abstrakten Konstruktion und käme es zu keinem konkreten Weltbewußtsein.

In welchem Sinne also immer das Zu-sehen-denken genommen wird, es ist gewiß allein, wenn auch das wirkliche Sehen selbst es ist. Wenn Descartes uns sagt, für sich selbst genommen sei eine Empfindung stets wahr, der Irrtum sei stets nur die Frucht ihrer transzendierenden Interpretation im Urteil, so setzt er eine illusorische Unterscheidung voraus: es ist für mich nicht leichter, zu wissen, ob ich etwas empfunden habe, als zu wissen, ob etwas da ist; Hysteriker empfin-

38 Wie das z. B. Husserl tut, wenn er jeder transzendentalen Reduktion in eins den Charakter einer eidetischen Reduktion zuschreibt. Der notwendige Durchgang durch die Essenzen und die unaufhebliche Undurchdringlichkeit der Existenzen können nicht als selbstverständliche Tatsachen hingenommen werden, beides trägt zur Sinnbestimmung des *cogito* und der letzten Subjektivität bei. Kann mein Denken nicht die konkrete Fülle des Weltphänomens einholen und die Faktizität der Welt nicht auf sich zurücknehmen, so bin ich nicht konstituierendes Denken, ist mein Ich-denke kein Ich-bin.

den, und erkennen nicht, was sie empfinden, wie sie äußere Gegenstände wahrnehmen, ohne sich von ihrer Wahrnehmung Rechenschaft abzulegen. Bin ich aber gewiß, etwas empfunden zu haben, so ist in der Weise der Artikulation und Entfaltung der Empfindung die Gewißheit eines äußeren Dinges für mich eingeschlossen: es ist ein Schmerz *am Bein*, es ist *etwas Rotes*, z. B. das undurchdringliche Rot einer festen Fläche oder aber eine dreidimensionale rötliche Atmosphäre. Meine »Interpretation« des Empfundenen bedarf einer Motivierung, und sie kann diese allem der Struktur der Empfindungen selbst entnehmen, so daß man gleichermaßen feststellen muß: Es gibt keine transzendierende Interpretation, kein Urteil, das nicht der Konfiguration der Phänomene selbst entspränge – es gibt keine »immanente Sphäre«, keinen Bereich, in dem mein Bewußtsein gänzlich bei sich selbst und vor jeder Gefahr eines Irrtums gesichert wäre. Es ist die Natur der Akte des Ich, sich selbst zu übersteigen. Eine Intimität des Bewußtseins gibt es nicht. Bewußtsein ist durch und durch Transzendenz, und zwar nicht erlittene Transzendenz – eine solche Transzendenz bedeutete, wie wir schon sagten, das Ende des Bewußtseins –, sondern aktives Transzendieren. Mein Bewußtsein zu sehen oder zu empfinden ist nicht die passive Registrierung in sich verschlossener psychischer Vorkommnisse, die mich hinsichtlich der Wirklichkeit der gesehenen oder empfundenen Dinge ungewiß ließen; es ist ebensowenig Entfaltung eines konstitutiven Vermögens, das eminenterweise jegliche mögliche Sicht und Empfindung ewig und vorgängig je in sich selbst schon einschlösse und einen jeglichen seiner Gegenstände umfaßte, ohne je aus sich selbst herausgehen zu müssen; vielmehr ist das Bewußtsein der Vollzug des Sehens selbst. Meines Sehens bin ich dadurch versichert, daß ich dies oder jenes sehe, oder zum wenigsten dadurch, daß ich um mich herum eine sichtbare Gegend, eine sichtbare Welt enthülle, die ihrerseits letztlich wiederum nur bezeugt ist durch das Sehen eines bestimmten Dinges. Sehen ist Tun, freilich nicht eine ewige Operation – was ohnehin ein in sich widersinniger Ausdruck ist –, sondern eine Leistung, die mehr hält, als sie verspricht, beständig ihre Ausgangspunkte übersteigt, und innerlich allein begründet ist durch meine ursprüngliche Offenheit für ein Feld von Transzendenzen, d. h. durch eine Ekstase. Das Sehen kommt zu sich selbst im gesehenen Ding. Und sich selbst zu erfassen, ist ihm freilich wesentlich, sonst wäre es Sehen von nichts, doch ist es ihm wesentlich auch, sich nur zu erfassen in einer gewissen Zweideutigkeit und Dunkelheit, da es sich eben nicht gänzlich selber zu eigen ist, vielmehr im Gesehenen sich selber sich entrückt. Was ich im *cogito* entdecke und erkenne, ist keine psychologische Immanenz – die Inhärenz aller Phänomene in »Bewußtseinszuständen«, die blinde Selbstberührung der Empfindung – noch auch eine transzendentale Immanenz – die Beschlossenheit aller Phänomene in einem konstituierenden Bewußtsein, der Selbstbesitz des klaren Denkens –, es ist die ursprüngliche Bewegung des Transzendierens, die mein Sein selbst ist, die gleichursprüngliche Berührung mit meinem Sein und mit dem Sein der Welt.

17. Die Adverbialtheorie der Wahrnehmung
Curt John Ducasse

Das Verhältnis von Empfindungsinhalten zu Empfindungen

Moores Argument

Im folgenden werde ich annehmen, daß der Leser mit dem Text von Moores Aufsatz vertraut ist. Trotzdem mag es nützlich sein, kurz anzugeben, worin meiner Ansicht nach die Grundzüge des Arguments bestehen, das darin vorkommt. Am Beispiel der Empfindung der Farbe Blau weist Moore darauf hin, daß sie sich zwar von einer Grünempfindung unterscheidet, daß aber trotzdem beides Empfindungen sind. Daher haben sie 1. etwas gemein, das er »Bewußtsein« nennen will, und 2. unterscheiden sie sich in etwas, das er den »Gegenstand« der jeweiligen Empfindung nennen möchte. Es gibt also, sagt er, »in jeder Empfindung zwei verschiedene Bestandteile«; und deshalb hat man mit der Behauptung, daß einer dieser Bestandteile existiert, daß der andere Bestandteil existiert und daß beide existieren, drei verschiedene Behauptungen. Daraus folgt, daß, »wenn irgend jemand sagt, ›Blau existiert‹ ist *dasselbe* wie zu sagen ›sowohl Blau als auch das Bewußtsein existieren‹ er einen Irrtum begeht und zwar einen Irrtum vom Typ eines Selbstwiderspruchs.«[1] Gerade weil das *Sein* von Blau vom *Sein* des *Wahrgenommenwerdens* von Blau verschieden ist, besteht keine logische Schwierigkeit für die Annahme, daß das Blau ohne Bewußtsein des Blau existiert.

Der strittige Punkt, von dem die Gültigkeit oder Ungültigkeit dieses Arguments abhängt, ist natürlich, welche Art von Unterschied man zwischen der Empfindung oder dem Bewußtsein und dem Blau zugestehen soll. Denn Unabhängigkeit der Existenz folgt nicht auf jede Art von Verschiedenheit. Unabhängigkeit der Existenz ist die Folge eines solchen Unterschieds wie der zwischen Hund und Katze oder Grün und Süß, aber nicht eines Unterschieds wie der zwischen einer Katze und ihrem Rückenmark oder zwischen Blau und Farbe.

1 George Edward Moore, »Refutation of Idealism«, in: *Philosophical Studies*, New York 1922, S. 17-18.

Moore meint, daß Blau und das *Wahrgenommenwerden* von Blau »so verschieden sind wie ›grün‹ und ›süß‹«;[2] und wenn Unabhängigkeit der Existenz daraus folgen soll, dann muß »so verschieden wie« hier bedeuten, daß die Verschiedenheit von derselben logischen Art ist wie die zwischen Grün und Süß. Um zu zeigen, daß die Verschiedenheit von derselben logischen Art ist, bemüht Moore sowohl destruierende als auch konstruktive Überlegungen. Die destruierenden bestehen in seiner Kritik (die ich hier nicht zusammenfassen möchte) der Annahme, daß Blau der »Inhalt« der Blauempfindung ist; die konstruktiven dagegen bestehen in seiner positiven Theorie der Beziehung zwischen Blau und der Empfindung oder allgemeiner der Beziehung zwischen Bewußtsein oder Erfahrung und deren »Gegenständen«. Diese Theorie hat im wesentlichen folgenden Inhalt: Eine Empfindung ist ein Fall eines »Wissens« oder »Erfahrens« oder »Bewußtseins« von etwas, und dieses Bewußtsein ist nicht einfach nur »etwas Gesondertes und Einzigartiges, das von dem Blau vollkommen verschieden ist, sondern es hat auch eine gänzlich besondere und einzigartige Beziehung zu dem Blau ... Diese Beziehung ist genau das, was wir in jedem einzelnen Fall mit ›Wissen‹ meinen[3] ... Die Beziehung einer Empfindung zu ihrem Gegenstand ist gewiß dieselbe wie die Beziehung jedes anderen Beispiels von Erfahrung zu ihrem Gegenstand[4] ... das Bewußtsein ist und muß in allen Fällen von solcher Art sein, daß sein Gegenstand, wenn wir seiner bewußt sind, genau derselbe wäre, wie wenn wir uns seiner nicht bewußt wären.«[5]

Gegen diese Behauptungen werde ich geltend machen, daß, wenn »Wissen« als Name einer einzigartigen Beziehung gebraucht wird, diese Beziehung Gattungscharakter hat und in zwei Unterarten zerfällt. Eine davon erlaubt dem gewußten Gegenstand unabhängig vom Wissen zu existieren, aber die andere schließt unabhängige Existenz aus. Im Fall der letzteren Beziehung ist das Gewußte der »Inhalt« des Wissens in einem Sinn, der von Moores Kritik dieses Ausdrucks nicht berührt wird. In genau diesem Sinn ist Blau der »Inhalt« der Blauempfindung und kann deshalb nicht unabhängig von ihr existieren.

Ich werde das Fundament für mein Argument legen, indem ich eine bestimmte Unterscheidung übernehme und nutzbar mache, die S. Alexander bei seinem Versuch der Definition des Unterschieds

2 Ebenda S. 16.

3 Ebenda S. 26-7.

4 Ebenda S. 28.

5 Ebenda S. 29.

zwischen dem Mentalen und Nichtmentalen und der Definition des Wesens der Introspektion verwendet.

Alexanders Kriterium des Mentalen

Alexander erklärt, daß »jegliche Erfahrung in zwei verschiedene Bestandteile und deren Relation zueinander zerlegt werden kann. Die beiden Bestandteile... sind der Bewußtseinsakt einerseits und der Gegenstand des Bewußtseins andererseits.«[6] Ein Gegenstand ist eine Erscheinung eines »Dings« und ein »Ding« besteht aus einer Menge »von Gegenständen innerhalb einer bestimmten räumlichen Begrenzung«.[7] Der Gegenstand wird von dem zugehörigen geistigen Akt »betrachtet«. Aber nicht nur Gegenstände, sondern auch die geistigen Akte selbst werden beobachtet oder erfahren. Ihre Beobachtung oder Erfahrung wird von Alexander nicht »Betrachtung« genannt, sondern »Genießen«.[8] Nach Alexander ist »Introspektion tatsächlich nur das Erleben unseres geistigen Zustands«[9], obwohl er im allgemeinen die Introspektion vom Genießen als »Genießen mit einem wissenschaftlichen Interesse«[10] unterscheidet – ein deutliches Genießen im Gegensatz zu einem vagen und verschwommenen.[11]

Was Alexander dazu führt, das Mentale wesensmäßig als *Akt* zu begreifen, ist der Unterschied zwischen dem Erleben und dem Erlebten, d. h. zwischen dem aktiven und passiven Pol der Erfahrung. »In jedem einzelnen Erlebnis«, sagt er, »lassen sich das Erleben und das Erlebte unterscheiden, und das Erlebte ist nichtmental.«[12] Aber die Unterscheidung des Mentalen vom Nichtmentalen in der Erfahrung anhand des Unterschieds zwischen Erlebtem und Erleben wäre die Quelle eines sich aufdrängenden Widerspruchs, wenn sie nicht durch eine weitere Unterscheidung ergänzt werden würde. Denn beachten wir, daß Alexander erklärt, daß 1. jegliche Erfahrung einen geistigen Akt und einen Gegenstand beinhaltet, 2. ein geistiger Akt sich selbst erfährt, d. h. sowohl ein Erfahren als auch ein Erfahrenes ist, und 3. in

6 Samuel Alexander, *Space, Time, and Deity*, Bd. 1, London 1920, S. 11.

7 Ebenda Bd. 2, S. 92.

8 »Introspektion kann Beobachtung genannt werden, aber Beobachtung ist nicht notwendig die Beobachtung äußerer Gegenstände« (Bd. 2, S. 90); ebenso, »das Genossene genießt sich selbst oder erfährt sich selbst als ein Genießen« (Bd. 1, S. 13).

9 Ebenda Bd. 1, S. 23.

10 Ebenda Bd. 2, S. 89.

11 Ebenda Bd. 1, S. 18.

12 Ebenda Bd. 1, S. 23.

jeder Erfahrung das Erlebte nichtmental ist. Aus diesen drei Behauptungen würde sofort folgen, daß ein geistiger Akt, insofern er erfahren wird, ein Erlebtes ist als auch ein Erleben, d. h. sowohl mental als auch nichtmental.

Objektlose vs. objekthafte Akkusative

Alexander vermeidet diesen Widerspruch, indem er sich auf die Unterscheidung zwischen dem objektlosen und dem objekthaften Akkusativ beruft. Er schreibt: »Der Unterschied zwischen den beiden Weisen, auf die die Terme (nämlich der geistige Akt und der Gegenstand) erlebt werden, wird sprachlich durch den Unterschied zwischen dem objektlosen und dem objekthaften Akkusativ ausgedrückt. Ich bin mir meiner Bewußtheit in der Weise bewußt, wie ich einen Schlag ausführe oder zum Abschied winke. Mein Bewußtsein und das Bewußtsein meines Bewußtseins sind identisch. [Andererseits] erlebe ich den Baum, wie ich einen Mann schlage oder eine Fahne schwenke.«[13]

Es gibt, glaube ich, kein Wort in der Sprache, das dasjenige im allgemeinen bezeichnet (oder gar nur in mehrdeutiger Weise), was zu dem Vorgang, den ein Verb benennt, dieselbe Beziehung hat, die ein im Akkusativ stehendes Nomen im allgemeinen zum Verb hat, d. h. im Akkusativ, gleichgültig, ob objektlos oder objekthaft. Ich werde jedoch ein Wort dafür benötigen und werde daher für diesen Zweck aus der Grammatik das Wort »Akkusativ« übernehmen – so wie W. E. Johnson in ähnlicher Weise aus der Grammatik das Wort »Adjektiv« übernimmt, um auf die Art von Entität zu referieren, für die jedes Wort steht, das die Grammatik Adjektiv nennt.[14] So würde ich z. B. von einem geschlagenen Schlag als objektlosem Akkusativ sprechen, aber von einem geschlagenen Mann als objekthaftem Akkusativ bezüglich der Art des Vorgangs, den man »schlagen« nennt. Aber aus Gründen des Wohlklangs, die später klar werden, werde ich anstelle von »objektlos« die [synonyme] Form »gleichartig« verwenden.[15] Da wir außerdem mit der Beziehung zwischen den Gegenständen des Bewußtseins und dem Bewußtsein befaßt sind – und unsere Terminolo-

13 Ebenda Bd. 1, S. 12.

14 Walton E. Johnson, *Logic*, Bd. 1, Cambridge 1921, S. 9.

15 Ducasse verwendet hier die Ausdrücke »cognate« und »connate«, die im Englischen synonym sind. Für die deutschen Entsprechungen »objektlos« und »gleichartig« besteht dagegen keine Synonymie. Außerdem gilt Ducasses Begründung auch nur für das Englische, da »gleichartig« nicht besser klingt als »objektlos« (A. d. Ü.).

gie die Natur dieser Relation nicht unrechtmäßig vorentscheiden soll –, werde ich den Ausdruck »fremdartiger Akkusativ« gebrauchen für das, was sonst »transitiver Akkusativ« heißen würde; d. h. ich werde sagen, daß ein Akkusativ eines Vorgangs gleichartig mit oder fremdartig zu – homogen mit oder heterogen zu – dem Vorgang sein kann. Zum Beispiel ist in der Phrase »einen Sprung springen« der Sprung ein gleichartiger Akkusativ des Vorgangs, der »Springen« genannt wird; während in dem Ausdruck »über einen Graben springen« der Graben ein fremdartiger Akkusativ des Springens ist.

Die Annahme, die der Mooreschen entgegengesetzt werden soll

Die Frage, die wir nun vor uns haben, ist jedoch, ob solche erkannten Gegenstände wie Blau oder Bitter oder Süß mit der Art von Erleben gleichartig sind, die wir »Empfinden« nennen, oder ob sie statt dessen fremdartig zu ihr sind. Denn von der Antwort hierauf hängt, wie wir gerade gesehen haben, die Antwort auf die Frage ab, ob das *Sein* von Blau oder Bitter oder Süß das *Wahrgenommenwerden* dieser Sinnesqualitäten ist. Moore glaubt, daß diese Qualitäten fremdartig gegenüber dem Erleben sind. Im Gegensatz dazu wird meine Behauptung sein, daß sie mit dem Erleben gleichartig sind. An dieser Stelle werde ich jedoch nicht versuchen, diese Behauptung zu beweisen, sondern erstens nur ihren Sinn genauer erklären und zweitens zwei *prima facie* plausible Einwände dagegen abweisen. Daraus wird deutlich werden, daß es eine echte Alternative zu Moores Behauptung bezüglich der Beziehung zwischen dem Blau und dem Empfinden von Blau gibt, und diese Klärung wird mir ermöglichen zu zeigen, daß es sich um eine Alternative handelt, die er weder in Betracht zieht noch ausschließt. Dies zu zeigen, heißt jedoch nur zu zeigen, daß sein Argument nicht beweist, was es zu beweisen vorgibt, nämlich daß das Blau unabhängig von der Blauempfindung existieren kann. Erst nachdem das erledigt ist, werde ich die positiven Belege für meine eigene Behauptung bringen, daß das Blau nicht unabhängig von der Blauempfindung existieren kann.

Die Annahme, die ich also als Alternative zu der von Moore vorschlage, ist, daß »Blau«, »Bitter«, »Süß«, etc. nicht Namen von Gegenständen der Erfahrung sind, auch nicht von Arten von Gegenständen der Erfahrung, sondern von *Arten der Erfahrung selbst.* Was das heißt, kann vielleicht am besten dadurch erläutert werden, daß man sagt, daß Blau zu empfinden auf blaue Weise zu empfinden ist, genauso wie Walzer zu tanzen auf walzerartige Weise zu tanzen ist. Einen Hüpfsprung zu machen ist auf hüpfende Weise zu springen (d. h. auf die Weise, die man »hüpfen« nennt), etc. Das heißt, daß Sinnesempfindungen zu haben ein geistiger Vorgang ist, der zum Empfinden von Blau dieselbe logische Beziehung hat, die z. B. zwischen dem Vorgang des Vibrierens einer Seite besteht und der bestimmten Art und Weise, in der die Vibration stattfindet, etwa die Weise des mittleren C. Offensichtlich würde es auch angemessen sein, von der Seite zu sagen, daß sie auf-die-Weise-des-mittleren-C vibriert. Blau zu empfinden, behaupte ich, ist somit eine bestimmte Weise oder Modulation des Empfindens – eine besondere Unterart der Art von Vorgang, die allgemein »Empfinden« genannt wird, welche jedoch im Unterschied zum Tanzen oder Springen ein unwillkürlicher und nichtmotorischer Vorgang und eine *Unterart* des allgemeinen Vorgangs ist, der »Erleben« genannt wird. Im Falle des Empfindens, wie in allen Fällen, in denen der gewußte Gegenstand mit dem Wissen gleichartig ist, ist das Gewußte also die bestimmte Eigenart des Wissensvorgangs selbst.

Im Hinblick auf die Beziehung zwischen Blau und dem Empfinden von Blau behaupte ich weiter, daß dieselben Bemerkungen gelten, die oben hinsichtlich des Verhältnisses von Springen und Hüpfen gemacht wurden: Das Nomen »Blau« ist ein Wort, das wir nur dazu verwenden, eine bestimmte *Art* von Vorgang zu beschreiben (genauso wie die Ausdrücke »Walzer tanzen« und »Hüpfen«, etc.), während das Verb »blau empfinden« die sprachliche Form ist, die wir benutzen, wenn wir nicht nur dieselbe Art von Vorgang ausdrücken wollen, sondern außerdem zugleich einen bestimmten *Fall*, d. h. ein bestimmtes *Vorkommnis* dieser Art von Vorgang beschreiben wollen. Die verschiedenen Zeitformen des Verbs drücken die verschiedenen zeitlichen Verhältnisse zwischen der Zeit aus, zu der wir einen bestimmten Fall dieser Art von Vorgang beschreiben, und der Zeit, die wir als die Zeit dieses Falls selbst erwähnen. Ich wende mich nun den zwei möglichen Einwänden zu, von denen ich oben gesprochen habe.

Der Einwand, daß das Empfundene nicht »Blau« ist, sondern ein Fall von »Blau«

Man könnte geltend machen – etwa aufgrund der Überzeugung, daß dies eine Schwierigkeit sei, die die Annahme meiner Hypothese ausschließt –, daß dasjenige, was wir empfinden, niemals Blau oder Bitter im allgemeinen ist, d. h. eine bestimmte *Art*, sondern immer ein *besonderes* Blau oder ein *besonderes* Bitter, d. h. (so würde man dann anführen) ein bestimmter *Fall* von Blau oder Bitter.

Darauf antworte ich, daß »Blau« und »Bitter« die Namen gewisser *bestimmbarer* Arten sind und daß »ein *besonderes* Blau« oder »ein *besonderes* Bitter« Ausdrücke sind, mit denen wir uns nicht auf Fälle, sondern auf *Bestimmtheiten*, d. h. auf die *infimae species* dieser bestimmbaren Arten beziehen.[16] Daß ein bestimmter Blauton logisch nicht ein Fall, sondern eine species, nämlich eine infima species von Blau ist, erhellt durch die Tatsache, daß selbst ein vollkommen bestimmter Blauton viele Instanzen haben kann, oder gar keine oder nur eine Instanz, etc., d. h. qualitative Bestimmtheit macht weder Existenz aus, noch folgt die Existenz aus ihr. Das Existieren von qualitativ bestimmtem Blau, Bitter, etc. ist eine Sache des Besetzens einer bestimmten Raumstelle zu einer bestimmten Zeit. Es ist die Anwesenheit von solchen Qualitäten *dort* und *dann*, was einen ihrer Fälle ausmacht. Aber das, was an der jeweiligen Raum-Zeitstelle vorkommt, ist eine species – jedoch immer eine infima species, d. h. ein vollkommen bestimmtes »Was«.

Auf der Grundlage dieser Überlegungen besteht meine Antwort auf den oben genannten Einwand darin, daß wir nicht *einen Fall* von Blau *empfinden*, sondern daß unser bestimmtes Blauempfinden selbst ein Fall von Blau ist. Das heißt, daß es die Anwesenheit von Blau eines bestimmten Farbtons an einer bestimmten Raum-Zeitstelle ausmacht und damit natürlich die Anwesenheit von Blau im bestimmbaren

16 W. E. Johnson verwendet in seinem Kapitel über »das Bestimmbare« (*Logic*, Bd. I, Kap. XI) irreführenderweise die Namen der verschiedenen Farben als Beispiele von Namen für Bestimmtheiten, während es doch offensichtlich der Fall ist, daß z. B. Blau eine bestimmbare Eigenschaft ist, die als weiter bestimmbare Eigenschaften Himmelblau, Preussisch Blau, etc. umfaßt, und daß in der Sprache keine Namen für die wirklich maximal bestimmten Farben existieren – z. B. für ein Himmelblau, das vollkommen bestimmt ist hinsichtlich des Farbtons, der Helligkeit und Sättigung. Wenn wir wollten, könnten wir aber den verschiedenen infimae species von Himmelblau Namen zuweisen – wir könnten z. B. die eine Anna Himmelblau, eine andere Bertha Himmelblau, etc. nennen.

Sinn. So wie unser Walzertanzen – was, wenn es überhaupt stattfindet, auf eine ganz bestimmte Weise stattfindet – die Anwesenheit dieser bestimmten Art von Walzer und deshalb zugleich die Anwesenheit der Gattung des Walzers an einem bestimmten Ort zu einer bestimmten Zeit realisiert.[17]

Der Einwand, daß man Bewußtsein haben kann, ohne dessen bewußt zu sein

Wenn in jedem einzelnen Bewußtsein von Blau der Gegenstand des Bewußtseins, wie ich behaupte, die bestimmte Eigenart des eigenen Bewußtseins ist, dann, so mag man einwenden, würde folgen, daß das Bewußtsein von Blau dasselbe ist wie dessen bewußt zu sein, daß man ein Bewußtsein von Blau hat. Um diesem Einwand zu begegnen, werde ich zuerst die Eigenart des behaupteten Unterschieds untersuchen, dessen Existenz ich anerkenne. Dann werde ich darlegen, warum dieser Unterschied den Kern meiner Behauptung unberührt läßt.

Wenn man bei einer Gelegenheit, wo man gesagt hat »Ich habe ein Bewußtsein von Blau«, gefragt wird oder sich selbst fragt, ob das wirklich so ist, dann muß man, um antworten zu können, ein zusätzliches Urteil abgeben, das man (im Falle einer Bejahung) dadurch ausdrükken würde, daß man sagt »Ich bin mir dessen bewußt, daß ich ein Bewußtsein von Blau habe«. Ich meine jedoch, daß dieses Urteil die Angemessenheit des Gebrauchs des Begriffs »ein Bewußtsein von etwas haben« im Hinblick auf die Beschreibung der Tatsache betrifft, die man beschreiben wollte, als man sagte »Ich habe ein Bewußtsein von Blau«. Ebenso, wenn ich gesagt habe »Ich weiß, daß Maria acht Jahre alt ist« und man fragt mich oder ich frage mich selbst, ob ich es wirklich weiß und zu dem Schluß komme »Ich weiß, daß ich weiß, daß Maria acht Jahre alt ist«, ist das eine Antwort auf die Frage, ob der Begriff, der mit »Wissen« bezeichnet wird, dem Status entspricht, der

17 Daß eine species, z. B. eine species von Blau, *empfunden* werden kann, ist nur dann paradox, wenn eine *bestimmbare* species gemeint ist, d. h. eine abstrakte species, aber nicht, wenn es sich wie hier um eine *bestimmte* oder *infima* species handelt. Es wäre gleichfalls paradox, von zwei blauen Flecken zu sagen, sie seien derselbe *Fleck*, aber nicht, daß sie Flecken desselben *Blau* sind, denn qualitative Identität ist vereinbar mit numerischer, nämlich örtlicher Verschiedenheit. Zu behaupten, wie manche es tun, daß dort, wo es keinen qualitativen Unterschied gibt, exakte Ähnlichkeit der Qualität vorliegt, aber nicht Identität der Qualität, heißt, sich einer Kategorienverwechslung schuldig zu machen. Denn das impliziert eine Verdinglichung von Qualitäten.

meiner Überzeugung, daß Maria acht Jahre alt ist, durch die Gründe verliehen wird, die ich für diese Überzeugung habe. Ich vergleiche die bestimmte Art von Beziehung zwischen den Gründen und der Überzeugung, die »Wissen« genannt wird, mit der tatsächlich bestehenden Relation zwischen meinen Gründen und meiner Überzeugung im Falle von Maria und frage mich, ob diese Beziehung ein Fall jener Art von Beziehung ist. Dieser Vergleich – und nicht die Untersuchung von zusätzlichen Belegen für Marias Alter – ist der Grund meiner Aussage, daß ich weiß, *daß ich weiß*, daß Maria acht Jahre alt ist. Genau diese Art von Unterschied, möchte ich vorschlagen, ist der Unterschied zwischen Wissen und Wissen, daß man weiß, oder Bewußtsein haben und sich dessen bewußt sein, daß man Bewußtsein hat.

Aber in der Aussage »Ich bin mir dessen bewußt, daß ich ein Bewußtsein habe (von ...)«, die eine korrekte Beschreibung der gerade illustrierten Art von Situation darstellt, ist der Akkusativ »... daß ich ein Bewußtsein habe (von ...)« *fremdartig* zu dem besonderen Vorkommen von Bewußtsein, das in dieser Aussage durch die Worte »Ich bin mir dessen bewußt (daß ...)« ausgedrückt wird. Die Tatsache, daß man z. B. ein Bewußtsein von Blau haben kann, ohne sich dessen bewußt zu sein, daß man dieses Bewußtsein (von Blau) hat, zeigt, daß das Bewußtsein (von Blau) nicht ein gleichartiger, sondern ein fremdartiger Akkusativ des möglichen *zusätzlichen Bewußtseins* ist, »daß man Bewußtsein (von Blau) hat« – in der Tat so fremdartig gegenüber und seiner Existenz nach unabhängig davon, wie Marias Alter von acht Jahren fremdartig und unabhängig von einem möglichen Bewußtsein davon ist, daß dies ihr Alter ist.

Andererseits wären die Worte »daß ich Bewußtsein habe« (von ... oder daß ...) keine korrekte Formulierung des *gleichartigen* Akkusativs des besonderen Bewußtseins, von dem ich berichte, wenn ich sage »Ich bin bewußt« (egal *wovon* oder *daß* irgend etwas der Fall ist). Die einzig richtige Formulierung des gleichartigen Akkusativs von »Ich bin bewußt« oder »Ich habe Bewußtsein« hätte eine ungewöhnliche Form, weil abgesehen von Diskussionen wie diesen hier die Notwendigkeit, diese Form zu verwenden, nie entsteht. Diese ungewöhnliche Form ist »Ich bin eines Bewußtseins bewußt« (daß ... oder von ...) – wobei diese Form so aufgefaßt werden müßte, wie man z. B. den Satz versteht »Ich werde mit einer Auszeichnung ausgezeichnet« (etwa mit einem Stipendium) oder »Ich bin einen Hunger hungrig« (z. B. auf Obst). In diesen Fällen können »Ich bin bewußt«, »Ich habe Bewußtsein«, »ich werde ausgezeichnet«, »ich bin hungrig« ohne jegliche

Änderung des Sinns einfach durch »Ich habe« ersetzt werden[18]: »Ich bin eines Bewußtseins bewußt« (daß ... oder von ...) bedeutet, daß ich ein Bewußtsein (daß ... oder von ...) *habe*; »Ich werde durch die Auszeichnung mit einem Stipendium ausgezeichnet« bedeutet, daß ich die Auszeichnung mit einem Stipendium habe, etc. Aber wo es um einen *fremdartigen* Akkusativ von »ich bin bewußt« geht, ist eine solche Ersetzung unmöglich: »Ich bin mir bewußt, daß Maria acht ist« oder »daß ich ein Bewußtsein habe von ...« kann nicht ersetzt werden durch »Ich habe, daß Maria acht ist« oder »Ich habe, daß ich ein Bewußtsein habe von ...«.

Somit ist der Einwand, daß aus meinen Prämissen folgen würde, daß ich kein Bewußtsein von irgend etwas haben kann, ohne mir dessen bewußt zu sein, daß ich ein solches Bewußtsein habe, ungültig, da diese Konsequenz sich *nicht* aus meinen Prämissen ergibt. Was aus ihnen folgt, ist nur, daß wann immer ich bewußt bin, ich ein Bewußtsein habe, d. h. mir »eines Bewußtseins bewußt« bin und in der Tat ein Bewußtsein in einem bestimmten Modus habe, z. B. im Modus Blau; genauso wie, wann immer ich schlage, ich einen Schlag schlage und in einem bestimmten Modus schlage, z. B. »stoßartig«.

Nachdem ich nun das Wesen meiner Annahme bezüglich des Verhältnisses von Blau zum Empfinden von Blau klargemacht und diese Annahme gegen zwei *prima facie* plausible Einwände verteidigt habe, möchte ich hinzufügen, daß die Beziehung, die von der Annahme beschrieben wird, diejenige ist, die ich meinen werde, wenn ich sage, daß Blau der »Inhalt« des Empfindens von Blau ist, d. h. wenn ich den Ausdruck auf diese Weise gebrauche, meine ich, daß Blau sich zum Empfinden von Blau (oder allgemeiner, daß jede gegebene Art von Erfahrung oder Bewußtsein sich zum Erfahren oder Bewußtsein) so verhält wie eine Art zu dem Vorkommen eines Falls dieser Art.

18 Die englischen Sätze sind »I am aware an awareness«, »I am awarded an award« und »I am hungry a hunger«. Für diese Sätze gilt Ducasses Behauptung, daß man »I am aware« etc. ohne Änderung des Sinnes durch »I have« ersetzen kann. Im Deutschen ergeben sich nun zwar durch die Ersetzung ungrammatische Sätze wie »Ich habe eines Bewußtseins«. Aber diese Erscheinung ist nur eine Folge der komplexeren Kasusgrammatik des Deutschen und stellt keine Schwierigkeit für Ducasses These dar (A. d. Ü.).

18. Die experimentelle Unfaßbarkeit der Wahrnehmung

Gilbert Ryle

Die Wahrnehmung

Im Zuge der Entwicklung, die aus der Anatomie, der Physiologie und später auch der Psychologie mehr oder weniger gutorganisierte Wissenschaften gemacht hat, haben diese Disziplinen notwendigerweise und zu Recht unter anderem auch die Strukturen, Mechanismen und Funktionen der Wahrnehmung bei tierischen und menschlichen Organismen untersucht. Man hat die Antworten auf Fragen der folgenden allgemeinen Form gesucht und z. T. auch gefunden: »Welches sind die Körperorgane, mit denen wir Dinge sehen, hören, ertasten und fühlen? Und welche Verletzungen, Krankheiten und Ermüdungserscheinungen dieser Organe ziehen unsere Fähigkeit, zu sehen, zu hören, zu tasten und zu fühlen in Mitleidenschaft?« Und es kann nun – wenn auch nicht notwendigerweise – zu Unzuträglichkeiten führen, wenn man das Programm dieser Untersuchungen allgemein durch Fragen wie »Wie nehmen wir die Dinge wahr?« und »Was ist die Ursache des Sehens?« zu charakterisieren versucht.

Ich habe gesagt, daß diese Formulierungen zu Unzuträglichkeiten führen können, aber nicht müssen. Denn wenn man die Fragen so stellt, lassen sie sich nur allzuleicht nach dem Vorbild anderer, uns ganz vertrauter Fragen verstehen, und wenn man sie so auffaßt, werden sie einen hinterher durch ganz außergewöhnlich intraktables Verhalten irritieren. Und zwar wie folgt: Wenn wir fragen »Wie verdauen wir unsere Nahrung?« und »Was geht in uns vor, wenn wir Milch oder Alkohol trinken?«, handelt es sich um Fragen, bei denen die Antworten sich entdecken lassen und weitgehend auch schon entdeckt worden sind. Die zuständigen Experten wissen recht gut, was aus der Milch bzw. dem Alkohol in unserem Körper wird, und wie sich ihre Aufnahme in unserem Blutbild, unseren Reaktionszeiten usw. bemerkbar macht. Es gibt da ohne Zweifel noch eine Menge herauszufinden; aber wir können uns in etwa schon vorstellen, wie diese neuen Erkenntnisse aussehen könnten und wo sie einzuordnen wären.

Und wenn wir fragen »Wie sehen wir Bäume?« oder »Was geht in uns vor, wenn wir Bäume sehen?«, sind wir durch diese anderen Fragen schon soweit prädisponiert, daß wir auch in diesem Falle den gleichen Typ von Antworten erwarten, nämlich Mitteilungen über gewisse Veränderungen unserer inneren Zustände und Vorgänge. Und darüber hinaus neigen wir auch noch zu der Annahme, daß wir durch diese Mitteilungen nicht nur erfahren werden, was in uns geschieht, wenn wir etwas wahrnehmen, sondern auch *was* Wahrnehmen ist, in dem gleichen Sinne, in dem wir durch die Antwort auf die Frage, was in uns geschieht, wenn wir vergiftet worden sind, erfahren, *was* Vergiftetwerden ist. Wie das Essen zur körperlichen Stärkung und wie Blutstürze mitunter zu Ohnmachtsanfällen oder zum Tode führen, so müßten – unserer Vorstellung nach – gewisse äußere Vorkommnisse auf dem Umweg über gewisse komplexe innere Vorgänge zu dem ganz besonderen inneren Vorgang »einen Baum sehen« führen. [...]

Es gibt, wie ich meine, eine ganze Reihe von Einwänden, die gegen die Art, wie man hier unser Hören und Sehen als Endphasen physiologischer Prozesse vereinnahmt, sie aber gleichzeitig für die experimentelle Beobachtung unzugänglich macht, vorzubringen wären. Aber ich will hier nicht im einzelnen auf sie eingehen, sondern möchte nur zu zeigen versuchen, daß mit dem ganzen Programm, nach dem es sich beim Sehen eines Baums um das Endstadium entweder eines physiologischen oder eines psychologischen Prozesses handeln muß, etwas ganz und gar verkehrt ist. Es geht nicht darum, daß mein Sehen des Baums etwas ist, das sich der Beobachtung und dem Experiment entzieht, sondern es geht darum, daß es sich dabei überhaupt nicht um die Art von Dingen handelt, die durch Beobachtung und Experiment zu fassen bzw. nicht zu fassen wären. Es handelt sich hier nicht um ein eminent ungreifbares Phänomen, nicht einmal um ein introspektives Phänomen, weil es sich nämlich um überhaupt kein Phänomen handelt. Weder ein Physiologe noch ein Psychologe, und nicht einmal ich selbst könnte mich dabei ertappen, daß ich einen Baum sehe – weil das Sehen eines Baums nicht zu den Sachen gehört, bei denen man ertappt werden kann. Wenn ich meinem Augenarzt sage, daß ich in einem bestimmten Augenblick das-und-das gesehen habe, läßt sich diese Mitteilung nicht auf die Form bringen »Die Injektionsnadel verursachte mir ein schmerzhaftes Zusammenzucken« oder »Er ist durch den Blutverlust ohnmächtig geworden«. Um es einmal ganz grob – viel zu grob – zu sagen: Das Sehen eines Baums ist kein Effekt, ist nicht die Wirkung von etwas – aber nicht etwa, weil es sich hier um einen außergewöhnlich exzentrischen Zustand oder Vorgang handelte, der allen Kausalerklärungen unzugänglich wäre, sondern weil es sich überhaupt nicht um so etwas wie einen Zustand oder einen Vorgang handelt. [...]

Aristoteles hat (*Metaphysik* IX, VI; 7-10) ganz mit Recht darauf aufmerksam gemacht, daß man im gleichen Augenblick, in dem man sagen kann »Ich sehe es«, auch schon sagen kann »Ich habe es gesehen«. Verallgemeinernd gesagt: es gibt viele Verben, zu deren Aufgabe es gehört, einen Endpunkt, das Erreichthaben von etwas zu markieren. Wenn man etwas gefunden hat, ist mit dem Suchen Schluß; wenn man einen Wettlauf gewinnt, ist der Wettlauf zu Ende. Andere Verben markieren einen Beginn: wenn man ein Schiff vom Stapel läßt, beginnt die Geschichte seiner Fahrten; wenn man ein College gründet, heißt das, daß es von nun an existiert. Anfang und Ende können nun aber nicht selber wieder einen Anfang oder ein Ende, geschweige denn eine Mitte haben. Der Mittag ist nicht etwas, das anfängt, eine Weile dauert und dann aufhört, sondern das Ende des Morgens, der Anfang des Nachmittags und der Mittelpunkt des Tages. Der Mittag ist etwas, das selber keine – ganz gleich wie kurze – Zeit in Anspruch nimmt; er ist weder ein Vorgang noch ein Zustand. Ganz entsprechend verhält es sich bei einem Gedicht, bei dem wir zwar fragen können, wie lang es ist, aber nicht, wie lang sein Anfang und sein Ende sind. Anfang und Ende sind nicht Abschnitte des Gedichts.

Bei Fußballspielen können wir fragen, wie lange es gedauert hat, bis unsere Mannschaft ihr erstes Tor schießen konnte, wie lange der Mittelstürmer gebraucht hat, um den Ball vors gegnerische Tor zu bringen, und wieviel Zeit zwischen dem Schuß und dem Landen des Balls zwischen den gegnerischen Torpfosten vergangen ist. Aber wir können vernünftigerweise nicht fragen, wie viele Sekunden das Schießen des Tors gedauert hat; denn bis zu einem gewissen Augenblick hatte die Mannschaft eben kein Tor, und im nächsten hatte sie eins. Zwischen diesen beiden Augenblicken gab es keinen dritten, in dem die Mannschaft ihr Tor halb oder die erste Hälfte ihres Tors geschossen hätte. Das Schießen eines Tors ist kein Vorgang, sondern der Endpunkt einer und der Anfang einer neuen Spielphase. Der Anfang eines Vorgangs – wie eines Lawinenabsturzes – ist nicht die Ursache dieses Vorgangs; und das Ende eines Vorgangs, wie das Verlöschen eines Feuers, ist der Schlußpunkt, nicht aber die Wirkung z. B. der Verbrennung.

Es ist, glaube ich, klar, warum solche Verben des Anfangens und Beendens (wenigstens normalerweise) nicht im Präsens oder Präteritum gebraucht werden und gebraucht werden können. Ein Richter kann zwar sagen, daß er während des ganzen Vormittags bei der Verhandlung gegen einen bestimmten Angeklagten den Vorsitz geführt hat (»Heute morgen führe ich den Vorsitz in der Verhandlung gegen so-und-so«), aber er kann nicht sagen, daß er den ganzen Morgen oder einen beträchtlichen Teil des Morgens damit verbracht hat, den betreffenden Mann zu verurteilen (»Ich verurteilte ihn stundenlang«). Ich kann sagen, daß ich gerade nach einem Bleistift oder dem passenden Wort für mein Kreuzworträtsel suche; aber ich kann nicht sagen, daß ich fortwährend damit beschäftigt bin, den Bleistift oder das gesuchte Wort zu finden. Ganz entsprechend kann ich zwar damit beschäftigt sein, nach etwas Ausschau zu halten oder es zu betrachten, aber ich kann *nicht* damit beschäftigt sein, es zu sehen, weil in jedem beliebigen Augenblick gilt, daß ich es entweder *noch nicht* gesehen habe oder *schon* gesehen habe. »Etwas sehen« steht nicht für ein Erlebnis, etwas, das ich durchmache oder mit dem ich mich beschäftige. Durch diesen Ausdruck wird nicht so etwas wie ein Unterabschnitt meiner Lebensgeschichte charakterisiert. [...]

Wir können uns vorstellen, wie ein Trainer mit wissenschaftlichen Ambitionen die Physiologie seiner Läufer mit pedantischer Genauigkeit untersucht. Er findet heraus, wie sich Unterschiede der Statur und des Temperaments bei Läufern über verschiedene Distanzen auswirken. Er untersucht, in welchem Maße das Leistungsvermögen durch Erschöpfung, Alkohol, Tabak, Hexenschüsse und Depressionen beeinträchtigt wird. Er beobachtet Muskelkoordination, Schrittlängen und Atmungsrhythmen. Er studiert Adrenalinstöße, Reaktionszeiten und elektrische Impulse in den Nervenbahnen. Und zu guter Letzt stellt er dann betrübt fest, daß er kein physiologisches Phänomen finden kann, das dem Gewinnen oder Verlieren eines Wettlaufs korrespondiert. Zwischen dem Endspurt und Sieg oder Niederlage scheint sich eine geheimnisvolle Lücke aufzutun, und die Physiologie ist ratlos. Was unseren experimentierenden Trainer aber nicht endgültig zu entmutigen brauchte. Denn es könnte ja sein, daß es sich beim Gewinnen bzw. Verlieren nicht um physiologische Vorgänge oder Zustände handelt, nach denen man im Gewebe des Läufers suchen müßte, sondern um Bewußtseinsvorgänge oder -zustände, Erlebnisse, die der Läufer selbst durch sorgfältige Introspektion ans Tageslicht bringen kann. In der Tat hört sich das sogar ganz plausibel an, weil viele Läufer, die keine Ahnung von Physiologie haben, unschwer in der Lage sind festzustellen, ob sie gewonnen oder verloren haben. Es scheint also, als ob sie dabei wirklich von der Introspektion

Gebrauch machten. Aber leider stellt sich bald heraus, daß auch diese Hypothese nicht haltbar ist. Der Sieg eines Läufers hängt zwar auf vielfältige und bedeutsame Weise mit seinen Muskeln und Nerven, mit seinem seelischen Zustand und mit den Instruktionen zusammen, die ihm der Trainer vor dem Start gegeben hat, aber man kann ihn nicht auf gleichen Fuß mit diesen oder ähnlichen Phasen seiner persönlichen Biographie stellen. Gleichgültig wie schnell, entschlossen und geschickt er läuft, gewinnen kann er nur, wenn er mindestens einen Gegner hat, nicht mogelt und das Zielband zerreißt. Und daß diese Bedingungen erfüllt worden sind, läßt sich nicht durch eindringliches Erforschen seiner subjektiven Erlebnisse feststellen. Das Gewinnen ist kein physiologisches Phänomen wie Schwitzen und Keuchen, aber es ist auch kein psychologisches Phänomen, kein Erlebnis wie z. B. ein Anflug von Siegesgewißheit oder das In-sich-hinein-Fressen eines Ärgers. Ein Sieg ist etwas, das passiert, aber es geschieht – um es einmal so auszudrücken, wie ich es eigentlich nicht meine – weder im Bereich der Physiologie noch im Bereich der Psychologie, obwohl es sehr viel mit dem zu tun hat, was in diesen beiden Bereichen passiert.

Diese partielle Analogie zwischen dem Funktionieren des Verbs »gewinnen« und dem Funktionieren von Verben wie »hören« und »sehen« bricht natürlich ziemlich rasch und an mehreren Stellen zusammen. Ich möchte hier auf zwei Punkte eingehen, an denen mir ein solcher Zusammenbruch auf eine besonders instruktive Weise zu erfolgen scheint. Zuerst einmal würde wohl niemand im Ernst annehmen, daß »gewinnen« für einen physiologischen oder psychologischen Zustand oder Vorgang steht, während wir alle der starken Versuchung ausgesetzt sind, »hören« und »sehen« mit »zwicken« und »brennen« in einen Topf zu werfen. Wir sind gegen den einigermaßen lächerlichen Denkfehler, den ich da eben konstruiert habe, vor allem deshalb immun, weil wir den Bedeutungsrahmen des Verbums »gewinnen« nicht nur aus der Praxis und implizit, sondern explizit und mit voller theoretischer Klarheit kennen. Wir haben die Regeln, die bei Wettläufen gelten, schon bei unseren ersten Wettläufen in der Schule kennengelernt und wären zumindest damals in der Lage gewesen, auch zu *sagen*, was erlaubt ist und was nicht, worum es geht und wie ein Endspurt aussieht. Und noch klarer liegt der Fall beim Schach, wo wir die Regeln wirklich beherrschen müssen, bevor wir »Schachmatt« sagen können. Aber die Regeln für den Gebrauch der Wahrnehmungsverben, die im Komplex ihrer Bedeutungen und Nebenbedeutungen manche Ähnlichkeit mit »gewinnen« oder »Schachmatt« haben, sind uns nicht auf diese Weise beigebracht worden und hätten uns auch gar nicht so beigebracht werden können. Wir haben sie aufgeschnappt und beiläufig gelernt, wie sie verwendet werden, ohne daß es uns ausdrücklich beigebracht worden wäre, ebenso wie wir die Aussprache der Ausdrücke in unserer Muttersprache ohne die Hilfe phonetischer Lektionen gelernt haben.

Und zweitens: Fragen wie ob ich den Wettlauf gewonnen, meinen Gegner schachmatt gesetzt oder ins Schwarze getroffen habe, können in den meisten Fällen durch jemand anderen ebensogut wenn nicht besser entschieden werden als von mir selbst. Aber bei der Frage, ob ich etwas gesehen oder gehört habe, wäre ein Schiedsrichter kaum zu finden und im übrigen auch überflüssig. Wenn im normalen Alltagsleben jemand behauptet, daß er etwas gefunden oder entdeckt hat, ist er meist auch in der Lage, die Richtigkeit seiner Behauptung zu demonstrieren. Er ist genauso sachverständig und hat genausoviel Übersicht über die Lage wie jeder nur denkbare Schiedsrichter. Allerdings – und das ist ein wichtiges »allerdings« – gilt dies nicht ausnahmslos. Wenn jemand nicht sehr sattelfest in der Orthographie ist oder nur mäßige Sprachkenntnisse besitzt, wird man ihm nicht unbedingt trauen, wenn er behauptet, daß irgend etwas ein Druckfehler bzw. kein Druckfehler ist. Und wenn uns ein Kind erklärt, man könnte ja deutlich sehen, daß die Eisenbahnschienen dahinten hinter dem Signal zusammenlaufen, werden wir das nicht für bare Münze nehmen, weil wir ja schließlich schon etwas von den Gesetzen der Perspektive gehört haben. Und ob wir wirklich gesehen haben, daß der Zauberer Tauben aus seinem Zylinder herausgeholt hat, kann nur der Zauberer entscheiden, aber nicht wir. Man muß betonen, daß der Zauberer hier in der Lage ist, den Zuschauern zu widersprechen, wenn sie behaupten, sie hätten das-und-das gesehen, weil er *weiß*, daß es überhaupt nicht passiert ist. Wenn sie nun aber andererseits behaupten, sie hätten etwas gesehen, was seines Wissens wirklich passiert ist, berechtigt ihn das allein noch nicht, ihrer Behauptung zuzustimmen. Wenn sich der fragliche Vorgang z. B. hinter einem Wandschirm abgespielt hat, konnten sie ihn nicht sehen; und ihre Behauptung ist deshalb falsch. Man kann immer nur das sehen, was wirklich passiert, nicht versteckt, nicht zu weit entfernt und hinreichend beleuchtet ist; außerdem muß man die Augen offen, nach der richtigen Seite gewendet und keinen Sehfehler haben. Wenn also unser imaginärer Zauberkünstler zugeben muß, daß das Publikum etwas gesehen haben *könnte*, muß er sich immer noch durch Nachfragen Gewißheit verschaffen, daß es auch wirklich etwas gesehen *hat*.

Und wie sehen solche Nachfragen aus? Jedenfalls wird er sie nicht nach den Erlebnissen fragen, die sie gehabt haben, nach den Gefühlen, Vorstellungen, oder etwa den Nachbildern, die ihr Sehvermögen später behindert haben; und ebenso selbstverständlich wird er ihnen keine komplizierten physiologischen oder psychologischen Fragen stellen, die sie ihm gar nicht beantworten könnten. Durch keine dieser Fragen könnte sich entscheiden lassen, ob sie das, was sie angeblich gesehen haben, auch wirklich gesehen haben. Der Zauberkünstler wird statt dessen nach den Details der Dinge fragen, die das Publikum gesehen haben will; und wenn ihm Details genannt werden, die niemand wissen könnte, der den fraglichen Vorgang nicht wirklich gesehen hat, wird er das als einen ausreichenden Beweis betrachten. Es kann aber auch vorkommen, daß eine derartige Bestätigung ausbleibt; und dann muß es für den Zauberkünstler eine offene Frage bleiben, ob das Publikum nun wirklich gesehen hat, was es gesehen haben will. Es kann sogar vorkommen, daß man diese Frage selber nicht entscheiden kann. Z. B. kann die Mutter eines kranken Kindes, die ängstlich nach draußen gehorcht hat, ob der Arzt mit seinem Wagen kommt, hinterher unter Umständen nicht mehr sicher sein, ob sie den Wagen ein paar Augenblicke vor seiner tatsächlichen Ankunft wirklich schon gehört hat oder nicht. Vielleicht war das Geräusch, das sie gehört hat, nichts als Einbildung – das kommt ziemlich häufig vor. Vielleicht hat sie es aber auch wirklich gehört – auch das kommt häufig vor. Das sind Fragen, die man hinterher keineswegs immer eindeutig entscheiden kann.

Aber im allgemeinen stimmt es schon – man könnte auch sagen: *natürlich* stimmt es im allgemeinen schon –, daß jemand auch wirklich die Dinge gehört oder gesehen hat, von denen er das sagt. Er kann sich täuschen – z. B., wenn er es mit den Manipulationen eines Zauberkünstlers zu tun hat –, aber er täuscht sich in solchen anormalen Situationen nur deshalb, weil er normalerweise die wesentlich langsameren Bewegungen von Leuten beobachtet, die keine Zauberkünstler sind. Wenn ein Kind zum erstenmal vom Dach eines Wolkenkratzers heruntergucket, kann es vielleicht meinen, daß die Autos da unten bloß so groß wie Käfer sind – ein Fehler, den es gar nicht machen könnte, wenn es nicht schon gelernt hätte, die Größenverhältnisse zwischen Käfern und Autos in normalen Situationen richtig einzuschätzen. Um es einmal so auszudrücken: während »gewinnen« einen sportlichen Erfolg markiert, markiert »wahrnehmen« einen exploratorischen Erfolg. Durch Sehen und Hören finden wir etwas heraus, lernen es kennen. Und natürlich *wissen* wir, was wir auf diese Weise entdeckt haben; denn wenn man entdeckt hat, daß etwas der Fall ist, *weiß* man, daß es der Fall ist. Normalerweise – wenn auch nicht notwendigerweise – pflegen wir außerdem auch zu wissen, *wie* wir den fraglichen Sachverhalt entdeckt haben – z. B. durch Hören und nicht durch Riechen, oder durch Betasten und nicht durch Sehen. Es gibt allerdings Grenzfälle, bei denen wir nicht ganz sicher sind, ob wir z. B. nun am Gesichtsausdruck oder am Klang ihrer Stimme erkannt haben, daß diese Dame ärgerlich war, oder ob es ein plötzliches Sichändern der Geräusche oder ein anderer namenloser Sinn es war, der uns im Dunkeln vor dem Baumstamm vor uns gewarnt hat.

Ich habe in diesem Kapitel versucht, wenigstens einen Teil des Auswegs aus *einem* Dilemma zu zeigen, in das wir bei Überlegungen über die Wahrnehmung zu geraten scheinen: aus bekannten und gutfundierten optischen, akustischen und physiologischen Fakten scheint zu folgen, daß alles, was wir hören, sehen und riechen, nichts mit irgendwelchen Dingen oder Ereignissen außerhalb von uns zu tun hat – wie wir normalerweise glauben –, sondern ausschließlich aus Dingen und Ereignissen unseres Innenlebens besteht. Wir pflegen ganz unbefangen vom Gesicht unseres Gegenübers zu sprechen, aber allem Anschein nach dürften wir eigentlich nur von Dingen sprechen, die sich hinter der Fassade unseres Gesichts – oder, etwas vorsichtiger gesagt: in unserem Bewußtsein – abspielen. Wir nehmen normalerweise an, daß wir in unseren eigenen Kopf nicht hineinsehen können, und daß nur ein Chirurg ausnahmsweise einmal feststellen könnte, was sich da drinnen tut. Tatsächlich aber – das scheint die Konsequenz dieser Erwägung zu sein – befindet sich alles, was wir hören, sehen und riechen, im buchstäblichen oder wenigstens einem metaphorischen Sinne *in uns*; und wenn der Chirurg uns den Schädel aufmacht, sieht er nicht die Innenseite des unseren, sondern die Innenseite seines eigenen Schädels, oder zumindest die Innenseite eines mehr ätherischen Gefäßes, das sein ausschließlicher Privatbesitz ist.

Eine Wurzel dieses Dilemmas liegt, wie ich zu zeigen versucht habe, in der natürlichen aber falschen Annahme, daß es sich beim Wahrnehmen entweder um einen körperlichen Vorgang oder Zustand, oder aber um eine Kombination von beidem handelt. Mit dieser Annahme erliegen wir nämlich der Versuchung, die Begriffe »Hören«, »Sehen« usw. in den Schubladen unterzubringen, die für die Begriffe der

Optik, Akustik, Physiologie und Psychologie gemacht worden sind, während in Wirklichkeit das nicht durch Vorschriften festgelegte, aber dennoch disziplinierte Verhalten der Begriffe »Hören« und »Sehen« im normalen Denken weit vom Schematismus der so oktroyierten Anordnung abweicht.

Damit soll beileibe nichts gegen das musterhafte Verhalten der optischen, akustischen oder physiologischen Begriffe gesagt sein. Es ist schließlich kein Einwand gegen ein Geschirr für Trabrennpferde, wenn man bemerkt, daß es für Schlittenhunde nicht geeignet ist. Und darüber hinaus versteht es sich natürlich von selbst, daß es alle möglichen höchst wichtigen Beziehungen zwischen dem gibt, was wir alle über Hören, Sehen und unsere anderen Sinneswahrnehmungen wissen (und wissen müssen) und dem, was in der Optik, Akustik und Neurophysiologie zu diesem Thema entdeckt worden ist und noch entdeckt werden wird.

Es geht ganz entschieden nicht auf, wenn wir uns auf die Ansicht festlegen, daß es sich beim Sehen eines Baums im Prinzip um dasselbe handelt wie beim Belichten eines Negativs in der Kamera oder beim Schneiden einer Grammophonplatte. Aber andererseits hat man mit Hilfe derartiger Vergleiche eine ganze Menge über das Sehen herausgefunden; und tatsächlich stehen wir ja unter dem Eindruck dieser wissenschaftlichen Entdeckungen, wenn wir versuchen, unsere nichttechnischen Allgemeinplätze über das Hören und Sehen den gleichen Regeln zu unterwerfen, die sich bei unseren allgemeinen technischen Aussagen über Kameras, Grammophone und Galvanometer so ausgezeichnet bewährt haben. Außerdem können wir nie im voraus erkennen, wann und wo ein solcher Versuch fehlschlagen wird.

19. Die Glaubenstheorie der Wahrnehmung
David M. Armstrong

Wahrnehmung und Überzeugung

Wahrnehmung als Überzeugungserwerb

Es ist klar, daß die biologische Funktion der Wahrnehmung darin besteht, dem Organismus Informationen über den gegenwärtigen Zustand seines eigenen Körpers und seiner physischen Umgebung zu verschaffen, Informationen, die dem Organismus bei seiner Lebensführung behilflich sind. Das ist einer der wichtigsten Hinweise auf das *Wesen* der Wahrnehmung. Er führt uns zu der Ansicht, daß Wahrnehmung nichts anderes als der Erwerb wahrer oder falscher Überzeugungen bezüglich des gegenwärtigen Zustands des Organismus selbst und seiner Umgebung ist. »Wahre Überzeugung« soll hier sowohl Wissen als auch *bloße* wahre Überzeugung abdecken. (Im vorangehenden Kapitel wurde der Versuch unternommen, Wissen ohne Bezugnahme auf einen anderen psychologischen Begriff als den der Überzeugung zu definieren.) Wahrheitsgetreue Wahrnehmung besteht im Erwerb wahrer Überzeugungen, Sinnestäuschung im Erwerb falscher Überzeugungen.

Die beteiligten Überzeugungen müssen als vorsprachliche aufgefaßt werden. Tiere können, so meinen wir, manchmal besser als wir wahrnehmen, aber sie haben keine Sprache. Und wir selbst haben oft Schwierigkeiten, unsere Wahrnehmungen in Worte zu fassen. Wenn wir an den Reichtum und die Feinheiten der Information denken, die wir durch unsere Augen aufnehmen – um nur ein Beispiel zu nennen –, sehen wir, daß vieles davon den relativ groben Maschen des Netzes der Sprache entschlüpft.

Das Wort »Überzeugung« ist ein Stolperstein. Von Überzeugungen zu sprechen mag den Anschein erwecken, auf eine sehr verfeinerte und reflektierte Weise zu sprechen, die einer so simplen Sache wie der Wahrnehmung gänzlich unangemessen ist. Haben Tiere Überzeugungen? Es mag seltsam klingen, hier von Überzeugungen zu sprechen. Aber es ist schwierig, ein anderes Wort zu finden. »Urteil« wäre noch schlechter als »Überzeugung«. Ein Wort wie »Bewußtsein« würde der Sache in mancher Hinsicht näherkommen, aber es hat den sehr gewichtigen Nachteil, daß es sprachlich unangebracht ist, von einem falschen Bewußtsein zu sprechen. Und doch muß jede Theorie der Wahrnehmung sowohl für wahrheitsgetreue Wahrnehmung als auch für Sinnestäuschung gelten. Vielleicht könnte man sagen, daß Wahrnehmung eine stetige »Abbildung« dessen ist, was in unserem Körper und in der Umgebung vor sich geht, denn eine Abbildung kann richtig oder falsch sein. Es ist gewiß hilfreich, unser Wahrnehmungsfeld zu jedem Zeitpunkt als eine teilweise und manchmal fehlerhafte Landkarte unseres Körpers und seiner Umgebung aufzufassen. Aber die Rede von einer Abbildung könnte in entgegengesetzter Weise in die Irre gehen wie die Rede von Überzeugung. Sie legt nämlich nahe, daß es sich nur darum handelt, daß unser Körper und unsere Umgebung einen Eindruck auf unseren Geist hinterlassen. Eine Landkarte ist schließlich nur ein physikalischer Gegenstand, den wir *gebrauchen* müssen, um zu wissen, wo die Dinge sind. Aber Wahrnehmungen sind nicht so. Wenn sie Landkarten sind, dann solche, die wesentlich über sich hinausweisen auf die Gegenstände, die sie abzubilden beanspruchen.

Eine nützliche Alternative zu dem Ausdruck »Überzeugung« ist »Information«. Er wurde in diesem Abschnitt schon verwendet und ich werde ihn auch in Zukunft verwenden. Er hat den Vorteil, daß wir dann von Sinnestäuschung als »Fehlinformation« sprechen können. Das Wort hat jedoch einen irreführenden Beiklang. Es liegt oft nahe, Information und Fehlinformation als etwas aufzufassen, das von den wahren oder falschen Überzeugungen verschieden ist, die man als Ergebnis der Information oder Fehlinformation erwirbt. Man sagt von gesprochenen oder geschriebenen Worten oft selbstverständlich, daß sie Informationen seien und diese Worte sind verschieden von den Überzeugungen, die sie im Hörer oder Leser erzeugen. Aber wenn ich in dieser Arbeit von Wahrnehmung als dem Erwerb von Information spreche, soll klar sein, daß ich keinerlei Unterscheidung intendiere zwischen der Information und den Überzeugungen, die deren Ergebnis sind. Mit dieser Warnung im Hinterkopf wird der Ausdruck »Information« oft nützlich sein.

Wenn Wahrnehmung der Erwerb von Überzeugungen oder Informationen ist, dann muß sie klarerweise den Besitz von Begriffen implizieren. Denn die Überzeugung zu haben, daß A B ist, setzt den Besitz der Begriffe von A und B voraus. Aber da Wahrnehmung auch dort auftreten kann, wo die Fähigkeit zu sprechen völlig fehlt, sind wir auf die Ansicht festgelegt, daß es Begriffe geben kann, die keine sprachliche Fähigkeit erfordern. Ich werde im nächsten Kapitel mehr über Wahrnehmungsbegriffe sagen.

Ich habe von der Wahrnehmung gesprochen als vom Erwerb wahrer oder falscher Überzeugungen bezüglich des *gegenwärtigen* Zustands unseres Körpers und der Umgebung. Man mag einwenden, daß es möglich ist zu sehen, und zwar im wörtlichen Sinne von »sehen«, daß gestern abend jemand mit schlammbedeckten Stiefeln in die Wohnung kam. Solche Fälle können jedoch immer als Schlußfolgerungen betrachtet werden, auch wenn sie ganz unbewußt sind, als Schlußfolgerungen, die auf der Wahrnehmung des gegenwärtigen Zustands der Umgebung beruhen (der Stiefelspuren). Ich erwerbe die Überzeugung, daß jetzt ein bestimmtes Muster von Schlammspuren auf dem Fußboden ist und das veranlaßt mich, die weitere Überzeugung zu erwerben, daß gestern abend jemand mit schlammigen Stiefeln hier war. (Siehe die Diskussion des Schlußfolgerns im vorangehenden Kapitel.) Es ist von Bedeutung, daß wir in solchen Fällen nur von einem sehen, *daß*... sprechen. Es wäre unangemessen zu sagen, daß wir die Person oder die schlammbedeckten Stiefel gesehen hätten.

Wenn Wahrnehmungen im Erwerb von Überzeugungen bestehen, dann ist die Korrespondenz oder der Mangel an Korrespondenz zwischen Wahrnehmungen und der physischen Wirklichkeit einfach die Korrespondenz oder deren Mangel zwischen Überzeugungen und Tatsachen. Die Intentionalität der Wahrnehmung läßt sich so auf die Intentionalität der erworbenen Überzeugungen zurückführen.

Die Rolle der Sinnesorgane

Es ist verlockend, in die logische Analyse der Wahrnehmung einen Bezug zu den Sinnesorganen, den Augen, Ohren, der Nase etc., einzuschließen. Das heißt, es ist verlockend zu sagen, daß Sehen der Erwerb wahrer und falscher Überzeugungen als kausales Ergebnis der Operation der Augen, Hören der Erwerb wahrer und falscher Überzeugungen als kausales Ergebnis der Operation der Ohren etc. sei.

Aber dieser Vorschlag wirft eine Anzahl von Schwierigkeiten auf. Erstens ist es schwierig zu sagen, was das Organ des *Tastsinns* ist. Der Großteil des Körpers ist empfänglich für Tastempfindungen. Vielleicht kann man dieser Schwierigkeit begegnen, indem man sagt, daß der Tastsinn nicht auf ein besonderes Organ angewiesen ist, sondern eher ein besonderes Verfahren verwendet, nämlich zuständig ist für Gegenstände, die mit dem Körper in Kontakt kommen. Dieses Verfahren erzeugt bestimmte Arten von zu erwerbenden Überzeugungen, deren Erwerb wir Tastwahrnehmungen nennen.

Zweitens gibt es eine Art von Wahrnehmung, wo es nicht einmal möglich scheint, ein solches Verfahren für den Erwerb von Überzeugungen anzugeben. Das ist der Fall bei der Wahrnehmung des eigenen Körpers. Wenn ich die Bewegung oder Stellung meiner Gliedmaßen und meines Körpers wahrnehme oder das Heißerwerden oder Kälterwerden meines ganzen Körpers oder von seinen Teilen, dann gibt es keinen Vorgang und weniger noch ein Organ, auf das ich aufgrund meines gewöhnlichen Wissens zeigen kann als etwas, das kausal verantwortlich für solche Wahrnehmungen ist. Natürlich gibt es in der Tat Mechanismen im Körper, die an der Körperwahrnehmung beteiligt sind, aber nur Physiologen wissen etwas über sie. Es gibt nichts, von dem wir sagen, daß wir damit die Bewegung unserer Glieder wahrnehmen.

Drittens ist es möglich, Erlebnisse zu haben, die gewöhnlichen Wahrnehmungen ähnlich sind, die aber nicht durch die Reizung von bekannten oder unbekannten Sinnesorganen entstehen. Wenn man auf das Zentralnervensystem in verschiedener Weise einwirkt (zum Beispiel durch ständiges Trinken oder durch eine Elektrode, die man in bestimmte Gehirnregionen einführt), dann kann die Versuchsperson visuelle oder andersartige Halluzinationen ohne jede Reizung der Sinnesorgane haben.

Selbst wenn wir alle diese Einwände außer acht lassen, ist es viertens vorstellbar, daß wir so ziemlich dieselben Wahrnehmungserlebnisse haben könnten, die wir jetzt haben, obwohl nichts zu entdecken wäre, das wir als Sinnesorgane erkennen könnten. Außerdem können wir uns vorstellen, daß die Reizung bestimmter Sinnesorgane ganz andere Wahrnehmungserlebnisse hervorbringen könnte als die, die tatsächlich hervorgebracht werden. Die Reizung der Ohren könnte z. B. zu dem führen, was wir jetzt visuelle Erlebnisse nennen.

Aber selbst wenn all diese Punkte zugegeben werden, ist es immer noch wahr, daß die Sinnesorgane eine Rolle für unseren Begriff oder besser für unser »Bild« der Wahrnehmung spielen. Wir lernen ziemlich früh, daß der Erwerb von bestimmten sehr komplizierten und idiosynkratischen Mustern von Information über den gegenwärtigen Zustand der Welt an das Funktionieren von bestimmten Organen oder Kombinationen von Organen gebunden ist. In einem laxen Sinn des Wortes »voraussetzen« setzt unser Begriff von Wahrnehmung ein solches Wissen voraus. Wenn wir anfingen, Überzeugungen über den gegenwärtigen Zustand unseres Körpers und der Umgebung auf eine Weise zu erwerben, die nicht mit bestehenden Mustern übereinstimmt, könnten wir von einem neuen Sinnesorgan sprechen oder sogar von einer neuen Fähigkeit, die sich von der Sinneswahrnehmung unterscheidet.

Dieses Wissen, daß der Erwerb bestimmter Muster von Information über die Umgebung mit dem Funktionieren bestimmter Organe verbunden ist, läßt uns z. B. von *visuellen* Halluzinationen sprechen, selbst wenn keine Reizung der Augen vorliegt. Während Macbeth die Vermutung hegt, daß der Dolch eine bloße Halluzination sein könnte, sagt er »Es ist die blut'ge Arbeit, die mein Auge so in die Lehre nimmt«, und zwar im selben Moment, wo er den Gedanken äußert, daß *keine* Reizung seiner Augen dafür verantwortlich ist! Seine Rede erscheint uns völlig natürlich zu sein. Das betreffende Muster von Fehlinformation ist den Mustern von wahrer und falscher Überzeugung, die als Ergebnis der Reizung der Augen erworben werden, so ähnlich, daß es naheliegt zu meinen, es sei durch die Reizung der Augen erzeugt.

Wenn wir wollen, können wir also sagen, daß Wahrnehmung der Erwerb wahrer oder falscher Überzeugung über den gegenwärtigen Zustand unseres Körpers und unserer Umgebung *durch die Vermittlung der Sinne* ist. Aber wir müssen uns dessen bewußt sein, daß letztere Bestimmung, obwohl sie nützlich ist, kein volles Recht hat, in einer Definition zu erscheinen. [...]

Wahrnehmung ohne Überzeugung

Es gibt aber Fälle von Wahrnehmungen, in denen keine wahren oder falschen Überzeugungen erworben werden.

Erstens ist es, worauf schon oft hingewiesen wurde, möglich, Wahrnehmungserlebnisse zu haben, die nicht der physischen Wirklichkeit entsprechen, ohne jedoch von ihnen getäuscht zu werden, d. h. ohne falsche Überzeugungen zu erwerben. Bei der visuellen Wahrnehmung ist das eine alltägliche Erfahrung. Wenn wir in einen Spiegel schauen, so ist die erlebte visuelle Erscheinung die eines spiegelbildlichen *Doppelgängers* hinter dem Glas. Aber was auch immer von jemandem gelten mag, der mit Spiegeln nicht vertraut ist, Spiegelbilder täuschen uns normalerweise nicht.

Dasselbe kann, obwohl das seltener ist, in Fällen wahrheitsgetreuer Wahrnehmung geschehen. Wenn man mir sagt, daß die Bedingungen, unter denen ich einen bestimmten Teich sehe, von einer Art sind, daß, obwohl der Teich in Wirklichkeit rund ist, er mir elliptisch erscheint, dann mag ich glauben, daß er rund ist, obwohl er elliptisch aussieht. Trotzdem kann es sein, daß die Sichtbedingungen vollkommen normal sind und der Teich wirklich elliptisch ist. Hier haben wir eine wahrheitsgetreue Wahrnehmung, aber keinen Erwerb einer wahren Überzeugung.

Zweitens gibt es Fälle, in denen wir nicht vom *Erwerb* wahrer oder falscher Überzeugungen sprechen können, weil wir die wahre oder falsche Überzeugung schon haben. Die Normalfälle betreffen hier wahrheitsgetreue Wahrnehmung. Wenn ich etwa auf ein rotes Buch schaue, dann mag ich mit völliger Sicherheit wissen, daß es im nächsten Moment immer noch rot sein wird. Wenn meine Augen nun während dieses Moments immer noch auf das Buch gerichtet sind, dann kann ich keine wahre Überzeugung erworben haben, weil ich schon wußte, daß es in diesem Moment rot sein würde.

Es ist möglich, wenn auch ungewöhnlicher, dasselbe im Fall von Sinnestäuschungen zu beobachten. Wenn ein Teich mir elliptisch erscheint und ich glaube, daß er elliptisch ist, obwohl er es in Wirklichkeit nicht ist, mag ich mir dessen vollkommen sicher sein, daß er im nächsten Moment elliptisch sein wird. Und wenn ich in diesem Augenblick auf den Teich schaue, dann kann ich keine falsche Überzeugung erworben haben, weil ich schon vorher fälschlicherweise glaubte, daß er während dieses Moments elliptisch sein würde.

Die erste Gruppe von Fällen könnte »Wahrnehmung ohne Überzeugung« genannt werden, die zweite Gruppe »Wahrnehmung ohne Erwerb einer Überzeugung«.

Alle diese Fälle scheinen zu zeigen, daß wir eine Unterscheidung treffen sollten zwischen den Überzeugungen, die wir bei einer Wahrnehmung erwerben und dem Wahrnehmungserlebnis, auf dem diese Überzeugungen gründen.

Wie sollen diese Wahrnehmungserlebnisse verstanden werden? Angenommen, ich habe die Wahrnehmungen, die wir damit assoziieren, daß ich auf einen roten Ball schaue. Es ist klar, daß ich genau dieselben Wahrnehmungserlebnisse gehabt haben könnte, ohne daß es einen roten Ball in der physischen Wirklichkeit gegeben hat. Wenn wir über diesen Punkt nachdenken, ist es sehr verlockend zu sagen, daß es hier um eine Beziehung zwischen meinem Geist und einer nicht-physikalischen roten Entität geht: einem Sinneseindruck oder einem Sinnesdatum. Nun ist aber klar, daß, wenn solche Entitäten in die Wahrnehmung eingehen, die Wahrnehmung nicht einfach ein Zustand einer Person ist, der ein bestimmtes physisches Verhalten hervorbringen oder durch bestimmte Stimuli hervorgebracht werden kann. Die »kausale« Analyse des Begriffs der Wahrnehmung wäre falsch. Wir müssen deshalb die Wahrnehmung und insbesondere »Wahrnehmung ohne Überzeugung« und »Wahrnehmung ohne Erwerb einer Überzeugung« erklären, ohne auf nicht-physikalische sinnliche Entitäten Bezug zu nehmen.

Eine mögliche Strategie würde darin bestehen, den Begriff von Wahrnehmungserlebnissen als etwas ganz Verschiedenes vom Erwerb von Überzeugungen über die Umgebung zuzugestehen, aber darüber hinaus eine Erklärung von Wahrnehmungserlebnissen zu geben, die mit einer kausalen Analyse aller mentaler Begriffe kompatibel ist. Ich sehe aber nicht, wie man das tun könnte und deshalb werde ich versuchen, die Wahrnehmung durch den Erwerb von Überzeugungen zu erklären.

Bevor jedoch diese Aufgabe in Angriff genommen wird, können diejenigen, die die Existenz sinnlicher Entitäten akzeptieren, gerechterweise einen Grund dafür verlangen, warum ihre intuitiv plausible Ansicht verworfen werden sollte. Was sollte die Durchführung ausgefeilter Analysen rechtfertigen, wenn eine einfache und direkte Erklärung in Begriffen von sinnlichen Entitäten verfügbar ist?

Wie immer wieder gezeigt wurde, führt erstens die Ansicht, daß jeder Erwerb von Überzeugungen durch die Wahrnehmung auf einer Beziehung beruht, die der Geist zu nicht-physikalischen sinnlichen Entitäten hat, zu einer von zwei sehr unbefriedigenden Alternativen. Nach der repräsentationalen Theorie hat der Geist nur ein nicht-inferentielles Wissen bezüglich seiner eigenen sinnlichen Daten und muß auf die Existenz physikalischer Dinge schließen. Die phänomenalistische Alternative, die die physikalische Wirklichkeit als nichts anderes als eine ausgearbeitete Konstruktion auf der Grundlage von Sinnesdaten selbst erklärt, ist sogar noch unbefriedigender.

Manche modernen Philosophen, die sich dieser Schwierigkeit bewußt sind, haben versucht, nicht-physikalische Sinnesdaten auf bloße phänomenale Tatsachen zu reduzieren, auf bloße Begleiterscheinungen unseres Erwerbs von Überzeugungen bezüglich des gegenwärtigen Zustands unseres Körpers und seiner physikalischen Umgebung. Aber ist das nicht eine durch und durch gekünstelte Auffassung? Wenn es nicht-physikalische Sinnesdaten gibt, dann könnten sie gewiß nicht in dieser ganz externen Relation zu unseren Wahrnehmungsüberzeugungen stehen. Wenn man überhaupt Sinnesdaten annehmen will, möchte man dann nicht sagen, daß wir glauben, vor uns befinde sich ein roter Ball, *weil* es eine bestimmte nicht-physikalische Entität gibt, die in einer bestimmten Relation zu unserem Geist steht?

Diese Einwände gegen das Postulat von Sinnesdaten sind ziemlich allgemein. Deshalb wollen wir jetzt eine spezifischere Schwierigkeit betrachten. Es handelt sich um das Paradox bezüglich der Nichttransitivität der Relation »exakte Ähnlichkeit in einer bestimmten Hinsicht«, das die vermeintlichen Sinnesdaten betrifft.

Wenn A in der Hinsicht X exakt ähnlich zu B ist und B in derselben Hinsicht exakt ähnlich zu C ist, dann folgt mit logischer Notwendigkeit, daß A in dieser Hinsicht exakt ähnlich zu C ist. »Exakte Ähnlichkeit in einer besonderen Hinsicht« ist notwendigerweise eine transitive Relation. Nun nehmen wir an, wir hätten drei Stücke Stoff, A, B, und C, die genau gleich sind, außer daß sie sich sehr leicht in der Farbe unterscheiden. Nehmen wir nun weiter an, daß A und B *wahrnehmungsmäßig* im Hinblick auf ihre Farbe vollkommen ununterscheidbar sind und daß B und C ebenfalls *wahrnehmungsmäßig* in ihrer Farbe gänzlich ununterscheidbar sind. Wir wollen aber annehmen, daß A und C in dieser Hinsicht voneinander durch die Wahrnehmung unterschieden werden können.

Betrachten wir nun diese Situation, wenn wir eine »Sinnesdatentheorie« der Wahrnehmung vertreten. Wenn die Stoffstücke A und B in ihrer Farbe wahrnehmungsmäßig ununterscheidbar sind, scheint zu folgen, daß die beiden Sinnesdaten A_I und B_I, die wir haben, wenn wir auf die beiden Stücke schauen, *tatsächlich farbidentisch sind.* Denn die Sinnesdaten sind das, was den Typ einer Wahrnehmung festlegt und hier sind die *Wahrnehmungen* per Annahme identisch. Auf die gleiche Weise werden B_I und C_I farbidentische Sinnesdaten sein. Doch die Sinnesdaten A_I und C_I sind, ebenfalls per Annahme, nicht farbidentisch!

Es gibt zwei Möglichkeiten, wie ein Vertreter von Sinnesdaten mit diesem Paradox umgehen könnte. Erstens könnte er den heroischen Weg einschlagen, den Bertrand Russell gegangen ist und sagen, daß das nur zeige, daß exakte Ähnlichkeit in einer bestimmten Hinsicht nicht notwendig eine transitive Relation ist. Ich meine, daß das eine etwas zweifelhafte Verteidigung ist. Sie ist fast so schlimm, als wenn wir einem Philosophen bewiesen hätten, daß es einen Widerspruch in seinem Argument gäbe und er gefragt hätte »Was ist so schlecht an einem Widerspruch?«. Wenn es nicht feststeht, daß exakte Ähnlichkeit in einer bestimmten Hinsicht transitiv ist, was steht dann überhaupt fest?

Ein hoffnungsvollerer Ausweg bietet sich an, wenn der Verfechter von Sinnesdaten bereit ist, die Ansicht aufzugeben, daß wir ein unkorrigierbares Wissen vom Wesen der Sinnesdaten haben zu der Zeit, zu der sie auftreten. Er kann dann sagen, daß im beschriebenen Fall es nicht wirklich so sein kann, daß die Sinnesdaten A_1 und B_1 einerseits und B_1 und C_1 andererseits farbidentisch sind, daß aber A_1 und C_1 nicht farbidentisch sind. Wir müssen an irgendeiner Stelle bezüglich des Charakters unserer Wahrnehmungen einem Irrtum erlegen sein und dadurch einem Irrtum bezüglich des Charakters der gegenwärtigen Sinnesdaten.

Aber obwohl dieser Ausweg nicht wie Russells Vorschlag logisch widersinnig ist, ist er doch höchst unplausibel. Die phänomenalen Tatsachen scheinen klar zu sein: Stoffstück A sieht, was seine Farbe angeht, genauso aus wie Stoffstück B, welches dieselbe Farbe zu haben scheint wie Stoffstück C. Aber A scheint eine leicht verschiedene Farbe von C zu haben. Es scheint keinen Grund für die Behauptung zu geben, daß hier irgendein phänomenaler Irrtum aufgetreten sei außer der Tatsache, daß dieser Fall mit einer bestimmten Theorie der Wahrnehmung kollidiert. Es scheint aber vernünftig zu sein, diesen Fall gegen die Theorie zu verteidigen. Schließlich führen diejenigen, die die Analyse der Wahrnehmung anhand von Sinnesdaten unterstützen, regelmäßig an, daß allein ihre Position den Wahrnehmungstatsachen phänomenale Gerechtigkeit widerfahren läßt. Es wäre eine Ironie, wenn sie angesichts eines schwierigen Falles kehrtmachten und behaupteten, daß es in diesem Fall einen phänomenalen Irrtum gäbe!

Es scheint also, daß der Verfechter von Sinnesdaten keinen leichten Fluchtweg aus diesem paradoxen Fall findet, der die scheinbare Nichttransitivität der Relation »genaue Ähnlichkeit in einer bestimmten Hinsicht« bei Sinnesdaten betrifft. Wir werden gleich sehen, daß eine Analyse anhand des Begriffs der Überzeugung diesen Fall äußerst leicht in den Griff bekommt.

Eine zweite Schwierigkeit für eine Analyse der Wahrnehmung, die Sinnesdaten annimmt, wird von der Unbestimmtheit von Wahrnehmungen aufgeworfen. Das klassische Beispiel ist das der gesprenkelten Henne. Ich mag wohl in der Lage sein zu sehen, daß sie eine Anzahl von Flecken hat, aber nicht, wie viele Flecken es genau sind. Die Henne hat eine bestimmte Anzahl von Flecken, aber die Wahrnehmung ist eine Wahrnehmung einer unbestimmten Anzahl von Flekken. Diese Unbestimmtheit läßt sich nun allgemein in der Wahrnehmung finden, vielleicht sogar in jeder Wahrnehmung. Wenn ich beispielsweise sehe oder fühle, daß ein Gegenstand größer als ein anderer ist, nehme ich nicht wahr, um wieviel genau der erste Gegenstand größer ist. Die Größe des ersten Gegenstands hat eine vollkommen bestimmte Beziehung zur Größe des zweiten Gegenstands, aber die Wahrnehmung gibt diese bestimmte Relation nicht wieder. Sie gibt etwas viel weniger Bestimmtes wieder. Worum es hier geht, ist nicht einfach das, was an unseren Wahrnehmungen *verbalisiert* werden kann. Wenn wir ganz absehen von der Art und Weise, wie wir unsere Wahrnehmungen sprachlich beschreiben, bleiben sie immer noch unbestimmt.

Die Schwierigkeit, die diese Unbestimmtheit der Wahrnehmung für eine Theorie der Sinnesdaten aufwirft, besteht darin, daß sie zu implizieren scheint, daß die Sinnesdaten wesentlich unbestimmt sein müssen. Das nicht-physikalische Sinnesdatum, das existiert, wenn wir die physische gesprenkelte Henne wahrnehmen, wird eine unbestimmte Zahl von Flecken haben müssen. Außerdem muß von den nicht-physikalischen Sinnesdaten, die existieren, wenn wir wahrnehmen, daß ein physischer Gegenstand größer als ein anderer ist, eines größer sein als das andere, ohne jedoch um ein bestimmtes Maß größer zu sein. Wie aber kann irgend etwas unbestimmt größer sein als etwas anderes?

Abermals gibt es zwei mögliche Auswege, die einem Vertreter von Sinnesdaten offenstehen. Erstens kann er geltend machen, daß, obwohl in der physikalischen Welt Sein Bestimmtsein bedeutet, diese Regel nicht für die nicht-physikalischen Sinnesdaten gilt. Unter den Sinnesdaten kann es gesprenkelte Oberflächen geben mit einer unbestimmten Anzahl von Flecken oder ein Sinnesdatum kann größer als ein anderes sein, ohne um einen bestimmten Betrag größer zu sein etc.

Diese Antwort scheint etwas vom selben Charakter zu haben wie Russells Replik auf die Schwierigkeit bezüglich der Transitivität von »exakte Ähnlichkeit in einer bestimmten Hinsicht«. Sie legt einfach nahe, die Regeln für Gegenstände im Fall mentaler Gegenstände außer Kraft zu setzen. Sie behauptet, daß es im Bereich mentaler Gegenstände Bestimmbarkeiten ohne Bestimmtheiten geben kann. Dagegen kann nur gesagt werden, daß Sein offenkundig Bestimmtsein ist.

Die alternative Antwort wäre zu sagen, daß die Sinnesdaten vollkommen bestimmte Eigenschaften haben, aber daß wir nur ein *Be-*

wußtsein von weniger als dieser Bestimmtheit haben. Das Sinnesdatum hat eine ganz bestimmte Anzahl von Flecken, aber wir sind uns nur *einer großen Anzahl von Flecken* bewußt. Das aber führt zu der paradoxen Konsequenz, daß Gegenstände, die eigens postuliert wurden, um der Wahrnehmung phänomenale Gerechtigkeit widerfahren zu lassen, nun mit Eigenschaften ausgestattet werden, die völlig außerhalb des Wahrnehmungsbewußtseins liegen. Die Theorie postuliert jetzt (1.) gesprenkelte physische Oberflächen mit völlig bestimmten Eigenschaften; (2.) gesprenkelte Sinnesdaten mit völlig bestimmten Eigenschaften; (3.) ein unbestimmtes Bewußtsein der gesprenkelten Sinnesdaten. Aber sind dadurch die Sinnesdaten in (2.) nicht überflüssig geworden? Warum sollte man nicht einfach die gesprenkelten physikalischen Oberflächen und ein unbestimmtes Bewußtsein (Wahrnehmung) dieser Oberflächen postulieren? Es ist schwer zu erkennen, daß die Sinnesdaten jetzt überhaupt noch eine Erklärungsfunktion in der Theorie haben.

Wir werden gleich sehen, daß im Gegensatz hierzu eine Analyse der Wahrnehmung in Begriffen des Erwerbs von Überzeugungen die Unbestimmtheit der Wahrnehmung mit größter Leichtigkeit erklärt.

Nun möchte ich nicht behaupten, daß diese Schwierigkeiten der Wahrnehmungsanalyse, die Sinnesdaten postuliert, ganz schlüssig sind. Aber sie zeigen, daß die Theorie sich in seltsame Paradoxa verwickelt. Der erste Schritt in der Analyse mag einfach und naheliegend erscheinen, aber die Konsequenzen sind weit davon entfernt, einfach und offensichtlich zu sein. Da das so ist, kann der Versuch, Fälle von »Wahrnehmung ohne Überzeugung« und »Wahrnehmung ohne Erwerb einer Überzeugung« anhand von Fällen zu erklären, in denen Überzeugungen *tatsächlich* erworben werden, nicht als ganz künstliches Manöver von der Hand gewiesen werden. Es wird sich jedoch am Ende herausstellen, daß unsere eigene Analyse die Möglichkeit gar nicht ausschließt, daß Wahrnehmungen Sinnesdaten beinhalten. Was ausgeschlossen wird, ist die Möglichkeit, daß Sinnesdaten wahrgenommene Gegenstände sind.

Wir werden nun versuchen, eine positive Erklärung der »Wahrnehmung ohne Überzeugung« zu geben.

Erstens kann es in den Fällen, wo solche Wahrnehmungen vorkommen, immer noch eine Neigung geben, »unseren Sinnen zu glauben«. Wenn ein Ding auf eine bestimmte Weise aussieht, können wir immer noch halbherzig glauben oder geneigt sein zu glauben, daß es genauso ist, wie es aussieht, obwohl wir aus unabhängigen Gründen wissen, daß es nicht wirklich so sein kann. Und diese Neigung kann fortbestehen, auch wenn wir deutlich erkennen, daß sie irrational ist. Was ist eine Neigung zu glauben? Ich meine, daß sie nichts anderes ist als eine Überzeugung, die von einer stärkeren Überzeugung in Schach gehalten wird. Wir erwerben bestimmte Überzeugungen über die Welt durch unsere Sinne, aber diese Überzeugungen werden in Schach gehalten von stärkeren Überzeugungen, die wir schon besitzen. Also gibt es hier nichts, was sich einer Analyse der Wahrnehmung in Begriffen des Überzeugungserwerbs widersetzt.

Aber, so wird man einwenden, es gibt eine Menge von Fällen, wo »Wahrnehmung ohne Überzeugung« vorkommt und wo keine Neigung zu glauben erworben wird. Ein bereits erwähnter Fall ist die Wahrnehmung von Spiegelbildern.

Trotzdem, so können wir antworten, ist es in solchen Fällen von Wahrnehmung ohne Überzeugung und sogar ohne Neigung zu glauben möglich, eine wahre kontrafaktische Aussage der Form zu bilden: »Wenn der Wahrnehmende nicht andere, unabhängige Überzeugungen über die Welt gehabt hätte, hätte er bestimmte Überzeugungen erworben – nämlich Überzeugungen, die dem Inhalt seiner Wahrnehmung entsprechen«. Wir glauben nicht, daß unser spiegelbildlicher Doppelgänger vor uns steht, und zwar *einzig und allein* deshalb, weil wir eine große Menge von anderem Wissen über die Welt haben, die der Überzeugung widerspricht, daß es so etwas wie den Gegenstand gibt, den wir hinter der Oberfläche des Spiegels zu sehen scheinen. Wenn unsere Sicht verschwimmt, dann erwerben wir nicht die Überzeugung, daß unsere Umgebung neblig wird und daß die Umrandungen der Dinge wirklich zu wabern beginnen, und zwar *einzig und allein* aufgrund unseres Weltwissens. Dasselbe gilt für andere Fälle von »Wahrnehmung ohne Überzeugung«.

Es muß hier angemerkt werden, daß wir nur in einer relativ kleinen Zahl von Fällen tatsächlich veranlaßt werden, solche kontrafaktischen Aussagen zu *äußern*. Wenn wir im Hochgebirge stehen, könnten wir tatsächlich sagen: »Wenn ich nicht von den Wirkungen einer klaren und dünneren Atmosphäre gehört hätte, hätte ich geglaubt, daß der Berg ganz nah wäre.« Eine entsprechende Bemerkung über ein Spiegelbild wird unter gewöhnlichen Umständen niemand machen. Diese Tatsache scheint jedoch von geringer Bedeutung zu sein. Die Situationen, in denen eine bestimmte Bemerkung wahr wäre, bilden eine viel größere Klasse als die Situationen, in denen die Bemerkung natürlich oder erforderlich wäre. Wir *behaupten* tatsächlich solche kontrafaktischen Aussagen in Fällen, wo wir denken, daß wir um ein Haar getäuscht worden wären. Aber solche kontrafaktischen Aussagen könnten immer noch wahr sein in Fällen, wo absolut keine Gefahr einer Täuschung bestand, auch wenn es keinen Sinn machte, im Verlauf eines gewöhnlichen Gesprächs solche Aussagen zu äußern.

Nun haben wir in Kapitel 6 für eine »realistische« im Gegensatz zu einer »phänomenalistischen« Erklärung von Dispositionen argumentiert. Das bedeutet, daß wir uns darauf festgelegt haben zu sagen, daß, wenn bis zu einem Zeitpunkt T_1 eine bestimmte kontrafaktische Aussage bezogen auf A nicht wahr ist, sie aber nach T_1 wahr ist, daß dann ein wirkliches Ereignis zu T_1 stattfand. Es ist möglich, daß wir die Beschaffenheit dieses Ereignisses nicht kennen, aber wir wissen, daß ein solches Ereignis stattgefunden haben muß. Wir haben ebenfalls geltend gemacht, daß die gewöhnliche Wahrnehmung im Erwerb einer Überzeugung besteht, welcher ein mentales Ereignis im Gegensatz zu einem Vorgang oder Zustand ist. In Fällen von »Wahrnehmung ohne Überzeugung«, so können wir jetzt argumentieren, findet immer noch ein Ereignis in unserem Geist statt, ein Ereignis, das als eines beschrieben werden kann, das der Erwerb einer Überzeugung wäre, wenn es nicht andere, entgegengesetzte Überzeugungen gäbe, die wir bereits besitzen. Dieses Ereignis könnte vielleicht der Erwerb einer *potentiellen Überzeugung* genannt werden. Wir gelangen in einen bestimmten Zustand, der ein Überzeugungszustand wäre, wenn es die hemmende Wirkung anderer gegenteiliger Überzeugungen nicht gäbe. Auf diese Weise könnte Wahrnehmung ohne Überzeugung oder die Neigung zu glauben in unsere Analyse passen. Introspektives Bewußtsein einer solchen Wahrnehmung wäre ein Bewußtsein des Erwerbs solcher potentieller Überzeugungen.

Aber möglicherweise bleibt ein Gefühl der Unzufriedenheit. Man kann einwenden, daß es im besten Fall eine kontingente Tatsache der Psychologie sei, daß »Wahrnehmung ohne Überzeugung« ein Ereignis ist, das der Erwerb einer Überzeugung wäre, wenn es andere unabhängige Überzeugungen nicht gäbe. Wir können uns sehr wohl das Vorkommen von Wahrnehmungen vorstellen, die überhaupt keinen Erwerb einer Überzeugung einschließen, sogar dann, wenn es gar keine gegenteiligen Überzeugungen über die Welt gibt. Wenn dies aber so ist, lautet der Einwand, dann hat es mit dem Wesen von Wahrnehmungserlebnissen nichts zu tun, daß sie entweder Überzeugungen oder »potentielle Überzeugungen« beinhalten. Also ist die Wahrnehmung mehr, als von unserer Analyse eingeräumt wird.

Als Antwort darauf sage ich, daß, wenn es Wahrnehmungen gäbe, die nicht einmal im Erwerb potentieller Überzeugungen bestünden, wir solche Wahrnehmungen nur relativ zu den zentralen Fällen beschreiben könnten, in denen Überzeugungen erworben werden. Es würde sich um Ereignisse handeln, die dem Erwerb von Überzeugungen oder potentiellen Überzeugungen *ähnlich* sind. Was ist der Sinn von »ähnlich« in diesem Zusammenhang? Wir haben dieses Problem schon im Kontext von Wünschen und Willensakten diskutiert (Kap. 7, Abschn. IX). Ich erinnere daran, daß wir Handlungsabsichten, die tatsächlich unser Handeln bestimmen, mit denjenigen zentralen Fällen der Wahrnehmung verglichen haben, wo wahre oder falsche Überzeugungen erworben werden. Wünsche, die zum Handeln drängen, aber aufgrund deren wir nicht handeln, wurden verglichen mit Wahrnehmungen, die den Erwerb von Neigungen zu glauben beinhalten, welche von stärkeren entgegengesetzten Überzeugungen in Schach gehalten werden. Dann machten wir geltend, daß Willensakte und Wünsche, die nicht auf eine erfüllende Handlung drängen, trotzdem potentiell Handlungen hervorbringen. Wenn Umgebungsbedingungen aufträten, die für den Handelnden die Aussicht auf Erfüllung des Willensakts oder des Wunsches erhöhten, dann gäbe es zumindest einigen Druck im Geist des Handelnden, eine solche Handlung zu vollziehen. Diese Fälle können wir nun mit jenen Fällen von »Wahrnehmung ohne Überzeugung« vergleichen, die im Erwerb von »potentiellen Überzeugungen« bestehen.

Schließlich lenkten wir die Aufmerksamkeit auf die Möglichkeit, daß es »leerlaufende« Willensakte und Wünsche geben könnte, die weder zum Handeln drängen noch einen potentiellen Druck darstellen. Solche mentalen Zustände, sagten wir, könnten als den wirklichen Willensakten und Wünschen *ähnlich* beschrieben werden, obwohl ihnen sogar die potentielle Kraft fehlt, eine Handlung einzuleiten. Um den Sinn des »ähnlich« hier zu verstehen, stellten wir uns einen fiktiven Fall vor. Darin hatte ein Mann die Fähigkeit, wahrheitsgemäß zu sagen, wenn er eine Flüssigkeit schmeckte, daß sie »Gift enthalte, aber nicht in ausreichender Menge, um zu vergiften«, ohne sich auf irgendwelche Belege zu stützen. Wir schlugen dann vor, daß die introspektive Auffassung der Ähnlichkeit von »leerlaufenden« und gewöhnlichen, wirklichen Willensakten und Wünschen analog zu der Leistung des Mannes sei, die Ähnlichkeit zwischen dieser Flüssigkeit und wirklich giftigen Flüssigkeiten zu erkennen.

Unsere Theorie des Wesens der Wahrnehmung ohne Erwerb potentieller Überzeugung sollte nun klar sein. Sie ist genau analog zur Theorie »leerlaufender« Willensakte und Wünsche. Das beteiligte Ereignis gehört zur Kategorie des Erwerbs von Überzeugungen, aber, wie im Falle des nicht hinreichend konzentrierten Gifts, wird nicht einmal eine potentielle Überzeugung erworben. Es handelt sich um eine »leerlaufende« Wahrnehmung.

Wenn unsere Erklärung von »Wahrnehmung ohne Überzeugung« richtig ist, wird es uns leichtfallen, eine Erklärung der »Wahrnehmung ohne *Erwerb* einer Überzeugung« zu geben. Es ist klar, daß in allen normalen Fällen eine wahre kontrafaktische Aussage gelten wird. Wenn ich nicht schon gewußt hätte, »daß das Buch zum Zeitpunkt T_2 rot sein würde«, dann hätte ich die Überzeugung erworben, »daß das Buch zu T_2 rot war«. Das Ereignis wäre der Erwerb der Überzeugung gewesen, wenn diese Überzeugung nicht schon erworben gewesen wäre. Wie in dem Fall, wo wir gute Gründe für etwas entdecken, was wir schon wissen, ist die Wahrnehmung wie ein Siegelring, der auf Wachs gedrückt wird, welches schon den Abdruck dieses Rings trägt. Nichts weiter geschieht, weil das Siegel einfach in einen bereits bestehenden Abdruck paßt. Die Information wird einfach dupliziert. Und wenn man sagen sollte, daß es vorstellbar sei, daß in einigen Fällen diese kontrafaktische Aussage nicht wahr sein sollte, dann handelt es sich um eine »leerlaufende« Wahrnehmung, und wir können sie so erklären wie im vorangehenden Absatz.

Bei der Betrachtung von »Wahrnehmung ohne Überzeugung« und »Wahrnehmung ohne Erwerb einer Überzeugung« ist es besonders hilfreich, die Wahrnehmung als den Erwerb von wahrer oder falscher *Information* aufzufassen. Eine Wahrnehmung, die eine Neigung zu glauben, aber nichts darüber hinaus umfaßt, kann als der Erwerb von Information verstanden werden, bezüglich der wir eine Tendenz, aber nichts darüber hinaus haben, sie zu akzeptieren. Eine Wahrnehmung, die eine bloß potentielle Überzeugung einschließt, kann aufgefaßt werden als der Erwerb von Information, die wir aufgrund von anderer Information, die wir schon haben, völlig vorwegnehmen. Eine »leerlaufende« Wahrnehmung kann als Information aufgefaßt werden, die gänzlich ignoriert wird, aber eigenartigerweise nicht aufgrund von anderer Information, die wir schon haben. »Wahrnehmung ohne Erwerb einer Überzeugung« kann verstanden werden als ein Fall, in dem die empfangene Information einfach eine Kopie von Information ist, über die wir schon verfügen.

Wir müssen nun noch zeigen, daß unsere Theorie der Wahrnehmung mit den Paradoxa bezüglich der Nichttransitivität der exakten Ähnlichkeit in einer bestimmten Hinsicht und mit der Unbestimmtheit der Wahrnehmung fertig wird.

Betrachten wir zunächst das Problem der Ähnlichkeit. Indem ich auf die Stoffmuster A und B schaue, erwerbe ich die Überzeugung, daß sie dieselbe Farbe haben. Schaue ich aber auf A und C, erwerbe ich die Überzeugung, daß sie eine leicht verschiedene Farbe haben. Das zwingt mich einzugestehen, daß weder A und B noch B und C wirklich dieselbe Farbe haben können. Diese beiden Überzeugungen werden zu bloß »potentiellen Überzeugungen«. In diesem Fall gibt es nämlich überhaupt keine Schwierigkeit. Die Frage danach, ob die Regeln für die Transitivität exakter Ähnlichkeit verletzt werden, stellt sich nicht. Der Grund, warum wir die dritte Wahrnehmung gegenüber den ersten beiden bevorzugen, besteht darin, daß wir durch Erfahrung herausgefunden haben, daß dort, wo wir kleine Unterschiede zwischen den Dingen erkennen, diese Unterschiede für gewöhnlich wirklich bestehen, daß es aber dort, wo wir keinen Unterschied erkennen, trotzdem oft kleine unbemerkte Unterschiede gibt. Also erwerben wir die Überzeugung, daß alle drei Farbmuster sich leicht unterscheiden.

Außerdem ist auch an unbestimmten Überzeugungen nichts Rätselhaftes. Ich kann beispielsweise glauben, und zwar wahrheitsgemäß, daß Jupiter eine Anzahl von Trabanten hat, muß aber keine Überzeugung bezüglich ihrer genauen Anzahl haben. Meine Überzeugung ist in dieser Hinsicht unbestimmt. In gleicher Weise erwerbe ich die Überzeugung, wenn ich meine Augen auf die gesprenkelte Henne richte, daß sie eine große Zahl von Flecken hat, aber ich erwerbe nicht die Überzeugung, daß es, sagen wir, 93 Flecken sind. Meine Überzeugung ist in dieser Hinsicht unbestimmt. Wenn ich zwei Dinge bezüglich ihrer Größe mit meiner Hand oder mit den Augen vergleiche, erwerbe ich die Überzeugung, daß eines davon größer als das andere ist. Ich erwerbe keine Überzeugung bezüglich des genauen Größenverhältnisses. Meine Überzeugung ist in dieser Hinsicht unbestimmt.

Es scheint also, daß, wenn wir ein introspektives Bewußtsein unserer Wahrnehmungen haben, wir eines Stroms mentaler Ereignisse bewußt sind: von Ereignissen, die im Erwerb von Überzeugungen bezüglich des gegenwärtigen Zustands der Welt bestehen, oder von Ereignissen, die diesen ähnlich sind. Die Wahrnehmung ist ein Informationsfluß, ein Fluß, der ständig fließt, solange wir nicht ganz bewußtlos sind. Wahrnehmungs*erlebnisse* im Unterschied zu bloßer Wahrnehmung bestehen einfach in diesem Fluß, sofern wir seiner bewußt sind, d. h. introspektiv bewußt sind. Der Inhalt unserer Wahrnehmungen, den so viele Philosophen in einen nicht-physikalischen Gegenstand verkehren wollen, ist einfach der Inhalt der beteiligten Überzeugungen.

Unsere Wahrnehmungen sind also weder die Grundlage für unsere Wahrnehmungsurteile, noch sind sie bloße phänomenale Begleiterscheinungen unserer Wahrnehmungsurteile. Sie bestehen einfach im Erwerb dieser Urteile. Unsere Wahrnehmungen stehen nicht zwischen unserem Geist und der physischen Wirklichkeit, weil sie unsere Auffassungen dieser Wirklichkeit *sind.*

Man könnte einwenden, daß die Umgangssprache Belege dafür enthält, daß wir unsere Wahrnehmungen als Gründe behandeln, auf denen wir Schlüsse über die physische Welt aufbauen. »Woher weißt Du, daß eine Maus in diesem Schrank ist?« »Weil ich sie gerade gesehen habe.« Hier scheine ich mich auf meine visuellen Daten zu berufen, um ein Urteil bezüglich des Schrankinhalts zu stützen.

Dieser Dialog kann jedoch ganz anders verstanden werden, und zwar auf eine Weise, die mit unserer Analyse kompatibel ist. Wenn ich sage, daß ich die Maus *gesehen* habe, gebe ich zu verstehen (abgesehen davon, daß ich die Frage durch den Gebrauch des Wortes »sehen« vorentschieden und angenommen habe, daß dort tatsächlich eine Maus war), daß ich *durch den Gebrauch meiner Augen* die Überzeugung erworben habe, daß eine Maus im Schrank war. Nun ist es eine bekannte Tatsache, daß Überzeugungen dieser Art, die als kausale Folge des Gebrauchs der Augen erworben wurden, sehr zuverlässige Überzeugungen sind. Also habe ich dem Fragesteller einen Grund für die Überzeugung gegeben, daß eine Maus im Schrank war. Die Sachlage ist dieselbe wie die eines Menschen, der eine Entfernung mit den Augen schätzt und dann seinen Anspruch auf ein Wissen dieser Entfernung durch den Hinweis verteidigt, daß seine Schätzungen in der Regel richtig sind. Der einzige Unterschied besteht darin, daß die Fähigkeit, hinreichend zuverlässige Information über Mäuse durch den Gebrauch der Augen zu sammeln, eine Fähigkeit ist, die nahezu jeder Mensch hat.

20. Die Öffentlichkeit der Wahrnehmungswelt

Fred I. Dretske

Nicht-epistemisches Sehen

Es sei *S* eine mit Empfindungsfähigkeit begabte Person und »*S*...« eine Aussage über *S*, z. B. *S* ist blond, *S* schläft, *S* sah den Festzug, *S* hat seinen Zeh angestoßen. Wir wollen nun sagen, daß der Sachverhalt, die Aktivität oder der Umstand, der (die) diese Aussagen wahr macht, falls sie wirklich wahr sind, genau dann einen Null-Überzeugungsinhalt hat, wenn es keine Überzeugung gibt, für die gilt, daß *S*s Haben oder Nichthaben dieser Überzeugung für die Wahrheit der Aussage logisch relevant ist. Wenn aus der Aussage »*S*...« logisch folgt, daß *S* eine bestimmte Überzeugung oder eine bestimmte Menge von Überzeugungen hat, dann wollen wir sagen, daß der von dieser Aussage ausgedrückte Sachverhalt einen *positiven Überzeugungsinhalt* hat. Wenn aus der Aussage folgt, daß *S* eine bestimmte Überzeugung oder eine bestimmte Menge von Überzeugungen *nicht* hat, dann hat die Situation einen *negativen Überzeugungsinhalt.*

Die Ausdrücke »logisch« und »logisch folgen« sind keine sehr robusten Termini, aber ich glaube, daß sie das Gewicht tragen werden, das ich ihnen auferlegen möchte. Ob *S* blond ist oder nicht, hängt nicht davon ab, was er zufällig glaubt; zumindest impliziert die Bedeutung des Prädikats »ist blond« nicht, daß *S* eine bestimmte Überzeugung hat oder nicht hat. Es ist natürlich möglich, daß, wenn *S* etwas Bestimmtes nicht geglaubt hätte, z. B. daß er einem Geist gegenüberstand, sein Haar jetzt nicht weiß wie Asche wäre. In diesem Fall hängt seine Haarfarbe faktisch, vielleicht kausal, von einer bestimmten seiner Überzeugungen ab. Aber die Verbindung ist nicht logischer Natur; jemand anders könnte weißes Haar haben, ohne jemals dieselbe Überzeugung gehabt zu haben. Jemandes Haar ist weiß, wenn es bestimmte visuelle Tests besteht, und für das Bestehen dieser Tests sind die Überzeugungen der betreffenden Person vollkommen irrelevant. Man versteht nicht, was es bedeutet, weißes Haar zu haben, wenn man einwendet, daß die Haare einer Person nicht weiß sein können, *weil* diese Person etwas Bestimmtes glaubt oder nicht glaubt.

Die Tatsache, daß *S* weiße Haare hat, ist folglich eine Tatsache mit

Null-Überzeugungsinhalt. Die Tatsache, daß *S* auf einen Käfer trat, ist in dieser Hinsicht ganz ähnlich. Man kann auf einen Käfer treten, ohne zu glauben, daß man auf einen getreten ist; es gibt auch nichts anderes, was man glauben oder nicht glauben muß, um es zu tun. Betrachten wir andererseits, was es bedeutet zu wünschen, daß man sechs Fuß groß sei. Diese Tatsache impliziert eine Überzeugung des Inhalts, daß man nicht sechs Fuß groß ist, oder zumindest, daß man nicht glaubt, man sei sechs Fuß groß. Wenn ich glaube, daß ich sechs Fuß groß bin, werde ich kaum wünschen, daß ich sechs Fuß groß wäre. Ich kann natürlich sechs Fuß groß *sein* und noch immer wünschen, daß ich diese Größe hätte; denn ich könnte fälschlicherweise glauben, daß ich nur fünf Fuß und zehn Zoll groß bin. Die Aussage »*S* wünscht, daß er sechs Fuß groß sei«, beschreibt deshalb eine Situation mit positivem Überzeugungsinhalt (die Überzeugung von *S*, daß er nicht sechs Fuß groß ist) oder zumindest mit negativem Überzeugungsinhalt (die Abwesenheit der Überzeugung von *S*, daß er sechs Fuß groß ist).

Bevor ich den Versuch unternehme, diese Begriffe auf visuelle Sachverhalte anzuwenden, möchte ich ein paar Worte über den Begriff der Überzeugung sagen. Wenn ich davon spreche, daß *S* etwas glaubt, möchte ich das auf eine Weise verstanden wissen, die die Frage, ob *S* weiß, daß der Inhalt seiner Überzeugung wahr ist, nicht vorentscheidet. Wenn wir der Meinung sind, daß *S* weiß, daß das und das der Fall ist, werden wir wahrscheinlich nicht einfach sagen, daß er glaube, das und das sei der Fall. Trotzdem meine ich, daß es einen Sinn des Ausdrucks »glauben« gibt, so daß, wenn *S* etwas weiß, z. B. daß heute Montag ist, er auch glaubt, daß heute Montag ist. Und in demselben Sinn des Ausdrucks könnte er glauben, daß heute Montag sei, ohne zu wissen, daß Montag ist (entweder weil er sich nicht ganz sicher ist, oder, obwohl er sich sicher ist, weil seine Gründe für seine Überzeugung offensichtlich unangemessen sind, oder, wenn auch das nicht zutrifft, weil heute einfach nicht Montag ist). So wie ich diesen Ausdruck gebrauche, kann eine Person (oder ein Lebewesen) wissen, daß etwas der Fall ist und es glauben (obwohl ich zugebe, daß es redundant wäre letzteres zu sagen, nachdem man ersteres gesagt hat); sie kann es auch glauben, ohne es zu wissen. Es handelt sich um einen Sinn des Ausdrucks, der in einigen Fällen durch die Phrase »erkennt als wahr an« ersetzt werden kann.

Soweit die einleitenden Erläuterungen. Was hilft uns das nun beim Verstehen der Wahrnehmung? Die Beziehung ist folgende: Die grundlegende visuelle Fähigkeit, mit der ich mich in diesem Kapitel befasse, ist eine Fähigkeit, deren erfolgreiche Ausübung keinerlei positiven Überzeugungsinhalt hat. Im Hinblick auf positiven Überzeugungsinhalt ist das Sehen eines Käfers (in dieser grundlegenden Weise des Sehens) wie das Treten auf einen Käfer; keine der beiden Verrichtungen impliziert in irgendeiner wesentlichen Hinsicht eine bestimmte Überzeugung oder eine Überzeugungsmenge seitens der handelnden Person. Nichts von dem, was man glaubt, ist logisch relevant für das, was man getan hat. *Absichtlich* auf einen Käfer zu treten ist wieder etwas anderes, und genauso verhält es sich mit dem Sehen, *daß* es ein Käfer ist oder *welche* Art von Käfer es ist. Die beiden letzteren Leistungen, wenn man sie so nennen möchte, haben beide einen positiven Überzeugungsinhalt. Aber mehr davon in späteren Kapiteln.

Unsere erste Aufgabe besteht nun darin zu zeigen, daß es eine Weise zu sehen gibt, die frei von positivem Überzeugungsinhalt ist. Zu diesem Zweck muß gezeigt werden, daß es eine Weise zu sehen gibt, für die gilt, daß für jede beliebige Proposition *P* aus der Aussage »*S* sieht *D*« die Aussage »*S* glaubt *P*« nicht logisch folgt. Wenn das begründet werden kann, dann ist damit gezeigt, daß diese Weise des Sehens keinen positiven Überzeugungsinhalt hat. Über die Anwesenheit von negativem Überzeugungsinhalt werde ich wenig zu sagen haben. Ich werde ihn an einigen Stellen der Diskussion beiläufig erwähnen, aber nichts von dem, was ich zu sagen habe, wird davon abhängen, wie diese weitere Frage entschieden wird.

Es sei *D* irgendein vertrauter Gegenstand, eine Person oder ein Ereignis – ein Buch, ein Freund oder ein Sonnenaufgang. Obwohl wir, wenn wir *D* sehen, normalerweise das, was wir sehen, *als D* identifizieren und somit glauben, daß es *D* ist, ist diese Identifikation keine notwendige Bedingung dafür, daß wir *D* sehen. Dieser Punkt ist vielleicht zu offenkundig, um ausführlich behandelt zu werden. Man kann einen Schraubenzieher sehen, ohne zu glauben, daß das, was man sieht, ein Schraubenzieher ist, ohne zu glauben, daß es überhaupt Schraubenzieher gibt, ohne überhaupt zu wissen, was Schraubenzieher sind. Wenn es nötig ist, irgend jemanden von diesem Punkt zu überzeugen, dann schlage ich vor, daß man sich die Frage stellt, ob man nie einen Ahornbaum oder einen elektrischen Kondensator gesehen hat, ohne zu merken, daß es ein Ahorn oder ein Kondensator war.

Dasselbe gilt für jede der allgemeineren Eigenschaften von *D*. Das heißt, daß *S* nicht nur seine Tante sehen könnte, ohne zu glauben, daß es seine Tante ist, sondern es ist auch möglich, daß er nicht glaubt, daß sie eine Frau ist. Er muß nicht einmal glauben, daß sie ein Mensch ist.

Je nach der Beleuchtung, seiner Aufmerksamkeit und einer Menge anderer Variablen könnte er sie für ein Mannequin, einen Schatten oder sonst etwas halten. Irrtümer sind jedoch nicht die einzige Möglichkeit. Ich werde diese Dinge gleich ausführlicher behandeln, aber manchmal müssen wir einfach sagen »nun ja, ich glaube, ich sah es, aber ich war zu der Zeit so beschäftigt, daß ich der Sache keine große Aufmerksamkeit schenkte«.

Man könnte denken, daß, wenn *D* ein physischer Gegenstand ist, wir zumindest glauben müssen, daß er eine bestimmte Art von Gegenstand ist (wobei »er« sich auf das beziehen soll, was wir sehen). Wenn das heißen soll, daß man keinen physischen Gegenstand, wie einen Tisch oder eine Schreibmaschine, sehen kann, ohne zu glauben, daß es ein physischer Gegenstand einer bestimmten Art ist, dann ist das gewiß falsch. Die Bemerkung »Ich weiß nicht, ob ich wirklich etwas sah oder ob ich es nur halluzinierte« bekundet einen Geisteszustand, in dem die fragliche Überzeugung nicht vorkommt. Dennoch ist nichts Außergewöhnliches an der Annahme, daß eine solche Person wirklich etwas gesehen hat, z. B. ein Gesicht im Fenster oder einen Clown im Wandschrank. Es wurden Experimente durchgeführt, in denen den Versuchspersonen verschiedene farbige Formen auf einer Wand gezeigt wurden, wobei die Versuchspersonen aber zu der Überzeugung verleitet wurden, daß die gesehenen Formen in Wirklichkeit Konstrukte ihrer eigenen Vorstellung waren.[1] Die Versuchspersonen wurden gebeten, diese »Vorstellungsbilder« zu beschreiben und

> ... nachdem alle Selbstbeobachtungen aufgezeichnet waren, wurde der Beobachter gefragt, ob er »ganz sicher sei, daß er alle diese Dinge nur imaginiert habe«. Die Frage stieß fast immer auf Überraschung und manchmal auf Empörung.[2]

Darin spiegelt sich ein ziemlich grober (aber unter den Bedingungen des Experiments verständlicher) Fehler bezüglich der Klassifikation eines visuellen Erlebnisses wider. Trotzdem waren die Experimentatoren nicht versucht zu sagen, daß ihre Versuchspersonen die farbigen Formen auf der Wand nicht gesehen haben können. Natürlich haben sie sie gesehen; sie haben sie nur einfach irrtümlicherweise für »Vorstellungsbilder« gehalten.[3]

1 »An Experimental Study of Imagination«, Cheves West Perky, wiederabgedruckt in: *Readings in Perception*, hg. von D. C. Beardslee und M. Wertheimer, Princeton, New Jersey, 1958.

2 Ebenda S. 549.

3 In dieser Reihe von Experimenten wurde darauf geachtet, die Möglichkeit auszuschlie-

Manche Leute sehen flatternde Fensterläden und halten sie für schwebende Geister; manche Philosophen glauben oder sagen, daß sie glauben, daß nichts von dem, was sie sehen oder was jemand anders sieht, materiell ist. Sind solche Überzeugungen überhaupt relevant dafür, ob Fensterläden und Wassergläser von den Leuten gesehen werden, die solche Überzeugungen haben? Wann immer ein Kleinkind zum ersten Mal seine Mutter sieht, muß es dann glauben, daß es einen Menschen sieht? Ein Ding, das einen Ort im Raum einnimmt? Eine bestimmte Art von öffentlich beobachtbarem Gegenstand?

Die Tatsache, daß wir normalerweise Überzeugungen bezüglich der Dinge haben, die wir auf diese Weise sehen, ist irrelevant. Der Punkt, auf den ich hinaus will, ist, daß unsere Unfähigkeit, diese Dinge zu glauben, uns nicht an sich daran hindern würde zu sehen, was wir auf diese Weise sehen. Der verblüffte Wilde, der plötzlich von seiner angestammten Umgebung in eine U-Bahnstation in Manhattan versetzt wird, kann genauso klar Zeuge der Ankunft des 3 Uhr 45 Express sein wie der gelangweilte Pendler. Unwissenheit im Hinblick auf X beeinträchtigt nicht das Sehen von X; wenn es das täte, dann wäre völlige Unwissenheit zum größten Teil nicht wiedergutzumachen. Diese Art des Sehens einer Teekanne oder eines Tigers ist vereinbar mit der Überzeugung, daß es sich um eine visuelle Halluzination handelt, um eine Fata Morgana, eine Spiegelung, einen Teil des eigenen Gehirns, einen phänomenalen Kommentar bezüglich einer zugrundeliegenden Wirklichkeit, ein Vorstellungsbild, oder einen Haufen solcher Bilder. Mit anderen Worten, es ist mit jeder falschen Überzeugung vereinbar, die man bezüglich des allgemeinen Charakters dessen, was man sieht, anführen könnte. Und da es klar zu sein scheint, daß es auch mit jeder wahren Überzeugung vereinbar ist, so ist dieses Sehen von solchen Überzeugungen logisch unabhängig. [...]

Betrachten wir den Fall eines Erwachsenen. Die Schwierigkeit, hier Beispiele zu finden, wird in bedeutender Weise durch die Tatsache erhöht, daß Erwachsene Jahre damit zugebracht haben, die Dinge, die sie sehen, zu identifizieren, zu klassifizieren und zu sortieren. Daher sind Situationen entsprechend selten, in denen ein Erwachsener etwas sieht, ohne daß er bestimmte Überzeugungen bezüglich dessen hat, was er sieht, egal wie primitiv diese sein mögen. Trotzdem lassen sich Beispiele finden. Wie überzeugend diese jedoch sind, wird in gewis-

ßen, daß die Versuchspersonen sich *tatsächlich* verschiedene farbige Formen vorstellten und diese anstatt die Formen beschrieben, die sie auf der Wand sahen.

sem Maß von der Erfahrung des Lesers abhängen. Man muß aber immer im Kopf behalten, daß ich eine logische und keine *psychologische* Unabhängigkeit begründen möchte. Es mag sein, daß erwachsene Menschen aufgrund ihrer vergangenen Erfahrung unter keinen Bedingungen einen Kerzenhalter sehen können, ohne zumindest zu glauben, daß sie ein visuelles Bewußtsein von etwas haben. Aber diese Tatsache, wenn es denn eine ist (und ich glaube nicht, daß es eine ist), würde keinesfalls zeigen, daß es logisch inkonsistent wäre, von jemandem zu sagen, er habe einen Kerzenhalter gesehen, ohne zu glauben, daß er ein visuelles Bewußtsein von irgend etwas habe. Sie würde nicht zeigen, daß das Sehen eines Kerzenhalters bedeutungsmäßig impliziert, daß der Wahrnehmende etwas von dieser Art glaubt. Wenn ich Ihnen beweisen könnte, daß kein erwachsener Mensch sich dem Angriff eines zornigen Löwen ausgesetzt sehen kann, ohne daß sich seine Pulsfrequenz bedeutend verändert, dann würde ich Ihnen etwas über die Ausstattung von erwachsenen Menschen gezeigt haben, aber ich würde Ihnen nichts bezüglich dessen gezeigt haben, was wir meinen mit »uns dem Angriff eines zornigen Löwen ausgesetzt sehen«. Ich werde nun versuchen, Ihnen zu sagen – natürlich nur auf negative Weise –, was wir meinen, wenn wir von einem wahrnehmenden Wesen sagen, daß es einen Kerzenhalter gesehen hat. [...]

Es gibt gewiß andere Weisen, Dinge zu sehen, Weisen, die einen positiven Überzeugungsinhalt haben. *S* kann nicht sehen, daß die Lichter an sind, ohne zu glauben, daß die Lichter an sind. Man kann auch nicht sehen, wie eine Person gekleidet ist, wohin sie geht, was sie tut, ob sie sich verstellt oder wer sie ist, ohne (dadurch) eine bestimmte Überzeugung bezüglich des Gesehenen zu haben. Wenn man sieht, was eine Person tut, daß sie z. B. ein Kunststück macht, dann folgt daraus, daß man weiß, daß das, was sie tut, ein Kunststück ist. Aber das sind Dinge für spätere Kapitel. Die Weise des Sehens, die jetzt in Frage steht, muß sorgfältig von diesen anderen Leistungen unterschieden werden: auf die fragliche Weise des Sehens kann man sehen, wie ein Mann ein Kunststück macht, ohne sagen zu können, was der Mann tut oder ob es überhaupt ein Mann ist.[4] [...]

4 Warnock illustriert dieselbe oder eine eng verwandte Unterscheidung durch den Kontrast zwischen dem Sehen, daß der Läufer von Weiß eine gefährliche Blöße hat, und dem Sehen des eine gefährliche Blöße habenden Läufers (»Seeing«, in: *Aristotelian Society Proceedings*, Bd. 4, S. 214). In diesem hervorragenden Aufsatz unterscheidet Warnock eine Weise des Sehens, die derjenigen, die in diesem Kapitel besprochen wird, sehr nahesteht, wenn sie nicht mit ihr identisch ist, und ich werde mich in den folgenden Abschnitten häufig auf seine Diskussion berufen. Vgl. auch Roderick Chis-

Manchmal wird behauptet, obwohl diese Behauptungen keineswegs eindeutig sind, daß es *keine* Weise des Sehens von der Art gibt, die ich gerade beschrieben habe. D.W. Hamlyn zum Beispiel bindet Sehen an Identifikation: »Jeder, der Gegenstände sehen kann, *muß* in der Lage sein, sie in einer bestimmten Anzahl von Situationen zu identifizieren. Andernfalls sollten wir seine Behauptung, daß er überhaupt Gegenstände sieht, nicht akzeptieren.«[5] Oder an anderer Stelle:

Wenn wir sagen, daß jemand etwas sieht, unterstellen wir nicht nur, daß er bestimmte Erlebnisse hat (auch wenn wir solche Erlebnisse voraussetzen). Wir unterstellen ebenfalls, daß er etwas über den Gegenstand weiß und wir geben die Quelle seines Wissens an (d. h. den Gebrauch seiner Sinne).[6]

Wenn das heißen soll, daß man keine Katze sehen kann, ohne zu glauben oder zu wissen, daß es eine Katze ist, dann ist es einfach falsch. Aber es ist nicht völlig klar, daß Hamlyn das meint; vielleicht muß man nur irgend etwas über die Katze wissen, z. B. daß sie ein Lebewesen ist oder etwas, das einen Pelz trägt. Das würde ich selbstverständlich bestreiten. Oder es könnte sein, daß Hamlyns Behauptung nicht so interpretiert werden sollte, daß wir keine Katze sehen können, ohne irgend etwas über sie zu wissen, sondern daß, wenn wir von jemandem *sagen*, er habe eine Katze gesehen, wir unterstellen, daß diese Person etwas über die Katze weiß.[7] Ich werde diese Möglichkeit in Abschnitt 3 dieses Kapitels diskutieren. D. M. Armstrong vertritt einen ähnlichen Standpunkt: »... Daher scheint es, daß, wann immer wir von der Wahrnehmung von Dingen in unserer Umgebung oder von der Wahrnehmung ihrer Merkmale sprechen, wir auch von einem Wissenser-

holms Unterscheidung zwischen propositionalem und nicht-propositionalem Sehen in *Perceiving: A Philosophical Study*, Ithaca, N. Y., 1957. Meine Theorie unterscheidet sich jedoch merklich von der Chisholms und dieser Umstand wird zunehmend an Deutlichkeit gewinnen. In der jüngeren Vergangenheit hat J.F. Soltis in seinem Buch *Seeing, Knowing and Believing*, London 1966, eine Weise des Sehens, »schlichtes Sehen«, isoliert, die er dadurch definiert, daß sie »keine Implikationen bezüglich der Wahrheit oder Falschheit von durch den Beobachter erworbenen Überzeugungen hat«, S. 65.

5 David W. Hamlyn, *The Psychology of Perception*, London 1957, S. 71.

6 Ebenda S. 110.

7 In einem späteren Buch gesteht Hamlyn zu, daß es einen Sinn des Verbs »sehen« gibt, nach dem jemand etwas sehen könnte, ohne es zu identifizieren. Aber er fügt hinzu, daß dieser Gebrauch abgleitet ist: »... in jenem primären Gebrauch müssen Wahrnehmung und Identifikation Hand in Hand gehen«; David W. Hamlyn, *Sensations and Perception: A History of the Philosophy of Perception*, New York 1961, S. 195-6. Ich werde dafür argumentieren, daß dieser Gebrauch des Verbs grundlegend ist, obwohl er, erkenntnistheoretisch betrachtet, von sehr geringer unmittelbarer Bedeutung ist.

werb von Tatsachen bezüglich dieser Dinge sprechen können.«[8] Der Gebrauch des Verbs »wahrnehmen« trägt dazu bei, das Problem hier zu verdunkeln, aber noch mal, wenn das heißt, daß wir einen Gegenstand nicht sehen können, ohne etwas über ihn zu wissen, ohne irgendwelche wahren Überzeugungen über ihn zu erwerben, dann halte ich es einfach für falsch. Gewiß erwartet man von uns, daß wir etwas über die Dinge erfahren, die wir sehen, und in der großen Mehrheit der Fälle erfahren wir vielleicht tatsächlich etwas. Aber wenn wir es nicht täten, würde nicht folgen, daß wir nichts gesehen hätten. Vollkommene Unwissenheit ist keine hinreichende Bedingung für völlige Blindheit. [...]

Sehen$_n$

Wenn wir das tiefgestellte »*n*« dazu verwenden, eine Weise des Sehens zu bezeichnen, die die negative Bedingung erfüllt, die wir im letzten Abschnitt angegeben haben, dann besteht unsere Aufgabe nun darin, eine positive Charakterisierung des Sehens$_n$ zu geben. Es ist natürlich möglich, daß das Sehen$_n$ in verschiedenen Arten von Leistungen besteht, je nachdem, was gesehen wird und je nach den Bedingungen, unter denen es gesehen wird. Wenn das so ist, wäre das tiefgestellte »*n*« irreführend, weil es einen einzigen und einheitlichen Sinn des Verbs nahelegt. Ich hoffe jedoch zu zeigen, daß wir es nur mit einer einzigen Art von Situation zu tun haben. [...].

Kommen wir also zur positiven Charakterisierung des Sehens$_n$. Wenn dieser Sachverhalt keinen Überzeugungsinhalt hat, was für einen Inhalt hat er dann? Aus meinen Beispielen geht bereits eine Antwort auf diese Frage hervor. Ich werde sie in die Form einer Äquivalenzbeziehung fassen und dann erklären, wie die rechte Seite dieser Äquivalenz zu verstehen ist. Die Tatsache, daß solche Erklärungen erforderlich sind, reicht aus, um den Definitionscharakter dieser Äquivalenz als falsch zu erweisen, d. h. ich nehme nicht an, daß irgend jemand die Bedeutung oder eine der Bedeutungen des Verbs »sehen« lernen wird, indem er sich diese Äquivalenz anschaut. Aber ich beabsichtige auch nicht jemanden zu lehren, was dieser Ausdruck bedeutet. Meine Hoffnung geht dahin, daß der Leser schon hinreichend mit der Art und Weise des Gebrauchs dieses Verbs vertraut ist, um anhand der Äquivalenz und der nachfolgenden Erläuterung zu entscheiden, ob ich einen

8 David M. Armstrong, *Perception and the Physical World*, London 1961, S. 108.

alternativen (und hoffentlich analytischeren) Ausdruck der Bedeutung dieses Verbs gegeben habe.

S sieht$_n$ *D* = *D* wird von *S* von seiner unmittelbaren Umgebung visuell unterschieden

Der Ausdruck »visuell unterschieden« soll Verschiedenes bedeuten. Am wichtigsten ist, daß *S*s Unterscheidung von *D* dadurch konstituiert wird, daß *D* für *S* *auf eine bestimmte Weise aussieht* und daß es außerdem anders als die unmittelbare Umgebung aussieht. Ich möchte die hervorstechenden Merkmale der Reihe nach angeben:

(1.) Der Ausdruck »visuell« in dieser Äquivalenz soll nur eines bedeuten: daß *S*s Unterscheidung von *D* mit visuellen Mitteln geschieht, dadurch daß *D* für *S* auf eine bestimmte Weise aussieht, anstatt daß *D* für *S* auf eine bestimmte Weise schmeckt oder sich anfühlt.

(2.) Wenn ich sage, daß *D* für *S* auf eine bestimmte Weise aussieht, möchte ich nicht so verstanden werden, daß im Hinblick auf ein Merkmal *M D* für *S so aussieht, als ob* es (oder etwas) *M* wäre. Die Phrase »sieht aus, als ob es wäre« bedeutet üblicherweise, daß der Wahrnehmende glaubt oder geneigt ist zu glauben, oder bereit ist anzunehmen, daß das Gesehene von einer bestimmten Art ist oder eine bestimmte Eigenschaft hat. Das heißt, sie impliziert etwas bezüglich der Glaubenseinstellung des Wahrnehmenden, und ich möchte die Konstruktion »*D* sieht für *S* auf eine bestimmte Weise aus« von dieser Implikation freihalten. *D* kann für *S* auf eine bestimmte Weise aussehen, ohne daß es für *S* so aussieht, als ob es *M* wäre (für ein beliebiges *M*).

Wenn wir von *S* sagen, daß *D* für es wie das und das aussieht, ist die Unterstellung auf ähnliche Weise unvermeidbar, daß *S* glaubt, daß etwas in bestimmten Hinsichten so aussieht, wie das und das in der Regel (oder manchmal) für *S* aussieht. Auch hier möchte ich meinen Gebrauch des Ausdrucks »aussehen« von dieser Implikation freihalten. So wie ich diese Konstruktion gebrauche, setzt das Aussehen von *D* für *S* ein wahrnehmendes Wesen (*S*) voraus, das mit einem geeigneten visuellen Apparat ausgestattet ist – um eine Redeweise der Psychologen zu verwenden –, aufgrund dessen *D* einen Teil von *S*s visuellem Feld einnimmt. Die Konstruktion impliziert nichts darüber, ob *S D bemerkt*, ob er *D* für etwas Bestimmtes hält oder zu halten geneigt ist oder ob er seine visuelle Erfahrung auf irgendeine Weise ausnutzt. Es handelt sich um einen Sinn von »sehen«, in dem man von *S* sagen könnte »Er hat *D* nicht bemerkt, aber nach den Umständen zu urteilen, in denen er sich befand, und der Richtung nach, in die er schaute, *sah D* wahrscheinlich *auf eine bestimmte Weise* für ihn aus. Es ist genau der Sinn des Verbs, den wir gebrauchen können, um die Überzeugung auszudrücken, daß, obwohl *S* leugnet, *D* gesehen zu haben, obwohl er leugnet, daß er irgend etwas gesehen hat, das plausiblerweise mit *D* identifiziert werden könnte, *D* doch auf bestimmte Weise für ihn ausgesehen haben muß.«[9]

Es ist immer schwierig, eine Zirkularität an dieser Stelle der Erläuterung zu vermeiden. Ich habe so gut wie keinen Zweifel daran, daß der Leser mit dem relevanten Gebrauch des Verbs »sehen« vertrauter ist als mit dem Gebrauch der Ausdrücke, mit denen ich seinen Sinn klären möchte. Trotzdem will ich noch einen kurzen zusätzlichen Versuch machen, das, was ich meine, zu präzisieren. Um ein Beispiel der zuvor erwähnten Art zu verwenden, nehmen wir an, daß *S* 33 verschiedene Dinge (Sterne, die Lichter auf einem Kronleuchter, Buchstaben auf einer Seite, Menschen in einer Menge) entweder zugleich oder in schneller Folge sieht. Er sieht sie nur für einen kurzen Augenblick, aber aufgrund von *S*s räumlicher Stellung und der Anordnung der Elemente ist es klar, daß er *alle* gesehen hat. *S* selbst wird bezeugen, daß er »viele« gesehen hat, aber da er sie nur so kurz gesehen hat, ist er unsicher, wie viele es waren. Wir können nun 33 logisch verschiedene wahre Aussagen darüber machen, was *S* gesehen hat – eine für jedes der 33 verschiedenen Elemente. Jede dieser Aussagen könnte falsch und die restlichen 32 wahr sein. Welche Unterscheidung in *S*s visueller Erfahrung auch immer für die Wahrheit dieser 33 verschiedenen Aussagen verantwortlich ist, so müssen wir, meine ich, doch zugeben, daß unter den beschriebenen Umständen diese Art von Unterscheidung nicht seine Überzeugungen betrifft. Weder glaubt er, daß er 33 verschiedene Dinge gesehen hat, noch ist die Annahme plausibel, daß er 33 verschiedene Überzeugungen erworben hat, eine für jedes der verschiedenen gesehenen Elemente. Wir scheinen also zu dem Schluß kommen zu müssen, daß die Unterscheidung in *S*s visueller Erfahrung, die Unterscheidung, die für die unabhängige Wahrheit dieser 33 verschiedenen Aussagen verantwortlich ist, in einem bestimmten Aspekt dieser Erfahrung bestehen muß, d. h. in etwas anderem als *S*s begleitenden Überzeugungen (falls er überhaupt solche hat). Worauf ich mich beziehe mit »das Aussehen des ersten Elements für *S*«, »das

9 Für eine Diskussion von einigen der gerade erwähnten Unterscheidungen siehe George E. Moores »Visual Sense Data« und Veseys »Seeing and Seeing As«, beide wiederabgedruckt in *Perceiving, Sensing, and Knowing*, hg. v. R. J. Swartz, New York 1965.

Aussehen des zweiten Elements für *S*«, etc., ist genau dieses unterscheidende Merkmal seiner Erfahrung, diese verschiedenen Sachverhalte, die unabhängig davon, was *S* gerade glaubt, die Grundlage in der visuellen Erfahrung von *S* für die gegenseitige Unabhängigkeit jener 33 wahren Aussagen sind, die wir darüber machen können, was er sieht.

(3.) Ein weiterer Punkt bezüglich der Konstruktion »*D* sieht für *S* auf eine bestimmte Weise aus«: Ich möchte diesen Satz so verstanden wissen, daß *D* kein physischer Gegenstand sein *muß*, der Licht reflektiert, welches die Sehsinneszellen von *S* reizt. Ich möchte den Bereich von »*D*«, d. h. die Arten von Dingen, die für *S* auf irgendeine Weise aussehen können, nicht durch eine technische Charakterisierung dessen beschränken, was es für einen Gegenstand bedeutet, daß er für jemanden auf eine bestimmte Weise aussieht. Zugegeben, wenn wir einen Traktor oder eine Wolke sehen, dann sehen diese Dinge auf eine bestimmte Weise für uns aus. Ich meine aber, daß es auch klar ist, daß ein Nachbild, ein Element in einer Luftspiegelung oder ein Element in einer Halluzination auf eine bestimmte Weise aussieht – und zwar im Sinne dieses Ausdrucks, der jetzt in Frage steht – für die Person, die diese Erlebnisse hat. Wenn wir die Natur unserer visuellen Erfahrung erkennen, wenn wir z. B. wissen, daß wir ein Nachbild erleben, dann sind wir natürlich nicht geneigt zu *sagen*, daß es purpurrot aussieht. Vielmehr wären wir geneigt zu sagen, wenn wir irgend etwas über seine Farbe sagen würden, daß sie purpurrot sei. Aber das bedeutet nicht, daß sie nicht auf eine bestimmte Weise für uns aussieht. Wenn ich weiß, daß der Mann vor mir Harold ist, werde ich wahrscheinlich nicht sagen, daß er wie Harold aussieht; und wenn ich weiß, daß ich ein Nachbild erlebe, werde ich wahrscheinlich nicht sagen, daß es wie ein Nachbild aussieht. Aber wenn ich fälschlicherweise glaube, daß ich einen Fleck auf der Wand sehe, dann ist nichts Außergewöhnliches daran, wenn ich *von dem* Nachbild sage, daß es purpurrot oder wie ein Nachbild aussieht. Wenn ich nicht erkenne, daß der Mann vor mir Harold ist, dann ist es ebenfalls nicht unpassend, wenn ich von ihm sage, daß er wie Harold aussieht. Was wir über die Weise, wie die Dinge für uns aussehen, sagen oder angemessen (oder nicht irreführend) zu sagen finden, ist zum Teil eine Funktion dessen, was wir oder unsere Zuhörer über diese Dinge glauben. Aber was für uns auf eine bestimmte Weise aussieht, und die besondere Weise des Aussehens, ist nicht im selben Sinn eine Funktion unserer Überzeugungen.[10] Ich

10 H. Paul Grice bietet eine ausgezeichnete Diskussion des Zusammenhangs zwischen dem Sagen, daß etwas so und so aussieht, und der Art von Kontextbedingung (Zweifel

werde die Frage nach dem Sehen von Nachbildern, Druckphosphenen, halluzinierten Drachen und Luftspiegelungen etwas später in diesem Kapitel behandeln. Im Augenblick genügt es zu sagen, daß die Weise, in der ich die Wendung »sieht auf bestimmte Weise aus« gebrauche, weitgehend neutral ist im Hinblick auf die Art von Gegenstand, der auf eine bestimmte Weise aussieht. Es braucht kein physikalischer Gegenstand zu sein. Es muß nicht etwas sein, das auch auf eine bestimmte Weise für eine andere Person aussehen könnte. Es könnte ein Nachbild sein, ein Schatten oder ein Ballspiel.[11]

(4.) Der Ausdruck »unterschieden« soll eine bestimmte Weise bezeichnen, auf die *D* für *S* aussehen muß, damit es wahr ist, daß *S D* sieht$_n$. Vielleicht kann ich den Sinn dieses Attributs an verschiedenen Beispielen klarmachen. Angenommen, wir befestigen ein Stück beiges Papier an einer beigefarbenen Wand und verdunkeln das Licht, bis das Papier als ein unterschiedsloser Teil der Wand erscheint. *Sieht* man unter diesen Umständen das Stück Papier noch? Oder nehmen wir neun Würfel und ordnen sie in der Form eines Quadrats an (siehe die Abbildung). Verdunkeln wir wieder das Licht oder gehen wir eine hinreichend große Strecke zurück, so daß die Gesamtheit von Blöcken als eine einheitliche Masse ohne unterscheidbare Teile erscheint (d. h. als ein Quadrat). Kann man unter diesen Umständen den Würfel Nr. 5 sehen? Obwohl der Würfel Nr. 5 einen positiven Beitrag dazu leistet, wie das »Quadrat« aussieht, in dem Sinne, daß ohne ihn das Quadrat

oder Unglaube), unter der es gesagt wird (»The Causal Theory of Perception«, wiederabgedruckt in: *Perceiving, Sensing, and Knowing*). Übrigens leugne ich nicht, daß unsere Überzeugungen einen Einfluß darauf haben können, wie die Dinge für uns aussehen, selbst in dem Sinn, in dem ich diesen Ausdruck verwende. Man könnte solche Phänomene wie Größen- und Formkonstanz anführen wollen als Beispiele für Situationen, in denen die Überzeugungen des Wahrnehmenden eine Rolle für die Weise spielen, in der »die Dinge für ihn aussehen«. Es mag sogar sein, daß die Überzeugungen einer Person dafür verantwortlich sind, daß ein Gegenstand nicht länger überhaupt auf irgendeine Weise für sie aussieht (und noch viel weniger auf eine bestimmte Weise). Nichts von dem, was ich bis hierher gesagt habe, zwingt mich dazu, diese Tatsachen zu leugnen – falls es sich wirklich um Tatsachen handelt.

11 Chisholm (*Perceiving*, S. 149-50) definiert den nicht-propositionalen Sinn von »sehen« – ein Sinn, der meinem Sehen$_n$ nahekommt – auf folgende Weise: *S* nimmt *x* wahr bedeutet, daß *x* für *S* auf eine bestimmte Weise erscheint. Das sieht meiner eigenen Charakterisierung täuschend ähnlich, zumindest soweit ich sie ausgeführt habe. Chisholm vertritt jedoch einen ganz technischen Sinn von »erscheinen« (siehe pp. 143-148), gemäß dem, wenn ich ihn richtig verstehe, man keine vollkommen schwarzen Schatten oder Nachbilder wahrnehmen kann, da von ihnen kein Licht ausgeht, das die Sinneszellen des Wahrnehmenden reizt. Reflektiert ein Autounfall (im Gegensatz zu den zusammenstoßenden Autos) Licht auf die Sehsinneszellen? Ich werde später in diesem Kapitel jeden Versuch einer kausalen Analyse des Sehens$_n$ verwerfen.

mit einem Loch in der Mitte erscheinen würde und in dem Sinn, daß das Licht von Nr. 5 die Sehsinneszellen des Betrachters reizt, würde ich nicht so weit gehen zu sagen, daß man den Würfel Nr. 5 sehen könnte.

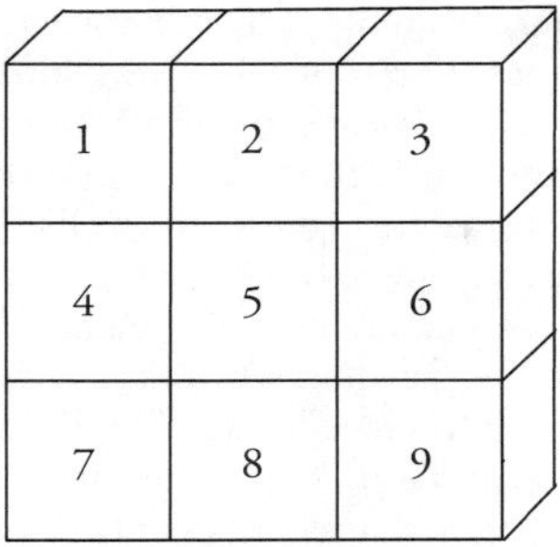

1 2 3
4 5 6
7 8 9

In einem bestimmten Sinn sieht der Würfel Nr. 5 auf eine bestimmte Weise aus. Man könnte sagen, daß er als ununterschiedener Teil (als der Teil in der Mitte) des Quadrats erscheint, das man sieht. Aber wenn man das als eine Weise einräumt, in der einem etwas erscheinen kann, als eine Weise, auf die etwas aussehen kann, dann glaube ich nicht, daß die Tatsache, daß etwas auf eine bestimmte Weise aussieht, hinreichend dafür ist, daß man es sieht. Es muß, wenn es wirklich ein unterschiedener Teil des Gesehenen ist, einem als ein mehr oder weniger unterschiedener Teil erscheinen.

Wenn wir es mit Oberflächen und Teilen von Oberflächen zu tun haben, ergibt sich jedoch eine kleine Komplikation. Angenommen, *S* läßt seine Augen über die gesamte Wandoberfläche gleiten. Nachdem er das getan hat, fragt ihn jemand, ob er »diesen Teil der Wand« gesehen hat, und zeigt auf einen geeigneten Abschnitt der Wand – z. B. auf die linke Seite, die Mitte oder auf einen dreieckigen Abschnitt (den er umrandet). Ich glaube, daß die Antwort auf diese Frage natürlicherweise bejahend sein könnte, selbst wenn zu der Zeit, zu der *S* die Wand gesehen hat, er diesen besonderen Abschnitt der Wand nicht vom Rest der Wandoberfläche visuell unterschieden hat. Er konnte ihn natürlich auch nicht unterscheiden, weil es zu der Zeit, als er auf die Wand geschaut hatte, nichts zu unterscheiden gab. Es gab nichts, das den dreieckigen Wandabschnitt auszeichnete, nichts, was ihm eine Identität gab, nichts, was ihn von den tausenden beliebigen anderen Formen und Abschnitten abhob, die wir nacheinander auf der

Wandoberfläche beschreiben können. In solchen Fällen wie diesem können wir, glaube ich, sagen, daß *S* diesen (dreieckigen) Wandabschnitt sah$_n$, und zwar einfach aufgrund dessen, daß *dieser Teil der Wand* für ihn auf eine bestimmte Weise ausgesehen hat, als er auf die Wand schaute. Unterscheidung ist nicht notwendig, wenn die Individualität des Gesehenen *einzig* auf solchen willkürlichen Operationen des Umrandens oder *ausschließlich* auf seiner relativen räumlichen Stellung und Anordnung beruht. Ich möchte darauf aufmerksam machen, daß diese besondere Eigenart einer Oberfläche und der Teile einer Oberfläche uns gestattet, von unserem »Quadrat« (von der Gesamtheit der neun oben erwähnten Würfel) zu sagen, daß der Wahrnehmende die Mitte des Quadrats sehen$_n$ kann. Und sofern »die Mitte des Quadrats« mit der *Vorderseite von Würfel Nr.* 5 in Übereinstimmung gebracht werden kann, kann man sagen, daß der Wahrnehmende die *Vorderseite* von Würfel Nr. 5 sieht$_n$. Tatsächlich kann er aus demselben Grund die Vorderseite aller neun Würfel sehen$_n$. Wir können von ihm sagen, daß er die Vorderseite von Nr. 5 sieht$_n$, weil das, was er, ohne (die Mitte der Oberfläche des Quadrats) zu unterscheiden, sehen$_n$ kann, unter diesen Umständen mit der Vorderseite von Nr. 5 zusammenfällt – was unter anderen Umständen nicht ohne ein Element von Unterscheidung gesehen$_n$ werden könnte. Nichts von all diesem impliziert jedoch, daß er den Würfel Nr. 5 unter diesen Bedingungen sehen kann; denn weder unterscheidet er Würfel Nr. 5 visuell, noch kann er irgend etwas ohne Unterscheidung (z. B. verschiedene Oberflächenabschnitte des Quadrats) sehen$_n$, was mit *dem Würfel* identifiziert werden könnte.

Abgesehen von diesen Besonderheiten ist die Klausel bezüglich der Unterscheidung im allgemeinen gültig. Angenommen, ein Astronaut schaut von seinem die Erde umkreisenden Satelliten herab und der Teil der Erde unter ihm sieht einheitlich grün aus. Er weiß, daß sich irgendwo unter ihm ein Hügel befindet, aber es gibt kein unterscheidendes Muster in der Landschaft. Sieht er den Hügel? Ich habe den Eindruck, daß man die Dinge ein wenig zu sehr dehnt, wenn man darauf besteht, daß er ihn sehen muß, da, wenn der Hügel dort unten ist (wo er hinschaut), er ihm auf eine bestimmte Weise erscheinen muß – zumindest wird Licht vom Hügel auf seine Sehsinneszellen reflektiert. In diesem Sinn erscheint ihm wohl der Hügel auf eine bestimmte Weise, aber er erscheint ihm so, daß er genauso aussieht wie seine Umgebung. Die Frage ist wohlgemerkt *nicht*, ob der Hügel ihm hinreichend unterschieden erscheint oder hinreichend individualisiert, um ihm oder jemand anderem zu gestatten, ihn als einen Hügel zu *identifizieren*. Das würde davon abhängen, wie gut unser Astronaut solche Dinge im allgemeinen identifizieren könnte. Ich frage im Gegenteil nach einer primitiveren Weise, den Hügel zu sehen, eine Weise, im Hinblick auf die es immer noch stimmte, daß er einen Hügel gesehen hat, obwohl er das Gesehene nicht als Hügel identifizierte. Ich glaube, daß wir unter den geschilderten Umständen sagen müssen, daß er den Hügel nicht sehen (sehen$_n$) konnte. Wenn die Sonne genau im Zenit steht und es keine Schatten gibt, kann man den Hügel nicht sehen. Es gibt keinen Kontrast, nichts, was ihn als ein isolierbares Element in der Landschaft hervorheben würde. Man sieht die Erde und der fragliche Hügel ist jener Teil der Erde, den man sieht, aber man sieht den Hügel nicht. Aus dieser Entfernung und unter diesen Umständen sind die gewöhnlichen Orientierungsmarken *unsichtbar*. [...]

(5.) Schließlich kann die Fähigkeit, *D* von seinem unmittelbaren Hintergrund zu unterscheiden, durch die Anschaffung einer Brille, durch den Gebrauch von Vergrößerungsgeräten oder durch eine operative Augenkorrektur verbessert werden. Die erfolgreiche Ausübung dieser Fähigkeit ist abhängig von ausreichender Beleuchtung, der Abwesenheit von Hindernissen, der Kopfstellung, etc. Das sind die Arten von Umständen, die bekanntermaßen die Fähigkeit zur visuellen Unterscheidung und (auf dem Hintergrund dieser Fähigkeit) die wirkliche Unterscheidungsleistung beeinflussen. Augenbinden sind wirkungsvolle Mittel, um die freie Ausübung dieser Fähigkeit zu verhindern, und ein massiver Eingriff in das Nervensystem oder in die Sehsinneszellen kann den Verlust der Fähigkeit zur Folge haben. Der Witz dieser scheinbar ungezielten Bemerkungen besteht darin, noch einmal die Tatsache zu betonen, daß visuelle Unterscheidung, so wie ich diesen Ausdruck verwende, eine präintellektuelle, prädiskursive Art von Fähigkeit ist, die einer breiten Vielfalt von Lebewesen zukommt. Sie ist eine Anlage, die weitgehend immun gegenüber den Launen unseres Verstandeslebens ist. Welche Urteile, Interpretationen, Überzeugungen, Schlüsse, Erwartungen, Anflüge von Bedauern, Erinnerungen oder Gedanken durch die visuelle Unterscheidung von *D* auch angeregt werden, so ist doch die visuelle Unterscheidung von *D* selbst ganz unabhängig von diesen Begleiterscheinungen. Sie kann mit ihnen oder ohne sie stattfinden (oder besser mit oder ohne jede einzelne davon), obwohl es bei Menschen in der Tat außergewöhnlich wäre, wenn sie ohne solche Begleiter auftreten würde. Das ist aber nur eine andere Art und Weise, die Tatsache hervorzuheben, daß visuelle

Unterscheidung etwas ist, das keinen positiven Überzeugungsinhalt hat. Wir würden gewiß in einer sehr andersartigen Welt leben, wenn niemand je aufgrund des $Sehens_n$ von Dingen dazu angeregt werden würde, etwas Bestimmtes zu glauben, wenn nichts jemals auf *andere* Weise gesehen werden würde als auf die grundlegende Weise, die ich gerade beschrieben habe. Aber einer der Unterschiede würde gerade nicht darin bestehen, daß niemand etwas sähe in dieser anderen Welt. Die folgenden Kapitel haben nahezu ausschließlich die Weise zum Gegenstand, auf die diese fundamentale visuelle Anlage mit unserer Fähigkeit verknüpft ist, Überzeugungen, wahre Überzeugungen und, vor allem, Wissen über die Welt um uns herum zu erwerben. Sie befassen sich mit der Weise, auf die diese primitive visuelle Leistung, nämlich die visuelle Unterscheidung von etwas, in eine höherstufige epistemische Leistung verwandelt werden kann. Bevor wir jedoch auf diese Dinge eingehen können, müssen wir den Wahrnehmungssachverhalt, den wir bereits isoliert haben, das $Sehen_n$, fest im Blick behalten.

Ich habe fünf hervorstechende Merkmale der visuellen Unterscheidung angeführt. Sie stellen wesentliche Beschränkungen und Präzisierungen der Weise dar, auf die die rechte Seite der obenstehenden Äquivalenz verstanden werden soll. Die Äquivalenz selbst ist nicht präziser als die Erklärungen, die in diesen fünf Kommentaren enthalten sind. Ich habe hier versucht, eine positive Beschreibung eines Wahrnehmungssachverhalts zu geben, der keinen positiven Überzeugungsinhalt hat. Nachdem ich das getan habe, kann der Leser nun das tiefgestellte »*n*« als ein Zeichen für eine Weise des Sehens interpretieren, die in ihren positiven und negativen Aspekten die gerade gegebene Beschreibung erfüllt. Das »*n*« soll nahelegen, daß diese Weise des Sehens *nicht-epistemischer* Natur ist. Damit meine ich, daß der Sachverhalt, der beschrieben wird, wenn man sagt, daß *S D* $sieht_n$, ein Sachverhalt ist, dessen Verwirklichung nicht davon abhängt, daß *S* etwas Bestimmtes weiß, sei es über *D* oder über etwas anderes. Dieser nicht-epistemische Charakter des Sehens ist eine Folge der Tatsache, daß dieses Sehen keinen positiven Überzeugungsinhalt hat. Denn als Bedingung dafür, daß *S P* weiß (wobei »*P*« ein wahrer oder falscher Satz ist), unterstelle ich, daß *S* die Wahrheit von *P* annimmt. Wenn *S* nichts Bestimmtes glauben muß, um *D* zu $sehen_n$, muß er folglich auch nichts Bestimmtes wissen, um *D* zu $sehen_n$.[12]

Übrigens kann es der Fall sein, daß, wenn *S D* $sieht_n$, es eine be-

12 Selbstverständlich gibt es etwas, was er *nicht* wissen kann, wenn er *D* $sieht_n$: nämlich daß er nichts $sieht_n$.

stimmte Art von Überzeugung gibt, die *S* hat (z. B. daß etwas für ihn im Augenblick so und so aussieht), im Hinblick auf welche es schwierig ist anzunehmen, daß *S* sich täuschen könnte. Ich möchte diese Ansicht nicht bestreiten. Ich möchte nur sagen, daß das Haben dieser Überzeugungen nicht wesentlich dafür ist, daß er diese Dinge sieht, wie unzweifelhaft auch immer die Überzeugungen sein mögen, die *S* tatsächlich über die Dinge hat, die er sieht. Daher ist das Sehen von *D* immer noch nicht-epistemisch in meinem Sinn, auch wenn wir annehmen, daß eine bestimmte Menge von Überzeugungen, die mit dem Sehen von *D* verbunden sind, unkorrigierbar ist. Denn es ist immer noch nicht *notwendig*, daß man das glaubt, was zugegebenermaßen ohne einen möglichen Irrtum geglaubt werden würde, wenn man es wirklich glaubte. [...]

Konklusion

Man hört gelegentlich, daß, wenn man von einem gegebenen Wahrnehmungsakt alle Beimischungen, die auf vergangene Erfahrung zurückgehen, alle Nebeninformation, alle Erwartungen, interpretativen und inferentiellen Elemente und jegliche gewohnheitsmäßigen oder konditionierten Assoziationen abstreift, ein »reiner sinnlicher Kern« übrigbleibt – das *sinnlich Gegebene.* Solche »Operationen des Abstreifens« werden von ihren Befürwortern sehr ernst genommen. Wir sehen zu Beginn eine rundliche saftige Tomate und hören am Ende, daß das wirklich *Gegebene* ein gewölbter roter Fleck ist, den man überhaupt nicht essen kann. In diesem Kapitel habe ich zu zeigen versucht, daß wir rundliche, saftige Tomaten auf eine Weise sehen können, die, wenn wir die Operation des Abstreifens ausführen, als sinnlichen Kern oder als das unmittelbar Gegebene *genau dieselbe rundliche Tomate, von der wir ausgegangen sind*, übrigläßt. Wenn *S*, wie wir gemeinhin sagen, eine Tomate sieht, dann können wir ihm den Geist eines einjährigen Kindes verleihen, alle vergangene Erfahrung mit Tomaten wegnehmen, alle Überzeugungen bezüglich der Tomate abstreifen, ihm keine Schlußfolgerungen oder Interpretationen gestatten, ihm nichts geben, was aufgrund der Erfahrung selbst nicht unbezweifelbar ist und übrig bleibt ein einfacher Rest: *S*s Sehen einer Tomate. Die Tomate *ist* der sinnliche Kern, das unmittelbar Gegebene, wenn diese Ausdrücke bedeuten sollen, was *S* sieht, nachdem es von allen inferentiellen, interpretativen und diskursiven oder assoziativen Elementen gereinigt ist.

Das bedeutet – und es erscheint fast trivial, wenn es unverblümt gesagt wird –, daß das, was wir in dieser primitiven Weise des Sehens wahrnehmen, ausschließlich eine Funktion dessen ist, was es zu sehen gibt und was wir mit unserem visuellen Apparat und unter den gegebenen Umständen visuell unterscheiden können. Wenn die Feinheiten der Erkenntnistheorie für das, was wir sehen oder unmittelbar sehen, relevant sind, müssen sie auf andere Weisen des Sehens von Gegenständen und Ereignissen bezogen werden als die, die wir in diesem Kapitel untersucht haben. Solche traditionellen Gebiete philosophischer Spezialisierung wie Wissen, Gewißheit, Täuschung, das Unbezweifelbare oder Unkorrigierbare, Rechtfertigung, Gründe, Belege, etc. müssen (wenn sie überhaupt relevant sind) darauf bezogen werden, ob wir sehen können, wie etwas sich verhält, *welche* Eigenschaften es hat, *ob* es sich verändert, etc. Denn was wir auf diese zuletzt genannten Weisen sehen, scheint untrennbar mit einer Menge von neuen Variablen verbunden zu sein, von denen viele einen erkenntnistheoretischen Charakter haben, von denen unsere primitive Weise des Sehens aber nicht beeinflußt wird.

Trotzdem ist eine angemessene Einschätzung dieser primitiven Weise des Sehens absolut unerläßlich. Ohne sie läßt sich kein kohärentes Bild der Wahrnehmung im allgemeinen geben. Denn epistemische Weisen des Sehens, Weisen, die in den folgenden Kapiteln behandelt werden, haben alle ein Merkmal gemein, nämlich daß nichts auf diese Weisen gesehen werden kann, ohne eine wahre Überzeugung bezüglich des Gesehenen zu erwerben. Beispielsweise kann man nicht sehen, daß etwas ein Tisch ist, ohne zumindest zu glauben, daß es ein Tisch ist. Das zeigt, daß das, was wir auf *epistemische* Weise sehen, von all den Variablen beeinflußt werden kann, die unsere Überzeugungen beeinflussen können. Wenn die vergangene Erfahrung, die begrifflichen Kategorien, die Klassifikationsweisen und Assoziationsgewohnheiten einer Person überhaupt einen Einfluß darauf haben, was diese Person glaubt oder was sie in einer gegebenen Situation glauben wird, dann haben sie dadurch einen vergleichbaren Einfluß auf das, *was sie* auf epistemische Weise *sehen kann*. Das wiederum impliziert, daß das, *was man sieht* (epistemisch gesprochen), zu einem größeren oder geringeren Maß von solchen Faktoren abhängt. Wenn es keine nichtepistemische Weise des Sehens von Gegenständen und Ereignissen (Sehen$_n$) gäbe, würde man daher zu der Annahme verleitet, daß Menschen, die radikal verschiedene Überzeugungen haben oder die sich in bedeutender Weise in ihrer begrifflichen Ausrichtung unterscheiden, nicht dieselben Dinge sähen und in der Tat nicht sehen könnten. Der Experte und der Neuling, der Kultivierte und der Wilde würden, wenn sie auf denselben Gegenstand schauten, verschiedene Dinge sehen; und das ist nur ein Vorspiel zu der Ansicht, daß wir alle unsere *private* Wahrnehmungswelt haben.

Ich hoffe, daß die Diskussion in diesem Kapitel eine Antwort auf diese Art von Argument geliefert hat. Man kann freimütig die Relativität anerkennen, die in *anderen* Weisen des Sehens steckt, eine Relativität, die vom begrifflichen Hintergrund, der vergangenen Erfahrung und Besonderheiten der Assoziation des jeweiligen Wahrnehmenden abhängt, *ohne die Objektivität und Öffentlichkeit dessen, was wir sehen, zu untergraben.* Denn die Objektivität und Öffentlichkeit dieser Welt beruht auf der Tatsache, daß wir alle dieselben Dinge und Ereignisse $sehen_n$ können, und zwar *unabhängig* von unserem begrifflichen Hintergrund, unseren assoziativen Fähigkeiten, unserem schlußfolgernden Können oder unserer vergangenen Erfahrung. Wieviel wir uns auch voneinander darin unterscheiden mögen, welche *Tatsachen* wir im Hinblick auf diese Gegenstände und Ereignisse sehen können, so haben wir doch fast alle eine ähnliche Anlage, die Gegenstände und Ereignisse selbst zu sehen ($sehen_n$).

21. Das Extrahieren in der Wahrnehmung
James J. Gibson

Die Theorie der Entnahme von Information und die Folgerungen daraus

Die jahrhundertealte Lehre, daß zweidimensionale Netzhautbilder durch einen Prozeß, der sich Tiefenwahrnehmung nennt, in die dreidimensionale Realität zurückverwandelt würden, ist unhaltbar. Ebenso steht es mit der Doktrin, daß Größen- und Formkonstanz in der Wahrnehmung von Objekten durch Kriterien von Entfernung und Lage erbracht werden. Die tiefverwurzelte Meinung, daß das Netzhautbild ein stehendes Bild sei, wird abgelehnt.

Die Annahme, daß Reize aus der Umwelt die Außenwahrnehmung verursachen, ist zu simpel, um etwas zu erklären. Die eher wissenschaftliche Annahme, daß Wahrnehmungen über die Umwelt dann entstehen, wenn Empfindungsqualitäten durch Reize ausgelöst und von Erfahrungen vervollständigt werden, läßt sich ebensowenig halten. Nicht einmal die Annahme, daß eine Reizfolge durch das Gedächtnis in eine phänomenale Szene verwandelt wird, hilft weiter. Schon die Idee von Reizung als aus diskreten Einzelreizen charakteristisch zusammengesetzt, ist aufgegeben worden.

Die etablierte Theorie, daß Außen- und Eigenwahrnehmung dann entstehen, wenn exterozeptive Sinnesorgane und Propriorezeptoren gereizt werden, trifft auch nicht zu. Die Lehre von spezifischen Sinneskanälen und entsprechenden spezifischen Faserzügen im Nerven ist ganz aufgegeben worden.

Der Glaube der Empiristen, daß die Wahrnehmung von Bedeutung und der Wert von Dingen aus der vergangenen Erfahrung des Beobachters stammt, erbringt nichts. Fast noch schlimmer ist die Meinung der Nativisten, daß Bedeutung und Wert aus vergangener Stammeserfahrung oder angeborenen Ideen stammt. Die Theorie, daß Bedeutung an Erfahrung gebunden ist oder ihr überlagert wird, mußte zurückgewiesen werden.

Nicht einmal die gegenwärtige Theorie, daß die Eingänge von Sinneskanälen einer weiteren »kognitiven Verarbeitung« unterliegen, ist brauchbar. Eingänge werden dabei in Begriffen der Informationstheorie beschrieben, doch die Prozesse erklärt man in den Begriffen von althergebrachten geistigen Akten, wie Erkennen, Interpretieren, Schließen, Konzepte und Ideen bilden, Inhalte sammeln und Vergessen. Das alles sind immer noch die Operationen des Geistes über die Äußerungen der Sinne. Zu viele Ungereimtheiten stecken in dieser Theorie. Sie bringt nichts; man sollte diesen Ansatz aufgeben.

Welche Art von Theorie soll dann überhaupt geeignet sein, Wahrnehmung zu erklären? Nur eine solche, die auf der Entnahme (Extraktion; pick up) von Information beruht. Nun wollen wir zu dieser Theorie, wenn auch in ihrem noch unentwickelten Zustand, übergehen.

Womit sieht man die Welt?

Als menschliche Betrachter nehmen wir als selbstverständlich an, daß man die Umwelt mit den Augen sieht. Die Augen sind die Sinnesorgane für das Sehen, genauso wie die Ohren Hörorgane, die Nase ein Riechorgan, der Mund das Sinnesorgan für Schmecken und die Haut ein Organ für Berührung ist. Das Auge wird als Werkzeug des Geistes oder als Gehirnorgan angesehen. Wahr ist aber, daß sich ein jedes Auge in einem Kopf befindet, der wiederum auf einem Körper sitzt, der sich seinerseits auf Beine stützt, die die Stellung des Körpers, des Kopfes und der Augen relativ zum stützenden Untergrund festhalten. Sehen ist also ein ganzes Wahrnehmungssystem und nicht einfach ein Sinneskanal (Gibson, 1966b).[1] Man sieht die Umgebung nicht mit den Augen, sondern mit den Augen-im-Kopf-auf-einem-Körper-unterstützt-durch-den-Boden. Sehen hat seinen *Sitz* nicht im Körper, so wie man den Geist mit Sitz im Gehirn gedacht hat. Die Wahrnehmungsfähigkeiten des Organismus liegen nicht in konkreten, anatomischen Teilen des Körpers, sondern in Systemen mit ineinandergeschachtelten Funktionen.

Selbst wenn dem so ist, so könnte man doch entgegenhalten, daß man sicher mit den Augen *schaut* (look), auch wenn man nicht mit ihnen *sieht* (see). Nimmt man das Schauen mit den Augen für sich allein, dann ist es eher ein Hinschauen, nicht Herumschauen. Es ist das Durchmustern (scanning) eines Objekts, einer Druckseite oder eines Bildes. Man schaut auch mit dem Kopf, nicht nur mit den Augen, oder exakter ausgedrückt, mit dem Kopf-Auge-System, wie ich schon zu Beginn sagte.

1 James J. Gibson, *Die Sinne und der Prozeß der Wahrnehmung*, Bern 1973.

Die ausschließliche Beschäftigung mit Augenbewegungen auf Kosten der Kopfbewegungen ist einer der größten Irrtümer der Schnappschußtheorie des Sehens und geht mindestens ein Jahrhundert weit zurück. Helmholtz bestand in der *Physiologischen Optik* darauf, daß es das Bestreben des Sehens ist, verschiedenartige Objekte so genau wie möglich zu sehen oder Teile eines Objekts in Aufeinanderfolge. Das wird bewerkstelligt, indem man die Augen so ausrichtet, daß das Bild des vorgegebenen Dinges auf die Fovea einer jeden Netzhaut fällt. Die Steuerung der Augenbewegung ist völlig diesem Zweck untergeordnet; beide Augen stellen sich ein und akkomodieren zusammen, um diesem Licht zu gestatten, den Absorptionspunkt zu erreichen. Eine Augenbewegung, die nicht dem Erhalt eines scharfen Bildes eines Objekts dient, kann man nach ihm gar nicht durchführen.[2] Er nahm also an, daß Dinge und Teile von Dingen dasjenige sind, was wir wahrnehmen und daß diese auf Objekte im fixen Blickfeld begrenzt bleiben. Er würde über die Behauptung erstaunt sein, daß ein Mensch seine ganze Umgebung wahrnimmt, mitsamt der Umwelt hinter seinem Kopf, denn das ist ja nicht das »Bestreben des Sehens«.

Reizung und Reizinformation

Für einen Photorezeptor ist Licht der adäquate Reiz. Um den Erregungszustand eines solchen Rezeptors so zu verändern, daß er »feuert«, muß die von ihm absorbierte Lichtenergie einen bestimmten charakteristischen Betrag überschreiten, den man als die *Schwelle* dieses Rezeptors bezeichnet. Die Energie muß, wie der Physiologe sagt, von einer Form in die andere *umgewandelt* (transduced) werden. Diese Gesetzmäßigkeit gilt offenbar für alle Photorezeptoren der Netzhaut. Wenn sich daher an einem bestimmten Ort mit umgebendem Licht ein Auge befindet, so wird ein Teil dieses Lichtes durch die Pupille treten, absorbiert werden und als Reizung fungieren. Ist dagegen an dieser Stelle *kein* Auge oder irgendein anderer lichtabsorbierender Körper vorhanden, so würden die durch die Luft fliegenden Photonen (beziehungsweise die Wellenfronten) diesen Punkt einfach passieren, ohne sich weiter gegenseitig zu stören. An einem solchen Punkt gibt es nur *potentielle* Reizung. *Tatsächliche* Reizung ist von der Anwesenheit von Photorezeptoren abhängig.

Stellen wir uns einmal einen Beobachter vor, dessen Auge sich an

2 Hermann von Helmholtz, *Physiological Optics*, Bd. 3, Washington, D.C. 1925, S. 56.

einem bestimmten Punkt in einem ganz mit Nebel angefüllten Medium befindet. Die Rezeptoren seiner Retina würden gereizt werden und infolgedessen auch Impulse in den Fasern des Sehnerven auftreten. Doch würde sich das Licht, das durch die Pupille tritt, in den verschiedenen Raumrichtungen überhaupt nicht unterscheiden; es wäre nicht fokussierbar und es könnte auch keine Abbildung auf der Netzhaut entworfen werden. Das Licht auf der Netzhaut wäre ja genauso homogen wie das Umgebungslicht außerhalb des Auges. Der Beobachter, dem das Auge gehört, fände nichts, das er *fixieren* könnte, das Auge würde ziellos umherschweifen. Er könnte nicht von einem Gegenstand zum anderen schauen, da keine Gegenstände da wären. Würde er das Auge zur Seite drehen, so machte er die gleiche Erfahrung wie vorher. Wenn er das Auge im Raume nach vorwärts bewegte, so würde sich auch dann in seinem Blickfeld (field of view) nichts ändern. Was immer er auch täte, nichts würde zu einer anderen Erfahrung führen, mit einer einzigen Ausnahme: Wenn er das Auge schließen würde, so würde die Erfahrung, die er Helligkeit nennen könnte, einer Erfahrung Platz machen, die er mit Dunkelheit bezeichnen könnte. Er könnte also zwischen der Reizung und der Nichtreizung seiner Photorezeptoren unterscheiden. Was aber das Wahrnehmen angeht, so wäre sein Auge in beiden Fällen gleich blind, ob nun Licht in es eintritt oder nicht.

Dieser hypothetische Fall veranschaulicht gut den Unterschied zwischen der Retina und dem Auge, das heißt den Unterschied zwischen Rezeptoren und einem Wahrnehmungsorgan (perceptual organ). Rezeptoren werden *gereizt*, ein Organ dagegen wird *aktiviert*. Es kann eine Reizung der Retina vorkommen ohne jede Aktivierung des Auges durch Reizinformation. In Wirklichkeit ist ein einzelnes Auge Teil eines paarigen Organs, eines von zwei beweglichen Augen, die in einem Kopf angeordnet sind, der sich drehen kann und der selbst wieder Teil eines Körpers ist, der sich von Ort zu Ort fortbewegen kann. Diese Organe bilden eine Hierarchie und machen zusammen das aus, was ich ein *Wahrnehmungssystem* (perceptual system) genannt habe.[3] Solch ein System wird nie nur einfach gereizt, vielmehr ist es so, daß es bei Vorhandensein von Reizinformation aktiviert werden kann. Die charakteristischen Aktivitäten des visuellen Systems werden in Kapitel 12 dieses Buches näher behandelt.

Die Unterscheidung zwischen der Reizung von Rezeptoren und der

3 Gibson, *Die Sinne und der Prozeß der Wahrnehmung*, Kap. 3.

Reizinformation für das visuelle System ist für alles Folgende von entscheidender Bedeutung. Rezeptoren sind passive, elementare anatomische Bestandteile eines Auges, das selbst wieder nur ein Organ eines Gesamtsystems ist.[4] Die traditionelle Auffassung von den Sinnen wird bei dieser neuen Sichtweise fast ganz aufgegeben. Herkömmlicherweise werden die Reizung durch Licht und die damit korrespondierenden Helligkeitsempfindungen als die *Grundlage* jeder visuellen Wahrnehmung angesehen und die Eingänge an den Nerven als die Daten angenommen, die in den im Gehirn ablaufenden Wahrnehmungsprozessen verarbeitet werden. Dagegen mache ich eine ganz andere Annahme; denn schon der Augenschein lehrt, daß Reize für sich keine Information enthalten, daß Helligkeitsempfindungen nicht die Elemente der Wahrnehmungen sind und daß die Netzhauteingänge nicht die sensorischen Elemente sind, mit denen das Gehirn weiterarbeitet.

Visuelles Wahrnehmen kann nicht nur wegen fehlender Reizung, sondern auch wegen Fehlens von Reizinformation nicht zustande kommen. In homogener umgebender Dunkelheit gibt es infolge fehlender Reizung kein Sehen. In homogenem umgebenden Licht kommt es, selbst bei adäquater Reizung und entsprechenden Empfindungen, wegen Mangel an Information nicht zum Sehen.

Der Begriff der optischen Information

Der Informationsbegriff, der uns allen am geläufigsten ist, leitet sich aus unseren Erfahrungen bei der Kommunikation mit anderen Menschen her, nicht aber aus unseren Erfahrungen beim unmittelbaren Wahrnehmen unserer Umwelt. Wir neigen deshalb dazu, uns Information in erster Linie als etwas vorzustellen, das gesendet und empfangen wird, und anzunehmen, daß dazwischen eine Art Übertragung stattzufinden hat und daß es dazu eines »Kommunikationsmediums« oder eines »Kanals« bedarf, durch den die Information sozusagen fließen muß. Information in diesem Sinne besteht aus Botschaften, Zeichen und Signalen. In früheren Zeiten mußten Botschaften, es konnten mündliche, schriftliche oder bildliche sein, durch einen Läufer oder Reiter gesendet werden. Später wurde das Semaphorsystem erfunden, danach der elektrische Telegraph und dann, in immer kürzer werdenden Zeitabständen, die drahtlose Telegraphie, das Telefon und die Television.

4 Ebenda Kap. 2.

Wir kommunizieren mit anderen auch dadurch, daß wir Bilder auf Oberflächen auftragen (auf Tontafeln, Papyrus, Mauern, Leinwand oder Schirme), daß wir Skulpturen, Modelle oder Standbilder anfertigen. Die größte technische Revolution in der Geschichte der Bildherstellung wurde durch die Erfindung der Fotografie in Gang gesetzt, das heißt einer lichtempfindlichen Oberfläche, die an der inneren Rückwand einer Dunkelkammer angebracht werden kann, in deren Vorderwand eine Linse eingesetzt ist. Diese Art der Kommunikation, die man als graphische oder plastische bezeichnen könnte, besteht nicht aus Zeichen oder Signalen; hierbei geht es nicht so offensichtlich um Botschaften von einer Person an eine andere; hier wird auch nicht so augenfällig übertragen oder gesendet. Bilder und Plastiken lassen sich leicht zur Schau stellen; sie *enthalten* also Information und machen sie jedermann verfügbar, der sie anschaut. Natürlich sind sie, wie auch die gesprochenen und geschriebenen Worte der Sprache *Menschenwerk.* Sie stellen Information bereit, die dann, ganz wie auch die durch das geschriebene Wort weitergegebene Information, bei der Wahrnehmung durch den erstbesten Beobachter vermittelt wird. Sie vermitteln keine Erfahrung aus erster Hand, sondern nur Erfahrung aus zweiter Hand.

Die umgebende Reizinformation, die im Energiemeer rund um uns zur Verfügung steht, ist von ganz anderer Art. Die Information für die Wahrnehmung wird nicht übertragen, sie besteht nicht aus Signalen und erfordert auch keinen Sender und keinen Empfänger. Die Umwelt kommuniziert nicht mit den Beobachtern, die in ihr wohnen. Warum auch sollte die Welt zu uns sprechen? Die Vorstellung, daß die Reize Signale sind, die interpretiert werden müssen, impliziert solch unsinnige Vorstellungen wie die von einer Weltseele, die versucht, mit uns Verbindung aufzunehmen. Die Welt wird durch die Struktur des Lichtes, das uns erreicht, *gekennzeichnet*; aber sie wahrzunehmen, ist ganz allein unsere Sache. Die Geheimnisse der Natur werden nicht dadurch enträtselt, daß wir ihren Kode entziffern.

Der Begriff der *optischen Information*, jener Information, die aus einer in Fluß befindlichen optischen Anordnung extrahiert werden kann, ist für uns noch sehr ungewohnt. Aus einer gewissen geistigen Bequemlichkeit heraus versuchen wir, die Wahrnehmung auf die gleiche Art und Weise zu begreifen, wie wir auch die Kommunikation verstehen, also mit Hilfe uns bereits geläufiger Begriffe. Es gibt heutzutage eine Flut von Literatur, die sich, meist sehr spekulativ, mit den Kommunikationsmedien befaßt. Vieles davon ist unklar und verworren. Der Informationsbegriff, den wir heutzutage meistens verwenden, stammt aus eben dieser Literatur und ist ein ganz anderer als der hier eingeführte. Wir können die Wahrnehmung nicht mit den Begriffen der Kommunikation erklären, es ist vielmehr genau umgekehrt. Wir können anderen keine Information über die Welt zukommen lassen, wenn wir nicht vorher die Welt wahrgenommen haben. Und die Information, die wir für unsere Wahrnehmung zur Verfügung haben, ist radikal verschieden von der Information, die wir weitergeben.

Wie Beständigkeit und Änderung erfaßt werden

Die Theorie des Extrahierens von Information erfordert, daß das visuelle System fähig ist, sowohl Beständiges wie sich Änderndes zu entdecken – die Beständigkeit von Orten, Dingen und Substanzen und dies zugleich mit allen möglichen Änderungen, die sich an ihnen abspielen. Alles in der Welt bleibt in gewissen Hinsichten gleich und ändert sich in anderen. Dasselbe gilt auch für den Betrachter selbst. Manches überdauert dabei längere Zeiträume, anderes kürzere.

Die Wahrnehmung von Beständigkeit und Wechsel (anstelle von Farbe, Form, Raum, Zeit und Bewegung) kann nun in verschiedener Weise ausgedrückt werden. Man kann sagen, daß der Wahrnehmende das sich Ändernde von dem, was sich nicht ändert, *trennt*, daß er *bemerkt*, was gleichbleibt und was nicht; daß er die andauernde Identität von Dingen zugleich mit den Ereignissen, an denen sie teilhaben, *sieht*. Natürlich muß man fragen, wie er das kann. Worin besteht die Information über Beständigkeit und Wechsel? Die Antwort kann nicht anders als solcher Art lauten: der Wahrnehmende extrahiert die Strukturinvarianten aus dem Fluß der Reizung, deren Fließen er weiterhin wahrnimmt. Insbesondere für das visuelle System gilt, daß er sich auf die invariante Struktur der optischen Umgebungsanordnung einstellt, die der sich ändernden perspektivischen Struktur, hervorgerufen durch eigene Bewegung, zugrunde liegt.

Die Reizfolgetheorie der Wahrnehmung auf der Grundlage aufeinanderfolgender diskreter Blickfixationen kann nur auf der Annahme eines Aktes von Vergleich und Folgerung beruhen, um Fortdauer begreiflich zu machen. Die Wahrnehmung von Was-ist-es-jetzt wird mit dem Gedächtnis von Was-war-es-damals verglichen und erst darauf wird beides als *dasselbe* beurteilt. Dagegen kann sich die Theorie der fortlaufenden Extraktion (von Information) in der Wahrnehmung auf den Standpunkt stellen, daß die Erwartung von Fortdauer ein einfacher Akt der Entdeckung von Invarianz ist. In ähnlicher Weise muß die Schnappschußtheorie (der Wahrnehmung) annehmen, daß die Möglichkeit, Änderung zu erfassen, den Vergleich von Was-ist-jetzt mit Was-war-es-damals voraussetzt, worauf erst die Beurteilung als *verschieden* folgt. Die Extraktionstheorie dagegen kann ein (unmittelbares) Gewahrwerden von Transformation postulieren. Die Kongruenz einer optischen Anordnung mit sich selbst oder die Abweichung davon, wie immer sie sein mag, wird (unmittelbar) aufgenommen.

Die Wahrnehmung der Daueridentität von Dingen ist auch für andere Arten der Wahrnehmung fundamental. Man betrachte als Beispiel die andauernde Identität einer anderen Person. Wie kommt ein Kind dazu, die Identität seiner Mutter zu erfassen? Man mag antworten, daß das Kind die Gestalt oder das Gesicht der Mutter dauernd fixiert und dann die Fortdauer der Empfindung durch die Fortdauer des Reizes gewährleistet ist. Das trifft zu, wenn sich das Kind an die Mutter klammert; was ist aber dann, wenn der Blick über die Gestalt der Mutter streicht? Was ist, wenn sie aus dem Blickfeld verschwindet und ins Blickfeld zurückkehrt; wenn sie fortgeht und wieder da ist? Was geschieht in der Wahrnehmung, wenn sie aus der Ferne oder aus dem Dunkel herankommt, wenn sie gebückt ist, ihre Kleider gewechselt hat oder auch ihre Stimme umschlägt; wenn sie sich erst nach einem langen Zeitintervall wieder zeigt? Kurz, wie kommt es, daß die phänomenale Identität einer Person so gut mit der biologischen Identität übereinstimmt, trotz des Gestaltwandels in der optischen Anordnung und trotz all der Ereignisse, an denen die Person beteiligt ist?

Dieselben Fragen kann man auch für unbelebte Dinge, festverbundene Objekte, für Orte und Substanzen aufwerfen. Die Eigenschaften einer Person bleiben in beträchtlichem Ausmaß invariant (wie Auge, Nase, Mund, Art der Gesten und Stimme). Aber auch die entsprechenden Eigenschaften anderer Dinge bleiben erhalten, das Kinderbett, der Küchenherd, der Schlafraum und das Brot auf dem Tisch. Das alles muß als kontinuierlich fortdauernd, als beständig in seiner Existenz identifiziert werden. Es läßt sich nicht durch die Konstruktion von Begriffen für jedes Ding erklären.

Gewöhnlich nimmt man an, daß aufeinanderfolgende Reize derselben Entität bzw. die empfindungsmäßigen Begegnungen damit, in einem Akt des Wiedererkennens vereinigt werden. So hat man auch gelernt, daß Wahrnehmen aufhört und die Erinnerung einsetzt, sobald die Empfindung aufhört. Jeder neue Blick auf irgend etwas erfordert daher den Akt des Verbindens von Gedächtnisspuren mit gerade diesen und nicht anderen Dingen. Das Urteil »ich habe das schon früher gesehen« ist Voraussetzung für die Auffassung »desselben Dinges«, sogar dann, wenn der Betrachter sich nur abwendet oder für einen Augenblick weggesehen hat. Die klassische Theorie der Sinneswahrnehmung wird durch eine solche Forderung absurd. Eine Alternative kann hier nur die Annahme der Entdeckungstheorie von Invarianz sein.

Die Qualität der Vertrautheit, die oft die Wahrnehmung eines Ortes, Dinges oder einer Person begleitet, und die davon verschiedene Qualität der Fremdartigkeit ist eine Erfahrungstatsache. Ist aber Vertrautheit nicht doch erst ein Ergebnis von Kontaktnahme mit den Spuren früherer Erfahrung mit demselben Ding und Unvertrautheit das Resultat des Fehlens solcher Kontakte? Ich glaube nicht. In dieser Argumentation liegt ein Zirkelschluß; sie ergibt eine schlechte Theorie. Die Qualität von Vertrautheit begleitet einfach die Wahrnehmung von Beständigkeit.

Die Wahrnehmung der überdauernden Identität von Orten und Objekten ist grundlegender als die Wahrnehmung von Unterschieden unter ihnen. Man hat gelehrt, daß etwas Wahrnehmen gleichbedeutend mit Einordnen in Kategorien sei, d. h. es von anderen Arten von Dingen unterscheiden, die es auch hätten sein können. Das Wesen der Wahrnehmung läge im Unterscheiden. Dinge unterscheiden sich entlang bestimmter Unterschiedsdimensionen. Diese Feststellung läßt aber die einfache Tatsache außer acht, daß der betreffende Stoff, Ort, Gegenstand oder Mensch oder was immer, lange genug andauern muß, um von anderen Stoffen, Orten, Dingen und Personen unterschieden zu werden. Man sollte die Entdeckung der invarianten Eigenschaften eines beständigen Objekts nicht mit der Entdeckung derjenigen invarianten Merkmale vermengen, die Dinge ähnlich erscheinen lassen. Invarianten über Zeit und Dingvarianten kann man nicht in gleicher Weise erfassen.

Meines Erachtens extrahiert das Wahrnehmungssystem im Fall der Beständigkeit eines Objekts einfach nur die Invarianten aus dem Fluß der optischen Anordnung: es läßt sich von den Invarianten in der Struktur *anregen* (resonates) oder *stimmt* sich auf sie *ab* (is attuned). Im Falle von stofflich unterschiedlichen Dingen möchte ich die Behauptung wagen, daß das Wahrnehmungssystem die Invarianten *abstrahieren* muß. Der erstgenannte Prozeß scheint einfacher und eher automatisch abzulaufen. Der Abstraktionsprozeß wurde immer so interpretiert, daß er einen intellektuellen Akt des Heraushebens von etwas Mentalem aus einer Sammlung von Objekten, die physischer Natur sind, umfaßt; also des Bildens von abstrakten Begriffen (concepts) aus konkreten Wahrnehmungen (percepts). Aber das klingt sehr zweifelhaft. Abstraktion ist die Entdeckung von Invarianz quer durch die Dinge. Diese Invariante betrifft aber nur Ähnlichkeit, nicht Beständigkeit.

Eine Neudefinition von Wahrnehmung

Wahrnehmen ist eine Leistung des Individuums, nicht eine Erscheinung auf der Bühne seines Bewußtseins. Es ist Tuchfühlung-Halten mit der Welt, eher ein Erfahrungen sammeln, als Erfahrungen haben. Es beinhaltet Aufmerksamkeit – auf, nicht bloßes Bewußtwerden – von. Es mag das Aufmerken auf etwas in der Umwelt oder etwas im Beobachter oder beides zugleich sein, doch gibt es kein leeres Bewußtwerden, unabhängig von dem, dessen man gewahr wird. Dies liegt nahe zur Aktpsychologie des neunzehnten Jahrhunderts, ausgenommen, daß Wahrnehmen kein mentaler Akt ist, aber ebensowenig ein nur körperlicher Akt. Wahrnehmen ist ein psychosomatischer Akt, weder des Geistes noch des Körpers, sondern eines lebenden Betrachters.

Der Akt der Informationsaufnahme ist darüber hinaus ein kontinuierlicher Akt, eine Aktivität, die nie aufhört und nicht abgebrochen wird. Das Meer von Energie, in dem wir leben, strömt und ändert sich, aber ohne scharfe Brüche. Sogar schon ein kleinster Teil dieser Energie, der die Rezeptoren in den Augen, den Ohren, der Nase, im Mund und in der Haut erreicht, ist ein Fließen, keine Reihenfolge. Das Erkunden, sich Orientieren und Anpassen dieser Organe sinkt während des Schlafes auf ein Minimum, aber es hört nie vollständig auf. Wahrnehmen ist daher ein Strömen; William James' Beschreibung des Stromes des Bewußtseins[5] läßt sich darauf anwenden. Diskrete Perzepte wie auch diskrete Ideen sind (dem gegenüber) eine Erfindung.

Der ständige Akt des Wahrnehmens beinhaltet auch die Wahrnehmung von sich selbst. Zumindest kann man es so ausdrücken. So muß der Kernbegriff *Wahrnehmung* neu definiert werden, um diesem Faktum Rechnung zu tragen, und auch der Ausdruck *Propriozeption* muß eine andere Bedeutung als die von Sherrington stammende bekommen.

5 William James, *The Principles of Psychology*, Bd. 1, New York 1890, Kap. 9.

22. Die kausale Selbstbezüglichkeit der Wahrnehmung

John R. Searle

Die Intentionalität der Wahrnehmung

Das visuelle Erlebnis

Wenn ich am hellichten Tag aus kürzester Entfernung ohne Sichthindernisse auf ein Auto – sagen wir, auf einen gelben Kombi – blicke, dann sehe ich das Auto. Wie funktioniert das Sehen? Nun, dazu kann uns ein Fachmann für physikalische Optik oder ein Neurophysiologe eine Menge erzählen; aber das meine ich nicht. Mir geht es darum, wie das Sehen begrifflich funktioniert. Meine Frage ist: Aus welchen Bestandteilen setzen sich die Wahrheitsbedingungen eines Satzes der Form »x sieht y« zusammen, wobei x ein (menschliches oder tierisches) Wahrnehmungssubjekt und y beispielsweise ein materieller Gegenstand ist? Wenn ich ein Auto oder sonst irgend etwas sehe, dann habe ich ein visuelles Erlebnis einer gewissen Art. Bei der visuellen Wahrnehmung des Autos *sehe* ich nicht das visuelle Erlebnis, sondern ich sehe das Auto; aber wenn ich das Auto sehe, dann *habe* ich dabei ein visuelles Erlebnis, und das visuelle Erlebnis handelt *von* dem Auto, und zwar in einer Weise, für die wir einer Erklärung bedürfen. Es ist wichtig, zu betonen, daß ein visuelles Erlebnis zwar immer als Bestandteil zur visuellen Wahrnehmung gehört, daß aber – wenn man »sehen« wörtlich versteht – nicht das visuelle Erlebnis gesehen wird. Denn wenn ich meine Augen schließe, verschwindet das visuelle Erlebnis, wohingegen das Auto – das von mir gesehene Ding – nicht verschwindet. Weiterhin hat es auch im allgemeinen keinen Sinn, dem visuellen Erlebnis die Eigenschaften desjenigen Dings zuzuschreiben, von dem das visuelle Erlebnis handelt – desjenigen Dings also, das ich sehe. Wenn das Auto beispielsweise gelb ist und eine gewisse, für Kombis typische Form hat, dann hat es keinen Sinn, zu sagen, mein visuelles Erlebnis selbst sei gelb oder habe die Form eines Kombis, obwohl mein visuelles Erlebnis von einem gelben Gegenstand mit der Form eines Kombis handelt. Farbe und Form sind Eigenschaften, die der visuellen Wahrnehmung zugänglich sind, aber das visuelle Erlebnis ist nicht selbst ein visueller Gegenstand (es wird nicht selbst gesehen), auch wenn es ein Bestandteil jeder visuellen Wahrnehmung ist. Wollten wir dies bestreiten, so gerieten wir in die absurde Lage, in der Wahrnehmungssituation zwei gelbe Dinge mit der Form eines Kombis dingfest zu machen: den gelben Kombi und das visuelle Erlebnis.

Mit meiner Einführung des Begriffs des visuellen Erlebnisses mache ich eine Unterscheidung zwischen Erlebnis und Wahrnehmung, die in der anschließenden Erörterung klarer werden wird. Zum Begriff der Wahrnehmung gehört der des Erfolgs, und zwar in einer Weise, wie das bei dem Begriff des Erlebnisses nicht der Fall ist. Das Erleben muß zwar bestimmen, was als Erfolg gilt, aber man kann ein Erlebnis haben, ohne Erfolg zu haben, d. h. ohne wahrzunehmen.

Hier möchte der klassische Erkenntnistheoretiker gewiß folgenden Einwand machen: Angenommen, da ist gar kein Auto. Angenommen, die ganze Sache ist eine Halluzination; was siehst du denn dann? Und die Antwort darauf ist: Wenn kein Auto da ist, dann sehe ich – in der Sparte Auto – überhaupt nichts. Es mag mir genauso vorkommen, als sähe ich ein Auto, aber wenn keines da ist, dann sehe ich nichts. Vielleicht sehe ich im Hintergrund Laubwerk oder eine Garage oder eine Straße; aber falls ich die Halluzination eines Autos habe, dann sehe ich kein Auto und auch kein visuelles Erlebnis und auch keine Sinnesdaten und auch keinen Eindruck und auch sonst nichts, obgleich ich in der Tat das visuelle Erlebnis *habe*, das sich von dem visuellen Erlebnis womöglich gar nicht unterscheiden läßt, das ich hätte, wenn ich tatsächlich ein Auto sähe.

Philosophen haben verschiedentlich die Existenz visueller Erlebnisse bestritten. Meines Erachtens beruht dies auf einem Mißverständnis hinsichtlich der Themen, um die es geht. Ich werde diese Frage später erörtern. An dieser Stelle jedoch möchte ich die Existenz visueller Erlebnisse einmal als selbstverständlich unterstellen und etwas anführen, das in der Wahrnehmungsphilosophie oft außer acht gelassen wurde – und zwar: daß visuelle Erlebnisse (und andere Arten von Wahrnehmungserlebnissen) Intentionalität haben. Das visuelle Erlebnis *handelt* genausosehr *von* Gegenständen und Sachverhalten in der Welt (oder ist genausosehr *auf* sie *gerichtet)*, wie dies bei den paradigmatischen intentionalen Zuständen der Fall ist, die wir im vorigen Kapitel erörtert haben, also beispielsweise Überzeugung, Furcht und Wunsch. Mein Argument für diese These ist einfach dies: Das visuelle Erlebnis hat Erfüllungsbedingungen in genau demselben Sinn, in dem Überzeugungen und Wünsche Erfüllungsbedingungen haben.

Ich kann dieses visuelle Erlebnis genausowenig davon abtrennen, daß es ein Erlebnis ist, das *von* einem gelben Kombi handelt, wie ich jene Überzeugung davon abtrennen kann, daß es eine Überzeugung mit dem Inhalt ist, daß es regnet. Kurz, dieses »von« in »Erlebnis von« ist das »von« der Intentionalität. In beiden Fällen (im Falle der Überzeugung und in dem des visuellen Erlebnisses) kann ich darüber irren, welche Sachverhalte tatsächlich in der Welt existieren. Vielleicht habe ich gerade eine Halluzination, und vielleicht regnet es zur Zeit in Wirklichkeit gar nicht. Doch beachte man dabei, daß in beiden Fällen schon vom fraglichen intentionalen Zustand oder Ereignis festgelegt wird, was als ein Irrtum (ob eine Halluzination oder eine falsche Überzeugung) zählt. Im Falle der Überzeugung weiß ich – auch wenn meine Überzeugung tatsächlich falsch ist –, was der Fall sein muß, damit meine Überzeugung nicht falsch ist. Und d. h. einfach, daß der intentionale Gehalt der Überzeugung Erfüllungsbedingungen festlegt – er legt fest, unter welchen Bedingungen die Überzeugung wahr bzw. falsch ist. In genauer Analogie dazu möchte ich nun für den Fall des visuellen Erlebnisses sagen, daß ich – selbst wenn ich halluziniere – weiß, was der Fall sein muß, damit das Erlebnis keine Halluzination ist; und das heißt einfach, daß der intentionale Gehalt des visuellen Erlebnisses dessen Erfüllungsbedingungen festlegt – er legt fest, was der Fall sein muß, damit das Erlebnis keine Halluzination ist, und zwar in genau demselben Sinn, in dem der Gehalt der Überzeugung deren Erfüllungsbedingungen festlegt. Angenommen, wir fragen uns: »Was macht den Regen oder sein Ausbleiben, für meine Überzeugung, daß es regnet, überhaupt nur erheblich, wo eine Überzeugung doch schließlich bloß ein Geisteszustand ist?« Entsprechend können wir fragen »Was macht das Vorhandensein oder Fehlen eines gelben Kombis für mein visuelles Erlebnis überhaupt nur erheblich, wo ein visuelles Erlebnis letztlich doch bloß ein Geisteszustand ist?« Die Antwort ist, daß es sich bei der Überzeugung und dem visuellen Erlebnis beide Male um geistige Phänomene handelt, die an sich intentional sind. Zu jedem dieser Phänomene gehört wesentlich ein intentionaler Gehalt, der die Erfüllungsbedingungen des Phänomens festlegt. Das Argument mit der intrinsischen Intentionalität visueller Erlebnisse läßt sich so zusammenfassen: Sie haben durch ihren Gehalt festgelegte Erfüllungsbedingungen – und zwar in genau demselben Sinn, in dem andere intentionale Zustände durch ihren jeweiligen Gehalt festgelegte Erfüllungsbedingungen haben. Mit dieser Analogie zwischen visuellem Erlebnis und Überzeugung möchte ich nun nicht den Eindruck erwecken, sie glichen einander in jeder Hinsicht. Später werde ich einige einschneidende Unterschiede erwähnen.

Mit Hilfe des im vorigen Kapitel entwickelten begrifflichen Apparates können wir einige wichtige Ähnlichkeiten zwischen der Intentionalität der visuellen Wahrnehmung und beispielsweise der der Überzeugung angeben.

1. Der Gehalt eines visuellen Erlebnisses ist – wie der einer Überzeugung – immer einer ganzen Proposition äquivalent. Visuelles Erleben handelt niemals bloß *von* einem Gegenstand, vielmehr muß immer erlebt werden, *daß* das-und-das der Fall ist. Wenn mein visuelles Erlebnis von einem Kombi handelt, dann muß es beispielsweise immer zum Gehalt dieses Erlebnisses gehören, daß sich vor mir ein Kombi befindet. Mit der Feststellung, der Gehalt eines visuellen Erlebnisses sei einer ganzen Proposition äquivalent, meine ich nicht, daß der Gehalt etwas Sprachliches sei, sondern vielmehr will ich damit sagen, daß der Gehalt die Existenz eines ganzen Sachverhalts verlangt. Der Gehalt bezieht sich nicht bloß auf einen Gegenstand. Dem entspricht im Sprachlichen, daß die verbale Charakterisierung der Erfüllungsbedingungen des visuellen Erlebnisses die Form des sprachlichen Ausdrucks einer ganzen Proposition annimmt und nicht bloß eine Nominalphrase ist, doch das besagt nicht, daß das visuelle Erlebnis selbst sprachlich ist. Vom Standpunkt der Intentionalität aus gesehen, ist alles Sehen ein Sehen, *daß*: Wenn es wahr ist, daß x y sieht, dann muß es auch jeweils wahr sein, daß x sieht, daß das-und-das der Fall ist. Mithin wird der Gehalt der visuellen Wahrnehmung, von der in unserem früheren Beispiel die Rede war, so nicht explizit gemacht:

Ich habe ein visuelles Erlebnis von (einem gelben Kombi).

Ein erster Schritt zur Explizierung des Gehalts wäre beispielsweise:

Ich habe ein visuelles Erlebnis (daß da ein gelber Kombi ist).

Die Propositionalität des intentionalen Gehalts visueller Erlebnisse ergibt sich unmittelbar (und trivialerweise) daraus, daß sie Erfüllungsbedingungen haben, denn Erfüllungsbedingungen sind immer vom Typ: daß das-und-das der Fall ist.

Für dieses Ergebnis spricht auch noch ein syntaktisches Argument. Genauso wie es für Verben des Wünschens adverbielle Bestimmungen der Zeit gibt, die es erforderlich machen, eine gesamte Proposition als den Wunsch-Inhalt zu postulieren, so gibt es für das Verb »sehen« adverbiale Bestimmungen des Orts, die es – bei natürlichem Verständnis – erforderlich machen, eine gesamte Proposition als den Gehalt des visuellen Erlebnisses zu postulieren. Wenn ich beispielsweise sage »Ich sehe einen Kombi *vor mir*«, dann meine ich damit normalerweise nicht bloß, daß ich einen Kombi sehe, der *zufällig auch vor mir ist*; vielmehr meine ich damit auch, daß *ich sehe, daß* vor mir ein Kombi ist. Ein zusätzlicher Hinweis darauf, daß der intentionale Gehalt des visuellen Erlebnisses durch die »sehen, daß«-Form zum Ausdruck gebracht wird, besteht darin, daß diese Form intensional-mit-einem-s (hinsichtlich der Ersetzbarkeit) ist, während Feststellungen der Form »x sieht y« in der dritten Person (im allgemeinen) extensional sind. Wenn wir in der dritten Person darüber berichten, daß etwas gesehen wurde, und dabei die »sehen, daß«-Form verwenden, dann sind wir darauf festgelegt, über den Gehalt der Wahrnehmung so zu berichten, wie er dem Wahrnehmenden vorgekommen ist; darauf sind wir nicht festgelegt, wenn wir eine einfache Nominalphrase als direktes Objekt von »sehen« verwenden. Ein Beispiel:

Jones sah, daß der Bankdirektor vor der Bank stand.

Nehmen wir noch die beiden folgenden Identitätsaussagen hinzu:

Der Bankdirektor ist der größte Mann der Stadt.
Die Bank ist das niedrigste Gebäude der Stadt.

Aus alledem folgt nun nicht:

Jones sah, daß der größte Mann der Stadt vor dem niedrigsten Gebäude der Stadt stand.

Aber aus

Jones sah den Bankdirektor

folgt mit der ersten Identitätsaussage:

Jones sah den größten Mann der Stadt.

Die Erklärung für diesen Unterschied, die sich am heftigsten aufdrängt, ist, daß mit der »sehen, daß«-Form über den intentionalen Gehalt der Wahrnehmung berichtet wird. Wenn wir in Berichten der dritten Person sagen, jemand habe gesehen, daß p, dann sind wir darauf festgelegt, über den intentionalen Gehalt des visuellen Erlebnisses zu berichten; mit der »sieht y«-Form berichten wir nur über den intentionalen Gegenstand und legen uns nicht auf den Gehalt (auf den Aspekt, unter dem der intentionale Gegenstand wahrgenommen wurde) fest.

Genau dasselbe – die Propositionalität des intentionalen Gehalts der visuellen Wahrnehmung – wird auch durch folgenden Unterschied illustriert:

Jones sah einen gelben Kombi, aber er wußte nicht, daß es ein gelber Kombi war

ist eine völlig widerspruchsfreie Feststellung. Hingegen ist

Jones sah, daß vor ihm ein gelber Kombi war, aber er wußte nicht, daß vor ihm ein gelber Kombi war

absonderlich und vielleicht selbstwidersprüchlich. Die »sieht y«-Form legt den Berichterstatter nicht darauf fest, darüber zu berichten, wie es der Person vorkam; bei der »sieht, daß«-Form hingegen ist dies der Fall, und mit einem Bericht darüber, wie es der wahrnehmenden Person vorgekommen ist, wird im allgemeinen der intentionale Gehalt angegeben.

2. Visuelle Wahrnehmung hat – wie die Überzeugung, anders als Wunsch und Absicht – immer die Geist-auf-Welt-Ausrichtung. Falls die Erfüllungsbedingungen tatsächlich nicht erfüllt sind, wie im Falle der Halluzination, der Sinnestäuschung usw., dann liegt das am visuellen Erlebnis und nicht an der Welt. Und in solchen Fällen sagen wir dann, daß »unsere Sinne uns trügen«; und obwohl wir unsere visuellen Erlebnisse nicht als wahr oder falsch bezeichnen (denn diese Wörter passen besser auf gewisse Repräsentationen, und visuelle Erlebnisse sind eben nicht bloß Repräsentationen – darauf komme ich gleich zurück), beschreiben wir dennoch Fälle, bei denen Erlebnis und Welt nicht wie von der Ausrichtung vorgesehen zueinanderpassen, mit Wörtern wie »täuschen«, »irreführen«, »entstellen«, »Sinnestäuschung« und »Einbildung«; und einige Philosophen haben das Wort »veridiktiv« [»veridical«] als eine Bezeichnung dafür eingeführt, daß Erlebnis und Welt wie von der Ausrichtung vorgesehen zueinanderpassen.

3. Visuelle Erlebnisse werden – wie Überzeugungen und Wünsche – typischerweise mit Hilfe ihres intentionalen Gehalts identifiziert und beschrieben. Es gibt keine vollständige Beschreibung meiner Überzeugung, in der nicht gesagt wird, um welche Überzeugung-*daß* es sich bei ihr handelt. Entsprechend läßt sich mein visuelles Erlebnis nicht ohne eine Angabe darüber beschreiben, *wovon* es ein Erlebnis ist. Der typische philosophische Fehler bestand im Falle des visuellen Erlebnisses in der Annahme, diejenigen Prädikate, mit denen die Erfüllungsbedingungen des visuellen Erlebnisses angegeben werden, träfen auch im wörtlichen Sinne auf das Erlebnis selbst zu. Es ist aber – um etwas bereits Erwähntes zu wiederholen – ein Kategorienfehler

anzunehmen, daß – wenn ich einen gelben Kombi sehe – das visuelle Erlebnis selbst auch gelb und kombiförmig ist. Wenn ich glaube, daß es regnet, dann habe ich keine buchstäblich nasse Überzeugung; und genausowenig habe ich ein buchstäblich gelbes visuelles Erlebnis, wenn ich etwas Gelbes sehe. Man könnte von meinem visuellen Erlebnis genausogut sagen, daß es sechs Zylinder hat oder zehn Liter auf 100 Kilometer verbraucht, wie daß es gelb oder kombiförmig sei. Die beiden letztgenannten Prädikate würde man eher auf das visuelle Erlebnis anwenden als die beiden zuvor genannten. Doch auch dies ist ein Fehler, und unsere Anfälligkeit für diesen Fehler rührt daher, daß die von »gelb« und »kombiförmig« spezifizierten intentionalen Gehalte mit den visuellen Erlebnissen unmittelbarer verknüpft sind als die andern Prädikate. Warum das so ist, werden wir im nächsten Abschnitt erwähnen.

Viele Feststellungen über intentionale Zustände und Ereignisse beschreiben deren intentionale Gehalte nicht, und die in solchen Feststellungen benutzten Prädikate können auf die Zustände und Ereignisse buchstäblich zutreffen. Man kann von einem visuellen Erlebnis sagen, daß es eine gewisse Dauer hat, daß es angenehm oder unangenehm ist – aber diese Eigenschaften des Erlebnisses dürfen nicht mit seinem intentionalen Gehalt verwechselt werden, obgleich mit denselben Ausdrücken bei passender Gelegenheit auch Merkmale des intentionalen Gehalts angegeben werden könnten.

Wahrnehmung und Kausalität

Wurden bis jetzt die Analogien zwischen visuellen Erlebnissen und anderen Intentionalitätsformen (wie Überzeugungen) hervorgehoben, so möchte ich in diesem Abschnitt auf einige Disanalogien hinweisen. Zunächst einmal folgendes: In Kapitel 1 habe ich gesagt, wir könnten solche intentionalen Zustände wie Überzeugungen und Wünsche ruhig als »Repräsentationen« bezeichnen, solange wir dabei nicht aus den Augen verlieren, daß an den Begriff der Repräsentation keine besondere Ontologie geknüpft ist, sondern daß dieser Begriff nur ein Kürzel für eine Konstellation unabhängig motivierter Begriffe (z. B. Erfüllungsbedingung, intentionaler Gehalt, Ausrichtung usw.) ist. Wenn wir uns nun aber visuellen Erlebnissen und anderen Arten von Wahrnehmungserlebnissen zuwenden, dann müssen wir viel mehr sagen, um deren Intentionalität zu charakterisieren. Sie haben zwar all die Merkmale, mit denen wir Repräsentationen definiert haben, aber sie haben auch noch andere wesentliche Merkmale, durch die der Ausdruck »Repräsentation« irreführend werden könnte. Überzeugungen und Wünsche brauchen keine bewußten Zustände zu sein. Jemand kann eine Überzeugung oder einen Wunsch haben, auch wenn er nicht daran denkt, und man kann ihm solche Zustände auch dann zu Recht zuschreiben, wenn er schläft. Visuelle und andere Wahrnehmungserlebnisse hingegen sind *bewußte* geistige *Ereignisse.* Die Intentionalität einer Repräsentation ist unabhängig davon, ob sie im Bewußtsein realisiert ist oder nicht, doch die Intentionalität eines Wahrnehmungserlebnisses ist im allgemeinen in ganz bestimmten phänomenalen Eigenschaften bewußter geistiger Ereignisse realisiert. Aus diesem Grund geht die Behauptung, es gebe visuelle Erlebnisse, über die Behauptung hinaus, daß die Wahrnehmung Intentionalität hat, denn sie ist auch eine ontologische Behauptung darüber, wie die Intentionalität realisiert ist – und zwar im allgemeinen in bewußten geistigen Ereignissen.

Das visuelle Erlebnis ist nicht nur ein bewußtes geistiges Ereignis, sondern steht zu seinen Erfüllungsbedingungen auch in ganz anderen Beziehungen, als das bei Überzeugungen und Wünschen der Fall ist. Wenn ich beispielsweise vor mir einen gelben Kombi sehe, dann handelt mein Erlebnis direkt vom Gegenstand. Es »repräsentiert« den Gegenstand nicht bloß, sondern liefert einen direkten Zugang zu ihm. Das Erlebnis hat eine Direktheit, Unmittelbarkeit und Unwillkürlichkeit, die einer Überzeugung abgeht, die ich ja auch in Abwesenheit des Gegenstandes über ihn haben könnte. Deshalb wirkt es unnatürlich, visuelle Erlebnisse als Repräsentationen zu bezeichnen, und diese Redeweise führt ja geradezu unvermeidlich zur Repräsentationstheorie der Wahrnehmung. Deshalb schlage ich vor, Wahrnehmungserlebnisse ihrer besonderen Merkmale wegen lieber als »Präsentationen« zu bezeichnen. Das visuelle Erlebnis – so möchte ich sagen – repräsentiert den wahrgenommenen Sachverhalt nicht nur, sondern gibt uns (falls es erfüllt ist) direkten Zugang dazu und ist in diesem Sinne eine Präsentation dieses Sachverhalts. Strenggenommen sind Präsentationen eine besondere Teilklasse der Repräsentationen, denn unsere Auffassung von Repräsentationen war ja ontologisch neutral, und Präsentationen erfüllen alle definitorischen Bedingungen, die wir für Repräsentationen festgelegt haben: Sie haben intentionalen Gehalt, Erfüllungsbedingungen, Ausrichtung, intentionale Gegenstände und so weiter. Wie dem auch sei, da sie eine besondere Teilklasse sind, bei der bewußte geistige Vorgänge dazugehören, werde ich manchmal von

»Präsentation« im Gegensatz zu »Repräsentation« sprechen, ohne damit in Abrede zu stellen, daß Präsentationen Repräsentationen sind; genauso wird ja manchmal von »Mensch« im Gegensatz zu »Natur« gesprochen, ohne daß damit bestritten wird, daß Menschen selbst Teil der Natur sind. Außerdem werde ich – wenn der Zusammenhang das erlaubt – den Ausdruck »intentionaler Zustand« in einem weiten Sinn gebrauchen, und damit sowohl Zustände als auch Ereignisse bezeichnen.

Die Behauptung, die Intentionalität des Sehens sei typischerweise in visuellen Erlebnissen realisiert, und diese seien bewußte geistige Ereignisse, ist eine echte empirische Behauptung mit ontologischem Gehalt. In dieser Hinsicht unterscheidet sie sich von der Behauptung, daß Überzeugungen und Wünsche Propositionen als intentionalen Gehalt haben. Daß es Propositionen in dem zuvor erläuterten Sinn gibt, ist keine ontologische empirische Behauptung, obwohl Verfechter und Gegner dieser Behauptung dies oftmals irrtümlich annehmen. Das heißt: Die Behauptung, daß es Propositionen (oder andere Repräsentationsgehalte) gibt, fügt der Behauptung nichts hinzu, daß Überzeugungen, Hoffnungen, Befürchtungen, Wünsche, Fragen, Feststellungen, Befehle, Versprechen usw. gewisse gemeinsame Merkmale haben. Die Behauptung hingegen, daß es visuelle Erlebnisse gibt, fügt tatsächlich der Behauptung, daß es visuelle Wahrnehmungen gibt, etwas hinzu, denn sie sagt uns, wie der Gehalt solcher Wahrnehmungen in unserm bewußten Leben realisiert ist. Würde jemand behaupten, daß es Lebewesen gibt, die optisch wahrnehmen können (also visuell wahrnehmen können, ohne visuelle Erlebnisse zu haben), so würde er damit eine echte empirische Behauptung aufstellen. Würde hingegen jemand behaupten, daß es Lebewesen gibt, die im wahren Sinn des Wortes Hoffnungen, Überzeugungen und Befürchtungen haben, die Feststellungen und Anordnungen treffen (und all dies mitsamt den ganzen dazugehörigen logischen Eigenschaften), ohne über propositionale Gehalte zu verfügen, dann wüßte er entweder nicht, wovon er redet, oder er würde sich damit einfach gegen eine bestimmte Ausdrucksweise verwehren. Denn die Behauptung, daß es propositionale Gehalte gibt, ist überhaupt keine zusätzliche empirische Behauptung. Vielmehr wird damit ein bestimmtes Ausdrucksmittel zur Darstellung gemeinsamer logischer Merkmale von Hoffnungen, Befürchtungen, Überzeugungen, Feststellungen usw. akzeptiert.

Empirische Untersuchungen, die in letzter Zeit gemacht worden sind, bestätigen diese überaus wichtige Unterscheidung zwischen dem ontologischen Status des visuellen Erlebnisses als einem bewußten geistigen Ereignis und dem des propositionalen Gehalts. Weiskrantz, Warrington und ihre Kollegen haben untersucht, wie gewisse Hirnverletzungen etwas hervorrufen, das sie »blindes Sehen« nennen. Der Patient kann auf Fragen über sichtbare Ereignisse und Gegenstände, mit denen er konfrontiert wird, zutreffend antworten, aber er sagt, er habe kein visuelles Bewußtsein von diesen Gegenständen und Ereignissen. Von unserem Standpunkt aus sind diese Fälle nun deshalb von Interesse, weil die optischen Reize, denen der Patient ausgesetzt ist, anscheinend eine Form von Intentionalität hervorrufen. Sonst könnte der Patient ja nicht über die fraglichen Ereignisse berichten. Aber der von der optischen Reizung hervorgerufene intentionale Gehalt ist nicht so realisiert, wie unsere präsentationalen Gehalte realisiert sind. Damit wir einen Gegenstand sehen, müssen wir visuelle Erlebnisse einer gewissen Art haben. Doch der Patient kann (unter der Annahme, daß die Auffassung von Weiskrantz zutrifft) in gewissem Sinne einen Gegenstand sehen, obwohl er nicht die einschlägigen visuellen Erlebnisse hat. Er berichtet einfach über ein »Gefühl«, daß da etwas ist, oder er »rät«, daß es sich dort befindet. Wer die Existenz visueller Erlebnisse bezweifelt, sollte sich – nebenbei gesagt – vielleicht einmal die Frage stellen, was das ist: was wir haben und was diese Patienten anscheinend nicht haben.

Ein weiterer Unterschied zwischen der Intentionalität der Wahrnehmung und der Intentionalität der Überzeugung besteht darin, daß es zu den Erfüllungsbedingungen (im Sinne der Forderung) des visuellen Erlebnisses gehört, daß das visuelle Erlebnis selbst von den übrigen Erfüllungsbedingungen (im Sinne der geforderten Sachen) dieses visuellen Erlebnisses verursacht sein muß. Wenn ich also beispielsweise den gelben Kombi sehe, dann habe ich ein bestimmtes visuelles Erlebnis. Aber der intentionale Gehalt des visuellen Erlebnisses, der für seine Erfüllung erfordert, daß sich vor mir ein gelber Kombi befindet, erfordert auch, daß der Umstand, daß sich vor mir ein gelber Kombi befindet, die Ursache für dieses visuelle Erlebnis selbst ist. Mithin gehört zu den Erfüllungsbedingungen des intentionalen Gehalts eines visuellen Erlebnisses die Forderung, daß das visuelle Erlebnis vom Rest seiner Erfüllungsbedingungen – und d. h.: vom wahrgenommenen Sachverhalt – verursacht wird. Der Gehalt des visuellen Erlebnisses ist daher selbstbezüglich; ich hoffe, es wird mir gelingen, ziemlich präzis anzugeben, in welchem Sinne dies der Fall ist. Der intentionale Gehalt des visuellen Erlebnisses läßt sich vollständig dadurch spezifizieren, daß man die Erfüllungsbedingungen des visuellen Erlebnisses angibt; aber in den Erfüllungsbedingungen dieser Angabe wird auf das visuelle Erlebnis selbst wesentlich Bezug genommen. Denn der intentionale Gehalt erfordert ja nicht nur, daß es in der Welt einen Sachverhalt gibt, sondern auch, daß der Sachverhalt in der Welt eben dasjenige visuelle Erlebnis verursacht, das den intentionalen Gehalt verkörpert oder realisiert. Und die Argumentation für diese These geht über den geläufigen Beweis für die »Kausaltheorie der Wahrnehmung« hinaus. Die übliche Argumentation besagt, daß eine Person einen Gegenstand nicht sieht, falls das Erlebnis, das sie hat, nicht von Eigenschaften des vor ihr befindlichen Gegenstands bewirkt worden ist. Doch für meine Theorie ist es wesentlich, zu zeigen, wie dies Eingang in den intentionalen Gehalt findet. Der intentionale Gehalt des visuellen Erlebnisses muß folglich in folgender Weise expliziert werden:

Ich habe ein visuelles Erlebnis (daß da ein gelber Kombi ist, und daß da ein gelber Kombi ist, verursacht dieses visuelle Erlebnis).

Das schaut verwirrend aus, aber wir liegen, so scheint es mir, damit richtig. Der intentionale Gehalt des visuellen Erlebnisses legt fest, unter welchen Bedingungen es erfüllt bzw. nicht erfüllt ist; er legt fest, was der Fall sein muß, damit es – wie manche sagen – ein »veridiktives« Erlebnis ist. Nun, was muß bei unserem Beispiel mit dem Kombi der Fall sein, damit das Erlebnis veridiktiv ist? Zumindest folgendes: Die Welt muß so sein, wie sie mir visuell vorkommt; und zudem muß der Umstand, daß die Welt so ist, die Ursache dafür sein, daß ich das visuelle Erlebnis habe, das dafür konstitutiv ist, daß mir die Welt so vorkommt. Es ist genau diese Kombination, die ich mit der Repräsentation des intentionalen Gehalts erfassen möchte.

Die sprachliche Darstellung, die ich eben vom intentionalen Gehalt des visuellen Erlebnisses gegeben habe, ist keine irgendwie geartete *Übersetzung*. Vielmehr handelt es sich dabei um eine sprachliche Angabe der Bedingungen, die erfüllt sein müssen, damit der intentionale Gehalt erfüllt ist. Der visuelle intentionale Gehalt ist nicht in dem Sinne selbstbezüglich, daß er eine sprachliche oder andersartige Repräsentation seiner selbst enthielte: Ganz gewiß vollzieht er keinen Sprechakt des Auf-sich-selbst-Bezugnehmens! Vielmehr ist das visuelle Erlebnis einfach in folgendem Sinn selbstbezüglich: es kommt in seinen eigenen Erfüllungsbedingungen vor. Das visuelle Erlebnis selbst *sagt* dies allerdings nicht, sondern *zeigt* es; ich habe es hingegen in meiner sprachlichen Darstellung des intentionalen Gehalts des visuellen Erlebnisses gesagt. Außerdem meine ich, wenn ich das visuelle Erlebnis als kausal selbstbezüglich bezeichne, damit nicht, daß die Kausalbeziehung gesehen wird, und noch weniger, daß das visuelle Erlebnis gesehen wird. Was vielmehr gesehen wird, das sind Gegenstände und Sachverhalte, und es gehört zu den Erfüllungsbedingungen des visuellen Erlebnisses, das man hat, wenn man Gegenstände und Sachverhalte sieht, daß das Erlebnis selbst vom Gesehenen verursacht sein muß.

Gemäß dieser Darstellung ist Wahrnehmung eine intentionale und kausale Transaktion zwischen Geist und Welt. Die Ausrichtung ist Geist-auf-Welt, die Richtung der Verursachung ist Welt-auf-Geist; und die beiden sind nicht voneinander unabhängig, denn der Geist paßt (im Lichte der Ausrichtung) nur dann zur Welt, wenn das andere Relat der Passensbeziehung (und zwar der wahrgenommene Sachverhalt) das Zusammenpassen von Geist und Welt bewirkt. Wir können dies so ausdrücken: Es gehört zum Gehalt des visuellen Erlebnisses, daß es – um erfüllt zu sein – von seinem intentionalen Gegenstand verursacht sein muß. Eine umständlichere, aber genauere Formulierung lautet so: Es gehört zum Gehalt des visuellen Erlebnisses, daß es – um erfüllt zu sein – von folgendem Sachverhalt bewirkt wird: Der intentionale Gehalt des Erlebnisses existiert und hat diejenigen Eigenschaften, die im visuellen Erlebnis präsentiert sind. Genau in diesem Sinne ist der intentionale Gehalt des Wahrnehmungserlebnisses kausal selbstbezüglich.

Die Wahrheitsbedingungen eines Wahrnehmungsurteils

Wir sind nun in der Lage, zu unserer ursprünglichen Frage zurückzukehren: Welches sind die Wahrheitsbedingungen eines Satzes der Form

X sieht einen gelben Kombi?

Vom Standpunkt einer Theorie der Intentionalität aus betrachtet ist diese Frage falsch gestellt, denn der intentionale Gehalt des Sehens ist ja propositional. Die richtige Satzform ist beispielsweise:

X sieht, daß vor X ein gelber Kombi ist.

Die Wahrheitsbedingungen sind:

1. X hat ein visuelles Erlebnis, das
   (a) gewisse Erfüllungsbedingungen
   und (b) gewisse phänomenale Eigenschaften hat.
2. Die Erfüllungsbedingungen sind: daß vor X ein gelber Kombi ist und daß das visuelle Erlebnis dadurch bewirkt wird, daß vor X ein gelber Kombi ist.
3. Die phänomenalen Eigenschaften sind derart, daß sie die in (2) beschriebenen Erfüllungsbedingungen festlegen. Das heißt, das Erlebnis legt diese Erfüllungsbedingungen fest.
4. Die Form der Kausalbeziehung in den Erfüllungsbedingungen ist stetige und regelmäßige intentionale Verursachung.
   (Diese Bedingung ist nötig, um gewisse Arten von Gegenbeispielen mit »abweichenden Kausalketten« zu verhindern, in denen die Erfüllungsbedingungen das visuelle Erlebnis zwar verursachen, das Erlebnis aber dennoch nicht erfüllt ist. Diese Fälle werden wir in Kapitel 4 betrachten, wo wir auch die Natur der intentionalen Verursachung untersuchen werden.)
5. Die Erfüllungsbedingungen sind tatsächlich erfüllt. Das heißt, da ist tatsächlich ein Kombi, der (auf die in (4) beschriebene Weise) das (in (3) beschriebene) visuelle Erlebnis mit dem (in (2) beschriebenen) intentionalen Gehalt verursacht.

Gemäß dieser Theorie gibt es bei der visuellen Wahrnehmung außer dem Wahrnehmenden noch zwei Bestandteile: Das visuelle Erlebnis und die wahrgenommene Szene; die Beziehung zwischen diesen beiden ist intentional und kausal.

Literatur zur Philosophie der Wahrnehmung

- Castañeda, Hector-Neri (Hg.), *Intentionality, Minds, and Perception: Discussions on Contemporary Philosophy*, Detroit: Wayne State University Press 1967.
- Chisholm, Roderick M., *Perceiving: A Philosophical Study*, Ithaca, N. Y.: Cornell University Press 1957.
- Cornman, James W., *Perception, Common Sense, and Science*, New Haven und London: Yale University Press 1975.
- Crane, Tim (Hg.), *The Contents of Experience: Essays on Perception*, Cambridge: Cambridge University Press 1992.
- Crary, Jonathan, *Techniken des Betrachters. Sehen und Moderne im 19. Jahrhundert* (1990), Dresden und Basel: Verlag der Kunst 1996.
- Dancy, Jonathan (Hg.), *Perceptual Knowledge*, Oxford: Oxford University Press 1988.
- Hamlyn, David W., *Sensation and Perception: A History of the Philosophy of Perception*, London: Routledge & Kegan Paul 1969.
- Hanson, Norwood R., *Perception and Discovery: An Introduction to Scientific Inquiry*, San Franzisco: Freeman, Cooper & Company 1969.
- Hirst, Rodney J. (Hg.), *Perception and the External World* (1965), London und New York: Macmillan 1970.
- Hirst, Rodney J., *The Problems of Perception* (1959), London: Allan & Unwin 1978.
- Jackson, Frank, *Perception: A Representative Theory*, Cambridge: Cambridge University Press 1977.
- Lindberg, David C., *Auge und Licht im Mittelalter. Die Entwicklung der Optik von Alkindi bis Kepler* (1976), Frankfurt a. Main: Suhrkamp 1987.
- Locke, Don, *Perception: And Our Knowledge of the External World*, London: Allan & Unwin 1967.
- Machamer P. und Turnbull, R. (Hg.), *Studies in Perception*, Columbus: Ohio State University Press 1978.
- Mundle, C. W. K., *Perception: Facts and Theories*, Oxford: Oxford University Press 1971.
- Pastore, Nicholas, *Selective History of Theories of Visual Perception: 1650-1950*, New York: Oxford University Press 1971.
- Pitcher, George, *A Theory of Perception*, Princeton: Princeton University Press 1971.
- Price, Henry H., *Perception*, London: Methuen 1932.
- Schantz, Richard, *Der sinnliche Gehalt der Wahrnehmung*, München, Hamden und Wien: Philosophia 1990.
- Sibley, Frank N. (Hg.), *Perception: A Philosophical Symposium*, London: Methuen 1971.
- Smythies, John R., *Analysis of Perception*, London: Routledge & Kegan Paul 1956.

- Swartz, Robert J., *Perceiving, Sensing, and Knowing*, London, Los Angeles und Berkeley: University of California Press 1965.
- Vesey, Godfrey, *Perception*, London: Macmillan 1971.
- Warnock, Goeffrey J. (Hg.), *The Philosophy of Perception*, Oxford: Oxford University Press 1967.
- Welsch, Wolfgang, *Aisthesis. Grundzüge und Perspektiven der aristotelischen Sinneslehre*, Stuttgart: Klett-Cotta 1987.
- Wyburn, G. M., Pickford, R. W. und Hirst, R. J., *Human Senses and Perception*, Edinburgh und London: Oliver & Boyd 1964.
- Yolton, John W., *Perception & Reality: A History from Descartes to Kant*. Ithaca: Cornell University Press 1996.
- Yolton, John W., *Perceptual Acquaintance from Descartes to Reid*, Minneapolis: University of Minnesota Press 1984.

Hinweise und Literatur zu den einzelnen Autoren

1. René Descartes

Zur Person

René Descartes wird 1596 in La Haye in der Touraine geboren. Von 1606 bis 1614 ist er Schüler am Jesuitenkollegium von La Flèche. Descartes erwirbt 1616 das Lizentiat der Rechte in Poitiers. Ab 1618 nimmt er für zwei Jahre am 30jährigen Krieg teil. Es folgen Wanderjahre mit langen Aufenthalten in Paris. Nach 1629 lebt Descartes an verschiedenen Orten in den Niederlanden und arbeitet gesellschaftlich zurückgezogen seine Philosophie aus. 1649 siedelt er auf Grund einer Einladung durch Königin Christine nach Stockholm und stirbt dort 1650.

Textauswahl und Quellenangabe

- *Le Monde ou Traité de la Lumière* (1633),
  Übersetzung von G. Matthias Tripp entnommen aus: *Le Monde ou Traité de la Lumière. Die Welt oder Abhandlung über das Licht*, hg. v. G. M. Tripp, Berlin: Akademie Verlag 1989, S. 9 und 11.
- *Dioptrik* (1637),
  Übersetzung von Gertrud Leisegang entnommen aus: *Descartes Dioptrik. Monografien zur Naturphilosophie*, Bd. II, hg. v. E. May, Meisenheim a. Glan: Hain 1954, S. 70-72, 87-91, 99-100, Abb. S. 92.

Literatur

- Clasen, Uwe, *Sehtheorien von René Descartes und George Berkeley im Spiegel der Geschichte der physiologischen Optik*, Aachen: Dissertation 1997.
- Clausberg, Karl, »Video, ergo sum? Licht und Sicht in Descartes' Selbstverständnis sowie Fudds Erinnerungsscheinwerfer«, in: *Video ergo sum. Repräsentation nach innen und außen zwischen Kunst- und Neurowissenschaften*, hg. v. O. Breidbach und K. Clausberg, Hamburg: Hans-Bedow-Institut 1999, S. 8-33.
- Danto, Arthur, »The Representational Character of Ideas and the Problem of the External World«, in: *Descartes: Critical and Interpretative Essays*, hg. v. M. Hooker, Baltimore: Johns Hopkins University Press 1978, S. 287-298.
- Harries, Karsten, »Descartes, Perspective, and the Angelic Eye«, in: *Yale French Studies* 49, 1973, S. 28-42.
- Simon, Gérard, »A propos de la thêorie de la perception visuelle chez Kepler et Descartes: Réflexions sur le role du mechanisme dans la naissance de la science classique«, in: *Actes du Congrès International d'Histoire des Sciences* 13, 1974, S. 237-245.

– Wiesing, Lambert, »Vom *cogito* zum *video*. Die bewußtseinstheoretische Bedeutung des Sehens nach René Descartes«, in: Lambert Wiesing, *Phänomene im Bild*, München: Fink Verlag 2000, S. 79-97.
– Yolton, John W., *Perceptual Acquaintance from Descartes to Reid*, Minneapolis: University of Minnesota Press 1984.

2. John Locke

Zur Person

John Locke wird 1632 in Wrington bei Bristol geboren. 1652 beginnt Locke das Studium der Medizin und Philosophie am Christ Church College in Oxford, an dem er ab 1658 selbst lehrt. 1667 geht Locke als Arzt und Sekretär des Politikers Anthony Ashley, dem späteren Earl of Shaftesbury, nach London. 1675 bis 1679 unternimmt Locke eine ausgedehnte Reise nach Frankreich. Er kehrt nach London zurück, muß jedoch aus Angst vor politischer Verfolgung 1683 das Land verlassen und lebt, teils unter falschem Namen, in den Niederlanden. Als Wilhelm von Oranien 1689 den englischen Thron besteigt, kehrt Locke nach England zurück und ist unter dessen Regierung elf Jahre in verschiedenen Ämtern in Steuer- und Handelsräten tätig. John Locke stirbt 1704 in Oates, Essex.

Textauswahl und Quellenangabe

– *An Essay Concerning Human Understanding* (1690),
Übersetzung von C. Winckler entnommen aus: *Versuch über den menschlichen Verstand*, in vier Büchern, Bd. I: Buch I und II, Hamburg: Meiner, Philosophische Bibliothek, Band 75, 5., durchgesehene Aufl. 2000, II. Buch, 1. Kap. 1-5 u. 9 u. 19-20; 2. Kap. 1 u. 2; 3. Kap. 1; 8. Kap. 7-21; 9. Kap. 1-4; 11. Kap. 14-17; 23. Kap. 1-6 u. 29-30; © Felix Meiner Verlag, Hamburg 2000, Abdruck mit freundlicher Genehmigung.

Literatur

– Aspelin, Gunnar, »Idea and Perception in Locke's Essay«, in: *Theoria* 33, 1967, S. 98-106.
– Jackson, R., »Locke's Distinction Between Primary and Secondary Qualities«, in: *Locke and Berkeley*, hg. v. C. B. Martin und D. M. Armstrong, New York: Anchor Books 1968, S. 53-77.
– Lowe, E. Jonathan, *Locke on Human Understanding*, London: Routledge 1999, besonders S. 35-65.

- Martin, Charles B. und Armstrong, David M. (Hg.), *Locke and Berkeley*, Garden City, N. Y.: Anchor Books 1968.
- Shanab, Robert E. A., »Locke on Knowledge and Perception«, in: *Journal of Critical Analysis* 2, 1971, S. 16-23.
- Squadrito, Kathleen M., *Locke's Theory of Sensitive Knowledge*, Washington: University Press of America 1978.
- Tipton, Ian C. (Hg.), *Locke on Human Understanding*, Oxford: Oxford University Press 1977.
- Yolton, John W., *John Locke and the Way of Ideas*, London: Oxford University Press 1956.

3. George Berkeley

Zur Person

George Berkeley wird 1685 im irischen Kilkenny geboren. Nach einigen Jahren am Kilkenny College wechselt er an das Trinity College in Dublin, an welchem er von 1700 an Theologie studiert. 1709 wird Berkeley zum Priester geweiht. Berkeley zieht 1712 nach London. Es folgen jahrelange Reisen als Begleitung des Grafen von Peterborough durch Frankreich und Italien. Erst 1721 kehrt er nach Irland zurück. In seiner neuen Funktion als Dekan von Derry entwirft er den Plan für eine Missionsstation und Collegegründung auf den Bermudas, welchen er mit Zuschüssen der Regierung zwischen 1731 und 1734 von Rhode Island in Amerika aus zu realisieren versucht; das Vorhaben scheitert. Nach seiner Rückkehr wird Berkeley zum Bischof von Cloyne ernannt und bleibt dies 18 Jahre. 1752 zieht Berkeley nach Oxford und stirbt dort 1753.

Textauswahl und Quellenangabe

- *A Treatise Concerning the Principles of Human Knowledge* (1710), Übersetzung von Friedrich Überweg entnommen aus: *Eine Abhandlung über die Prinzipien der menschlichen Erkenntnis*, hg. v. A. Klemmt, Hamburg: Meiner 1979, S. 25-30, 34-42.

Weitere Schriften zur Wahrnehmung

- *Versuch über eine neue Theorie des Sehens* (1709), Hamburg: Meiner 1987.
- »The Theory of Vision Vindicated and Explained or Visual Language Showing the Immediate Presence and Providence of a Deity« (1733), in: *George Berkeley: Philosophical Works on Vision*, hg. v. M. R. Ayers, London: Everyman 1993, S. 277-304.

- Abbott, Thomas, *Sight and Touch: An Attempt to Disprove the Received (or Berkeleian) Theory of Vision*, London: Longman 1964.
- Armstrong, David M., »Discussion: Berkeley's ›New Theory of Vision‹«, in: *Journal of the History of Ideas* 17, 1956, S. 127-129.
- Armstrong, David M., *Berkeley's Theory of Vision: A Critical Examination of Bishop Berkeley's Essay towards a New Theory of Vision*, Melbourne: Melbourne University Press 1960.
- Atherton, Margaret, *Berkeley's Revolution in Vision*, Ithaca: Cornell University Press 1990.
- Clasen, Uwe, *Sehtheorien von René Descartes und George Berkeley im Spiegel der Geschichte der physiologischen Optik*, Aachen: Dissertation 1997.
- Donagan, Alan, »Berkeley's Theory of the Immediate Objects of Vision«, in: *Studies in Perception*, hg. v. P. Machamer und R. Turnbull, Columbus: Ohio State University Press 1978, S. 312-335.
- Martin, Charles B. und Armstrong, David M. (Hg.), *Locke and Berkeley*, Garden City, N. Y.: Anchor Books 1968.
- Mill, John Stuart, »Bailey on Berkeley's Theory of Vision« (1843) in: *Collected Works of John Stuart Mill, Vol. 11: Essays on Philosophy and the Classics*, hg. v. J. M. Robson, Toronto: Toronto University Press 1978, S. 245-269.
- Pirenne, M. H., »Physiological Mechanisms in the Perception of Distance by Sight and Berkeley's Theory of Vision«, in: *British Journal for the History of Philosophy of Science* 4, 1953, S. 13-21.
- Pitcher, George, *Berkeley*, London: Routledge & Kegan Paul 1977.
- Schwartz, Robert, *Vision: Variations on Some Berkeleian Themes*, Oxford: Blackwell 1994.
- Silver, Bruce, »A Note on Berkeley's *New Theory of Vision* and Thomas Reid's Distinction between Primary and Secondary Qualities«, in: *Southern Journal of Philosophy* 12, 1974, S. 253-263.
- Tipton, Ian C., *Berkeley: The Philosophy of Immaterialism*, London: Methuen 1974, besonders S. 179-255.
- Turbayne, Colin M. (Hg.), *Berkeley: Critical and Interpretative Essays*, Manchester: Manchester University Press 1982.

4. Thomas Reid

Zur Person

Thomas Reid wird 1710 in Strachan in Schottland geboren. Von 1722 bis 1729 besucht er das Marischal College in Aberdeen; er studiert Theologie. Ab 1733 arbeitet er an diesem College als Bibliothekar. 1737 bis 1751 ist Reid Vikar in New Machar in Schottland. Danach lehrt Reid am King's College in Aberdeen bis 1764; dort gründet er zusammen mit John Gregory 1758 die *Aberdeen Philosophical Society*, eine Vereinigung von schottischen Common-Sense-Philosophen. 1764 folgt Reid einer Berufung auf den Lehrstuhl für Moralphilosophie an das Old College in Glasgow als Nachfolger von Adam Smith; er lehrt hier bis 1780. Reid stirbt 1796.

Textauswahl und Quellenangabe

– *Inquiry into the Human Mind* (1764),
Übersetzung von Anonymus entnommen aus: *Untersuchung über den menschlichen Geist nach den Grundsätzen des gemeinen Menschenverstandes*, Leipzig: Schwickertsche Verlage 1782, S. 368-372, 300-313, 85-97. Die Übersetzung wurde von Michael Albert Islinger grundlegend überarbeitet.

Weitere Schriften zur Wahrnehmung

– »Essays on the Intellectual Powers of Man« (1785), in: Reid, Thomas, *Philosophical Works*, Hildesheim: Olms, Nachdruck der 8. Auflage Edinburgh 1895, S. 213-508.
– »Essays on the Active Powers of Man« (1788), in: Reid, Thomas, *Philosophical Works*, Hildesheim: Olms, Nachdruck der 8. Auflage Edinburgh 1895, S. 509-679.

Literatur

– Ben-Zeev, Aaron, »Reid's Direct Approach to Perception«, in: *Studies in History and Philosophy of Science* 17, 1986, S. 99-114.
– Brody, Baruch A., »Reid and Hamilton on Perception«, *Monist* 55, 1971, S. 423-441.
– Duggan, Timothy, »Thomas Reid's Theory of Sensation«, in: *Philosophical Review* 49, 1960, S. 90-100.
– Ellos, William J., »Thomas Reid's Analysis of Sensation«, in: *New Scholasticism* 57, 1983, S. 107-114.
– Jensen, Andreas Bahne, »Gestaltanalytische Untersuchungen zur Erkenntnislehre Thomas Reids«, Kiel: Dissertation 1941.
– Lehrer, Keith, *Thomas Reid*, London und New York: Routledge 1991, besonders S. 52-80.

- Nadler, Steven M., »Reid, Arnauld, and the Objects of Perception«, in: *History of Philosophy Quarterly* 3, 1986, S. 165-173.
- Pape, Helmut, *Die Unsichtbarkeit der Welt,* Frankfurt a. Main: Suhrkamp 1997, bes. Kap. 4.
- Silver, Bruce, »A Note on Berkeley's *New Theory of Vision* and Thomas Reid's Distinction between Primary and Secondary Qualities«, in: *Southern Journal of Philosophy* 12, 1974, S. 253-263.
- Smith, J. C., »Reid's Functional Explanation of Sensation«, in: *History of Philosophy Quarterly* 3, 1986, S. 175-194.

5. Immanuel Kant

Zur Person

Immanuel Kant wird 1724 in Königsberg geboren. Er studiert an der Universität in Königsberg, das er nie verlassen wird, von 1740 an Philosophie, Mathematik und Naturwissenschaften. In den Jahren von 1746 bis 1755 lebt Kant von seinem Beruf als Hauslehrer. Er promoviert 1755 und habilitiert sich 1756. Kant ist dann 15 Jahre Privatdozent, bevor er 1770 den Ruf auf die Professor für Logik und Metaphysik erhält. Kant stirbt 1804 in Königsberg.

Textauswahl und Quellenangabe

- Kritik der reinen Vernunft (1781),
  Entnommen aus: *Kritik der reinen Vernunft,* hg. v. W. Weischedel, Frankfurt am Main: Suhrkamp 1990, S. 69-83.

Literatur

- Hatfield, Gary, *The Natural and the Normative: Theories of Spatial Perception from Kant to Helmholtz,* Cambridge: MIT-Press 1991, besonders S. 67-108.
- Majetschak, Stefan, »Welt als Begriff und Welt als Kunst. Zur Einschätzung der theoretischen Leistungsfähigkeit des Ästhetischen bei Kant und Konrad Fiedler«, in: *Philosophisches Jahrbuch* 96, 1989, S. 276-293.
- Rohs, Peter, *Transzendentale Ästhetik,* Meisenheim a. Glan: Hain 1973.
- Rosenthal, Sandra B. und Bourgois, Patrick L., »Peirce, Merleau-Ponty and Perceptual Experience«, in: *International Studies in Philosophy* 19, 1987, S. 33-42.
- Strawson, Peter F., »Imagination and Perception« (1970), in: Strawson, Peter F., *Freedom and Resentment and other Essays,* London: Methuen 1974, S. 45-65.
- Strawson, Peter F., *The Bounds of Sense: An Essay on Kant's* Critique of Pure Reason (1966), London: Routledge 1995, besonders S. 47-71.

6. Georg Wilhelm Friedrich Hegel

Zur Person

Georg Wilhelm Friedrich Hegel wird 1770 in Stuttgart geboren. Von 1788 bis 1793 studiert er gemeinsam mit Hölderlin und Schelling am Theologischen Stift in Tübingen Philosophie und Theologie. Anschließend arbeitet er als Hauslehrer in Bern und Frankfurt a. Main. Hegel habilitiert sich 1801 an der Universität in Jena. 1807 verläßt Hegel Jena – nicht zuletzt wegen wirtschaftlicher Sorgen –, um eine Stelle als Redakteur der Bamberger Zeitung anzunehmen. Von 1808-1816 leitet er als Gymnasialdirektor das Ägidiengymnasium in Nürnberg. Erst 1816 erfolgt eine Berufung als Professor für Philosophie an die Universität in Heidelberg und 1818 an die Universität in Berlin; hier stirbt Hegel 1831 an einer Cholerainfektion.

Textauswahl und Quellenangabe

- *Phänomenologie des Geistes* (1807),
  Entnommen aus: *Phänomenologie des Geistes,* Frankfurt a. Main: Suhrkamp 1973, S. 82 f., 92-97, 99-101.

Weitere Schriften zur Wahrnehmung

- *Enzyklopädie der philosophischen Wissenschaften im Grundrisse* (1830), Frankfurt a. Main: Suhrkamp 1992, §§ 407 ff., 420 ff., 454 ff.

Literatur

- Graeser, Andreas, »Hegels Porträt der sinnlichen Gewißheit«, in: *G. W. F. Hegel, Phänomenologie des Geistes*, hg. v. D. Köhler und O. Pöggeler, Berlin: Akademie Verlag 1998, S. 33-51.
- Hagner, Joachim, »Die Wahrnehmung; oder das Ding, und die Täuschung«, in: *G. W. F. Hegel. Phänomenologie des Geistes*, hg. v. D. Köhler und O. Pöggeler, Berlin: Akademie Verlag, S. 53-88.
- Kettner, Matthias, *Hegels »Sinnliche Gewißheit«. Diskursanalytischer Kommentar,* Frankfurt a. Main: Campus 1990.
- Pippin, Robert B., *Hegel's Idealism: The Satisfactions of Self-Conciousness,* Cambridge und New York: Cambridge University Press 1989, besonders S. 91-162.
- Siep, Ludwig, *Der Weg der Phänomenologie des Geistes. Ein einführender Kommentar zu Hegels »Differenzschrift« und »Phänomenologie des Geistes«,* Frankfurt a. Main: Suhrkamp 2000, besonders S. 83-91.
- Vieweg, Klaus, *Philosophie des Remis. Der junge Hegel und das »Gespenst des Skepticismus«*, München: Fink Verlag 1999, besonders S. 207-243.

– Westphal, Kenneth R., *Hegel, Hume und die Identität wahrnehmbarer Dinge. Historisch-kritische Analyse zum Kapitel »Wahrnehmung« in der* Phänomenologie *von 1807*, Frankfurt a. Main: Klostermann 1998.
– Westphal, Kenneth R., »Von Skeptizismus in bezug auf die Sinne oder das Ding und die Täuschung«, in: *Skeptizismus und Spekulatives Denken in der Philosophie Hegels*, Stuttgart: Klett-Cotta 1996, S. 153-176.
– Ziemke, Axel, »Das Ding als Wahrnehmung und seine ›Aufhebung in der Handlung‹. Eine nicht-repräsentationistische Perspektive aus klassisch-philosophischer Sicht«, in: *Repräsentationismus – Was sonst? Eine kritische Auseinandersetzung mit dem repräsentationistischen Forschungsprogramm in den Neurowissenschaften*, hg. v. A. Ziemke und O. Breidbach, Braunschweig und Wiesbaden: Vieweg 1996, S. 139-168.

7. John Stuart Mill

Zur Person

John Stuart Mill wird 1806 in London geboren. Um seine schulische Ausbildung kümmert sich nahezu ausschließlich sein Vater, der Nationalökonom und Philosoph James Mill. In einem einzigartigen Erziehungsexperiment will dieser seinen Sohn zu einem perfekten Positivisten abrichten. Nach schweren Lebenskrisen erleidet John Stuart Mill 1826 einen Nervenzusammenbruch. Von Beruf ist Mill seit 1823 Korrespondent an der East India Company, der Londoner Kolonialverwaltung – eine Tätigkeit, welche ihm Zeit zu einem umfangreichen philosophischen und journalistischen Werk läßt. Nach dem frühen Tod seiner Frau, der Frauenrechtlerin Harriet Taylor, gibt Mill 1858 seinen Beruf auf. Er lebt, abgesehen von den Jahren 1865-1868, in denen er Unterhausabgeordneter der Liberalen Partei ist, abwechselnd in London und in Avignon; hier stirbt Mill 1873.

Textauswahl und Quellenangabe

– *Examination of Sir W. Hamilton's Philosophy* (1865),
Übersetzung von Hilmar Wilmanns entnommen aus: *Eine Prüfung der Philosophie Sir William Hamiltons*, Halle a. Saale: Verlag von Max Niemeyer 1908, S. 251-158, 159-265, 266, 293-296, 297-299.

Weitere Schriften zur Wahrnehmung

– »Bailey on Berkeley's Theory of Vision« (1843), in: *Collected Works of John Stuart Mill, Vol. 11: Essays on Philosophy and the Classics*, hg. v. J. M. Robson, Toronto: Toronto University Press 1978, S. 245-269.

Literatur

– Scarre, Geoffrey, *Logic and Reality in the Philosophy of John Stuart Mill*, Dordrecht, Boston und London: Kluwer 1989.

8. Hermann von Helmholtz

Zur Person

Hermann von Helmholtz wird 1821 in Potsdam geboren. Von 1838 an studiert von Helmholtz Medizin in Berlin und wird 1842 Militärarzt an der Charité, ab 1848 Anatomielehrer an der Berliner Kunstakademie. 1849 erhält er einen Ruf auf die Professor für Physiologie an die Universität Königsberg. Es folgen weitere Professuren in Bonn und Heidelberg, bevor er 1871 den Lehrstuhl für Physik in Berlin übernimmt. Von Helmholtz stirbt 1894 in Charlottenburg.

Textauswahl und Quellenangabe

– *Über das Sehen des Menschen* (1855),
Entnommen aus: *Philosophische Vorträge und Aufsätze*, hg. v. H. Hörz und S. Wollgast, Berlin: Akademie Verlag 1971, S. 48 f., 53 f., 55 f., 57 f.
– *Die Tatsachen in der Wahrnehmung* (1878),
Entnommen aus: *Philosophische Vorträge und Aufsätze*, hg. v. H. Hörz und S. Wollgast, Berlin: Akademie Verlag 1971, S. 252 f., 255 f.

Weitere Schriften zur Wahrnehmung

– »Über die Natur der menschlichen Sinnesempfindungen« (1852), in: *Abhandlungen zur Philosophie und Geometrie*, hg. v. S. Gehlhaar, Cuxhaven: Junghans-Verlag 1987, S. 1-12.
– *Handbuch der physiologischen Optik*, Leipzig: Voss 1867.
– »Die neueren Fortschritte in der Theorie des Sehens« (1868), in: *Abhandlungen zur Philosophie und Geometrie*, hg. v. S. Gehlhaar, Cuxhaven: Junghans-Verlag 1987, S. 54-107.
– »Die Tatsachen in der Wahrnehmung nebst drei Beilagen« (1878), in: *Schriften zur Erkenntnistheorie*, hg. v. E. Bonk, Wien und New York: Springer 1998, mit Textkommentar von M. Schlick, S. 147-230.
– »Optisches über Malerei«, in: *Populäre wissenschaftliche Vorträge*, Bd. 3, Braunschweig: Vieweg & Sohn 1876, S. 55-98.
– »Über den Ursprung der richtigen Deutung unserer Sinneseindrücke« (1894), in: *Abhandlungen zur Philosophie und Geometrie*, hg. v. S. Gehlhaar, Cuxhaven: Junghans-Verlag 1987, S. 186-196.

– *Die Lehre von den Gesichtsempfindungen*, hg. v. W. Nagel und J. von Kreis, Hamburg: Voss 1911.

Literatur

– Cassirer, Ernst, »The Concept of Group and the Theory of Perception«, in: *Philosophy and Phenomenological Research* 5, 1944, S. 1-35.
– Erdmann, Benno, »Die philosophischen Grundlagen von Helmholtz' Wahrnehmungstheorie«, in: *Abhandlungen der Preussischen Akademie der Wissenschaften. Philosophisch-historische Klasse* 1921, S. 1-45.
– Hatfield, Gary, *The Natural and the Normative: Theories of Spatial Perception from Kant to Helmholtz*, Cambridge: MIT-Press 1991, besonders S. 165-234.
– Heidelberger, Michael, »Räumliches Sehen bei Helmholtz und Hering«, in: *Philosophia-Naturalis* 30, 1993, S. 1-28.
– Liebsch, Burkhard »›Eine Welt ohne Konsequenzen und Prämissen ...‹. Ein Nachtrag zur Geschichte des Theorems vom unbewußten Schluß«, in: *Archiv für Begriffsgeschichte* 34, 1991, S. 326-367.
– Turner, R. Steven, »Hermann von Helmholtz and the Empiricist Vision«, in: *Journal of the History of the Behavioural Sciences* 13, 1977, S. 48-58.
– Turner, R. Steven, *In the Eye's Mind: Vision and the Helmholtz-Hering Controversy*, Princeton: Princeton University Press 1994.

9. Konrad Fiedler

Zur Person

Konrad Fiedler wird 1841 im sächsischen Oederan geboren. Von 1861 bis 1865 studiert Fiedler Jura in Lausanne, Heidelberg, Berlin und Leipzig; er schließt hier mit der Promotion in Jura ab. Nach einer kurzen Beschäftigung in einer Anwaltskanzlei gibt er den Beruf als Jurist auf. Es folgen Jahre, in denen Fiedler als Kunstschriftsteller, Mäzen und Kunstsammler durch Europa und den Vorderen Orient reist. 1880 läßt er sich in München nieder und stirbt dort 1895 durch einen Sturz aus dem Fenster.

Textauswahl und Quellenangabe

– *Über den Ursprung der künstlerischen Tätigkeit* (1887),
Entnommen aus: *Konrad Fiedler: Schriften zur Kunst I*, hg. v. G. Boehm, München: Fink Verlag, 2. Aufl. 1991, 1. Kap.: S. 113-118; 3. Kap.: S. 146-150; 152-155; 4. Kap.: S. 158, 161 f.; 5. Kap.: S. 179 f.; 6. Kap.: S. 187-191. Die Zwischenüberschriften wurden vom Herausgeber ergänzt.

Literatur

- Bischoff, Michael und Struch, Matthias, »Kunst, Wahrnehmung und visuelle Erkenntnis«, in: *Bilder im Geiste. Zur kognitiven und erkenntnistheoretischen Funktion piktoraler Repräsentationen*, hg. v. K. Sachs-Hombach, Amsterdam: Rodopi 1995, S. 307-320.
- Boehm, Gottfried, »Bildsinn und Sinnesorgane«, in: *neue hefte für philosophie* 18/19, 1980, 118-132.
- Majetschak, Stefan, »Welt als Begriff und Welt als Kunst. Zur Einschätzung der theoretischen Leistungsfähigkeit des Ästhetischen bei Kant und Konrad Fiedler«, in: *Philosophisches Jahrbuch* 96, 1989, S. 276-293.
- Podro, Michael, *The Manifold of Perception: Theories of Art from Kant to Hildebrand*, Oxford: Clarendon Press 1972, besonders S. 111-120.
- Wiesing, Lambert, »Die Zustände des Auges. Konrad Fiedler und Heinrich Wölfflin«, in: *Auge und Hand. Konrad Fiedlers Kunsttheorie im Kontext*, hg. v. S. Majetschak, München: Fink Verlag 1997, S. 189-208.

10. Christian von Ehrenfels

Zur Person

Christian Freiherr von Ehrenfels wird 1859 im österreichischen Rodaun geboren. Er studiert an der Universität von Wien Philosophie bei Franz Brentano und Alexius Meinong und wird dort 1888 Privatdozent. 1896 erhält er einen Ruf an die Deutsche Universität in Prag auf die Professur für Philosophie, die er bis 1929 innehat. Christian von Ehrenfels stirbt 1932 in Lichtenau.

Textauswahl und Quellenangabe

- *Über »Gestaltqualitäten«* (1890),
  Entnommen aus: *Gestalthaftes Sehen. Ergebnisse und Aufgaben der Morphologie. Zum hundertjährigen Geburtstag von Christian von Ehrenfels*, hg. v. F. Weinhandl, Darmstadt: Wissenschaftliche Buchgesellschaft 1967, S. 13 f., 18-21.

Weitere Schriften zur Wahrnehmung

- »Höhe und Reinheit der Gestalt« (1916), in: *Gestalthaftes Sehen. Ergebnisse und Aufgaben der Morphologie. Zum hundertjährigen Geburtstag von Christian von Ehrenfels,* hg. v. F. Weinhandl, Darmstadt: Wissenschaftliche Buchgesellschaft 1967, S. 45-60.
- »Über Gestaltqualitäten« (1932), in: *Gestalthaftes Sehen. Ergebnisse und Aufgaben der Morphologie. Zum hundertjährigen Geburtstag von Christian von*

Ehrenfels, hg. v. F. Weinhandl, Darmstadt: Wissenschaftliche Buchgesellschaft 1967, S. 61-63.
– »Ästhetische Vorlesungen (Aus dem Nachlaß)«, in: *Philosophische Schriften*, Bd. 2., hg. v. R. Fabian. München: Philosophia Verlag 1986, S. 264-482, besonders S. 329-351.

Literatur

– Grossmann, Reinhardt, »Structures versus Sets: The Philosophical Background of Gestalt Psychology«, in: *Critica* 9, 1977, S. 3-21.
– Hamlyn, David W., *The Psychology of Perception: A Philosophical Examination of Gestalt Theory and Derivative Theories of Perception*, London: Routledge & Kegan Paul 1957.
– Macnamara, John und Boudewijnse, Geert-Jan, »Brentano's Influence on Ehrenfels' Theory of Perceptual Gestalts«, in: *Journal of the Theory of Social Behaviour* 25, 1995, S. 401-418.
– Smith, Barry (Hg.), *Foundations of Gestalt Theory*, München und Wien: Philosophia 1988.

11. Charles Sanders Peirce

Zur Person

Charles Sanders Peirce wird 1839 in Cambridge in den USA geboren. Er studiert von 1855-1861 Naturwissenschaften (Physik, Chemie, Astronomie) an der Harvard University und lehrt dort unregelmäßig ab 1864 als Lehrbeauftragter für Logik. Hauptberuflich arbeitet er zwischen 1861 und 1891 für den geodätischen Dienst des United States Coast Survey und das Harvard Observatory. Diese Tätigkeit führt auch zu zahlreichen Europareisen. 1870 gründet Peirce in Cambridge unter anderem zusammen mit William James den sogenannten *Metaphysical Club*, eine private Vereinigung, in der sich die Anfänge des amerikanischen Pragmatismus entwickeln. 1879 wird Peirce zum »half-time lecturer of logic« an der Johns Hopkins University in Baltimore ernannt. Dies bleibt seine einzige akademische Stellung; der Vertrag wird 1884 nicht verlängert. Daraufhin zieht sich Peirce 1887 als Privatgelehrter in ein Bauernhaus in Milford, Pennsylvania zurück; er stirbt dort 1914.

Textauswahl und Quellenangabe

– *Lectures on Pragmaticism* (1903),
Übersetzung von Gert Wartenberg, entnommen aus: *Schriften zum Pragmatismus und Pragmatizismus*, hg. v. K.-O. Apel, Frankfurt: Suhrkamp 1991, S. 355 f., 403-407; die Paragraphen 5.182-190 wurden von Alexander Roesler ins Deutsche übertragen.

Weitere Schriften zur Wahrnehmung

- »Telepathy and Perception« (1903), in: *Collected Papers of Charles Sanders Peirce*, Bd. 7, hg. v. A. W. Burks, Cambridge und London: Belknap Press of Havard University Press 1979, S. 359-397.

Literatur

- Almeder, Robert, »Peirce's Theory of Perception«, in: *Transactions of the Charles S. Peirce Society* 6, 1970, S. 99-110.
- Bernstein, Richard, »Peirce's Theory of Perception«, in: *Studies in Philosophy of Ch. S. Peirce. Second Series*, hg. v. E. C. Moore und R. S. Robin, Worcester: University of Massachusetts Press 1964, S. 165-189.
- Müller, Ralf, *Die dynamische Logik des Erkennens von Charles S. Peirce*, Würzburg: Königshausen & Neumann 1999, besonders S. 15-25.
- Pape, Helmut, »On a Connection between Peirce's Theory of Perception and his Theory of Indexical Identification«, in: *Proceedings of the C. S. Peirce Bicentennial International Congress*, hg. v. K. L. Ketner, J. M. Ransdell u. a., Lubbock: Texas Tech. University 1981, S. 233-257.
- Roesler, Alexander: *Illusion und Relativismus. Zu einer Semiotik der Wahrnehmung im Anschluß an Charles S. Peirce*, Paderborn, München, Wien und Zürich: Schöningh 1999.
- Rosenthal, Sandra B. und Bourgois, Patrick L., »Peirce, Merleau-Ponty and Perceptual Experience«, in: *International Studies in Philosophy* 19, 1987, S. 33-42.
- Rosenthal, Sandra B., »Peirce's Theory of Perceptual Judgment: An Ambiguity«, in: *Journal of History of Philosophy* 7, 1969, S. 303-314.
- Rosenthal, Sandra B., »Temporality, Perceptual Experience and Peirce's ›Proofs of Realism‹«, in: *Transactions of the Charles S. Peirce Society* 20, 1984, S. 435-451.
- Santaella, Braga L., »A Triadic Theory of Perception«, in: *Signs, Search and Communication*, hg. v. R. J. Jorna, B. van Heusden und R. Posaner, Berlin und New York: de Gruyter 1993, S. 39-47.

12. Edmund Husserl

Zur Person

Edmund Husserl wird 1859 in Prößnitz in Mähren geboren. Von 1876 bis 1887 studiert er Astronomie, Mathematik und Philosophie an den Universitäten von Leipzig, Berlin und Wien. Husserl promoviert 1883 mit einer mathematischen Dissertation. In Halle a. Saale habilitiert er sich 1887 und bleibt dort bis

1901 Privatdozent. 1901 erfolgt ein Ruf an die Universität Göttingen und 1916 nach Freiburg im Breisgau, wo er die *Freiburger phänomenologische Gesellschaft* gründet. Wegen seiner jüdischen Abstammung wird Husserl durch die Nationalsozialisten, aber auch durch seinen früheren Mitarbeiter Martin Heidegger zunehmend von der wissenschaftlichen Diskussion ausgeschlossen; 1935 führt dies zum Entzug der Lehrbefugnis und zum Hausverbot an der Freiburger Universität. Husserl stirbt 1938 in Freiburg.

Textauswahl und Quellenangabe

- *Analysen zur passiven Synthesis. Vorlesungen* (1925/26), Entnommen aus: *Analysen zur passiven Synthesis. Aus Vorlesungs- und Forschungsmanuskripten 1918-1926*, Husserliana Bd. XI, hg. v. M. Fleischer, Den Haag: Nijhoff 1966, S. 3-24;

Weitere Schriften zur Wahrnehmung

- *Ding und Raum. Vorlesungen 1907*, Husserliana XVI, hg. v. K.-H. Hahnengress und S. Rapic, Hamburg: Meiner 1991.

Literatur

- Becker, Wolfgang, »Indexikalität, Wahrnehmung und Bedeutung bei Husserl«, in: *Conceptus* 24, 1990, S. 51-71.
- Claesges, Ulrich, *Edmund Husserls Theorie der Raumkonstitution*, Den Haag: Nijhoff 1964.
- Dreyfus, Hubert L., »Husserl's Perceptual Noema«, in: *Husserl, Intentionality and Cognitive Science*, hg. v. H. L. Dreyfus, Cambridge, Mass.: MIT-Press 1982, S. 97-123.
- Dreyfus, Hubert L., *Husserl's Phenomenology of Perception: From Transcendental to Existential Phenomenology*, Harvard: Dissertation 1963.
- Drost, Mark P., »The Primacy of Perception in Husserl's Theory of Imaging«, in: *Philosophy and Phenomenological Research* 50, 1990, S. 569-582.
- Føllesdal, Dagfinn, »Brentano und Husserl on Intentional Objects and Perception«, in: *Grazer philosophische Studien* 5, 1978, S. 83-94.
- Føllesdal, Dagfinn, »Husserl's Theory of Perception«, in: *Ajatus* 36, 1976, S. 95-105.
- Hutt, Curtis M., »Husserl: Perception and Ideality of Time«, in: *Philosophy Today* 43, 1999, S. 370-385.
- McKenna, William R., »Husserl's Theory of Perception«, in: *Husserl's Phenomenology: A Textbook*, hg. v. J. N. Mohanty und W. R. McKenna, Lanham: The Center for Advanced Research in Phenomenology and University Press of America 1989, S. 181-212.

– Melle, Ullrich, *Das Wahrnehmungsproblem und seine Verwandlung in phänomenologischer Einstellung. Untersuchungen zu den phänomenologischen Wahrnehmungstheorien von Husserl, Gurwitsch und Merleau-Ponty*, Den Haag, Boston und Lancaster: Nijhoff 1983.
– Miller, Izchak, »Perceptual Reference«, in: *Synthese* 66, 1986, S. 35-60.
– Miller, Izchak, *Husserl, Perception, and Temporal Awareness*, Cambridge: MIT-Press 1984.
– Mulligan, Kevin, »Perception«, in: *The Cambridge Companion to Husserl*, hg. v. B. Smith und D. W. Smith, Cambridge: Cambridge University Press 1995, S. 168-238.
– Rang, Bernhard, »Repräsentation und Selbstgegebenheit. Die Aporie der Phänomenologie der Wahrnehmung in den Frühschriften Husserls«, in: *Phänomenologische Forschungen* 1, 1975, S. 105-135.
– Schapp, Wilhelm, *Beiträge zur Phänomenologie der Wahrnehmung*, Göttingen: Universität Göttingen 1910.
– Smith, David Woodruff, »Husserl on Demonstrative Reference and Perception«, in: *Husserl, Intentionality and Cognitive Science*, hg. v. H. L. Dreyfus, Cambridge, Mass.: MIT-Press 1982, S. 193-213.
– Sommer, Manfred, »›Abschattung‹«, in: *Zeitschrift für philosophische Forschung* 50, 1996, S. 271-285.

13. George Edward Moore

Zur Person

George Edward Moore wird 1873 in Upper Norwood geboren. Er beginnt 1892 das Studium der Altphilologie am Trinity College in Cambridge, wechselt jedoch bald unter dem Einfluß von Bertrand Russell zur Philosophie. Durch eine Erbschaft unabhängig geworden, lebt er als Privatgelehrter bis 1908 in Edinburgh, dann in Richmond. Von 1911 bis 1925 ist Moore Dozent und danach bis 1939 Professor an der Universität Cambridge. Ab 1921 wird die Zeitschrift *Mind* von Moore herausgegeben. Erst nach seiner Emeritierung 1939 lehrt er auch als Gastprofessor in Oxford und 1940-44 in den USA. Moore stirbt 1958 in Cambridge.

Textauswahl und Quellenangabe

– *Some Main Problems of Philosophy* (1910/1953),
Übersetzung von Jürgen Schröder erstellt nach der Originalveröffentlichung: *Some Main Problems of Philosophy*, London: Allen & Unwin, New York: The Humanities Press, 4. Aufl. 1966, S. 29-34 und 49-51.

Weitere Schriften zur Wahrnehmung

- »The Refutation of Idealism« (1903), in: Moore, George E., *Philosophical Studies*, London: Routledge & Kegan Paul, 1960, S. 1-30.
- »The Nature and Reality of Objects of Perception« (1905/06), in: Moore, George E., *Philosophical Studies*, London: Routledge & Kegan Paul, 1960, S. 31-96.
- »The Status of Sense-Data« (1913/14), in: Moore, George E., *Philosophical Studies*, London: Routledge & Kegan Paul, 1960, S. 168-196.
- »Some Judgements of Perception« (1918/19), in: Moore, George E., *Philosophical Studies*, London: Routledge & Kegan Paul, 1960, S. 220-252.
- »Visual Sense-Data«, in: *British Philosophy in Mid-Century: A Cambridge Symposium*, hg. v. C. A. Mace, London: Allan & Unwin 1957, S. 205-211.

Literatur

- Baldwin, Thomas, *G. E. Moore*, London und New York: Routledge 1992, besonders S. 233-266.
- Bouwsma, O. K., »Moore's Theory of Sense-Data«, in: *The Philosophy of Perception*, hg. v. G. J. Warnock, Oxford: Oxford University Press 1967, S. 8-24.
- Hoerster, Norbert, »George Edward Moore. Die Wahrnehmung der Außenwelt«, in: *Grundprobleme der großen Philosophen*, Philosophie der Gegenwart III, hg. v. J. Speck, Göttingen: Vandenhoeck und Ruprecht 1975, S. 9-50.
- Locke, Don, *Perception: And Our Knowledge of the External World*, London: Allan & Unwin 1967, besonders S. 164-203.
- Schilpp, Paul Arthur, *The Philosophy of G. E. Moore* (1968), La Salle: Open Court 1992 (mit Repliken von Moore).

14. Bertrand Russell

Zur Person

Bertrand Russell wird 1872 im walisischen Trelleck geboren. Nach einer privaten Schulausbildung studiert er ab 1890 Mathematik am Trinity College in Cambridge insbesondere bei Alfred N. Whitehead. An diesem College arbeitet Russell ab 1895 zuerst als Forscher (Fellowship), dann ab 1910 als Dozent (Lectureship). Sein pazifistisches und gesellschaftspolitisches Engagement während des Ersten Welkrieges führten unter anderem 1915 zu einer Kündigung und 1918 zu einer sechsmonatigen Haftstrafe. 1920 reist Russell nach Rußland und von dort weiter nach Peking, wo er für ein Jahr Philosophie an der Universität lehrt. 1938 emigriert er in die USA. 1950 erhält er den Nobelpreis für Literatur. Die letzten Jahre widmet sich Russell vorwiegend politischen Themen. Russell stirbt 1970 in Penrhyndeudreath in Wales.

Textauswahl und Quellenangabe

- *The Relation of Sense-data to Physics* (1914),
  Übersetzung von Erwin Heinzel entnommen aus: *Mystik und Logik. Philosophische Essays*, Wien und Stuttgart: Humboldt Verlag 1952, S. 145-155. Die Übersetzung wurde vom Herausgeber überarbeitet.

Weitere Schriften zur Wahrnehmung

- *Unser Wissen von der Außenwelt* (1914), Leipzig: Meiner 1926, besonders S. 79-169.
- »Sensation and Imagination«, in: *Monist* 25, 1915, S. 28-44.
- *Die Analyse des Geistes* (1921), Hamburg: Meiner 2000, besonders S. 151-195.
- »Perception« (1926), in: *The Collected Papers of Bertrand Russell*, Bd. 9, hg. v. J. G. Slater und B. Frohmann, London: Routledge 1994, S. 180-192.
- »Perception« (1957), in: *The Collected Papers of Bertrand Russell*, Bd. 11, hg. v. J. G. Slater und P. Köllner, London: Routledge 1997, S. 304-307.

Literatur

- Fritz Jr., Charles Andrew, *Bertrand Russell's Construction of the External World*, London: Routlegde & Kegan Paul 1952.
- Woodger, J. H., »Mr. Russell's Theory of Perception«, in: *Monist* 44, 1930, S. 621-636.

15. Alfred J. Ayer

Zur Person

Alfred J. Ayer wird 1910 in London geboren. Nach seiner Ausbildung am Eton College von 1923-1929 beginnt Ayer sein Studium am Christ Church College in Oxford, einer seiner Tutoren ist Gilbert Ryle. Ein Forschungsstipendium erlaubt auch nach dem Studium weitere Arbeit am Christ Church College. Während der Kriegsjahre ist Ayer beim militärischen Geheimdienst. Ayer wird 1946 Professor für Philosophie und Logik am University College London und 1950 Präsident der *Aristotelian Society*. 1959 nimmt er einen Ruf auf die Professur für Logik in Oxford an. Ayer stirbt 1989.

Textauswahl und Quellenangabe

- *The Foundations of Empirical Knowledge* (1940),
  Übersetzung erstellt von Jürgen Schröder nach der Originalveröffentlichung: *The Foundations of Empirical Knowledge*, London: Macmillan 1940, S. 3-11; © Macmillan & Co LTD, Abdruck mit freundlicher Genehmigung.

Weitere Schriften zur Wahrnehmung

- »Phenomenalism«, in: *Proceedings of the Aristotelian Society* 47, 1947, S. 163-196.
- »Perception«, in: *British Philosophy in the Mid-Century: A Cambridge Symposium*, hg. v. C. A. Mace, London: Allan & Unwin 1957, S. 215-235.
- *The Problem of Knowledge*, London: Macmillan 1965, besonders S. 91-148.
- »The Causal Theory of Perception« (1977), in: Alfred J. Ayer, *Freedom and Morality: and Other Essays*, Oxford: Clarendon Press 1984, S. 63-81.

Literatur

- Austin, John L., *Sinn und Sinneserfahrung* (1962), Stuttgart: Reclam 1975.
- Choudhuri, Minaksi Roy, »The Causal Theory of Perception: Ayer and Beyond«, in: *Journal of Indian Council of Philosophical Research* 15, 1997, S. 15-34.
- Dancy, Jonathan, »Arguments from Illusion«, in: *Philosophical Quarterly* 45, 1995, S. 421-438.
- Macdonald, G. F. (Hg.), *Perception and Identity: Essays Presented to A. J. Ayer with his Replies to them*, London: Macmillan 1979.
- Sosa, Ernest, »Ayer on Perception and Reality«, in: *The Philosophy of A. J. Ayer*, hg. v. L. E. Hahn, La Salle: Open Court 1993, S. 545-575.

16. Maurice Merleau-Ponty

Zur Person

Maurice Merleau-Ponty wird 1908 in Rochefort-sur-Mer, Frankreich geboren. Von 1926 bis 1930 studiert Merleau-Ponty Philosophie an der École Normale Supérieure in Paris, um dann bis 1935 als Philosophielehrer an Luceen in Bevauais und Chartres zu arbeiten. 1935 bis 1939 ist Merleau-Ponty Repetitor an der École Normale Supérieure in Paris. Ab 1945 betreut Merleau-Ponty zusammen mit Jean-Paul Sartre die Zeitschrift *Les Temps Modernes*. An der Universität Lyon wird Merleau-Ponty 1945 erst Lehrbeauftragter und dann Professor für Philosophie. Merleau-Ponty nimmt 1949 einen Ruf an die Sorbonne auf den Lehrstuhl für Kinderpsychologie und Pädagogik an. 1952 wird er an das *Collège de France* gewählt. Merleau-Ponty stirbt 1961.

Textauswahl und Quellenangabe

- *Phénoménologie de la Perception* (1945),
  Übersetzung von Rudolf Boehm entnommen aus: *Phänomenologie der Wahrnehmung*, Berlin: de Gruyter 1966, S. 21-25, 29-31, 32-33, 43-46, 51, 53-62, 69-71, 81-84, 91-96, 115-118, 239-243, 427-430; © Verlag Walter de Gruyter, Abdruck mit freundlicher Genehmigung.

Weitere Schriften zur Wahrnehmung

- *Le primat de la perception et ses conséquences philosophiques* (1947), Grenoble: Cynara 1989, S. 39-104.
- *Das Auge und der Geist. Philosophische Essays* (1964), hg. v. H. W. Arndt, Hamburg: Meiner 1984.
- *Das Sichtbare und das Unsichtbare* (1964), hg. v. C. Lefort, München: Fink Verlag 1986.
- *Projet de travail sur la nature de la perception* (1933), Grenoble: Cynara 1989, S. 10-14.
- *La nature de la perception* (1934), Grenoble: Cynara 1989, S. 15-38.

Literatur

- Chadarevian, Soraya de, *Zwischen den Diskursen. Maurice Merleau-Ponty und die Wissenschaften*, Würzburg: Königshausen & Neumann 1990, besonders S. 120-127.
- Geraets, Theodore F., *Vers une nouvelle philosophie transcendentale. La genèse de la philosophie de Maurice Merleau-Ponty jusqu' à la* Phénoménologie de la Perception, Den Haag: Nijhoff 1971.
- Hall, Harrison, »The Continuity of Merleau-Ponty's Philosophy of Perception«, in: *Man and World* 10, 1977, S. 435-447.
- Hogemann, Friedrich, *Das Problem der »perception« in der Phänomenologie Maurice Merleau-Pontys*, Köln: Dissertation 1973.
- Kaulbach, Friedrich, »Phänomenologie der Wahrnehmung«, Rezension in: *Theologische Revue* 64, 1968, S. 86-94.
- Langer, Monika, *Merleau-Ponty's »Phenomenology of Perception«*, London: Macmillan 1989.
- Madison, Gary B., »Did Merleau-Ponty Have a Theory of Perception?«, in: *Merleau-Ponty: Hermeneutics, and Postmodernism*, hg. v. T. W. Busch und S. Gallagher, Albany: State University of New York Press 1992, S. 83-106.
- Melle, Ullrich, *Das Wahrnehmungsproblem und seine Verwandlung in phänomenologischer Einstellung. Untersuchungen zu den phänomenologischen Wahr-*

nehmungstheorien von Husserl, Gurwitsch und Merleau-Ponty, Den Haag, Boston und Lancaster: Nijhoff 1983.
- Métraux, Alexandre, »Zur Wahrnehmungstheorie Merleau-Pontys«, in: *Leibhaftige Vernunft. Spuren von Merleau-Pontys Denken*, hg. v. A. Métraux und B. Waldenfels, München: Fink Verlag 1986, S. 218-235.
- Rosenthal, Sandra B. und Bourgois, Patrick L., »Peirce, Merleau-Ponty and Perceptual Experience«, in: *International Studies in Philosophy* 19, 1987, S. 33-42.
- Sallis, John (Hg.), *Merleau-Ponty: Perception, Structure, Language*, Atlantic Highlands, N. J.: Humanities Press 1981.
- Sapontzis, Steve F., »Merleau-Ponty's Arguments for the Primacy of Perception«, in: *Kantstudien* 65, 1974, S. 152-176.
- Stoller, Silvia, *Wahrnehmung bei Merleau-Ponty. Studie zur* Phänomenologie der Wahrnehmung, Frankfurt a. Main, New York und Paris: Europäischer Verlag der Wissenschaften 1994.
- Waldenfels, Bernhard, *Das leibliche Selbst. Vorlesungen zur Phänomenologie des Leibes*, Frankfurt a. Main: Suhrkamp 2000, besonders S. 45-107.

17. Curt J. Ducasse

Zur Person

Curt John Ducasse wird 1881 in Angoulême in Frankreich geboren. Erst nachdem Ducasse nach seiner Schulausbildung in verschiedenen Berufen in Mexiko, New York und Seattle gearbeitet hat, beginnt er 1906 das Studium der Philosophie an der University of Washington. 1912 promoviert Ducasse in Harvard. Zwischen 1912 und 1926 unterrichtet er Philosophie an der University of Washington in Seattle. Ab 1926 lehrt er an der Brown Universität in Providence und wird hier 1929 bis 1959 zum Professor für Philosophie berufen. Die *American Society for Aesthetics* wählt 1945 Ducasse zu ihrem Präsidenten. Er stirbt 1969.

Textauswahl und Quellenangabe

- *Nature, Mind, and Death* (1951),
  Übersetzung von Jürgen Schröder erstellt nach der Originalveröffentlichung: *Nature, Mind, and Death*, La Salle: Open Court 1951. S. 250-254, 258-264.

Weitere Schriften zur Wahrnehmung

- »Introspection, Mental Acts, and Sensa«, in: *Mind* 45, 1936, S. 181-192.
- »Objectivity, Objective Reference, and Perception«, in: *Philosophy and Phenomenological Research* 2, 1941, S. 43-78.
- »Causation: Perceivable? Or Only Inferred?«, in: *Philosophy and Phenomenological Research* 26, 1965, S. 173-179.
- »How Literally Causation is Perceivable« (Kommentar zu Ranken's »A Note on Ducasse's Perceivable Causation«), in: *Philosophy and Phenomenological Research* 28, 1967, S. 271-273.

Literatur

- Hare, Peter H. und Edward, H., *Causing, Perceiving and Believing: An Examination of the Philosophy of C. J. Ducasse*, Madden, Dordrecht und Bosten: Reidel 1975, besonders S. 46-64.
- Jackson, Frank, »On the Adverbial Analyses of Visual Experience«, in: *Metaphilosophy* 6, 1975, S. 127-135.
- Ranken, Nani L., »A Note on Ducasse's Perceivable Causation«, in: *Philosophy and Phenomenological Research* 28, 1967, S. 269-273, mit einer Replik von Ducasse.
- Sellars, Wilfrid, »The Adverbial Theory of the Objects of Sensation«, in: *Metaphilosophy* 6, 1975, S. 144-160.
- Tye, Michael, »The Adverbial Theory: A Defense of Sellars against Jackson«, in: *Metaphilosophy* 6, 1975, S. 136-143.

18. Gilbert Ryle

Zur Person

Gilbert Ryle wird 1900 in Brighton geboren. Er studiert ab 1919 Philosophie am Queen's College in Oxford. 1924 wird Ryle Dozent am Christ Church College. Nach dem Militärdienst im Zweiten Weltkrieg kehrt er nach Oxford zurück. Dort hat er von 1945 bis 1968 die Professur für Metaphysische Philosophie inne. Von 1948 bis 1971 wird die Zeitschrift *Mind* von Ryle herausgegeben. Ryle stirbt 1976 in Whitby, North Yorkshire.

Textauswahl und Quellenangabe

- *Dilemmas* (1953),
  Übersetzung von Anonymus entnommen aus: *Begriffskonflikte*, Göttingen: Vandenhoeck & Ruprecht 1970, S. 125, 126, 127 f., 129 f., 132-138; © Vandenhoeck & Ruprecht 1970, Abdruck mit freundlicher Genehmigung.

Weitere Schriften zur Wahrnehmung

- »John Locke on Human Understanding«, in: *Tercentenary Addresses on John Locke*, hg. v. J. L. Stocks, London: Oxford University Press 1933, S. 15-38.
- *Der Begriff des Geistes* (1949), Stuttgart: Reclam 1987, besonders das 7. Kapitel.
- »Sensation«, in: *Contemporary British Philosophy*, hg. v. H. D. Lewis, London: Allan & Unwin 1956, S. 427-443.

Literatur

- Hirst, Rodney J., *The Problems of Perception*, London: Allan & Unwin 1959, besonders S. 55-58 und S. 126-135.
- Lyons, William, *Gilbert Ryle: An Introduction to his Philosophy*, Brighton: Harvester Press 1980, besonders S. 111-124.
- Malinovich, S., »Perception: An Experience or an Achievement?«, in: *Philosophy and Phenomenological Research* 25, 1964, S. 161-168.
- Quinton, Anthony, »Ryle on Perception«, in: *Ryle: A Collection of Critical Essays*, hg. v. O. P. Wood und G. Pitcher, New York: Anchor Books 1970, S. 105-135.
- Rundle, Bede, *Perception, Sensation and Verification*, Oxford: Clarendon Press 1972, besonders S. 70-112.
- Scholz, Oliver, »Bilder im Geiste? Das Standardmodell, sein Scheitern und ein Gegenvorschlag«, in: *Bilder im Geiste. Zur kognitiven und erkenntnistheoretischen Funktion piktoraler Repräsentationen*, hg. v. K. Sachs-Hombach, Amsterdam: Rodopi 1995, S. 39-61.
- Sibley, Frank N., »Seeking, Scrutinizing and Seeing«, in: *Mind* 64, 1955, S. 455-478.

19. David M. Armstrong

Zur Person

David Malet Armstrong wird 1926 in Melbourne geboren. 1947 beginnt er ein Studium der Philosophie an der University of Sydney und beendet dieses 1950 mit einem B.A. in Philosophie. Von 1952 bis 1954 setzt er das Studium am Exeter College in Oxford fort. Armstrong ist für ein Jahr an der London University Assistant Lecturer, bevor er 1955 nach Australien zurückkehrt. Von 1956 bis 1963 lehrt er Philosophie an der University of Melbourne, die ihm 1960 den Ph.D. verleiht. Armstrong wird 1964 als Professor für Philosophie an die University of Sydney berufen und bleibt dies bis zu seiner Emeritierung 1992.
E-Mail: david.armstrong@philosophy.usyd.edu.au

Textauswahl und Quellenangabe

- *A Materialist Theory of the Mind* (1968), Übersetzung erstellt von Jürgen Schröder nach der Paperbackveröffentlichung: *A Materialist Theory of the Mind*, London und New York: Routledge 1993, S. 209-212, 216-226.

Weitere Schriften zur Wahrnehmung

- »Illusions of Sense«, in: *Australian Journal of Philosophy* 33, 1955, S. 88-106.
- *Berkeley's Theory of Vision: A Critical Examination of Bishop Berkeley's* Essay towards a New Theory of Vision, Melbourne: Melbourne University Press 1960.
- *Perception and the Physical World*, London: Routledge & Kegan Paul 1961.
- *Bodily Sensations*, London: Routledge & Kegan Paul, 1962.
- »A Theory of Perception«, in: *Scientific Psychology*, hg. v. B. Wolman und E. Nagel, New York: Basic Books 1965, S. 489-505.
- »Colour-Realism and the Argument From Microscopes«, in: *Contemporary Philosophy in Australia*, hg. v. R. Brown und C. D. Rollins, London: Allen & Unwin 1969, S. 119-131.
- »Immediate Perception«, in: *Essays in Memory of Imre Lakatos*, hg. v. R. S. Cohen, P. K. Feyerabend und M. Wartofsky, Dordrecht: Reidel 1976, S. 23-35.
- »Perception, Sense Data and Causality«, in: *Perception and Identity: Essays Presented to A. J. Ayer with His Replies to Them*, hg. v. G. F. Macdonald, London: Macmillan 1979, S. 84-98.
- »Perception and Belief«, in: *Perceptual Knowledge*, hg. v. J. Dancy, Oxford University Press 1988, S. 127-144.
- »Intentionality, Perception, and Causality: Reflections on John Searle's *Intentionality*«, in: *John Searle and his Critics*, hg. v. E. Lepore und R. van Gulick, Oxford: Basil Blackwell 1991, S. 149-158.

Literatur

- Goldman, Alvin I., »Review of ›A Materialist Theory of Mind‹«, in: *Journal of Philosophy* 66, 1969, S. 812-818.
- Kneale, William, »Critical Notice of ›A Materialist Theory of Mind‹«, in: *Mind* 78, 1969, S. 292-301.
- Nelson, John O., »An Examination of D. M. Armstrong's Theory of Perception«, in: *American Philosophical Quarterly* 1, 1964, S. 154-160.
- Sanford, David H., »Armstrong's Theory of Perception«, in: *D. M. Armstrong*, hg. v. R. J. Bogdan, Boston: Reidel 1984, S. 55-78 (mit Replik von Armstrong, S. 225-233).

20. Fred I. Dretske

Zur Person

Fred I. Dretske wird 1932 in Waukegan, Illinois geboren. Nach einem Studium der Elektrotechnik von 1950-1954 beginnt Dretske 1956 das Studium der Philosophie an der University of Minnesota, das er 1958 mit dem M.A. abschließt. Ab 1957 lehrt er dort als Teaching Assistant und promoviert 1960 zum Ph.D. in Philosophie. Er bleibt an der University of Minnesota als Professor für Philosophie bis 1990. Dretske ist 1985 und 1986 Präsident der *Central Division* der *American Philosophical Association*. 1990 erhält er einen Ruf an die Stanford University und lehrt dort bis zu seiner Emeritierung 1998.
E-Mail: dretske@acpub.duke.edu

Textauswahl und Quellenangabe

– *Seeing and Knowing* (1969),
Übersetzung erstellt von Jürgen Schröder nach der Originalveröffentlichung: *Seeing and Knowing*, Chicago: The University of Chicago Press 1969, S. 5-9, 10, 13, 16 f., 18, 19-26, 29 f., 75-77.

Weitere Schriften zur Wahrnehmung

– »Seeing and Justification«, in: *Perception and Personal Identity*, hg. v. N. S. Care und R. H. Grimm, Cleveland: The Press of Western Reserve University 1969, S. 42-81 (einschließlich Diskussion).
– »Perception from an Epistemological Point of View«, in: *Journal of Philosophy* 68, 1971, S. 584-590.
– »Perception and Other Minds«, in: *Noûs* 7, 1973, S. 34-44.
– *Knowledge and the Flow of Information*, Cambridge: Bradford Books, MIT Press 1981.
– *Perception, Knowledge, and Belief: Selected Essays*, Cambridge: Cambridge University Press 2000.
– »The Role of the Percept in Visual Cognition«, in: *Perception and Cognition: Issues in the Foundations of Psychology. Minnesota Studies in the Philosophy of Science, Vol.* 9, hg. v. W. Savage, Minneapolis: University of Minnesota Press 1978, S. 107-127.
– »Simple Seeing«, in: *Body, Mind and Method: Essays in Honour of Virgil Aldrich*, hg. v. D. F. Gustafson und B. L. Tapscott, Dordrecht: Reidel 1979, S. 1-16.
– »Misrepresentation«, in: *Belief: Form, Content and Function*, hg. v. R. J. Bogdan, Oxford: Oxford University Press 1986, S. 17-36.
– »Sensation and Perception«, in: *Perceptual Knowledge*, hg. v. J. Dancy, Oxford: Oxford University Press 1988, S. 145-163.

– »Seeing, Believing, and Knowing«, in: *Visual Cognition and Action: An Invitation to Cognitive Science, Volume* 2, hg. v. D. Osherson, S. Kosslyn und J. Hollerbach, Cambridge: MIT Press 1990, S. 129-147.
– »Introspection«, in: *Proceedings of Aristotelian Society* 94, 1994, S. 263-278.

Literatur

– Doppelt, Gerald, »Dretske's Conception of Perception and Knowledge«, in: *Philosophy of Science* 40, 1973, S. 433-446.
– Goodman, Russell B., »Two Concepts of Perceptual Relativity«, in: *Southwestern Journal of Philosophy* 7, 1976, S. 45-52.
– Goldman, Alan H., »Appearing as Irreducible in Perception«, in: *Philosophy and Phenomenological Research* 37, 1976, S. 147-164.
– Holman, Emmett L., »Sensory Experience, Epistemic Evaluation and Perceptual Knowledge«, in: *Philosophical Studies* 28, 1975, S. 173-187.
– Horowitz, Amir, »Dretske on Perception«, in: *Ratio* 3, 1990, S. 136-141.
– Kalansuriya, A. D. P., »Fred I. Dretske and the Notion of ›Direct Perception‹«, in: *Indian Philosophical Quarterly* 7, 1980, S. 513-517.
– Kim, Jaegwon, »Perception and Reference without Causality«, in: *Journal of Philosophy* 74, 1977, S. 606-620.
– Pacherie, Élisabeth, »Levels of Perceptual Content«, in: *Philosophical Studies* 100, 2000, S. 237-254.
– Pitson, A. E., »Basic Seeing«, in: *Philosophy and Phenomenological Research* 45, 1984, S. 121-130.
– Warnock, Goeffrey J., »Seeing and Knowing«, Rezension in: *Mind* 79, 1970, S. 281-287.
– Yoon, Bosuk, »Intentionality of Perceptual Experience«, in: *Erkenntnis* 52, 2000, S. 339-355.

21. James J. Gibson

Zur Person

James Jerome Gibson wird 1904 in McConnelsville in Ohio geboren. Er studiert Psychologie an den Universitäten von Edinburgh und Princeton. Von 1928 bis 1949 arbeitet Gibson am Smith College in Massachusetts. Während des Zweiten Weltkriegs ist er Direktor der Forschungseinrichtung für Flugpsychologie der US Air Force. Von 1949 bis zu seiner Emeritierung 1971 ist er Professor für Psychologie an der Cornell University. Gibson stirbt 1979 in Ithaca, N.Y.

Textauswahl und Quellenangabe

- *The Ecological Approach to the Visual Perception* (1975), Übersetzung von Gerhard Lücke und Ivo Kohler entnommen aus: *Wahrnehmung und Umwelt. Der ökologische Ansatz in der visuellen Wahrnehmung,* München, Wien und Baltimore: Urban & Schwarzenberg, 1982, S. 256, 221f., 55f., 66f., 266-268, 257.

Weitere Schriften zur Wahrnehmung

- *Die Wahrnehmung der visuellen Welt* (1950), Weinheim und Basel: Beltz Verlag 1973.
- *Die Sinne und der Prozeß der Wahrnehmung* (1966), Bern: Huber 1973.

Für die zahlreichen Aufsätze zur Philosophie der Wahrnehmung siehe:

- »Complete Bibliography of James J. Gibson«, in: *Reasons for Realism: Selected Essays of James Gibson*, hg. v. E. Reed und R. Jones, Hillsdale, N. J.: Lawrence Erlbaum 1982.

Literatur

- Blake, Randolph, »Gibson's Inspired but Latent Prelude to Visual Motion Perception«, in: *Psychological Review* 101, 1994, S. 324-328.
- Fodor, J. und Pylyshyn, Zenon, »How Direct is Visual Perception?: Some Reflections on Gibson's ›Ecological Approach‹«, in: *Cognition* 9, 1981, S. 139-196.
- Gombrich, H. Ernst, »James Gibson. Ein revolutionärer Wahrnehmungspsychologe«. In: Gombrich, H. Ernst: *Das forschende Auge. Kunstbetrachtung und Naturwahrnehmung*, Frankfurt und New York: Campus Verlag 1994, S. 59-67.
- Lombardo, Thomas, *The Reciprocity of Perceiver and Environment: The Evolution of James J. Gibson's Ecological Psychology*, Hillsdale, N. J.: Lawrence Erlbaum 1987.
- Mace, William M., »James J. Gibson's Strategy for Perceiving: Ask Not What's Inside Your Head, but What Your Head's Inside of«, in: *Perceiving, Acting, Knowing*, hg. v. R. Shaw und J. Bransford, Hillsdale, N. J.: Lawrence Erlbaum 1977, S. 43-65.
- MacLeod, Robert B. und Pick, H. L. (Hg.), *Perception: Essays in Honour of James J. Gibson*. Ithaca, N. Y.: Cornell University Press 1974.
- Reed, Edward und Jones Rebecca (Hg.), *Reasons for Realism: Selected Essays of James Gibson*, Hillsdale; N. J.: Lawrence Erlbaum 1982.
- Reed, Edward und Jones, Rebecca, »James Gibson's Theory of Perception: A Case of Hasty Epistemologizing?«, *Philosophy of Science* 45, 1978, S. 519-530.
- Reed, Edward: *James J. Gibson and Psychology of Perception*, New Haven: Yale University Press 1988.

- Richards, J. R., »Gibson's Passive Theory of Perception: A Criticism of Müller's Specific Energies Hypothesis«, in: *Philosophy and Phenomenological Research* 37, 1976, S. 221-234.
- Schwartz, Robert, *Vision: Variations on Some Berkeleian Themes*, Oxford: Blackwell, 1994 besonders S. 125-152.

22. John R. Searle

Zur Person

John R. Searle wird 1932 in Denver geboren. Er studiert von 1949 bis 1952 Philosophie, Politik und Wirtschaftswissenschaften an der University of Wisconsin und wechselt dann an die University of Oxford, wo insbesondere John L. Austin und Peter Strawson zu seinen Lehrern zählen. In Oxford beendet Searle sein Philosophiestudium mit mehreren Abschlüssen: B.A., M.A. und Ph.D. Von 1956-1959 lehrt er Philosophie am Christ Church College in Oxford. Searle ist seit 1959 Professor für Philosophie an der University of California in Berkeley.
Homepage: http:\\ist-socrates.berkeley.edu/~jsearle/
E-Mail: searle@cogsci.berkeley.edu

Textauswahl und Quellenangabe

- *Intentionality: An Essay in the Philosophy of Mind* (1983),
  Übersetzung von Harvey P. Gavagai entnommen aus: *Intentionalität. Eine Abhandlung zur Philosophie des Geistes*, Frankfurt a. Main: Suhrkamp, 2. Aufl. 1996, S. 59-66, 68-73, 87 f. Die Zwischenüberschriften wurden vom Herausgeber ergänzt.

Weitere Schriften zur Wahrnehmung

- »Response: Perception and the Satisfactions of Intentionality«, in: *John Searle and his Critics*, hg. v. E. Lepore und R. van Gulick, Cambridge und Oxford: Basil Blackwell 1991, S. 181-191.

Literatur

- Armstrong, David M., »Intentionality, Perception, and Causality: Reflections on John Searle's *Intentionality*«, in: *John Searle and his Critics*, hg. v. E. Lepore und R. van Gulick, Cambridge und Oxford: Basil Blackwell 1991, S. 149-158.

– García-Carpintero, Manuel, »Searle on Perception«, in: *Teorema* 18, 1999, S. 19-41.
– Holenstein, Elmar, »Searles Hintergrund. Neue Beiträge zum Intentionalitätsproblem«, in: *Dilthey Jahrbuch* 3, 1985, S. 235-259.
– Malcom, Norman, »I believe that *p*«, in: *John Searle and his Critics*, hg. v. E. Lepore und R. van Gulick, Cambridge und Oxford: Basil Blackwell 1991, S. 159-167.
– Roesler, Alexander, »Kritik der Searleschen Wahrnehmungstheorie«, in: *Analyomen* 2, hg. v. G. Meggle und J. Nida-Rümelin, Berlin und New York: de Gruyter 1997, S. 283-290.
– Zemach, Eddy M., »Perceptual Realism, Naive and Otherwise«, in: *John Searle and his Critics*, hg. v. E. Lepore und R. van Gulick, Cambridge und Oxford: Basil Blackwell 1991, S. 167-179.